古代地方木簡の研究

平川　南著

吉川弘文館

津長に宛てた郡符木簡（福島県いわき市荒田目条里遺跡）

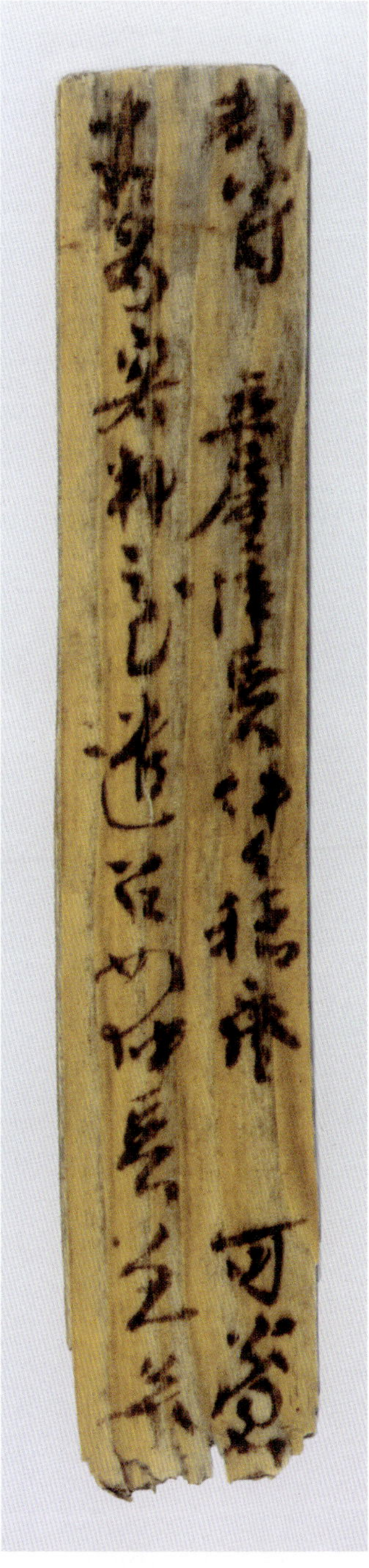

田植のための田人（農民）徴発を里刀自に命じた郡符木簡（同右）

（表）

（裏）

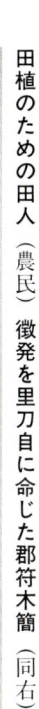

（裏）　（表）

「乙丑年」（665年）の年紀の記された木簡（長野県更埴市屋代遺跡群）

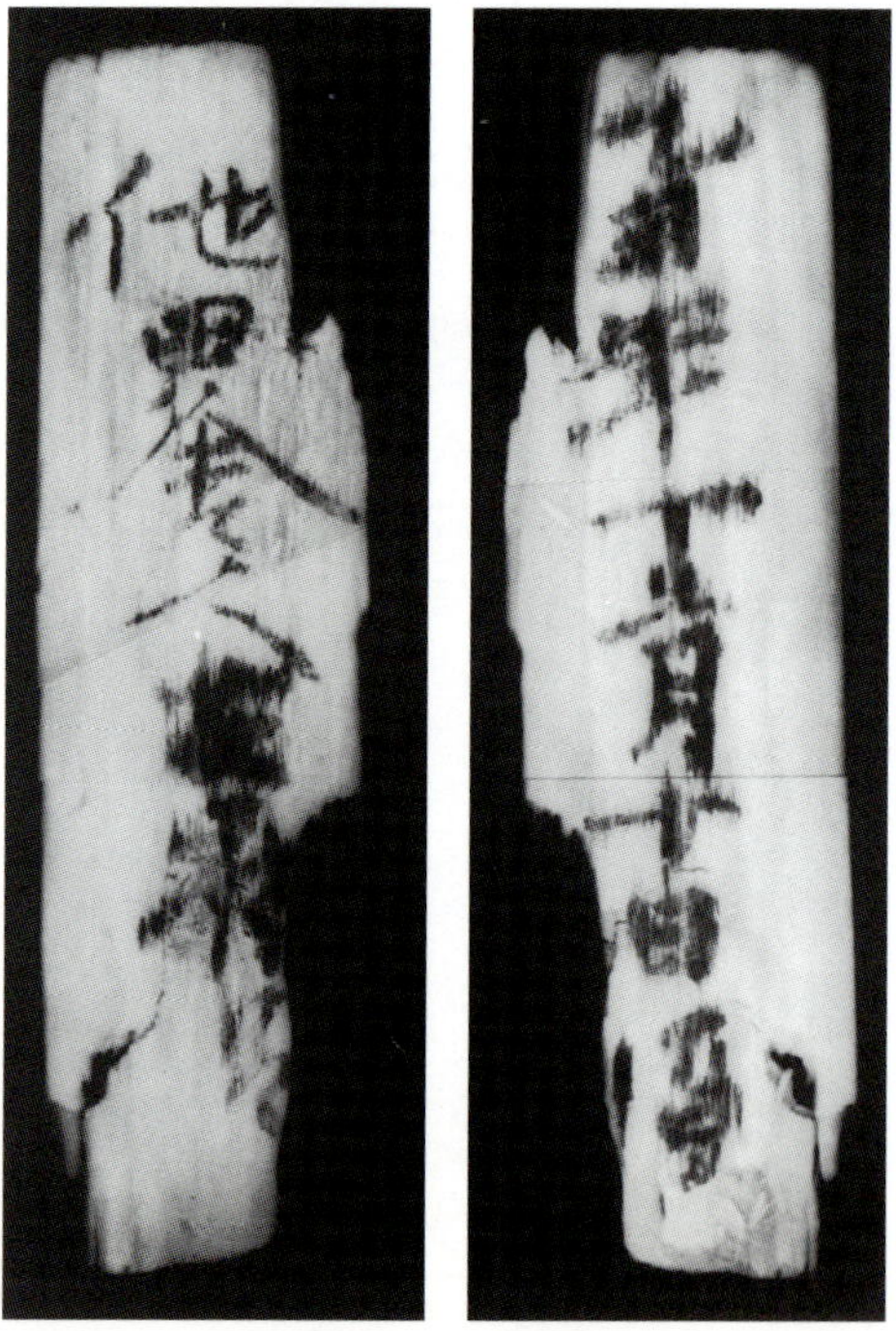

同上木簡の赤外線テレビカメラ写真

表裏に異なる文書を記した木簡（兵庫県氷上町市辺遺跡）

（裏）

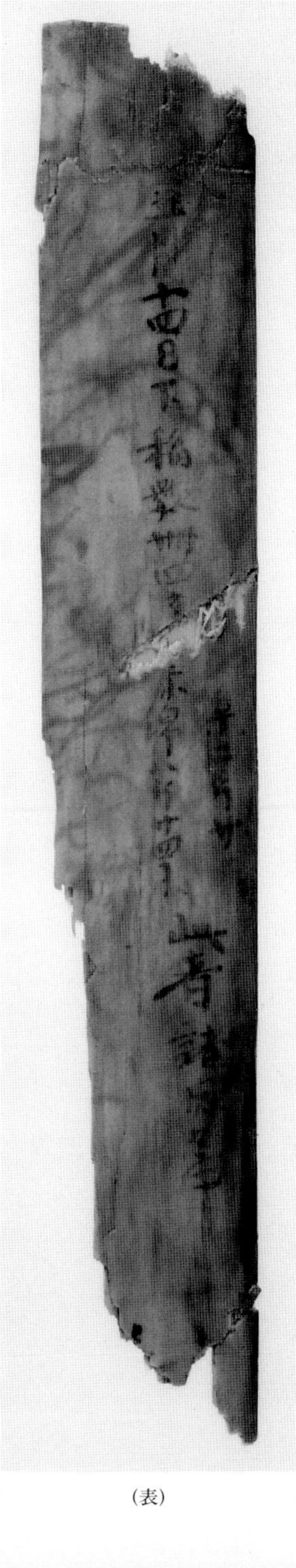

（表）

国司から数郡に下した命令文書＝国符木簡（長野県更埴市屋代遺跡群）

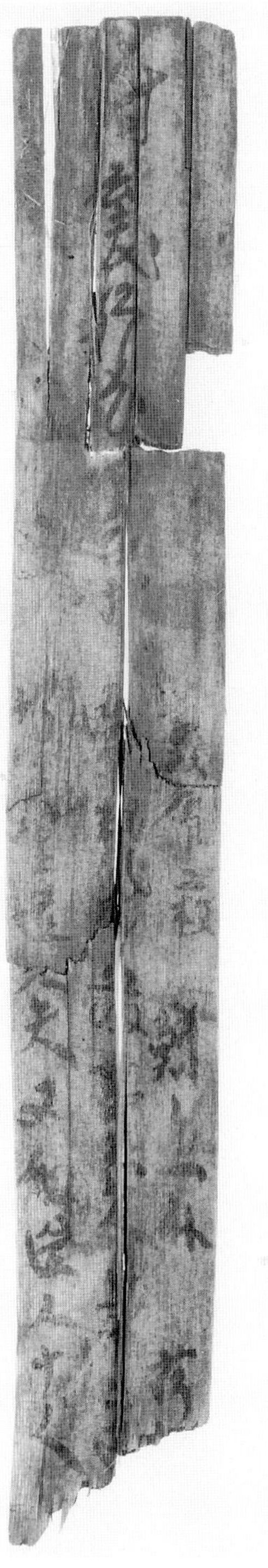

郡司から郷長・里正に下した命令文書＝郡符木簡（同右）

村人の生活心得を書いたお触れ書き＝牓示札（石川県津幡町加茂遺跡）

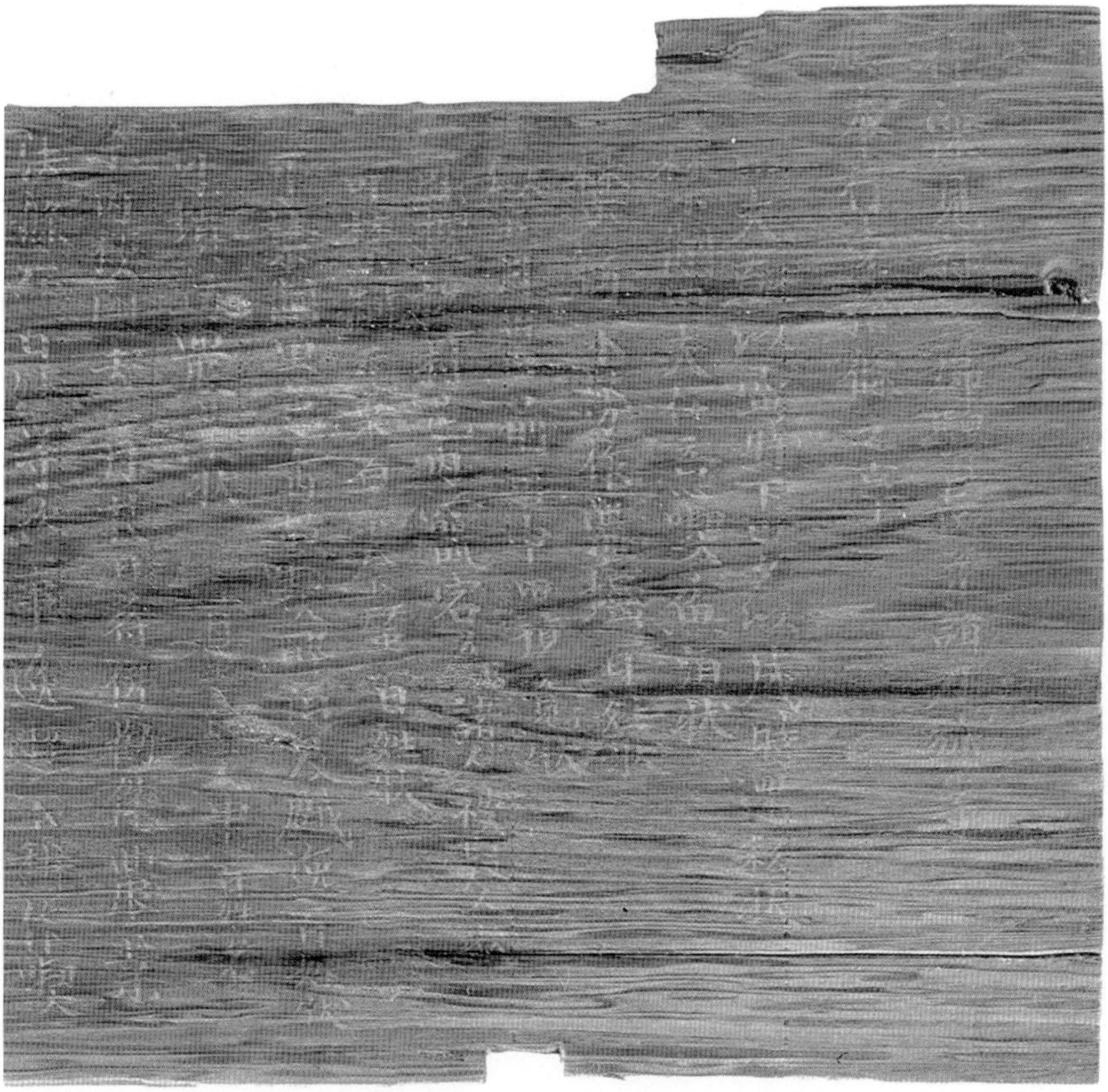

牓示札（同上）の冒頭部分

紙の文書を挟んで封印するための木簡＝封緘木簡（「丹波国氷上郡」―兵庫県春日町山垣遺跡）

同右（「扳沙（返抄）進送」―兵庫県氷上町市辺遺跡）

木製の通行証＝過所木簡（都から不破関を経由して甲斐国に帰る時のもの，裏面は割ったままの状態。平城宮跡）

（裏）

（表）

7

（裏）　　（表）

西海道木簡に特徴的な上部切込みのある付札（裏面は割ったままの状態。熊本県菊鹿町鞠智城跡）

題箋「右大臣殿餞馬収文」（軸は欠損，〈表〔上〕・裏〔下〕同文〉。宮城県多賀城市山王遺跡）

戸単位の出挙帳簿木簡（石川県金沢市畝田・寺中遺跡）

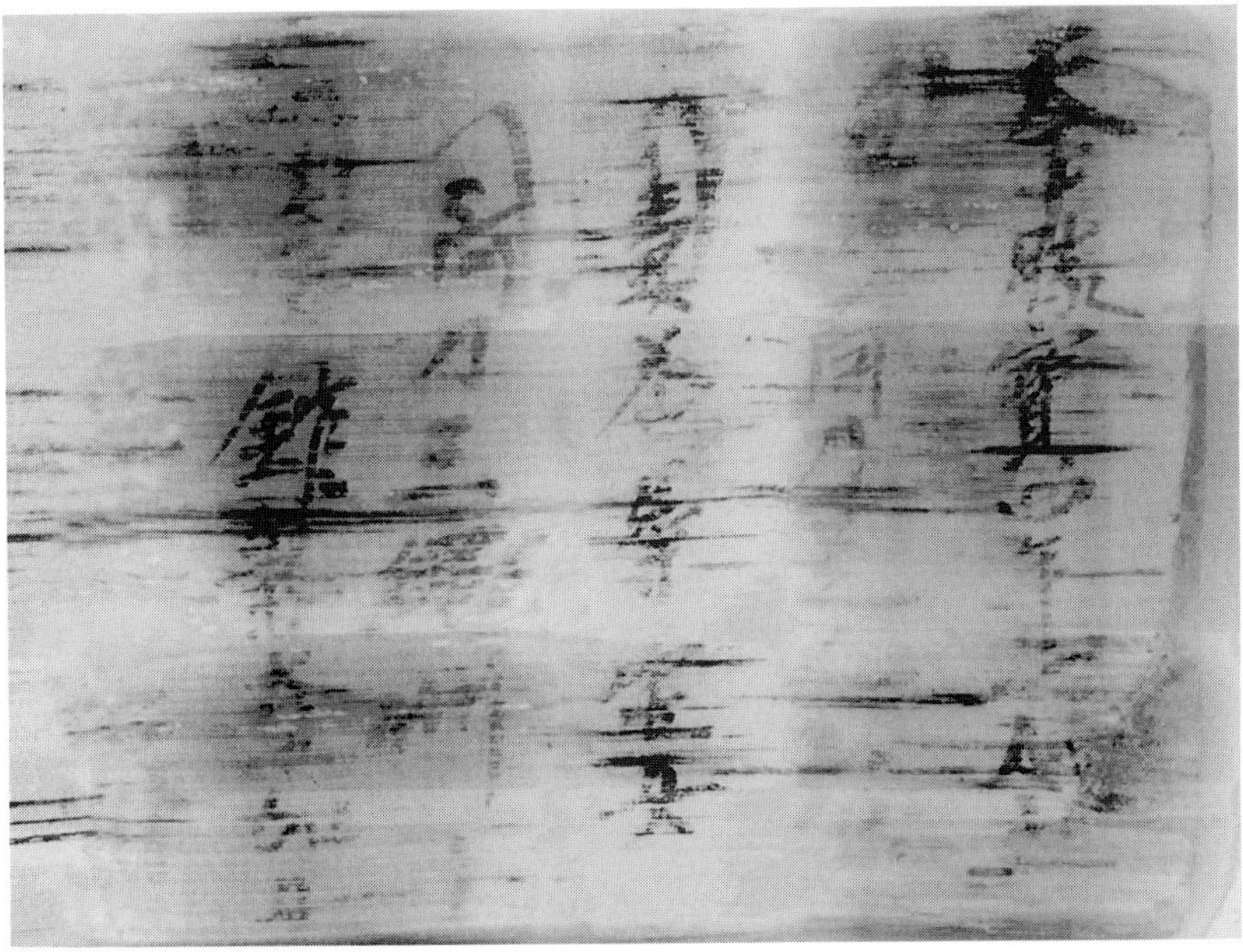

出挙帳簿木簡（同上）**の冒頭部分**（赤外線テレビカメラ写真）

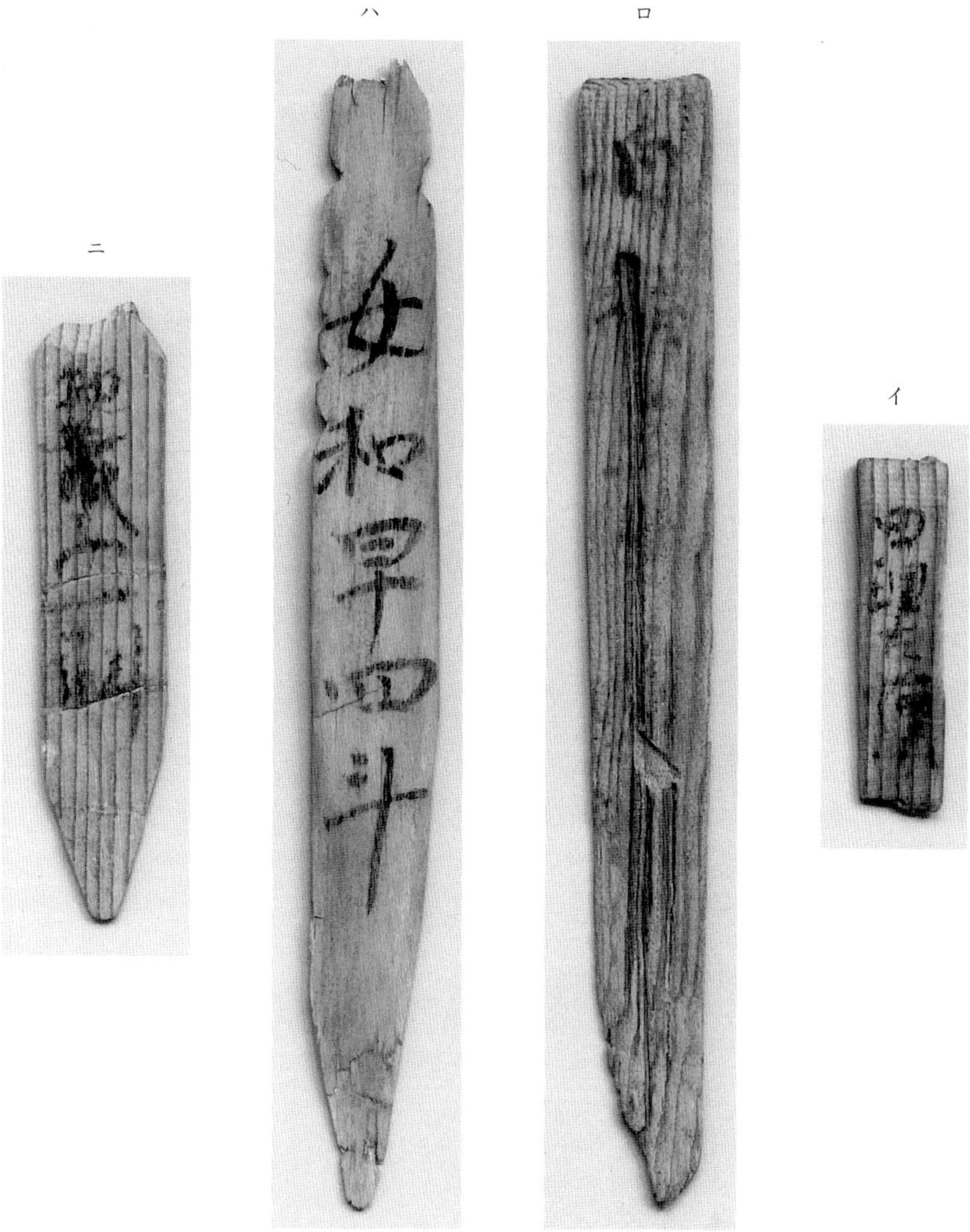

稲の品種名を記した種子札（たねふだ）（福島県いわき市荒田目条里遺跡）
イ「曰理古僧子（〈わたりの〉こほしこ）」
ロ「白稲（しらしね）」
ハ「女和早（めわさ）」
ニ「地蔵子（ちくらこ）」

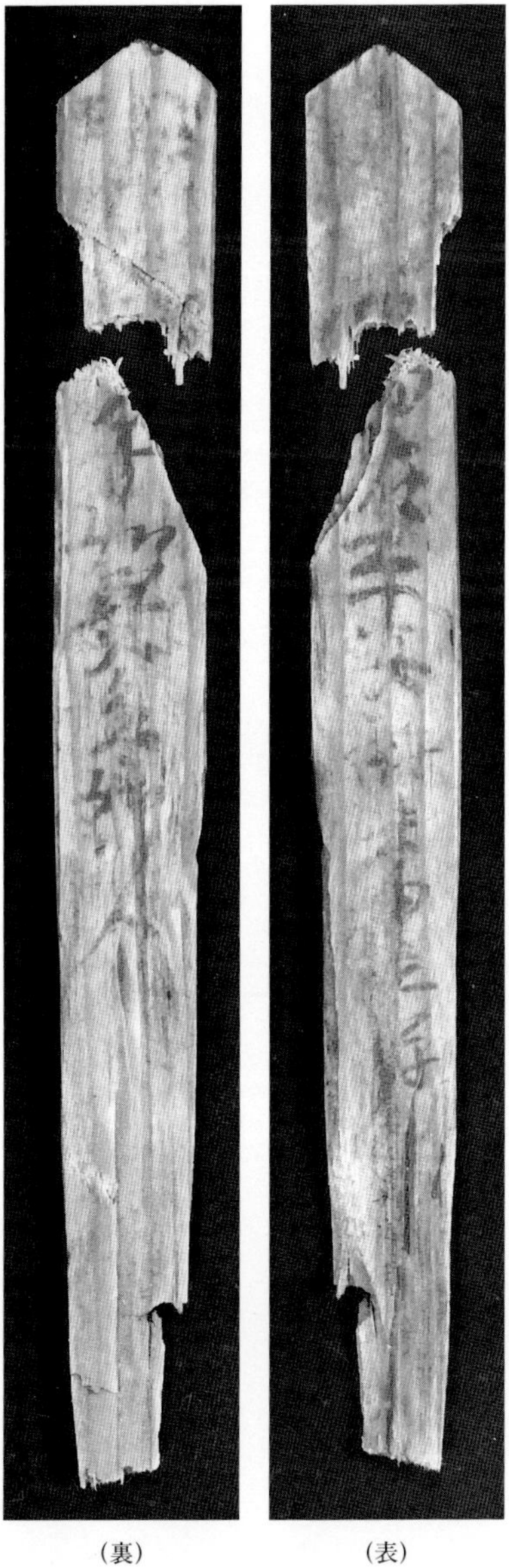

（裏）　（表）

多賀城の平安祈願のために未申（西南）**に立てた呪符**（宮城県多賀城市多賀城跡）

（裏）　（表）

聖武天皇が天平15年正月14日に発した命が実施されたことを示す最勝王経の精読札（福島県玉川村江平遺跡）

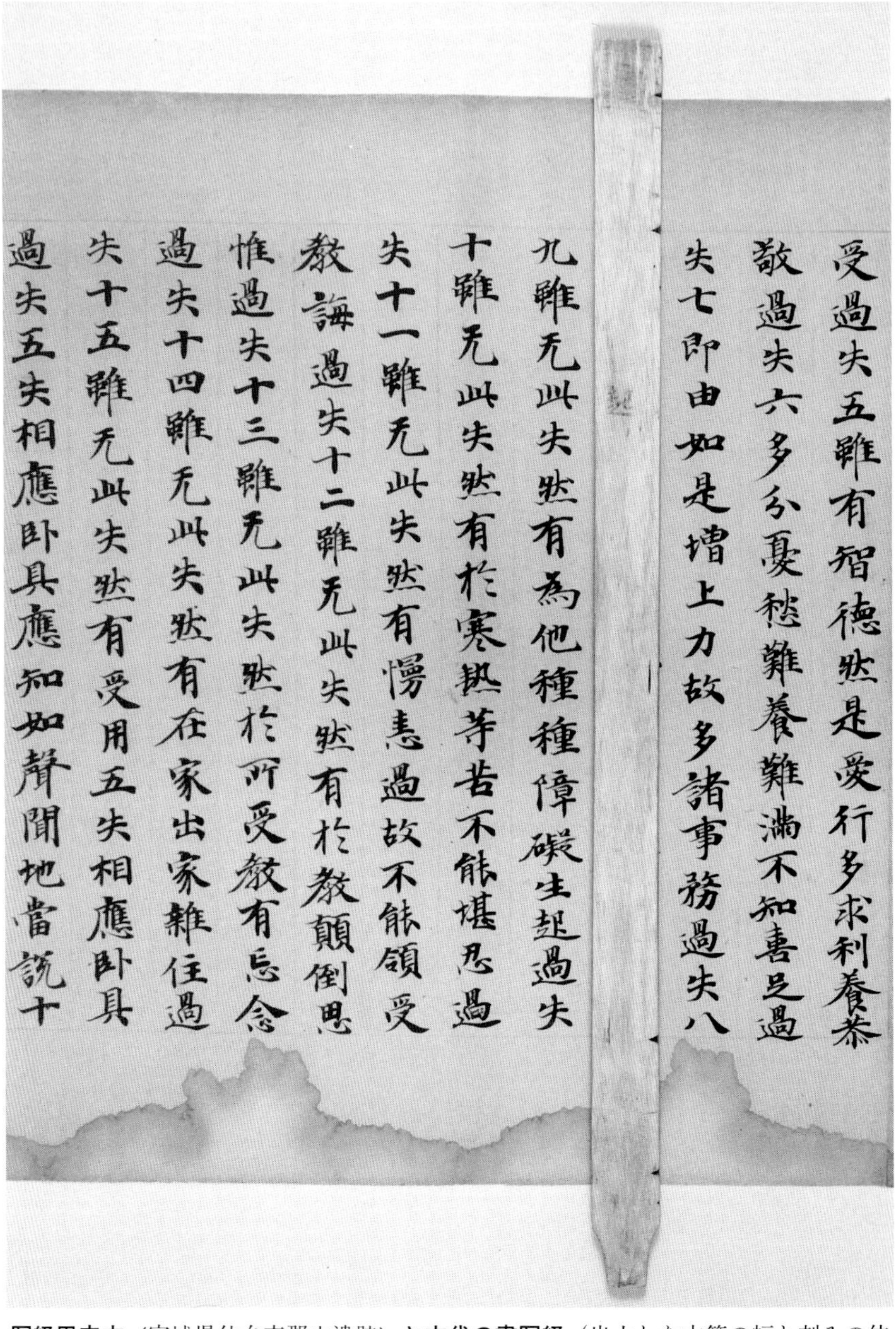
受過失五雖有智徳然是愛行多求利養恭
敬過失六多分憂愁難養難滿不知喜足過
失七即由如是増上力故多諸事務過失八
九雖无此失然有為他種種障礙生起過失
十雖无此失然有於寒熱等苦不能堪忍過
失十一雖无此失然有憍慢過故不能領受
教誨過失十二雖无此失然有於教顛倒思
惟過失十三雖无此失然於所受教有忘念
過失十四雖无此失然有在家出家雜住過
失十五雖无此失然有受用五失相應臥具
過失五失相應臥具應知如聲聞地當說十

写経用定木〈宮城県仙台市郡山遺跡〉**と古代の書写経**（出土した木簡の幅と刻みの位置から，写経の界線を引くための定木であると推定される）

まえがき

木簡との出会い

一九九七年三月一日、熊本県の鞠智《きくち》城跡をはじめて訪れた。以前から一度、踏査したかった遺跡の一つである。鞠智城は、七世紀後半、朝鮮半島各地の山城を模して築かれた古代の城である。鞠智城跡の規模は、内城とされる地域のみで四七ヘクタールと大きい。熊本県教育委員会の発掘調査によって、多数の倉庫跡や八角形の望楼風の建物が検出されている。

鞠智城内の倉庫跡群が建ち並ぶ〝長者原〟と呼ばれている台地上の排水の必要から、谷部に貯水槽を設置する計画が持ち上がった。発掘担当者の西住欣一郎氏は、その谷部が古代ではどのような様相であったかを知るためにトレンチを入れることにした。

ある日、重機の掘り下げたあとの土砂から顔を出した土器が目に止まった。あわてた西住氏は無我夢中でトレンチの中に飛び降りた。そのわずかな振動でまわりの壁がくずれて氏の足元を埋めた。あわてて重機の先につかまり、はい上がった。危うく生き埋めになるところだったと述懐された。それから、再び掘り起こした土砂の中から見つけた木片に、墨で書かれた文字がはっきりと確認された。木簡だった。

西住氏は生まれてはじめて手にした木簡に手足が震え、一時間近く現場に立ち尽くしたという。

調査事務所である現地のプレハブ建物の中でこの模様を聞き、私はいいようもない感動をうけた。純真で前向きな一考古学者が身震いしながら木簡を手にしている姿に、学問のもつ素晴らしさを改めて感ぜずにはいられなかった。学問への姿勢は沈着冷静でなければならないのは申すまでもない。しかし、感動が学問の源泉であることも事実であろう。歴史の実像をつぎつぎと解き明かしてゆくときの、学問の手続き（方法）はもちろん、その喜びや楽しさもわれわれは広く社会に伝えなければならないと思う。

私と木簡との出会いは、今から三〇年前にさかのぼる。

一九七〇年五月、宮城県多賀城跡の外郭南辺築地跡の発掘調査は、築地が谷の水を堰とめたために、その内側が低湿地状態になっていた地点で行われ、木皿、曲物などの多量の木製品とともに墨書された木片二点を確認した。半截された木簡は、容易には解読できなかった。出土直後から、木簡の状態が急激に悪くなることもはじめて経験した。同年に行われた外郭東辺の調査の際、低湿地の泥炭層（スクモ層）に一×一メートルの試掘杭を掘り下げると、いきなり「自自在在観観世世世音我我我聞聞」と経典の文字を手習いした木簡が出土した。現場はあわただしくなり、ホーロー製のバットにガーゼを敷き、水を張って準備万端でその後の木簡出土に備えた。調査は数ヵ月におよんだが、とうとう一点も出土しなかった。地下に眠る資料の出土というものが、全く予測不可能であることを思い知らされた。

その後、北は岩手・秋田から南は壱岐、熊本まで、列島各地の木簡を実見する機会に恵まれ、地方木簡の特質が鮮明になるとともに、木簡の内容を通して古代社会の新たな面を浮き彫りにすることができるようになってきた。

本書は、木簡に関して、これまで発表してきた論考を中心とし、それに新稿を加えて一書としたものである。旧稿についても、その後の成果を取り入れ、さらに本書全体の構成上からも一部書き改めた。

本書の構成と概要

第一章　木簡総論

一・二　地方木簡を概観し、本書全体の導入の役割と研究視点を定めることとした。宮都木簡に比して、地方木簡の最も大きな特質と考えられる籍帳や出挙制における紙の文書と木簡の使い分け、さらには木簡の規格性と紙の文書との通用性に言及した。

三　屋代遺跡群木簡を分析した結果、地方木簡が中国木簡の本来的なあり方を部分的ではあるが踏襲している点と、古代朝鮮からの影響がいろいろな意味で反映されている点に着目してみた。

四　古代地方木簡の内容を検討し、律令国家における地域社会の自立的生業活動と地域間交流が、これからの律令国家研究の重要な視点であることを強調した。

五　牓示札発見の意義は、古代の文字文化が、徹底した文書主義と口頭伝達との連関ではじめて成り立っていることを実証した点にあることを述べた。

六　井戸跡出土の年紀の異なる木簡の検討を通して、木簡の基礎的研究はその遺構の検討を不可欠の条件としていることを確認した。

第二章　木簡と律令文書行政

一〜三　郡司による在地支配の実態は、郡符・召文・封緘木簡などの文書行政の具体的な運用を示す木簡の分析によって、明らかにできるということを述べた。

四・五　過所木簡は従来、十分に解明できなかった文書木簡の一つであるが、本書全体で強調している木簡の形状観察を手がかりにその解明を試みた。

六　多賀城前面の山王遺跡から出土した一点の題箋に書かれた「右大臣殿餞馬収文」は、按察使を辞した右大臣に送った餞別の馬に対する仮領収書であることを明らかにした。

七　一点の木簡の出土を契機として古代文書における人名の表記のしかたを全面的に検討してみた。その結果、八世紀において一般的な名のみの自署表記はあくまでも籍帳制の確立に伴うものであったこと、また本来七世紀後半においてはウジ名を自署していたと想定され、地方社会では八世紀以降においてもウジ名を重視する傾向にあったことが確認できた。

第三章　木簡と古代城柵

一　東北地方の行政・軍事の中心施設である多賀城の創建年代を、創建期の木簡と多賀城碑の真碑説により、限定することを試みた。

二　秋田城跡出土の上総国部領使に関わる宿直札は、城柵を守備する坂東の鎮兵や西国の防人の管理形態をうかがわせる貴重な資料であることを述べた。

三　鞠智城跡出土木簡は、国内の朝鮮式山城からはじめて発見された木簡であり、たった一点の付札であるが、その形状に着目して検討を試みた。

付　古代朝鮮の山城（城山山城）跡においては、六世紀半ばごろの稗の貢進物付札が発見され、籍帳にもとづく負担体系が整備されていたことを明確に知ることができた。これらの木簡は六世紀の倭国の政治情勢をいかに想定するかという問題についての大きな資料といえよう。

第四章　木簡と税

一～四　出挙制は、律令国家の財政運用の根幹をなす税制であるが、従来、資料が少ないことから十分な研究の深化をみなかった。近年各地の官衙遺跡から出挙木簡が出土し、その点数も年々増加の一途をたどっている。その資料の増加とともに、古代社会において出挙が予想以上に農民に過酷な負担となっていたことが判明してきた。繁雑な出挙業務処理のために、木簡はそのカード的機能を存分に発揮し、七世紀後半から多用されていた事実を述べた。

五　倉札は正倉への米の収納に関わっており、正倉壁面に表示されたと考えられる。木簡の特殊な使用例としても注目されることを指摘した。

六　出羽国府の北方に位置する大坪遺跡から出土した木簡は、出羽国の貢進物である蔃（カツラ）の栽培のための労役負担の記録と推定した。

第五章　木簡と農業

一　発見された多くの稲の品種名を記した種子札《たねふだ》は、日本の農業全般に関わる重要な資料であるとともに、律令国家構造および古代社会像全体を見直す資料群であることを述べた。

二〜四　郡司の職田経営、初期荘園、古代末期の地方豪族の農業経営などについても多量の木簡内容の分析により、その占地および建物配置とともに農業の経営の実態を明らかにできることを述べた。

第六章　木簡と信仰

一　古代社会に深く根ざした西北隅神は官衙施設などにまつられ、内神と称され、のちに屋敷神へと展開してゆく。胆沢城跡出土の一点の木簡と、その広範な関連資料により内神のあり方を解明してみた。

二　天平十五年五月一日から四九日間、全国一斉に行われた金光明最勝王経の転読の儀式は、聖武天皇の仏教政策の一つであるが、東北地方の山あいの遺跡から約二四センチの小さな転読札が出土することによって、その政策の地方への浸透を確認できた。

三・四　近年目立って出土する呪符木簡は、古代社会のあらゆる場面で強い願望を込めて作成されていたと考えられる。群馬県内匠日向周地遺跡の呪符木簡が『常陸国風土記』行方郡条の谷戸開発に伴う夜刀神と龍神信仰の姿を具体的に証明してみせてくれた。

第七章　多様な木簡

一〜三　写経事業に伴う各種の定木は伝世しうる性格のものではない。そこで各地から出土する木製品および木簡のうち、性格不明のものを検討し、その結果数種の定木を発見することができた。

四　壱岐島の原ノ辻遺跡は弥生の巨大集落として知られているが、八世紀代においても大陸と列島交流の中継地にふさわしい貴重な資料が出土している。なかでも最も注目される「白玉」関係木簡について考察した。

五　最近注目すべき木簡として薦関係のものがあり、官衙内の儀式用に調達されたと考えられ、今後官衙遺跡の指標の一つとして貴重な資料となることを述べた。

六　木片に描かれた騎馬像は、高句麗壁画と類似性が指摘でき、木簡の研究において絵画資料にも留意する必要があることを示した。

宮都の木簡については、数多くの研究蓄積と専書があるが、地方木簡については、これまで全般的に扱った研究はみられない。本書であえて地方木簡に焦点をあてたのは、次のような見通しに大きな意義を見いだしたからである。

地方木簡は古代社会のあらゆる場で活用されている。おそらく、地方社会に比べて文字文化が成熟した都においては、八世紀段階には正倉院文書―写経所関係文書に端的にみられるように紙の文書が広範囲に使用されたと考えられる。その意味では木簡は紙を補うとともに、特定の用途に限定されざるをえなかったであろう。一方、地方社会で木簡がより広範に使用されたとすれば、まさに紙木併用の本来的様相を呈し、おのずから紙の文書との通用が想定されたであろう。それ故に地方木簡は本論で展開するような中国木簡の要素を残したり、紙との通用を前提とした規格性の高さを特徴としたと考えられる。圧倒的数量をほこる宮都木簡であるが、それのみでは、古代木簡の全体像をえがくことはでき得ず、古代社会における木簡本来の特徴を鮮明にすることもできないのではないだろうか。

ここに取り上げた木簡は、いうまでもなく全国各地の発掘調査の出土品であり、それらの調査成果にもとづくものである。また出土遺跡の概要についても、全面的にそれぞれの調査報告書により引用させていただいた。関係調査機関および発掘担当者の方々に対して、深謝申し上げる次第である。

目　次

第五章　木簡と農業……四三三

第七章 多様な木簡——写経用定木三種ほか……五九三

凡例

一、本書引用史料について、旧字体は適宜新字体に改めた。
二、木簡の釈文については、可能な限り木簡学会の方式に則って記載した。
三、木簡の号数で、報告書と県史等で異同のあるものは、原則として報告書によった。
四、正倉院文書については、『大日本古文書』を基本に、適宜、『正倉院古文書影印集成』（八木書店）や宮内庁書陵部蔵マイクロフィルムの紙焼を参照し、文字を改めた。
五、本書において以下の史料・文献名については省略し引用することとした。
　『大日本古文書』→『大日古』
　奈良文化財研究所『平城宮発掘調査出土木簡概報』→城
　『和名類聚抄』→『和名抄』

第一章　木簡総論

一　地方木簡概観

1　戦前における地方木簡の発見

木簡は昭和三十六年（一九六一）、平城宮跡で発見されて以降、各地の遺跡でその出土があいつぎ、木簡研究も飛躍的に進展してきた。しかし、戦前においてもすでに秋田県の怒遺跡や払田柵跡、三重県の柚井遺跡から木簡が発見されている。ここではそれらの木簡の重要性について述べたい。

(1)　秋田県怒遺跡出土木簡

大正四年（一九一五）、秋田県仙北郡藤木村（現大曲市下深井）の怒遺跡（払田柵跡

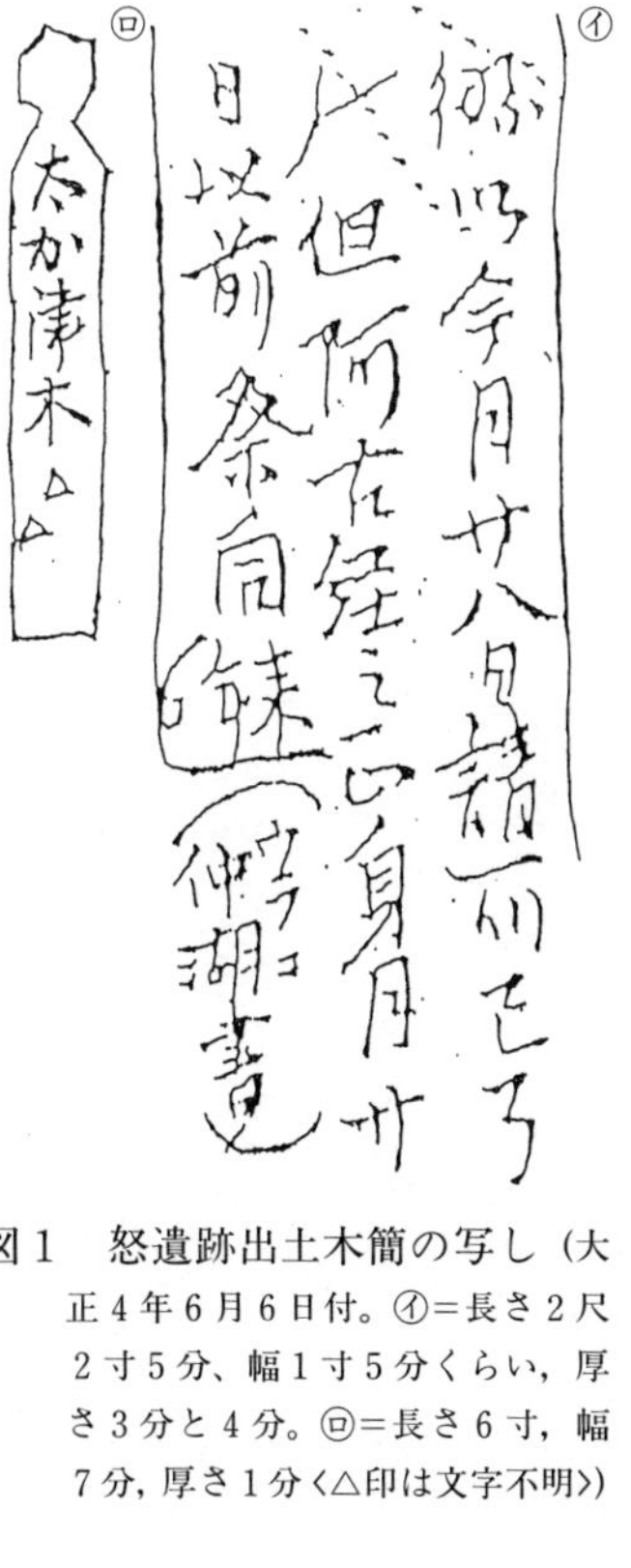

図1　怒遺跡出土木簡の写し（大正4年6月6日付。㋑＝長さ2尺2寸5分、幅1寸5分くらい，厚さ3分と4分。㋺＝長さ6寸，幅7分，厚さ1分〈△印は文字不明〉）

のすぐ西側）から二点の木簡が出土している。出土直後に、図1のような見取り図が作られたが、その図のみが伝えられ、実物は現存しておらず、現段階では、見取り図から読み取るしかない。

(イ)・□仍今月廿八日請所已了
　　但阿古□之正身月廿
　日以前参向[　]　　(六七五)×四五×九～一二

・仲湖書　　一八〇×二一×三　〇三二

(ロ)「太か津木　□□」

(2)　秋田県払田柵跡出土木簡

払田柵跡は秋田県仙北郡仙北町を中心とする東西約一四〇〇メートル、南北約七五〇メートルの遺跡である。昭和五年（一九三〇）の発掘調査に関連して、長森中央の北端、「ホイド」と称する井戸跡付近で二点の木簡が発見されている。

一号木簡

□件糒請取　閏四月廿六日　寺書生仙□氏監」　(二二一)×二四×五[1]　〇一九

上田三平氏による報告書[2]によれば、「(長森の北部) 井泉阯の東約二、三尺を離れた土中に二片に分離した木札を発見した。材は檜か杉か判明せぬが、長さ約七寸三分五厘（二片を継ぎて）、幅約八分、厚さ約一分五厘、上端は少しく欠け、又中央より稍下方にて二個に折れて居る。表面の両側に面取を施し、其の中央に左の墨書がある（下略）」とある。

また、この木札について、「月日の下の記名は甚だ削磨して読み難きも上方の糒請取は極めて明確であるから此の遺跡の性質を決定する遺物として極めて貴重なものである」と述べている。一方、滝川政次郎氏は上田氏が示した「寺壽生」という読みについて、疑問を提示している。(3) しかし、上田氏報告の木簡はその後、所在不明となってしまった。加えて、報告書には写真も実測図もないだけに、上田氏の釈読の是非も検証しようがなかった。

ところが、のちに一通の書簡が発見され、釈読の検討に役立つことが明らかになった。この書簡は払田柵跡の発見者の一人、後藤宙外氏から地元の高階秀彦氏にあてた昭和十三年（一九三八）四月十八日付のものである（図2）。問題の木簡の寸法も上田氏の報告と合致するだけに、これは実測図に相当する、ある程度正確な模写とみられる。「寺壽生」は「寺書生」と改めるべきで、「仙」と「氏監」との間の「ノ」は意味不明である。

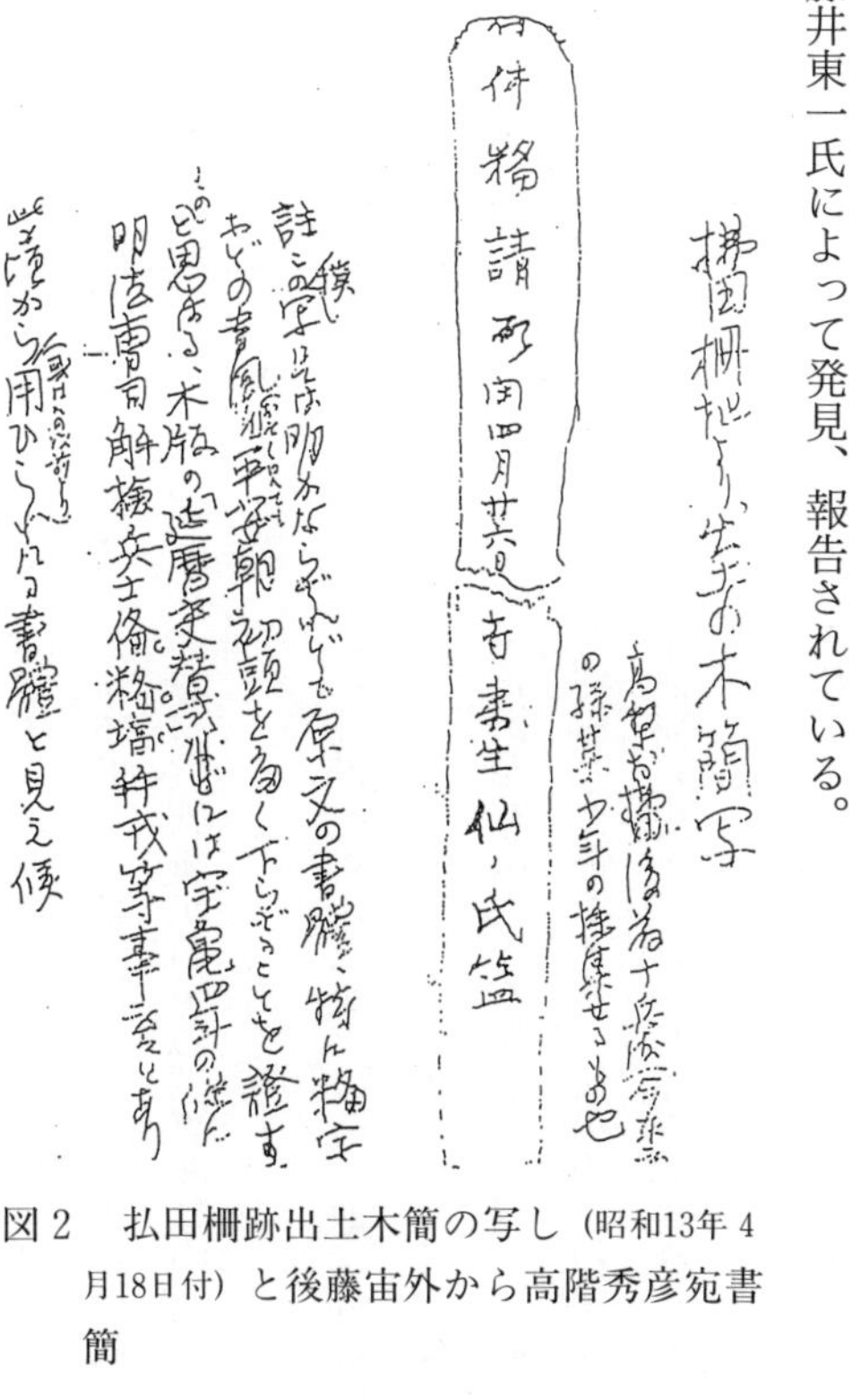

図2　払田柵跡出土木簡の写し（昭和13年4月18日付）と後藤宙外から高階秀彦宛書簡

払田柵跡出土のもう一つの木簡は、地元の藤井東一氏によって発見、報告されている。

二号木簡

・「飽海郡隊長解　申請□□□□〔事カ〕」

・「　六月十二日　隊長春日旅□〔帰カ〕」

二九四×二九×七　〇一一

藤井東一氏は、次のように発見当時の様子を述べている。(4)

（昭和五年）九月七日、厨清水の脇を発掘し、多数の文字ある土器を採集した。（中略）それから幅一寸、厚さ二分五厘、長さ一尺位の板片に沢山の文字を表裏に書いてあるものがある。これは浜田耕作先生著通論考古学の写真版にある木簡と言ふものによく似て居る様に、我々素人には考えられる。文字は表は最初の字は館と読むことが出来る。二字不明。次は隊のやうに見える。其下は長判然と読めて、一字不明、申らしいが判然しない。其下六字ばかりあるが、判断が出来ぬ。裏面は中途から六月十らしく見える。其下二字不明。養らしい字、一字不明。（下略）

ここで、注目すべきことは、上田氏がただ墨書のある木札としたものを、藤井氏は浜田耕作氏がその著『通論考古学』のなかで紹介している中国敦煌附近発見の木簡とよく似ていると指摘している点である。周知のように、その後、昭和三十六年（一九六一）の平城宮跡での木簡発見に先立って、滝川政次郎氏は払田柵跡出土の木札を、六国史・律令格式・儀式書および公卿の日記などに散見している「短冊」そのものであると断定したのである。滝川氏の指摘はともかく、地元の藤井東一氏が中国出土の木簡との類似性を指摘した事実も、木簡研究史上、けっして看過すべきではないであろう。

この木簡は長らく行方が知れなかったが、昭和五十一年（一九七六）再発見された。現状は風乾状態であるが、完形品で文字も事書の貢進品目の部分の右半分の墨痕がほとんど失われている以外は、比較的良好である。その判読結果は次のごとくで、藤井氏の釈読を一部訂正、補うことができるようである。

・「飽海郡少隊長解　申進□□□□〔事カ〕」
・「　六月十二日小隊長春日□継　」

内容は解の書式をとる軍団関係の請求文書と考えられる。出羽国の軍団は出羽団一団だけで、飽海郡に存したわけではない。これは次のような例と同様に理解すればよいであろう。

『続日本後紀』承和七年（八四〇）二月癸亥条（『続日本紀纂詁』は後掲の同十五年〈八四八〉五月紀により「伊具郡」

の下に「人磐城団」の四字を補う）

陸奥国柴田郡権大領丈部豊主、伊具郡擬大毅陸奥真成等戸二烟、賜二姓阿倍陸奥臣一。同国人丈部継成等卅六人賜二姓下毛野陸奥公一。

『続日本後紀』承和十五年五月辛未条

（前略）伊具郡麻続郷戸主磐城団擬主帳陸奥臣善福。色麻郡少領外正七位上勲八等同姓千継等八烟賜二姓阿倍陸奥臣一。

すなわち、飽海郡は「隊長春日□継」の本貫を示すのであろう。なお、隊長は軍防令軍団大毅条に規定のある隊正（五十長）のことである。

(3) 三重県柚井遺跡出土木簡

昭和三年（一九二八）に発掘調査が行われた柚井遺跡は三重県桑名郡多度町の多度神社に近い遺跡で、多度山を東に仰ぐ位置に所在し、南側から仰ぐ位置には多度神社が鎮坐することから、なんらかの宗教行事と関連をもつ遺跡ではないかと推測されている。木簡はスクモ層（泥炭層）から祭祀遺物とともに三点出土している。そのうちの一号木簡は自然乾燥状態で京都国立博物館に寄託され、現存している。これらの木簡については、栄原永遠男氏が詳細に報告されているので、その論考に譲りたい。(5)

一号木簡

「＜櫻樹郷守部春□□□籾一斛＜」　一九八×二四~二〇×四　〇三一

二号木簡

「＜櫻樹郷□頭守部□代籾一石□五百□＜」　一八八×二一~一九×一〇　〇三一

これらの木簡は、いずれも地元の熱心な研究者によって綿密に記録され、保管されていたことが幸いして、木簡研究が盛行した現在、再び貴重な情報を提供してくれるのである。このような形で、戦前・戦後まだ十分な調査体制のない段階で全国各地で採集された出土品のなかに、まだ眠ったままの木簡およびその記録が存在していると思われ、今後各地の研究者による追跡調査が実施されることを望みたい。

2　地方官衙と木簡

地方における木簡の出土例は年々増加しているが、いまだ宮都跡のような一遺跡で万を超える多量の発見はない。古代の遺跡に限ってみれば、大半は削屑ではあるが、下野国府跡の約五〇〇〇点、大宰府跡の約一〇〇〇点、長登銅山跡の約八〇〇点などが特筆されるであろう。

国府・郡家・国分寺などの推定地はともかくとして、遺跡の性格を明確に示すような遺構・遺物を伴うことなく、一点または数点の木簡の出土をみる場合が少なくない。その場合は、たとえ木簡を釈読できたとしても、遺跡の性格が明らかでないために木簡の動きをあとづけられないことが多い。また、典型的な一般集落跡からの木簡出土例はいまだ聞かない。それは、木簡が文書行政のなかでその役割の一端を担い、紙との併用のなかでこそ木簡の存在意義があることと深く関連するのであろう。

上記のような出土状況から地方木簡の特色を抽出することは資料的に問題が多いが、資料的制約を承知のうえであえて現段階における地方木簡の特質について述べてみることとする。

まず、地方官衙別に木簡の主要な例を概観しながら、その特徴を捉えてみたい。

(1)　国府木簡

国府跡から木簡が出土している例は、陸奥・出羽両国については城柵の項で扱うとすると、下野・出雲両国府跡くらいである。出雲国府跡はわずか数点で、評制下のものである次の木簡が国府成立年代の問題との関わりから注目される。(6)

大原評　□磯部　安□　　(一五二)×二三×三　〇八一

国府木簡を代表するのは、約五〇〇〇点の削屑が出土した下野国府跡である。(7) 下野国府木簡は大きくは二つの意義をもっているといえよう。

一つは下野国府木簡が諸国の国府に共通する整備された政庁域の建物配置の成立年代を明らかにしたことである。政庁の基本的建物配置とは、正面中央に正殿（前殿を備える例もある）、その左右に東・西脇殿、中央にそれら三棟の建物に取り囲まれた広場をもつ形である。その成立年代に大きな示唆を与える資料は、政庁西隣のＳＫ〇一八土坑跡（旧堆積層）出土の「天平元□□〔己巳カ〕年（七二九）と記された木簡である。

・□□□〔學生カ〕丈丈丈丈マ濱足足足
・□
　徳　徳　徳　天平元□□〔己巳カ〕
　□
　　(一七六)×(一二)×三　〇八一
　　（木簡番号二三七一）

この年紀（七二九年）と政庁造営前の竪穴住居跡出土の盤形土器の年代（八世紀初頭ごろ）とを考え合わせて、下野国府は八世紀前半に創建されたとみてよいであろう。

もう一つは、政庁西隣の土坑群から出土した約五〇〇〇点の削屑は、付札類がなく、ほとんどすべてが延暦九年

（七九〇）八月から翌十年（七九一）七月までの一会計年度内の政務にかかわる文書木簡と考えられることである。

㋑都合二万四千三百　　（九三）×（一四）　〇八一（木簡番号一三七二）

㋺　□　　牝馬
　川原毛　　歳五
　　　牝馬
　鴉毛　　□□□□
（六八）×（二八）　〇九一（木簡番号二三五九）

㋩鎮火祭□□　　（八七）×（一二）　〇九一（木簡番号四一七三）

㋑は正税帳の記載の一部に該当すると思われる。都合穀は延暦九年正税稲穀から、雑用に支出した穀を引き、それに延暦十年積穀を加えた数値であろう。

また、中央への行政報告のうち、とくに重要な四度の公文（計帳・正税帳・朝集帳・調帳）を京進する使（四度使）は枝文といわれる関連付属帳簿を持参したが、そのなかには「駅馬帳」「伝馬帳」「種馬帳」「繋飼馬帳」「百姓牛馬帳」「兵馬帳」（「出雲国計会帳」〈天平六年〉）などがあり、㋺の馬に関する帳簿と考えられる。㋩の鎮火祭は、宮城四方の外角で、卜部らが火を鑽って祭るもので、火災を防ぐための祭祀である。宮城四方の外角とは、宮城四隅のチマタで祀るものであった。この木簡が出土したことから鎮火祭が地方の国府においても実施されていたことがわかる。㋩の出土した大溝は政庁から西南約三三〇メートルの地点であるので、仮に政庁を囲む方二～三町の国庁域を想定したとしても、その外辺にあたる。すなわち国府において、鎮火祭をその国庁四隅のチマタで執り行ったことが知られるのである。なお本木簡の時期は、伴出した木簡に「里正」という郷里制下の職名がみえることから、七一七～七四〇年の間で考えられる。

このように下野国府跡の土坑群からの一括廃棄された削屑は、従来史料の少ない古代の国衙行政の一年間の政務内容および財政報告を具体的に知ることができる貴重な史料群である。

(2)　郡家木簡

近年、目立つのは、郡家およびその関連施設が各地で数多く検出されている点である。それらの施設は河川や運河による水上交通の便が図られ、その河道や運河状遺構から多量の木製品とともに木簡が出土している。その具体例を二、三あげておきたい。

イ　屋代遺跡群(8)

屋代遺跡群は長野県更埴市の千曲川右岸の自然堤防上に位置する。

木簡の時期は①七世紀後半から八世紀初頭の木簡、②郡里制下の木簡（七〇一～七一七年）、③郡郷里制下の木簡（七一七～七四〇年）、④九世紀中ごろの墨線のある木製祭祀具に分けられる。

四六号木簡（二八三頁、図91参照）

・「乙丑年十二月十日酒□〔人〕

・「『他田舎人』古麻呂　（一三二）×（三六）×四　〇一九

乙丑年は六六五年にあたる。大宝令以前の書式で、干支年紀を冒頭に記している。付札に特有の左右の切込みがなく、年紀のあとに国評里名がこないことから、文書木簡・記録木簡と考えられる。裏面の「他田舎人」の部分が他と異筆と思われる。

屋代遺跡群では、地方行政の実態を示す郡符と国符が出土したことも注目される。

一一四号木簡（一〇二頁、図40）

「　　　　敷席二枚　鱒□一升　芹□

・符　屋代郷長里正等　匠丁粮代布五段勘夫（ママ）一人馬十二疋

□〔神〕宮室造人夫又殿造人十人

・「□持令火急召□□者罪科　　少領　　（三九二）×五五×四　〇一九

埴科郡司から屋代郷長里正などに対して、物品と人夫および馬の徴発を命じた郷里制下（七一七～七四〇年）の郡符木簡である。主として人の召喚を命ずる用途に使われた郡符木簡は、召喚された人とともに発給もとの郡家に戻る。したがって、屋代遺跡群の付近には郡家ないしその関連施設が存在したと想定される。裏面には施行を命ずる文言と、少領の署名がみえる。下半部は欠損している。

一五号木簡（七七頁、図20）

・「符　更科郡司等　可□〔致〕□□

・「『三月麿人ア物ア太□〔能〕万呂』（別筆1）

『□麿人ア太人ア□』（別筆2）　（三一三）×（三四）×四　〇一九

八世紀前半の国符が木簡でも発給されていたことを示す初出資料である。また、「更科郡司等」宛の国符が埴科郡家跡とされる屋代遺跡群から出土した点は、国符が信濃国内の数郡を一ブロックとして逓送されていた可能性を示すものである。

一〇号木簡

□　金刺ア富止布手／　　　　□布手

刑ア真□布／　酒人□〔石〕布手／　　金刺　舎人（ママ）真清布手／」

（三二六＋二三七）×（三二）×五　〇八一

「布手」は布の織手のことを意味すると考えられる。それぞれの人名の下の「〈」は合点か。「布手」である金刺部富止、刑部真□、酒人□、金刺舎人真清（舎入は舎人の間違いか）らの男性名が列記された歴名簡である。布の織手が男性である点、郡（評）家に工房が存在している点は、郡家における大規模な布生産の実態を想定できるものとして貴重である。

屋代遺跡群では、建物遺構は未検出であるが、八世紀前半の荷札木簡の存在や、千曲川の水運利用などから信濃国埴科郡の郡家にとどまらず、七世紀後半～八世紀前半にかけて、信濃国の中心的行政施設のおかれていた可能性が十分に考えられるであろう。

ロ　荒田目条里遺跡(9)（福島県いわき市）

荒田目条里遺跡では、平成五年（一九九三）の調査で、古代の幅一六メートル以上にわたる河川跡のなかから祭祀遺物を中心に多数の遺物が出土した。木簡三八点、そのうち文字の認められる三三点の内訳は、次のとおりである。

a文書木簡　九点
・郡符　二点
・返抄　一点
・請求文書　二点
・手控的記録　二点
・不明　二点
b付札　一二点

c写経　　一点
d写経用割付定木　一点
e習書　　一点
f不明　　九点

一号木簡（一四八頁、図59）

・「郡符　立屋津長伴マ福麿　可□召
　右為客料充遣召如件長宣承×
・「□」　（二三〇）×四二×三　〇一九

郡司から立屋津長伴マ福麿に人の召喚を下達した文書である。郡司から津長に符が下され、津の来客のために、津長の管理下の船をあやつる楫取や水手、または雑役に従事する津の周辺の人々などが徴発されたと考えられる。

二号木簡（七五頁、図19）

・「郡符　、里刀自　、手古丸　、黒成　、宮澤　、安継家　、貞馬　、天地　、子福積　、奥成　、得内　、宮公　、吉惟　、勝法　、圓隠　、百済部於用丸
、真人丸　、奥丸　、福丸　、蘓日丸　、勝野　、勝宗　、貞継　、浄人部於日丸　、浄野　、舎人丸　、佐里丸　、浄継　、子浄継　、丸子部福継『不』足小家
、壬部福成女　、於保五百継　、子槐本家　、太青女　、真名足『不』子於足　『合卅四人』
右田人為以今月三日上面職田令殖可扈發如件　」
・「　奉宣別為如任件□〔宣カ〕
　大領於保臣　以五月一日　」

五九二×四五×六　〇一一

郡司から里刀自に命じて、五月三日に郡司の職田の田植えのために、里の農民三六人を召し出したものである。

荒田目条里遺跡と磐城郡家の中心施設のおかれた根岸遺跡、およびその周辺は、古代の磐城地方の支配拠点である。文献史料からうかがえる磐城郡領の莫大な財力と勢威（『続日本後紀』承和七年〈八四〇〉三月戊子条）は、一号木簡にもみえる津の存在、すなわち、太平洋とそこに流れ込む夏井川、そしてその河口の津による水上交通の便がもたらしたものであろう。また、夏井川の自然堤防と後背湿地に展開する、集落と豊かな水田によるものでもある。

以上のように、荒田目条里遺跡出土の木簡群は、古代の地方豪族の在地支配の状況を詳細に物語っている。

ハ　御子ヶ谷遺跡[10]

御子ヶ谷遺跡（静岡県藤枝市）は駿河国志太郡家跡とされ、「志大領」「志太少領」「志厨」など、官職名・施設名などを記した墨書土器が数多く出土したことで知られている。ここでは一〇点の木簡が出土しているが、大半は文書木簡である。

一号木簡

・「　□□　□前□［　］
　召　□　□
・「女召　付里正『（追筆カ）丈□（部カ）麻々呂』　（二二〇）×三五×四　〇一九[11]

内容は召喚状であり、「里正」は霊亀三年（七一七）から天平十二年（七四〇）ごろまで施行された郷里制下の里の長であることから、木簡はこの間に書かれたものとみなすことができる。

(3)　国分寺木簡

国分寺は国府と異なり、各地でほぼすべての国分寺の遺跡を確認または推定しているが、木簡の出土例となると数例（但馬・能登・安芸国分寺など）にすぎない。これは国分寺跡調査が現段階で主要伽藍配置に主眼をおき、周辺の調査にその対象がないことによるのであろう。

そのような状況のなかで、但馬国分寺跡で寺域南東隅を画する溝から木簡三四点を確認しているのが特筆される。(12)

二号木簡

・高向マ綿万呂　　西倉東方マ文月雀マ乙江　三綱炊屋日下マ大万呂
□□□□　□刑マ小川　　北倉赤染マ得麻呂　　鋳所東方マ公磐倉
　　　　　　○　　物マ乙日
　　　　　　　　大生マ弓手　□　　官坐私マ宇万呂　○」
・　　　　土市（師）　　　日置　　水取マ　　○
　　　　□□　○
　　　　　宗我マ毗登　　物マ　　水取部眞梶　」
　　　　　　　　　　　　　　　（三五三）×五八×三　〇一九

国分寺内の各施設（三綱炊屋・鋳所など）におけるある仕事への人員の割りあての文書である。

二〇〇〇年、広島県東広島市安芸国分寺跡の寺域東側の土坑から三四点の木簡が発見され、その内容は付札を中心に法会などに備えて安芸国内から必要な物品を集めたものと考えられる。とくに天平勝宝二年（七五〇）の年紀のある送り状木簡が注目される。

(4)　大宰府木簡

大宰府はいうまでもなく大陸との外交と九州地方を統括する機関である。こうした大宰府の機能のうち、最近の鴻臚館跡木簡も含めて、まだ外交関係の資料はないが、後者に関連した貴重な木簡が数多く出土している。

第八七・九〇次調査地は、大宰府政庁地区（都府楼跡）とは県道をはさんでその西南隅に接し、「不丁」地区とされる政庁関連施設の存在が想定されていた地区である。[13]

木簡は合計九八点、すべて南北溝SD二三四〇から出土した。そのなかから各地の地名を示すものを五例ほどあげておきたい。

㋑「＜怡土郡紫草廿根」　一一〇×二一×四　〇三二（一八九号木簡）

㋺「＜合志郡紫草大根四百五十編」　三九二×三一×一六　〇三二（二一三号木簡）

㋩「＜桑原郡」　一〇二×一八×三　〇三二（二二二号木簡）

㋥「＜大隅郡」　一〇五×一五×四　〇三二（二二三号木簡）

㋭「＜掩美嶋　（五〇）×一九×三　〇三九（二二四号木簡）

紫草関係のものが大きな特徴の一つであり、貢納郡は筑前国（㋑）、肥後国（㋺）、豊後国の各郡をはじめ、西海道九国のうち日向国を除く八国の名がみえる。しかもその多くは付札類であり、大宰府における管内諸国島からの物資の集積状況の一端を示している。さらに㋭「掩美嶋」のような南島からの〝方物〟に付されたものもある。

(5)　城柵木簡

律令国家は東北地方の蝦夷に対して、食を饗し禄を与えるなどの懐柔策をとる一方、蝦夷と接する地域には、律令行政遂行の拠点として、また蝦夷の攻撃を予測して、軍隊を常駐し、防衛機能をも備えた〝城柵〟を設置した。

東北各地では、そうした城柵の遺跡の継続的発掘調査を実施し、大きな成果を得ている。木簡も多賀城跡の約三七〇点をはじめ、秋田城跡三一一点・払田柵跡八九点・胆沢城跡そして多賀城跡前面の山王遺跡・市川橋遺跡など合わせると約一〇〇〇点近くになる。
木簡の内容については、やはり、軍事関係の資料が圧倒的な数を誇っている。また、その関連として、宮都や大宰府はともかく、通常の令制国と異なり、他国（とくに坂東諸国）からの物資の搬入・人の移動などを示すものが目立つのも特徴の一つとしてあげられよう。

多賀城跡

・「＜武蔵国播羅郡米五斗
　　部領使□□刑部古□□〔乙正カ〕」
・「＜大同四年十二月［　　　　］　」　二〇〇×三〇×一〇　〇三二[14]（二〇次）

大同四年（八〇九）に武蔵国播羅郡（埼玉県深谷市付近）から多賀城に送られた米の付札である。

秋田城跡（一二一号）（三五〇頁、図105）

「上総国部領解　申宿直
　　合　五　人　火　（一〇九）×四〇×四　〇一九[15]

本木簡は、秋田城内の警護のための宿直兵に関する上総国の部領（使）の報告の解（上申書）である。このことから、上総国の部領使は自国兵を率いて秋田城に赴くだけではなく、引き続き滞在して兵を監督し、兵士の配備などの任務にあたっていたことが推察できる。今まで、現地における部領使や兵士らの勤務形態が知られていなかっただけに、注目すべき資料である。

(6)　その他

全国各地で数点または数十点の木簡が必ずしも遺跡の性格を限定できない遺構や遺物とともに出土するケースが圧

倒的に多い。

山垣遺跡（兵庫県氷上郡春日町）は調査ではまだ東辺のみであるが、一辺約五〇メートルほどの堀を周囲にめぐらした内側から奈良時代の建物跡（五間×三間）が検出され、その堀から二一点の木簡が出土している。日常生活用具や農耕具など五〇〇点にのぼる木製品も注目される。さらに墨書土器に「春マ」とあり、木簡にも「春部里長」の文字がみられることから、山垣遺跡が里に関連した官衙施設であったとされている。[16]

しかし、この遺跡を里に関連した官衙施設とみなすうえで、木簡に限っていえば理解しがたい資料が存在している（図3）。

「＜丹波國氷上郡＜」　三六七×三五×七　〇四三（一一号木簡）

まず、この木簡の形状に注目したい。上半部は短冊形であるが、上端近くと中ほどにそれぞれ左右から切込みを入れ、下端に向かってゆるやかに細めて、羽子板の柄に近い形を呈する特徴的な形である。この形状と酷似したものが、最近の平城京跡出土木簡のなかに認められる。

「＜『封』北宮進上　津税使＜」　三〇〇×二七×三　〇四三

（『平城京木簡』一―四五四）

山垣遺跡出土木簡

平城京跡出土木簡

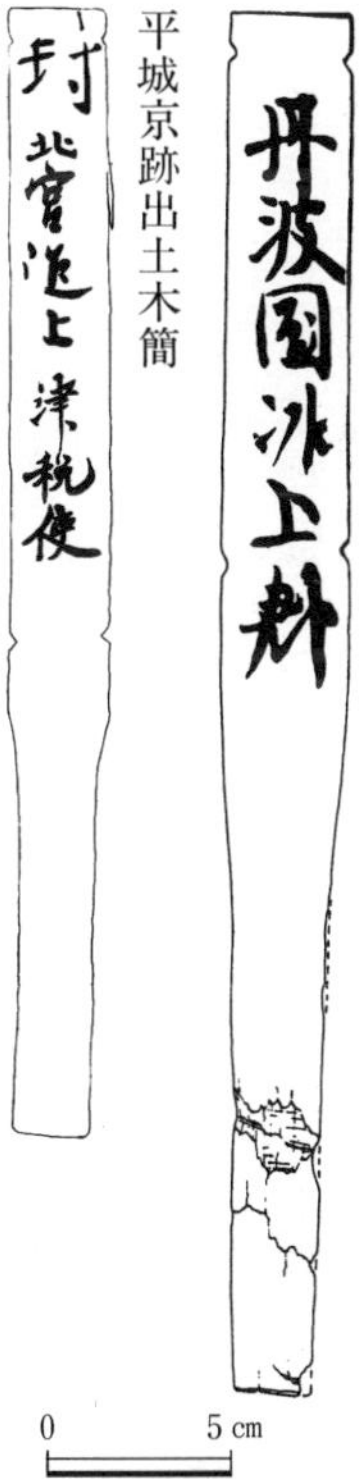

図3　封緘木簡（兵庫県山垣遺跡・平城京跡）

この木簡は文書送付にあたり紙の文書を二枚の板ではさみ、紐で封じた木簡として用いられたことが明らかにされている。これは中国の木簡分類でいえば、〃検〃に相当するものであろう。

この点を参考にするならば、山垣遺跡の「丹波国氷上郡」と記された木簡は、裏面は割ったまま無調整であることから、二枚の板で文書をはさみ、表面に宛名を記したものであると判断できる。したがって、この木簡は、宛先で紐解かれて破棄されたものであるから、山垣遺跡には氷上郡宛の文書が届けられたと推測される。

このほかにも、山垣遺跡から出土した木簡には「春部里」のほかに「竹田里」の記載がみえ、さらに内容上から船城里・美和里などのちの〝東県司〟に相当する広範囲の里に関する木簡も含まれている。

このように山垣遺跡は木簡のみから考えても郡レベルの施設と考えるのが穏当であろう。

3　地方木簡の特色

ここでは地方木簡のなかでも記載様式、形状、内容の点で特色のあるものを一応分けて取り上げるが、これらは相互に深く関連することは申すまでもない。

(1)　記載様式

貢進物付札　地方官衙遺跡から出土する貢進物の付札には、九州を統治する大宰府や東国からの支援をうける東北の城柵を除いては、普通国名の記載がない。しかし、郡名を記載しない例も少なくない。たとえば、但馬国分寺跡では貢進物付札四点のうち三点の書出しが郡名からであるが、一点は郷名からである。また、郡遺跡（静岡県藤枝市）からも書出しが郷（里）からはじまる貢進物付札が二点出土している。そのほかにも、書出しが郷（里）からはじまる貢進物付札の例としては、宮久保遺跡（神奈川県綾瀬市）、神明原・元宮川遺跡（静岡県静岡市）、伊場遺跡（静岡県浜松市）、佐堂遺跡（大阪府八尾市）、能登国分寺跡（石川県七尾市）などの木簡がある。

次に貢進物付札であるにもかかわらず、物品名が記されていない例もある。

イ　能登国分寺跡(17)

「上日郷戸主舟木浄足戸□□〔西岡カ〕」　二八二×三三×四　〇五一

ロ　神明原・元宮川遺跡(18)

「他田里戸主宇刀マ真酒」　一一〇×一七×四・五　〇五一

この二点の木簡は、①郷（里）名からの書出しであること、②物品名・数量の記載がなく、「郷（里）名＋貢進者名」のみであること、③片面のみの記載であること、④形態が〇五一型式であることなど、まったく共通した特徴を有している。先にあげた但馬国分寺跡の貢進物付札も、いずれも片面のみの記載である。この点、長岡京木簡の場合、越前国などからの米の貢進付札に郷名から書き出す一連の木簡が数多く存在するが、物品名・数量および年月日などが記載され、しかも、ほとんどは両面記載である点、やはり長岡京木簡は宮都木簡の特色を備えているといえよう。こうした地方の貢進物付札の簡略な記載のしかたは、中央と国府などの地方の役所における貢進物の勘検手続きの違いを反映しているのであろう。

文書木簡　中央の役所に比べて、地方の役所の機構は未整備な点が多く、文書行政の実態も中央と異なる点が少なくないと推測される。それらの点が紙と木簡との関係において、中央と地方との間に微妙な相異を示しているのかもしれない。あえて極論するならば、地方官衙における文書行政において、木簡の果たした役割は中央に比して大きく、複雑多岐であったのではないかと思われる。したがって、文書木簡の記載様式に種々の工夫がなされ、中央官衙にみられない特有の記載を見出すことができるようである。

その一端をうかがうことのできる例を二、三あげておきたい。

イ　荒田目条里遺跡(19)（福島県いわき市）

・「<返抄検納公廨米陸升　正料四升／調度二升　卌七石丈部子福□〔領ヵ〕
右件米検納如件別返抄

・「<　仁寿三年十月□日米長□
『於保臣雄公□』
（一六八）×三五×一〇　〇三九（三号木簡）

本木簡は、磐城郡から国府へ送った米三七斛六斗に付けられた付札であり、そのうち、公廨米として収納された六升についてのみの返抄文言が付札に書かれ、郡に戻ってきたものと推定される。郡に戻ってきた段階で、郡司の署名が裏面に書かれ、その後、用済みになり廃棄されたのであろう。

いずれにせよ、このように、物品進上の機能と返抄の機能を一つの木簡に付与させた形になったのは、紙による返抄作成を念頭に置いておらず、木簡だけで一つの文書行政を完結させようとしたためではなかろうか。

ロ　道伝遺跡（山形県東置賜郡川西町）

・「寛平八年計収官物□〔事ヵ〕　去七年料　本倉實五百卌□□〔斛ヵ〕□
□□〔前ヵ〕官物計収如件□□」
四五〇×（二四）×七　〇一一(20)

・（裏面は省略）

記載様式は、まず右上部に事書、次に本文の部分を木簡のほぼ中央に、三行目の文末は左下部にそれぞれ書くという方法をとっている。これは一紙の文書内容を現状幅で約二センチ（おそらく原形幅一寸）、長さ四五センチ（一尺五寸）の木簡に簡略に要領よく記している。

(2)　形　状

大型木簡　大型木簡は現状では地方木簡の特色の一つにもあげられているようであるが、平城京内の告知札や最近の長屋王家木簡などにも大型簡はみられる。これは中央・地方を問わず、木簡の用途に伴って大型の簡が要求されるのであり、たとえば掲出される日々の記録簡は長さ・幅そして厚さまで大型なことが必要となってくるのである。これらのことを以下の例でみてみたい。

イ　鴨遺跡（滋賀県高島郡高島町）

「貞観十五年九月十七日蒭員百八十一扮　　廿二日蒭員二百卅六扮
〔穿孔〕
○十八日蒭員二百卌五扮　　廿八坪卌扮廿七坪卌八扮
五　加　支□〔若カ〕丸南二百三分　　卅三迫田百卌八扮　＝
十九日蒭員二百五十一扮□□□□□□　　廿四日蒭員百卅扮加目方田□□□□
廿八日蒭員三百卅五扮南百十二扮□ 北二百廿三扮『□□□□』〔遍遍遍遍カ〕　　四日十七坪百五十扮
＝　廿九日蒭員六条七里廿七坪五百七十扮家五十三□ 広碓〔雄カ〕預五百十七扮　　五日庄前廿四坪　二百十五扮七坪廿五分庄田百五十□ 廿四坪卌分
六日廿四坪七坪百□〔八カ〕十扮　七坪廿□〔扮カ〕廿四坪百□□〔六十カ〕
卅三坪卅扮加広碓〔雄カ〕　右惣合五百□□〔卅七カ〕扮　　□〔七カ〕日坪□□〔分カ〕」

一六六五×(六四)×一三　〇一一[21]

全長一六六・五センチ、現存幅六・四センチ、厚さ一・三センチの長大な木札である。頭部直下、中央部に〇・八センチの方孔が穿たれており、大きな角釘に掛けて記録を綴ったもののようである。

貞観十五年（八七三）九月十七日から十月七日、実際は欠損分を考慮すると十月十日ごろまでの毎日の稲の収穫を記録した木札とされている。

ロ　伊場遺跡(22)（静岡県浜松市）

・　人　□　委尓マ足結屋一　若倭マ小人屋一　語マ□支□屋一　驛評人　軽マ軽マ足石椋一屋一　蘇可マ□男椋一屋一
　□□□椋□双□　肥人マ牛麻呂椋一　若倭マ八石椋一　同小麻呂椋一屋　□□人
　　一　委尓マ長椋二　五十戸造麻久□　椋二　委尓マ千支鞨椋一　原　語マ三山椋一　加□□〔江カ〕五十戸人　語マ小衣屋一椋一
　□マ衣依□屋　語マ山麻呂椋一　宗尓マ□□屋一　委尓マ酒人椋一　語マ□〔比カ〕古椋一　［　］男椋一字□□　語マ小君椋一　□

・　□□□　［　　］　□□□□　宗可マ□椋一　［　］［　　］　□□□　□椋一　□□　□　［　　］
　□□マ□□椋一今□　間人マ□　同マ□□屋　日下マ木椋二今作　［　　］　宗何マ伊□□椋一□
　□□［　］女屋一□　□マ龍椋一　石マ國□椋　神□〔人カ〕マ□□椋一　［　］マ□椋一　□□□□
　□□□□　同□椋一　大□〔伴カ〕カ足石椋一　宗［　］□□□椋一　［　］マ［　　］　［　　］
　［　　　　］　宗宜マ□椋二　敢石マ角　椋一　［　］

（一一六五）×（六二）×一〇　〇六五

（二二一号木簡）

下端は原形をとどめ、一孔を穿っているので、鴨遺跡の記録板同様に掲出していたものと考えられる。木簡には表裏で五十数名以上の人名が列記され、ほぼその数相当の「屋」また「椋」が記載されていたことから、「敷智郡屋椋帳」と仮称されている。

この二例のほかにも、六〇センチ（約二尺）を超える大型の木簡が、数多く出土している。

これらの大型木簡は本書でのちに触れる郡符や過所木簡のような文書木簡を除くと、多くの場合、掲出したと思われ、日々の記録や常時掲示しておく目的のために、通常の木簡より大型で、堅牢さを必要としたのであろう。これは、明らかに紙ではなく、木の特性を生かした選択といえよう。

この木の特性を生かした好例として、「倉札《くらふだ》」がある。古代においては、正倉の納物の出入は木簡に記録し、それを「倉札」と呼んでいた。その「倉札」には出納責任者の名が連署され、欠損が生じた場合、ともに補塡する責任を負っていた。

八　門田条里制跡（福島県会津若松市）

□□税長等依法□物塡進了＜　　寛×
『有安』擬大領□　『筌麻呂』擬少領□
（二六二）×七五×一二　〇三九[23]

上・下端欠損しているので全長は不明であるが、幅と厚さは尋常ではなく、全体ではかなり大型な木簡と推測される。

この木簡は（国司）・郡司・税長が法に基づき、官物の欠損を補塡したことを内容としており、年月日（寛平年間〈八八九〜八九八〉）とおそらく日下（日付の下の署名）に税長名、左側の上部欠失部分に国司、そして現存部に郡司（擬大領・擬少領）の署名を記したものと推測できる。大型で、裏面は加工が比較的粗雑で全く文字のないことからも、こうした木札は正倉の壁や柱などに掲出したのではないか。

このような大型木簡が、地方官衙の種々の場面で多用されたことは明らかであるが、中央においても、中央官庁の正規の事務処理の場では比較的少ないかもしれないが、前述したように京内の告知札や最近の長屋王家木簡のように、より私的な場や用途では大型木簡の使用例が明らかになってきていることを付記しておきたい。

(3)　樹　種

藤原宮跡・平城宮跡出土木簡の材質は、ほとんど針葉樹材で、まれに広葉樹材がある。また、針葉樹材のうち、九〇パーセント以上がヒノキであり、他に少々のスギがあるとされている。(24)ところが、地方木簡の場合は事情が異なる様相を呈している。近年ようやく各地の遺跡出土木簡について、その樹種同定が本格的に実施されはじめてきたが、そのうちから二例をあげると、次のとおりである。

福島県いわき市荒田目条里遺跡出土木簡(25)（合計三七点）

モミ属　一九点
ヒノキ属　一三点
スギ　一点
カヤ　三点
モクレン属　一点

宮城県多賀城市山王遺跡木簡(26)（合計一三点）

モミ属　六点
ヒノキ　三点
サワラ　二点
クリ　一点
エゴノキ属　一点

宮都の木簡と比較して、明らかに樹種の多様性が目立っている。宮都へ貢進する木簡は樹種の規制があり、厳密に樹種が選択されているのに対して、地方官衙内および国・郡・里の関係のなかでは、樹種はおそらく手近で調達し、多様な樹種が使用されたと理解することができよう。

明らかに紙ではなく、木の特性を生かした選択といえよう。

この木の特性を生かした好例として、「倉札《くらふだ》」がある。古代においては、正倉の納物の出入は木簡に記録し、それを「倉札」と呼んでいた。その「倉札」には出納責任者の名が連署され、欠損が生じた場合、ともに補填する責任を負っていた。

八　門田条里制跡（福島県会津若松市）

□□税長等依法□物填進了＜　　寛×

『有安』擬大領［　］『筌麻呂』擬少領［　］

（二六二）×七五×一二　〇三九[23]

上・下端欠損しているので全長は不明であるが、幅と厚さは尋常ではなく、全体ではかなり大型な木簡と推測される。

この木簡は（国司）・郡司・税長が法に基づき、官物の欠損を補填したことを内容としており、年月日（寛平年間〈八八九〜八九八〉）とおそらく日下（日付の下の署名）に税長名、左側の上部欠失部分に国司、そして現存部に郡司（擬大領・擬少領）の署名を記したものと推測できる。大型で、裏面は加工が比較的粗雑で全く文字のないことからも、こうした木札は正倉の壁や柱などに掲出したのではないか。

このような大型木簡が、地方官衙の種々の場面で多用されたことは明らかであるが、中央においても、中央官庁の正規の事務処理の場では比較的少ないかもしれないが、前述したように京内の告知札や最近の長屋王家木簡のように、より私的な場や用途では大型木簡の使用例が明らかになってきていることを付記しておきたい。

(3)　樹　種

藤原宮跡・平城宮跡出土木簡の材質は、ほとんど針葉樹材で、まれに広葉樹材がある。また、針葉樹材のうち、九〇パーセント以上がヒノキであり、他に少々のスギがあるとされている。[24]

ところが、地方木簡の場合は事情が異なる様相を呈している。近年ようやく各地の遺跡出土木簡について、その樹種同定が本格的に実施されはじめてきたが、そのうちから二例をあげると、次のとおりである。

福島県いわき市荒田目条里遺跡出土木簡[25]（合計三七点）

モミ属　一九点
ヒノキ属　一三点
スギ　一点
カヤ　三点
モクレン属　一点

宮城県多賀城市山王遺跡木簡[26]（合計一三点）

モミ属　六点
ヒノキ　三点
サワラ　二点
クリ　一点
エゴノキ属　一点

宮都の木簡と比較して、明らかに樹種の多様性が目立っている。宮都へ貢進する木簡は樹種の規制があり、厳密に樹種が選択されているのに対して、地方官衙内および国・郡・里の関係のなかでは、樹種はおそらく手近で調達し、多様な樹種が使用されたと理解することができよう。

(4) 内　容

地方財政運用関係　これまでの地方の文書様木簡を内容別にみるならば、おそらく、地方財政の運用にかかわる木簡が最も多くを占めているであろう。

先にあげた下野国府木簡のほかに、ここでは次の例をあげておきたい。

払田柵跡

・「嘉祥二年正月十日下稲日紀　□〔充カ〕年料」
・「□〔合カ〕三千八百卅四□〔束カ〕　『□〔勘カ〕了正月十□〔二カ〕』」　二三七×二三×五　〇一一[27]（四・五号）

「払田柵」の嘉祥二年（八四九）の年料として稲「三千八百卅四（束）」を充てることを内容として、裏面には「勘了正月十□〔二カ〕（日）」と受領したこととその日付を加筆したものである。

また、地方財政運用において、重要な役割を果たしたのが出挙制である。それを裏付けるかのように、近年各地の発掘調査において発見される漆紙文書（茨城県鹿の子C遺跡出土の出挙帳ほか）や木簡のなかに公・私出挙関係の文書がきわめて目立っている。

呪符木簡　この種の木簡は現段階では、地方出土のものが目立っている。

イ　伊場遺跡

・「<百怗咒符百々怗宣受不解和西怗□亡令疾三神□〔宣カ〕□□
宣天罡直符佐□當不佐亡急々如律令
弓　龍　神
（竜の墨画）　人山龍　　急々如律令

・「く　蚰子□□□　人山龍　」
急々如律令
戌　戌　戌
弓ヨヨヨ弓　」
三二二×六七×四　〇三二(28)（三九号木簡）

冒頭に「百怪（諸々の妖怪）呪符」とあり、両面に呪句「急々如律令」などや龍（水神）の絵が書き込まれている。一定期間風雨にさらされたらしく、文字はほとんど消えているが、墨書部分が盛り上がっているために、かろうじて判読できる。こうした木簡の状況は呪符木簡に共通した特徴であり、現在の門柱の表札と同じ状態で、外に掲出されていたのであろう。

図4　丸い棒状の木簡（多賀城跡出土）

ロ　多賀城跡

・「　□〔厭カ〕……百怪平安符未申立符
・「〔□戌□□／平□〕……奉如實急々如律令　（二七四）×三一×四　〇五一(29)（三七次）

本木簡の年代はおおよそ十一世紀ごろと考えられている。頭部を山形に削り、下端を尖らせた形状はのちの呪符の典型的な形状に連なるものであろう。その内容は、百怪を鎮め除くための呪符で、未申《ひつじさる》いわゆる西南の方角に立てた符であるというものである。この木簡は道饗祭《みちあえ》（都などの四隅に神を祭り、悪鬼の入り来るのを防ぐ祭）のとき、艮《うしとら》（東北）角・巽《たつみ》（東南）角・乾《いぬい》（北西）角とともに坤《ひつじさる》（西南）角に立てられた符にあたるのであろう。木簡の出土地点は多賀城のちょうど西南方向にあたることもそれを裏付けていると考えられる。

ハ　宮城県多賀城跡

挂草郷
戌戌戌　　　　　　　　　　　　　　　　　　　　（五三）×復元径二一　〇八一[30]（二四次、三号）

棒状の木簡。小枝の表皮を簡単に削り取っただけのものである（図4）。

挂草郷は上野国勢多郡「桂萱郷」（『和名抄』に「桂」とあるのは「挂」の誤りであろう）にあたる。「戌戌戌」を三回記するのは、先の伊場遺跡の呪符木簡と共通する点、注目されよう。また、このことと形状の特異性とあわせて、守り札のような性格が考えられようか。

4　地方木簡研究の視点

地方木簡については、基本的視点を次のように定めて展開していきたい。

古代日本の文字文化を概観するならば、宮都は地方社会に比べて、より成熟した文字文化を有していたとみて間違いないであろう。すなわち、八世紀段階には正倉院文書に端的にみられるように、宮都においては文書行政のなかで、紙の文書が広範囲に使用され、木簡は紙の補完的役割を負い、特定の用途に限られたと考えられる。

一方、地方社会では、木簡が多様な場で活用されたと想定できる。木簡は、紙の文書との通用を十分に意識し、規格性の高さや、紙の文書の必須項目のみを盛り込んだ簡略な記載様式などを生み出したのではないだろうか。いわば、地方木簡は、宮都木簡に比して、紙木併用における木簡の多様な使われ方や紙との巧みな使い分けの実態をものがたっていると考えられる。

地方木簡の現状は、その特色をいまだ明瞭に説明できる段階に至っていないというのも真実であろう。したがって、本論は、その現状のなかで、しいてその特徴的な事項を整理したにすぎない。ただ、本書の冒頭で、まずこの点を整理し、以下、具体的に地方木簡の分析に入りたい。ここで取り上げた点に着目して、地方木簡を総体的に捉えていくことができるならば、地方における木簡の使用の意義がおのずから鮮明になってくるはずである。以下、地方木簡研究の留意点をおおまかに整理しておきたい。

①現段階では、全国各地における木簡の出土状況は、ほとんどの場合、一点または数点ずつの出土である。地方における多くの遺跡が緊急発掘調査などにより、調査区もその遺跡や遺構のごく一部であったりして、遺跡の性格を容易に明らかにできないのである。

このように性格の明らかでない遺跡出土の木簡は、その木簡の動きを明瞭にあとづけることができない。しかも、木簡の点数が少ないために全体的な状況判断がつきかねる。ただこうした現状はいたしかたのない事実である。むしろ、わずかな点数の木簡について現段階において、最大限の解釈の可能性を求めておくことが、今後の類例の発見や地方木簡全体の解釈のうえで、おおいに役立つのではないだろうか。

②地方文書行政に関する研究は、正倉院文書研究の活発化に伴い、多くの成果を得つつある。なかでも、戸籍・計帳・正税帳などの研究は、その文書作成の主体的役割が国府であったのか郡家であったのかなどという問題を中心として活発に論議が行われている。

しかし、正倉院文書のような中央へ上申された公文類に加えて、その前段階すなわちそれぞれの国内における文書行政の具体相がより明らかにされなければならない。その意味で、地方官衙跡から出土する木簡や漆紙文書などの資料によって地方文書行政の実態を総体的に把握する必要があろう。

③本論では、各地の木簡の特徴的なものを紹介したが、それらの木簡のみに限っても、内容だけでなく、形態上も実にバラエティーに富み、しかも形状的な特徴からある程度内容を類推することさえできるものがある。木簡の基本

的な形式分類はすでに共通利用されているが、そうした分類では把握できない形状的な特徴が存在する。
貢進物付札でみるならば、長岡京木簡に多くみられる上端を山形として、下端を両側面から削り尖らせる形状に注目したい。

この形状は平城宮木簡ではあまり見られないもの（わずかに長岡京と同様に、近江国からの白米付札にのみ見られる点、興味深い）で、長岡京木簡の近江・越前・美濃などの国からの白米付札に多用されている。長岡京以降においては、各地の貢進物付札（いずれも米の付札）にも確認することができる。

例　胆沢城跡（岩手県水沢市）

「和我連□□進白米五斗」　一八五×二五×四　〇五一[31]（一八号木簡）

この胆沢城木簡は頭部を山形に整形し、左右辺は裏から斜めに削って角を落としている。この手法は長岡京のものとまったく一致し、しかも法量の点でも、たとえば、

・「川口郷民得名米五斗」

・「十一月廿三日　」　一八〇×二三×四　〇五一[32]（七八号木簡）

とほぼ相似たものがあり、これらの点から考えて、米の付札に一定の規格・ヒナ型、いわゆる「様（ためし）」の頒布などということも十分想定することができそうである（図5）。

また、封緘木簡は前述したように長屋王家木簡や山垣遺跡木簡などの登場によって注目されはじめた特色ある形状をもつ木簡である。これらの木簡の出現により、すでに報告されていた仙台市郡山遺跡の一号木簡も、同様の封緘木簡であることが判明した。

「<封附　（一〇四）×二九×三　〇三九[33]

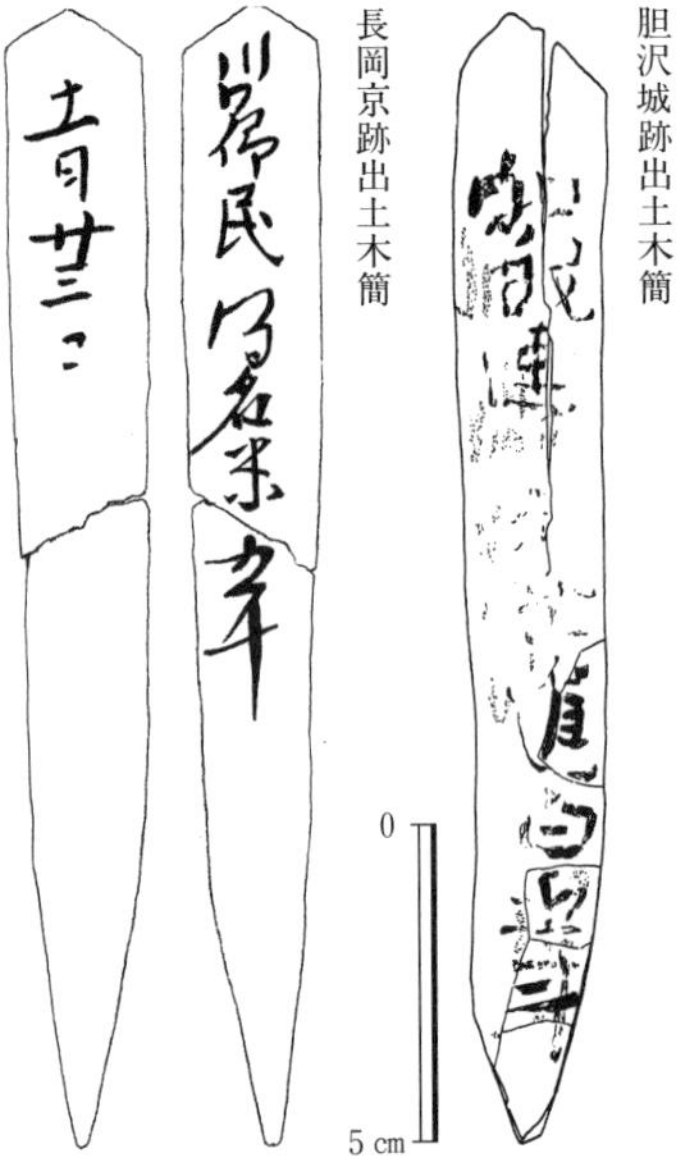

図5　米の付札

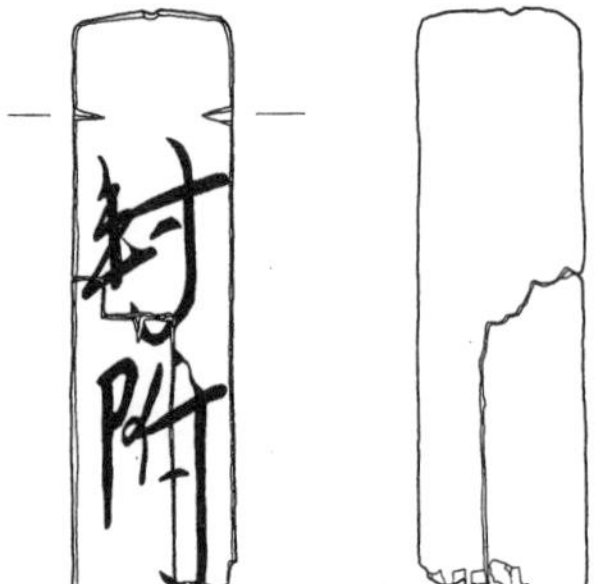
図6　封緘木簡の切込みの状態（仙台市郡山遺跡出土）

この木簡の場合、図に示したように切込みは通常の付札のように完全に裏まで達していない（図6）。これは二枚の木簡を重ねて紐で結んで固定する目的ならば、十分に理にかなっているのである。

以上、二、三の例で明らかなように木簡については、内容とともにその形状などの詳細な〝もの〟観察が必要である。そのうえで、地方の文書行政の全体的なしくみのなかで、木簡の占める位置を明らかにすることが本書全体の大きなねらいであることを改めて強調しておきたい。

以下、本書において、具体的な事例を通じて、古代における地方木簡の実態を明らかにしてみたい。

註

（1）　上田三平『史蹟精査報告第三　指定史蹟　拂田柵阯』（一九三〇年）。

（2）　註（1）に同じ。

（3）　滝川政次郎「短冊考―払田柵址出土の木札について―」（『律令諸制及び令外官の研究』角川書店、一九六七年。原論文は一九五八年）。
（4）藤井東一「拂田柵」（『秋田考古会会誌』二―四、一九三〇年）。
（5）栄原永遠男「一九七七年以前出土の木簡三重・柚井遺跡」（『木簡研究』一、一九七九年）、同「柚井遺跡出土の木簡」（『木簡研究』二、一九八〇年）、同「柚井遺跡出土木簡の再検討」（『木簡研究』八、一九八六年）。
（6）平石充「島根・出雲国庁跡（第一一号）」（『木簡研究』二〇、一九九八年）。なお、島根県教育委員会『史跡出雲国府跡』（一九七五年）では、「大原評　□部　□□」と釈読していた。
（7）栃木県教育委員会『下野国府跡Ⅶ　木簡・漆紙文書調査報告』（一九八七年）。
（8）㈶長野県埋蔵文化財センター『長野県屋代遺跡群出土木簡』（一九九六年）。
（9）福島県いわき市教育委員会『荒田目条里遺跡』（二〇〇一年）。
（10）藤枝市教育委員会『志太郡衙跡――日本住宅公団藤枝地区・埋蔵文化財発掘調査報告書Ⅲ』（一九八一年）。
（11）静岡県『静岡県史　資料編4　古代』（一九八九年）。
（12）兵庫県城崎郡日高町教育委員会『但馬国分寺木簡』（一九八一年）。
（13）九州歴史資料館『大宰府史跡――昭和五九年度発掘調査概報』（一九八五年）。
（14）宮城県多賀城跡調査研究所『年報一九七三　多賀城跡』（一九七四年）。報告書では、裏面は判読できないとしたが、その後、筆者は本文のように解読した。
（15）拙稿「秋田城跡出土の上総国関係木簡」（『千葉県史研究』創刊号、一九九三年）。詳しくは、本書第三章二「上総国部領使関係木簡」を参照。
（16）兵庫県氷上郡春日町『山垣遺跡発掘調査報告書』（一九九〇年）。
（17）土肥富士夫「石川・能登国分寺跡」（『木簡研究』一一、一九八九年）。
（18）木簡学会編『日本古代木簡選』（岩波書店、一九九〇年）。
（19）註(9)に同じ。
（20）川西町教育委員会『道伝遺跡発掘調査報告書』（一九八四年）。
（21）滋賀県高島町教育委員会『鴨遺跡』（一九八〇年）。

(22) 註(11)に同じ。
(23) 会津若松市教育委員会『門田条里制遺跡発掘調査報告書』(一九九〇年)。
(24) 沢田正昭「木簡の保存」(狩野久編『日本の美術』一六〇、一九七九年)。
(25)『木簡研究』一二(一九九〇年)、福島県いわき市教育委員会・(財)いわき市教育文化事業団『荒田目条里遺跡』(二〇〇〇年)。
(26) 宮城県教育委員会『山王遺跡III—多賀前地区遺物編—』(一九九六年)。
(27) 払田柵跡調査事務所『払田柵跡—昭和五〇年度発掘調査概要—』(一九七六年)。
(28) 註(11)に同じ。
(29) 宮城県多賀城跡調査研究所『年報一九八〇　多賀城跡』(一九八一年)。
(30) 宮城県多賀城跡調査研究所『年報一九七四　多賀城跡』(一九七五年)。
(31) 水沢市教育委員会『胆沢城跡—昭和六一年度発掘調査概報—』(一九八七年)。
(32) 向日市教育委員会『長岡京木簡　二』(一九八四年)。
(33) 仙台市教育委員会『郡山遺跡I——昭和五六年度発掘調査概報』(一九八二年)。

二　出土文字資料と正倉院文書

はじめに

正倉院文書中の戸籍・計帳などいわゆる籍帳類については、膨大な研究蓄積がある。しかし、籍帳類から古代社会の諸相を分析する前提として、あらためて、その作成意図と作成過程およびその実施状況と変遷などの点を明らかにしなければならない。

近年、各地の発掘調査で出土する木簡や漆紙文書の籍帳関係資料は、正倉院文書中の籍帳類から導き出された古代の戸籍・計帳に関する通説的見解に対して、見直しを迫るような重要な問題を投げかけるものである。
また、地方官衙における木簡や漆紙文書でとくに目立つのが、出挙関係のものである。これらの資料は、律令国家の地方財政運用の根幹をなし、地方豪族の経済的活動を支えた出挙制が、われわれの予想以上に広範に実施されていたことと、これまでの史料では知りえない具体的な出挙実施状況を詳細に物語っている。その出挙関係資料のなかでも、とくに目立っているのが七世紀後半から八世紀にかけての木簡である。この時期、出挙実施にあたり木簡を多用した事実は、従来から研究課題とされている古代の〝紙と木〟の関係を解明するうえで、格好の資料といえる。本論では正倉院文書段階で確立されたとみられる紙の帳簿との関連を含めて、籍帳作成や出挙の特質を明らかにしてみたい。

1　戸籍制の再検討

(一)　古代戸籍制の概要

天武・持統朝における軍政上の最大の改革は、いうまでもなく、浄御原令の施行とともに行われた「軍団」創設である。

『日本書紀』持統三年（六八九）閏八月庚申条

詔㆓諸国司㆒曰、今冬、戸籍可㆑造。宜㆘限㆓九月㆒、糺㆗捉浮浪㆖。其兵士者、毎㆓於一国㆒、四分而点㆓其一㆒、令㆑習㆓武事㆒。

この詔について、浦田（義江）明子氏は、次のように意義づけている。(1) この詔は、戸籍を造ることと、兵士の四分の一を点じて武事を習わせることとが同時に同一の詔のなかでとらえられている。そして「今冬戸籍可造」と命ぜられた「戸籍」こそ持統四年（六九〇）のいわゆる庚寅年籍であり、これが編戸制の起点であると指摘している。御野国戸籍をみると、一戸のなかで三丁ごとに一兵士が確かに実現されている。天武・持統朝における戸籍制は、軍事に密接に関連する施策として出発しているのである。

〔史料1〕　大宝二年御野国加毛郡半布里戸籍

中政戸神人波手戸口十四	正丁二　小子二　幷六　兵士一　癈疾一	正女六　小女一　少女一　幷八
下々戸主波手年五十六　一枝癈、々疾	嫡子手方年廿九　兵士	戸主同党神人都留伎年卌　正丁
嫡子阿理年十四　小子	次足嶋年六　小子	寄人秦人安閇年六十(ママ)　正丁　胡禄作
戸主妻神人部弥屋売年五十一　正女	児石部阿知売年卌　正女	次神人小比佐売年廿五　正女
次小志売年廿一　正女	次伊比売年十八　少女	都留伎妻神人小姉売年卌　正女
児加尼売年八　小女	安閇妻神人都売年五十二　正女	

次に、正倉院に残る戸籍の分析から、通説的理解として大宝二年（七〇二）籍段階で浄御原令による御野国戸籍（史料1）と、大宝令の新様式によって西海道戸籍（史料2）が造られ、その後は西海道戸籍を引き継いだ養老五年（七二一）下総国戸籍（史料3）に至るとされている。ただ、和銅元年（七〇八）陸奥国戸口損益帳（史料4）については、その記載様式の特徴をとらえて、すでに岸俊男氏が大宝二年戸籍との関連を次のように指摘している[2]。

大宝二年御野国戸籍との記載様式の類同性を要約すると次のとおりである。

(イ)男女順の戸口配列法をとっている。

(ロ)「子」「児」の用字によって男子・女児の区別をしている。

(ハ)続柄の説明に「次」という継起的記述法をとっている。

(ニ)年齢記載法は西海道戸籍が大字で「年弐拾陸歳」と記しているのに対して、御野国戸籍および陸奥国戸口損益帳はともに「年廿六」と記している。

したがって、陸奥国戸口損益帳から復元的に推察できる大宝二年陸奥国戸籍は御野国戸籍と同様な記載様式をもっていて、西海道のそれとは異なっていたとしている。

(2) 出土籍帳類

①宮城県多賀城跡出土戸籍抜書木簡（一号）（史料5、三二五頁、図100参照） 多賀城の中心である政庁と外郭南門と

〔史料2〕 大宝二年筑前国島郡川辺里戸籍
戸主大神部荒人年伍拾漆歳　正丁　課戸
妻中臣部与利売年陸拾漆歳　耆妻
男大神部伊止甫年弐拾陸歳　兵士　嫡子
女大神部妹津売年拾陸歳　小女　嫡女
女大神部嶋垂売年弐歳　緑女　先妾女
従子大神部赤麻呂年肆拾歳　正丁
妻吉備部岐多奈売年伍拾歳　丁妻
男大神部広国年陸歳　小子　嫡子
女大神部広国売年玖歳　小女　嫡女
弟大神部志非年参拾伍歳　正丁
妻宗我部牛売年参拾参歳　丁妻
妹大神部赤根売年参拾陸歳　丁女
男大神部泥麻呂年拾参歳　小子
妹大神部古婆売年拾陸歳　小女
卜部比佐豆売年弐拾参歳　丁女
娣卜部伊佐売年拾陸歳　小女　上件二口支多奈売先夫女

〔史料3〕 養老五年下総国葛飾郡大島郷戸籍
甲和里戸主孔王部小山年肆拾捌歳　正丁　課戸
　妻孔王部阿古売年伍拾弐歳　丁妻
　妾孔王部小宮売年参拾捌歳　丁妾
男孔王部忍羽年弐拾弐歳　正丁　兵士　嫡子
男孔王部忍秦年柒歳　小子　嫡弟
男孔王部広国年伍歳　小子
女孔王部大根売年弐拾柒歳　丁女　嫡女
女孔王部古富根売年拾玖歳　次女
女孔王部若大根売年拾伍歳　小女
女孔王部刀自売年参歳　緑女
女孔王部小刀自売年弐歳　緑女
従父妹孔王部小宮売年参拾捌歳　丁女
従父妹孔王部宮売年肆拾歳　丁女
姪孔王部手子売年参拾弐歳　丁女

〔史料4〕　和銅元年陸奥国戸口損益帳

戸主三枝部母知戸
戸主弟諸忍　年卅六　正丁
戸主姑古奈　年六十三　老女　上件二人太宝二年死
戸主君子部国忍戸
戸主弟古久須児久波自　年廿一　正女　太宝二年籍後嫁出往郡内郡上里戸主君子部波尼多戸戸主同族阿佐麻呂為妻
戸主子金麻呂　年十九　少丁
次身麻呂　年十四　小子　上件二人慶雲四年死
戸主弟諸男　年卅三　正丁　和銅元年死
戸主丸子部忍　年八十四　耆老　太宝二年籍里内戸主丸子部子尻分析今移来
子忍羽　年廿九　正丁
次忍人　年廿一　次忍人（ママ）年廿一　正丁
次子真人　年十九　少丁

〔史料5〕

『□　□』
黒万呂姉占マ麻用賣
弟万呂母占マ小冨賣□
戸主同族[□]

（一一八）×（三八）×七　〇八一

を結ぶ正面道路跡の石組暗渠の裏込め土から出土した木簡群は、年紀こそ記されていないが、その内容を詳細に検討した結果、多賀城創建年代を養老四年（七二〇）九月から翌五年四月までの間に限定できることが明らかとなった。[3]

その木簡群のなかの一号木簡は、戸単位に歴名を記し、上部に横界線三本の刻線がみられる。本木簡は、戸単位に歴名を記したものの断片と思われる。すなわち、この木簡は単なる歴名記載ではなく、戸籍原簿から一つの戸の構成をそのまま抜書きしたものと考えられる。また界線を有し様式が整っていることから、手控え的なものではなく、正式に実務に使用されたものであろう。

②宮城県山王遺跡第一七次調査四号漆紙文書（計帳様文書）（史料6）[4] 山王遺跡は多賀城跡の南から南西にかけて広がる大規模な複合遺跡である。四号文書は土師器坏の内面に付着した状態で八幡地区のＳＫ五四二二土坑から出土した。土器の年代は、八世紀前半の多賀城創建期に相当するものである。

一次文書（漆付着面）は次のような記載上の特徴を有している。

㋑課・不課の別の記載とその集計

㋺人名と年齢および年齢区分

これらの特徴から、一応計帳様文書とみなすのが穏当であろう。

③宮城県山王遺跡第一七次調査三号漆紙文書（計帳）（図7） 本文書は、四号漆紙文書と同じ地区から出土したが、その出土遺構は幅約一五～三〇メートルのＳＤ四二〇河川跡の堆積土第一層である。本計帳の年代については、九行目下部の注記部分にみえる「驛家里」の記載から、郡里制（七〇一～七一六年）および郷里制（七一七～七四〇年）下のものとみなすことができる。すなわち、本計帳は天平十二年（七四〇）以前の計帳と考えてよいであろう。

〔釈文〕

□　　　　小子
□年□歳　　　少□
□年伍拾歳　　　正丁
□陸拾伍歳　　　老女上件十二口従白麻呂□

□□口壹拾不課　口肆男一耆老 一小子　二緑児　口陸女
□□課見半輪□正丁
戸主財部小里年伍拾伍歳　正丁課戸
妻財部古祢賣年伍拾肆歳　丁妻
男財部得麻呂年貳拾玖歳　✓　正丁割附驛家里戸主丈部祢麻呂為戸
男財部真得年貳拾伍歳　正丁
女財部得刀自賣年拾伍歳　□□
女財部真得賣年拾貳歳　□□
□□貳□□　□□

註一～四行目の書き出し位置は、界線・字配りから想定。一一・一二行目の年齢区分は、一応妻妾の場合を考慮して「□□」とした。一三行目も想定による。✓は照合の印。

〔史料6〕　多賀城山王遺跡第四号漆紙文書
〔表面《おもて》〕
出挙八百卅四束
□貸一百九束
〔漆付着面〕
形見年 正丁
□貳課見輸
戸男獲子年五 小子
戸叔父那年□六 耆老
戸女古祢咩年□

(3)　籍帳と道制

上記の出土資料①②は、次のような記載様式上の特色をもっている。

①宮城県多賀城跡戸籍抜書木簡

(a)歴名記載が「人名」+「続柄」+「人名」となっている。

(b)男女順の戸口配列法をとっている。

(c)「戸主同族」の記載がある。

図７　多賀城市山王遺跡出土３号漆紙文書（計帳）

②宮城県山王遺跡第一七次調査四号漆紙文書（計帳様文書）

(a)歴名記載について、「戸」＋「続柄」＋「人名」＋「年齢・年齢区分（割書）」とし、人名に姓を記さない。

(b)不課口の歴名内の戸口配列は男女の順になっている。

このような記載の仕方は、現存史料でみる限り、大宝二年御野国戸籍および和銅元年の籍年に伴う陸奥国戸口損益帳にのみ、みられるものである。

このように陸奥国の場合、御野型戸籍の特徴を有する籍帳類は、正倉院文書中の和銅元年戸口損益帳、多賀城跡和銅七年（七一四）戸籍抜書木簡、養老五年以前と考えられる山王遺跡計帳様文書の三点が存在するのである。

それに対して、次の資料は明らかに異なる記載様式である。

③宮城県山王遺跡第一七次調査三号漆紙文書

(イ)戸の内訳の統計的記載

(ロ)戸主以下の名前・年齢などを記した歴名記載

(ハ)年度内の異動事由を記した別項記載

の三つに該当する部分がみられることから判断して、計帳とみて間違いない。この漆紙文書は、西海道・下総国戸籍の記載様式と合致する次のような特徴を有している。

(イ)成員記載順は、戸主の血縁の親近性に基づく男女混同の記載。

(ロ)子供男女表記は、男・女と記す。

(ハ)氏姓記載は、原則としてすべて記す。

(ニ)各戸の戸口集計は、末尾（課・不課別小計）に記す。

㋭課役負担戸の表記は、課戸・不課戸と記す。

㋬年齢区分表記は、丁妻・老女などと記す。

ここであらためて、御野型と西海道型の戸籍の特色を整理するならば、次のような点があげられるであろう。

〔御野型戸籍〕

㋑戸口の「歩桙取」「胡禄作」「矢作」「鍛」「大角吹」などの特殊技能が注記されている。これらは軍事にかかわる注記であり、御野国戸籍が軍事的に活用されたことを示している。

㋺男女順配列法は、兵士徴発に力点をおいた戸籍の記載上の特徴といえる。

㋩三等戸区分（上政・中政・下政）はまさに兵士徴発の単位にかかわるものではないかと推定される（浦田〈義江〉明子氏の解釈）。

〔西海道型戸籍〕

㋑氏姓記載が御野型の場合、外部入籍者（母・妻・寄人など）以外記載しないのに対し、原則としてすべて記載している。

㋺戸の構成員の記載順は、戸主の血縁の親近性に基づく男女混同となっている。

㋩受田面積が記載されている。

㋥用紙・体裁・記載様式において高度の統一性がみられる。

西海道型戸籍の上記の特色は、本戸籍が氏姓確定（定姓）および班田収授のための台帳としての色彩が強いことを示しているといえよう。

現段階で、八世紀前半における異なる年次の戸籍（戸口損益帳を含む）・計帳が複数存在するのは、陸奥国に限られ

表1　籍帳様式の変遷

	年　次	実例とその関係	行政区画
第四号文書（計帳様文書）	大宝2年（702）	西海道戸籍　御野国戸籍	郡－里
	和銅元年（708）	陸奥国戸口損益帳	
	和銅7年（714）	陸奥国戸籍の抜書（多賀城木簡）	
	霊亀3年（717）		郡－郷－里
第三号文書（計帳）	養老5年（721）	下総国戸籍	
	神亀元年（724）	近江国計帳　〔多賀城碑〕	多賀城創建
	神亀3年（726）	山背国計帳	
	天平6年（734）	出羽国計帳（秋田城漆紙文書）	
	天平12年（740）		郡－郷

ている。すなわち上記のような籍帳制の変遷（記載様式のうえで、計帳は戸籍の影響を被るので、その変遷は同列上で扱いうるものであろう）を資料のうえで確認できる唯一の例である。その陸奥国における籍帳制は、大宝二年籍から和銅七年籍までは御野型であり、養老五年以降西海道・下総型に移行するとみることができるのである（表1）。

以上のような見解が認められるならば、陸奥国は、御野国と同様に東山道に属する国であることに共通点を有しているので、西海道型戸籍に対して御野型ではなく、東山道型と称すべきであろう。

この点について、傍証的資料をここに一例あげておきたい。

○神亀三年（七二六）金井沢碑（高田里結知識碑）（史料7）

この金井沢碑文について、続柄の説明に「次」を用いていることや人員の単位に「口」が使われていることなどの点を捉えて、東野治之氏は籍帳の用語・体例が影響している可能性を指摘している。[5] 金井沢碑は、神亀三年に造立されているが、代々の系譜を物語る記載は、おそらく、この時点をかなりさかのぼった戸籍を反映しているものと読みとってもあながち恣意的な解釈とならないのではないか。

①続柄の説明は「次」という継起的記述法をとっている、②「子」「児」の用字によって、男子、女児の区別をし

ている（碑文に「児加那刀自（女性名）」）の二点は、御野国戸籍および陸奥国戸口損益帳に共通した記載上の特徴である。さらに、③「鍛師磯部君身麻呂」の記載は、御野国加毛郡半布里戸籍中の「下〻戸主安麻呂〈年卅四　正丁鍛〉」の「鍛」の注記を想起させる。碑文は籍帳の用語・体例の影響を強く受けているだけに、この鍛師の記載も戸籍に基づく記載とみてよい。

　これらの点から推測をたくましくするならば、上野国も神亀三年以前に少なくとも御野型戸籍を用いたことが想定されるのではないか。この点が認められるならば、御野国・陸奥国とともに、東山道の一国、上野国も御野型戸籍が適用されていたことになり、上述の道別による同一記載様式の戸籍の存在を裏付ける資料となるであろう。その場合、律令行政における道制のあり方について注目し、新たに検討を加える必要があるといえよう。

　このような異なる記載様式の戸籍は、八世紀の養老五年に至り、ようやく統一されるのであるが、それは律令文書体系の整備の一環であると考えられる。すなわち、杉本一樹氏が指摘するように、養老元年（七一七）には大宝律令施行によって事務量は飛躍的に増大し、和銅・霊亀ごろから地方支配の徹底化を目指して、全国統一的な、整備された書式を備えた諸式の頒下が行われたという(6)。律令行政文書の全国的な様式統一が、養老元年の大計帳以下の諸式（四季帳・輸租帳等式）の制定に端を発するとすれば、その一連の施策として戸籍は養老元年後の籍年すなわち養老五年籍において同様の様式統一を実施したといえる。

　いずれにしても発掘された数多くの籍帳関係の漆紙文書や木簡は、これまでの正倉院文書のみから導き出された戸籍制度の通説的な理解およびわが国にお

〔史料7〕　金井沢碑

上野国群馬郡下賛郷高田里
三家子孫為七世父母現在父母
現在侍家刀自他田君目頰刀自又児加
那刀自孫物部君午足次馸刀自次乙馸
刀自合六口又知識所結人三家毛人
次知万呂鍛師礒マ君身麻呂合三口
如是知識結而天地誓願仕奉
石文
　神亀三年丙寅二月廿九日

ける戸籍の本質的特性についてあらためて問い直す資料群であることは間違いない。

2　計帳の作成・保存・廃棄

(1)　作成過程

計帳の作成過程・保存・廃棄の実態は、史料的制約を主な理由に、従来あまり深く言及されることがなかった。しかし、近年、宮城県多賀城跡とその周辺遺跡、秋田県秋田城跡および茨城県鹿の子C遺跡などから出土した漆紙文書のなかに、計帳断簡がいくつか確認され、あらためて、正倉院文書を含めて、地方官衙における計帳の作成・保存およびその廃棄の実態を明らかにする状況が整ってきたといえよう（図8）。

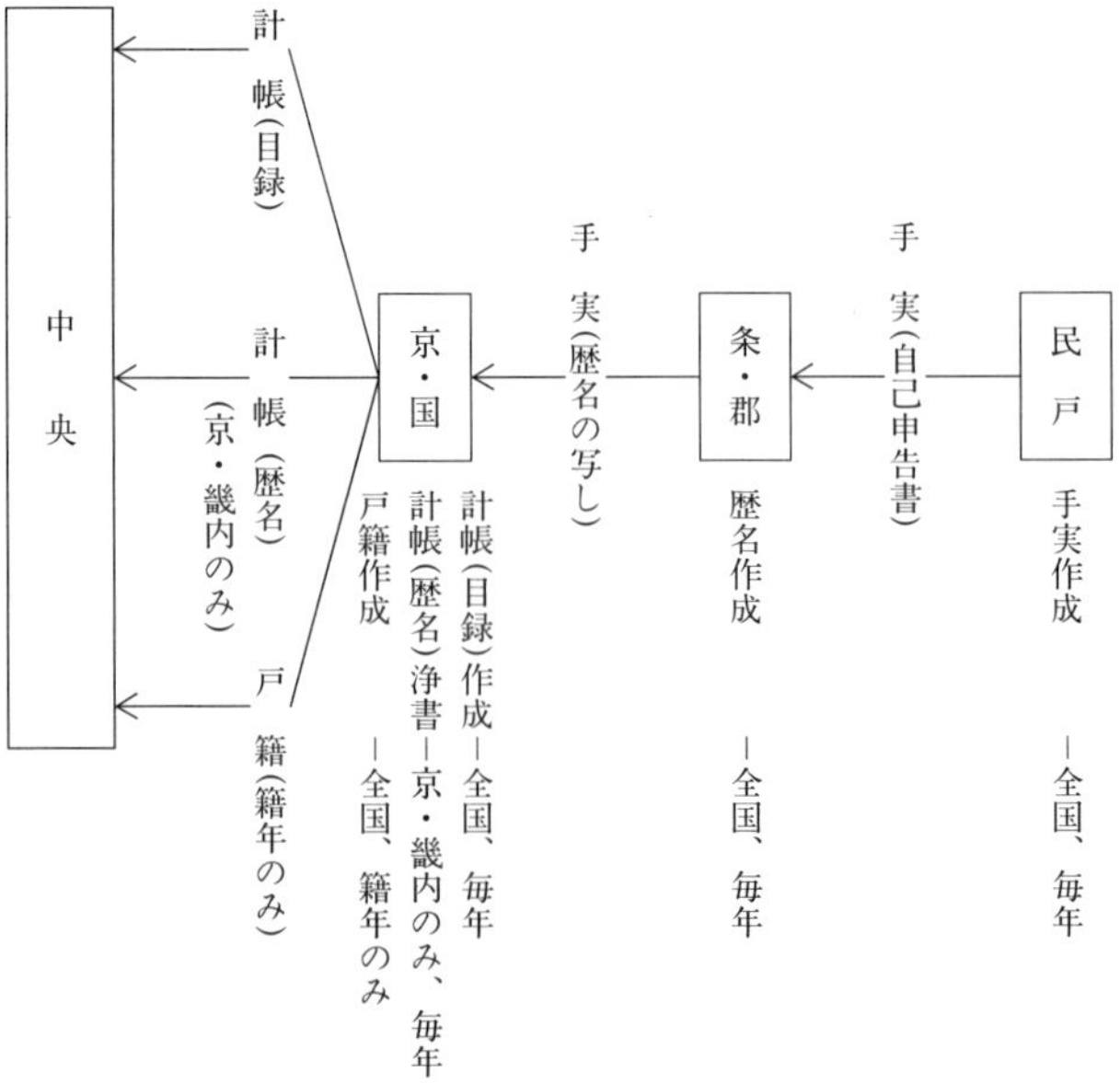

図8　籍帳制の構造模式図

○戸令造計帳条

凡造計帳、毎年六月卅日以前、京国官司、責二所部手実一。具注二家口年紀一。若全戸不レ在レ郷者、即依二旧籍一転写。并顕二不レ在所由一。収訖、依レ式造レ帳、連署、八月卅日以前、申送二太政官一。

○戸令造戸籍条

凡戸籍、六年一造、起二十一月上旬一、依レ式勘造。里別為レ巻。惣写二三通一。其縫皆注二其国其郡其里其年籍一。五月

卅日内訖。二通申ニ送太政官一、一通留レ国。

正倉院文書

イ　手　実

ⅰ手実を貼り継いで歴名に転用――右京計帳（天平五年〈七三三〉）

右京計帳は、同一年次の各戸の手実を継ぎ合わせ歴名帳としたものである。

ⅱ郡家作成――近江国計帳（神亀元年〈七二四〉～天平十四年〈七四二〉の九ヵ年分）(7)

近江国計帳は、九ヵ年分の手実が連貼されている。近江国計帳が、同じ手実である右京計帳と比して最も顕著に相違する点は、各年次とも首部総計部分および尾部別項記載を欠くことである。このことと横界線が他の計帳とは異なることを合わせ考えるならば、近江国計帳の横界線は、総計部分用では

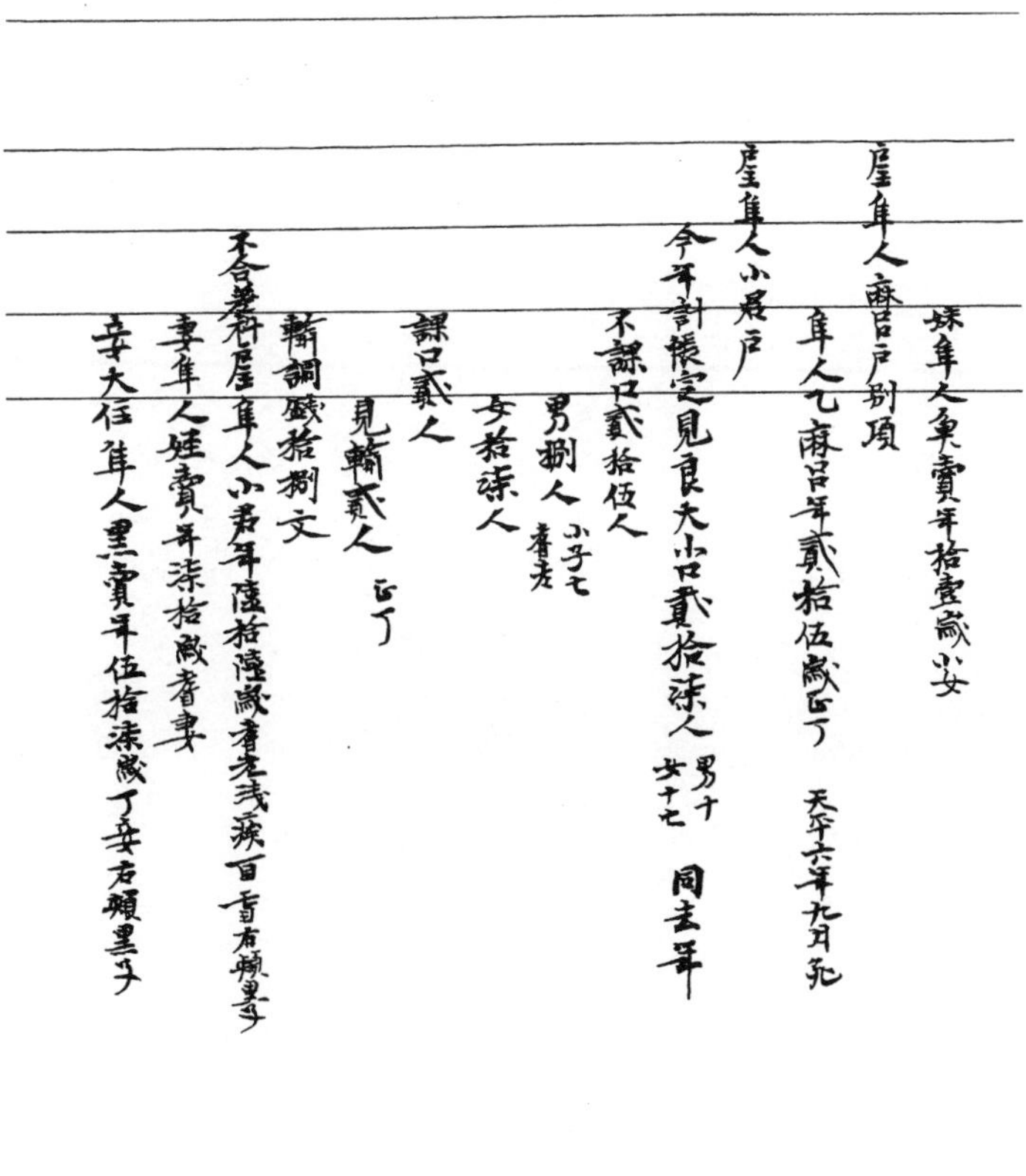
妹隼人乙賣年拾壹歳 小女
戸主隼人麻呂戸別項
隼人乙麻呂年貳拾伍歳 正丁 天平六年九月死
戸主隼人小君戸
今年計帳定見良大小口貳拾漆人 男十 女十七 同去年
不課口貳拾伍人
男捌人 小子七 耆老
女拾漆人
課口貳人
見輸貳人 正丁
輸調銭拾捌文
不合差科戸主隼人小君年陸拾陸歳 耆老残疾目盲右頬黒子
妻隼人姪賣年漆拾歳 耆妻
妾大住隼人黒賣年伍拾漆歳 丁妾 右頬黒子

図9　山背国綴喜郡大住郷（?）隼人計帳－天平7年

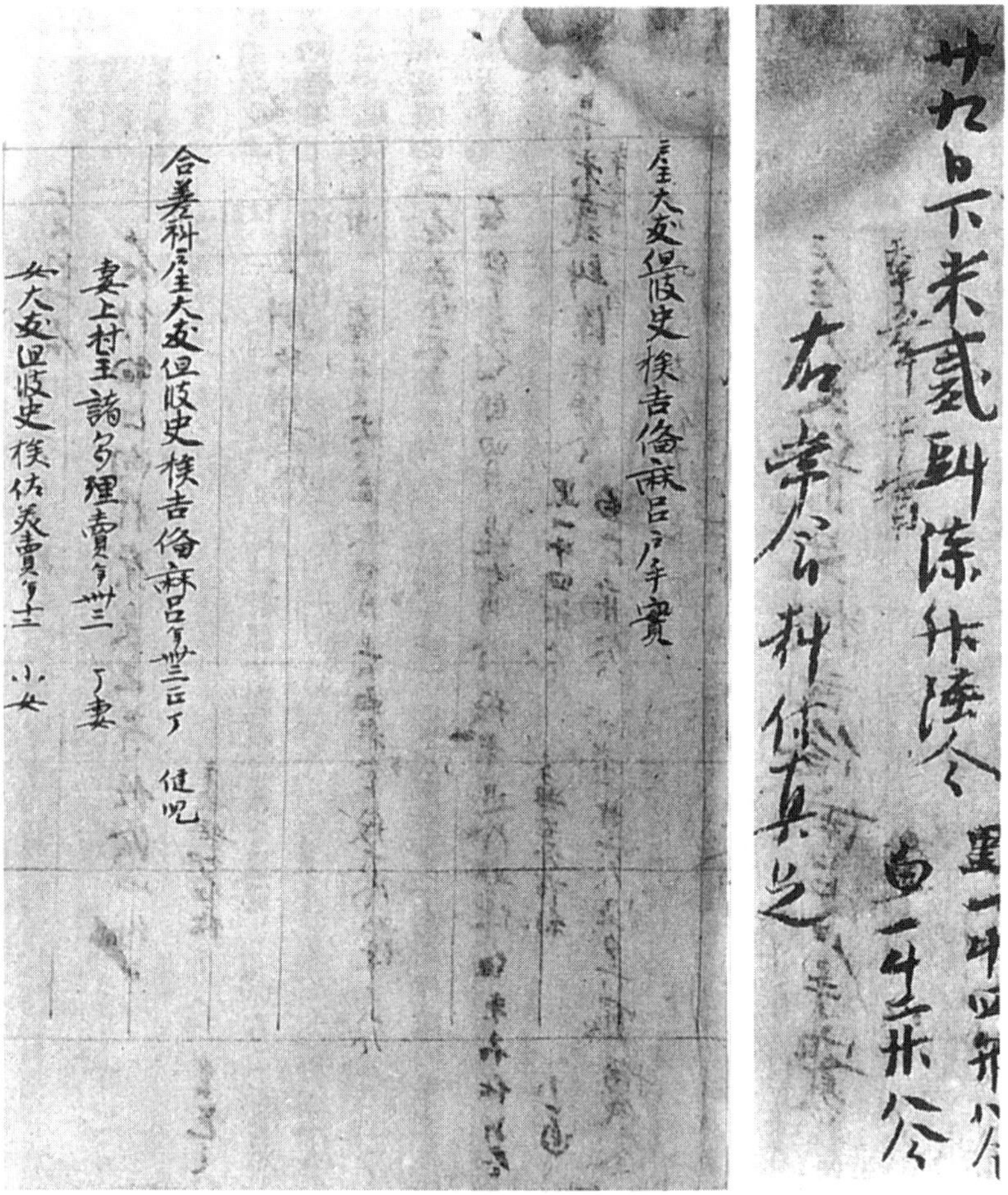

図10　近江国計帳－天平５年帳（右＝紙背端裏書「天平５年手実」，左＝天平５年帳首部）

なく、歴名の所定項目（続柄・人名・年齢・年齢区分・身体上の特徴など）のためのものであることは明らかであろう。すなわち横界線の様式は、首部総計部分を伴う計帳歴名（図9）と手実（図10）とでは異なるということである。

首部統計部および別項記載を欠くことは、計帳手実の本質を考えるうえできわめて重要な意義を有するが、この点について留意すべき事実を指摘しておきたい。

天平五年の手実の首部は、「戸主大友但波史族吉備麻呂戸手実」の後五行が完全に空欄となっている（図10）。四年・六年手実は、首部の空欄部分を一部欠損しているが、おそらく五年帳とほぼ同形式と考えられる。また、四年・五年帳は、尾部欠損のために比較できないが、六年手実は尾部に五行空欄を設けている。このことは、近江国計帳は、首尾統計部・別項記載を想定していることを示している。

ロ　歴名――国府作成

〔越前国計帳（天平十二年〈七四〇〉）〕

戸の冒頭に「戸主江沼臣族忍人戸『計帳手実』」などと記す。郡家作成の手実を浄書し、継目裏書「越前国江沼郡山背郷天平十二年計帳歴名」（図11）と国印を押印したものが国府に留めおかれる計帳歴名である。

○公式令天子神璽条

諸国印。方二寸。上レ京公文、及案調物、則印。

図11　越前国計帳継目裏書

京送公文およびその案は必ず国印が押されることと規定されている。おそらく国府に留めおく文書についても押印がなされていたと想定される。

継目裏書は、戸令造戸籍条に「其縫皆注其国其郡其里其年籍」と規定され、現存する正倉院文書中の公文には、計帳の一部を除いて継目裏書が記されている。

〔継目裏書のない公文としての計帳〕

○右京計帳（天平五年）

各戸の手実の筆跡がそれぞれ異なることから、戸別に作成されたことは明らかであり、各戸の手実が連貼され、計帳歴名となっている。形式上きわめて整わないものであり、進官されたものとは考えにくいとされている。押印あり。

○近江国計帳（神亀元～天平十四年までの九ヵ年分）

各戸から提出された手実ではなく、郡家において前年の計帳手実を転写し、作成したものであろう。押印なし。

○山背国愛宕郡某郷計帳（天平五年）

国衙に留められた天平四年度の山背国愛宕郡某郷の「計帳歴名」に、その後の異動を順次注記していったものである。押印なし。

これらの三計帳は、いずれも正式な国府作成の計帳歴名とはみなしがたい。逆にいえば、継目裏書は、国府作成の正式な公文のみに記載されたものといえる。

ハ　大　帳

国府において、一国ごとの戸数・口数に関する統計的文書（「目録」）として作成されたものが、大帳である。正倉院文書中に、京進された阿波国計帳（大帳）と呼ばれる統計文書の一部が遺されている。この文書は『延喜式』（主計下）大帳条の実例といえるもので、霊亀三（七一七）〜天平十二年（七四〇）の間に作成されたとされている。

漆紙文書

イ　手実——郡家作成

○鹿の子C遺跡出土九五号漆紙文書(8)（図12）

文書の最大径は約二三センチ、天界を含めて横界線三本、縦界線は一二本認められる。この界線の形式は、神亀二年（七二五）の「近江国計帳手実」に近似しており、計帳の首部の内訳総計部分を伴わないことを示している。また、本計帳は年齢区分と身体的特徴の記載が年齢の下に小字で二行割書きされている点、

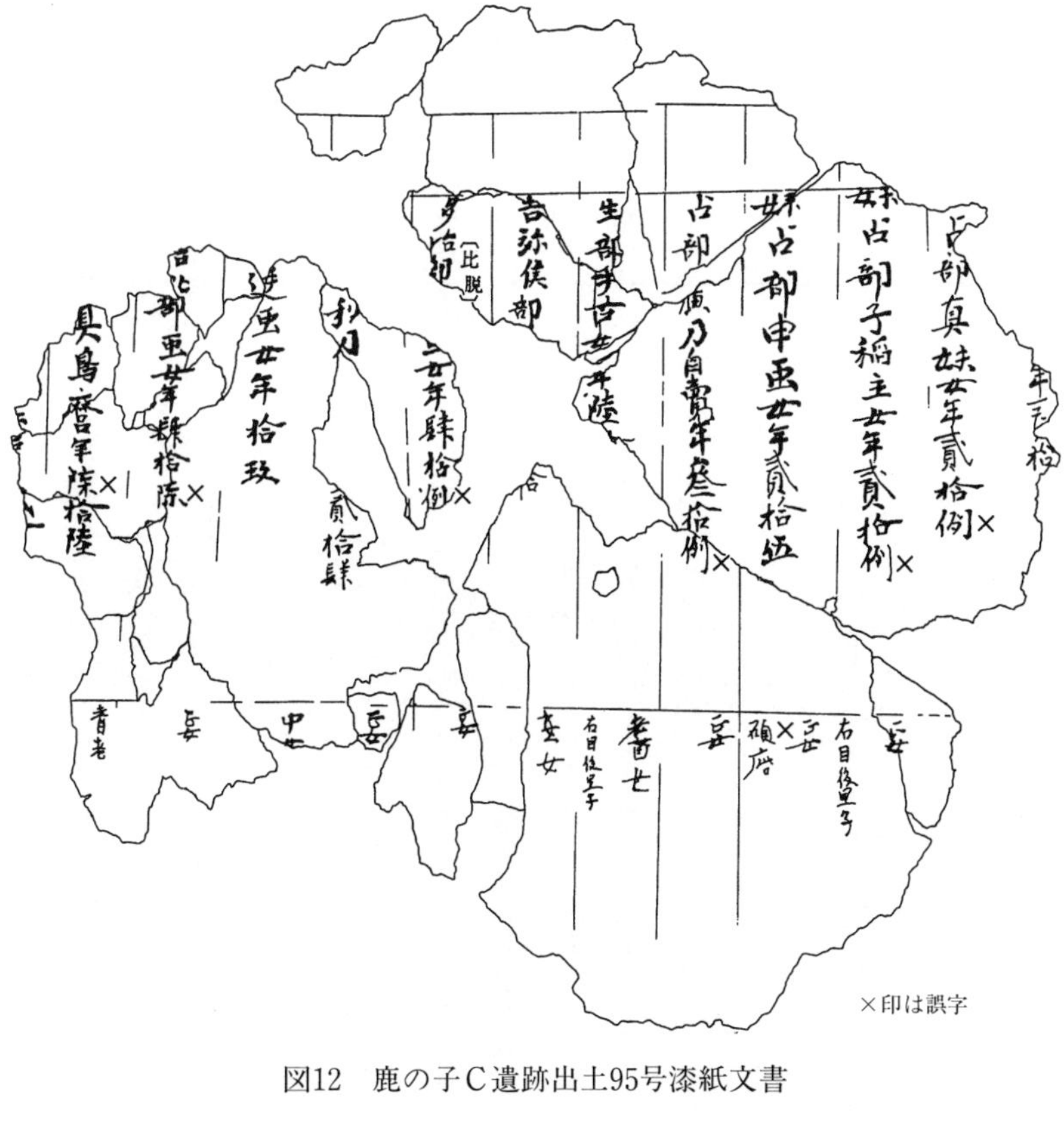

図12　鹿の子C遺跡出土95号漆紙文書

他の計帳に例をみない。本断簡は誤字・脱字が認められる点、その粗漏さにおいて郡家作成と判断される「近江国計帳手実」と似た傾向にある。さらに、計帳手実と国府段階の浄書された計帳歴名との大きな相違点の一つは、首部の総計部分と尾部の別項記載の有無にあると考えられる。その点からいえば、本計帳は界線の形式においても「近江国計帳手実」に近似し、総計部分・別項両記載を欠くものと推測でき、書体も併せみるならば、郡家作成の計帳手実とみなして差し支えないであろう。

ロ　歴名——国府作成

○秋田城跡出土九号漆紙文書(9)（図13）

この文書断簡には幅約三ミリの紙継目があり、この紙継目にまたがった形で「出羽国出羽郡井上□□□天平六年七月廿八日」と記されている。この継目裏書の年紀は天平六年（七三四）であるので、郷里制（霊亀三〈七一七〉～天平十二年〈七四〇〉）下におけるもので、継目裏書の欠損部分には郷の下の里名が記載されていたと考えられる。すなわち、継目裏書は「出羽国出羽郡井上郷○○里天平六年七月廿八日……」と記されていたのであろう。表文書「課戸主贇（人部）……」「……□年廿二 左□」の記載内容と継目裏書などから判断すると、正式に国府で作成した計帳歴名とみて間違いない。

ハ　大　帳

○秋田城跡出土八号漆紙文書(10)（図14）

本文書断簡は、次のような特色が認められる。

a　楷書体で、数字は大字である。

b　わずか五行で一七文字確認できるだけであるが、一文字の大きさが約七～八ミリ程度の小さな文字、口数を列

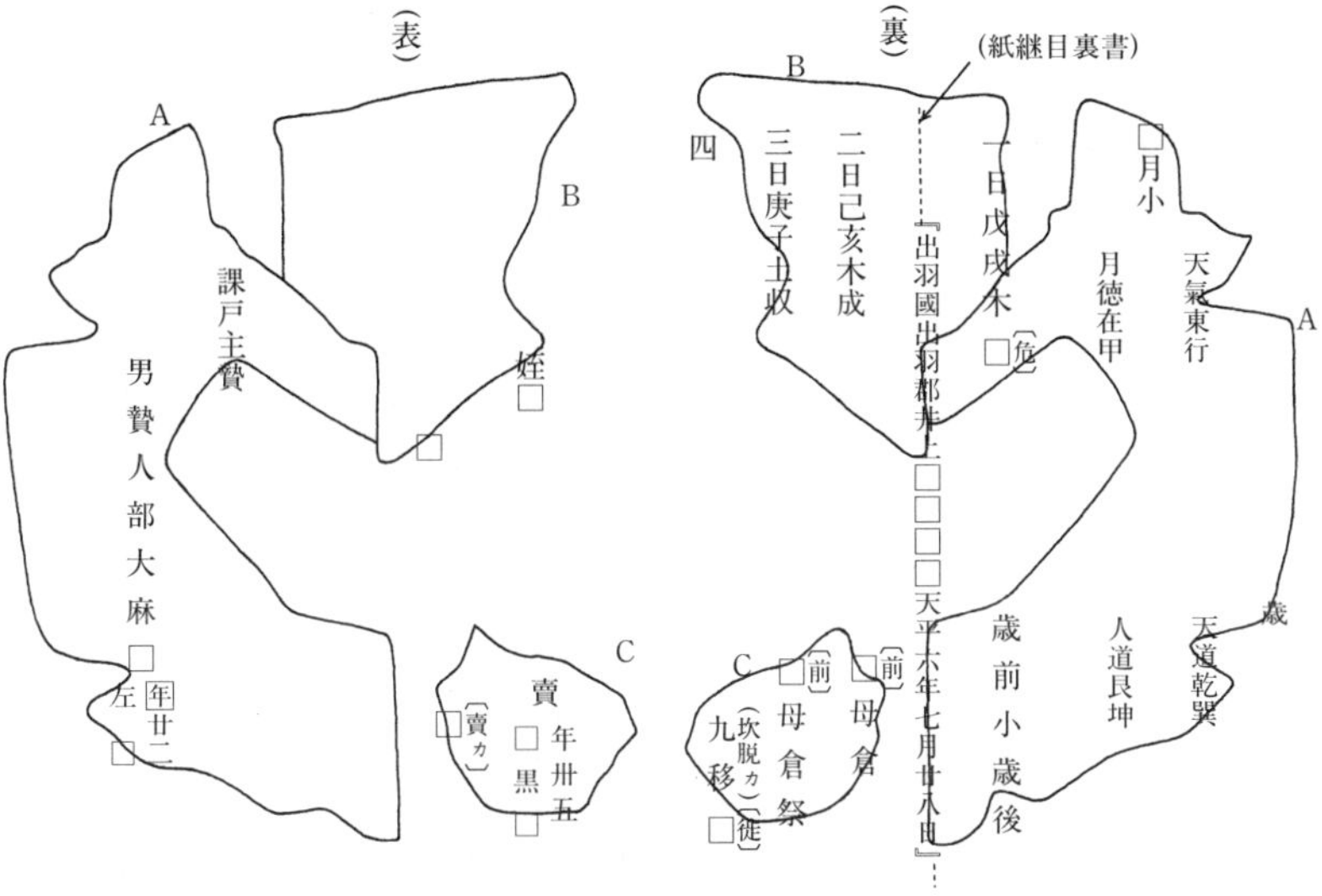

図13　秋田城跡出土９号漆紙文書

記した書式は統計的文書と判断してよい。

c　小子の内訳「年十七」「年十六」の記載は、『延喜式』(主計下)にみえる大帳条に類似する。

d　小子の計「伍」に対して、その内訳が「貳年十七」「壹年十六」では合わないが、「壹」の右肩に校合と思われる

釈文

口　×
口　陸　×
口伍　小　子
口　貳年十七
口　壹年十六

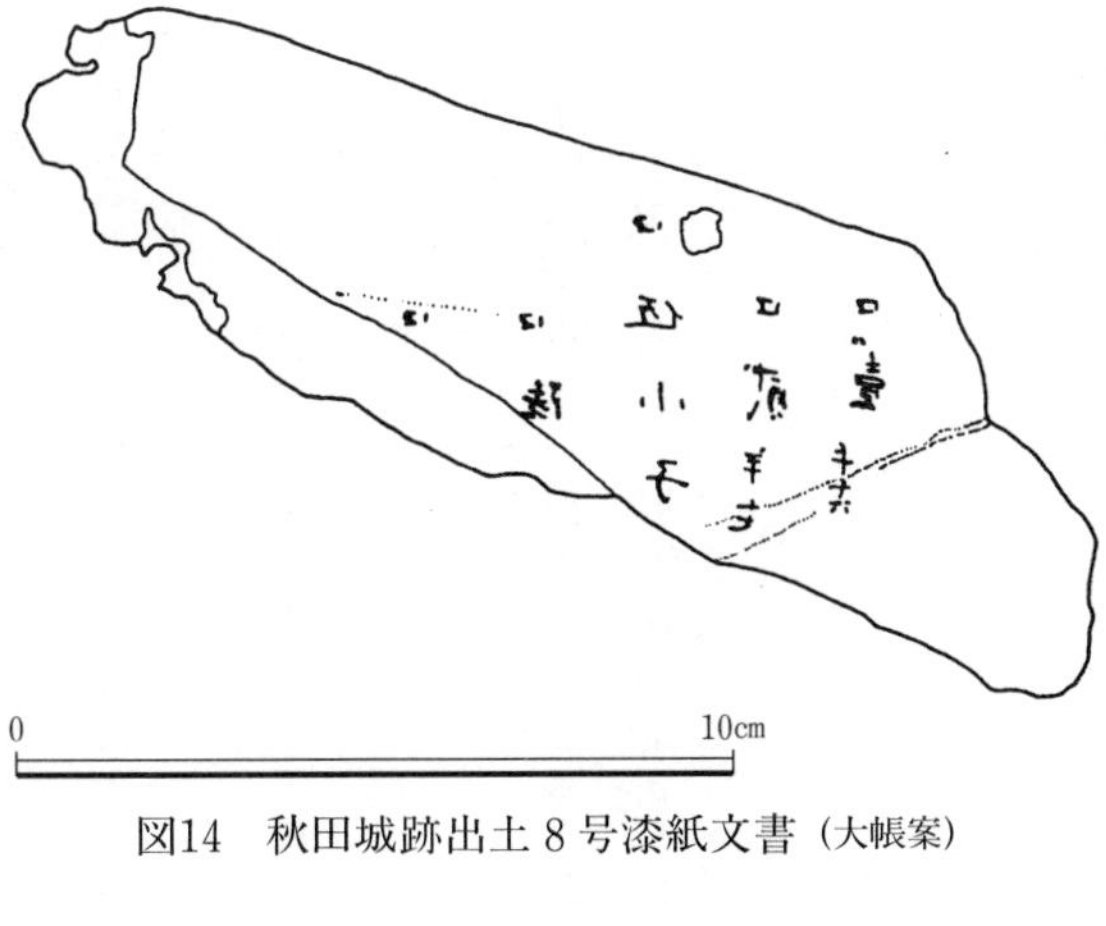

図14　秋田城跡出土８号漆紙文書（大帳案）

墨点が存在する。この事実から、本文書が国府作成の大帳の案文と判断できる。

e　小子が天平宝字元年（七五七）四月、従前の十六歳から十七歳に延長されたことから、本文書の年代は天平宝字元年四月以降のものとみることができる。

以上の点を総合して考えるならば、きわめて小断片で本文書の性格を断定することは困難ではあるが、一応、現段階では「（出羽国）大帳案」様文書と推定することが可能であろう。

(2)　作成・提出期限

手実の国府への提出期限　近江国志何郡古市郷計帳手実には「天平二年六月帳」「天平三年六月手実」と記載されている。また、右京計帳手実の提出日付は六月九日〜七月十二日の間にわたっている。さらに、計帳手実作成月日に関連して注目すべき史料は、正倉院文書中の請暇解である。

己智帯成謹解　申請仮日事
　合参箇日
右為計帳奉、仮日請所如件、以解
　　天平宝字六年七月九日
（続修二〇、『大日古』五―二四四〜二四五）

大坂広川解　請暇日事
　合二箇日
　右為奉計帳、請暇如前、以解
　　宝亀二年六月十六（日脱）

二通とも計帳手実作成のために暇日を請求したものであり、先の右京計帳手実の提出日付が六月九日〜七月十二日の間にわたっている事実とこの請暇解の日付（六月十六日、七月九日）は符合している。（続々修三九―二、『大日古』六―一九九）

このような実例からみると、戸令造計帳条の「毎年六月卅日以前。京国官司。責所部手実」の規定は遵守されているると理解できる。

歴名の作成期限　手実に首部統計部分と尾部別項記載とを書き加え、浄書したものが計帳歴名である。ただ、近江国計帳の場合、天平五年の手実の首部は、「戸主大友但波史族吉備麻呂戸手実」の後五行が完全に空欄となっている。四年・六年手実は、首部の空欄部分を一部欠損しているが、おそらく五年帳とほぼ同形式と考えられる。また、四年・五年帳は、尾部欠損のために比較できないが、六年手実は尾部に五行空欄を設けている。このことは、近江国計帳は、首部統計部・別項記載を想定していることを示しているのである。

秋田城跡九号文書の継目裏書の日付が「七月廿八日」となっているのは、手実提出期限六月末日に対して一ヵ月後の七月末日にあたり、計帳歴名作成月日とみるにふさわしい。

大帳（目録）提出期限　大帳の提出期限は、造計帳条の「八月卅日以前」とされているが、陸奥・出羽両国に関しては『延喜式』（民部下）計帳条によれば「九月卅日以前」の特例が認められている。これは、たとえば出羽国の場合、都まで約二四日間を要したので、他の諸国に比べて、一ヵ月の提出猶予期間が適用されたのである。天平六年「出雲国計会帳」によれば、「大帳二巻」は「(天平五年)八月十九日進上」とみえ、造計帳条の規定にかなっている。

(3)　保存・廃棄

○近江国計帳手実

表2　造籍年

造　籍　年	間隔年数
天　智9年(670)（近江令施行 庚午年籍）	20
持　統4年(690)（浄御原令施行 庚寅年籍）	6
持　統10年(696)	6
大　宝2年(702)（大宝令施行）	6
和　銅元年(708)	6
和　銅7年(714)	7
養　老5年(721)	6
神　亀4年(727)	6
天　平5年(733)	7
天　平12年(740)	6
天　平18年(746)	6
天平勝宝4年(752)	6
天平宝字2年(758)	

近江国の計帳手実が、郡家から天平宝字六年段階に造石山寺所にもたらされたとすれば、天平宝字六年（七六二）から約二〇年（天平十四年〈七四二〉）あるいは三八年（神亀元年〈七二四〉）以前のものとなる。そのことは、郡家に二〇〜三八年以前の計帳手実が保管されていたことを示すのである。

○天平五年・山背国愛宕郡某郷計帳歴名

この計帳は国府に留められた天平四年度の「計帳歴名」に、その後の異動を順次注記したものであるので、この文書自体は進官されず、山背国府で廃棄された後、反古利用の場所にもたらされたとみられる。

○天平十二年・越前国江沼郡山背郷計帳歴名

紙背を「天平宝字二年（七五八）十月四日」に始まる「経師等被充帳案」（続々修四四—四、『大日古』一四—二六一〜二六五）に利用されている。この計帳は安都雄足を媒介として越前国から直接造東大寺司へもたらされた可能性のほうが大きいとされている。

○天平六年・秋田城跡出土計帳歴名（漆紙文書）

国府に保存されていた「出羽国出羽郡井上郷〇〇里」の計帳が、天平宝字二年〈籍年〉段階で廃棄され、その紙背を利用して天平宝字三年の暦が作成された。

池田温氏は、唐の計帳と戸籍との関係について、三年ごとの造籍に際し、前籍後の三年分の手実計帳が主要依拠資料となって新籍が造られる原則が存すると端的に指摘している[11]。

秋田城跡の天平六年（七三四）計帳歴名は、二四年を経た籍年＝天平宝字二年に廃棄され、その紙背は天平宝字三年の具注暦として作成された。この秋田城跡計帳歴名の例を参照するならば、国府から直接紙背の利用された場所へもたらされたとされる天平五年山背国計帳歴名、天平十二年越前国計帳歴名は、その後、天平十八年、天平宝字二年の籍年にそれぞれ廃棄された段階で反故紙として調達され、即二次文書として使用されたと理解できる。なお、秋田城跡および越前国計帳歴名は、天平宝字二年の籍年に廃棄されているが、天平宝字二年からは永く『養老令』によって造籍された事実を考え合わせるならば、養老令による記載様式の変更が、天平宝字二年の廃棄の大きな一因かもしれない。

3　出挙木簡の特質――〝紙と木〟

律令国家の地方財政運用の根幹をなした出挙制を裏付けるかのように、近年、各地の発掘調査においては、漆紙文書や木簡のなかに出挙関係資料が際立っている。(12)

正倉院文書では、天平六年（七三四）の「出雲国計会帳」のなかに、出雲国から中央へ進上された公文の一つ「大税出挙帳一巻」の名がみえる。この中央に提出された出挙帳の具体的な姿は、周知のとおり天平八年（七三六）の「伊予国正税出挙帳断簡」でわずかに知ることができる。

（抜粋）

（越智郡）

出挙弐万参伯束 春九千九百束 夏一万四百束

（野間郡）

出挙壱万弐仟束 春五千六百束 夏六千四百束

トータルな数字のみであるが、郡の規模は『和名抄』によれば、越智郡―一〇郷、野間郡―五郷でほぼ比例した出挙額であり、春と夏ほぼ均一な出挙額が注目される。(13)

(1)　七世紀後半〜八世紀前半の出挙木簡(14)

イ　埼玉県小敷田遺跡出土木簡

小敷田遺跡は荒川水系が形成した扇状地の東辺上に位置する。八〜九世紀に属する遺構は、二間×三間の総柱の掘立柱建物一棟と土坑五〇基、溝約二五条が確認されている。木簡は、総柱の掘立柱建物に近接した二九号土坑から発見されている。

・「九月七日五百廿六次四百　」

・「卅六次四百八束并千三百七十

　小稲二千五十五束　」　一五八×三二×二　〇一一（三号木簡）

木簡の年代は八世紀初頭前後とされ、その内容は、

五二六＋四三六＋四〇八＝一三七〇束

一三七〇束×一・五＝二〇五五束

と、三回の出挙額を累積し、その小計額に五割の利息が加えられている。

ロ　長野県屋代遺跡群出土木簡

屋代遺跡群は、善光寺平西南部、千曲川右岸の自然堤防上に位置する。一二六点の木簡は、大量の木製品とともに東西流路と湧水溝から出土している。

木簡の時期は記載内容から、①七世紀後半から八世紀初頭の木簡、②郡里制下の木簡（七〇一〜七一六年）、③郡郷

里制下の木簡（七一七～七四〇年）に分けられる。これらの時期区分は、発掘における層位区分ともほぼ一致している。

八七号木簡

・「五月廿日　稲取人　金刺マ若侶廿□〔束〕
金刺マ兄□

・（裏面は省略）　（二八八）×五五×四　〇一九

下端は欠損。表は五月二十日に稲を金刺部若侶らに支給したことを記したと思われる記録簡である。五月という季節から、夏五月の出挙である可能性が高い。

一三号木簡

・「○
戊　戌○年　八　月　廿　日　酒人ア□荒馬□〔廿〕束酒人ア□□□〔大万廿〕束」

・「
○宍　ア□□□□　□〔大〕□ア□人ア大万呂　酒人ア
宍人ア万呂
○　」　五五五×三七×四　〇一九

戊戌年は文武天皇二年（六九八）。酒人部□荒馬らへの稲の支給を記した記録簡か。

四六号木簡（二八三頁、図91参照）

・「乙丑年十二月十日酒□〔人〕

・「『他田舎人』古麻呂　（一三二）×（三六）×四　〇一九

下端および左側面は欠損。冒頭に干支年・月日を記した大宝令以前の記載様式をもつ木簡。乙丑年は天智天皇四年

（六六五）。

四九号木簡

「□五十五束　小□」　（一三〇）×三六×五　〇一九

上端は欠損。

ハ　福岡県井上薬師堂遺跡出土木簡

井上薬師堂遺跡は筑後平野の中央部北寄り、城山から東南方にのびる丘陵の先端部にあたる。地元で「長者堀」と呼ぶ一種の谷間状の低地をはさみ、両側は台地状を呈する。この低地は両者を画する溝で、最大幅二五メートルを測り、内部からは木簡など多量の遺物が出土した。木簡の年代は七世紀後半から八世紀初頭ごろと考えられる。

二号木簡（三八三頁、図123）

「□〔寅〕年白日椋稲遺人　黒人赤加倍十　竹野万皮刅本五
山ア田母之本廿
日方□□〔ツ呉〕之倍十
木田支万羽之本五」　四四六×四五×七　〇一一[15]

「倍十」や「本五」などの文言から推せば、私出挙に関する集計の記録簡とも考えられる。

ニ　石川県金石本町遺跡出土木簡

遺跡は、日本海沿岸より約一キロ内陸に位置し、犀川と浅野川によって形成された沖積地の最西端に立地している。検出された遺構には、掘立柱建物、土坑、そして自然河道と考えられる幅六～九メートルの大溝があり、いずれも七世紀後半～九世紀代に属する。この大溝からは、木製品とともに、四点の木簡が出土している。

「□稲　大者君稲廿三」　（一八九）×三七×四　〇一九

下端と両側面は原形をとどめているが、上端部は欠損している。原形はおそらく短冊形を呈していたと推定される。裏面は墨痕が認められない。

(2) 八世紀後半の出挙木簡と出挙帳（漆紙文書）

イ 富山県北高木遺跡出土木簡

当遺跡は、県中央部にあたる射水郡の西端部の沖積平野の扇端部（標高三メートル前後）に位置する。調査の結果、川・溝・井戸跡などを確認し、川跡から木簡が出土した。主な共伴の遺物は、須恵器が圧倒的に多く、このなかには「介」「蓑万呂」などの墨書土器や人形八点などがあり、奈良時代後半〜平安時代初頭までのものとされている。

・本利并七十五束又□□□〔同本利カ〕

・□□□〔束カ〕十五又□□　　（一三〇）×一八×六　〇八一

木簡の年代は八世紀後半ごろとされている。

ロ 宮城県田道町遺跡C地点出土木簡

田道町遺跡は、自然堤防に営まれた遺跡で、調査の結果、古墳時代の竪穴住居一棟、奈良・平安時代の竪穴住居四棟、掘立柱建物一九棟ほかが確認された。とくに奈良・平安時代の竪穴住居は、一辺七〜一〇メートルの非常に大型で、住居の中軸線は、ほぼ真北線に沿っている。掘立柱建物は、調査区の西側に集中しているが、やはりほぼ真北線に沿って建てられている。しかし、一棟だけ東に大きく振れた形で建てられていたが、二間×三間以上で、木簡はこの建物の北西隅柱穴から出土した（三九八頁、図133）。

延暦十一□〔年ヵ〕□

合四百六十四□〔束ヵ〕□□□□〔野公ヵ〕□□　真野公□□九□

□刀□〔部ヵ〕九□□　真野□〔公ヵ〕□□□奈女

真野公穴万呂五十五束

（三〇二）×（七八）×一四　〇八一

木簡の年紀「延暦十一年」は七九二年、全体構成は「年紀＋総計＋内訳（人名＋数量〈単位は束〉）」となっている。実施したことを示すきわめて重要な史料であるといえる。

ハ　茨城県鹿の子C遺跡出土一七四号漆紙文書

a

□◎廿
□三月◎卅　五月◎卅
□マ宗足三月◎廿　五月◎廿
刑マ子宗万呂三月◎卅　五月◎卅
刑マ□〔綱ヵ〕人三月◎廿　五月◎廿
占マ羊三月◎廿　五月◎卅
「刑マ直□□□◎□　□◎□」
□□□□□〔十一人ヵ〕
□〔全ヵ〕刑マ□宿奈万呂三月◎卅　五月◎卅

b

□□月　□月◎十十
□女〔人ヵ〕三月◎□　五月◎□「九月廿八日布一段」
□□□□「稲五百五十束」
□マ廣足三月◎「卅」　五月◎廿「九月十二日卅　九月廿九日□九□□
若櫻マ尼□女三月◎「廿」　五月◎廿　九月廿二日卅　九月廿八日一段□〔布ヵ〕二」
刑マ三成女三月◎「十」　五月◎十
刑マ直廣足三月◎「卅」　五月卅
刑マ綾万呂□月◎「廿」　五月◎□〔十ヵ〕

刑マ千法女〔三月◎廿／五月◎廿〕
刑マ尼女〔三月◎廿／五月◎廿〕
└┘〔三月◎卅／五月◎卅〕
└┘〔三月◎廿／五月◎廿〕
└┘〔□月◎廿／□◎□〕

刑マ廣主〔三月◎「卅」／五月◎卅〕
└┘□稲虫女〔三月／五月〕□□
└┘□〔三□／五□◎□〕
└┘□

本帳簿は、a・bが一紙の表裏に記され、一連の帳簿を表裏にまたがって記載している。九月段階での収納量も便宜記入されており、朱圏点による勘検も含めて、あまりにも未整理であり、表裏記載という全く非公式な帳簿とみなさざるをえない。本帳は郡家における出挙事務用として用いられ、郡家に留めおかれたに違いない(16)。

漆紙文書の年代は八世紀後半ごろとされている。その内容は、出挙に関する三月と五月の貸付額と九月の収納額である。

(3) 帳簿としての出挙木簡

規格性（単位ミリメートル） 出挙木簡には、長さと幅、さらには厚さも含めて、一定の規格性を見出すことができる。その木簡の規格性は、木簡を貸付・収納・集計などの繁雑な事務整理用として組み合わせていくために不可欠の要素となる。

イ 小敷田遺跡出土木簡

一五八×三二×二

幅 三二×五本＝一六〇

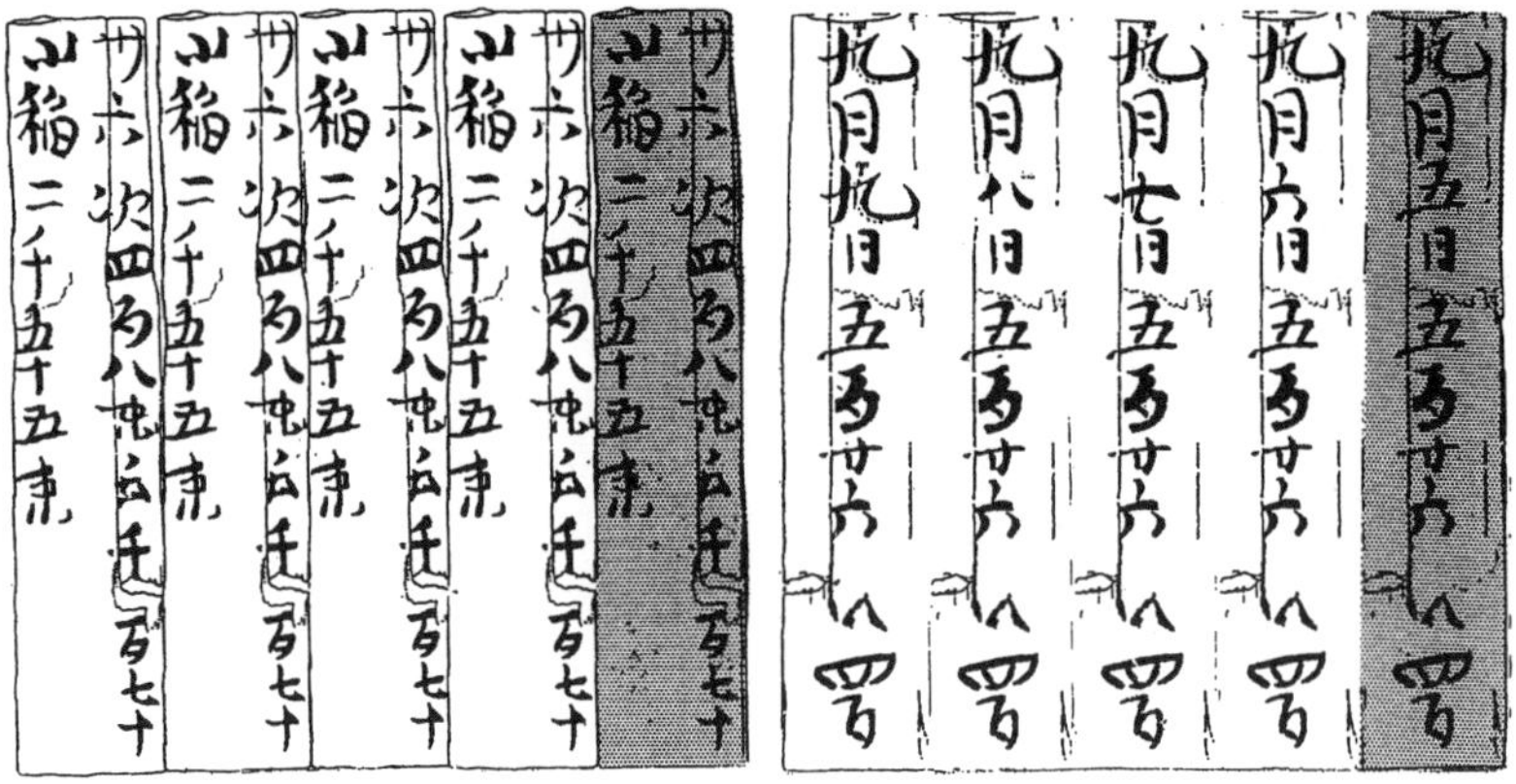

（裏）　（表）

図15　小敷田遺跡出土木簡帳簿復元案

長　一五八

ロ　屋代遺跡群出土木簡

一三号　五五五×三七×四

四六号　(一三二)×(三六)×四

四九号　(一三〇)×三六×五

八七号　(二八八)×五五×四

ハ　井上薬師堂遺跡出土木簡

一号　四四八×三六×八

二号　四四六×四五×七

三号　(一一一)×(四三)×四

ニ　金石本町遺跡出土木簡

(一八九)×三七×四

幅　三七×一〇本＝三七〇

長　一八九×二本＝三七八

ここにあげた数値は、各調査報告書に記載されたものであり、法量の採寸箇所により、若干の数値のズレは生ずる。したがって一〜二ミリ程度は許容範囲と考えて問題はなく、大きな傾向をつかむことは可能である。

小敷田木簡は横に五本、金石本町木簡は横に一〇本それぞれ組み合わせるとほぼ正方形を呈する（図15）。屋代木簡・井上薬師堂木簡・金石本町木簡は、幅に一定の規則性を有している。すなわち、一八ミリを基本単位として、その二倍（三六ミリ）、二・五倍（四五ミリ）、三倍（五四ミリ）となっている。これは、古代の文書・典籍の通常の界幅一八ミリに共通しており、あたかも木簡に一八ミリの縦界線を施した感がする。

こうした木簡が一定の規格性を有することの前提としては、出挙の貸付、収納に関して木簡の使用は膨大な数にのぼることを想定しなければならない。たとえば、屋代木簡八七号は「稲取人」（貸付）数名、井上薬師堂木簡二号は「稲遺人」（収納）数名を一簡としており、出挙の全体数から想定される木簡は、膨大な数量に及んだものと考えられる。その膨大な数量を処理するためには数字の並びあわせとともに視覚的な整理が必要である。一定のカードとして規格化された木簡は、貸付・収納にあたり、カードの組合わせや入替えを繰り返すときに、定型化した札を五枚とか一〇枚とか組み合わせたさいに正方形などを呈することにより、札の紛失や数字合わせの視覚的チェックを可能にするのではないか。さらに小敷田木簡の場合、法量の規格性に加えて、カード点検に必要な月日と集計が行頭に位置するように配慮されている。

集計単位　出挙の貸付および収納に際して、木簡や紙を用いて集計する場合、その集計の単位には、一定の傾向を見出すことができる。

イ　小敷田遺跡出土木簡

五二六束＋四三六束＋四〇八束＝一三七〇束

一三七〇束÷三＝四五六・六束（平均）

四五六・六束÷一〇人＝四五・七束

へ　田道町遺跡出土木簡

四六四束÷一〇人＝四六・四束

ト　鹿の子C遺跡出土一七四号漆紙文書

b面後半の六人（□マ廣足～刑マ廣主）の総計は二七〇束、一人平均出挙額は四五束となる。この出挙帳は一〇ないし一一人単位で小計が行われている。

貸付・収納　出挙に関する木簡や漆紙文書は、貸付および収納に際して用いられている。収納札のなかには、未収納および収納集計札も含められるであろう。

それらの出挙関係資料について、機能分類とその判断基準を表3に示しておきたい。

表3　出挙木簡の貸付・収納

	遺　　跡	判　断　基　準	貸付・収納別
イ	小敷田	九月七日	収納
ロ	屋代87号 13号 46号 49号	五月廿日／稲取人 八月廿日（人名＋廿束） 十二月十日 五十五束	貸付 貸付？ ？ ？
ハ	井上薬師堂2号	稲遺人	収納
ニ	金石本町	稲廿三	貸付
ホ	北高木	本利七十五束	収納
ヘ	田道町	合四百六十四束	貸付または収納
ト	鹿の子C（漆紙）	三月◎廿／五月◎廿 九月十二日卅	貸付 収納

ま　と　め

律令制下の地方行政は、国司と郡司を中心として遂行されたが、とくに郡司は在地において強力な支配権を行使し、地方行政の実質的な担い手として大きな役割を果たした。なかでも行政文書については、戸籍・計帳をはじめとする諸帳簿の作成は郡ごとの作業に依存していたと思われる。

全国各地の地方官衙跡出土の漆紙文書は、地方で作成され反故となったもので、中央へ上申される以前の行政文書が数多く含まれている。しかも、戸籍・計帳は郡家で作成され、国府では主として浄書と統計的処理を行っていたと考えられる。

一方、木簡は幅広い場で使用されたが、とくに出挙制実施にあたり、貸付・収納などのシステムのなかで木簡がその特性を発揮し、一種のカードそして帳簿として活用された。とくに規格性を備えた木簡は、現段階では時期的に七世紀後半～八世紀のものが目立っている。このことは、紙の帳簿の確立およびそれ以降においても木簡の特性を生かした形で、木簡が帳簿として十分に機能していたことを証しているのではないか。

このように古代の文書行政については、主として中央へ上申された正倉院文書にとどまらず、それぞれの作成段階の資料にも注目する必要がある。さらに正倉院文書をはじめとする紙の文書に、木簡の機能を加えた形で、古代文書体系が構築されていた点にあらためて立脚して、全体像を描かねばならないのである。

註

（1）浦田明子「編戸制の意義――軍事力編成との関わりにおいて」（『史学雑誌』八一―二、一九七二年）。
（2）岸俊男「いわゆる『陸奥国戸籍』の残簡」（『日本古代籍帳の研究』塙書房、一九七三年）。
（3）拙稿「多賀城の創建年代――木簡の検討を中心として」（『国立歴史民俗博物館研究報告』五〇、一九九三年。本書第三章二に収録）。
（4）多賀城山王遺跡第一七次調査出土の漆紙文書については、多賀城市埋蔵文化財調査センター『山王遺跡―第17次調査―出土の漆紙文書』（千葉孝弥・平川南・鐘江宏之・古尾谷知浩執筆、一九九五年）を参照してほしい。
（5）東野治之「金井沢碑銘文の解釈」（『群馬県史』通史編2、第二章第2節四、一九九一年）。
（6）杉本一樹「『計帳歴名』の京進について」（『日本古代文書の研究』吉川弘文館、二〇〇一年。原論文は一九八五年）。
（7）拙稿「地方官衙における文書の作成・保存・廃棄――近江国計帳・出土計帳」（『漆紙文書の研究』第四章、吉川弘文館、一九八九年）。
（8）茨城県教育財団『鹿の子C遺跡漆紙文書――本文編』（一九八三年）。

(9)　秋田城跡調査事務所『秋田城出土文字資料集Ⅱ』(一九九二年)。
(10)　註(9)の資料集に収載。
(11)　池田温『中国古代籍帳研究――概観・録文』(東京大学東洋文化研究所、一九七九年)。
(12)　近江の出挙木簡について関説したものとして、八木充「出挙木簡覚書」(『日本古代国家の展開』下、思文閣出版、一九九五年)が発表されているが、本節の論旨とは異なるので、ここではふれない。
(13)　出挙額については、近年の出挙関係の出土文字資料が、具体的に個人の出挙額を示しており、注目すべき問題を含んでいる。その一端は、拙稿「金沢市金石本町遺跡木簡」(石川県立埋蔵文化財センター『金石本町遺跡』一九九七年)に紹介したが、出挙制全体に関しては、今後の検討課題である。
(14)　本節で紹介する出挙木簡については、次の文献を参照した。
木簡学会編『日本古代木簡選』(岩波書店、一九九〇年)。㈶長野県埋蔵文化財センター『長野県屋代遺跡群出土木簡』(一九九六年)。石川県立埋蔵文化財センター『金石本町遺跡』(一九九七年)。『木簡研究』一四(一九九二年)、一五(一九九三年)、一八(一九九六年)。福岡県教育委員会『九州横断自動車道関係埋蔵文化財調査報告10』(一九八七年)。石巻市教育委員会『田道町遺跡』(一九九五年)。茨城県教育財団『鹿の子C遺跡漆紙文書――本文編』(一九八三年)。
(15)　註(14)にあげた『九州横断自動車道関係埋蔵文化財調査報告10』の釈文に訂正を加えた新釈文については、平川南・清武雄二・三上喜孝・田中史生「井上薬師堂遺跡出土木簡の再検討」(『上岩田遺跡調査概報』小郡市教育委員会、二〇〇〇年)を参照。
(16)　拙稿「律令制と東国」(『新版　古代の日本　8関東』角川書店、一九九二年)。

三　屋代遺跡群木簡のひろがり――古代中国・朝鮮資料との関連

はじめに

長野県更埴市屋代遺跡群出土の木簡は、七世紀後半から八世紀前半にかけての約一三〇点という膨大な点数と、国符・郡符木簡をはじめとして、地方行政・地方社会の実態を物語る貴重な資料群として注目された。

その多岐にわたる内容に加えて、記載様式や形態さらには書体などに着目してみると、これまでの地方木簡ではほとんどふれられていない古代中国・朝鮮の文字資料との関連が浮かび上がってくるのである。ただし、現段階では十分な類例を提示し、断定するまでには至っていないのであり、本節はあくまでも見通しを述べるにとどめたい。本節で取り上げる屋代遺跡群木簡遺跡群の形状や釈文などについては、基本的には㈶長野県埋蔵文化財センター『長野県屋代遺跡群出土木簡』(一九九七年)、『発掘調査報告書54』(二〇〇〇年)による。

1 〝冊書的〟木簡の可能性

(1) 記録簡の幅

地方出土の木簡のなかでも、七世紀後半から八世紀前半の出挙木簡には、長さと幅さらには厚さも含めて、一定の規格性を見出すことができる。その木簡の規格性は、木簡を帳簿作成用としてカード式に使用するために不可欠の要素となる(1)。

それらの木簡のなかでも、とくに屋代遺跡群木簡(以下、屋代木簡と略す)には規格性の高いものが見出されることを確認した。

そこで、あらためて屋代木簡のうち、記録簡と判断されるものについて、その規格性、とくにここでは木簡の幅を検討してみたい(図16)。

なお、あらかじめ断っておきたいのは、本節で法量を問題とするとき、各報告書で計測方法がいまだ十分に統一されておらず、長さ×幅×厚さに関して最大値をもって記すとされながら、計測箇所や材の収縮などによる一～二ミリの誤差をある程度許容範囲として認めたうえで論じていることである。

6ミリ	17号
9	6号・10号
10	45号
18	4号・44号・50号・63号
21	35号・68号
24	10号
27	32号
36	1号・13号・15号・16号・19号・46号・49号
39	21号・24号・40号・88号・116号
45	11号
54	3号・81号・87号・114号

すべて三ミリ＝一分単位であり、なかでも、二例以上のものは、九ミリ・一八ミリ・二一ミリ・三六ミリ・三九ミリ・五四ミリである。

屋代木簡以外でも六分＝一八ミリの木簡が出土しており（図17）、この幅を基準とすれば、三六ミリは一八ミリの簡が二本、五四ミリは一八ミリの簡が三本連なったことになる。

これは幅三六ミリ、五四ミリと幅広い簡ではあるが、実際は一八ミリの簡を二本ないし三本連ねたものとみなすこ

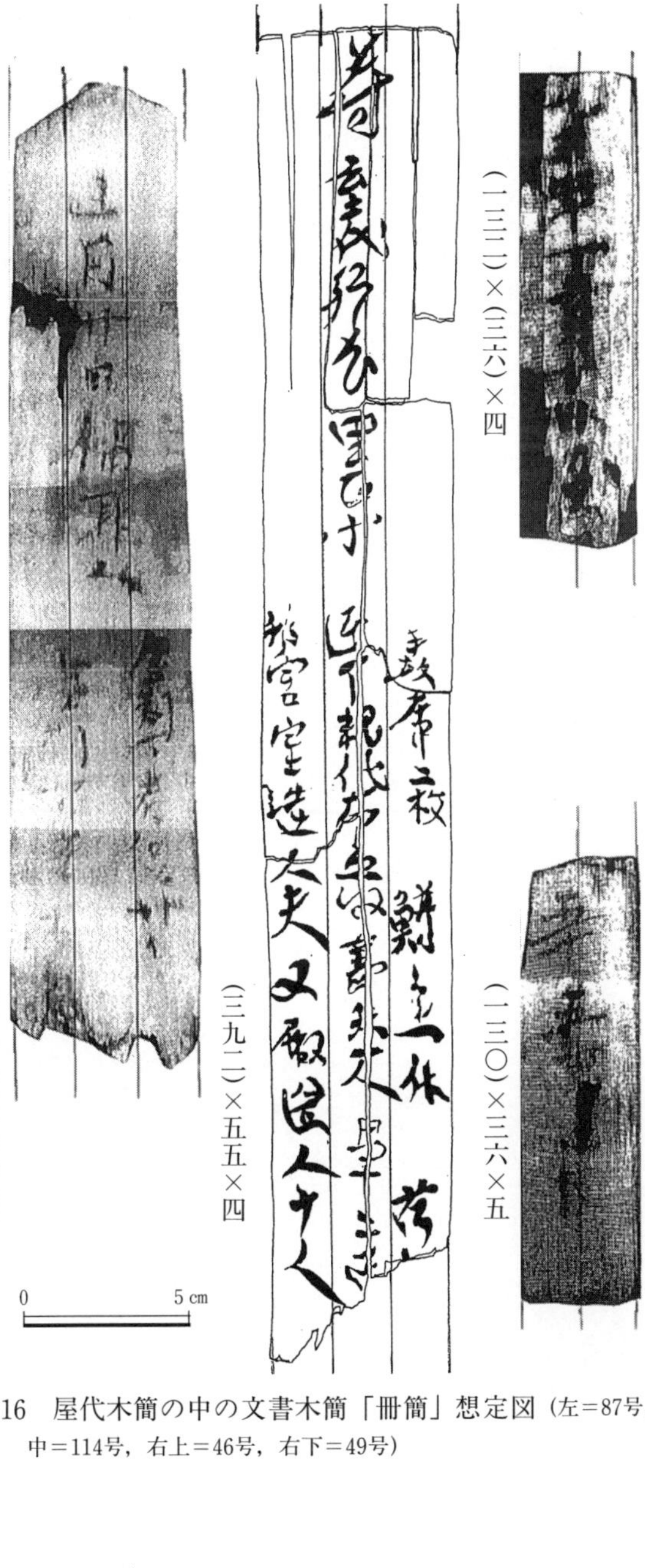

図16　屋代木簡の中の文書木簡「冊簡」想定図（左＝87号，中＝114号，右上＝46号，右下＝49号）

図17　福島県矢玉遺跡出土一号木簡

とができる。いいかえれば、幅広い簡に一八ミリ幅の縦界線を引いたことと同じであると理解される。このことは紙の文書、たとえば正倉院文書中の戸籍、計帳などの公文に引かれた界幅が一八ミリ、二一ミリを基準としている事実との関連が注目される。なお『延喜式』（図書寮）装潢条によれば、「界長七寸二分。広七分」とみえ、界幅七分＝二一ミリとされている。このように一定幅の簡を連ねると想定すれば、冊書と同じ性格とみなすことができよう。

ところで、岸俊男氏は、古代日本における冊書木簡（冊簡）の存在について、具体的事例を検討している。[2] その論旨は次のように要約することができる。

・「家官戸家人公私奴婢皆當□〔色〕

・「凡官奴婢年六十六以上乃□　　（一六八）×（一九）×一　〇一九[3]

右は戸令の次の条文を記したものである。

○養老戸令当色為婚条

凡陵戸、官戸、家人、公私奴婢、皆当色為レ婚

○養老戸令官奴婢条

凡官奴婢、年六十六以上及廃疾、若被二配没一令レ為レ戸者（下略）

しかし、それぞれ材も筆も異なることから、同じ条文を二人以上が習書し、きわめて薄い材を用いていることからも、明らかに冊簡でない。また、藤原宮から出土した宣命を記した木簡は、

・□御命受止食国々内憂白　」

・□〔久カ〕止詔大□□〔御命カ〕乎諸聞食止詔」　　（一八二）×一六×三　〇一九

とある。[4] 木簡の表裏に宣命を記していることは、それを冊書の一簡と断定することを妨げている。

このように同じ典籍の文章を記した冊簡が二簡以上出土するというような事実もなく、明らかに冊簡と認められるものもなかった。今後そうした木簡が出土しないとはいえないが、現在の時点においては日本における冊書の存在に否定的とならざるをえない。つまりある典籍を紙本へ書写する作業を行いながら、そのはじめあるいは途中に、手近の適当な木簡にその冒頭の部分、あるいは途中の一部を習書したとみるべきである（後略）

という。

古代の日本は、いうまでもなく、紙木併用であり、漢簡のような広範な冊書の存在は想定することはできない。しかし、木簡の使用にあたり記録簡や次に述べる典籍などに限定して、本来の中国冊書の影響を受けた形で、その特性を生かした利用のあり方まで否定する必要はないのではないか。その意味では、上記の屋代木簡にみられる一定幅の簡を連ねたと想定される幅広の記録簡に〝冊書的〟性格を認めるならば、それは紙の文書との関連を考えるうえで、重要な要素になるといえよう。

(2)『論語』木簡

屋代木簡報告書刊行（一九九六年）以後の保存処理後の再調査により、二点の『論語』木簡が確認されている。(5)

四五号

・亦楽乎人不知而不□〔慍〕

・□　　　　（一九六）×（二〇）×六～七　〇一九

上端は抉り。下端は欠損。右側面は二次的なサキ。左側面は二次的なサキ、もしくは欠損。

『論語』学而第一　何晏集解

一、子曰、学而時習之、不亦悦乎、有朋自遠方来、不亦楽乎、人不知而不慍、不亦君子乎、

子曰わく、学びて時に之れを習う、亦た悦《よろこ》ばしからず乎。朋有り遠方より来たる、亦た楽しからず乎。人知らずして慍《いか》らず、亦た君子ならず乎。(6)

本木簡は、同一文字を繰り返しておらず、しかも裏面に全く墨痕が認められない。したがって、本木簡を習書とは簡単にみなすことはできない。

学而篇のはじめの章は、何晏集解によれば、三二文字からなる。本木簡の冒頭を「不亦楽……」とすれば、「不亦楽乎人不知而不慍不亦君子乎」までの部分は、はじめの章のほぼ二分の一に相当する。この「不亦楽……君子乎」の部分は、現存長をもとに復元するならば、長さ一尺のなかにほぼ収まるであろう。そのように想定可能ならば、学而篇のはじめの章は、長さ一尺簡を二本連ねることによって成り立つのである。

三五号

「子曰学是不思」　(二〇二)×二一×四　〇一九

上端は二次的なキリ・オリ。下端は平面または側面ケズリ。

『論語』為政篇

子曰、学而不思則罔。思而不学則殆。

子曰わく、学んで思わざれば則ち罔《くら》し。思うて学ばざれば則ち殆《あやう》し。

三五号木簡は、『論語』為政篇第二の一章部分の冒頭から六文字に比定される。ただし四文字目の『是』は、何晏集解によれば「而」とある。また六文字目の「思」以下の部分は文字面が削り取られたために墨痕が認められないと考えられる。この削取りの所作と下端切断も二次的加工と判断できるかもしれない。

岸氏があげる冊書存在の主な論拠は、典籍類についていえば、文字記載は表《おもて》のみであること、同一典籍の文章を記して冊簡が二簡以上出土することの二点であろう。

その点では、学而篇・為政篇を記している三五・四五号木簡はともに表のみに墨書されている。一方、『論語』の篇は異なり、厚さは現状では異なるが、本来は近似した形態と考えられる。

したがって学而篇の第一章は、幅七分（二一ミリ）、長さ一尺（約二九八ミリ）簡、二簡で構成することが可能である（図18）。

もちろん、古代日本においては、当初より紙木併用を前提にするだけに中国的冊書の存在は否定するとしても、断片的ではあるが、冊書的形態を活用した木簡の使用法は十分に想定できるのであろう。

子曰學　是不思
子曰學而時習之不亦悅乎有朋自遠方来
不亦楽乎人不知而不慍不亦君子乎

図18　『論語』木簡の「冊簡」想定図（左＝45号，右＝35号）

2　木簡の長さと切込み——符式木簡と貢進物付札

(1)　木簡の長さ——符式木簡

日本の木簡の法量（長さ・幅・厚さ）については、宮都木簡に関しては、ある一定の寸法がとくに意識されていないという。たとえば、狩野久氏は昭和五十四年（一九七九）段階のデータをもとに次のように指摘している。(7)

> 藤原宮跡、平城宮跡出土のものの長さを計測してみると、短冊形のいわゆる文書様木簡では、藤原・平城ともに、一二〜二六センチの間に入るものが普通で、一八センチ前後のものが最も多い。貢進物付札では、藤原が一〇〜一六センチのものが多いのに対して、平城は一三〜二二センチと若干長いものが多い。このことは、平城と藤原の貢進物付札の記載内容の違いからくる文字数の多少に関わりがあるのである。しかし、これらの寸法は一応の傾向として指摘できる程度のことであって、右の範囲に収まらないものも相当量あるという。

最近、舘野和己氏も「日本木簡の特殊性」と題したなかで、「長さ二〇〜三〇センチメートル、幅二〜四センチメートル程のものが多いが、それより大きいもの、小さなものも多くあり、さまざまである。中国のように特定の用途に特定の大きさが決まっているということはない。使うのに適当な大きさに作ったということであろう」と述べている。(8)

一方、本来中国木簡で指摘されている木簡内容と木簡の長さとの密接な関連や規格性は、むしろ近年のいわゆる地方木簡のなかにその類似した傾向をみることができるのである。

筆者は、すでに郡符木簡について、その長大さに着目して、次のような要旨の指摘を行っている。(9)

> 郡符木簡は、廃棄のさいに刃物を入れて二片または三片に切断されている。その二片または三片を出土後に接合し、完形木簡として復元可能なものは、現段階で三点存在する（図19）。

○新潟県三島郡和島村八幡林遺跡出土一号木簡　五八五×三四×五　〇一一
○兵庫県氷上郡春日町山垣遺跡出土三・二号木簡　六一九×五二×七　〇一一
○福島県いわき市荒田目条里遺跡出土二号木簡　五九二×四五×六　〇一一

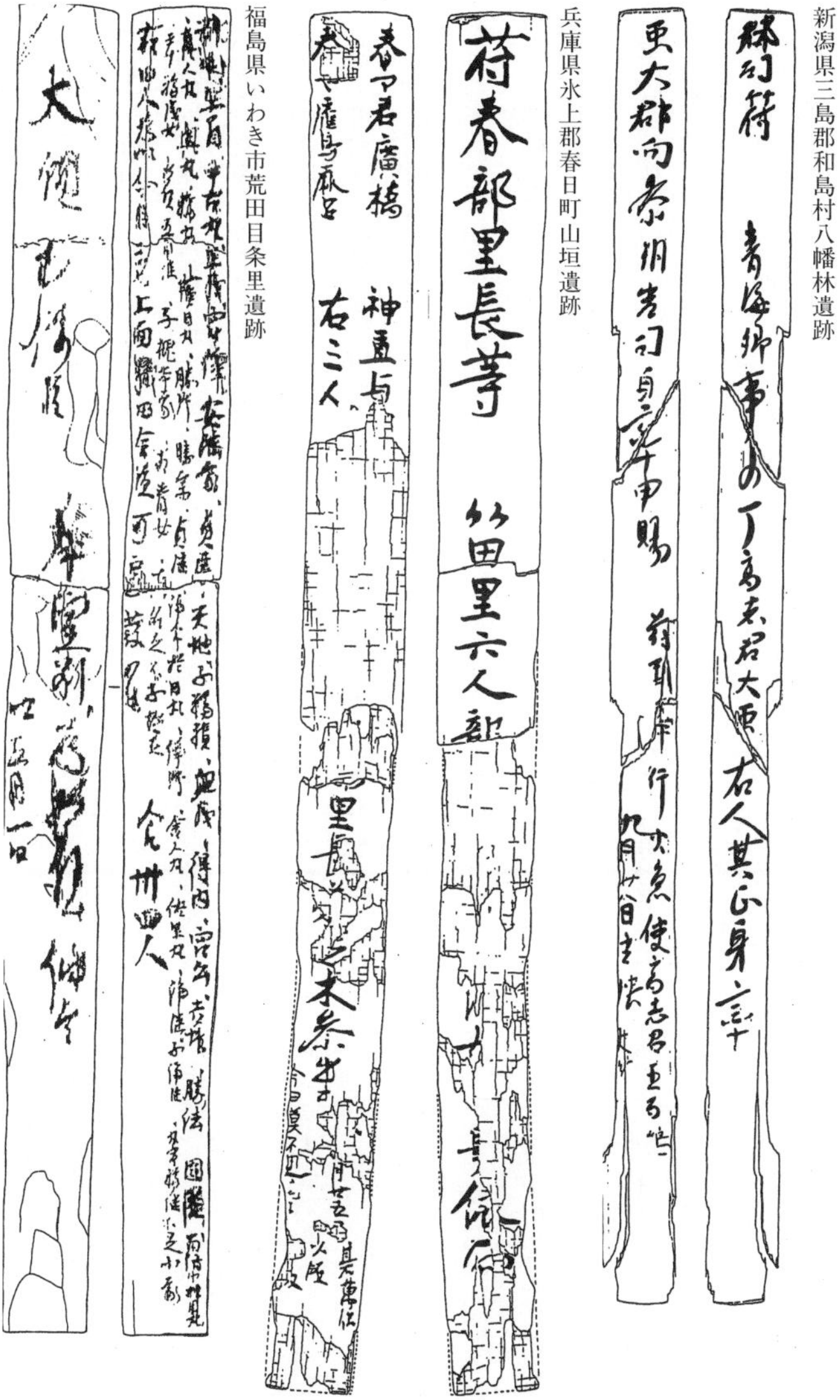

図19　郡 符 木 簡

三点ともに長さ六〇センチ前後であり、ほぼ二尺とみてよい。八幡林遺跡木簡のように幅三・四センチしかないものも、山垣遺跡木簡のように五センチを超える幅をもったものも、すべて六〇センチ前後の長さであるのは、郡符二尺にこだわったということを示すと考えられる。

郡符は、下達文書として、公式令符式に基づいて、郡からその支配下の責任者に宛てられる。そして、その長大さは、符の末端に位置するとはいえ、在地社会における権威の象徴としての意義をもつであろう。

従来の木簡研究では、日本の木簡に一定の寸法がとくに意識されていないとされてきたが、郡符はまぎれもなく通常の文書木簡一尺程度に対して倍長の二尺を意識的に採用しているのである。

さらに『日本霊異記』によれば、兵士が木札に記された国司の召喚状を携行していたが、その木札は「四尺札」とある（中巻第十「常に鳥の卵を煮て食ひて、現に悪死の報を得る縁」）。この説話で設定された国司の召喚状「四尺札」は、当時、郡符が二尺とされたことから、在地社会における郡司と国司の対比から、郡符二尺の倍の長さとして、「四尺札」が架空されたのではないかといえる。

実際、屋代遺跡群では、郡符木簡（一六号、一一四号）[10]に続いて、出土木簡としては初めての国符木簡（一五号）が出土している（図20）。

・「符　更科郡司等　可□〔致〕□□

・「『　呂万□〔能〕大人物口人酒三月』（別筆1）
　　『□□人米人酒□』（別筆2）

（三一三）×（三四）×四　〇一九

国符木簡は、現状では下端を二次的なキリ・オリによって切断されており、原状の長さを知ることはできない。また、右側面は下半部で原状と判断できるが、左側面はキリの可能性が高い。縦方向のキリと下端のキリ・オリはともに廃棄に際しての所作と判断できる。したがって、縦方向のキリから推して、本来の幅は約五・四センチ、すなわち第1項で考察した一一四号郡符木簡と同様の一・八センチを三本連ねたもので、廃棄のさい、その一・八センチ幅に近いところで割りさいたものと推測できる。一方、一一四号郡符木簡のキリ・オリが上端から長さ三六センチの位置で切断されていることから、郡符木簡完形長約六〇センチとすればちょうど五分の三の箇所で廃棄のための切断を行ったことになる。この廃棄のしかたは、兵庫県山垣遺跡の郡符木簡も全長六一・九センチで、廃棄の切断位置はほぼ三七センチであることから、やはり五分の三に相当する。現段階では、出土資料が少ないとはいえ、切断箇所が二分なり、三分の二なり、五分の三なりとほぼラウンド数値に相当する点は注目する必要があろう。また、新潟県八幡林遺跡の郡符木簡は全長五八・五センチであるが、文字と文字の間に斜めに刃物を入れ、三片に切断し、廃棄されている。

八幡林遺跡出土一号木簡（図19参照）

・「郡司符　青海郷事少丁高志君大虫　右人其正身率　」

・「虫大郡向参朔告司□〔身〕率申賜　符到奉行　火急使高志君五百嶋　九月廿八日主帳丈部□□」　五八五×三四×五　〇一一

この三片は三等分ではなく、「……事／少……虫／右……」と文章の切れ目で切断している点、意図的であるとみ

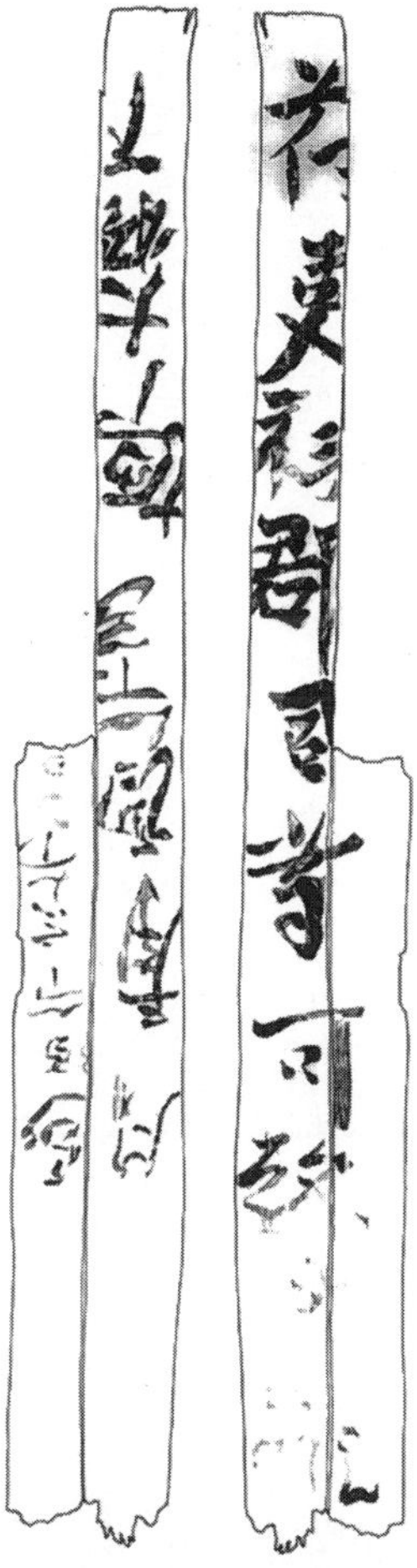

図20　国符木簡（屋代遺跡群出土15号木簡）

なすことができる。

こうした廃棄のしかたが何故か資料不足から十分には説明できないが、現段階での解釈としては、当時、文書木簡の保管、廃棄などが官衙機構のなかで、われわれの予想以上に整備され、恒常的にシステム化されていたことを意味しているのではないか。

ところで、屋代木簡の国符木簡に引き続いて、兵庫県出石郡出石町袴狭遺跡から国符木簡が出土した。(11)

・「国府〔符〕出□□□□〔石郡司カ〕　□　□

・「　天平勝宝七年五月　五日文□

（五五〇）×五〇×一〇　〇一九

本木簡は、幅が屋代木簡の郡符（一一四号）および国符（一五号、復元幅）などと同様に幅広の五センチをはかる。上端から約四二センチの位置で、裏面から刃物で切断面を入れ、強引に割いて廃棄したものと判断される。

ここで先掲の中国木簡の例を想い起こしてほしい。普通の文書が一尺であるのに対して、皇帝の詔は一尺一寸の木簡を使い、さらに漢帝が匈奴単于に与える書が一尺一寸のものであったので、匈奴は一尺二寸の簡を使って返書をおくり、優位を示そうとしたという。

郡符木簡の廃棄にみられる規則的な位置に刃物を入れる切断方法を参考にするならば、屋代木簡の国符木簡の現存長三一・三センチを全長のほぼ半分の位置で切断したものと理解し、国符木簡の推定長は六二・六センチ、約六三センチとなり、また袴狭遺跡の国符木簡は、約四二センチの位置で切断されており、屋代木簡の国符の推定長・約六三センチと同じと想定すれば、ほぼ三分の二の位置で切断したことになる。したがって二点の国符木簡から復元するならば、その推定長は約六三センチつまり二尺一寸を有したとみなすことが可能といえるであろう。

古代の日本の地方社会において、地方豪族としての郡司が通常の文書一尺の倍にあたる二尺の長さの郡符木簡を用いて在地の民に対して命令を下した。『日本霊異記』の説話のなかでは、国司の召喚状は、郡符二尺の倍「四尺札」を架空したが、実際には、中国木簡の例にならい、国符木簡は、郡符木簡二尺を一寸上回ることで在地社会の秩序を保とうとしたという解釈はいかがであろうか。

以上は推測の域をでないが、重要なことは古代日本の地方木簡のなかに、中国の木簡同様にある一定の長さの意識が配慮されているものが存在する事実を確認できることである。

(2)　切込み——信濃国貢進物付札

屋代木簡ではないが、信濃国から宮都に貢進した付札にきわめて形の特異なものが存在する。

藤原宮木簡（『藤原宮』六八号）

・「高井郡大黄＜」
・「十五斤　＜」　一四二×二七×三　〇三二[12]

これは信濃国北部の高井郡から薬物大黄一五斤に付した札である。

また、平城京木簡七六号は、

「播信郡五十斤
　　　　　　合百廿斤＜
讃信郡七十斤　　　」　一五九×二六×四　〇三二[13]

とあり、音表記の検討などから「播信郡」は

藤原宮跡出土木簡（『藤原宮』六八号）

平城京跡出土木簡七六号

図21　付　札

「埴科郡」、「讃信郡」は「更科郡」とみて間違いない（図21、音表記については第一章四、一一一～一一二頁参照）。

この二つの木簡のように下端のみに切込みを入れた付札は、日本木簡にはきわめて稀であり、しかもその形状の酷似したもの（比較的大きな切込み）は、次の例ぐらいであろう（図22）。

平城京跡（左京一条三坊）木簡

・「吉備里海ア赤麻呂米六斗＜」

・「霊亀三年六月　＜」　二一六×二二×三　〇三二[14]

この下部のみに両側面に切込みを入れた特異な付札は、中国の晋簡にその源流をたどることができるであろう。

第二次発掘調査にかかるニヤ晋簡は、そのほとんどが王や王族に奉呈された物品に付けた付札で、下部のみに両側面に切込みを入れたものである（図23）。その付札は長さは七・七～八・二センチ、幅一・二～一・一センチである。下端の切込みとその形状は、先にあげた信濃国貢進物付札の源流にふさわしいといえよう。

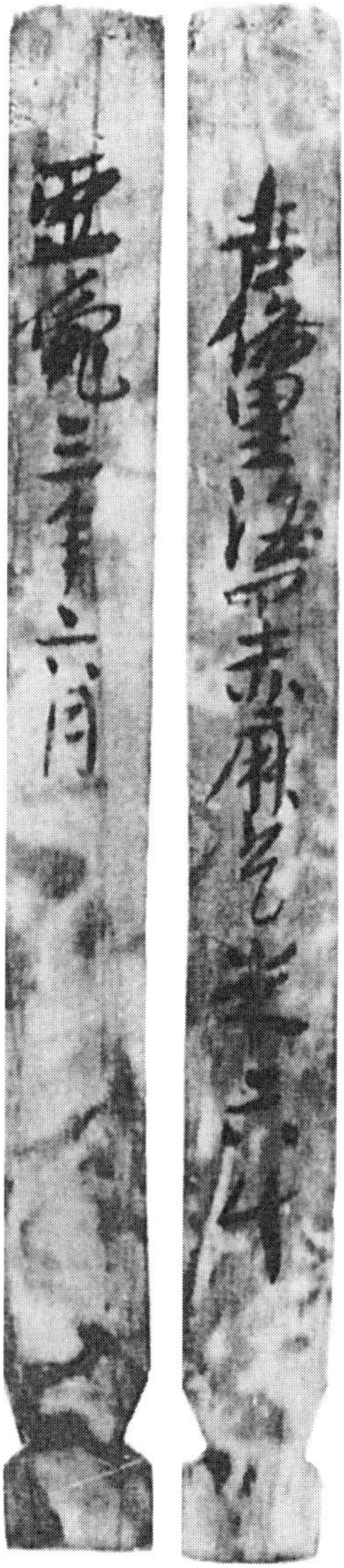

図22　下端のみに切込みのある木簡（平城京左京一条三坊）

3　特異な書体——「用」の書体

七〇号木簡（図24）

□用　」　（一〇四）×二〇×二　〇一九

中国の居延漢簡にこの字形はみられる（図27）が、「用」の使用例は、五世紀の朝鮮半島でも確認できる。

○高句麗好太王碑

好太王碑（広開土王碑）は高句麗の広開土王（在位三九一～四一二年）の功績を記念して、子の長寿王が四一四年に鴨緑江中流域北岸の通溝（現在の中国吉林省集安県）に建てた高さ六・三メートル、幅は一・三五～約二メートルの方柱碑である。この碑文中、四ヵ所にみえる「国岡上広開土境（平安）好太王」の「開」の字体はすべて「用」と記されている。

○高句麗好太王壺杅（図25）

慶州市壺杅塚出土の青銅壺杅に刻まれた銘文は次のとおりである。

「　乙卯年國

図23　ニヤ遺跡出土晋簡の付札

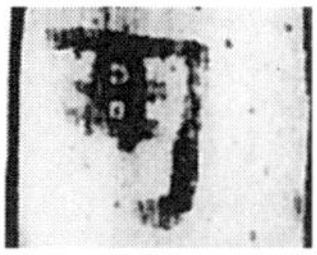

図24　屋代遺跡群出土70号木簡の「開」

図27　居延漢簡の「開」

図25　「開」の書体例―高句麗好太王壺杅

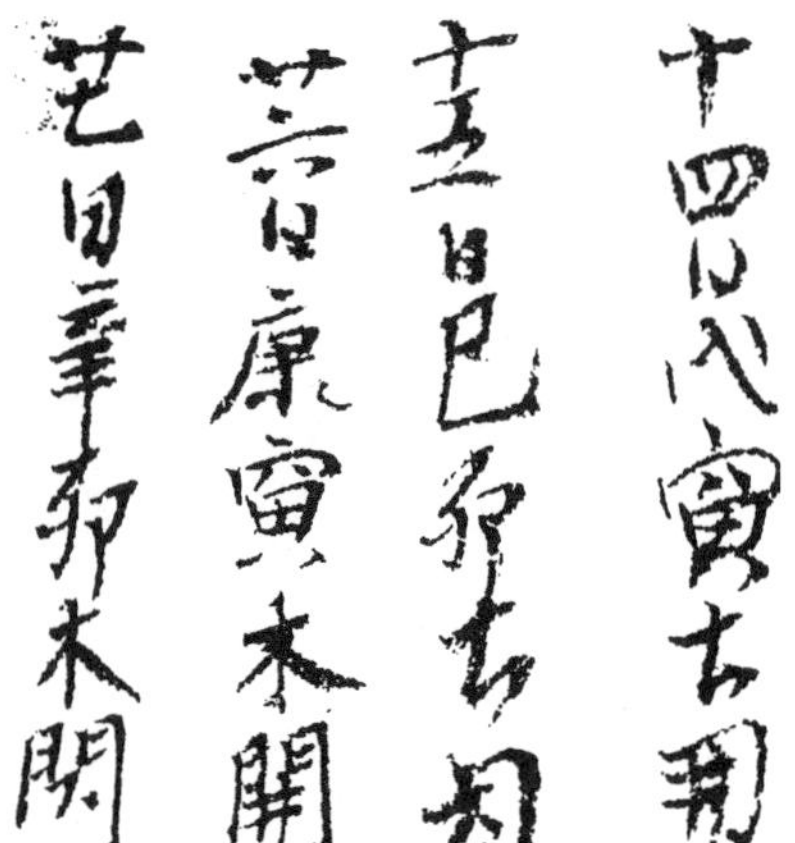

図26　天平21年具注暦「開」と「閉」の書体（正倉院文書）

※岡上廣開
土地好太
王壺杅十」

乙卯年は長寿王三年（四一五）で、この「國岡上廣開土地好太王」の「開」の字体も、好太王碑と全く同じ「开」と記されている。一方、古代日本における用例としては、正倉院文書中の具注暦が知られている。

○天平二十一年具注暦（正集八、『大日古』三―三四七～三五三）

三月

（略）

十四日戊寅圡开　大小歳対天赦血忌療病厭対吉
十五日己卯圡闭　歳対天恩祭祀拝官結婚起土塞穴吉
（略）
廿六日庚寅木開　歳対血忌結婚厭対啓殯療病通溝渠吉
廿七日辛卯木閇　穀雨三月中　歳前歳対拝官結婚塞穴修宅堤防斬草吉

天平十八年暦、天平勝宝八歳暦では、「開」「閇」の字体は通常どおりであるが、天平二十一年（七四九）暦のみ「开」「闭」の字体が使用されている（二月六日から三月二十三日まで）。ただし天平二十一年暦も二十四日以降書き手が代わると、通常の「開」の字体となっている（図26）。結局、中国の漢簡の特殊な字形「开」は、朝鮮半島を経て、日本列島に伝えられたものが屋代木簡の「开」であり、古代日本においては、きわめて限定された使用と理解できる。

4　呪術関係木簡

㈠「竈神」木簡

四号木簡

「竈神　　（一四一）×一八×四　〇一九

上端は粗い平面ケズリ。下端は二次的なケズリ。木簡の上部片面に「〔」型状切込みがある。

本木簡は、表・裏両面ともに全く無調整であるのが特徴的である。すなわち、成形技法面からいえば、本木簡は通常の文書・付札とは異なるものとみなすことができる。また、記載内容面からも、下端欠損しているが、長さ一四センチ残存部の上端部分に「竈神」とのみ記載し、以下余白となっているのは特異である。

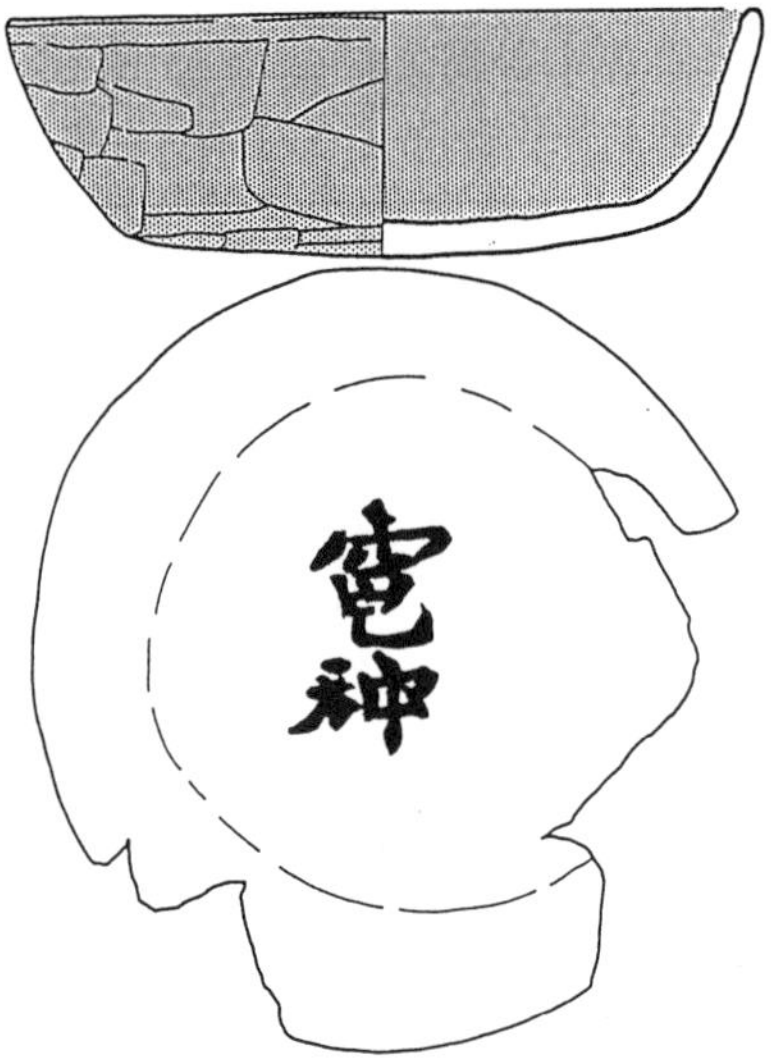

図28　墨書土器「竈神」（千葉県芝山町庄作遺跡出土）

以上の形状・内容的な特異性から判断すると、本木簡は上端部分に「竈神」と記し、おそらく下端部分を尖らせ、地面に突き立てていたのではないか。この行為は、竈神にかかわる祭祀に伴うものと推測される。

竈神については、古代には天皇の食膳のことにあたる内膳司に庭火御竈神が祀られており、人間の生命を養う食物を煮炊きするところとして火所が神聖視されたものとされている。しかし、近年各地の発掘調査で確認される竪穴住居跡内の土器を伴う竈神祭祀は前述の性格とは異なる要素を含んでいると考えられるのではないか。(15)

千葉県山武郡芝山町の庄作遺跡は、東国ではごく一般的にみられる古代の村の遺跡である。集落は標高四〇メートルほどの台地の上に広がっているが、庄作遺跡の土器には、多文字とさまざまな人面墨書が記されている。そのなかに、八世紀半ばごろの土器には底部に「竈神」と墨書したものがある（図28）。

この「竈神」に関連すると思われる資料は、庄作遺跡の北に位置する佐原市馬場遺跡で、住居跡の竈内の燃焼部底面近くに、伏せた状態（倒位）にして、坏を四枚重ね、一番上においた杯に「上」と墨書している。

また、最近、阿久津久氏は、東日本の一般集落跡における八世紀後半から九世紀にかけてみられるカマドと墨書土器の相関関係について、具体例をあげている。

茨城県日立市諏訪遺跡では、九世紀末ごろの住居跡内のカマドの直上に「満」などと墨書された土師器坏が二枚おかれていた。そして、氏はカマド内墨書土器の特色を次のように整理した。

㋑墨書土器は、いずれも土師器坏である。

㋺墨書する土器は燈明皿が使われる例がある。

㋩作法として墨書土器をカマド床中央部に伏せておく。

㊁作法として墨書土器をカマドの上に伏せておく。

中国の晋代に作られた『抱朴子』（三一七年完成）によれば、竈神が晦日の夜、家族の功罪を天帝に報告するのを防ぐ信仰が存在していたことがわかる。

以上から考えると、これらの土器の状態は、竈神を封じ込めるために坏を伏せたものと解釈できるであろう。なお民俗事例のなかにも、沖縄には竈神が年の暮れに昇天して家族の行状を報告し、正月に再び戻ってくるという信仰がある。関東地方の一部にも竈神昇天を防いで、悪口をいわれないようにぼた餅を供えるところがあるという。これらはいずれも中国の竈神信仰の影響とみるべきである。

屋代木簡も、共伴した多量の人形・馬形さらには次に取り上げるヘビ形木製品祭祀は、明らかに道教的色彩の強い呪術信仰と理解できるのである。なお、「竈神」木簡は、屋代木簡のなかでも最下層いわゆる第五水田対応層から出土した七世紀後半のものである。

(2)　「」木簡（図29）

一二四号木簡

・「（墨線）」　　一八五×一八×二　〇六一

・「（墨線）」

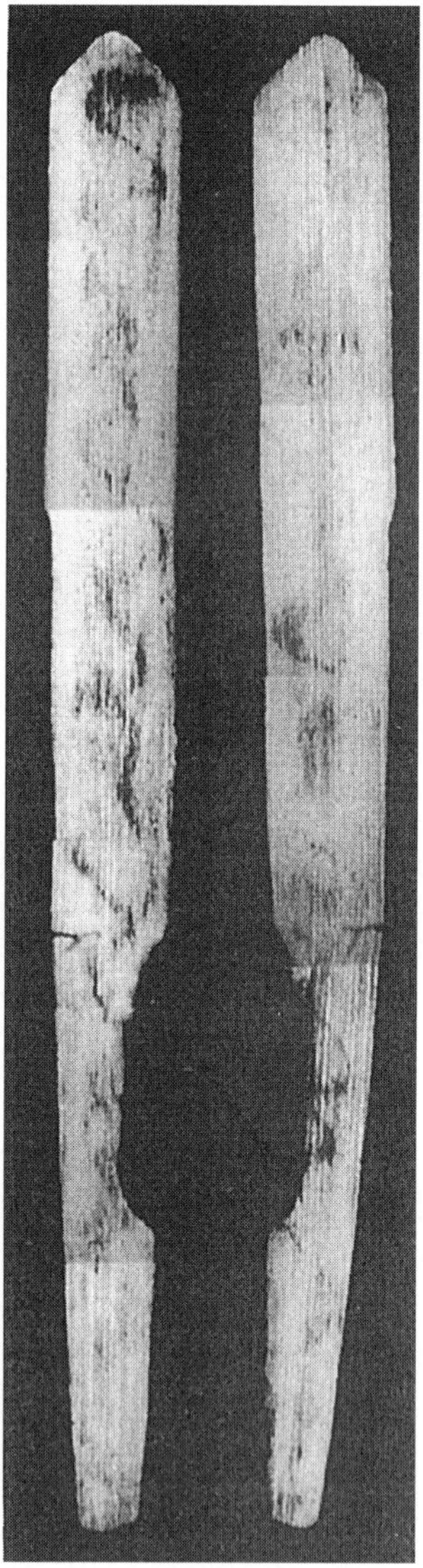

図29　屋代遺跡群出土124号木簡

上端はキリによる成形で下端は欠損している。表は調整法不明。裏は無調整。

蛇行した墨線が表裏にあり、斎串に墨書したものと思われる。

一二五号木簡

「（墨線）〜〜〜」　（七六）×一八×二　〇六一

上端はキリによる成形で下端は二次的なキリ・オリ。右側面は無調整。表裏も無調整である。

蛇行した墨線が片面にあり、斎串に墨書したものと思われる。

両木簡とも屋代木簡では、最も新しい第二水田対応層出土の八世紀後半以降九世紀ごろのものとされている。一方、屋代遺跡群で出土した木製祭祀具は人形（約八五点）、馬形（約二五〇点）、斎串（約一八〇〇点）、ほかに舟形・刀形・琴形・鳥形・ヘビ様の祭祀具などがあり、その量と器種の多様さは全国的にも例をみない。(16) 年代的には七世紀後半〜八世紀前半のものが多い。屋代遺跡群の木製祭祀具のなかでとくに目につくのは「ヘビ様の祭祀具」と「馬形」である。「ヘビ様の祭祀具」と呼んでいるものは、斎串に似ているが蛇行したように作られている（図30）。

年代的にみると、七世紀後半〜八世紀前半のヘビ形木製品から九世紀に入ると、いわばその簡略な形として、墨書「〓」へ移行したものと考えられる。

そこで参考となるのが、敦煌発見の俗書の類である。この文献については、東野治之氏が詳細に紹介している。(17)『護宅神暦巻』（P三三五八）（図31）と題する書は、各種の符籙を収録した書であって、全く実用的な用途のものといってよいであろう。このような書を通じて呪符が受容されたと思われる。たとえば、『護宅神暦巻』にあげられた符籙のなかに人面がある。「山鬼」と記されたこれらの人面はおそらく日本の人面墨書土器に図された人面と源を同じくするものであろう。その書写年代は唐をさかのぼるものではないが、このような符籙集は後代にも多く流布しており、これに先行する書が当然存在したであろうという。

ところで、この『護宅神暦巻』をみると、呪符のなかに「〓」が描かれている。この「〓」形の呪符は、屋代木簡にみえるヘビ形に類似しているのではないか。そのようにみられるとすれば、さきの中国の道教的影響とされる「竃神」木簡の存在やヘビ形木製品との関連などから推して、古代の信濃国における中国の呪術信仰の確たる浸

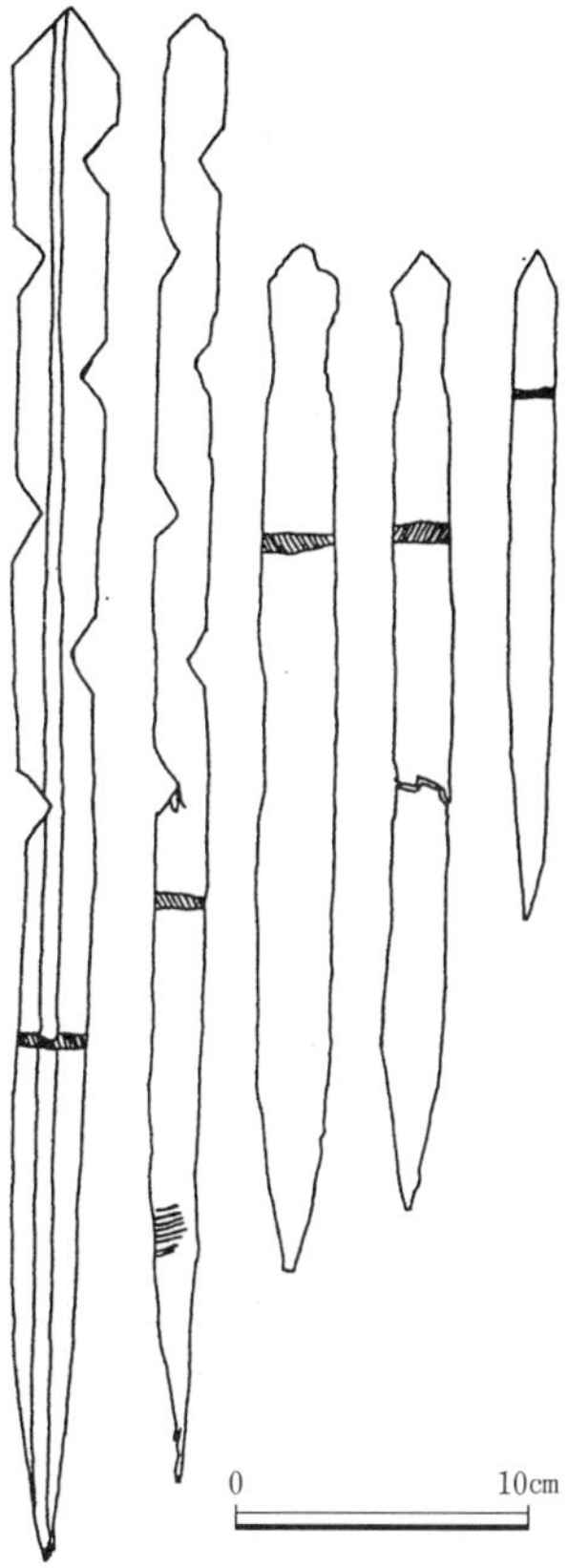

図30　屋代遺跡群⑥区流路内出土木製祭祀遺物（ヘビ形）第5水田対応流路内一括（7世紀後半）

透を想定できるであろう。

まとめ

韓国で最初に発見された木簡は、新羅の王宮内にあった雁鴨池から出土したものである[18]。木簡は池の周辺建物群の第四建物跡から第五建物跡に至る護岸石築下の泥土層から集中的に出土し、合わせて五一点の木簡が確認されている。年紀のある木簡は、景徳王十年（七五一）から恵恭王九年（七七四）の二三年間に収まる。

これらの木簡について、最近、李成市氏が次のような新見解を発表されている[19]。それらの木簡のなかでも、次の木簡は形状と記載内容において、中国木簡との密接な関連を確認できる（図32）。

雁鴨池出土木簡一五号　報告書掲載の釈文

「□立迷急得附（?）高城墟（?）（武?）」

長さ一六・二センチ、幅四・二センチ

新釈文（一部、筆者訂正）

「く□□〔送カ〕急使條高城□〔壅カ継カ〕走」

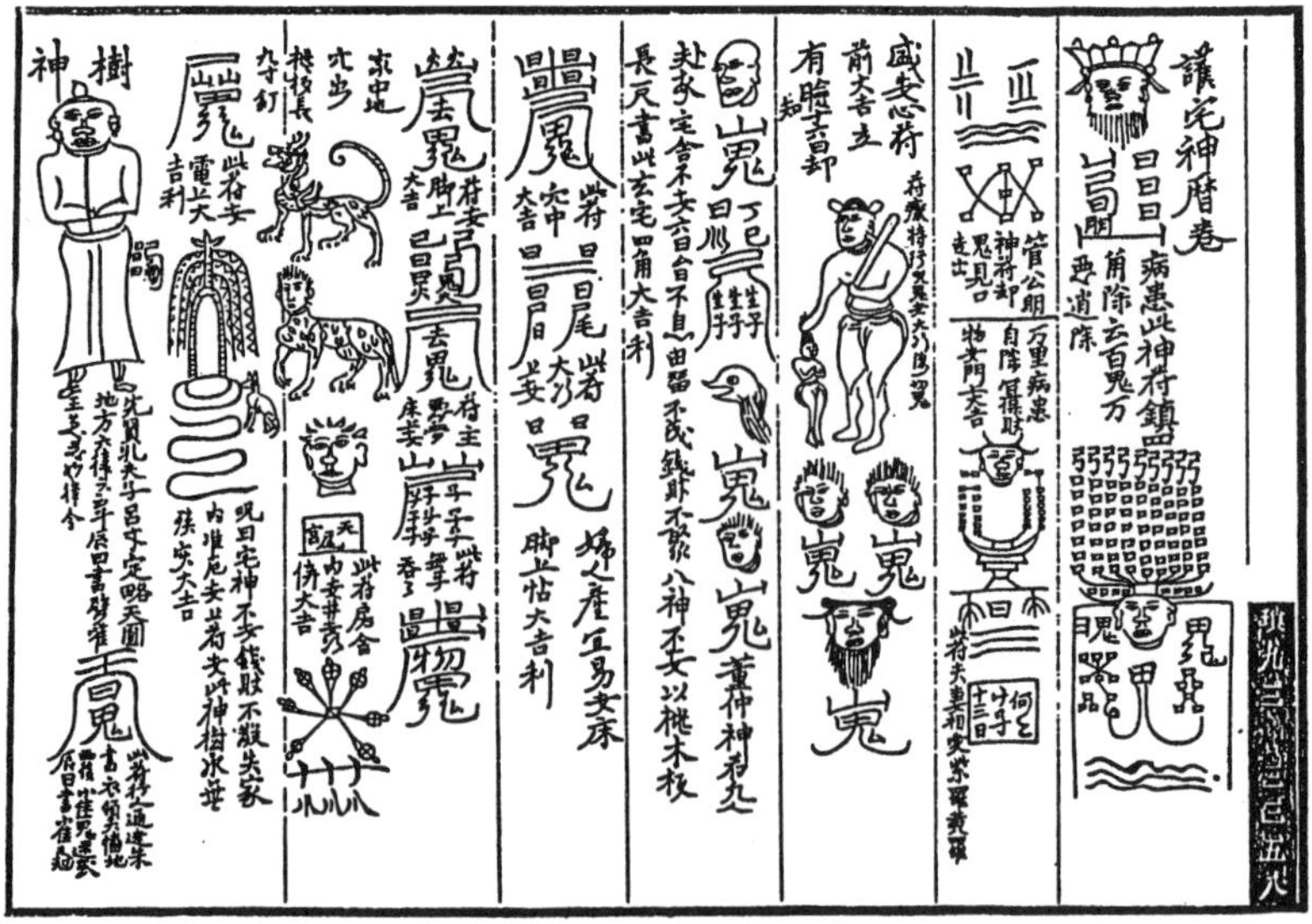

図31　『護宅神暦巻』

急使によって書簡が高城に送られたと解釈できる。本木簡の末尾を「走」とすれば、漢簡にみられる〝検〟と同様に、文書を運ぶ方法（運搬者が走れ）を指定したとみることができるという。

中国の漢代の居延城のあった地域から出土した「居延漢簡」は、辺境の軍事基地における文書行政の実態を伝えている。それらのなかに、中国の広大な支配地域を結ぶ道路網があり、道路沿いに郵、亭を配置し、五里一郵、一〇里一亭を基本単位とし、これが文書リレーを担当した。文書の伝達方法として「検」という木簡が用いられた[20]。木簡を用いて公私の文書を作って相手に送り届けるときに、宛先を書くためのものである。

「甲渠官行者走」

甲渠官は、漢代当時の張掖郡居延都尉に所属する甲渠侯官のことで、甲渠侯官という城砦が存在した。その甲渠官

図32　新羅・雁鴨池出土木簡「検」（原寸）

図33　漢簡の「走」の書体の例

の運搬者が走れという運ぶ方法を指定したものである。

雁鴨池木簡は、この漢代の検と形態は異なるが、運搬方法を指示した文言と、「走」の隷書風の書体が漢代の検ときわめて類似しているのである。八世紀後半の新羅の王宮内出土木簡が、日本と同様に紙木併用期にもかかわらず、中国の漢代の木簡と共通した特徴を有する点は注目すべきであろう。

ところで、平成十年（一九九八）末、十二月六日、第二〇回の木簡学会研究集会（於奈良国立文化財研究所）が開催されたが、その研究発表のなかで、とくに議論が集中したのは、徳島市観音寺遺跡出土の次の木簡である(21)（図34）。

「□〔年ヵ〕四月廿□　一升又日一升
又日一升又日一□又日

板野国守大夫分米三升小子分用米□

此月□

（二七二）×五二×五　〇一九（七〇号）

この木簡の解釈のうちでも、議論となったのは発表者（和田萃氏）の「板野国守」という見解と、「板野」と「国守」は文字の大きさが異なり、一字分空いているなどのことから「板野国守」とは理解できないという意見の違いである。大勢は後者を支持するものであるが、その場合「板野評」となるべきなのに「評」字を省略していることの説明が必要である。

私見によれば、この木簡こそ形状と記載様式という本節の基本的視角に基づけば、その説明が可能となるものであろう。

本木簡の年代は七世紀後半である。その内容は国司巡行にかかわるもので、八世紀の正倉院文書中の正税帳に先行する木簡による記載である。

本木簡は断面がレンズ状であり、きわめて丁寧に仕上げられている。幅五・二センチは、おそらく一・八センチを三本連ねた（五・四センチ）ものと判断できる。この規格性は、記録簡によるもので、本木簡はその記録簡の一枚と考えるべきであろう。すなわち、板野は阿波国の筆頭郡（評）であり、国司巡行に際して、板野評が食料支給した四月分の札とみられる。さらにいえば、国司巡行の食料支給を評別そして月別に一枚の簡として作成したものであろう。したがって、一枚の簡は定型化され、冒頭の評名も、「板野」として「評」の字を省略したと理解できるのである。

さらに、観音寺遺跡木簡の「国守大夫分米三升」の「升」と判断した書体は、すでに東野治之氏が指摘している居延漢簡・藤原宮木簡の「斗」の隷書体にきわめて酷似している（図35）。本木簡を上記のように国司の食料支給簿とみるならば、たとえば周防国正税帳（天平十年）の国司（史生已上）巡行の場合、人別四把（米二升）、米二升×十五日分＝米三斗となる。したがって「米三升」は「米三斗」とみなすべきであろう。

本節で取り上げた古代日本の地方木簡の一つ屋代木簡には、その形状・記載様式・書体そして記載内容などにおいて、木簡の源流・中国木簡と、真先に中国の影響を受けた朝鮮半島の資料との密接な関連がうかがわれるのである。

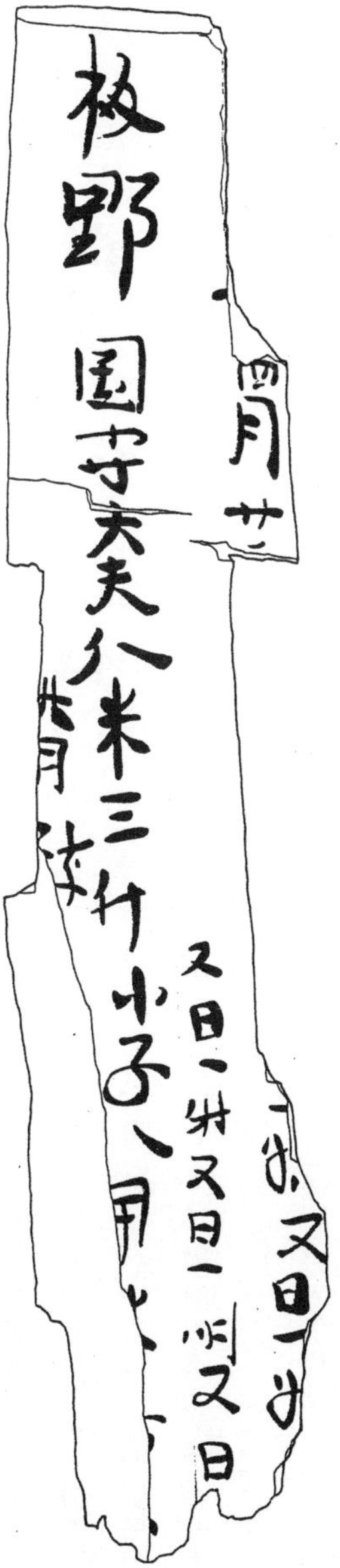

図34　徳島市観音寺遺跡
出土70号木簡

図35　「斗」の書体

とくに古代日本の木簡研究においては、中国の漢簡などと異なり、当初より紙木併用下におかれた日本の木簡の形状や法量に一定の規格性をほとんど問わなかった。もちろん、日本の木簡に漢簡との共通性がうかがわれたとしても、漢簡の本来的なあり方とは異なるものであることはいうまでもない。しかし本節で明らかなように、屋代木簡一つを取り上げても、それらのなかに漢簡を意識した形状や法量に一定の規格性を十分に確認できるのである。日本と同じ紙木併用期の八世紀後半の新羅木簡にも漢簡模倣の様子がうかがえる点も併せて、日本列島および朝鮮半島における古代木簡研究が新たな段階に入るべきであるといえよう。また、紙木併用期ゆえに、より木の特性を生かした使用範囲が想定できるという点に着目していきたい。本節はそのような新たな木簡研究の契機となることを目指した試論にすぎない。

以上、本節では屋代木簡を素材として考察したが、それらの木簡群のなかに中国木簡や古代朝鮮の文字資料との密接な関連を読みとることができ、屋代木簡のもつ資料的価値の〝ひろがり〟を確認できたといえよう。と同時に、ここで検証しえた屋代木簡の特性は、信濃国という地域的特色と捉えるべきか、地方木簡全般に及ぼして考えるべきか、今後の重要な検討課題である。さらにいえば、ここではあえて問わなかったが、屋代木簡の種々の特性と捉えたものは、地方木簡ゆえか、宮都木簡では検証しえないのかという点、もう一点は、屋代木簡の年代は、数点を除くと七世紀後半から八世紀前半に限定されるが、ここで明らかにした特性は、時期的な傾向つまり七世紀的木簡の特性と捉えるべきか、また八世紀以降紙による文書行政の整備などがどのように木簡のあり方にかかわっているかなど、時期的変遷のなかで再検討することがやはり残された大きな課題であろう。

註

(1) 拙稿「出土文字資料と正倉院文書」(石上英一ほか編『古代文書論――正倉院文書と木簡・漆紙文書』東京大学出版会、一九九九年。本書第一章二に収録)。

(2) 岸俊男『宮都と木簡—よみがえる古代史—』(吉川弘文館、一九七七年)所収「四、木簡研究の課題」「五、木と紙」。

(3) 平城宮第四十四次調査で左京一坊坊間大路の西側溝から出土したもので、戸令条文の傍点部分を習書したものとされている(奈良国立文化財研究所『平城宮発掘調査出土木簡概報』六、一九六九年)。

(4) 奈良県教育委員会『藤原宮跡出土木簡概報』(一九六八年)。

(5) 二点の『論語』木簡の釈文は、すでに傳田伊史「七世紀の屋代木簡」(『木簡研究』二〇、一九九八年)に紹介されている。

(6) 『論語』の訓読は、吉川幸次郎『論語(上)』(朝日文庫、一九七八年)による。

(7) 狩野久編『日本の美術』一六〇(至文堂、一九七九年)。

(8) 舘野和己「日本木簡の特殊性」(大庭脩編著『木簡――古代からのメッセージ』大修館書店、一九九八年)。

(9) 拙稿「郡符木簡――古代地方行政論に向けて」(虎尾俊哉編『律令国家の地方支配』吉川弘文館、一九九五年。本書第二章一に収録)。

(10) 一六号木簡

・「符　余戸里長

・「[ ]□□

(九九)×三五×三　〇一九

(11) 小寺誠「兵庫・袴狭遺跡」(『木簡研究』一九、一九九七年)。

(12) 奈良県教育委員会『藤原宮』(奈良県史跡名勝天然記念物調査報告二五、一九六九年)。

(13) 奈良国立文化財研究所『平城京木簡 二』(一九九五年)。

(14) 奈良国立文化財研究所『平城宮発掘調査出土木簡概報』七(一九七〇年)。このほか、下端のみに切込みを入れた付札としては、下総国の贄の付札に例がある。

「下総国海上郡酢水浦若海藻御贄太伍斤中＜」

二〇二×二五×六　〇三二(平一―四〇〇)

しかし、この贄の付札は、むしろ次の常陸国の上・下端の切込みのある木簡の上端部分を略したのにすぎないことがわかる。

「∨常陸国那賀郡須□埼所生若海藻∨」　　　　二二一×二三×三　〇三一（平一－四〇二）

(15)　以下、竃神祭祀に関する報告書・論文は次のとおりである。
山武考古学研究所『小原子遺跡群』（一九九〇年）。

㈶千葉県文化財センター『東関東自動車道埋蔵文化財調査報告書Ⅳ－佐原地区㈠－』（一九八八年）。

阿久津久「カマドにみる祭祀の一形態」（日立市史編纂委員会『日立史苑』七、一九九四年）。
(16)　宮島義和「更埴市屋代遺跡群の祭祀遺物――木製祭祀遺物の変遷　飛鳥・奈良・平安」（『長野県考古学会誌』七六、一九九五年）。宮島氏はヘビ形木製品について、次のようにふれている。
ヘビ様の祭祀遺物は斎串のバリエーションと考えることもできるが、各水田面の時期とともにその出土状況をみると、斎串以外に他の形代類を伴わない傾向があることからヘビの形代と捉えることも可能である。
(17)　東野治之「木簡雑識」（『長屋王家木簡の研究』塙書房、一九九六年）。
(18)　文化財管理局『雁鴨池発掘調査報告書』（ソウル、一九七八年）。
(19)　李成市「韓国出土の木簡について」（『木簡研究』一九、一九九七年）。なお、筆者は、一九九七年二月に李氏らとともに雁鴨池木簡を実見し、本木簡の片面にも文字を確認している。
(20)　大庭脩『木簡』（学生社、一九七九年）。
(21)　徳島県教育委員会『観音寺遺跡Ⅰ』（二〇〇二年）。

四　古代木簡からみた地方豪族

1　地方豪族の支配形態

古墳時代には、各地に大規模な古墳を築いた豪族たちは、一辺が一〇〇メートル四方もある土地に溝をめぐらし、そのなかに高床式や平地式の家を建てて住むいわゆる豪族の居館を構えていた（図36）。また中世では、各地の豪族的武士たちがやはり溝をめぐらせた館を構え、そこを地域支配の拠点としていた。

ところがなぜか、律令国家体制下（七〜十世紀）については各地域の豪族の居館の存在が、今までほとんど意識されておらず、その遺跡を指摘した例を聞かない。それまで、それぞれの地域を支配してきた豪族たちの連携・交流、あるいはその地域のなかでの自由奔放な活動が、律令国家になると同時に、一気に都と地方という形に図式化され、中央集権的ないわゆる〝ピラミッド体制〟の中に想定されている。そしてその豪族は郡司・律令官人という形で収斂されてしまっているといえる。しかも、豪族たちが活躍する拠点・郡家を、あたかも都の宮殿およびその出先機関としての国府の小型な施設と想定している。端的にいえば、豪族の私的な側面、私的活動というものが見失われ、公だけが表に出てきてしまっているといってよい。

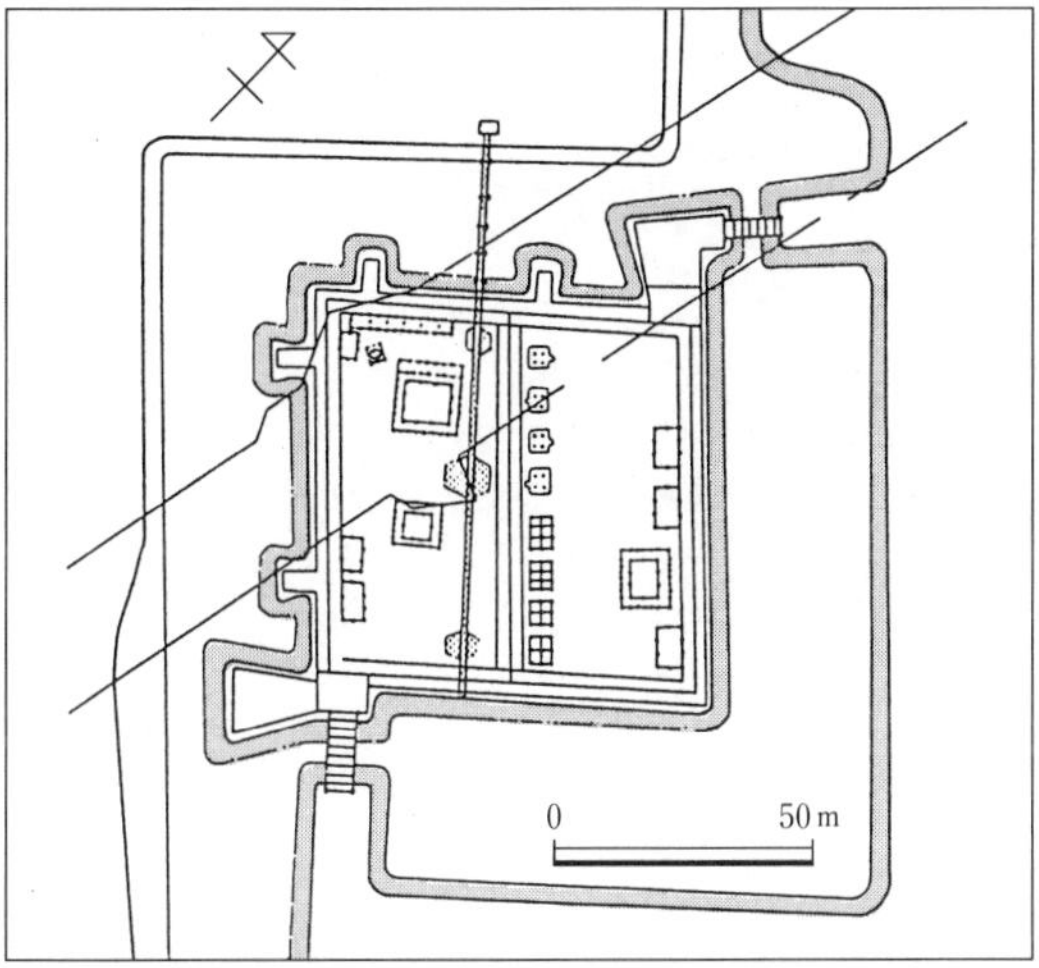

図36　群馬県群馬町三ツ寺遺跡の居館（5〜6世紀）復元図

郡という組織は、今までは郡より上級の国、さらに上級の中央政府とのつながりを中心として捉えられており、郡の下部機構すなわち当時の地方社会を支えた里という重要な部分との関係が見えていなかった。つまり、政府が編纂した記録類は、主として中央政府との関わりのなかで記録されており、郡－里という末端の関係をあまり記録していないのである。

古代社会の末端の姿を解明していくためには、どうしても全国各地で発掘されている遺構・遺物を見ていかなければならない。近年、ようやく古代における各地域の拠点的遺跡を広範囲

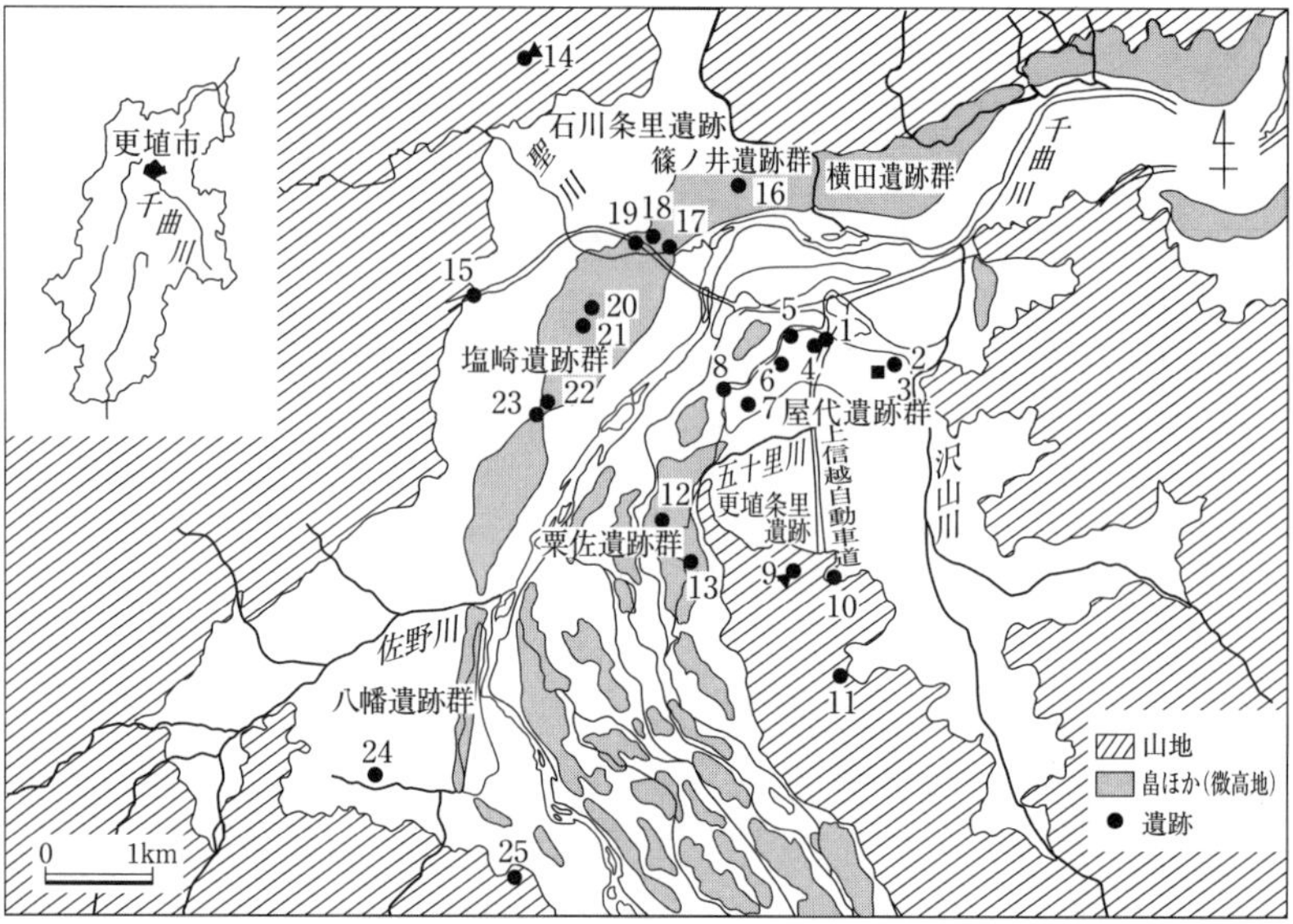

図37　長野県更埴市屋代遺跡群とその周辺(1屋代遺跡群⑥区，2大宮遺跡，3雨宮廃寺跡，4大境遺跡，5城之内遺跡，6松ヶ崎遺跡，7馬口遺跡，8地之目・一丁田遺跡，9森将軍塚古墳，10大穴遺跡(古墳)，11清水製鉄址遺跡(古墳)，12五輪堂遺跡，13小島遺跡，14川柳将軍塚古墳，15鶴前遺跡，16篠ノ井遺跡群新幹線地点，17大規模自転車道地点，18市道山崎・唐猫線地点，19高速道地点，20殿屋敷遺跡，21塩崎小学校遺跡，22松節遺跡，23市道253号線地点，24社宮司遺跡，25上ノ田遺跡)

に発掘することによって、そこから郡―里レベルの活動の姿を端的に示す資料が出土するようになってきた。その代表的なものが〝郡符木簡〟というものである。

その郡符木簡をはじめ、地方豪族の実相を鮮やかに物語る多数の木簡が出土したのが長野県更埴市屋代遺跡群である。屋代遺跡群の地は、善光寺平の南西に位置し、四世紀後半には、森将軍塚古墳など大規模な前方後円墳が出現する。文字どおり大きく蛇行する千曲川は、更埴市のあたりで北東へ屈曲し、流れのゆるやかになる地点に屋代遺跡群が立地している。この屋代の地には、川が運んだ土砂によって発達した自然堤防上に集落が分布し、その後背湿地には豊かな水田が広がっていた(図37)。

平成六年(一九九四)度の長野県埋蔵文化財センターによる屋代遺跡群の発掘調査にお

いて、一二〇点の木簡を含む四万点を超える木製品が出土し、それらの木簡のなかには、地方木簡としては最古の年号を記載した木簡があることがわかった。長野県ではそれまで古代の木簡の出土例はなかったのである。それがいきなり地方木簡として最古の年号の書かれている木簡が出土したのをはじめ、古代史に新たな知見を加える数々の木簡が出土したのである。現段階で古代木簡の出土していない地域はまだ全国の四分の一ほどあるが、いつ地下から大量の木簡が出土するかは全く予測がつかない。

四六号木簡（二八三頁、図91）に「乙丑年」と記されていたが、わが国では八世紀以前は年号を干支年で記載していた。この乙丑年は天智天皇四年（六六五）、大化改新からわずか二〇年後である。一三号の「戊戌年」は、文武天皇二年（六九八）となる。

ここで注目されるのは、四六号木簡の「他田舎人」という記載である。

戦後古代史上最大の発見は埼玉県行田市稲荷山古墳出土「辛亥年」銘鉄剣であろう。それは一一五字の金象嵌文字によって、比較的資料の少なかった五世紀の古代社会像を鮮明に描いたからであるが、さらに大きな成果は、稲荷山鉄剣が出土したことにより、考古学と古代史が急速に接近したことである。古代史の全体像は、考古学的成果をはじめとして他の学問領域と協業しなければ描くことができないということが初めて意識されたのは、稲荷山鉄剣の銘文の発見によるといっても過言ではない。最近では中世・近世においても同様に考古学を抜きにしては考えられなくなってきている。

銘文によると、この剣は辛亥年（四七一年説が有力）に乎獲居が作らせたもので、祖先の意富比垝から乎獲居に至る八代の系譜を記し、代々大王の宮を警護する杖刀人（武官）の長であったこと、またその乎獲居は獲加多支鹵大王（雄略天皇か）の斯鬼宮を警護し、天下を治めるのを助けたことを記している（図38）。この剣が東国の武蔵の大古墳

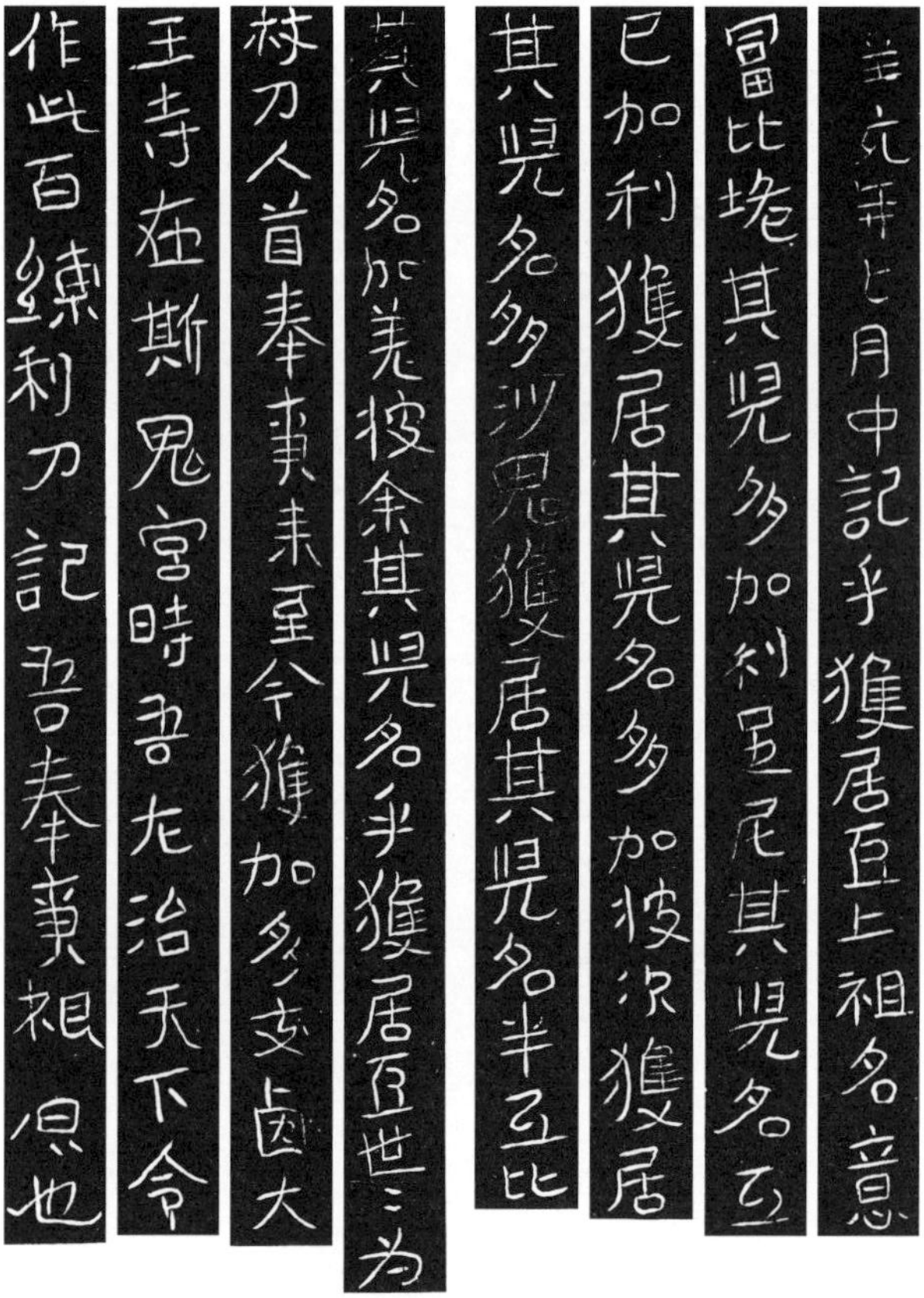

図38　「辛亥年」銘鉄剣（稲荷山古墳出土）

から出土したことは、東国豪族の子弟が舎人として大王の宮を警護していたことを物語っている。この鉄剣銘の発見により、ヤマトの王権に服属し、その地方支配組織に組み込まれつつあった五世紀後半の東国豪族の姿が読みとれるのである。

舎人の任務は、大王や王族に侍し、身辺の護衛に奉仕することである。そして東国豪族のなかには、大王の宮を警備したことに基づき、宮号プラス舎人をウジ名と称するものがあらわれるのである。勾舎人は安閑、檜前舎人は宣化、金刺舎人は欽明、他田舎人は敏達の各天皇の宮号であり、すべて六世紀の大王の宮号である。

四六号木簡の「他田舎人」は、敏達天皇の訳語田幸玉宮の「訳語田」に基づくもので、その大王のときに仕えたことを一つの根源としたのである。他田舎人・金刺舎人は、とくに信濃・駿河に集中的に分布しており、しかも郡の大

謹解　申請海上郡大領司仕奉事
中宮舎人左京七條人従八位下海上國造他田日奉
部直神護我下総國海上郡大領司尓仕奉
止申故波神護我祖父小乙下忍難波　朝庭
少領司尓仕奉支父追廣肆宮麻呂飛鳥
朝庭少領司尓仕奉支又外正八位上給弖藤
原朝庭尓大領司尓仕奉支兄外従六位下勲
十二等國足奈良朝庭大領司尓仕奉支神
護我仕奉状故兵部卿従三位藤原卿位分資
人始養老二年至神龜五年十一年中宮舎人
始天平元年至今廿年合卅一歳是以祖父
父兄良我仕奉祁留次尓在故尓海上郡大領
司尓仕奉止申

図39　「他田日奉部直神護解」(正倉院文書)

領や主政・主帳という郡司に任ぜられた地方豪族がそのウジ名を称しているものが多い。その郡司の子弟らは律令期に入っても、やはり兵衛として都の宮殿の門の警護役についたのである。

当時の地方豪族のあり方を端的に物語る史料が、正倉院文書のなかに残されている。

「謹解　申請海上郡大領司仕奉事」と始まるこの文章の主人公は、今の千葉県銚子市付近出身の代々郡司を務める家柄で、都に出た後、貴族の警護役となった他田日奉部直神護という人物である。他田日奉部直神護は次のことを申請している(図39)。

神護は「下総国海上郡の大領に任ぜられたい。その理由は、自分の祖父は孝徳朝の少領であり、父も天武朝の少領さらに持統朝には大領に昇進し、兄の国足は奈良時代初期にやはり大領の地位にあったということである。祖父の代からいずれも海上郡の郡領の氏族としてその職に就いている。一方、神護は都において、兵部卿従三位藤原麻呂の位分資人(五位以上の諸臣に仕えて警衛・雑務に従事する官人）として養老二年（七一八）から神亀五年（七二八）まで、一一年間にわたって仕えていた。その後、中宮舎人（天皇の母宮子夫人が住む中宮に仕える舎人）として天平元年（七二九）から現在（七四八年）に至るまで二〇年間、仕えている。あわせて三一年間にわたって、貴人の警護役として都で働いていた。もうそろそろ故郷に戻って、祖父・父そして兄と同様に海上郡の大領の役職に就きたい」という切実な申請書である。

ところが、この申請書の提出された翌年（七四九）に「立郡以来の譜第重大の家を簡点し、嫡々相継ぎて傍親を用いることなからしむべし」（『続日本紀』天平勝宝元年二月壬戌条）と、それまで公に否定されていた嫡系主義（兄→兄の子）が、このときに公認されたのである。結局、神護は、海上郡の大領の職に就くことができず、そのまま都にとどまって貴族の警護・雑務に従事する職務で一生を過ごしたであろう。

最近、平城京・二条大路北側の溝跡から「他田神護」の名のみえる木簡が出土し、大きな話題となった。その木簡は、天平八年（七三六）八月二日の中宮職から兵部卿藤原麻呂の政所（家政機関）に宛てて、「他田神護」をはじめとする一九人の舎人の考文銭と智識銭の支払いを要求したものである。考文銭は、勤務評定を受ける本人が支払い、これを所属する本司がとりまとめて太政官に送るものであった。この木簡の場合、中宮職が支払いを要求しているから、彼らの本司は中宮職であり、このとき宛先の兵部卿宅にいたことが明らかである。先の申請書によれば、神護は、天平元年から天平二十年（七四八）までの間は中宮舎人であったことが知られるので、二条大路木簡の「他田神護」は正倉院文書中の「他田日奉部神護」と同一人物とみて間違いない。今後とも、このような既存の史料上の人物が、木簡などの出土資料に登場するケースはおおいに予想される。

この他田日奉部神護の例は、当時の一般的な地方豪族のあり方を示している。おそらく金刺舎人・他田舎人は、信濃国内の有力な郡領氏族であったわけであるから、これらの舎人姓が活動している屋代遺跡群の地は、埴科郡の中心であったことは間違いないであろう。

その事実を証明するとともに、古代の地方豪族の在地支配の実態を知る大きな手がかりとなる資料が〝郡符木簡〟である。

郡符木簡とは、公式令の符式に基づき、郡司がその管下のものに命令を下すさいに用いた木簡である。木簡は、ふつう約三〇センチすなわち古代の一尺に相当するが、この郡符木簡はその倍の六〇センチ前後、二尺になる。人が携帯する木の札としては、最も大きな部類の札である。

一方、命令内容をみると、これまでの郡符木簡がすべて人の召喚を内容としているのに対し、屋代遺跡群の郡符木簡（一一四号）では、人物（神社の造営のための労働力など）の召喚のほかに、物品（神事用の席〈蓆〉・鱒、神社造営の労賃の布など）の調達をも命じている点が注目される（図40）。

また郡符木簡は、宛所（里長〈里家〉など）で廃棄されたのではなく、差出し側（郡家およびその関連施設）に戻り、廃棄されたと想定してよいであろう。その論拠は次のとおりである。

㋑宛所の異なる木簡が同一遺跡・遺構から出土している。

○長野県屋代遺跡群

屋代郷長里正等（一一四号）

・「　　　　　　　　　　　　敷席二枚　鱒□一升　芹□
　符　屋代郷長里正等　匠丁粮代布五段勘（ママ）夫一人馬十二疋
　　　　　　　　　　　□〔神〕宮室造人夫又殿造人十人

・「□持令火急召□□者罪科　　　少領　　　　　（三九二）×五五×四　〇一九

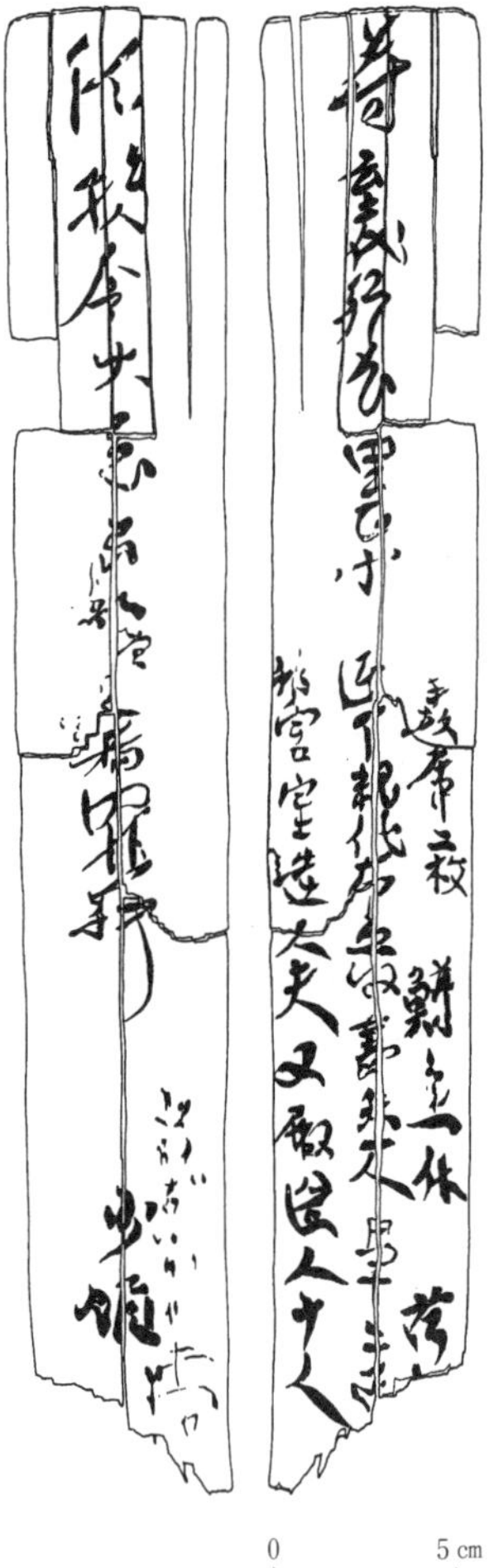
図40　「屋代郷長里正等」宛郡符木簡（114号）（屋代遺跡群出土）

余戸里長（一六号）

・「符　余戸里長

・「□□□　　　　　　　　　　（九九）×三五×三　〇一九

○福島県荒田目条里遺跡

立屋津長伴マ福麿（一号）

里刀自（二号）

㋺差出しと宛所の部分を丁寧に切断し、廃棄しているのは、再利用を防止するための差出し側の所作と考えられる。

○長野県屋代遺跡群

「符　屋代郷長」の部分（一一四号）

「符　余戸里長」の部分（一六号）

㋩書状などを封印したいわゆる封緘木簡は、宛所を記すもので必ず宛先で廃棄される。兵庫県山垣遺跡では、宛所

「丹波国氷上郡」と表記された封緘木簡が郡符木簡と共伴して出土している。

㋺の廃棄方法は、使用後、入念にケズリおよび切断を行っている。一一四号の郡符木簡は、「符屋代郷長」部分に裏面左側から刃物を入れ、上からのサキと組み合わせて五分の一破片が切り取られる。さらに刃物を入れて二片目のキリ・オリがなされ、最後に「屋代郷長」部分がキリ・オリされる。上部の刃物を入れて縦方向のサキが行われる。一六号の郡符木簡は一一四号とは逆に、表面から刃物を入れてのキリ・オリによって宛所部分を残して切断されている。また、差出しと宛所「符　余戸里長」という文字部分を丁寧に削り取っている。

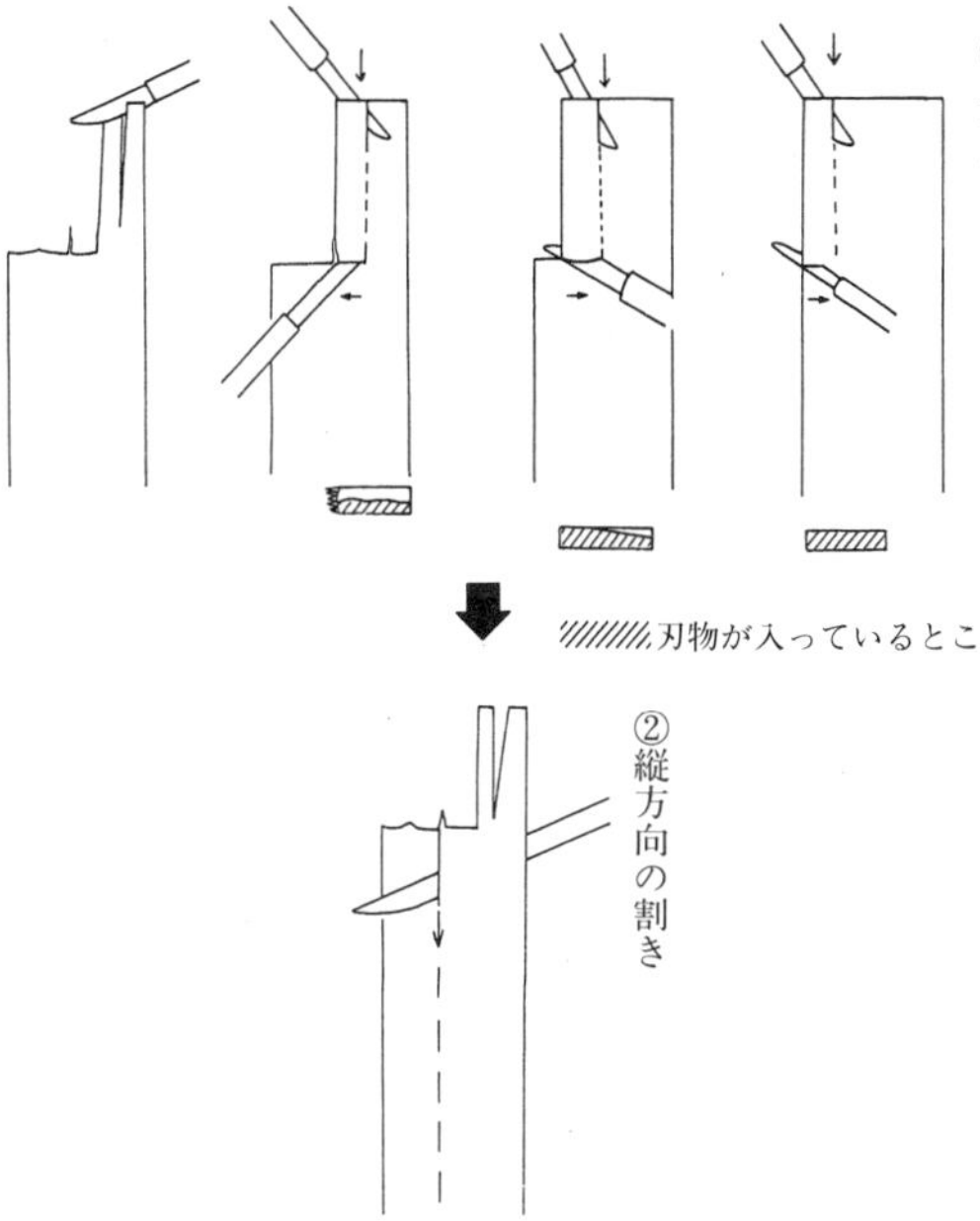

図41　郡符木簡（114号）の廃棄行程（屋代遺跡群出土）

郡司の発行した郡符は郡内で最高に権威あるもので、下部の文字を削ってしまえば、再利用も可能である。そこで郡符の悪用を防ぐために、差出しと宛先の肝心な部分のみ丁寧に切断したのであろう。古代版シュレッダー方式である（図41）。

これは郡符木簡の重要な特徴であるが、命令を受けた責任者（宛所）は木簡を携行して召喚人らを引きつれて召喚先に赴き、郡司らの点検を受けたのちに木簡を廃棄したと考えられる。この点から郡符木簡の出土地点は、郡家またはその関連施設とみなすことができるのである。屋代遺跡群もそのような施設の一部と考えたい。

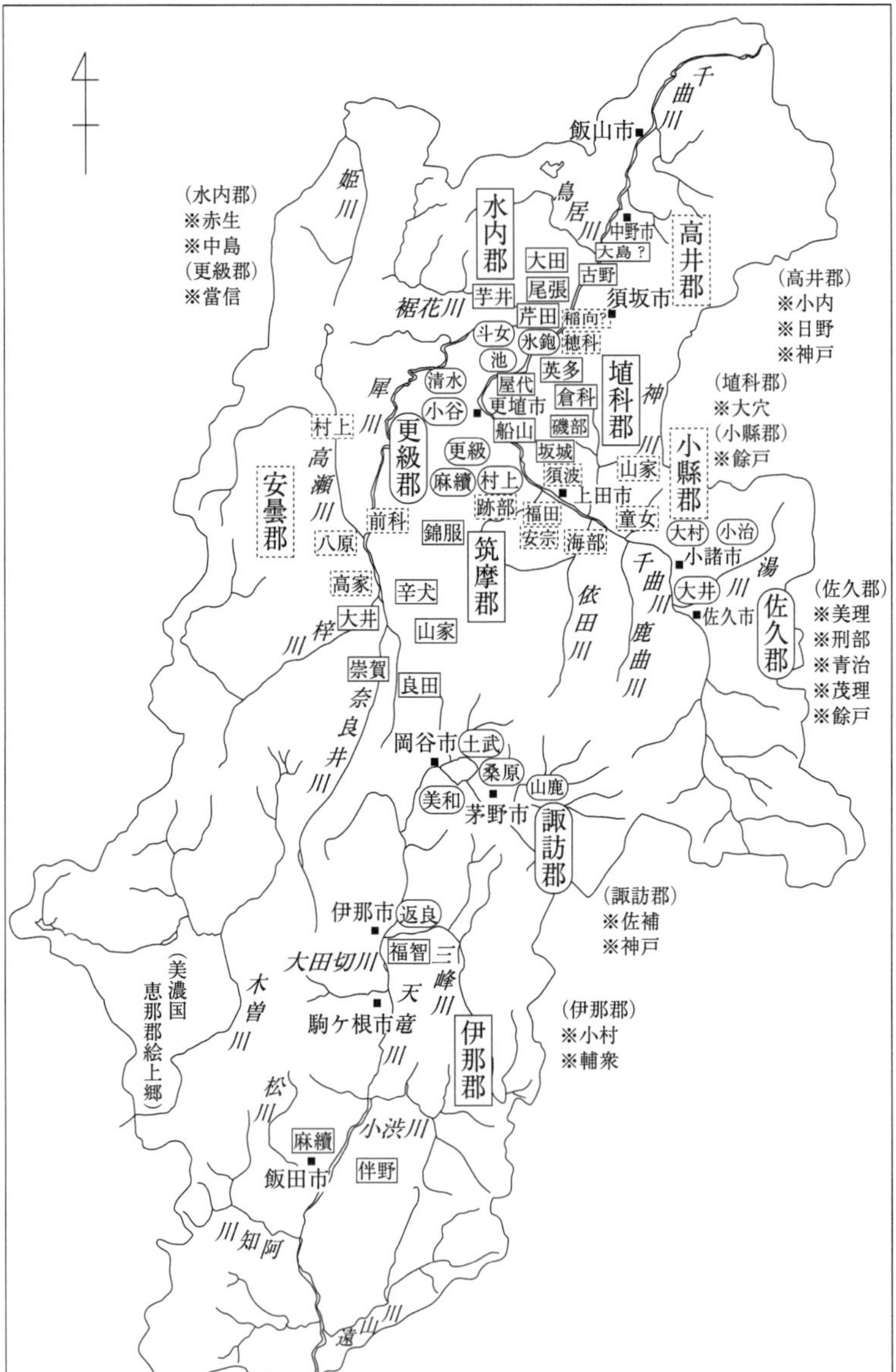

図42　信濃国の古代郡郷の分布推定図（地図内の郷名は『和名抄』の高山寺本による。※は流布本を含む，比定地不明郷）

一五号（図20参照）　(三二三)×(三四)×四　〇一九

・「符　更科郡司等　可□〔致〕□□

・（裏面は省略）

屋代遺跡群出土の木簡のなかでは、郡符に引き続き、国符木簡が注目された。国司から郡司に宛てて命令を下すさいに用いた木簡で、国符が紙ではなく、木簡で発給されていたことが初めて明らかになった資料である。さらに重要な点は「更科郡司等」に宛てられた国符は、更科郡からはじまり水内・高井・埴科の各郡へと逓送され、埴科郡家の地（屋代遺跡群）で廃棄されたと考えられることである（図42）。伊勢国計会帳（個人蔵、『大日古』二四―五四七〜五四九、図43）によると、国内の諸郡に宛てられた二通の国符は、国府を境に道前《みちのくち》（桑名・員弁・朝明・三重・河曲・鈴鹿

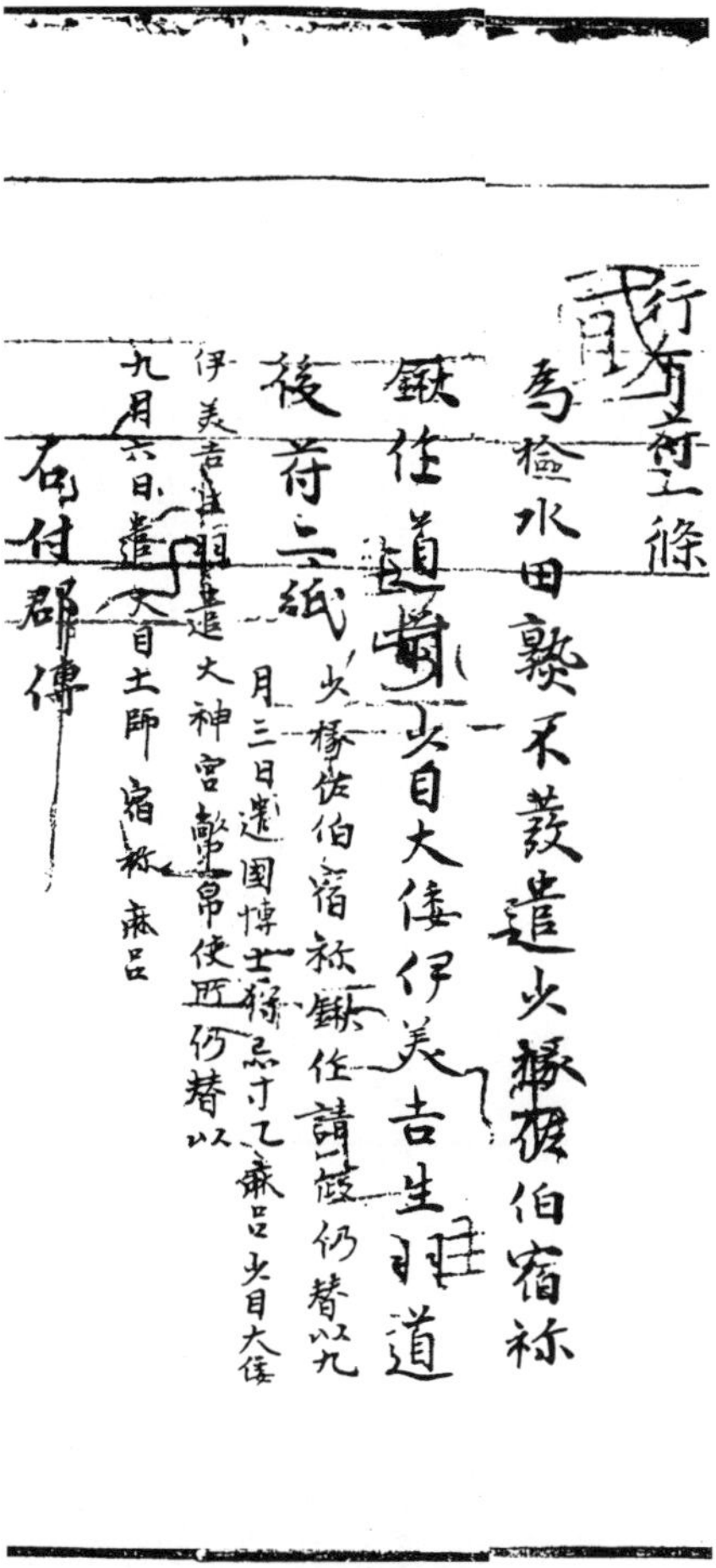

図43　伊勢国計会帳

〈国府所在郡〉と道後《みちのしり》（奄芸・安濃・壱志・飯高・多気・飯野・度会）にそれぞれ一通ずつ宛てられて、道前・道後の各ブロック内を順に送られたことがわかる。おそらく、信濃国においても三ないし四からなる広域行政ブロック支配が実施され、文書行政にも活用されていたと推測することができる。

2　地方豪族による大規模な生産

屋代遺跡群から出土した一二六点の木簡のうちに、人名を何人も連記し、それぞれの人名の末尾に「布手」「布」と記した作業記録のような木簡が数点みえる。

一〇号

□　金刺ア富止布手／　金刺　□布手
刑ア真□布／　酒人〔石〕□布手／　舎入（ママ）真清布手／」

（三二六＋二三七）×（三二）×五　〇八一

布は麻布を指すが、「布手」という語はこれまでには知られていない。しかし、「手」は「織手」「作器手」など手工業生産に携わる人を示している。こうした例からみて、「布手」は布の生産に従事する者として、錦・綾・羅などの生産における「織手」「織生」のような、織布作業者の呼称とみてよいであろう。

『続日本紀』和銅四年（七一一）閏六月丁巳条に「挑文師を諸国に遣して、始めて錦綾を織ることを教習せしむ」という記事が存することからも、一般的には、先進的な養蚕技術を東国にも導入し、全国的に絹糸系繊維の生産に切り変えたごとくに理解されている。しかし、古代の東国各地では、麻を広く栽培し、布は中央への調庸などの貢進物の主体をなしていた。『延喜式』にみえる諸国の調庸物や交易雑物は、絹・綾・羅などを中心とする西国に対して、

東国は布と絁を主とする。たとえば、交易雑物の場合、

布貢進国……甲斐・相模・安房・下総・信濃・下野・越後

布＋絁貢進国……武蔵・上総・常陸・上野

布＋絹貢進国……駿河・越中

というように、東国は布を中心としているが、その他の国ではすべて絹・糸・綿などの絹糸系繊維に限られている。さらにその貢進物の実態は、正倉院に伝世されている繊維製品関係の銘文からうかがい知ることができる。それらを国別にみるならば、表4のとおりである。

東海道は駿河以東、東山道は信濃以東、北陸道は越後・佐渡両国の国々の麻布が存在していることになる。この傾向は先にあげた交易雑物の布を中心とする貢進国とほぼ一致している。このことは、律令国家の繊維製品関係の収取体系は、都における各層の消費に応じて、貴族層の高級織物としての絹糸系繊維と、多くの官人の日常衣服などの需要に応えるための麻糸系繊維の確保を十分に配慮し、東国と西国に巧妙に配分したものと考えられる。

『万葉集』三四八四番・東歌

麻苧らを　麻笥に多に績まずとも　明日着せさめや　いざせ小床に

〔麻の苧を麻笥いっぱいに糸になさっても明日着物としてお召しになるわけではないでしょう。さあ、床に入りましょう。〕

表4　正倉院調庸関係繊維製品の諸国分布表

国名	布	絁
常陸	17例	2例
下野	2	0
上野	8	1
下総	5	0
上総	14	0
伊豆	2	1
駿河	1	0
遠江	0	4
近江	0	1
紀伊	0	1
丹後	0	1
播磨	0	1
安房	1	0
武蔵	8	0
相模	6	0
越後	1	0
佐渡	2	0
越中	0	1
信濃	7	0
甲斐	0	2
伯耆	0	1
阿波	0	1
讃岐	0	5
伊予	0	1
土佐	0	1

竪穴住居のなかのうす暗い灯りのなか、夜遅くまで糸を紡ぐ女性の姿がそこにある。このような史料から、一般的に古代の布生産はもっぱら女性による家内仕事のように理解されてきた。

しかし、木簡の「布手」はすべて男性である。この「布手」の歴名簡は、評家または郡家に繊維製品にかかわる工房が存在したことを意味している。この辺り一帯を支配した豪族は、大規模な織機を揃え、支配下の男性を布手として多数動員し、大量の布を生産したのであろう。

これまでの古代史研究においては、地方における生産活動は律令国家の租税体系のなかで捉えられ、簡単にいえば、税金を納めるための生産と、税金を調えるための国府付属の工房の役割ばかりが強調されてきた。しかし、地方において圧倒的な権力を誇った豪族は、律令制以前に着々と築き上げた生産構造と、その経済活動を律令期にも変えることなく、莫大な財力を蓄えていったと思われる。地方社会における郡司層の伝統的勢力を考えるならば、なによりもその社会における経済的優位性を指摘すべきであり、当然、郡司層は地方における生産機構を十分に掌握していたに違いない。なかでも、生産用具の専有はきわめて重要な要素であったと考えられる。

考古学的事例としても、たとえば、丹波国氷上郡の郡家別院と想定される山垣遺跡（兵庫県氷上郡春日町）では、縦杵・鋤・えぶり・鍬・槌の子など、農耕具の未製品が数多く出土している。また駿河国志太郡家跡（静岡県藤枝市）では、鋤・大足・シロカキ・エブリなどの農耕具・土錘約三〇〇点などの漁具、糸車・キヌタなどの織物具などの生業用具が多量に発見されている。これまでの全国各地における郡家跡の発掘調査においては、その行政府としての機能のみが強調され、このような生業用具の存在する意義について、ほとんどふれていないのが現状である。郡家の生産構造については、まず、あらゆる生産用具の所有形態を解明する必要があり、今後の考古学の発掘調査の成果に期待したい。

表5　志太郡家跡出土遺物一覧表

		土器・土製品	木製品	その他
生産用具	農耕具		鋤 1 大足 (2) シロカキ 1 エブリ 1	
生産用具	漁具	土錘 306		
生産用具	編具		編錘 5	
生産用具	機織具		糸巻部品 (3)	
生産用具			キヌタ 3 (木槌) 1 木針 1 コテ 1 鎌柄 2 鋸柄 1 手斧柄 1 (その他柄類) 4	
生産用具	その他			フイゴ・羽口・鉄滓・砥石
生活用具	厨房具		杵 3 杓 1 杓文字 2 箸 8 ヒサゴ 1	
生活用具	容器	坏蓋 須〔224〕 土〔13〕	曲物〔56〕 蓋 4	
生活用具	容器	高台坏身 須〔179〕 土〔12〕 陶〔31〕 平低坏身 須〔39〕 土〔53〕 皿 須〔22〕 土〔9〕 陶〔16〕 合子・把手付埦 高坏 須〔21〕 土〔4〕 脚付盤 須〔8〕 土〔2〕 壺・瓶・甕類	挽物漆器 2 挽物 10 刳物 4	
生活用具	その他		櫛 2 下駄 2 鐙 1	ガラス玉 1
呪術祭祀用具	(形代類)	馬形 2 臼形 1	斎串 19 (舟形) 1 (刀形) 2 (矢形) 1	
文字資料	記録具	墨書土器 264 朱書土器 1 箆書土器 4 陶硯〔19〕 転用硯	木簡 10	

註　藤枝市教育委員会『復原された奈良・平安時代の郡役所 駿河国『志太郡衙跡』－史跡志太郡衙跡保存整備事業報告書－』1993年による。

屋代遺跡群出土木簡の「布手」と記した作業記録によって知られる大規模な機織り工場から生産される〝信濃布〟は、良質なものは高価な商品として各地に出荷され、質の劣るものが工場に労働提供した農民たちの調庸布として都へ進上されたのであろう。八世紀の半ばすぎ、『続日本紀』などの歴史書ではさかんに調庸物の麁悪（粗製品）・未進（納入しないこと）・違期（納期におくれること）が深刻な社会問題となっている。この問題をこれまで浮浪・逃亡の増加、偽籍の横行、富豪層の発生などによる課丁の減少で説明してきた。しかし、この社会問題は、先に述べたように律令制当初からの在地における生産構造の問題に起因するとみるべきであろう。(註)

3　地方支配の拠点形成と展開

これまで、地方官衙の空間構成に関しては、一定空間に密集した画一的な構成を想定してきたが、郡家跡に関して、それが古墳時代以来地方豪族の拠点として存在していたことにあらためて注目すべきである。つまり郡家にはその中心的施設のほか、物資集積のための港湾施設、主要官道へのアクセス道、広範な交易圏、行政的分割支配のための別院、大規模な各種の生産施設、祭祀の場など、在地支配の諸機能がすべて集中していたと想定してよい。しかも、その骨格は律令体制以前にすでに形成されていた可能性が高い。

さらには、地方豪族の拠点・郡家は、上記の機能に加えて、律令体制下においては、国府・軍団・駅家などの諸施設が新たにその拠点域に設置されるのである。そのことは、屋代遺跡群においても、その木簡内容からほぼ立証できる。

藤原宮木簡と長屋王家木簡のなかに、信濃国の「信濃（科野）」を冠した郡ないし評の存在を推定できる資料が存在する。

藤原宮跡出土木簡（『藤原宮』六八号）

・「高井郡大黄∨」　　一四二×二七×三　〇三二

・「十五斤　∨」

これは信濃国北部の高井郡から薬物の大黄（タデ科の多年草で、地下茎が黄色で古来重要な漢方薬とされ、健胃剤・瀉下剤〈血圧降下剤〉とする）に付した札である。同様の性格と思われる木簡が長屋王家木簡にみえる。

平城京跡出土木簡（『平城京木簡』一―七六）

「播信郡五十斤

讃信郡七十斤

合百廾斤∨」　　一五九×二六×四　〇三二

播信郡《はにしな》と讃信郡《さらしな》の訓みについては、次のように理解することができる。

〔讃信郡〕

讃　s a n　↓　s a r a

（n音と日本語のラ行子音との調音の近似に由来）

駿河の駿　s h u n　↓　s u r u

平群の群　g u n　↓　g u r i

敦賀の敦　t o n　↓　t u r u

〔播信郡〕

播　h a n　唇内鼻音韻尾（―n）↓h a n iのナ行音転用

御野国加茂郡半布里（大宝二年戸籍）

←

美濃国賀茂郡埴生郷（和名抄）

半　h a n　↓　埴　h a n i

・∨武蔵国策覃郡宅□駅菱子一斗五升

・<霊亀三年十月　一七八×二一×五　〇三二
（『平城京木簡』一―六八）

覃　tan｜　唇内鼻音韻尾（―m）↓tami｜のマ行音転用

伊看我
――＝丹波国何鹿郡　看・干　kan｜↓karu
伊干我

平城京木簡七六号は播信郡と讃信郡の両郡が合成して貢進していることを伝えている。

この二つの木簡は下部の両側面に切込みを入れ、幅と厚さもほぼ同様の形状を呈している。また物品の数量も『和名抄』の高井郡（四郷＋神戸）、埴科郡（七郷）、更級郡（九郷）の三郡の規模がほぼ対応していることから、この平城京木簡の物品も、大黄とみてよいであろう。また、この木簡は霊亀三年（七一七）の年紀を有する木簡三点と共伴することから、大宝令制定まもない時期においては、「埴科郡」と「更科郡」は大黄と思われる物品を両郡合成して貢進しているのである。しかも「播信郡」「讃信郡」および「埴科郡」「更科郡」の郡名表記から推して、信（科）野郡から二郡に分立したことが考えられる。さらに、そのことから大宝令以前における科（信）野評の存在を十分に想定できるのである。

以上の点を整理すると信濃の国名と郡名の変遷は表6のようになるものと推定される。

信濃国の場合、初期国府の所在地はこれまで確たるものは存在していない。その意味では、本木簡群のなかに直接的資料は見出せないが、次の二つの資料から初期国府の可能性を指摘できるであろう。

一つは、科（信）野評が想定され、科野という国名がこれに基づくとすれば、科（信）野評から分郡したと考えられる埴科・更科両郡は初期国府の有力な候補となる。もう一つは、一五号の国符木簡と伊勢国計会帳の国符逓送方法との関連である。

すなわち伊勢国は国府を中心として道前・道後に分けられ、道前は桑名・員弁・朝明・三重・河曲・鈴鹿の六郡であり、国符の逓送は、『延喜式』の記載順で考えると桑名に始まり最終地が国府所在郡の鈴鹿郡となる。信濃国の国符木簡の場合、更科郡から始まり、最終地は木簡の出土地すなわち埴科郡と考えられる（図42、一〇四頁参照）。国符木簡が逓送最終地で廃棄されたとみれば、国府が埴科郡に存在した可能性は大きいのである。

表6　信濃の国名と郡名の変遷

年代	信濃国 国名	信濃国 埴科郡	信濃国 更科郡	美濃国 国名	行政区画	木簡など
	科野	（科野評）		三野	評―里	◎藤原宮木簡「科野国伊奈評」
大宝元年（七〇一）	信野	（埴科郡）	（更科郡）	御野	郡―里	◎民部省式（大宝元～三年成立）「信野」 ◎藤原宮木簡（大宝三年ごろ）（表）「高井郡大黄＜」（裏）「十五斤　＜」
和銅元年（七〇八）前後	信濃		「更科郡」	美濃		◎屋代遺跡群一五号木簡
霊亀三年（七一七）					郡―郷―里	
霊亀三年ごろ		「播信郡」	「讃信郡」			◎長屋王家木簡「播信郡五十斤　讃信郡七十斤　合百廿斤＜」

以上のように、地方豪族の拠点・郡家には、国府・軍団や駅家施設などが相接近して設置されているのである。このような状況は、『出雲国風土記』巻末記に明確な記載を認めることができる。

又、西のかた廿一里にして国の庁、意宇の郡家の北の十字の街に至り、即ち、分れて二つの道と為る。一つは正西の道、一つは北に抂れる道なり。

意宇の軍団　即ち郡家に属けり。

熊谷の軍団　飯石の郡家の東北のかた廿九里一百八十歩なり。

神門の軍団　郡家の正東七里なり。

意宇郡

黒田の駅、郡家と同じき処なり。郡家の西北のかた二里に黒田の村あり。土の体、色黒し。故、黒田といふ。旧、此処に是の駅あり。即ち号けて黒田の駅といひき。今は郡家の東に属けり。今も猶、旧の黒田の号を追へるのみ。

意宇の郡家に国庁・軍団・駅家が相接近しておかれたことが明らかである。

ま　と　め

これまでの古代史研究においては、もっぱら文献史料に基づき、律令国家による中央集権的支配体制が強調されてきた。しかし、木簡などの出土文字資料をはじめとする考古学的成果を積極的に評価するなかで、本節では、主として次の三点について、律令体制下における地方豪族の実像に迫る視点を提示することを目指したものである。

㋑地方豪族の自立的活動や地域間交流

㋺地方豪族を中心とする在地生産構造の解明

㈧地方支配の拠点形成と展開

今後も、全国各地における発掘調査の成果に注目しながら、この三つの新たな研究視角から従来の文献史料の再検討を含めて、古代地方社会の実態を明らかにしてみたい。

註

舞台は変わるが、若狭湾岸は古代の塩作りが盛んな地として知られている。その若狭湾の一郭、京都府舞鶴市の浦入遺跡という平安時代の製塩遺跡が最近発掘調査されている（図44）。静かな浦に二〇〇メートルも続く塩作りの作業場跡は、まさに巨大な製塩工場である（付図1）。この製塩工場主は、丹後国加佐郡の豪族笠氏であることも、そこから出土した製塩土器に押された印の文字、

「笠　百
　私　印」

から明らかとなった（付図2）。すな

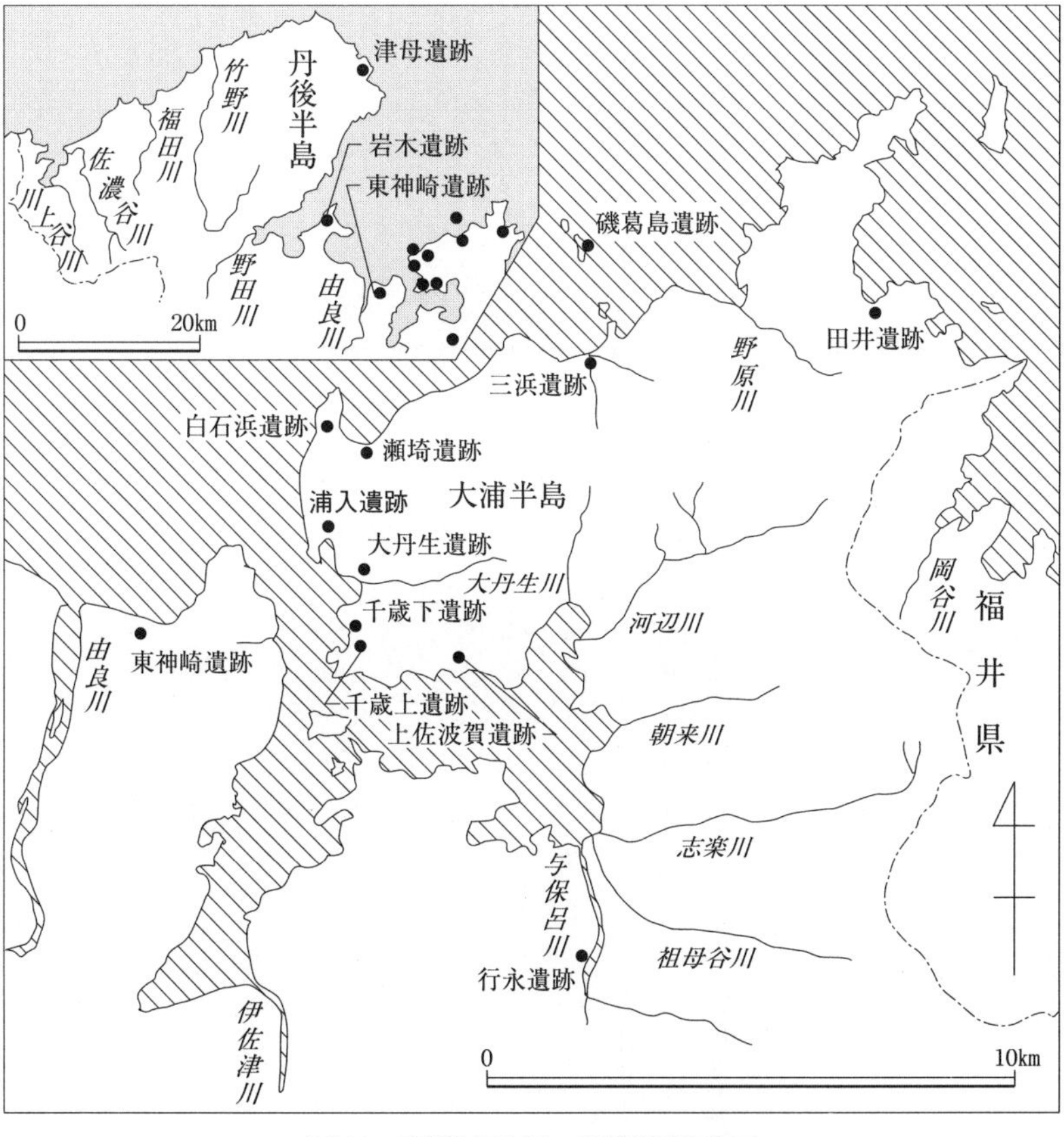

図44　京都府北部の製塩遺跡地図

付図1　製塩作業復元予想図

わち、製塩土器の脚部底面に刻印された文字「笠百私印」は、銅製私印によくみられる「丈龍私印」を〝丈部龍麻呂〟の略という方式を参考にすれば、〝笠（加佐）百継〟などの略と解することができる。この地においても、大規模な製塩工場から、良質な塩は商品として各地に出荷され、豪族の大きな財源となったと考えられる。

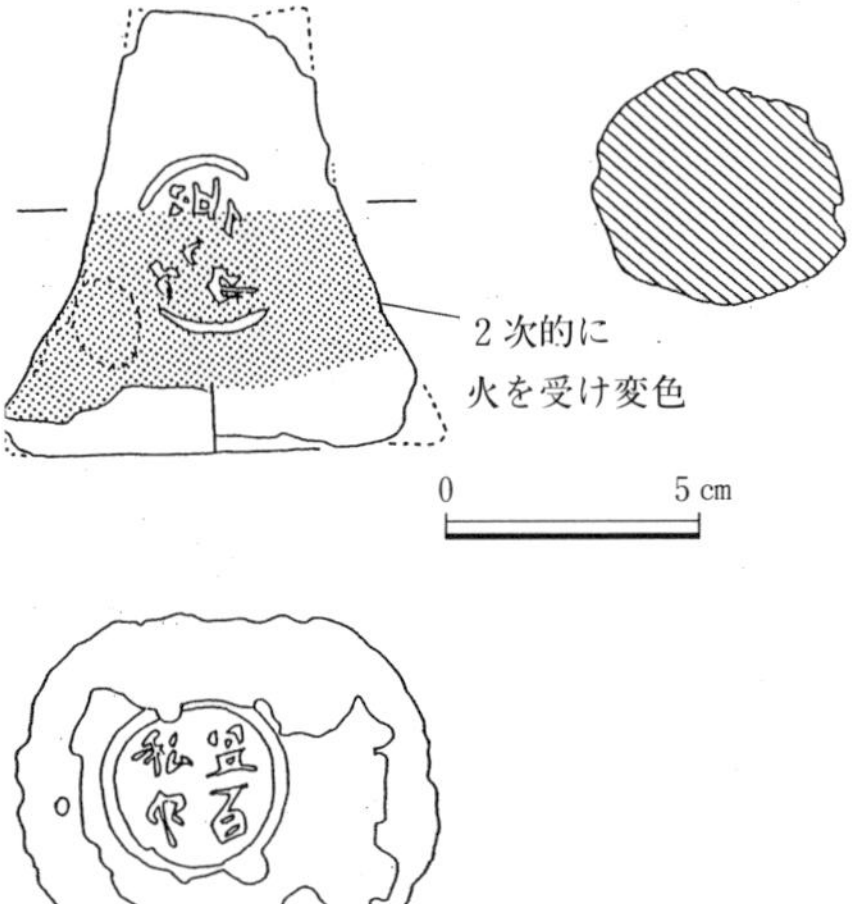

付図2　「笠百私印」刻印土器

五　牓示札——文書伝達と口頭伝達

1　加茂遺跡の概要

加茂遺跡は、石川県河北郡津幡町加茂・舟橋地内に位置する弥生時代から中世の遺跡である。遺跡の展開する場所は、丘陵裾の谷の出口あたりで、河北潟の岸が入り江状となった地点（フゴ）に面していたと考えられる（図45）。遺跡の北側には加茂川の流れを中心とした鞍部があり、対岸には加茂廃寺が位置している。

一方、遺跡の南西端から現在の加茂集落中心部付近に向かって、谷の最深部（古代には埋まっている）が走り、現在調査の終了している地点では、奈良・平安時代の建物はこの埋没した谷の最深部辺りまでは広がっていない。遺跡は東西に細長く展開していると考えられる。

調査区域の東端に古代北陸道（奈良時代初頭ぐらいに開通。道路幅は道路側溝の心心で九メートル。平安時代に改築され道路幅は六メートルに縮小）が北北西－南南東に走っている。この北陸道の西側の道路側溝に連なる落込みから河北潟にほぼまっすぐ向かう大溝があり、この二つを軸として掘立柱建物群（七世紀後半～九世紀代）、井戸（セイロ組みの大型のもの二基含む）などが配置されている（図46・図47）。

また、調査区域の北東端では現加茂集落方面に向かうような道路跡と思われる遺構が見つかっており、このほか、竪穴建物、畑の畝溝などがある。

大量の土器（墨書土器含む）、瓦、和同開珎（銀銭）、心葉形金具、木簡、斎串、木製の椀皿、漆器、漆紙文書などが出土している。墨書土器には英太《あがた》と記された物があり、英太は加賀郡に所在した郷名の一つで、加茂遺跡は英太郷に関係した遺跡と考えられる。

平成十二年（二〇〇〇）度の調査で、大溝から土器のほか、牓示札、人形、木皿、曲物底板、割矢、木簡などが出土した。加茂遺跡は北陸道と河北潟の水路の交わる交通の要衝であり、加賀・能登・越中三国の国境近くにも位置するきわめて重要な官衙遺跡であることが、明らかになりつつある。

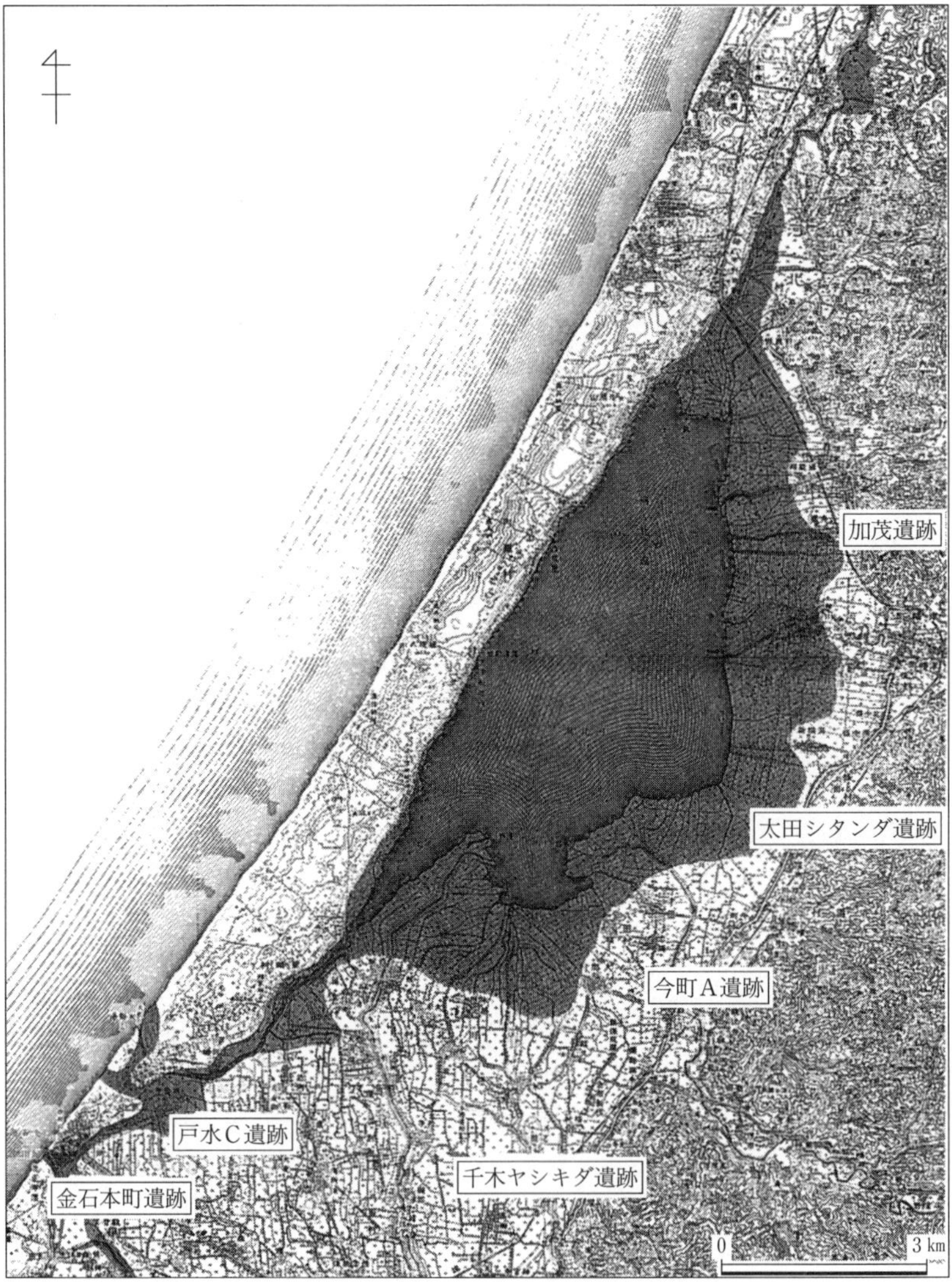

図45　河北潟と周辺の古代遺跡分布図（原図は明治42年測図の５万分の１地形図「津幡」「金澤」）

2　釈　文

×符　深見村□郷駅長并諸刀弥〔祢〕等
応奉行壹拾条之事
一田夫朝以寅時下田夕以戌時還私状
一禁制田夫任意喫魚酒状
一禁断不労作溝堰百姓状
一以五月卅日前可申田殖竟状
一可捜捉村邑内竄宕為諸人被疑人状
一可禁制无桑原養蚕百姓状
一可禁制里邑内故喫酔酒及戯逸百姓状
一可塡〔慎カ〕勤農業状　□村里長人申百姓名
×案内被国去□〔正カ〕月廿八日符併〔倆カ〕勧催農業
□〔有カ〕法条而百姓等恣事逸遊不耕作喫
×魚歐乱為宗播殖過時還称不熟只非
×弊耳復致飢饉之苦此郡司等不治
×之□〔期カ〕而豈可○然哉郡宜承知並口示
×事早令勤作若不遵符旨称倦懈

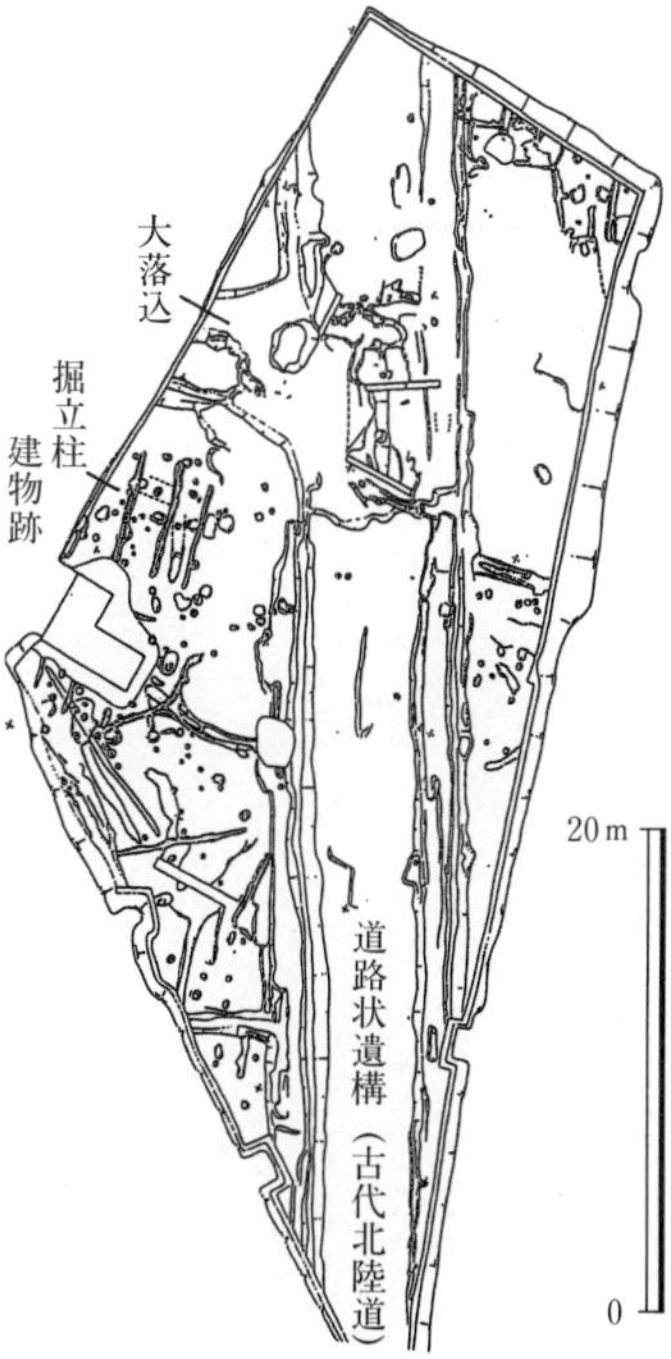

図46　加茂遺跡遺構図

×由加勘決者謹依符旨仰下田領等宜
×毎村屢廻愉〔諭カ〕有懈怠者移身進郡符
×国道之裔麋羈進之牓示路頭厳加禁
×領刀弥〔祢〕有怨憎隠容以其人為罪背不
×有〔宥カ〕符到奉行
大領錦村主　　　主政八戸史
擬大領錦部連『真手麿』擬主帳甲臣
少領道公　『夏□』　副擬主帳宇治
□〔擬カ〕少領『勘了』
嘉祥□〔二カ〕年□〔三カ〕月□□〔十二カ〕日
『□〔二カ〕月十五日請田領丈部浪麿』

（二三三）×六一七×一七　〇八一

3　木簡の形状

木簡の法量は、現状で縦二三・三センチ、横六一・〇センチであるが、上端の欠損部を復元するならば、縦二八～二九センチ、横六一センチとなり、おおよそ一尺×二尺の定型化した札であったと想定できる。この法量は、古代の一枚の紙の大きさ、縦一尺×横二尺に相当する。

また、木簡の全面にわたって釘状のもので縦界線を合計二八本引いている。『延喜式』（図書寮）装潢条にみえる麁闌界（くだりけ）という形式は一紙二七行であり、これと一致する。また、界幅は一定ではないが、約二センチ前後であり、こちらも『延喜式』同条にみえる「広（界幅）七分」（二・一センチ）が意識されていたといえよう。

しかし、本木簡の場合、各行は、行頭部分では界線に沿うものがあるが、全体的にはあまり界線にとらわれずに記されている。これは、直接木札に記したものではなく、紙の文書があらかじめ用意され、それをもとに、そのままの書式で木札に転記した場合に起こりうる傾向と理解できるであろう。

以上より、本木簡の形状からは、法量、行数、界幅などが、通常の一紙に相当すること、もとは紙に書かれた文書を、そのまま木札に転記したと考えられることの二点が指摘できる。

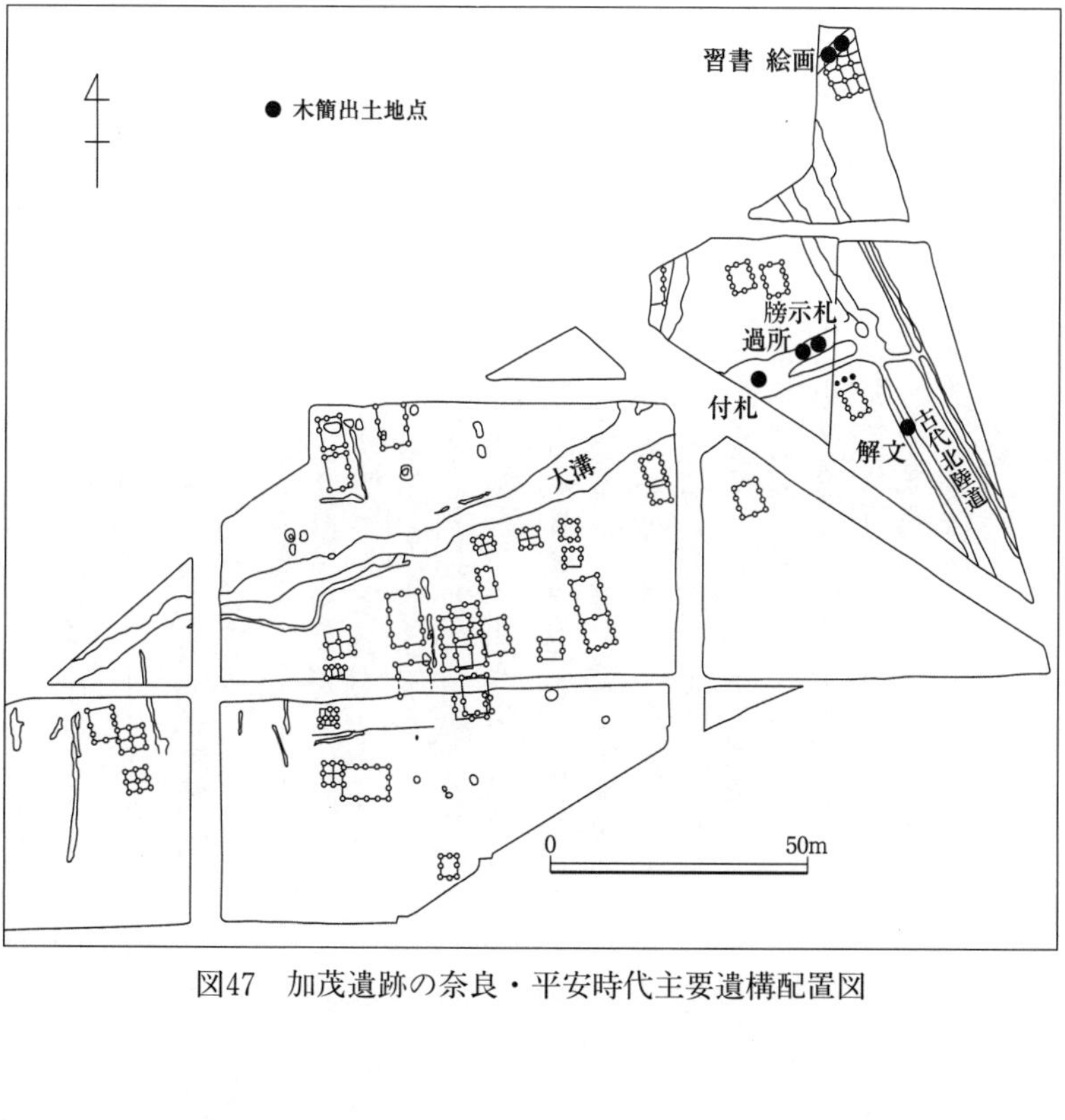

図47　加茂遺跡の奈良・平安時代主要遺構配置図

4　木簡の性格

本木簡は農業に励むべきことや禁止事項などを書いて人々に公示した文書であり、このような性格の札は中世以降の制札《せいさつ》・高札《こうさつ》に相当する。

中世においては、この制札として最も多く残っているのは禁制であり、軍勢による乱暴狼藉を禁止し、戦乱による被害から社寺や村を守るためのものである。こうした禁制は、多くの人の目につきやすい戸外に掲示する必要があり、紙よりも風雨に強い木の札に書いたのである。しかし、実際には戸外に掲示されたものは朽ちて残りにくく、現存する禁制は紙に書いたものが圧倒的に多い。

古代における掲示による法令伝達の方法については、佐々木恵介氏が『類聚三代格』所収官符にみえる「牓示」の例を集成し明らかにしている。さらに文書や掲示による伝達とは別に、口頭による法の告知が当時の村落社会のなかで、一定の比重を占めていたことを推測させる材料にはなるかもしれないと指摘している。[1]

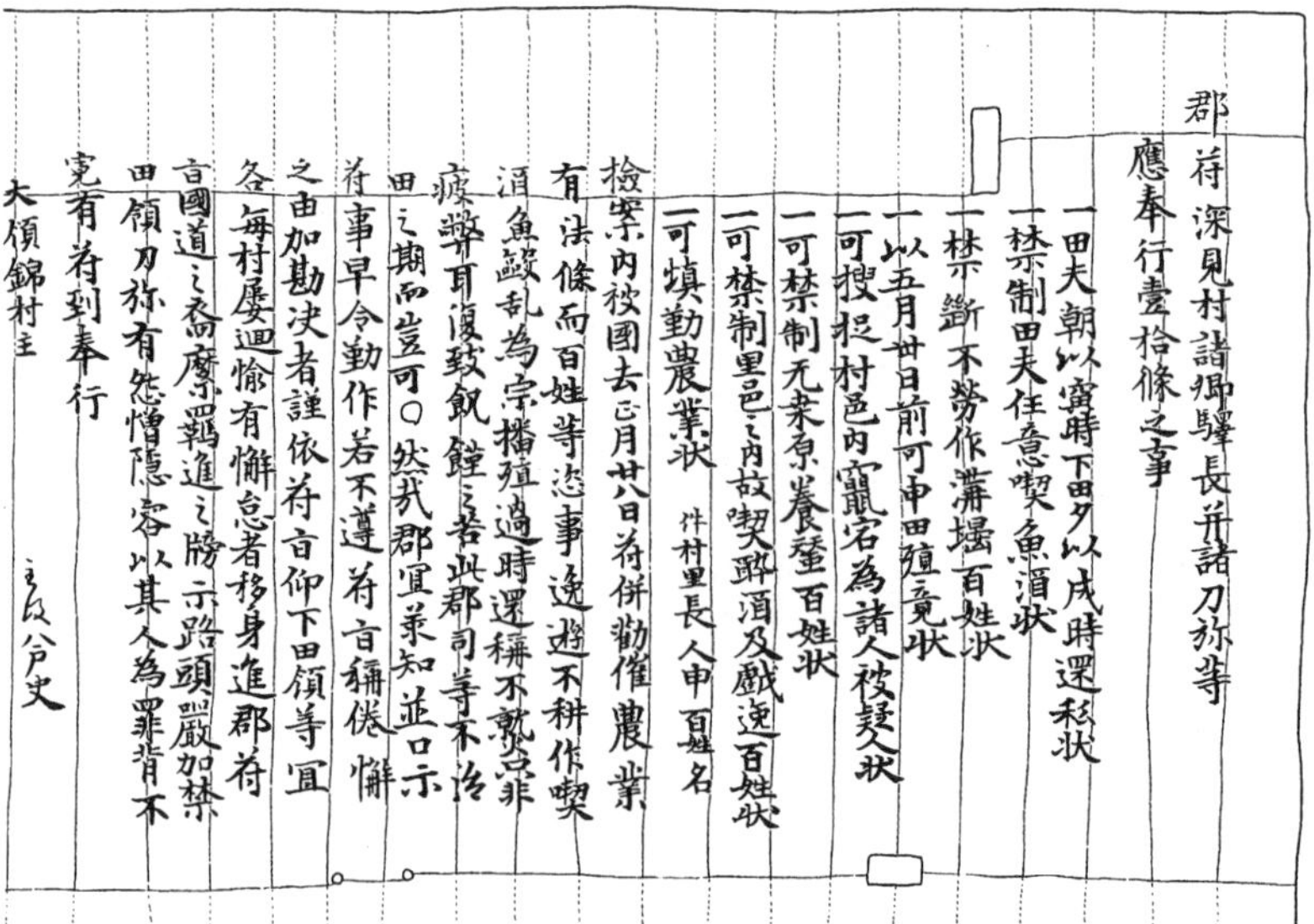

（縮尺率４分の１，薄い部分は推定・復元，文字は佐野光一氏の筆による）

さらに高島英之氏は、なんらかのメッセージを、不特定もしくは特定多数の人々に示した木簡を膀示木簡と称した。(2)高島氏は資料から判明した膀示の性格を、およそ次のように分類できるとした。

(イ) 畜産や財物、逃亡奴婢などの闌遺物（遺失物）の持ち主、あるいは死者の家族・親族などの探索の手段としての膀示

(ロ) 官司の意志・命令を広く伝達する手段としての膀示

(ハ) 私有地の範囲・境界を明らかにし、介入を禁止するための膀示

(ニ) 前三項以外の、ただ単に記載内容を不特定多数の人々に公示するための膀示

(イ)の場合、冒頭に「告知」と記していることから、告知札と呼んでいる。

(ハ)の場合、中世以降、膀示は主として四至膀示の意、境界の印に立てられたものという意味に変化している。たとえば、「高野山所司愁状案」（『大日古』高野山文書之八、建保六年〈一二一八〉三月）には、「野川住人等、号高野山執行春賢之沙汰、入当寺領四五里許、懸膀示札畢、其後山民帯兵具、過膀示札、散在于寺辺」（抜粋）とあり、四至膀示の意で「膀示札」と表記している。

加茂遺跡出土木簡は、以下に述べるように(ロ)に相当する膀示であろう。

その呼称については、本木簡のように路頭に膀示したことが明白である木簡は中世以降の高札・制札への連続性が

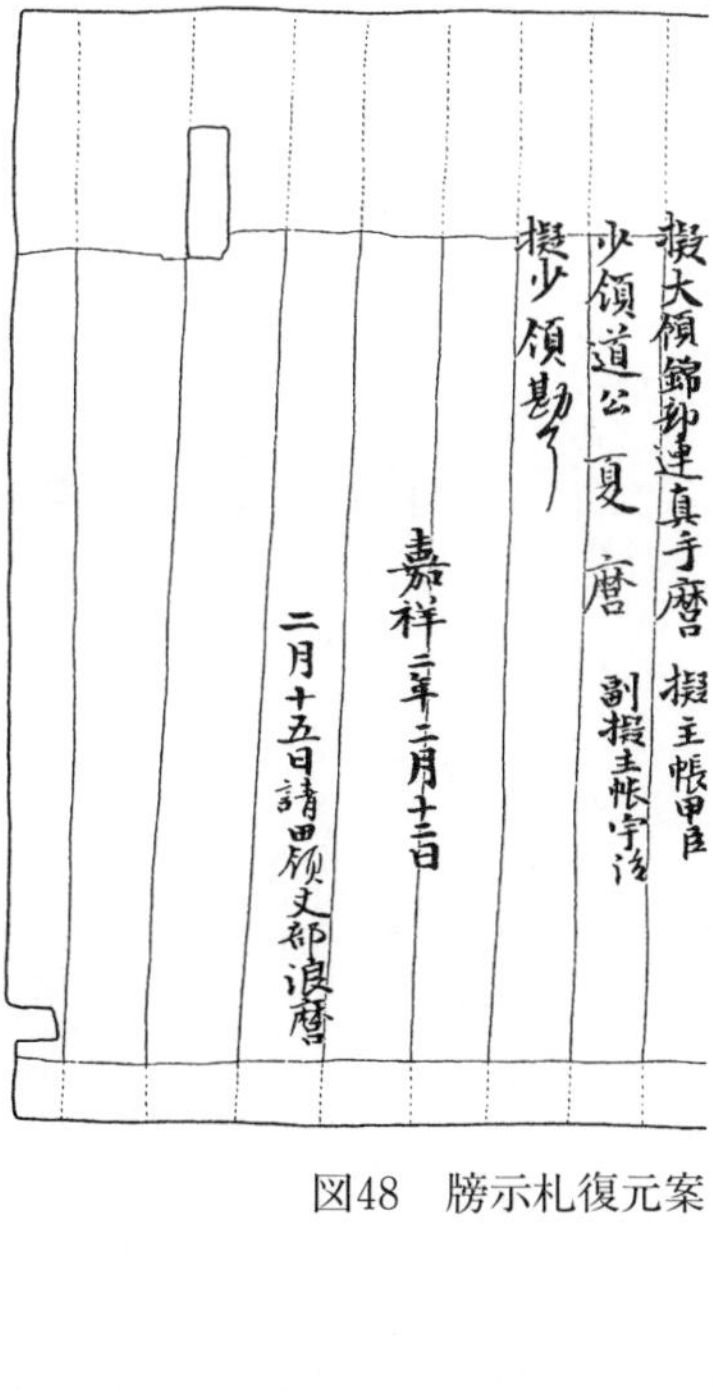

図48　膀示札復元案

考えられることから、「札」という形態を重視し、「牓示札」と呼称することが妥当であろう。

平城京跡や長岡京跡から出土した、馬や迷子の捜索のための告知札は知られていたが、古代に行政府から禁止事項や法令などを公示した、中世以降の高札・制札につながる牓示札は例がない。(3) その掲示形態については、長岡京の迷子の捜索の告知札について、清水みき氏が推測しているように、牓示札を掲げる常備の施設（近世の高札場のようなもの）が想定できよう。

この牓示札は、古代の北陸道と河北潟へ流れる大溝との交わる地点近くから出土している。牓示札は一般的に人々の行き交う目立つ場所に掲示される必要がある。その点からもこの種の札は掲示された地点近くに廃棄されるとみてよい。また木簡中にみえる「符　国道の裔に縻羈し、之を進め、路頭に牓示」するという記述は、牓示札を官道に掲示した事実を物語っている。つまり、この牓示札は出土地点の近くの北陸道沿いに掲示されていたと考えられる。さらに、本木簡にみえる「口示」は、文字どおり口頭で伝達することを意味しているのであろう。古代の文献史料上に「口示」という熟語は管見の限りみえないが、類似の表現で、しかも行政府の命令伝達の方法として公式令詔勅頒行条があげられる（『日本思想大系　律令』岩波書店）。

凡詔勅頒行、関二百姓事一者、行下至レ郷、皆令三里長坊長、巡二歴部内一、宣二示百姓一、使二人暁悉一。（傍線は筆者）

律令国家において、徹底した文書行政の一端として牓示札を掲示したが、牓示札に書かれたその禁止事項や法令は田領が「口示」すなわち口頭伝達によって百姓に伝えられたことが、今回の牓示札中に明記されている。

古代における文字世界は、徹底した文書行政と、それに対置する無文字世界が存在したところに最も大きな特徴がある。牓示札の掲示と口頭伝達は、そうした古代の文字世界を最も象徴的に示した貴重な資料である。

5 牓示札の背景

この牓示札の内容は宛所と郡司署名などの固有名詞を除くと、普遍的内容であって全国各地に同内容のものが掲示された可能性も考えられる。

たとえば第一条の田夫が農業に従事する時間の規定であるが、寅時および戌時という時間は『延喜式』（陰陽寮）に規定された朝廷の諸門の夏期における開閉時刻と一致している。

第四条は五月三十日以前に田植えを終え、それを報告することが規定されている。五月三十日前という表記については、一例をあげれば、戸令造計帳条に、

凡造二計帳一、毎年六月卅日以前、京国官司、責二所部手実一。具注二家口年紀一。若全戸不レ在レ郷者、即依二旧籍一転写。幷顕下不レ在所由上。収訖、依レ式造帳、連署、八月卅日以前、申二送太政官一。

とあるのが参考となる。ここでの六月三十日以前、八月三十日以前という表記は、月の末日以前という意味である。第四条についても同様であって、いうまでもなく大・小の月を特定するものではない。

ところで、仮寧令給休仮条によれば、

凡在京諸司、毎二六日一、並給二休仮一日一。（中略）五月八月給二田仮一。分為二両番一。各十五日。其風土異レ宜、種収不レ等、通随レ便給。外官不レ在二此限一。

給休仮条は、京官各種の休仮に関する規定であり、京官は一ヵ月に五日の休仮があり、また、農繁期の五月と八月の休仮は、それぞれの地域で農繁の時期にズレがあるから、その実情によって田仮を給することと定めている。

そして、本条集解古記には、

其郷土異レ宜、種収不レ等、通随レ便給。

という大宝令文が引用されたあとで、以下のように記されている。

謂添下郡、平群郡等四月種、七月収。葛上、葛下、内等郡五月六月種、八月九月収之類是。

具体例として大和国では、田植（種）と刈取（収）の時期が郡によって異なることをあげている。すなわち、添上郡、平群郡などは四月に植え、七月に刈取り、葛上・葛下・内（宇智）などの郡は、五月・六月に植え、八月・九月に刈取りを行っている。

仮寧令給休仮条によれば、五月と八月を農繁期としているのは、五月の田植えと八月の刈入れが都およびその周辺地域において一般的であったことを示しているといえる。

以上より、第一条・第四条の二ヵ条は、いずれも都およびその周辺を基準として規定されたものであると考えられる。しかし、実際は日本列島の南と北とでは、日の出、日の入り時間は異なり、また稲の田植えや収穫の時期は品種と各地域の気象条件などで異なるであろう。したがって本牓示札は、官符として発した禁令に基づいて作成された全国共通の内容と理解できる。

なお、本牓示札の冒頭に「以下の十条を施行すべきこと」とあるが、実際の禁令は八条しか記載されていない。これは誤記ではなく、次のような類例が参考となるであろう。

著名な史料、永祚元年（九八九）の「尾張国郡司百姓等解文」第三一条に「去寛弘三年三月ム日、諸国被二下給一九箇条官符内、三箇条令二放知一、六箇条不レ令二下知一事」とあり、九条のうち六条は「末レ下レ符」となっている。

本牓示札は、一〇条のうち、村人に直接的に告知の必要がないなどの理由により、二条が「末レ下レ知」とされたものと考えられるであろう。

次にこの牓示札が作られた時代背景をよく示しているものとして、第二条・第六条を取り上げて考察したい。第二条「農民がほしいままに魚酒を飲食することを禁ずる」は、単に農民に対する贅沢の禁令ではなく、八世紀後半ごろから大きな社会問題となってきた富豪層による田植え・刈取りなどの農繁期における労働力の独占に対する警告と理解できる。

すなわち、『類聚三代格』巻十八（禁制事）の延暦九年（七九〇）四月十六日太政官符によれば、次のようにみえる。

太政官符

応レ禁三断喫二田夫魚酒一事

右被二右大臣宣一偁、奉　勅、凡制二魚酒一之状、頻年行下已訖。如聞、頃者畿内国司不レ遵二格旨一、曽無二禁制一。因レ茲殷富之人多畜二魚酒一、既楽二産業之易レ就、貧窮之輩僅弁二蔬食一、還憂二播殖之難レ成。是以貧富共競二竭己家資一、喫二彼田夫一。百姓之弊莫レ甚二於斯一。於レ事商量深乖二道理一、宜下仰二所由長官一厳加二捉搦一、専当人等親臨二郷邑一子細検察上。若有二違犯一者不レ論二蔭贖一随レ犯決罰。永為二恒例一、不レ得二阿容一。

延暦九年四月十六日

富豪層は財力によって魚酒を準備して、貧しい農民を集めて、田植えを順調に終えることができるが、おそらく貧しい農民はみずからの田植えの時期を逸してしまい、不作となってしまうのであろう。したがって富豪層による魚酒の誘いに安易にのるような行為を慎むように命じたものと考えられる。

第六条は「桑畑を持たない村人が養蚕することを禁ずる」という内容である。

これも八世紀後半以降の激しく変動する村落社会を背景とするものと考えられる。もともと養蚕から生み出される絹織物は、軽量で、高価なものであり、交易により莫大な富を生みだす物品とみなされていた。

『政事要略』巻六十交替雑事（催殖桑漆）には「弘民格云」として大同元年（八〇六）八月二十五日官符中の「漆菓事」を引用している。

一漆菓事

右件案㆘太政官今年閏六月八日下㆓五畿内七道諸国㆒符㆖偁、漆菓之樹触㆑用亦切、事須㆔蕃茂並勿㆓伐損㆒、其果実者復宜㆓相共㆒者、夫桑漆二色依㆑例載㆓朝集帳㆒、一戸三百根已上宜㆑任㆓戸内㆒、若有㆓剰余㆒亦相㆓共之㆒、（略）

永松圭子氏の分析によれば、九世紀初頭において三〇〇本以上の大規模な栽桑が実施可能であったのは、事実上、富豪層に限られていたという(4)。また、氏はこの法令のねらいは富豪層などによる栽桑の促進と周辺農民の桑用益権保障による養蚕製品全般の増産にあったと指摘している。さらに、桑は調物生産の基盤としてきわめて重視され、国司による地方行政の一端としての「桑漆催殖事業」が実施されたとする。

表7　9世紀前半の全国的災害

年　　次	災　　害
弘仁3(812)	飢饉
弘仁6(815)	長雨
弘仁8～9(817～818)	不作・疫病
弘仁14(823)	飢饉
嘉祥2(849)～	風水害による飢饉続発
仁寿3(853)	疱瘡

しかし、栽桑促進の官符を下さねばならないということは、調物生産確保のために富豪層による栽桑および養蚕の独占を容認せざるをえず、小農民の桑用益権が侵されていた状況を如実に物語っているといえよう。その意味では、桑原をもたないものの養蚕を禁制した第六条のねらいは、栽桑と養蚕を連動させること、つまり富豪層による桑の独占行為を禁止し、小農民を含めた広範な階層の人々による栽桑と養蚕が実施されることによって、国家の調物確保を必死に目指したものと推定される。

ところで、九世紀前半は、日本古代史上でもまれにみる天変地異の続いた時期である（表7）。各地の火山の噴火・大地震・異常気象と思われる長雨や風水害による凶作などがあり、さらには疫病などに連続して襲われ、飢饉が続発していた。

それに続く九世紀半ばという時期は、律令国家の諸矛盾が顕在化してきた時期で、国家は人々に農業生産の励行を繰り返し命じたのである。この牓示札はそのような情況下に出されたものであろう。

「去□月廿八日」に下された国符を受けて加賀郡は「嘉祥□〔二ヵ〕年□〔二ヵ〕月七日」付で郡符を村々に下達した。そのさいに、重要な役割を担ったのが郡雑任としての田領である。

本文中にみえる郡符部分の「謹依符旨仰下田領等宜毎村届廻愉（諭）」は、田領などが郡符を村ごとに届け廻し、諭すという任務を果たしていたことを示している。文書の年月日のあとの追筆「□〔二ヵ〕月十五日請田領丈部浪麿」は、郡符の発布された「□〔二ヵ〕月七日」のおよそ一週間後に、田領丈部浪麿が郡符を請《う》けたことを意味している。

すなわち、八ヵ条の禁令の列記の後は、「由加勘決者」までが「去□〔二ヵ〕月廿八日」の同符であり、さらに「謹依符旨」より「符到奉行」までが郡符部分であるが、郡符部分は田領に対して村々に郡符を徹底して伝達するよう命じた内容になっている。このことから、おそらく田領は深見村において、牓示札を受領したものと考えられるであろう。

6 「深見村□郷」の意義

本木簡は「深見村□郷」と郷名部分は墨痕がほとんどみえないが、英多郷あるいは井家郷が記載される可能性が高い。

英多郷は『和名抄』加賀国加賀郡内の郷名である。加茂遺跡第一次・第二次調査で検出された、本木簡の出土した遺構と同一遺構である大溝跡からは、墨書土器「英太」が最も多量（大溝一七点、大溝以外で六点）に出土している。本遺跡の所在地は、古代の加賀郡英多郷と推定されている。[5]

『延喜式』（兵部式）諸国駅伝馬条には加賀郡内に田上・深見・横山の三駅が所在していた。少なくとも深見駅は確実に深見村に含まれていたであろう。

加賀国駅馬　朝倉・潮津・安宅・比楽 田上・深見・横山各五疋

『和名抄』加賀国加賀郡の郷名は次のとおりである。

大桑・大野・芹田・井家・英多・玉戈・駅家・田上

英多郷、井家郷についての考証は『角川日本地名大辞典』によれば、以下のとおりである。(6)

英多郷は訓は「江多《えた》」となっているが、その地名を継承する中世の荘名のなかに南県《みなみあがた》荘と記す例がみられ、近世の河北郡英田郷も「あがた」と読んでいる。中世の英田保に気屋村、英田南保に能勢三ヵ村が含まれており、近世の英田郷も、南は舟橋・能瀬村から、北は気屋・興津村に及ぶ、ほぼ同じ範囲の通称として用いられている。古代の英多郷の郷域も、近世の英田郷の範囲に近いものとされている。明治四十年（一九〇七）～昭和二十九年（一九五四）には河北郡に「英田村」が存在したが、能瀬川流域に位置し、西は河北潟に面する。

井家郷は、訓は「為乃以倍《いのいへ》」とあり、郷域は今の金沢市域北部から河北郡津幡町の南部、礪波丘陵の南麓線と河北潟東岸にはさまれた細長い沖積平地を占めていたとされる。中世には「井家荘」として『吾妻鏡』建久元年（一一九〇）五月十二日の条に「加賀国井家庄地頭都幡小三郎隆景」とみえるのが初見史料である。明治二十二年（一八八九）～昭和二十九年（一九五四）には河北郡に「井上村」が存在したが、津幡川下流左岸に位置しており、西は河北潟に面する。

以上より、加茂遺跡のすぐ北に「英多郷」、南に「井家郷」が近接して比定できるのである。したがって加茂遺跡の地を古代の深見駅および深見村の中心とみなすならば、『万葉集』および本木簡の「深見村」は英多郷および井家郷を包括しているものと読みとれるのではないだろうか。

ところで、ここでは「村」については詳細な考察を避けるが、基本的理解として五〇戸一里制という律令行政区画制度と、「村」は原理的に相違するものとして明確に区別すべきであろう。

里が戸を単位として編成されるという方式からすれば、里は本来は空間領域を前提としないものであった。村は第一義的には人間の現実の生活空間であって、ある一定の領域をもった人々の共同体であると考えられる。

律令行政区画の国―郡―郷制下において、令制の単一の郷では課役負担や行政運用上不十分であると判断された辺境地域や行政・軍事上重要な内国の地域に広域的な「村」を設定したものと考えられる。したがって牓示札にみえる「深見村」と「□郷」の関係も、「村」（深見村）のもとに、駅家郷を含めて複数郷（英多郷・井家郷）がおかれたものではないか。

北陸道と能登への道、そして河北潟の沿岸に位置する本遺跡周辺に、駅家や英多郷・井家郷などが所在し、それらを包括した特別行政区ともいえる「深見村」が八世紀以降九世紀半ば段階まで存在したことが明らかになった。牓示札はこうした要地に立てられていたことがわかる。

このように、律令制下における村と郷の関係を端的に示す重要な史料である。以上にあげた意義以外にも、本資料の有する重要性は数え切れないといっても過言ではない。いずれにしても、本資料は古代史上、画期的な発見であることは間違いない。

註

（1）佐々木恵介「国家と農民」（『古文書の語る日本史　Ⅰ飛鳥・奈良』筑摩書房、一九九〇年）。

（2）高島英之「牓示木簡」（『古代出土文字資料の研究』東京堂出版、二〇〇〇年。原論文は、一九九五年）。

（3）清水みき「告知札」（『考古学ジャーナル』三三九、一九九一年）。木簡の裏面は無調整で、不定型な形状から判断すると常設掲示板への、ハメコミ式は想定しにくい。おそらくは、上部の左右に穿孔があり、掲示板に掛けていたのではないか。上端部の欠損も掛けていたときの重みなどによるものかもしれない。
（4）永松圭子「律令制下の栽桑」（『ヒストリア』一一八、一九八八年）。
（5）㈳石川県埋蔵文化財保存協会『加茂遺跡－第1次・第2次調査の概要－』（一九九三年）。
（6）『角川　日本地名大辞典　17石川県』（角川書店、一九八一年）。

六　井戸と木簡――遺構と木簡の年代

自然に湧き出る井の周辺には人々が住みつき、そこに集落が形成される。また、人々は自然の井に恵まれないときには、良質な水を求めて井戸を掘る。その意味では、井戸は人々の活動のなによりの証しである。そして、その活動が停止したとき、井戸は廃棄されてしまう。

しかし、井戸は廃棄されても埋めないで、自然に埋没されるにまかせる。それは急に埋めると、井神までも埋めてしまい、その息の根を止めてしまうからだといわれている。そのため、急に埋めるときには、井神が呼吸できるように、長い青竹の節を抜いたものを、井底に立てその上方を地上にわずかに出しておいて埋めるという。このような信仰が現在でも日本の各地に残っている。

先年、広島県福山市の〝河底に埋れた中世の町〟草戸千軒町遺跡で、井戸跡のなかに節を抜いた竹を立てているものが発見され、調査者は前述の信仰の根強さを指摘している。

ところで、古代の官衙における井戸は若干様相を異にしている。古代の官衙は、一定の占地を行い、そのなかをさらに計画的に地割りをし、行政機構の変化などに応じて、移転や建替を頻繁に行っている。その移転や建替などに伴い、井戸も廃されるケースがあるが、官衙そのものの他地域への移転を除いては、井戸を放置することは少なく、むしろ手早く埋め戻しているようである。たとえ、一時に埋め戻さなくても、井戸跡は大きな土壙と化し、多量の塵芥が投げ込まれる例がしばしば見受けられる。その塵芥を擁した井戸跡は縄文時代の貝塚にも似て、古代の生活を具体的に伝える宝庫となるのである。

昭和五十三年（一九七八）に行われた秋田城跡外郭線の東方約一〇〇メートルに位置する鵜ノ木地区の発掘調査において、四間×七間の南面廂付建物や三間×三間の総柱建物とともに、調査区の東北隅で大規模な井戸跡を発見した。井戸は径四・三メートルあり、底部には内径一メートル、高さ一メートル三〇センチ、厚さ一〇センチもある円形の井筒（板材六枚使用）を据え、さらにその外側にも板材をめぐらしていた。

井戸跡は一時期に埋め戻され、井戸内には木簡をはじめ、木製品（箸・曲物・杓子など）・瓦などの遺物が多量に投げ込まれていた。それらの遺物を取り去ると、底部には塼《せん》（レンガ）とこぶし大の礫および平瓦が三重に敷きつめられていた。とくに塼は六〇個もあり、そのうちの二個には龍と、弓矢で首・腹・足を射抜かれた異様な人物像がそれぞれ墨書されていた。龍は龍神（雨や水をつかさどる）を意味し、異様な人物は井戸内に侵入する悪霊を退散させるために塼に描かれ、井戸の底に敷かれていたと考えられる。

この井戸から発見された木簡のうち、まず「天平六年月」とクギ書きされたものに注目したい。

一号

天平六年月」（線刻）　（三一五）×三〇×一〇　〇五九

上端欠。下端を斜めに削り、若干尖らせている。年紀のすぐ上に鉄釘が残存している。

図49　木簡を出土した井戸跡(秋田城跡)

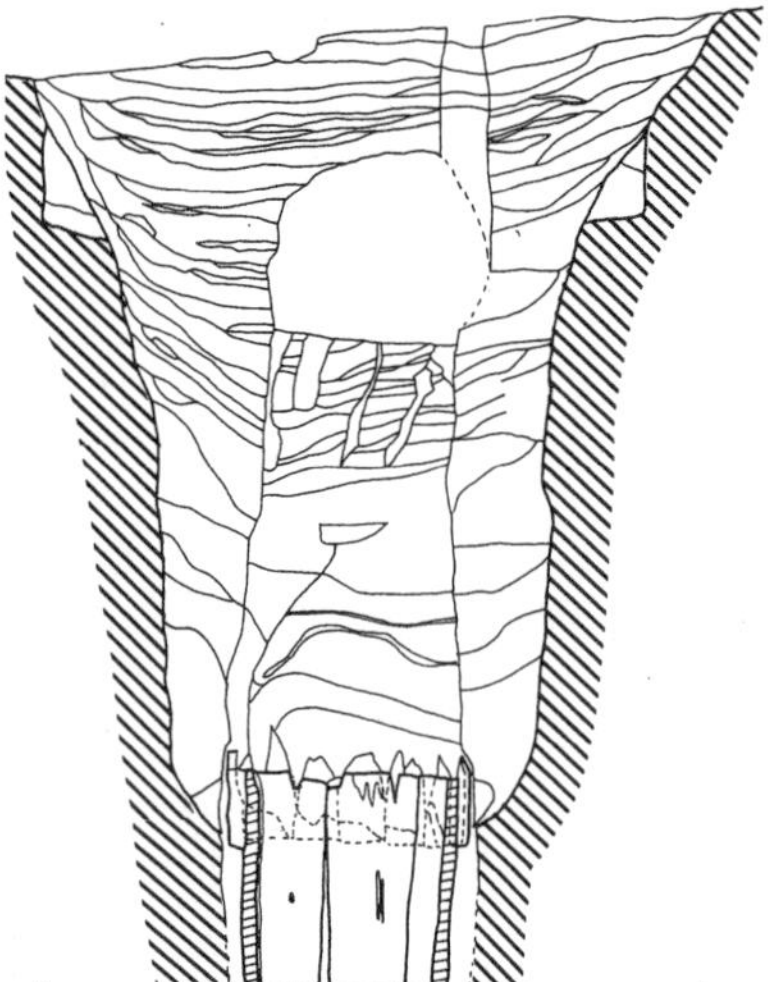

図50　秋田城跡 SE406井戸跡断面図

いうまでもなく、『続日本紀』天平五年（七三三）十二月己未条には、出羽国の中心的施設である出羽柵が出羽郡から約一〇〇キロ北の秋田村高清水岡に遷しおかれたとある。高清水が〝井〟に関係した地名である点も興味深い。

ところで、木簡は役所の活動とともにその必要性が生じ、おそらく役所の仕事量と木簡の使用量はほぼ比例するであろう。いわば、古代の木簡は役所の活動のバロメーターである。その点で、「天平六年月」の木簡は内容はともかく、高清水岡での公的機関の活動の開始を意味するといえよう。いいかえるならば、「天平六年月」とだけ、しかも墨書ではなく、クギ書きされた木簡一点の出現によって、出羽柵の移転記事が見事に立証されたのである。

二号

・「〈浪人丈部八手五斗」

・「〈　勝寶五年調米」　三七〇×二五×七　〇三三

上端の左右から切込みを入れ、他端は両側から尖らせている。

天平勝宝五年は七五三年。調は成年男子にかかる税で、ふつうは繊維製品・海産物・鉱産物など土地の名産を中央に差し出すのである。しかし、十世紀初め成立の『延喜式』(民部上)によれば、陸奥・出羽両国の調庸は当国に納め、その出納帳を申し送れと規定されている。また、その品目は諸国のうちで出羽国一国のみ、狭布と並んで米・穀をあげている。

この木簡はすでに八世紀半ばに調の米五斗を浪人丈部八手が出羽柵(秋田城)に貢進した事実を伝えている。

さて、一般的に井戸は不浄を忌むといい、使用しているときはつねに異物を投入するようなことはしない。しかし、前に述べたように、井戸はいったん、廃棄となるに及んでは、一種のごみ捨て場となるのである。一方、木簡は日々の必要に応じて使用され、その目的を終えると、削り取られ再使用されるが、いずれにしても長期間保管するものではない。したがって、通常、井戸の廃棄時に投棄された木簡はほぼ同時期のものとみることができる。

図51　秋田城跡出土1号木簡と2号木簡

しかし、この井戸からは年紀を示す木簡が三点——天平六年(七三四)、天平勝宝四年(七五二)、同五年(七五三)——出土している。井戸の廃棄年代は下限の資料をもって決めるならば、天平勝宝五年ごろとなる。その場合、問題は天平六年との間に約二〇年の開きのある事実をどう説明するかである。

そこで、天平六年の木簡にもう一度眼を向けてみよう。

まず、クギ書きである点が特異である。この木簡はほぼ完形にもかかわらず、記載されている文字は「天平六年月」のみである。さらに、木簡の上半部の年号の直上に鉄釘が打ちつけてある点に注意する必要があろう。

これらの点から、この木簡が通常の役所間などでのやりとりのさいに用いられたものとは考えにくい。むしろ、木簡は年紀を記し、なにかに打ちつけておいた木札ではないだろうか。たとえば、井戸の構築時に、その年紀を記し、井筒の板材に打ちつけておいたものとか……。そのように解釈するならば、井戸跡から二〇年の開きのある木簡が出土したこともうなずける。

二号木簡が出羽国の調庸制を考える重要な資料であることは前述したとおりである。さらに、その意義を展開させるならば、出羽柵（秋田城）の性格論にまで及ぶであろう。

天平五年（七三三）、出羽柵は秋田村高清水岡に遷置され、天平九年（七三七）には、陸奥国（多賀柵）より、出羽柵までの連絡路の開削事業が実施されたのである。これより先、養老五年（七二一）出羽国は陸奥按察使の管轄下におかれていただけに、両国の連絡を密にするためには両国府間の連絡路を整備することが急務とされたのであろう。その点では、移転後の出羽柵に出羽国府としての性格を認めることができるのである。

一般的に、調庸の付札は原則として貢進された最終地で荷解かれ、廃棄されるものである。先にふれたように、『延喜式』には、出羽国の調庸は当国に留めおくという規定がある。

さらに、本木簡は、材質・形態・書体いずれも調の付札として完全な姿をとどめているだけに、習書ではなく正式なものである。したがって、調の木簡が秋田城跡から出土したことは、出羽柵（秋田城）が国府として機能した一つの証拠となるであろう。

なお、「秋田城」の名は、正倉院文書中の天平宝字四年（七六〇）三月十九日の丸部足人の解状に「阿支太城」と初めてみえる。また、『日本後紀』延暦二十三年（八〇四）十一月癸巳条に「秋田城建置以来卅余年」の記載がある。その点では、秋田城の建置は七六〇年前後と考えてよい。この出羽柵から秋田城への変化はなにを意味するか。この鵜ノ木地区一帯でも大規模な井戸が廃棄されたのは、天平勝宝五年直後ごろとすれば、まさに「秋田城」建置の直前ということになる。非常に興味深いことであるが、この問題の解明には、今後の秋田城跡の発掘調査がさらに大きな手がかりを与えてくれるものと信じている。

第二章　木簡と律令文書行政

一　郡符木簡

はじめに

近年、各地の官衙遺跡の発掘調査において、文書行政の一端を伝える木簡が数多く出土している。なかでも、関心を集めているのが、いわゆる〝郡符木簡〟とされる文書木簡である。郡符木簡とは、郡司がその管下のものに命令を下すさいに用いた木簡である。

郡からの下達文書・郡符は、紙に書かれた文書としては、「坂井郡符」一通（石崎直矢氏旧蔵文書、『平安遺文』一三号文書）しか伝世していない。一方、各地の発掘調査において、すでに六点の郡符木簡が出土している。(1) 郡符木簡については、従来、地方行政解明の重要史料と位置づけられながら、新潟県和島村八幡林遺跡出土木簡に象徴されるように、各研究者の見解が異なり、意見の一致をみていないのが現状である。

その定見を生み出せない要因は、これまで各郡符木簡を個別に扱い、しかも遺跡の性格についての検討が不十分であったことによると考えられる。やはり、郡符木簡相互の比較検討が不可欠である。さらに、文書の記載様式に基づいて、その特質を明らかにすることが重要である。とくに郡符の宛所と木簡の廃棄の問題は、郡符木簡の本質にかかわるものであり、ひいては出土遺跡の性格をも解明する手がかりとなるのである。

以上の点に十分に留意して、郡符木簡の基本的性格、その機能についての検討を通じて、地方行政論への展望の一端にまで言及してみたい。

1 郡符木簡とその出土遺跡の概要

まず、最初に各地の郡符木簡と出土遺跡の概要について、それぞれの調査報告書および研究論文などを要約し、紹介しておきたい。

(1) 山垣遺跡(2)

山垣遺跡は兵庫県氷上郡春日町棚原字山垣に所在する。発掘調査の結果、南の五間×三間の南北棟建物跡とその北の目隠し塀的な築地、さらにそれを隔てた北の「屋根のつかない柵状の作業場（広場）」を含んでいる広場を取り巻くように溝が存在し、その東辺の溝はＳＤ〇北肩部からＳＤ三南肩部までは約五〇・五メートルをはかる。遺跡の西半分は未調査であり、その全貌を知ることはできない。遺物としては、木製品（鍬・鋤などの農耕具、下駄、人形、四弦の琴など）、飾金具、「春マ」「春部」「卦」などと記された墨書土器も三十数点出土している。木簡はこの溝ＳＤ一から二〇点、溝ＳＤ三から一点が出土した。なお、山垣遺跡のすぐ西北にある春日・七日市遺跡は「春マ郷長」の墨書土器などを伴い、大型の掘立柱建物跡が整然と並んだ奈良時代後半から平安時代初頭の官衙的性格をもつ遺跡である。山垣遺跡の年代は、国郡里制下であることは明らかで、大宝律令の制定（七〇一年）から郷里制の成立（七一七年）までの間と考えられる。

図53　山垣遺跡出土３・２号木簡実測図

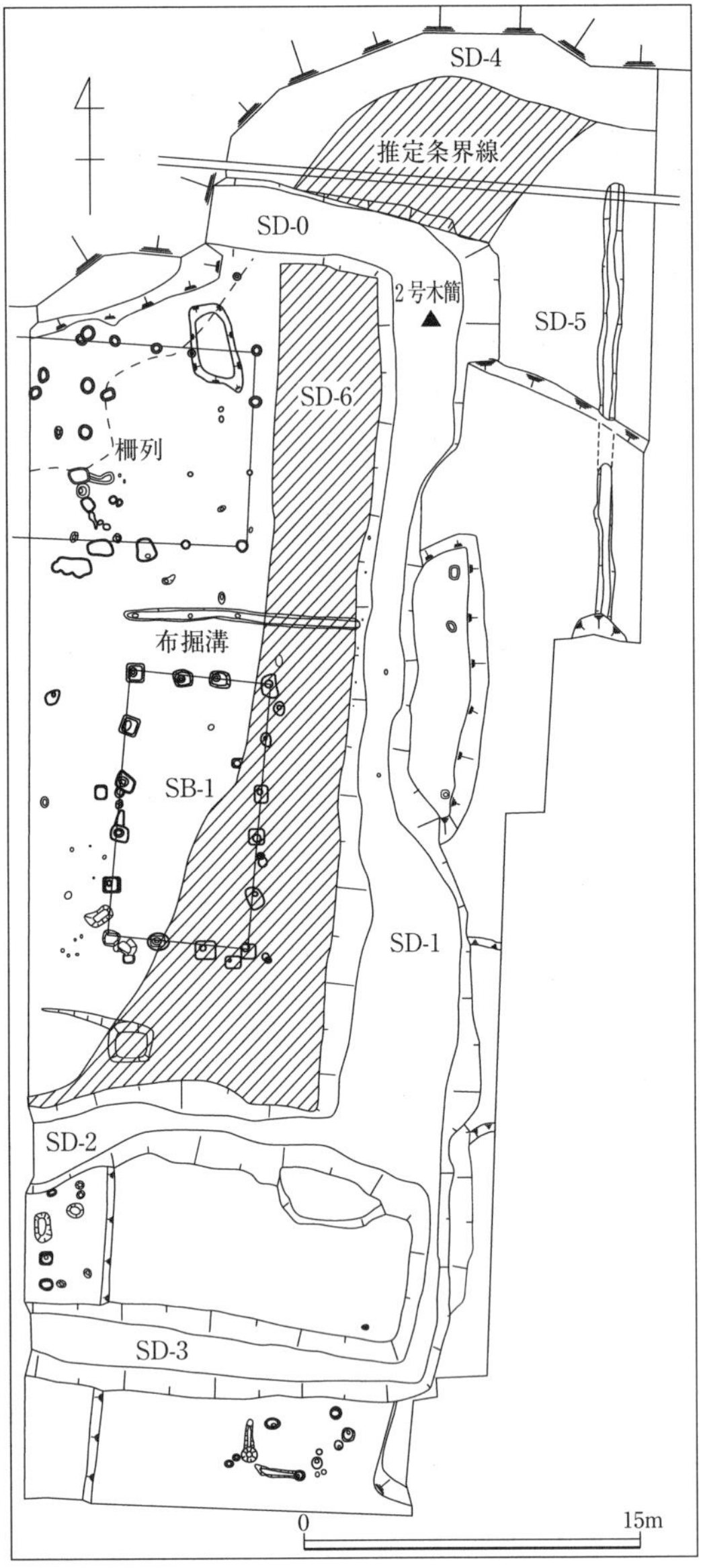

図52　山垣遺跡遺構配置図

三・二号木簡（図53）

・「符春部里長等　竹田里六人部　□□　□依而□　」

・「春マ君広橋　神直与□　□〔部カ〕里長□□〔弟足カ〕木参出来四月廿五日　碁萬侶
　春マ鷹麻呂　右三人　今日莫不過急々　少領　□　」

六一九×五二×七　〇一一

ここで山垣遺跡に関するこれまでの諸見解を簡単に紹介しておきたい。

①「山垣遺跡」（『日本古代木簡選』佐藤宗諄氏執筆、一九九〇年）。

この符の発行主体は氷上郡司、「六人部」の下に「里」が続くとすれば、「等」の内容は竹田里および六人部（里）をさし、氷上郡から春部里など三里に下された符であることになる。「春部里長」などへの「符」（郡符？）の木簡があることから、八世紀初頭の郡の下級官衙にかかわる遺跡かと思われ、全国的にもきわめて貴重な遺跡である。

②兵庫県教育委員会埋蔵文化財調査事務所『山垣遺跡』（一九九〇年）。

溝内より出土した多数の墨書土器と二〇点にのぼる木簡の文字の中に「里」および「里長」の文字がみられることから、本遺跡を「里」および「里長」の存在を裏付ける遺跡として認定できよう。またこのことは、遺構の配置状態が非常に計画的であり、郡家をはじめとする地方官衙遺跡の正庁の平面形態に類似しており、官衙的な色彩が濃いことからも間接的に肯定できる。さらにいえば、「里」の中心的施設（「里家」とでも呼ぶか）の平面形態は官衙としての「国府」「郡家」の正庁の配置を模していながらも、その土器組成は非官衙的色彩が強い。

(2)　八幡林遺跡(3)

新潟県三島郡和島村に所在する八幡林遺跡は、まず、土塁に囲まれた掘立柱建物群とともに「郡司符」「沼垂城」と記された木簡や、奈良三彩などの特殊な遺物が出土し、注目を集めた。その後の調査では、丘陵上で中心建物とみられる四面庇付きの大型建物を確認し、丘陵下で掘立柱建物群や路面幅二・五メートルの道路跡を検出し、「上大領殿門」「上郡殿門」などの木簡が一〇〇点近く出土したほか、「大領」「石屋大領」「大家駅」「厨」などの二〇〇点近い墨書土器などが出土した。これらの成果によって、八幡林遺跡が奈良時代から平安時代にかけて機能した遺跡であり、時期的な機能変遷も想定される官衙遺跡であることが確認された。

一号木簡（図55）

・「郡司符　青海郷事少丁高志君大虫　右人其正身率　」
・「虫大郡向参朔告司□〔身〕率申賜　符到奉行　火急使高志君五百嶋　九月廿八日主帳丈部□□」　五八五×三四×五　〇一一

約六〇センチの長大な完形木簡は、鋭い刃物で切込みを入れた後、三つに大きく切断されていた。

次に八幡林遺跡についても、既発表の諸氏の見解を紹介しておくこととする。

①田中靖氏「新潟・八幡林遺跡」（『木簡研究』一三、一九九一年）。

②小林昌二氏「八幡林遺跡等新潟県内出土の木簡」（『木簡研究』一四、一九九二年）。

文意は蒲原郡司が青海郷にあてた文書で、高志君大虫に越後国府に参向して、十月一日に行われる告朔の儀式に出席することを求めたものと考えられる。長大な形状をとる点は、単なる召喚状ではなく、過所木簡としての性格も兼ねていることを示している。木簡の発見された八幡林遺跡は古代の古志郡内とみてよいが、木簡の「青海郷」は蒲原郡に属するから、郡を異にしていることとなる。「郡司符」が郡を異にした場所から出土したというのは、この木簡を所持した者が蒲原郡から古志郡を経て国府に出向き、その帰途に八幡林遺跡で廃棄されたと考えられるから、過所

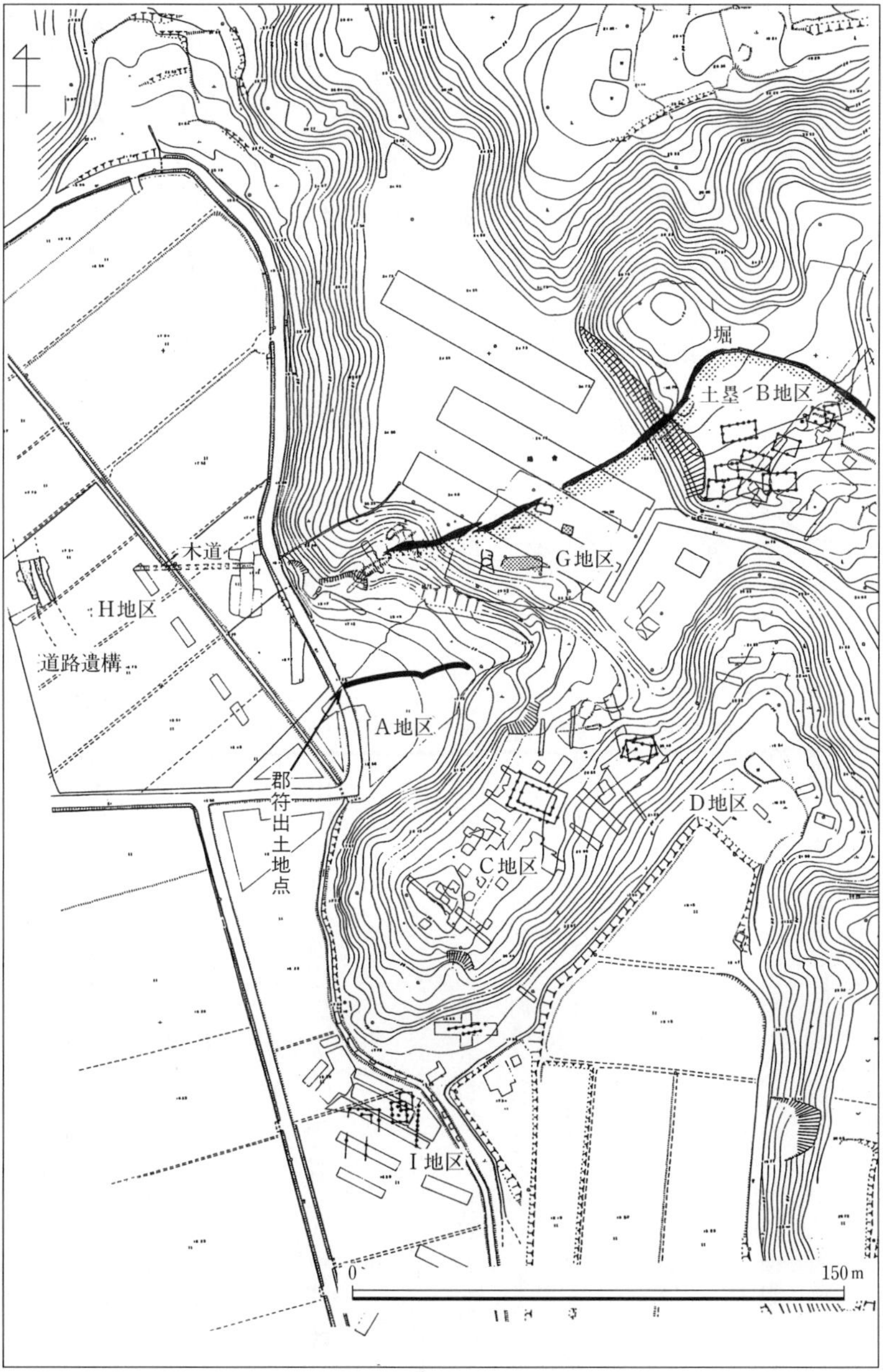

図54　八幡林遺跡遺構配置模式図

図55　八幡林遺跡出土郡符木簡

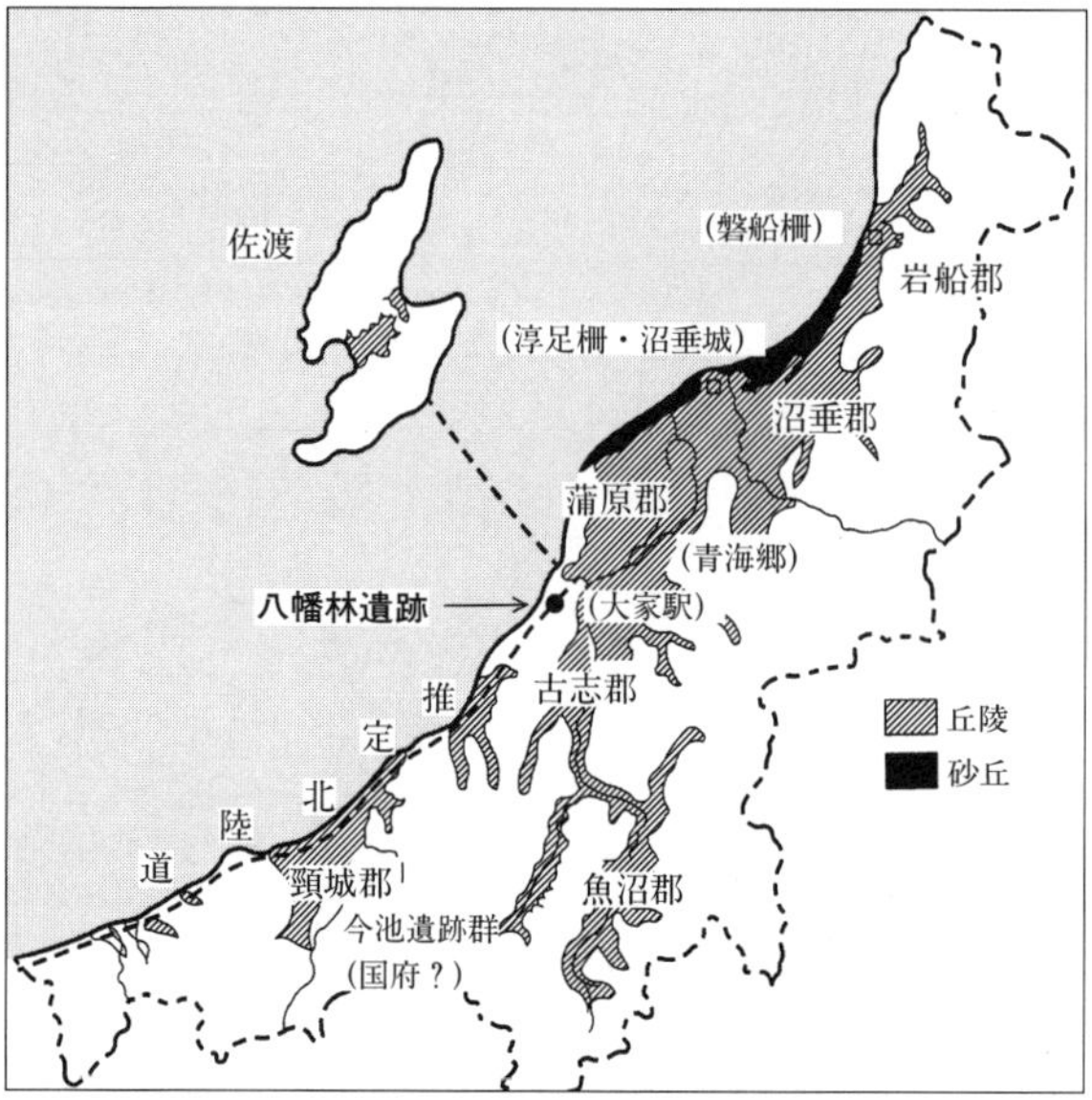

図56　八幡林遺跡の位置と古代越後国

木簡の性格も兼ねていたと推定できる。

③田中卓氏「『郡司符』木簡（新潟県・八幡林遺跡）と告朔儀」（『史料』一一六、一九九一年）。

文意は（表）郷長が、右の人、すなわち少丁の高志君大虫本人自身を率いて（郡に出頭せよ）、（裏）大虫については、郡より国府の告朔司に参向するさいに、本人を一緒に連れて行って報告を申し上げさせよ、というように解したい。

さらに郡司が告朔日に報告をする具体的内容として、戸口の死亡報告を想定した。

④三上喜孝氏「『郡司符』木簡のなかの『申賜』―新潟県八幡林遺跡出土第一号木簡私釈―」（『史学論叢』一二、一九九三年）。

「(表)郡司符す　青海郷に事える少丁高志君大虫　右人正身を率いよ」

「(裏)虫大　郡に向参し朔告司に□率いて申し賜へ　符到らば奉行せよ」

と読み、とくに本木簡に見える「申賜」が「申し賜へ」と命令形に読むことが可能であること、また、「申賜」の対象が、郡ではなく、その上級官司である国府である可能性が高いことを指摘している。
⑤鬼頭清明氏「郡符木簡について」(『古代木簡の基礎的研究』塙書房、一九九三年)。
内容的に意味はとりにくいが、一応、蒲原郡司が青海郷のことについて少丁高志君大虫を召喚していること、朔告とあることからみて、大虫が青海郷にかかわる行事を告朔することと関連していることは間違いなかろう。ただ、告朔解が蒲原郡家で作成されたものとすると、木簡は蒲原郡家で投棄されるのがふさわしいが、木簡の出土地が古志郡と推定されることが問題点として残る。

(3)　西河原遺跡(4)

西河原遺跡は滋賀県野洲郡中主町大字西河原に所在する。この地は琵琶湖東岸から約三キロほど内陸に入った湖東平野の中部、野洲川と日野川とにはさまれた沖積低地である。

本遺跡の周辺には、「丙子年」(天武五年〈六七六〉)の文書木簡が出土した湯ノ部遺跡が南〇・八キロに、官衙状遺構群や天武朝の和文体木簡が出土した西河原森ノ内遺跡が北〇・五キロに存在している。本遺跡は、飛鳥時代〜平安時代前期の掘立柱建物八棟以上とその西端に木簡四点が出土した溝一条を検出した。この溝跡は、西河原森ノ内遺跡や湯ノ部遺跡で発見された、条里型地割以前の旧地割の一部にあたるものと考えられる。溝跡より出土した共伴遺物には、土器のほかに木製品の琴柱・斎串・曲物底板・箸、桃の種、獣(牛)の歯・骨、土錘などがある。墨書土器には、「神」「呰万□」などの六点がある。

一号木簡
・「郡司符馬道里長令
・「　　又来□女□
　　女丁　　□□□□□
　　　　　　（一四五）×三四×五　〇一九

野洲郡から管内の馬道里の里長に女丁の差点を下達した文書（郡符）と考えられるものである。下半部を折損しているのと裏面の墨付が薄いため、事書きの詳細な内容や発給者の位置、年月日などは明らかでない。木簡の年代は、「里長」の記載から、大宝元年（七〇一）～霊亀三年（七一七）の間と考えられる。なお、「又来□女」以下は個人名と考えられ、「又来」は「久米」と読めないだろうか。

西河原遺跡について辻広志氏の見解を紹介する。

①辻広志氏「滋賀・西河原遺跡」（『木簡研究』一四、一九九二年）。

女丁については、賦役令仕丁条などによると、宮内省が検校し後宮十二司などで三年を任期に雑役に従事した。その数は、国の等級によっており、近江国は大国で、この当時は四人の女丁を送っていたと思われる。この木簡は、宮内省もしくは近江国司より女丁差点の命令を、野洲郡司を通じて、律令地方行政の末端である馬道里長に下達した文書で、里長の「里御宅」である可能性が出てきた西河原遺跡で廃棄されたと考えることができる。

図57　西河原遺跡出土郡符木簡

(4)　荒田目条里遺跡[5]

福島県いわき市平菅波地内に所在する。夏井川下流の右岸に位置し、太平洋の海岸より西へ約二・五キロのところにある。浜堤の東側裾部に立地し、低湿地との境にあたる。陸奥国磐城郡家に比定される根岸遺跡は、南東方向へ約一・五キロのところにある。西方約一五〇メートルには延喜式内社の大国魂神社、北方約八〇〇メートルに多量の緑釉陶器と「大同元年」（八〇六）の紀年銘木簡などを出土した小茶円遺跡がある。(6)

荒田目条里遺跡は、古代の水田跡を含む集落跡や古墳跡など、約二万平方メートルにわたる弥生時代から近世にかけての複合遺跡である。「郡符」木簡を出土した今回の調査地点は、遺跡のほぼ中央部西寄りの小字名が「礼堂」と呼ばれる地点である。調査の結果、幅一六メートル以上にわたる河川跡が発見され、河川内から古墳時代中期から平安時代中期にかけての遺物が多量に出土した。遺物の大半は、絵馬三点・人形・馬形・刀形・斎串・人面墨書土器などの、九世紀から十世紀代の祭祀にかかわるものである。木簡は三八点出土している。

一号木簡

・「郡符　立屋津長伴マ福麿　可□召

　右為客料充遣召如件長宜承×

（二三〇）×四二×三　〇一九

・「□

磐城郡から管内の立屋津の長である伴部福麿に人の召喚を命じたものである。伴部は弘仁十四年（八二三）に大伴部から伴部に改姓しているから、この木簡はそれ以降

図58　荒田目条里遺跡位置図

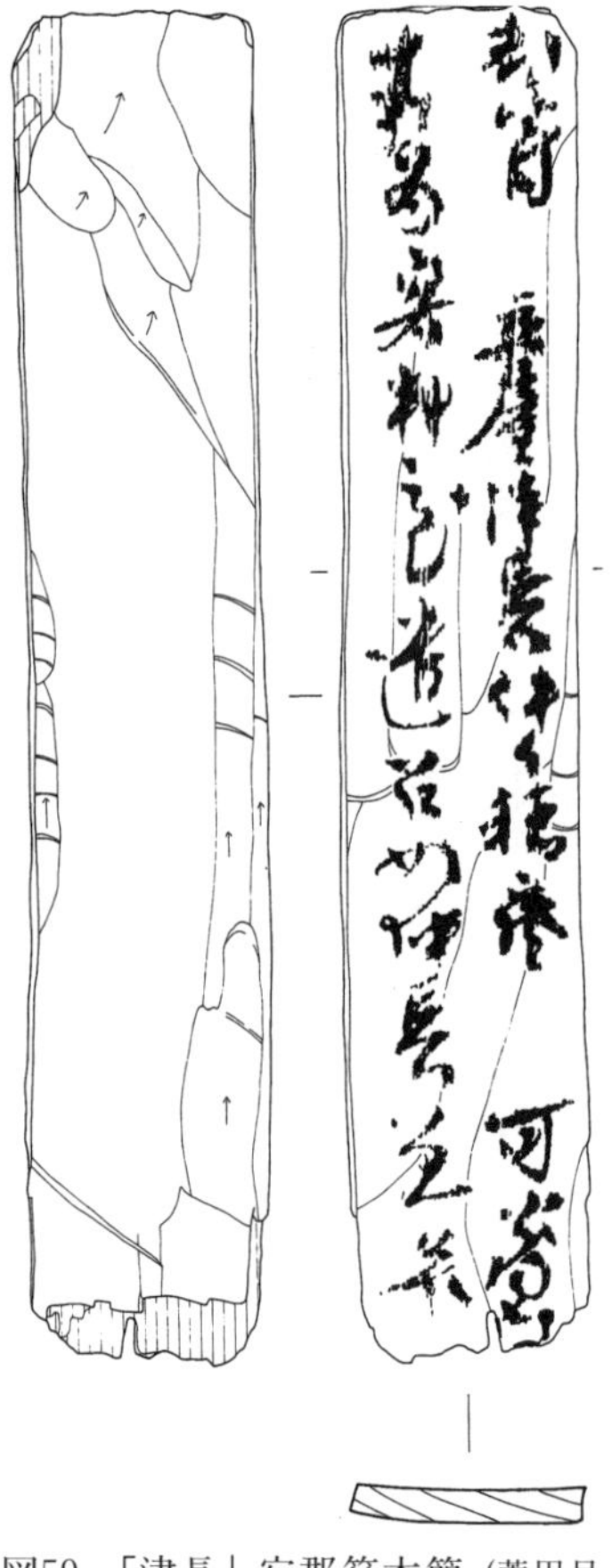

図59　「津長」宛郡符木簡（荒田目条里遺跡出土1号木簡）

のものであろう。

(5)　伊場遺跡(7)

静岡県浜松市東伊場・浜名郡可美村東若林に所在する伊場遺跡は、弥生時代から鎌倉時代にかけての複合遺跡である。本遺跡の西方三〇〇メートルには城山遺跡があり、木簡や墨書土器など伊場遺跡と共通する文字資料が出土していることなどから、伊場遺跡との密接な関係がうかがえる。具注暦木簡、習書や削屑の木簡、墨書土器などの出土遺物、規模の大きな整地工事の存在などから、城山遺跡は伊場遺跡と結び付いた遠江国敷智郡家の中枢部に近い一郭と推定されている。

伊場遺跡の古代の主要な遺構は、四五棟の掘立柱建物のうち、総床束柱の高床の倉庫とみられるものが約四割を占める。建物の規模は全体に小さい。建物は遺跡西部地区を蛇行して流れる大溝（幅一五～一六メートル）の両岸に沿うような形で立ち並ぶが、配置は整然としていない。

木簡は一〇八点、伴出遺物には、多量の土器類、各種木製品、「布智厨」「栗原駅長」など四〇〇点以上の墨書土器などがある。木簡や墨書土器など官衙関係の遺物が多数出土していることから、本遺跡を遠江国敷智郡家、栗原駅家、津、郡家に密接した民間施設などと推定する諸説が出されている。

「符竹田郷長里正等大郡　　(二八二)×四九×一〇　〇一九

本木簡について、浜松市教育委員会『伊場木簡』（一九七六年）では、

一八号

□□□〔竹田カ〕郷長里正等大郡⊓

静岡県『静岡県史』資料編4古代（一九八九年）では、

一五（通し番号）

×□竹田郷長里正等大郡×

と、それぞれ釈文を下し、郡符木簡と解していない。

しかし、まず、上端は完形とみるべきであり、問題の第一字は、墨はほとんど消えているが、字画が若干ながら浮きあがってみえ、文字は「符」とみて問題ないであろう。したがって、本節では、伊場遺跡の本木簡を郡符木簡として正式に取り扱うこととした。

本木簡は、本溝から分かれて東北方向へまっすぐ延びる枝溝中の奈良時代層

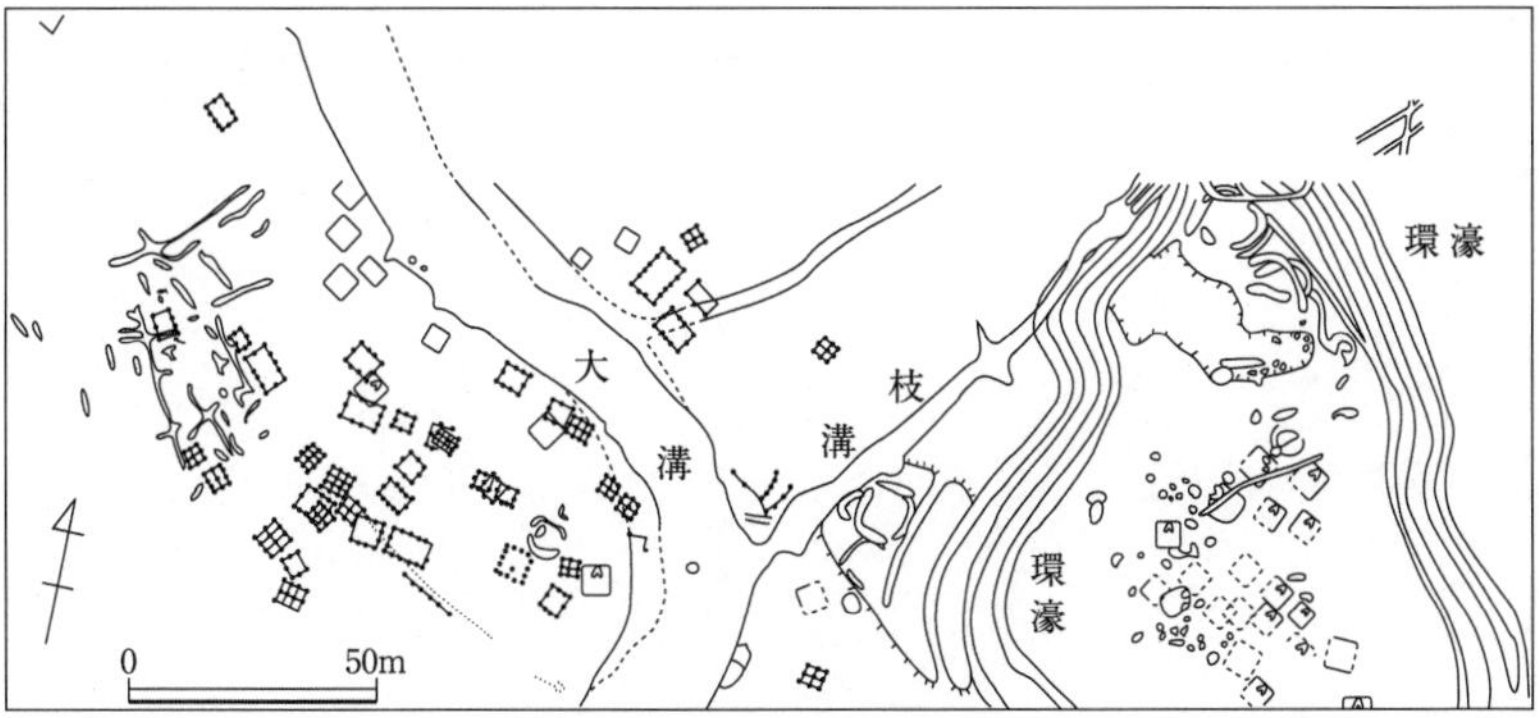

図60　伊場遺跡遺構配置図

図61　伊場遺跡出土郡符木簡

（Ⅴ層）から出土している。「里正」は郷里制下の里の長であるので、木簡の年代は郷里制下の霊亀三年（七一七）から天平十二年（七四〇）までのものと判断できる。

(6)　長岡京跡(8)

京都府向日市の長岡京跡左京二条二坊六町いわゆる太政官厨家推定地の東西溝ＳＤ一三〇一から出土している。同じ層位の伴出木簡から延暦六年（七八七）前後の年代が推定される。

三五八号木簡

・「『□□□　□』
　郡符朶(ママ)女郷丈部家
　　『□　［　　］』

・「『□□□□□
　　二八　ヽ　二八
　　□　』

（九九）×（三〇）×五　〇八一

『長岡京木簡』一の解説によれば、本木簡の「郡符……」の文言に意味があるが、表裏とも習書であろうとしている。実際に「郡符……」の文字も「釆」の字以下が右にねじれるように記されている。習書とした場合、たとえ木簡に写される前の下敷となった文書の存在を類推できるとしても、厳密な復元は不可能である。したがって、本節の以下の考察では除外することとする。

2　符式文書

(1)　紙の符式文書

符は、いうまでもなく公式令に定められた下達文書である。

符式
太政官符其国司
其事云云。符到奉行。
大弁位姓名　　史位姓名
年月日　使人位姓名
鈴剋　伝符亦准レ此。

符の様式上の特徴については、一般的に次の三点があげられる。

第一は、差出所と宛所がともに初行に記されることである。第二は、施行を命ずる文言（「符到奉行」）を有することである。第三は、発給者の位置が、本文の次、年月日の前にあることである。

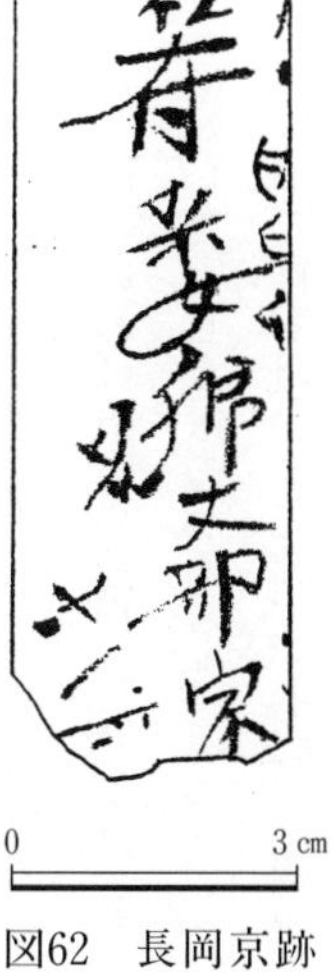

図62　長岡京跡出土木簡

早川庄八氏がすでに指摘しているように(9)、公式令に定める符は、官司あるいは官司類似機関が、管下の官司あるいは官司類似機関に対して命令を下す場合に用いられるものであるということが、いわば暗黙の前提となっている。しかし官司が日常的に発給した符について正倉院文書の例をみると、官人に対して下したものがあるという。

また、前掲の長岡京跡出土の郡符木簡（三五八号木簡）に関連して、向日市教育委員会『長岡京木簡』一解説（一九八四年）では「符は公式令によれば被管官司に下す文書であるが、官司から個人に下すさいにも用いられた（例えば『大日古』四―七五）」としている。

○造東大寺司符（続修四二、『大日古』四―七五）

司符　経所領呉原生人等

梨軸肆伯枚

右、依彼解状、絵料、即付生人、充遣如件、故符、

伴官川内画師「祖足」

上毛野君「真人」

天平勝宝七歳八月廿九日

ここで、正倉院文書中の符のあり方を詳細に検討しておきたい。とくに、符の集中する「造東寺司紙筆墨軸等充帳」（続々修三七―七、『大日古』一三―一～一八）、および「造石山寺所公文案帳」（続修四三、続々修一八―三、正集五ほか。『大日古』一五―一四三～二二二）を対象として取り上げ整理すると、表8・表9のとおりである。

表8・表9から、符の宛所の記載のしかたは次のように類別することができよう。

「造東寺司紙筆墨軸等充帳」

a写経所　一二通

b写経所領（案主）　一〇通
写経所領（案主）＋人名　五通
写経所＋人名　一通
（以上三項　一六通）

c人名　一通　計二九通

「造石山寺所公文案帳」

a山作所　九通

b山作所領　一二通
山作所（甲賀運材・三雲運材）領＋人名　二一通
領＋人名　一通
庄領＋人名　三通
（以上四項　三七通）

c人名　二通

d宛所不記載　一通　計四九通

次に、各類型の文書を数通あげ、若干検討を加えておきたい（アルファベット下の数字は表8・表9の番号を示す）。

「造東寺司紙筆墨軸等充帳」

a7　符　写経所

敷金滅紫紙壹伯伍拾参張白表紙伍張　綺伍丈陸尺

右、附彼領呉原生人、充如前

表8　天平勝宝五年造東寺司紙筆墨軸等充帳

	差出	宛所	使人	位署	年月日
1	符	経所領等	※呉原生人	次官「今毛人」　主典酒主	天平勝宝五・六・九
2	政所符	写経所領等	｜	次官　判官「真人」　主典「酒主」	五・六・廿三
3	政所符	経所領等	上馬養	次官「今毛人」	五・八・十七
4	政所符	経所案主等	※呉原生人	次官「今毛人」	
5	司符	写経所案主呉原生人等	呉原生人	次官「今毛人」　判官「豊麻呂」	五・九・二
6	｜	｜	上馬甘	次官「今毛人」	五・九・三
7	符	写経所	呉原生人	次官「今毛人」	五・十・四
8	政所符	写経所案主等	丸馬主	次官　判官「真人」	五・十・四
9	政所符	写経所領呉原生人等	｜	次官　判官「豊麻呂」　主典「酒主」	五・十一・十
10	司符	写経所案主呉原生人等	呉原生人	次官「今毛人」	五・十一・廿二
11	司符	写経所案主等	呉原生人	次官　判官「真人」　主典「酒主」	五・十二・八
12	政所符	呉原生人等	｜	次官「今毛人」　判官「萬里」	六・正・六
13	符	写経所	呉原生人	次官今毛人　判官「麻呂」	天平勝宝六・正・廿九
14	政所充	写経所領呉原生人等	｜	次官今毛人	六・三・廿二
15	政所符	写圣(経)所領呉原生人等	呉原生人	次官今毛人	六・三・廿七（六）
16	政所符	写書所呉原生人等	飽田石足	次官今毛人	天平勝宝六・四・廿二
17	符	奉写経所	呉原生人	判官豊麻呂	六・六・十八
18	充	経所	※上馬甘	判官上毛野君／石川朝臣「豊麻呂」	六・七・廿五
19	｜	｜	呉原生人	判官「真人」	六・九・九
20	充	経所	※呉原生人	次官　判官真人	六・九・九
21	政所符	奉写経所領等	上馬甘	次官「今毛人」　主典「根道」	六・十・卅
22	政所符	写経所領等	上馬甘	判官豊麻呂	六・十一・十
23	政所符	写経所	｜	次官今毛人　判官「真人」	六・十二・廿四
24	政所符	奉写経所	｜	次官　判官「真人」	六・十二・卅
25	政所符	奉写経所	｜	長官「今毛人」　判官「豊麻呂」	七・正・廿五

26	政所符	奉写経所	—	判官「豊麻呂」	七・二・九
27	司符	奉写経所案主	—	判官「豊麻呂」　主典「奥万呂」	七・二・十
28	政所符	写経所領等	上馬甘／呉原生人	長官　主典「奥万呂」	七・三・十二
29	政所符	奉写経所	※呉原生人／上馬養	長官　判官「豊麻呂」　主典「奥万呂」	七・三・廿六
30	政所符	奉写経所	※呉原生人／上馬養	判官「豊麻呂」　主典「奥万呂」	七・三・廿六
31	政所符	奉写経所	—	次官「萬里」　主典「根道」	七・四・九
32	—	—	—	—	七・五・廿二

註　『大日古』一三―一～一八による。※は符式の使人記載のとおり年月日の下に記してあるものを示す。

表9　天平宝字六年造石山寺所公文案帳

	差出	宛所	使人	特記事項	年月日
1	符	山作領玉作子綿等所	—		天平宝字六・正・廿四
2	符	山作所領玉作子綿等	弓削伯万呂		正・廿六
3	符	山作領玉作子綿等	仕丁宇治乙万呂		二・一
4	符	山作領阿刀乙万呂等	玉作作綿		二・三
5	符	庄領猪名部枚虫等	山作所充遣		二・三
6	符	山作所領玉作子綿等	領道豊足		二・四
7	符	山作所領玉作子綿阿刀乙万呂等	道豊足		二・五
8	符	山作所領玉作子綿等	—		二・八
9	符	山作所領玉作子綿等	充遣夫七人		二・九
10	符	山作所領等	道豊足		二・十一
11	符	山作所	—		二・廿八
12	符	山作所領等	—		二(三カ)・三
13	符	山作所領玉作子綿等	調乙万呂		三・四
14	符	山作領等	—		三・六
15	造石山院所符	山作領等	—		—

	差出	宛所	使人	特記事項	年月日
16	造石山院所符	庄領猪名部枚虫	—		三・七
17	符	山作領三嶋豊羽等	豊羽		三・八
18	符	山作領玉作子綿等	三嶋豊羽		三・九
19	符	山作領三嶋豊羽玉作子綿等	廻仕丁広浜		三・十三
20	符	橘守金弓	—	充信楽板屋壊運僧等所	三・十三
21	符	山作領等	—		三・十五
22	符	山作所領等	仕丁額田広浜		—
23	符	山作所領等	玉作子綿		三・十五
24	符	山作所	—		三・十六
25	符	(収納藁参拾弐囲)	廻使	枚虫正身早速参来	三・十七
26	符	甲賀運材領橘守金弓	—	月廿五日以前参向、不得延廻	三・十八
27	石山院務所符	山作所	—		三・十九
28	符	山作領等	—		三・廿一
29	符	山作領三嶋豊羽玉作子綿等	領差専使申送		三・廿二
30	符	三雲運材領等〔橘〕守金弓等	—		三・廿三
31	符	板(坂)田庄領錦部小老	—		
32	符	山作所	広嶋		三・—
33	符	山作所	私部広国		三・廿八
34	符	山作領三嶋豊羽玉作子綿等	—		三・卅
35	符	山作所	廻使仕丁額田部広浜		四・一
36	符	山作所	仕丁舂米水取		四・七
37	符	山作所	仕丁額田部広浜		四・九
38	符	山作所領玉（作脱）子綿等	仕丁舂米水取		四・六〔七〕
39	国符	坂田郡司	—		四・八
40	符	山作所領玉作子綿等	子錦		四・十五
41	符	山作所領玉作子綿等	—		四・十七

42	符	山作所領玉作子綿等	—		｜
43	符	山作所領玉作子綿等	—		四・廿一
44	符	山作所	—		四・廿六
45	国符	愛智・坂田・高嶋郡司	—		五・一
46	符	山作領レ所等	木工丈部真犬		五・一
47	石山政所符	山作所領等	三嶋豊羽		五・二
48	符	山作所領等	春部沙弥万呂		五・十三
49	符	山作領等	三嶋豊羽		五・十六
50	石山司符	領橘守金弓	仕丁額田部広浜		六・四
51	司符	秦足人穂積河内等		右、先日足人并米長等召遣既畢、此迄今日未向、……火急参向、不得怠、今具状、即返丁等、故符	七・九

註 『大日古』一五―一四三～二二二による。題箋表裏同文「解移牒符案」。

次官佐伯宿祢「今毛人」

天平勝宝五年十月四日

b 9

政所符　写経所領呉原生人等

合紙伍伯張

右、充写常疏料如件、故符

次官佐伯宿祢　　伴官石川朝臣「豊麻呂」

主典阿刀連「酒主」

天平勝宝五年十一月十日

c 12

政所符　呉原生人等

白橡紙肆拾参張敷金
右、為奉写梵網経一部、充経所如前
次官佐伯宿祢「今毛人」　　判官大蔵伊美吉「萬里」
天平勝宝六年正月六日

b16
政所符　写書所 呉原生人等
筆柒管　墨壹拾陸廷
右、且附飽田石足、所充如件、故符
次官佐伯宿祢今毛人
勝宝六年四月廿二日

「造石山寺所公文案帳」

b10
符　山作所領等
充遣黒米参斛　銭参貫
右、依彼所状、附道豊足、充遣如件、今具状、故符
主典安都宿祢　下道主
二月十一日

b17
符　山作領三嶋豊羽等
合作可レ材五十四物
長押十六枝（以下略）

右物、今切要、宜承知状、早速令作、十四日以前進上、今具状、附即豊羽、以符

主典安都宿祢　下道主

三月八日

b18

符　山作領玉作子綿等

充遣米参斛黒　塩柒升　銭肆貫文

右、雑役夫等食并功料、附三嶋豊羽充遣如件、宜至依員検納充用、今具状、故符

主典安都宿祢　下

三月九日

c20

符　橘守金弓等

合米伍斛残八百余之内　塩伍升

右、便充信楽板屋壊運僧等所、宜承知状、早速施行、今具状、以符

主典安都宿祢

案主下

六年三月十三日

c51

司符　秦足人穂積河内等

右、先日足人并米長等召遣既畢、此迄今日未向、若有挨故、宜承知状、徴所米等令持、火急参向、不得怠、

今具状、即返丁等、故符

主典安都宿祢

案主下

六年七月九日

符の宛所は、a官司、b官司の領、c個人名に大別される。

まず、aの場合は、実例にみえるように写経所宛に符が発せられているが、本文中に「附彼領呉原生人」とあり、実際はbと同様に、符は写経所の領宛てである。結局、符の宛所は写経所および山作所ともにそれぞれの領に宛てられている。

ここで問題の「領」について簡単に触れておく必要があるが、すでに松原弘宣氏によってその性格などがほぼ解明されているので、その要旨を引用しておきたい(10)。

「領」は、中央組織の外に設置された組織や造営現場に派遣され、民（番上工―雇夫、雑工―仕丁―雇夫）を率いて現場で管理監督を行った。

造石山寺所は甲賀山・伊賀山・高嶋山の各山作所には符形式の文書を出していない。造石山寺所がこれらの山作所を利用する場合は造石山寺所の「領」を派遣し、その「領」によって材木などの調達を行っていた。造石山寺所領は、主な役割が石山寺造営現場、造東大寺司の所、各地への使者などであり、技術者というのではなく、文書を中心とする事務処理にあたったと分析している。

二種類の文書群を通じて、符は原則として官司（写経所または山作所）または官司の領・案主などに宛てられていることが明らかである。宛所が人名のみとなっているcの三例は呉原生人・橘守金弓・秦足人(11)いずれも写経所・山作所の領であり、宛所に「領」の記載を省略したにすぎない。そのことを証する好例が表8の16政所符である。この文書は造東大寺司次官佐伯宿禰今毛人自筆の政所符四通の一つである。早川庄八氏が指摘(12)するように、今毛人は、初行の「政所符　呉原生人等」から「勝宝六年四月廿二日」までを一気に書いたあと、初行に「写書所」三字を書き加え、本文と年月日の間に位署を挿入している。早川氏は、この位置の加筆は符式の署の位置を強く意識したことを示す事例と指摘するが、このことと同様に筆者は、宛所に「写書所」を加筆した意義は符式の宛所は個人ではなく、官司または官司相当としたことを強く意識したことにあり、この点も重要であると考えている。

正倉院文書以外の史料における符の用例は次のとおりである。

○越前国坂井郡符（『平安遺文』一三号文書）

郡符　□□荒木磯万呂
不可妨東大寺溝《江》庄田壹町伍段百六十□
□□〔西北カ〕九條一里九□〔坊〕七段　廿二坊八段□〔百〕六十歩
□□□□　□之状偁件田
□□□行耕作而今上件□□
呂等　稱己墾田防妨於心不穏□
仍請郡裁者　今検図田籍令□□
□□□□状　不得□□□
□□可黙事者正得参向
□申耳、符到奉行
□□□□□　主政□□
大領　品□□〔治部カ〕□□〔成カ〕　擬少領□□

延暦十五年五月四日

郡符の次に記される宛所は、「荒木磯万呂」のみではなく、欠損部分□に、次にあげる五百井女王家符案の「須加庄長川辺白麻呂」と同様に、責任者としての職名が記載されていたに違いない。

五百井女王家符案（東南院文書『平安遺文』三号文書）

符　須加庄長川辺白麻呂

合開田伍町

右、被命云、以件開田奉入宇治花厳院已訖、宜知此状依数割分、令知院使者、承知状、依命旨施行、符到奉行

知家事兵部大録正六位上大弁

国依

中宮史生従八位下高向諸上

延暦七年三月四日

符の宛所は「川辺白麻呂」ではなく、「須加庄長川辺白麻呂」と庄の責任者（庄長）宛となっている点、先の「写経所領呉原生人等」と共通するのである。

(2)　木簡の符式文書

次に木簡にみられる符についてみてみたいが、すでに早川氏が取り上げ、宛所を分類した一〇例の内訳は、宛所不明の二点を除くと、四点は官司ないし官司類似の機関に宛てた符、四点は官人に宛てた符であるという。問題の官人に宛てたとされる四点は次のとおりである。

㋑・「符三野部石嶋等　□□

右為打　勅旨紙召宜知此状以
□〔今カ〕□□〔日カ〕□卯時以前進□〔上カ〕寮庭」
・「莫為怠遅符到奉行
大属錦部連真道
□□□□□□□〔月日卯時カ〕」

一七九×(三二)×六　〇八一

(『平城宮木簡』一―五六、城三五にて補訂)

㋺「符供麻呂　米八升　右充婢長少女

(二九八)×三二×三　〇一九

(『平城宮木簡』二―二二七五)

㋩・「造酒司符　長等 若湯坐少鎌 犬甘名事 日置薬

・「直者言従給状知必番日向□〔参カ〕」

(一五〇)×三八×三　〇一九

(『平城宮木簡』二―二二三四)

㋥・「符 波多主寸□□ 葛木□□□〔道カ〕万呂　波多主寸友臣 右三人」

・「府垣将□蒿給一荷 将来日員 将給□□　」

〇一一(城一二)

このうち、㋩は、符が造酒司から「長等」(長の人名が若湯坐少鎌ら三名)に宛てられている。これは、先にみた正倉院文書などの符の宛所――「写経所領呉原生人等」、「須加庄長川辺白麻呂」など――と合致する好例であり、単なる官人宛ではない。㋺は、米八升を支給される「婢長少女」に直接宛てたのではなく、符の宛所＝「供麻呂」に下達し、供麻呂を通して「婢長少女」に支給するために符の書式を用いている。この方式は、やはり先の「領」や「庄長」を介した下達方法と同様に考えてよいであろう。㋑は、『平城宮木簡』一の解説によれば、この符は紙に関するものであるから、図書寮の符ではないか、三野部石嶋は兵衛かなどと推している。内容は勅旨紙を打つために三野部石嶋らを召喚したもので、「符到奉行」の施行文書も有する符式の文書木簡である。本来は三野部石嶋はなんらかの責任者[13]ともみることができるであろうが、㊁とともに一応官人に宛てた符とみざるをえないか。

(3)　召　文

この符の系列に属するとみられるものとして、召文がある。この召文（召）については、早川庄八氏や鬼頭清明氏が詳細な分析を行っている。[14]そこで、両氏のあげられた正倉院文書中にみえる「召文」文書と鬼頭氏が列挙された三三点の召文木簡のうちから、二点をここにあげることとする。

文書

㋑東寺写経所召文

東寺写経所召

合経師五人

前部倉主　　栗前咋万呂

高東人　　王馬甘

子部多夜須

右人等、写始　御願経、未畢輙退、仍追喚如件、莫延遅、

主典安都宿祢

天平宝字二年八月十九日使散位従八位下額田部弟正馬依例充食

（続修四三、『大日古』四―二九〇～二九一）

㋺造東大寺司経師召文

造東大寺召

古乎万呂（中略）

右、為奉□〔写〕□経、追喚如前、宜承知状、限九月一日、参向寺家、勅旨有限、不可緩怠、故召

主典従七位下美努連

判官正六位上大蔵伊美吉

正六位上石川朝臣

天平勝宝四年八月卅日使舎人大友広国

（続々修三八―三、『大日古』一二―三五五～三五六）

木簡

㋑・「府召　牟儀猪養　右可問給依事在召宜知　」

・「状不過日時参向府庭若遅緩科必罪翼　大志　少志／四月七日付縣若虫」　二八二×二八×五　〇一一

（『平城宮木簡』一―五四）

㋺・「今急召舎人田中朝臣人上　小治田御立／多比真人□□　竹田臣□養　」

・「右四人　和銅七年九月廿五日符小野臣□□馬」　二五九×(二五)×四　〇一九（城二一）

右の例からも明らかなように、正倉院文書中の召文および「召文」木簡は、宛所の位置に召喚される人名そのものを記すところに特色を有している。(15)いいかえれば、召文は直接召喚人に宛てて下達されるのであり、その点において、

符式文書と異なる。すなわち、符式文書は宛所には官司または官司の責任者を明記し、後述するように符式文書が人の召喚を内容とした場合にも直接召喚人に宛てることはない。

結局のところ、正倉院文書などの符式文書は、冒頭に掲げた三つの様式上の特徴——①差出所と宛所がともに初行、②施行文言、③発給者の位置が年月日の前にある——に加えて、以下の郡符木簡に関する考察上、次の三点を確認しておきたい。

④　宛所を明記する。

⑤　宛所は個人名ではなく、官司または官司内の責任者宛てとなっている。例外的に個人名となっているものも、大部分は、本来は「領」とか「○長」などのような宛先官司内の責任者とみなすことができる。

⑥　宛所は召喚すべき人物や進上すべき物資などとは、明確に区別して記載している。

(4)　符式文書の内容

正倉院文書中にみえる符を例にとるならば、宛所が写経所であれば、写経料紙・筆・墨など、山作所では、米・銭・材木などの物品に関する支給がまず第一にあげられる（番号は表9の「造石山寺所公文案帳」の番号を示す）。

10　符　山作所領等
　充遣黒米参斛　銭参貫
　　右、依彼所状、附道豊足、充遣如件、今具状、故符（下略）
（続修四三裏、『大日古』一五―一五四）

次に、召喚を内容とする符も存在する（傍点は筆者）。

25　符　収納藁参拾貳圍

右、依進上員、検納已畢、但駄一匹可負員廿圍、是以准量甚少負也、宜承知状、自今以後為令運船、便船津近所二百薗許令買置之、以加以今日僧都可上坐者、仍枚虫正身早速参来、今具状、附即廻使、故符

主典安都宿祢　下道

充馬賃銭百六十文　　三月十七日

宜馬荷欠所八圍必負令送

（続々修一八―三、『大日古』一五―一六八～一六九）

この符は、宛所を脱しているが、おそらくは、「符　庄領猪名部枚虫等」などと記されるべきであろう。符の内容は、藁三二囲を収納したが、馬二匹で四〇囲進上すべきところ不足を生じたので、今後は船で運ぶことと指示し、さらに早急に枚虫自身、参来するよう命じたのである。

一方、先にあげた符式の平城宮木簡の場合も、正倉院文書中の符式文書と全く同様に支給文書と召喚文書とに大別できると考えられる。

例1　支給文書

「符供麻呂　米八升　右充婢長少女　　（二九八）×三二×三　〇一九

（『平城宮木簡』二―二七七五）

例2　召喚文書

・「造酒司符　長等 若湯坐少鎌 犬甘名事 日置薬

・「直者言従給状知必番日向〔参ヵ〕□　　（一五〇）×三八×三　〇一九

（『平城宮木簡』二―二二三四）

3　郡符木簡と召喚状

前項において、正倉院文書中の符式文書を検討した結果、新たに三点（④〜⑥）の特色を確認できた。そこで、既掲の郡符木簡を右の三点の特色に照らして整理すると、表10のようになる。

すなわち、郡符木簡は、もちろん、正倉院文書などの符式文書に比して簡略な記載様式をとるが、符式文書の特色をほぼ備えているといってよい。ただし、八幡林遺跡の場合のみ若干の考察が必要であるので、のちに説明を加えたい。

④　宛所を明記する。

⑤　宛所は官司または官司内の責任者宛てとなっている。里（郷）長、里正、津長とあり、里（郷）および津の責任者宛である。

⑥　宛所と召喚すべき人物は明確に区別して記載されている。たとえば、西河原遺跡の場合、馬道里長（宛所）と女丁（召喚人）とを表裏に分けて記載している。

以上から、郡符木簡は、現在〔補注〕知られている四点（伊場遺跡木簡は内容不明）すべてが召喚を内容とすることが明らかである。そのさい、郡符は、里（郷）長や津長などの責任者宛に出され、召喚人を別記している。おそらく、郡符によって召喚される場合、里（郷）長や津長が召喚人を引率して召喚先に赴いたのであろう。その場合、郡符木簡が里長らの責任者および召喚人とともに携行され、召喚先で提示されたと想定してよいであろう。つまり、郡符木簡は宛所に留まることはないので

表10　郡符木簡の記載内容

	遺跡名	差出	宛所	召喚人	召喚先
1	山垣遺跡	(郡)符	春部里長等	春部君広橋他	—
2	八幡林遺跡	郡司符	青海郷(長)	少丁高志君大虫	朔告司
3	西河原遺跡	郡司符	馬道里長	女丁久米□女他	—
4	荒田目条里遺跡	郡符	立屋津長伴マ福麿	(挟抄・水手ヵ)	為客料充遣召
5	伊場遺跡	(郡)符	竹田郷長里正等	—	—

はないか。

このような郡符木簡に関連して、長岡京跡から注目すべき木簡が出土している。長岡京の条坊復元図では、右京二条二坊十四・十五町および西二坊大路・二条条間大路の推定地にあたる。調査地の北西から南東に向かって流れる自然流路が検出され、大路もこの流路を埋め立ててから整備されている。木簡はこの自然流路から出土しており、長岡京以前のものである。

㋑・「御司召　上加□園依　上加□虫万呂　秦得万呂加□乙人
　　　　　右三人等為流人送召件人等承知賷」

　・「□□□　□□□□□□□□□□又不□□〔民カ〕
　　□□　□□□□□□□□□□月□□□」　三五二×三三×四　〇一一

㋺・「御司召田辺郷長里正一々人□□〔野カ〕荊丁一人又□□依不」

　・「□召知状令々急々向□□勿怠々□〔忘カ〕
　　大領　八月廿二日□」　四二八×三四×七　〇一一

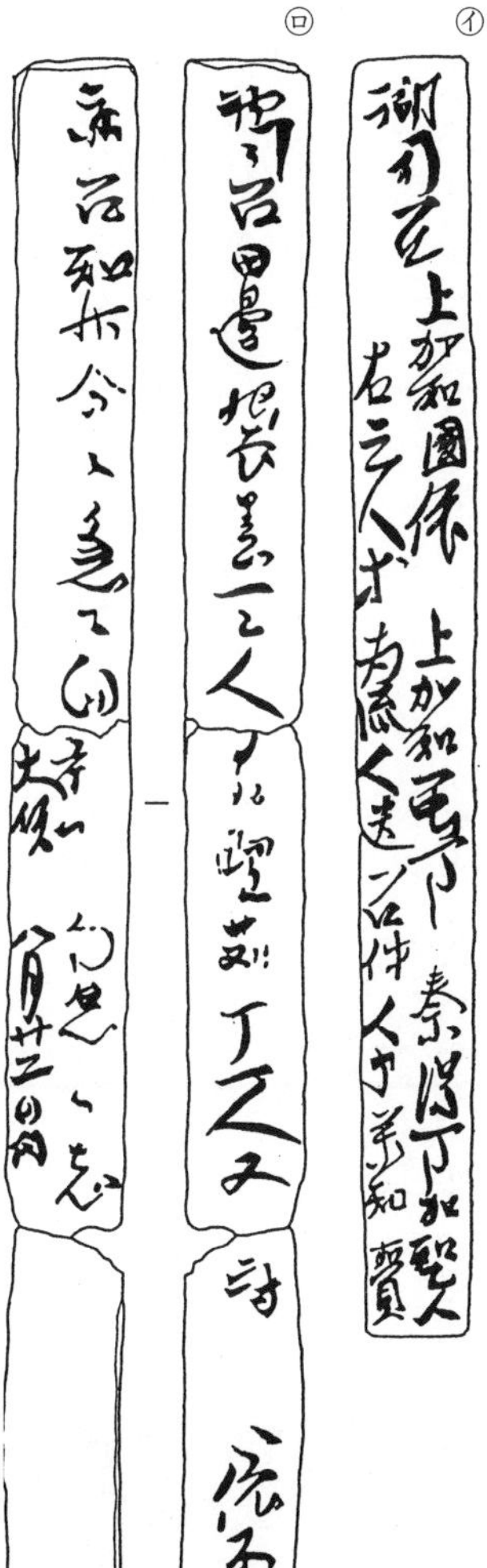

図63　長岡京跡出土召文木簡

（土橋誠「京都・長岡京跡」『木簡研究』一二、一九九〇年）

召文が符の系列に属する下達文書であることはすでに述べたとおりである。木簡にみられる召文においても、すでに早川庄八氏が、召の署の位置が符式にかなっているものとしてあげた次の木簡でも明らかである。

・「府召　牟儀猪養　右可問給依事在召宜知　」
・「状不過日時参向府庭若遅緩科必罪　翼　大志　少志
　四月七日付縣若虫」

二八二×二八×五　〇一一

（『平城宮木簡』一―五四）

木簡㋺も、年月日の前に署「大領」がおかれている。しかも、宛所は召文の場合、直接召喚人すなわち個人名を記すとしたが、木簡㋑は個人名、木簡㋺は「田辺郷長里正一々人……」と記されている。郡符木簡のうち、伊場木簡と比較すると、伊場木簡は宛所「竹田郷長里正等」に命じて、おそらく郷内の民を召喚しようとするものであるのに対して、木簡㋺は郷長里正を直接召喚することを意味しているのであろう。上記の二条件（署「大領」と召喚人「田辺郷長里正……」）を考え合わせると、差出の「御司召」の第一字目「御」は、字形の類似する「郡」の可能性も十分に考えられるのではないか。

4　郡符木簡出土遺跡の再検討

これまで山垣遺跡・西河原遺跡に関する報告書で指摘されているように、郡符木簡は宛所（春部里長・馬道里長）に留まり、廃棄されたとみなしたことから、その遺跡を〝里家（郷家）〟と性格づける結果となったのである。(16)

ここで改めて、郡符木簡を出土した遺跡について検討してみたい。

(1)　山垣遺跡

郡符木簡の宛所「春部里長等」とともに、墨書土器「春マ里長」「春部坏」など春部里関係史料が目立つことから、山垣遺跡は里に関連した官衙施設であったとされている。

しかし、この遺跡を里に関連した官衙施設とみなすうえで、いくつかの疑問点が指摘できる。

木簡　まず、郡符木簡と共伴の木簡に注目しなければならない。

「＜丹波國氷上郡＜」　三六五×三五×七　〇四三（一一号木簡）

この形状が特異である。上半部は短冊形であるが、上端近くと中ほどにそれぞれ左右から切込みを入れ、下端に向かってゆるやかに細めて、羽子板の柄に近い形を呈している。この形状と酷似したものが、長屋王家木簡のなかに認められる。

「＜『封』北宮進上　津税使＜」　三〇〇×二七×三　〇四三

（『平城京木簡』一―四五四）

これは、津税使（摂津国の税司〈使〉または長屋王家の封戸租の管理・運搬などのために難波津においた役人）より北宮（長屋王の妻吉備内親王を指す）へ送ったものに封印をした木簡である。(17) これは中国の木簡でいえば、〝検〟に相当するもので、いわゆる〝封緘木簡〟と呼ばれている。

この点を参考にするならば、山垣遺跡出土木簡の「丹波國氷上郡」は宛所を記したものとみて間違いない。したがって、本木簡（封緘）は宛所で紐解かれて廃棄されたものであるから、山垣遺跡には氷上郡宛のものが届けられたと理解できる。

郡符木簡（一四〇頁、図53）については、（表）「符春部里長等　竹田里六人部」の解釈は、佐藤宗諄氏によれば、前述のとおり、氷上郡から春部里・竹田里・六人部里の三里に下された符であるとする。(18)

しかし、下半部の表面が剝ぎ取られ、釈読が困難なため、「六人部」を里名と断定できないだけに三里と限定することはできないであろう。

なお、このほかにも、

(イ)「く『□□』神人マ加津良」　一九〇×一五×三　〇三三（六号木簡）

(ロ)「く戸主神直□〔木カ〕」　（一一二）×二五×五　〇三九（七号木簡）

(ハ)前　舩□〔木カ〕　（九四）×二五×五　〇八一（九号木簡）

など、「神人マ」「神直」「舩□〔木カ〕」が、氷上郡内の「美和里」「船木里」との関連を想定できることからも、山垣遺跡におかれた施設が広範囲の里とかかわっていたと思われる。(19)さらに「伊干我郡嶋里」『和名抄』では何鹿郡志麻郷）と記した木簡（五号）も出土している。

このように、山垣遺跡木簡は、問題の郡符自身、宛所は春部里長のほか「竹田里」などを含んでおり、他の木簡にも氷上郡内の各里の名が見えることは、本遺跡の性格を考えるうえで看過できない事実である。

遺構（『山垣遺跡発掘調査報告書』一九九〇年による）　各遺構が条里制地割りの基準に従って計画的に、かなり整然と配されている。仮にこの状態で四分の一町になるIラインを中心として反転させ、展開したものが図64の復元試案図である。この遺構配置は、佐渡の国府遺跡に類似した形態であるが、より広義に考えると国庁・郡庁など地方官衙遺跡の正庁の遺構配置に基本的に類似しているという。

上記の復元試案は、復元の根拠となる遺構から考えると若干無理があるといえようが、報告書の指摘するように一般的な集落遺跡の類に含まれるものではなく、地方官衙的な性格をもった遺跡であることは間違いないであろう。

氷上郡・郷　氷上郡内の郷については、『和名抄』の諸本にかなりの相異がみられる。

○高山寺本

①栗作、②挙田、③原屓、④船城、⑤春部、⑥美和、⑦竹田、⑧前山 以上東縣、⑨佐治、⑩伊中、⑪賀茂、⑫氷上、
⑬石前、⑭葛野、⑮沼貫、⑯井原 以上西縣

○名古屋市博本

高山寺本とほぼ同じ。異なる点は、③原屓→石負、⑰石上、⑱余戸で東縣・西縣の註記はない。

○大東急文庫本・元和古活字本

⑧前山、⑦竹田、⑥美和、⑤春部、④船城、⑨佐沼（ママ）、⑩伊中、⑪賀茂、⑫氷上、③石生、⑱余戸

諸本間で郷数の相異もあるが、高山寺本・名古屋市博本では栗作・船城～前山と配列されているのに、大東急文庫本・元和古活字本では前山～船城と逆に並んでいる。しかし、佐治以下の郷名には配列に変化がない。

結局、このことから、氷上郡内は、栗作～前山と佐治～氷上・井原の二グループに大別される。その場合、③石生（負）郷だけが両グループ間で一定しない。この二グループは高山寺本が表記する「東縣」「西縣」に相当する。この氷上郡を東西に行政区分する両縣は、延久四年（一〇七二）九月五日の太政官牒（石清水田中家文書、『平安遺文』一〇八三号文書）に史料上初見する。

（前略）

丹波国壹處　宇安田園　氷上郡

田地拾町

四至 東限山 西限津坂 南限見長里逆仟佰并枌山 北限毛坂山

右、同符偁、同勘奏偁、宮寺牒氷上東縣司長元七年（一〇三四）十一月廿九日状云、（下略）

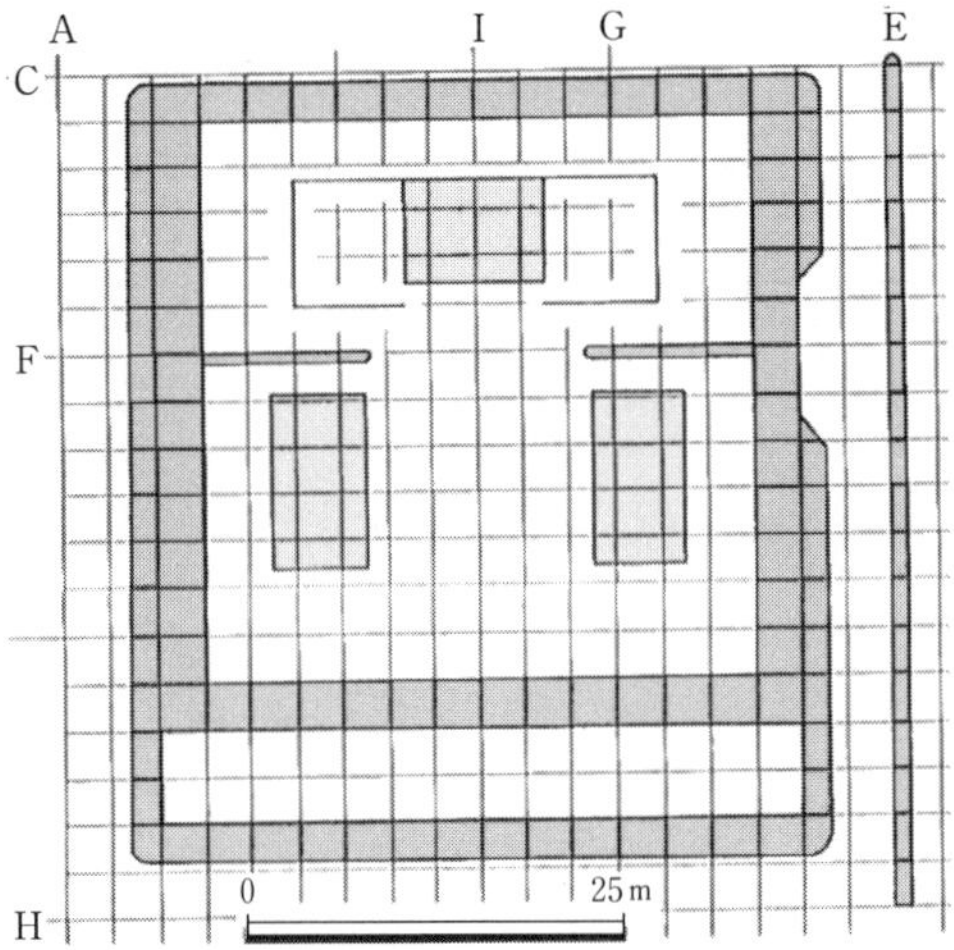

図64　山垣遺跡遺構復元試案

ここにみえる安田園は古代の挙田郷内に属すると判断でき、高山寺本の註記「東縣」に相当する。これらは年代の降る史料であるが、八世紀段階の氷上郡のあり方を考えるうえで、以下の地形的特徴などの要素を加味するならば、十分に意義ある史料といえる。

氷上郡の郷名比定と地形（図65）　氷上郡は中国山地に位置し、中世に各郷を中心として荘園化され、その後、大きな改変がなかったことから、現在郡内には、古代の郷名がほとんど完全に遺存している。

ところで、氷上郡の石生の地（現氷上町東部、古代の石生〈負〉郷）は、標高五〇〇メートル級の山地で、加古川水系と由良川水系の平地分水界として有名である。すなわち、氷上郡の東部を流れる竹田川は由良川を経て、日本海に流れ込み、一方、西部を流れる佐治川・葛野川は加古川を経て瀬戸内海（播磨灘）に注いでいる地形的に特異な地域である（二〇六頁、図69参照）。先にみた郷名のうち、石生郷が両グループ間で一定しないのは、この両地域の分水界に位置していたことによることが容易に読みとれるであろう。

氷上郡の郡家が郡名を負う氷上郷に設置されたことは間違いないであろう。しかし、西部の氷上郷に郡家が設置されたとすれば、郡家と隔絶された異なる水系に発展した東部地区は郡家相当の施設を必要としたのではないか。この点の検討は里家問題と関連して後にふれたい。

(2) 西河原森ノ内遺跡

図65　山垣遺跡と古代氷上郡内郷名比定

木簡　郡符木簡の宛所「馬道里長」に関連するものが、隣接する西河原森ノ内遺跡出土の木簡にみえる。(20)

一号木簡

・「　　　戸主［　　］　馬道□□□　［　　］臣□麻呂
　［　　　　］　戸主［　　］　馬道□□□
　　戸主□□□□〔三寸〕　［　　］　［　　］
　　戸主大友□□　［　　］　［　　］　」

・「戸主石辺君玉足　戸主大友行□□　戸主□□□□□　〔戸主〕□□□□□□
戸主三宅連唯麻呂　戸主佐多□□　戸主黄文［　　］　［　　］正丁年卅
戸主登美史東人　戸主石木主寸□□呂　戸主［　　］　〔戸主〕□□□□□正丁卅二
戸主馬道首少広　戸主郡主寸得足　〔戸主〕□□［　　］　〔戸主〕□□［　　］□七」

五二〇×六四×八　〇一一

「戸主石辺君玉足」「戸主馬道首少広」などから想起される史料は、まず、『延喜式』(神名)の野洲郡内にみえる「馬路石辺神社」の存在であり、もう一つは平城宮跡(南面東門〈壬生門〉跡付近)出土の木簡である。

「＜益珠郡馬道郷石辺玉足　　(一三二)×一七×三　〇三三(『木簡研究』三)

「益珠郡」は野洲郡、馬道と石辺の関連および馬道郷の位置が問題となるであろう。

馬道郷の位置については、山尾幸久氏が次のように推定されている。(21)

野洲の石辺君に関係があると思われるのが、『延喜式』(神名)の野洲郡「馬路石辺神社」である。この神社の名はおそらく「馬路(道)の石辺君の氏の神社」の意味で、馬道は地名である。現在、馬路石辺神社は、守山市吉身町

（旧吉身村）にある。『守山市史』は古い東山道と関連するかという。奈良時代の「馬道郷」は旧守山村に比定される。馬路石辺神社は東山道に面しており、社地はおそらく古代以来のものであろう。

古代の幹線道路である東山道は、守山市の市街地から野洲町の成橋（大篠原の小字名）あたりまで一直線の計画道路であったという。

ところで野洲郡家跡も、この東山道に沿った野洲町大字小篠原の和田・小篠原遺跡が有力な候補地となっている。[22]

二号木簡

・「椋□□《直伝》之我□□《持往》稲者□□《馬不》得故我者反来之故是汝卜ア　」

・「自舟人率而可行也　其稲在処者衣知評平留五十戸旦波博士家」　四一〇×三五×二　〇一一

試みに訓読案を示すと「椋直伝ふ、我が持ち往く稲は、馬得ぬが故に、我は反り来ぬ。故れ是に汝卜部、自ら舟人率て行く可し。其の稲の在処は衣知評平留五十戸の旦波博士の家ぞ」となり、「椋□《直》」が森ノ内遺跡とかかわる「卜部」に、衣知評平留里（彦根市稲里・上岡部あたり）まで行って稲を舟で運んでくるよう指示していると理解できる。森ノ内遺跡の地から、現彦根市東南部まで琵琶湖の水上交通を利用して、物資運搬を行っている。

この西河原森ノ内遺跡と密接に関連する西河原遺跡は、主要官道沿いではなく、むしろ野洲川川口に位置し、琵琶湖の水上交通に重きをおいた施設ではないかと推測できるであろう。[23]

(3)　荒田目条里遺跡

荒田目条里遺跡は、磐城郡家に比定される根岸遺跡[24]や夏井廃寺跡に近く、また、「正税」の付札木簡を出土した小茶円遺跡、[25]さらには『延喜式』（神名）の磐城郡「大国魂神社」などを含め、古代磐城郡の中心地の一郭に位置する。木簡に記載された「立屋津」は、太平洋から夏井川をさかのぼったところにある港で、文字通り古代磐城郡の玄関口となった港と考えられる。その比定地は現在のところ確定できない。

(4) 伊場遺跡

木簡　木簡に記された地名は敷智郡を中心に隣郡の浜名郡・引佐郡にかかわるものが若干みえる。(26) 簡単に整理すると、表11のようになる。

敷智郡の郷名のなかでは、竹田里（郷）関係のものが目立っている。このことから一般的には、伊場遺跡は古代の竹田郷に属するとみられている。たとえば、伊場遺跡と密接に関連する城山遺跡の報告書においても、木簡に加えて、「墨書土器銘に竹田里と竹田郷が目立ち、竹田を帯びた人名が顕著であることは、伊場・城山両遺跡が、竹田里（郷）の中かその近くにあったことを物語っている」と述べている。郡符木簡の宛所が「竹田郷長里正等」とあることからも、この点については若干検討を加えておく必要があろう。

郷名比定　ここで古代の敷智郡の郷名比定を試みたいが、山垣遺跡とは違い、市街地化と沿岸地帯独特の度重なる地形変化によって、沿岸部近くではほとんど郷名そのものが失われている。周知のとおり、『和名抄』における

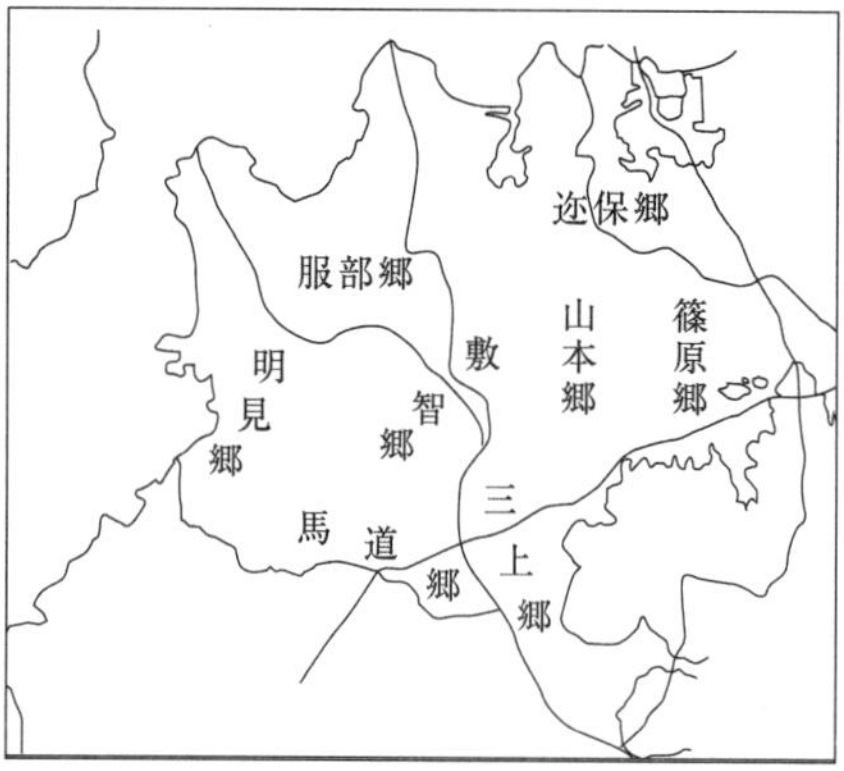

図66　古代野洲郡内郷名比定

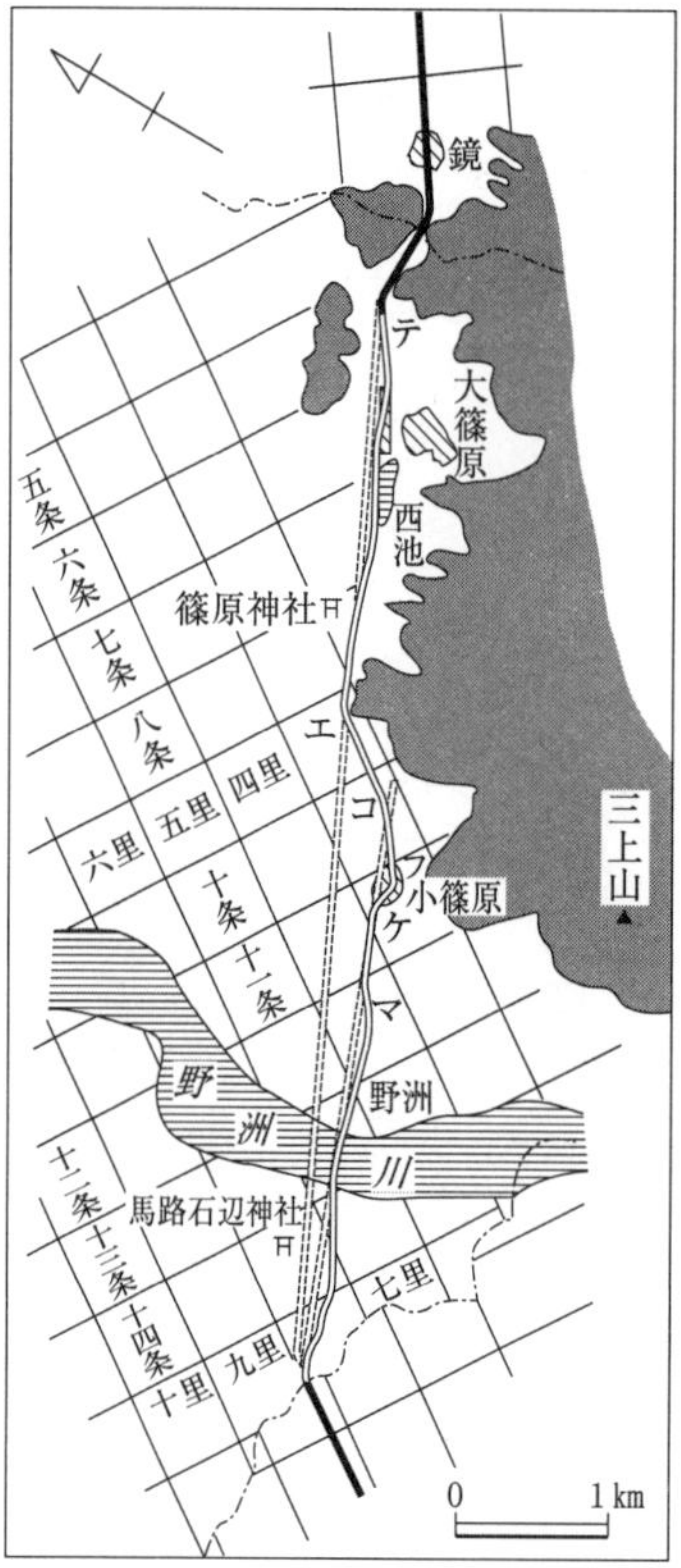

図67　東山道の野洲郡区間

通常の郡名の記載方法は、東国の場合、都に近い西から東へ、そして郷名は、時計回りに記載する。

敷智郡内の郷名のなかで、まず、問題となるのは、竹田郷の前後にみえる小文郷と雄蹋（踏）郷である。古くは『大日本地名辞書』では、同一郷の異表記としているが、近年の『角川日本地名大辞典』では両者の関係を未詳としている。伊場木簡のなかに「小文郷」「袁文里」「烏文□」などとみえるが、小・袁・烏・雄もすべて「をWO」という音である。したがって、「小文」も「雄蹋」、「雄踏」の訓みも、「をふみ」と共通していることから考えても、同一郷の重複記載とみなすべきであろう。

敷智郡内の郷名について、『大日本地名辞書』や近年の『静岡県史』などの諸説があるが、まず、異論のない象嶋・小文（雄踏）・和治・浜松（津）郷を核として、『和名抄』の郷名記載の一定原則である時計回りを考慮するならば、おのずと、次のような郷名比定が妥当と判断できるであろう。

蛭田　浜松市米津町付近（『地名辞書』）
↑
（入野）　伊場木簡にみえる（浜松市入野町）
↑
赤坂　浜松市入野〜西鴨江町（『風土記伝』江戸期の鴨江・入野西村）
↑
象嶋　『延喜式』岐佐神社の鎮座地である舞阪町付近

表11　伊場・城山両遺跡出土の木簡・墨書土器にみえる郷名

郡	郷名	木簡		墨書土器		総計
	名古屋市博本『和名抄』	伊場	城山	伊場	城山	
敷智郡	蛭田	1	2		2	5
	赤坂	2			3	5
	象嶋			3		3
	柴江	2				2
	小文	1（2）				1（2）
	竹田	7		7	5	19
	雄蹋	（2）				（2）
	海間					0
	和治	1				1
	浜津	2		1		3
	栗原駅家	3		3	1	7
浜名郡	坂上	1				1
	贄代		1			1
	新居	1				1
引佐郡	京田		1			1

柴江←　　浜名湖東岸（『県史３』）
小文←（雄蹋・雄踏）　浜松市雄踏町大字宇布見《うぶみ》付近
竹田←　　浜松市古人見町・大人見町・伊佐地町付近（『地名辞書』）
尾（海）閭　比定地未詳
和治←　　浜松市和地町
浜松（津）　浜松市中心部・伊場遺跡付近

小文（雄蹋・雄踏）郷と和治郷は、現浜松市内に遺名が存在し、その明確な比定地はともに浜名湖東岸に接した位置にある。問題の竹田郷は、郷名並びからいえば、小文郷と和治郷の間に位置することとなり、『大日本地名辞書』の比定する浜松市古人見町・大人見町・伊佐地町付近とする説はほぼ妥当な見解とすることができる。

結局のところ、伊場・城山両遺跡では、竹田郷（里）に関する史料が最も多く出土しているが、この地が竹田郷とはみなしがたいのである。

郡符木簡は、あくまでも郡から竹田郷長・里正などに宛てた下達文書であり、下端が欠損しているが、その内容は他の郡符木簡から推して、召喚状であるとみてよいであろう。郡符木簡は、宛所で廃棄されたと考える必要がないだけに、この郡符も含めて竹田郷（里）に関する木簡が多いことは、本遺跡を竹田郷内とみなす根拠とはならない。

遺構　山中敏史氏は、伊場遺跡の遺構について、次のように述べている。(27)

小規模な側柱建物や総柱式高床倉庫が多数検出されているが、これらの建物群には、郡衙（山中氏の表記による）に隣接して造営されていること、水陸交通に便利な地点に設けられていること、集落に比べて倉庫数の多い建物構成をとっていること、存続時期が郡衙と同様であること、などの特徴がみられる。これらの点を勘案すると、これらの建物群は、単なる農村集落の一部ではなく、隣接する郡衙と密接な関連をもって存在していた施設であった可能性が高いと指摘されている。

城山遺跡（浜名郡可美村東若林所在）[28]　伊場遺跡の西方三〇〇メートルに位置している。本遺跡の南側を通るＪＲ東海道線の付近に古代東海道が通っていたと推定されている。城山遺跡と近接する伊場遺跡は、木簡や墨書土器など城山遺跡と共通する文字資料が出土していることなどから、密接な関連をもっていたことがうかがえる。

本遺跡の調査の結果、七世紀末ないし奈良時代前半代の整地層、整地層南縁の木杭列、井戸状遺構、溝状遺構、平安時代の小規模な総柱の掘立柱建物・土坑などが検出された。木簡は三五点（古代のみ）が出土している。具注暦木簡、習書や削屑の木簡、墨書土器（「厨」「栗原」「竹田里」ほか）などの出土遺物、規模の大きな整地工事の存在などから、本遺跡は伊場遺跡と結びついた遠江国敷智郡家の中枢部に近い一郭と推定されている。また、「少毅殿」の墨書土器の出土から郡家とともに軍団の併存を考える説もある。

5　八幡林遺跡郡符木簡の解釈

上記の考察を参照しながら、八幡林遺跡の郡符木簡についての私見をまとめておきたい。

㋑　符は原則として宛所を明記することを諸史料の検討結果から確認できた。したがって「青海郷」は、宛所「青海郷長」の意味に相当すると解することができる。

㋺　「事」の意味を事書きと解した場合、たしかに内容が略されており、これ以上を知ることはできない。

○公式令符式

太政官符其国司

其事云云。符到奉行。

○同令解式

式部省解　申其事

其事云云。謹解。

符式は、公式令ではいわゆる事書きの規定がなく、事書きを有する解式と異なっている。ただし、符の実例のなかには、いくつか見出すことができる。

○伊勢国符（東寺文書）（『平安遺文』七八号文書）

国符　多気飯野両郡司

可任官符旨如旧免□領弐箇処事。

壹処川合勅旨施入田陸拾陸町本数元屋部王家領桓武天皇勅施入、多気飯野両郡

壹処大国庄　元贈四品布勢内親王墾百八十五町九段百八十餘歩飯野多気両郡

四至限東宇保村高岡　限西中万〔臣カ〕氏墓　限南多気郡佐奈倉崎　限北四神山里縄幷大溝

右件庄等、依今月一日官符旨、如旧可免除之状、所仰如件、両郡司宜知、〔承脱カ〕依件行之、符到奉行、

正五位下行守兼斎宮権頭長岑宿禰「高名」従六位下行大掾紀朝臣（草名）

右近衛少将従五位下兼介坂上大宿禰

承和十二年十一月十五日

この伊勢国符の例は、荒田目条里遺跡の郡符木簡の欠損部の復元作業におおいに参考となる史料である。

・「郡符　立屋津長伴マ福麿　可□召
右為客料充遣召如件長宣承×
・（裏面は省略）

おそらく、荒田目条里遺跡の郡符木簡は、符式の基本形をほぼ踏襲し、さらに宛所の次に「可……事」と事書きを記載していたと推定できよう。上記のように、「青海郷」を宛所とみなすならば、三上喜孝氏の「青海郷に事える少丁高志君大虫」という読みはあたらないであろう。(29) すなわち、郡符木簡は、他の例で明らかなように現状ではすべて人の召喚を内容としている。少丁高志君大虫は召喚されるべき人物である。符の木簡は、若干の省略形のものもあるが、地方における郡司の下達文書として公式令を基本的に踏襲しているとみてよいであろう。

本木簡の動きを知るうえで重要な文言は、文末の「申賜」である。この点については、三上喜孝氏の解釈が最も妥当であると判断できる。

「申したまへ」の「たまへ」とは、自敬表現ではなく、受命者（宛先人）あるいは命令執行の対象者（第三者）に対する尊敬表現と捉えるべきである。本木簡にみえる「申賜」が「申し賜へ」と命令形に読むことが可能であること、また「申賜」の対象が、郡ではなく、その上級官司である国府である可能性が高いこと、以上の二点は指摘しうるという。

高志君大虫は、まず郡に参向し、そののち国府の告朔司に赴いたであろうが、おそらくは、その任務を終えた後も、本木簡を携行し、古志郡に至り、ほぼ木簡の役割を果たし、この官衙（八幡林遺跡）で廃棄されたと考えられる。

さらに、この郡符木簡を理解するうえで、その形状に注目してみたい。(30)

本木簡の特色は、約二尺という長大な形状にある。さらに重要な点は、長大な木簡に文字と文字の間に斜めに刃物を入れ、三片に切断し、廃棄されていたことである。この三片は三等分ではなく、「……事／少……虫／右……」と文章の切れ目で切断している点、意図的であるとみなすことができる。この廃棄のしかたは、公的機関の恒常的な処分をうかがわせるものと考えられる。

正式な郡符がこのような長大な形をとることには、それなりの意味があると考えるのが当然であろう。そこで、先の解釈をもう一度木簡に即して理解を示しておきたい。

命に応じて、高志君大虫は、木簡を携えて官道の関や駅家を通り、国府へ参向し、任務を終えた後、帰途につき、おそらく、隣接する古志郡内の関または駅家などの施設で廃棄された（自らの蒲原郡内では本木簡は不必要）のではないか。したがって、八幡林遺跡に関または駅家の機能あるいは城柵的機能を想定することができるのではないだろうか。すなわち、このような郡府は、過所木簡としての機能も兼ね備えており、その木簡を携行する人物の一種の身分証明書としての意味をもっていたといえるであろう。

6　里家（郷家・郷衙）の検討

地方官衙の一形態として、「里家」（郷家）の存在が強調されはじめたのは、各地の発掘調査において、郡家とは判断しがたいが、一般集落に比して官衙的要素を備えた遺跡が数多く登場してきたことによる。また、この「里家」説は、上記の山垣遺跡や西河原遺跡の例のように、むしろ木簡や墨書土器などの出土文字資料が大きな推進力となっているのも事実である。こうした官衙的要素を備えた遺跡を考古学では「郡衙」にならい、「郷衙」という用語をあてている。

以下、こうした「里家」（郷家・郷衙）説が成り立ちうるか、簡単に検討しておきたい。まず、里家説の文献史料上の根拠としてあげられるのは、次の二つの史料である。

一つは、『令集解』儀制令春時祭田条の「古記」に、「春時祭田之日。謂国郡郷里毎レ村在二社神一。人夫集聚祭。若放二祈年祭一歟也。行二郷飲酒禮一。謂令下二其郷家一備設上也」とみえ、あらかじめ造った酒を「郷家」に準備するという。関和彦氏(31)によれば、この「郷家」が古代村落における里長の「役所」であったことを暗示し、五〇戸（里）に対する新たな支配のため、私宅という村落首長としての拠点に付随し、新たな村落群（五〇戸）支配施設・「郷家」が必要となってくるのであるとする。(32)吉田孝氏は、郡家は「コホリノミヤケ」の古訓（『日本書紀』天武十四年十一月条）があり、郡家の下の里家（郷家）も、ヤケと観念されていた可能性が強いという。(33)

もう一つは、『出雲国風土記』であり、関和彦氏は郡家から何里何歩という形で示しているのは、郷内のある地点すなわち郷家のような「官」的建造物までの距離に違いなく、「郷家」の存在は否定できないと指摘している。

一方、考古学的調査に基づいて、「里家」を地方官衙の一形態として捉え、さらに郡衙の下部機関として「郷衙」とする見解が提示されている。前述のような山垣遺跡や西河原遺跡などの調査報告書に示された見解が代表的である。このほかにも、遺構の点から、鳥取県気高郡気高町の戸島・馬場両遺跡は、「郷衙」の代表例とされている。

この戸島・馬場両遺跡については、山中敏史氏が次のように詳細な検討を加え、従来と異なる積極的な見解を提示している。(34)

○戸島遺跡

七世紀後半から九世紀代ごろにかけての掘立柱建物群を中心とした遺構と、十世紀代以降の掘立柱建物などの遺構に大きく時期区分することができる（細かくは六時期区分）。

〔I期〕 I期には南部と北部からなる一郭（複郭）が創設される。南郭は、五×三間の東西棟SB一七〇Aを中心にして、その東西や南前方に建物七棟が中庭を囲むように方形に並べられた構造をとり、各建物間を塀で塞いで一院を形成している部分である。北部はSB一七〇Aの北側に空間地を設け、その後に南北棟を三棟並列に配した構造となっている。この南北両郭からなる複郭の規模は東西約四五メートル、南北約五五・五メートルである。七世紀後半代にさかのぼるものとみなしてよい。

〔Ⅲ・Ⅳ期〕　Ⅰ・Ⅱ期と続いた複郭の左右対称の建物配置は失われ、建物配置や構成が大きく変化し、東西棟と南北棟数棟からなる建物小群がいくつか散在する様相を呈するようになり、小形の建物が多くなる。

○馬場遺跡

七世紀末ないし八世紀初めごろから九世紀代ごろにかけての掘立柱建物群や溝と、十世紀代以降の掘立柱建物などの遺構とに大別することができる。

〔Ⅰ期〕　一〇×三間で桁行総長が二二メートルを超えるSB三〇二Aが造営される。この建物は台地西辺部に位置しているので、この東方や南方に関連施設が存在したと考えられる。SB三〇二Aの造営期は七世紀末から八世紀初めごろと推定される。

戸島遺跡の南郭は左右対称型の評庁に類似した機能・性格をもっていたと考えることができる。評庁・郡庁と異なる点は規模が一回り小さいこと、遺跡の存続期間も短期間でその性格を大きく変えており、恒常的な官衙施設として確立するに至っていない。また、馬場遺跡は郡衙正倉院の倉や行政実務にあたる曹司の殿舎など実務的な機能を果たすべき施設として設けられた。

気多郡衙は、戸島・馬場両遺跡から直線距離約三・五キロの位置にある上原遺跡群とされている。結局のところ、戸島・馬場両遺跡は気多郡坂本郷におかれた官衙施設である可能性が高く、評・郡衙の出先機関としての性格を第一

図68　戸島遺跡中枢部遺構図

として営まれ、坂本郷内あるいは郡東部の数郷の支配の拠点として郷衙を兼ねる形で七世紀後半代から九世紀代にかけて存続し、気多郡東部の支配と交通の要としての機能を果たしていたと考える。

以上のような山中氏の郡家の出先機関とする見解は、本論の主旨とも合致するものであるが、郡衙の出先機関と郷衙を兼ねたとする指摘には賛意を表しがたい。なぜならば、山中氏が指摘する数郷にまたがる行政は「郷衙」とする郷の機能を超えるものであり、それは郡司の行政支配以外のなにものでもない。

それでは、地方官衙の一形態として郷の支配機構としての郷衙は存在しえたであろうか。

たしかに郡符の宛所として「〇〇里長」と明記されていることから推しても、里長の家（ヤケ）は存在したであろう。

しかし、関氏もふれているように、次の事実は無視できないであろう。

戸令国郡司条は、国司・郡司が部内を視察するさいに、百姓の出迎え、供給を受けてはならないという規定である。それに関して、『令集解』の「令釈」は「国司巡二所部一者、郡司候二当郡院一。郡司巡二部内一者、里長候二当里一」、「古記」も「国司巡二部内一、郡司待二当郡院一。郡司巡二部内一、里長待二当里内一」と解釈する。郡司の場合は明確に役所としての「郡院」を指示しているのに対し、里長の場合は不明確である。また、儀制令凶服不入条の「凡凶服不レ入二公門一」についての『令義解』の解釈は「公門者、宮城門及諸司曹司院。其国郡庁院亦同。但駅家厨院等者非也」とあり、里には全くふれていない。

これらの史料はともに、律令制下において里（郷）家の地方官衙としての位置づけがなされていないことを示唆しているのではないか。

律令制下において、里長は、本来「毎レ里置二長一人一」「里長・坊長。並取二白丁清正強幹者一充」と規定されていた。

すなわち、里は里長のみが任ぜられ、一定の官人機構が存在したのではない[35]。

その点では、佐々木恵介氏が律令里制の特質について、次のように述べていることが注目できるであろう[36]。氏は、日本の里の特質として、財政上の単位としての機能、いいかえれば、里の編成は律令収取体系をより効果的かつ円滑に機能せしめるために行われた。唐の県の官人は佐史などの職掌人を除けば、流内官であって在地の人間ではなかったのに対し、日本の郡司はまさに在地の有力者であった。したがって唐の場合には手実進上や班田手続にあたっては、里正が必然的に在地の責任者となったのに対し、日本ではむしろ郡司に在地における職務執行上の主導権を与えた、あるいは与えざるをえなかった。日本の里長は手実進上・班田手続という民政上の重要な側面において、唐に比べ一段低く位置づけられていたと指摘している。

結局のところ、律令地方行政機構から判断して、里（郷）には里（郷）長のみが任ぜられ、官人機構が存在しないという事実は、里（郷）長の家（ヤケ）を認めるとしても、地方官衙の一形態として郡衙の下部機関としての「里（郷）衙」は認めがたいとすべきであろう。

7　郡符木簡の特質

(1)　出土遺跡の性格

物品請求木簡は、物資請求文書としての機能をもつだけでなく、一方で請求物資およびこれを運搬する人の移動や通行を保証する機能を備えているといえよう。物品を支給する官司からみれば、支給物資の運搬者に請求文書を携行させることにより確実に請求どおりの物資を支出したことを相手方に証明し、一方で請求側は支給された物資が請求内容と合致しているか否かを、この木簡により勘検することができるとされている。また、召文木簡のなかには、召喚される人のところを巡回しながら、その人を伴って差出に到着したものがかなりあるのではなかろうかという寺崎保広氏の指摘は傾聴すべきであろう。(37)

以上の請求文書木簡や召文木簡の二重機能は、郡符木簡のもつ機能にも共通するといえる。郡符はあくまでも符式に基づく書式の一つであるから、郡符は宛所を明記する。郡の命令は宛先に対してなされる。人の召喚は、宛先を通して行われ、いいかえれば宛先の責任者が召喚されるべき人を引き連れて、郡符を持参のうえ、召喚先に参向する。そのとき、郡司の発行した符は身分証明書の機能を果たすのである。

上記のような機能をもつ郡符木簡は宛所では廃棄されないのではないか。それゆえに、宛所（「〇〇里長」など）をもって遺跡の性格（たとえば〝里家〟など）と直結させて理解することはできない。召喚を内容とする郡符は召喚先で廃棄したと考えられる。その召喚先は、まず郡符の差出である郡家が想定できる。もう一つは、郡家の所管する施設、いいかえれば郡家関連施設が召喚人の赴く召喚先となるケースも十分に可能性がある。郡符出土遺跡は簡略にいえば、次のような施設といえよう。

〇西河原遺跡

琵琶湖沿岸に位置し、野洲川の川口に設けられた野洲郡家関連施設。

〇荒田目条里遺跡

太平洋沿岸に位置し、夏井川と運河状遺構で外洋と結び、郡家の西北方向に設けられた磐城郡家関連施設。(38)

〇伊場遺跡

太平洋沿岸に位置し、馬込川（旧天竜川）と運河状遺構で外洋と結び、しかも駅家も隣接する水上・陸上交通の要地に設けられた敷智郡家関連施設。

上記の三遺跡は、いずれも水上あるいは陸上交通の要地に設置された郡家関連施設としてほぼ共通した性格を有している。(39)

○山垣遺跡

次の五条件からその遺跡の性格を推測することができるであろう。

㋑ 山垣遺跡の遺構は規模は若干小さいとはいえ、(40)官衙施設の形態を有する。

㋺ 封緘木簡の宛所「丹波国氷上郡」は、この種の木簡の特性として宛先で封印が解かれることから、宛先はその出土遺跡と直結して考えることができる。この点、封緘木簡は郡符木簡と全く異なる性質の木簡といえる。したがって、氷上郡（家）宛の封緘木簡が出土した本遺跡は、当然郡家相当の施設とみなすべきである。

㋩ 氷上郡は地形上、水系で東西に二分される。西部（のちの氷上西縣）の氷上郷に郡家がおかれ、東部（のちの氷上東縣）の交通の要衝春部郷には郡家の別院を想定できるであろう。

㋥ 春部里長ほかのおそらく東部各里長宛の郡符木簡は、郡の施設への召喚と理解すべきである。

㋭ 本遺跡は現地名（春日町）からも古代の春部里内に属することは間違いないであろう。しかし、郡家の別院が春部里内に設けられたものであり、「春マ里長」をはじめ春部関係の墨書土器を春部里家と直結して考える必要はない。郡家の別院は、郡司の常駐と春マ里長をはじめ東部の各里長の頻繁な出仕によって機能していたのではないか。

(2) 郡家別院

郡家に別院が設けられた例は、文献史料上いくつか確認することができる。

㋑ 『続日本紀』和銅六年（七一三）九月己卯条

摂津職言、河辺郡玖左佐村、山川遠隔、道路嶮難。由レ是、大宝元年始建二館舎一。雑務公文、一准二郡例一。請置二郡司一。許レ之。今能勢郡是也。

㊁『上野国交替実録帳』（九条家本延喜式の紙背文書。長元三年〈一〇三〇〉中作成）（傍点は筆者）

（前略）

群馬郡

　正倉貳宇（内訳略）

　東院伍宇（内訳略）

　雑舎陸宇（内訳略）

　郡庁（内訳略）

　小野院

　　北一板倉壹宇　東一板〔倉脱カ〕壹宇

　八木院（41）

　　北一板倉壹宇　　（筆者註、『和名抄』に群馬郡小野郷・八木郷あり）

五〔吾〕妻郡

　正倉参宇（内訳略）

　三館

　　宿屋壹宇　向屋壹宇　長田院雑舎壹宇　伊参院東一屋壹宇　北一屋壹宇　雑舎壹宇

　官舎

長田院雑舎壹宇　伊参院東一屋壹宇　北一屋壹宇　雑屋壹宇

（以下略）　　　　　　　　　　（筆者註、『和名抄』に吾妻郡長田郷・伊参郷あり）

㈧『朝野群載』巻二二・国務条々事（抜粋）（傍点は筆者）

一　擇二吉日一、可レ度二雑公文一由、牒二送前司一事

（略）次勘二官舎一。神社。学校。孔子廟堂。并祭器。国庁院。共郡庫院。駅館。厨家。及諸郡院。別院。駅家。仏像。国分二寺堂塔。経論等

三史料のなかでも、とくに八世紀前半の令制当初の『続日本紀』の記事が注目される。摂津国河辺郡の郡家は『和名抄』の「郡家郷」に設置されたと考えられ、現伊丹市の中心部付近に比定されている。[42] 本史料によれば、河辺郡玖左佐村（現豊能郡能勢町）が郡家から遠く離れているうえにそこまでの道が険しく、行政上不便なために、大宝元年段階に館舎を建てて郡務を行っていたという。令制当初から河辺郡の郡家の別院が玖左佐村に建置され、和銅六年の時点で、能勢郡として正式に分立したのである。従来、郷または相接した数郷ごとに設置された正倉別院いわゆる郷倉の存在については、注目してきたが、令制郡そのものが、摂津国河辺郡のような矛盾を内包したまま形式上設定され、その設置当初から行政実務に即応させた形で別院建置が各地で実施された可能性が強いと考えられる。

(3)　木簡の形状

郡符木簡の形状の特色は、その長大さにあると考えられる。

残念ながら、八幡林と山垣木簡を除いて、いずれも下端が欠損しているが、上端が原状を保っている点は共通している。完形の八幡林木簡でみると、長さ五八・五センチ×幅三・四センチ×厚さ〇・五センチであり、長さはほぼ二尺とみてよい。整理してみると、表12のとおりである。

表12　郡符木簡の法量

（単位：ミリ）

遺跡名	長さ	幅	厚さ
八幡林遺跡	585	34	5
西河原遺跡	(145)	34	5
山垣遺跡	619	52	7
伊場遺跡	(282)	49	10
荒田目条里遺跡	(230)	42	3

こうした郡符木簡の大型の形状は、おそらくは二つの要因に基づくのではないか。一つは、郡符木簡の重要な機能が召喚状であることにかかわると考えられる。郡符木簡はその支配下の責任者宛てに命令されたのち、召喚人などとともに差出または召喚先に携行・提示される。その点において、一種の証明書として官衙諸施設内で有効に機能したであろう。そこで想起されるのが、過所木簡の大型の形状である。過所の完形木簡は平城宮朱雀門造営前の溝（ＳＤ一九〇〇）出土のものである。

・「関ゝ司前解近江国蒲生郡阿伎里人大初位上阿□〔伎カ〕勝足石許田作人」
・「同伊刀古麻呂大宅女右二人左京小治町大初位上笠阿曾弥安戸人右二
送行乎我都　鹿毛牝馬歳七　里長尾治都留伎」

六五六×三六×一〇　〇一一

（『平城宮木簡』二―一九二六）

この過所木簡は二尺二寸の完数値を示す。結局、郡符木簡は、過所的機能を考慮し、一応二尺を標準としたと考えられる。

もう一つの大型化の要因は、文書の書式としての符にあるであろう。下達文書として、公式令符式に基づいて、郡からその支配下の責任者に宛てられる。郡符は、符の末端に位置するとはいえ、一定の体裁を維持する必要があったのではないか。言うまでもなく、漢簡は、通常の長さ一尺を「尺牘」とし、長さ二尺は軍書に用い、「檄」と称している。また『史記』の匈奴伝によると、漢帝が匈奴単于に与える書が一尺一寸のものであったので、当時、軍事的・外交的に優位であった匈奴単于は一尺二寸の簡を使って返書を送り、ここでも優位を示そうとしたという。このほか、木簡の長さが書物の格づけになっている例（春秋は二尺四寸、孝経は一尺二寸など）も知られている。(43)

こうした漢簡の特質は、わが国においても少なからぬ影響を与えたと考えられる。この点については、従来の木簡研究であまり着目してこなかった点であり、今後の重要な課題となるであろう。

この符式に基づく郡符の大型（二尺）に関連する興味深い事例を紹介しておきたい。

『日本霊異記』中巻第十「常に鳥の卵を煮て食ひて、現に悪死の報を得る縁」に、次のような記述がみえる。

和泉の国和泉の郡下痛脚《しもあなし》の村に、一の中男有り、姓名未だ詳ならず。天年邪見《ひととなり》にして、因果を信け不、常に鳥の卵を求めて、煮て食ふを業とす。天平勝宝六年甲午の春三月、知ら不兵士来り、中男に告げて言はく「国の司召す」といふ。兵士の腰を見れば、四尺の札（もとは杙）を負ふ。

（岩波書店・日本古典文学大系『日本霊異記』）

兵士が木札に記された国司の召喚状を携行していたが、その木札は「四尺札」とある。おそらくは、国司が木簡を用いて直接召喚を行う事実は想定しがたいであろう。また、現状ではそのような実例を聞かない。東野治之氏は四尺の札とはやや大に失するようであると指摘している(44)。私は、推測の域をでないが、この説話で設定された国司の召喚状「四尺の札」は、冥界のいわゆる地獄の札の意識もあろうが、郡司と国司の対比から、郡符二尺の倍の長さとして、架空されたのではないかと考える。いずれにしても、下達文書としての郡符は大型な形状を大きな特色としたことは間違いない。

まとめ

本節の検討を通じて、地方行政機構内における郡司からの下達文書は、木簡とはいえ、公式令に定められた本来の符式文書の書式を基本的にふまえているものと理解できた。その一方では、木簡の特性が十分に発揮され、機能していると想定できる。郡から各機構の責任者である宛所に発せられ、命令を受けた責任者は、その木簡に明記されている召喚人を伴い、召喚先に赴き、郡司らの確認を経たのちに木簡は廃棄されたと考えられる。

結論的にいえば、ここに取り上げた郡符木簡は、主に人の召喚を内容として、宛所で廃棄されることなく、召喚先で召喚人とともに提示され、そののち廃棄されたのであろう。そこで、郡符木簡が出土している各遺跡の検討が必要となるのである。

その結果は、いずれの遺跡も、郡家の中心施設がその付近に存在または想定されている点で共通している。しかも具体的には、郡家の別院（山垣遺跡）、港湾などの郡家関連施設（伊場遺跡・西河原遺跡・荒田目条里遺跡）、そして郡家に隣接する関・城柵などの国府管轄施設（八世紀前半における八幡林遺跡）などの可能性を想定することができるであろう。八幡林遺跡の例は、国府における儀式のための召喚であるので一応除くと、いずれの遺跡の性格も、郡司からの下達文書による使役を目的とする召喚先にふさわしい施設とみることができる。その使役内容の検討は今後の重要な課題である。

郡符木簡の検討を通じて、はからずも、郡家が在地における多様な機能を集約させた一大拠点として存在したことを新たに認識することができたと思われる。しかも、その地は交通・流通・宗教的諸機能のいずれもが、律令国家体制成立以前から、在地豪族によって脈々と築き上げられ、掌握されていた拠点である点に改めて注目しなければならない。

以上の点は、律令地方行政の根幹に関わる重要な問題として、今後さらにその実態解明に努めなければならない。

註

（1）　郡符木簡の点数は一九九三年時点のものである。郡符木簡について最初にその意義に着目した論考は、鬼頭清明氏の「長岡京木簡にみえる郡符について」(『長岡京古文化論叢』同朋舎出版、一九八六年)である。その後『古代木簡の基礎的研究』(塙書房、一九九三年)の第四章第二節「郡符木簡について」において増補改稿し、山垣遺跡や八幡林遺跡出土の郡符木簡にも考察を広げている。このほか、個別の木簡に関する論考は本文中に紹介しているので省くが、佐藤信氏の「古代文字資料の現在」(『日本古代の宮都と木簡』吉川弘文館、一九九七年。原論文は一九九三年)では、在地における命令伝達の方法という観点から、郡司が里長そして里内民衆に対して下した召喚命令の伝達が口頭ではなく郡符という文書木簡の形で行われていた意義にふれている。

(2) 「山垣遺跡」(佐藤宗諄執筆、木簡学会編『日本古代木簡選』岩波書店、一九九〇年)、兵庫県氷上郡春日町『山垣遺跡発掘調査報告書』(一九九〇年)、加古千恵子・平田博幸・古尾谷知浩「兵庫・山垣遺跡」(『木簡研究』二〇、一九九八年)。

(3) 新潟県和島村教育委員会『八幡林遺跡―和島村埋蔵文化財調査報告書第1集―』(一九九二年)、同『八幡林遺跡―和島村埋蔵文化財調査報告書第2集―』(一九九三年)、同『八幡林遺跡―和島村文化財調査報告書第3集―』(一九九四年)。

(4) 辻広志「滋賀・西河原遺跡」(『木簡研究』一四、一九九二年)。

(5) ジャパン通信社『月刊文化財発掘出土情報』(一九九三年十月)。

(6) 吉田生哉「福島・小茶円遺跡」(『木簡研究』一五、一九九三年)。

(7) 浜松市教育委員会『伊場遺跡発掘調査報告書　第一冊　伊場木簡』(一九七六年)、「伊場遺跡」(石上英一・山中敏史執筆、『日本古代木簡選』)。

(8) 向日市教育委員会『長岡京木簡』一　解説(一九八四年)。

(9) 早川庄八「公式様文書と文書木簡」(『日本古代の文書と典籍』吉川弘文館、一九九七年。原論文は一九八五年)。

(10) 松原弘宣『日本古代水上交通史の研究』(吉川弘文館、一九八五年)。

(11) 表9の51号文書の宛所秦足人・穂積河内のうち、穂積河内はもともとは造東大寺司木工であるが、造石山寺所の下銭使などにあたり、天平宝字六年五月十六日には近江国愛智郡へ未進租米の受領使として秦足人に加えて派遣されている(続々修一八―三、『大日古』一五―二〇六)。

(12) 註(9)に同じ。

(13) 写疏充紙帳の端裏書に「天平十三年三月二日三野部石嶋」とみえる(続々修一一―一、『大日古』八―三六〇)。何らかの責任者の可能性が想定できる。

（14）早川庄八註（9）前掲論文。鬼頭清明「『召文』木簡について」（『古代木簡の基礎的研究』。原論文は一九八六年）。

（15）召文木簡の地方官衙遺跡の出土例においても、同様のことがいえる。
志太郡家跡一〇号木簡（藤枝市埋蔵文化財調査事務所『日本住宅公団藤枝地区埋蔵文化財発掘調査報告書Ⅲ－奈良・平安時代編－』一九八一年）
・「召□□　□□前□
　　□　　□
・「女召　付里正（追筆カ）『丈部麻々呂』
（二二〇）×三五×四　〇八一
表の召以下に召喚される人名を列記しているのであろう。裏の表記から、全体的には、里正に対して女性の召喚を命じていると解せる。郡符木簡のうちのたとえば、伊場木簡「符　竹田郷長里正等」のように、冒頭に差出・宛所を明記する郡符の記載様式と召文との大きな違いがわかるであろう。

（16）たとえば、西河原遺跡について、次のように解されている（「滋賀・西河原遺跡」〈『木簡研究』一四〉）。
この木簡は、宮内省もしくは近江国司より女丁差点の命令を野洲郡司を通じて、律令地方行政の末端である馬道里長に下達した文書で、里長の「里御宅」である可能性が出てきた西河原遺跡で廃棄されたと考えることができる。

なお、「里御宅」の語は『播磨国風土記』讃容郡中川里の「干レ今安三置此里御宅二」によっている。

（17）奈良国立文化財研究所『平城京木簡』一　解説（一九九五年）。

（18）「山垣遺跡」（『日本古代木簡選』）。

（19）佐藤宗諄氏によれば、㈧の木簡は石前・船木（城）という里名を列記した一部ではないかと思われるが、春部・秦人部・神人部などの氏はこの地域の地名ともかかわっており、注目される点の一つであると指摘している（「山垣遺跡出土木簡について」〈兵庫県教育委員会『山垣遺跡－近畿自動車道関係埋蔵文化財発掘調査概報－』一九八四年〉）。

（20）中主町教育委員会『西河原森ノ内遺跡－第一・二次発掘調査概要－』（一九八七年）。釈文については一部訂正した。

（21）山尾幸久「古代の野洲」（野洲町『野洲町史』第一巻通史編一、第三章、一九八七年）。

（22）註（21）に同じ。この郡家の推定範囲は、おおよそ東西二町、南北五町ぐらいの規模と考えられている。その推定地のほぼ中央部中心軸線上の西側に接する字堂之後地区の調査では、北側東西二棟の建物と空間地を隔てて東西に並ぶ四棟の建物を検出し、これらの建物は有機的に関連した一連の建物群を構成しているという。

(23) 山尾幸久「森ノ内遺跡出土の木簡をめぐって」(『木簡研究』一二、一九九〇年)のなかで、西河原遺跡周辺の歴史的役割について、次のように述べている。氏によれば、七世紀前半の葦浦のミヤケは、その主体は甲賀の山林であったとするが、国家の港湾施設であることにちがいない。「葦浦」とは、野洲川の流路の一つである境川河口付近にあった広大な湾入地のこととみられる。石山寺の造営関係文書によると、「葦浦」のことと思われる「夜須湖(やすのみなと)」は「甲賀山」および「三雲川津」と一体の機能を果たしているという。

西河原遺跡がこうした葦浦のミヤケのあとをうけ、「夜須湖」などと一連の野洲川河口に位置し、琵琶湖の水上交通と東山道などの陸上交通などを結ぶ重要な拠点としての役割を果たしたとみてよいであろう。

(24) 福島県いわき市教育委員会『根岸遺跡』(平成二年度〜平成五年度範囲確認発掘調査概報、一九九一〜九四年)。

第五次調査までの成果によって、正倉院の範囲と建物群の構成がほぼ明らかになった。たとえば、七世紀後半の官衙II期段階では高台のほぼ中央に坪地業跡と掘込地業跡の礎石建物を配し、その西方と前方の一段低いところに掘立柱建物群が地形に沿って配置されていた。

(25) 註(6)に同じ。「正税」の付札木簡の釈文は次のとおりである。

・「判祀郷戸主生部子継正税　」
・「『大同元年九月』(削消)大同元(年脱カ)十月三日」　二二七×一六×二　〇五一

(26) 敷智郡はもともと渕評の範囲が敷智郡・浜名郡両郡を含んだ大評(大郡)であり、隣郡との関連は深いとされている(米田雄介「律令国家成立期の遠江国」『伊場木簡の研究』東京堂出版、一九八一年)。

(27) 山中敏史『古代地方官衙遺跡の研究』(塙書房、一九九四年)。

(28) 可美村教育委員会『城山遺跡調査報告書』(一九八一年)。

(29) 三上喜孝、前掲論文(本文一四四頁)。

(30) 以下の八幡林遺跡木簡の解釈は、一九九〇年十二月十日付「新潟県三島郡和島村八幡林遺跡木簡について」と題して、和島村教育委員会に提出した拙稿による。

(31) 関和彦『日本古代社会生活史の研究』(校倉書房、一九九四年)。八幡林遺跡が関・駅家の機能を有することについては、拙稿「八幡林遺跡木簡と地方官衙論」(『木簡研究』一七、一九九五年)。

(32) 平城宮跡出土墨書土器「五十戸家」について、五十戸一里制の実施と関係し、五十戸＝里と表現して「里家」をあらわしている。したがってこの土器は里家、すなわち郡家に対して里長が行政実務を執った家で使用されていたものであろうという（奈良国立文化財研究所『平城宮木簡』二　解説、一九七五年）。

(33) 吉田孝『律令国家と古代の社会』（岩波書店、一九八三年）。

(34) 註(27)に同じ。

(35) 浅野充氏によれば、国郡制が基本であるから、里に役所をおかず、郡の官衙の機能を分化する形をとったのではないかとして、里家（郷家）・郷衙説を否定している。シンポジウム形式のなかで十分に論証したものではないが、郷衙説を文献史学の立場から逸早く否定した見解として評価したい。そのシンポジウムの記録は『藤沢市史研究－南鍛冶山遺跡を考えるシンポジウム記録－』二四（一九九一年）に、浅野充「律令制下の地方行政について」と題して収められている。

(36) 佐々木恵介「律令里制の特質について－日・唐の比較を中心として－」（『史学雑誌』九五－二、一九八六年）。

(37) 寺崎保広「木簡論の展望」（『新版　古代の日本　10古代資料研究の方法』角川書店、一九九三年）。

(38) 荒田目条里遺跡は郡家（根岸遺跡）の西北方向に位置している。この遺跡周辺は、古墳時代の甲塚古墳群が知られ、遺跡に隣接して、延喜式内社の大国魂神社が鎮座している。また、本遺跡は古墳時代から奈良・平安時代にかけての多量の祭祀遺物が出土している。ところで、筆者がすでに指摘しているように、郡家の西北隅に内神を祀る戌亥隅信仰は、国府や中央官司に先行する形で文献史料上、少なくとも八世紀前半には存在しているのである（拙稿「古代の内神について－胆沢城跡出土木簡から発して－」『国立歴史民俗博物館研究報告』四五、一九九二年、本書第六章一）。荒田目条里遺跡の地は、空間的拡がりからいえば、郡家の西北隅に位置すると捉えて、郡家の祭祀の場としての性格も重視する必要があるであろう。

(39) 西河原遺跡・荒田目条里遺跡・伊場遺跡と同様な水上交通などの要地に設置された郡家関連施設として、既報告の遺跡は、次の滋賀県美園遺跡が代表的であろう。

美園遺跡は、琵琶湖の西岸北部、高島郡新旭町の最北部、今津町に接した地点にある。本遺跡は南北平地を二分するように湖岸まで張り出した饗庭野台地の低丘陵上に位置する。調査によって検出された建物群は、正面が南ないし東南に当たると解され、それは今川の氾濫原に通じており、おそらく古代にあっては、この今川を利用して琵琶湖から船を乗り入れ、この遺跡の南方が港として開かれており、物資の積み降ろしがなされたものと推量する。このように考えるならば、美園遺跡の掘立柱建物群は、高島郡の郡家の出先機関として、高島郡北半部の物資、および若狭からの物資を集結し、船積みするまでの保管・管理の役割をもつ機関と解することができよう。なお、高島郡家については、本遺跡の南方広大な平野をひかえた安曇川町、高島町の地に求めるべきであろうとしている（滋賀県教育委員会『美園遺跡発掘調査報告書―古代地方官衙跡―』一九七五年）。

(40) 山中敏史氏は、註(27)の著書において、山垣遺跡は建物や遺跡全体の規模が小さく存続期間も短いといった特徴があり、これらの遺跡が郷長（里長）の私宅とは別に設けられた官衙施設であったのか、里長の私宅と官衙施設とが一体となっていたのかを確定することが難しいという。しかし、山中氏が郡家の出先機関とした戸島遺跡の南北両郭からなる複郭の規模は東西約四五メートル、南北約五五・五メートルである。山垣遺跡はその東の一郭のみの調査ではあるが、東溝の規模はＳＤ〇北肩部からＳＤ三南肩部まで約五〇・五メートルを有しており、戸島遺跡と大差はない。また、存続期間についても、『山垣遺跡発掘調査報告書』によれば、山垣遺跡が衰退し、郷制が施行されてのちの政治的中心である「郷家」は、西隣の微高地上に所在する春日・七日市遺跡に移ってしまったという。春日・七日市遺跡は、「春マ郷長」の墨書土器を伴い、大型の掘立柱建物跡が整然と並んだ奈良時代後半から平安時代初頭の官衙的性格をもつ遺跡であると指摘されている。

(41) 最近検出された高崎市大八木屋敷遺跡は、門の構造が八脚門であり、塀や溝などによって厳重に区画され、そのなかに掘立柱建物跡約二〇棟が存在することから、古代地方官衙跡とされ、『上野国交替実録帳』にみえる群馬郡「八木院」との関連が想定されている（『㈶群馬県埋蔵文化財調査事業団年報12』一九九三年）。

(42) 「奈良時代の川西地方」（亀田隆之氏執筆、兵庫県川西市『かわにし　川西市史　第一巻』一九七四年）。

(43) 大庭脩『木簡』（学生社、一九七九年）。

(44) 東野治之「奈良平安時代の文献に現われた木簡」（『正倉院文書と木簡の研究』塙書房、一九七七年）。

〔補註〕 成稿（一九九三年）後、公表された郡符木簡が二点ある。

①杉崎廃寺（河合英夫・島田敏男「飛騨の伽藍―杉崎廃寺の調査―」『月刊文化財』三六一、一九九四年）

杉崎廃寺は、飛騨古川盆地の北西、吉城郡古川町大字杉崎に所在する七世紀末期に創建された白鳳寺院跡である。

木簡は寺域の西を限る南北溝から多数の建築部材とともに一点だけ出土した。

・符飽〔見カ〕□

・急　　（八〇）×二九×七

「鉋」は、飛騨国荒城郡鉋見郷を指すものとみられる。符は郷長宛とみられ、下端が欠損していることから内容は不明であるが、郡符木簡とみて間違いない。

②屋代遺跡群（(財)長野県埋蔵文化財センター『長野県埋蔵文化財ニュース』四〇、一九九四年）

屋代遺跡群は、長野県更埴市屋代・雨宮に所在しており、千曲川右岸の自然堤防上～後背地側に立地している。奈良時代の流路・溝が三面以上にわたって所在し、そのいずれの面からも約七十点の木簡や多量（約二千点）の斎串・形代（人形・馬形など）が発見され、湿地の氾濫原側には同時期の水田が造成された。

郡符木簡は次のとおりである。

・「　　　　　　　敷席二枚　鱒□一升　芹□
　　符　屋代郷長里正等　匠丁粮代布五段勘（ママ）夫一人馬十二疋
　　　　　　　　　　〔神〕□宮室造人夫又殿造人十人

「
・「□持令火急召□□者罪科　　少領　　（三九二）×五五×四　〇一九（一一四号）

（報告書の訂正釈文――「屋代遺跡群出土木簡補遺」〈長野県埋蔵文化財センター『更埴条里遺跡・屋代遺跡群―総論編―』二〇〇〇年〉）

その内容は、埴科郡の郡司から「屋代郷長里正等」に、郡における行事のための席や鱒などの物や、行事に使う建物の造営のための匠丁の粮代布と造営の人夫一〇人を出すよう命じたものである。木簡の年代は、郷里制下の七一七年から七四〇年の間に限定できる。

これらのうち、杉崎廃寺木簡は小断簡で内容不明であるが、屋代遺跡群出土の郡符は本論の論旨と深くかかわる、きわめて重要な資料といえる。

屋代遺跡群木簡の差出・宛所「符屋代郷長里正等」は、本論で郡符と新たに指摘した伊場遺跡木簡の「符竹田郷長里正

年　代
8C前半
8C前半
8C前半
8C後半
9C初頭
8C前半
8C前半
8C前半
9C半ば
9C半ば

等」と共通している。また、木簡の形状に注目すると、頭部の「符屋代郷長」の部分のみを幅約一センチに均等に割ったのち、上端から刃物を入れて縦方向のサキが行われている。これは郡符の悪用を防ぐために差出と宛所の肝心な部分のみ丁寧に切断したと推測される。この所作は、宛所でなく符の差出官司＝郡司によるものと考えざるをえないであろう。このことは本論において主張した〝郡符は宛所で廃棄されずに差出または召喚先に戻ってくる〟という事実を裏付ける資料とみなしてよいであろう。

　このように、郡符木簡は各地の遺跡で今後さらにその出土例を加えていくに違いないだけに、その出土例の増加をまって郡符についてさらに考察を加えてみたい。

（平成七年〈一九九五〉一月記）

〔追記〕平成十四年（二〇〇二）現在、郡符木簡は、屋代遺跡群より一点、荒田目条里遺跡より一点の計二点がさらに確認され、宛所の異なる木簡が同一遺跡・遺構から出土していることが判明した。

○屋代遺跡群

「屋代郷長里正等」

「余戸里長」

○荒田目条里遺跡

「立屋津長伴マ福麿」

「里刀自」

付表１　郡符木簡一覧表

遺跡名	点数	法量（ミリ）	差出	宛所	召喚人・物	召喚先
新潟県八幡林遺跡	1	585×34×5	郡司符	青海郷(長)	少丁高志君大虫	朔告司
兵庫県山垣遺跡	1	619×52×7	符	春部里長等	春部君廣橋他三人	—
滋賀県西河原遺跡	1	(145)×34×5	郡司符	馬道里長	女丁久米□女他	—
京都府長岡京跡	1	(99)×(30)×5	郡符	采女郷丈部家	(習書木簡)	—
岐阜県杉崎廃寺	1	(80)×29×7	符	飽見×	—	—
長野県屋代遺跡群	2	(392)×55×4	符	屋代郷長里正等	敷席鱒匠丁 粮代布 造営人夫十人他	—
		(99)×35×3	符	余戸里長	—	—
静岡県伊場遺跡	1	(282)×49×10	符	竹田郷長里正等	—	—
福島県荒田目条里遺跡	2	(230)×42×3	郡符	立屋津長伴マ福麿	(挟抄・水手ヵ)	為客料充遣召
		594×45×6	郡符	里刀自	里刀自以下卅四人	郡司職田

この事実は、郡符が宛所で廃棄されることなく、差出に戻ったことを意味していると理解できよう。

二　郡家関連施設と木簡――兵庫県氷上町市辺遺跡

1　遺跡の概要(1)

市辺遺跡は加古川の上流にあたる。列島の中央分水界としては最低位の「水分《みわか》れ」の西に位置し、加古川と由良川の結節点として古来より交通の要衝であったと考えられる。

調査区の北から検出された三棟の掘立柱建物はいずれも大型の建物で、柱穴は一辺が〇・八～一・〇メートル、隅丸方形を呈し、残存する柱根は直径が〇・三～〇・四メートルを測る。この掘立柱建物の西と南には総柱建物の倉庫が九棟以上検出された。三間×三間と二間×二間が多く、床面積は九～二四平方メートル前後の規模の小さい建物である。これらの建物や倉庫群は、重複関係から八世紀後半と想定される。

九世紀の溝からは銅印が出土している。莟鈕で有孔、印面は一辺が一寸の方形で二重郭、印文は「石」と陽刻されている。また、和同開珎・万年通宝・神功開宝などの皇朝十二銭一五枚が、掘立柱建物に近接して、須恵器の坏に埋められた状況で検出された。この坏には「金真利」（かなまり）の文字が墨書されている。地鎮具としての鋺《かなまり》の代替であることを示すのだろう。

さて、木簡は上述の遺構の下層にあたる奈良時代前半の溝から発見された。この溝からは「院」「益利」「益女」などと墨書された須恵器が多数出土している。また木製品では、人形・馬形・斎串など、祭祀に関連する資料も共伴している。ただし、この時期には建物などの明確な遺構は検出されていない。

平成十一年（一九九九）の発掘調査の結果、市辺遺跡は奈良時代の地方官衙関連遺跡であることが判明した。近傍には、古代山陰道が存在したと想定されており、氷上郡の郡家は、郡名を冠する氷上郷、すなわち市辺遺跡の周辺に存在したと推定されている。これらから本遺跡は、氷上郡家の付属施設として、加古川の舟運を利用した物資の集荷場所のような性格を有していたと考えている。

なお、『和名抄』高山寺本では、氷上郡は「東縣」と「西縣」とに分けられている。郡家の本院が西縣の氷上郷に存在したのに対し、東縣には郡家別院が存し、それが春日町の山垣遺跡であるとの推測が可能であろう。

2　一号木簡

(1) 釈　文

・「五月十四日下稲数卌四束　枲二斤廿　赤綿八斤廿四束　此者諸用事

・「『国遣御僧受給申』中臣部忍人　酒四升　秦人

石前郷野家里　戸尻方奈売　米一斗　大家　桑連麻長古　米一斗　中臣

（三七九）×五九×五　〇八一

(2) 形　状

上端の一部、原形をとどめているが、下端は欠損している。

(3) 内　容

表裏両面に文書が記されているが、仮に〔A面〕〔B面〕としておき、最後に表裏関係の検討を行うこととする。

〔A面〕

本木簡は、五月十四日に稲を枲と赤綿の調達のために充てたことを記したものである。このように冒頭に月日を記す様式は、記録簡の特色であり、正税稲の出納事務のさいに、短冊形の木簡を月日順に連ねて整理したものと推測される。

このとき、正税稲を充て調達した枲は葈・苧麻・紵などとも書かれ、『和名抄』では「加良無之」、『新撰字鏡』で「加良牟自」などと訓んでいる。赤綿は、古代の文献史料には管見の限りみえないが、近世の『重訂 本草綱目啓蒙』（巻十一隰草。享和三年〈一八〇三〉刊）によれば、次のように説明されている。

（苧麻の）一種アカメト呼者アリ。一名サ、ヤキグサ、キ、シグサ、シ、ヤキグサ〈皆同名アリ〉。アカガシラ予州（略）アカワタ越後山野共ニ生ズ、葉ノ形野苧ニ似テ小シ、大サ二三寸、茎赤クシテ両対ス、葉間ニ花ヲ開ク、苧麻穂ニ似タリ、是ニハ皮ニ絲アリ（下略）。

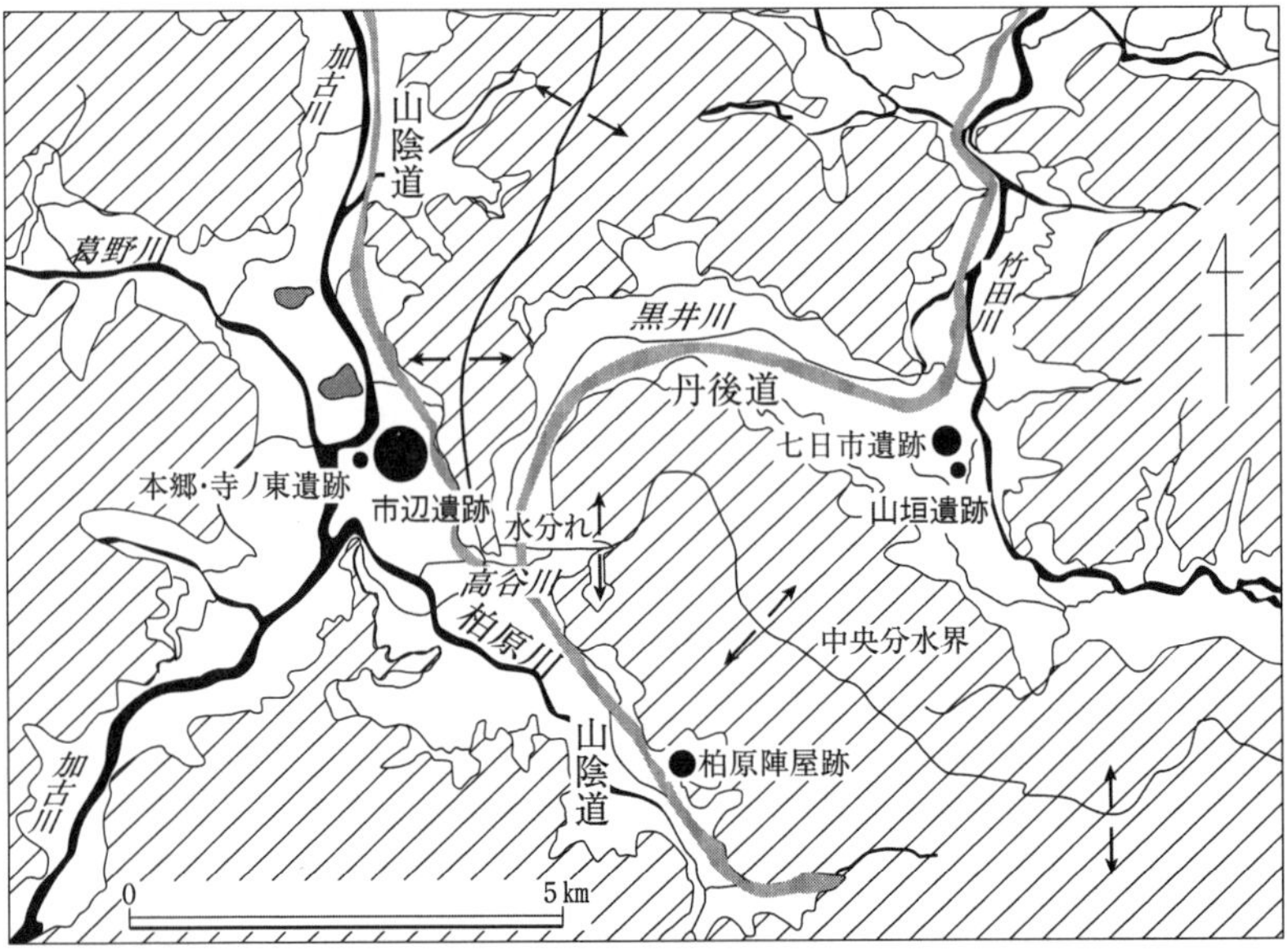

図69　市辺遺跡と水分れ周辺の地形

枲の一種を近世に越後地方で「アカワタ」と称していたという。

この二つの織物原料は、稲をもって調達されているが、その価格は枲が斤別一〇束に対して、赤綿が斤別三束であることも右記の枲に対して赤綿はその代用的なものであるということと符合するであろう。参考までに、天平六年（七三四）尾張国正税帳には「進上交易苧漆拾斤　直稲貳伯壹拾束斤別三束」とあり、八世紀前半における丹波地方の枲の価格は尾張国に比して高いことがわかる。本木簡は当時の物価を示す貴重な資料といえる。

〔B面〕

記載様式は、木簡のほぼ中央の行から「石前郷野家里」と書き出し、以下に現状では二段に三人ずつ「人名＋物品＋数量」が記されている。「国遣御僧受給串」の部分は下にいくに従って文字がつまって書かれていることから推して、「石前郷」以下の記載が先行してあり、あとからの〝書込み〟であることが明白である。

記載内容は、石前郷野家里の住民六人が、国府から派遣された僧のための支給物として米や酒を負担した記録簡と考えられる。そして追筆部分「国遣御僧受給串」（国遣わす御僧

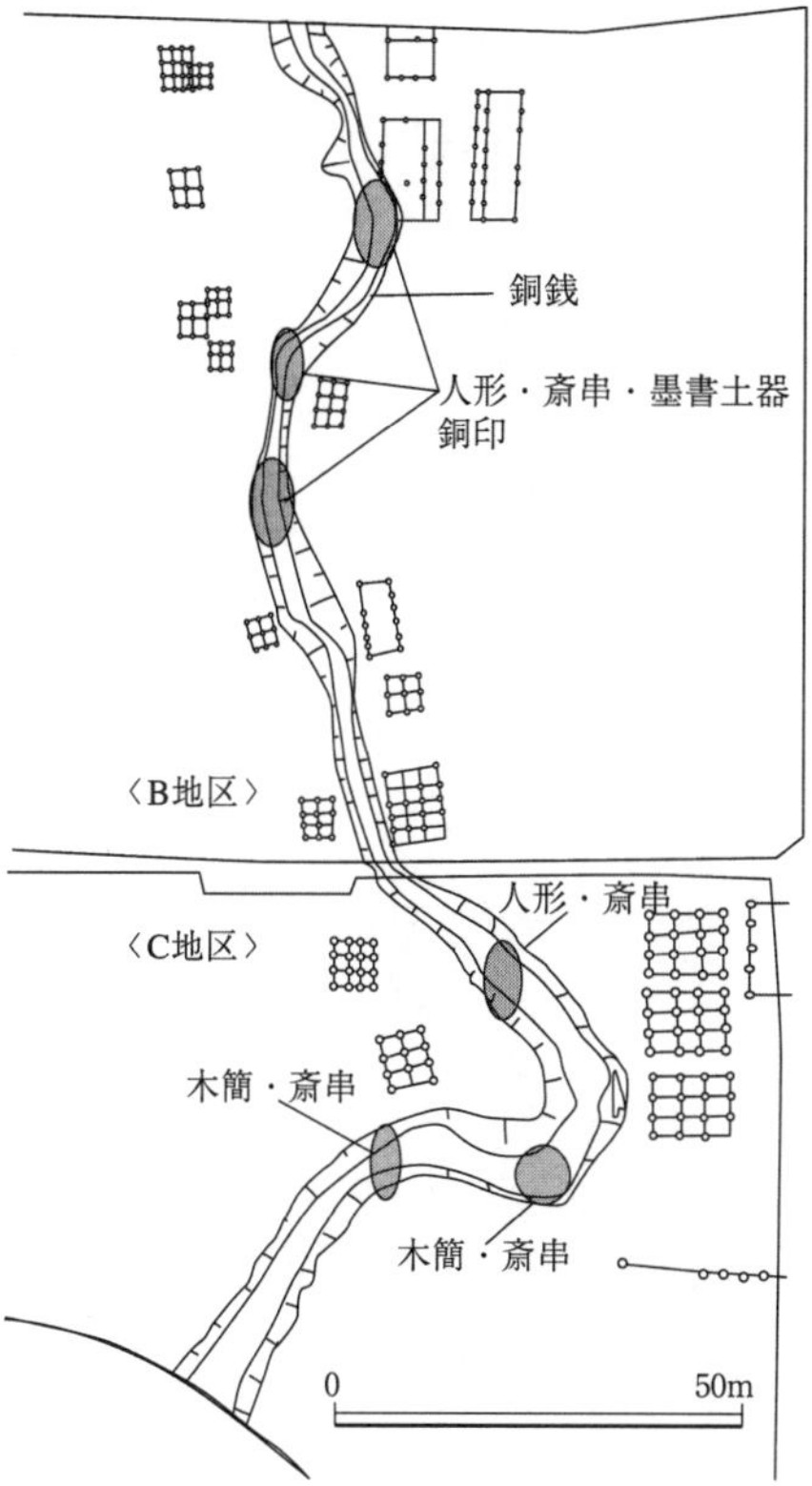

図70　市辺遺跡の奈良時代主要遺構配置図と木簡出土地点

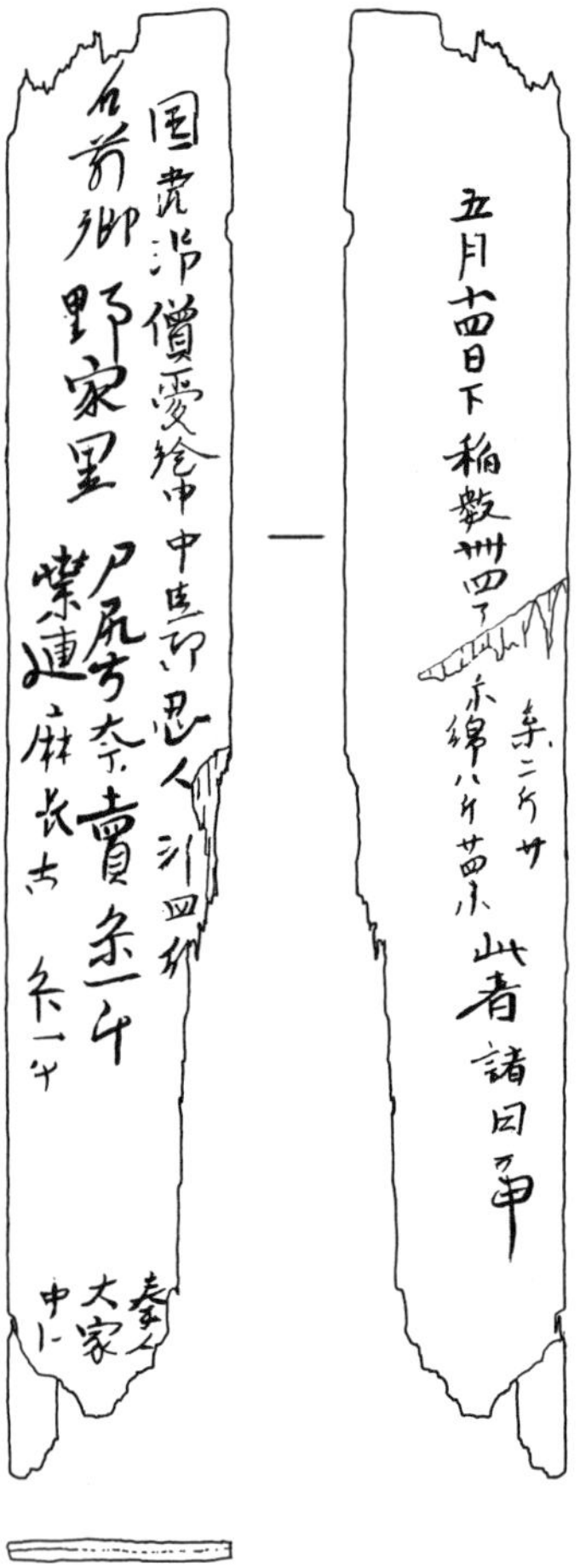

図71　市辺遺跡出土１号木簡

〈みほうし〉受け給ひ申す）は、石前郷野家里の六（?）人の貢進した米および酒などを受領したことを出納責任者が書き込んだものと考えられる。

国の僧に対しての支給関係史料は正税帳に散見する。

○駿河国正税帳（天平十年〈七三八〉）

巡行部内国師明喩上一口　沙弥一口 童子一口 六郡別一日食

為単壱拾捌日上十二口 従六口

○周防国正税帳（天平十年）

十一月三日従大宰府向京伝使僧法義、童子三人、合四人四日食稲 五束二把、酒四升、塩三合二夕、

十二月一日下伝使筑紫国師僧尊泰、従僧二人、沙弥二人、童子三人、合 八人四日食稲十一束六把、酒二斗、塩六合四勺、

食稲のほかに、酒・塩が支給される点では本木簡の米・酒支給の妥当性を示しているであろう。

『和名抄』高山寺本によれば、丹波国氷上郡の「石前郷」は、十世紀以降〝西縣〟に属する郷の一つである（一七三頁参照）。氷上郡には、古代の郷名のほとんどが遺存しているが、石前という地名は現存していない。しかし石前郷が氷上郡の郡家所在郷の氷上郷に隣接する郷であることは『和名抄』の郷の記載順から読みとることができる。野家里はおそらく「ヤケノサト」と訓み、本来「宅里」の意であろう。参考までに、本遺跡の担当者種定淳介氏の調査によれば、遺跡の西を流れる加古川の対岸部に字名「宮家《みやけ》」が現存するという。国府から遣わされた僧侶に対する支給物を郡家に隣接した郷里（石前郷野家里）が真っ先に負担したケースと理解できるであろう。

ウジ名の分布としては、中臣部が本木簡に二人みえ、五号木簡にも「中臣部千足」とある。秦人は、山垣遺跡五号木簡に「秦人マ」が五人みえる。桑連は史料上、例がないが、但馬国正税帳（天平九年）によれば「当国気多郡主帳外少初位上桑氏連老」とみえることから推して、「桑氏」の「氏」を略したものではないだろうか。「尸」はウジ名としては文献史料には見あたらない。「尸」の誤字か。

本木簡の特異な点は表・裏関係にある。すなわち、本木簡の表裏両面に記載された文書は物品の出納にかかわる記録と考えられるが、全く異なる内容であり、書き手も異なっている。

A面は、稲をもって㮇などを調達した文書（下稲帳簿）で記載様式も整然としており、文字も誤字は認められないが、B面は国府から派遣された僧侶の支給物にかかわる文書であるが、行取りも文字の配置も雑然としており、誤字が少なくとも次にあげる三ヵ所も認められる。

「僧」→「僧」、「桒」→「桒」（桑の異体字）、「連」→「連」、「尸」→「戸（カ）」

したがって、表裏関係は、A面＝下稲帳簿を表とし、B面＝国僧への支給帳簿を裏と判断した。表の帳簿は月日ごとに一箇をなす記録簡として利用され、あえて裏面を空白として簡を連続させることにより一連の下稲帳簿として整理・完結させたと想定できる。その帳簿の廃棄後に裏面を二次文書として支給帳簿的に利用したのであろう。

こうした木簡の利用のしかたは、紙の文書と相違することのない稀有な例として古代における紙と木の密接な関係をうかがい知ることのできる注目すべき資料といえよう。

なお、本木簡の年代は、「石前郷野家里」の表記から、郷里制（七一七〜七四〇年）下のものと考えられる。

3　二号木簡

(1) 釈　文

・「　　娶人日奉黒人 ［　　］
　　秋稲塩酒一連□一□□〔進カ〕

・「田中小奈伎事了　　（三六九）×四七×四　〇一九

(2) 形　状

下端を欠くが、原形はおそらく短冊形をなしていたと考えられる。上端の左右の角を落とし、均等な厚さのきわめて丁寧な作りの木簡である。

(3) 内　容

差出を欠くが、文書木簡とみてよいであろう。

「秋稲・塩・酒一連」は、秋収穫の稲・塩そして酒が一組として捉えられ、さらに器として「土□一□」を加えて進上したという意味か。「土□」は残存する墨痕からは『和名抄』巻一六、瓦器類第二〇四にみえる「坩」（和名都《つ》保《ぼ》）かと判断される。

ここで問題は「娶人日奉黒人」である。「娶人」は「ヨメトリヒト」すなわち〝嫁取り人〟のことであろう。以下、墨痕は失われている。

裏面は比較的墨痕が明瞭であり、「田中小奈伎」は使いの名であろうか。

全体の文意は、「娶人」を一つの手がかりとするならば、嫁取りのさいの物品（いわゆる結納のような儀式に伴うものか）の貢進に関する文書木簡かと推測される。上記のような解釈が成り立つとすれば、古代のうちでも八世紀段階の婚姻の実態を示す具体的な資料はほとんど存在しないだけに、貴重な資料といえるのではないか。

4　三号木簡

(1)　釈　文

「□□□年五月廿九日　宗部〔里カ〕□従／申物部枚夫　文作大人／右二人」

二九四×七三×七　〇八一

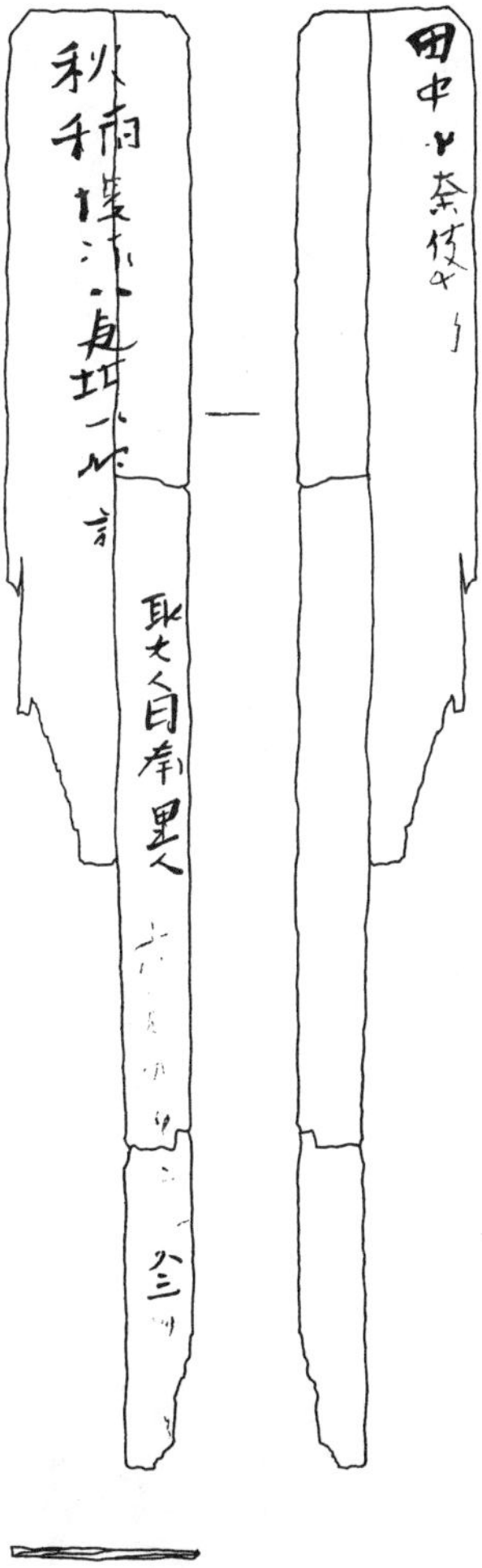

図72　市辺遺跡出土２号木簡

(2) 形　状

上部右側の一部を欠くが、上・下端は原形をとどめている。

(3) 内　容

本木簡の記載内容は年月日を冒頭に記し、以下、本文が記されたものと考えられる。

発掘時の削痕によって文字の一部が失われ、わずかな残画のみであるが、「五月廿九日」の上の部分は上端まで墨付が認められ、三文字分ほど想定できる。この記載様式は山垣遺跡五号木簡と類似している。

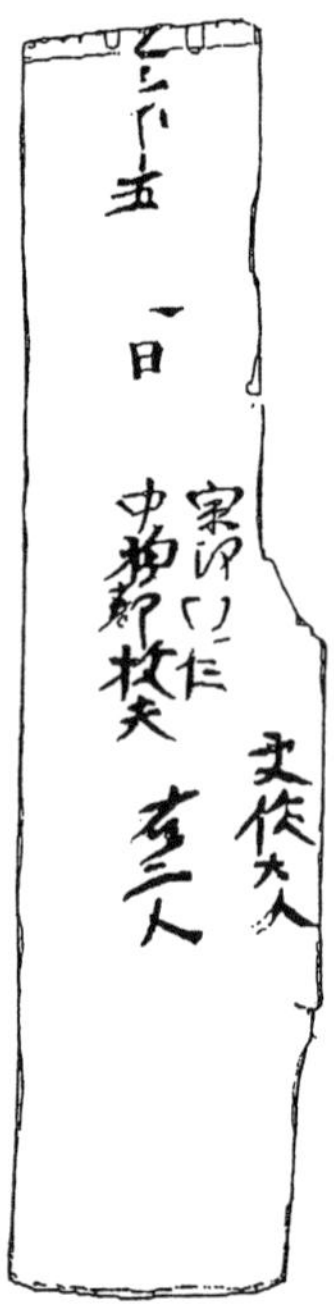

図73　市辺遺跡出土３号木簡

・「□□年正月十一日秦人マ新野□□□貸給
　秦人マ新野百□〔束カ〕□□本田五百代　同里秦人マ志比十束
　同マ小林廿束□□墓垣百代　秦人マ加比十五束
　伊干我郡嶋里秦人マ安古十一束　竹田里春マ若万呂十束　○」

・「秦人マ身十束
　間人マ須久奈十束　合百九十六束椋□〔留カ〕稲二百四束　別而代□物八十束□〔勘カ〕新野貸給
　□□　弁本□四百八十束　○」

六九七×五七×八　〇一一

（「釈文の訂正と追加（一）　兵庫県・山垣遺跡」『木簡研究』二〇、一九九八年）

山垣遺跡の場合、冒頭□□の部分は残画から「丙午」と読むことが可能であるが、「丙午年」と釈読していないのは、おそらく諸国貢進物木簡をはじめとする宮都木簡によると、干支年号は大宝以前に限られ、以後は干支を使わず、大宝にはじまる元号を使用していることによるのであろう。

本木簡は、残画のみであえて釈読するならば「乙巳年」とみられるが、その場合、山垣遺跡木簡「丙午年」が慶雲三年（七〇六）、「乙巳年」は慶雲二年（七〇五）となり、大宝直後の慶雲年間の在地においてはまだ干支年表記を用いた可能性があるのではないだろうか。残画による釈読であるので現段階では正式な釈文とはしないが、両例は、今後、全国各地の地方木簡の年紀記載を検討する素材として十分に意義があるであろう。

「宗部□〔里カ〕従申」以下の文意は、宗部里より「物部枚夫」「文作大人」の二人を貢進したことを記載した文書であろう。「宗部里」は『和名抄』によれば、氷上郡にはみえないが、国府・桑田郡（「宗我部郷」）をはじめ、氷上郡に隣接する多紀郡・天田郡（「宗部郷」）に存在する。「宗部里」の上に郡名のないことから、八世紀段階では、氷上郡に「宗部里」が存在したとみられる。なお、本木簡の年代は「宗部里」の表記から、郡里制下（七〇一～七一七年）のものと考えられる。

5　四号木簡

(1)　釈　文

・「□〔浄カ〕名白上　国司以令病状見使□
・「状儲侍奉　六月五日卯時□〔使カ〕　（三一〇）×四五×四　〇一九

(2)　形　状

下部欠損。本来は短冊形を呈していたと考えられる。

(3)　内　容

「□〔浄〕名」という差出人の名と「白上」ではじまる文書木簡で、文末には六月五日卯時（午前六時ごろ）と時刻指定までされた書状と考えられる。訓みは、「国司以令病状見使」は「国司以て病の状を見せ令しむ使（者）」、「状儲侍奉」

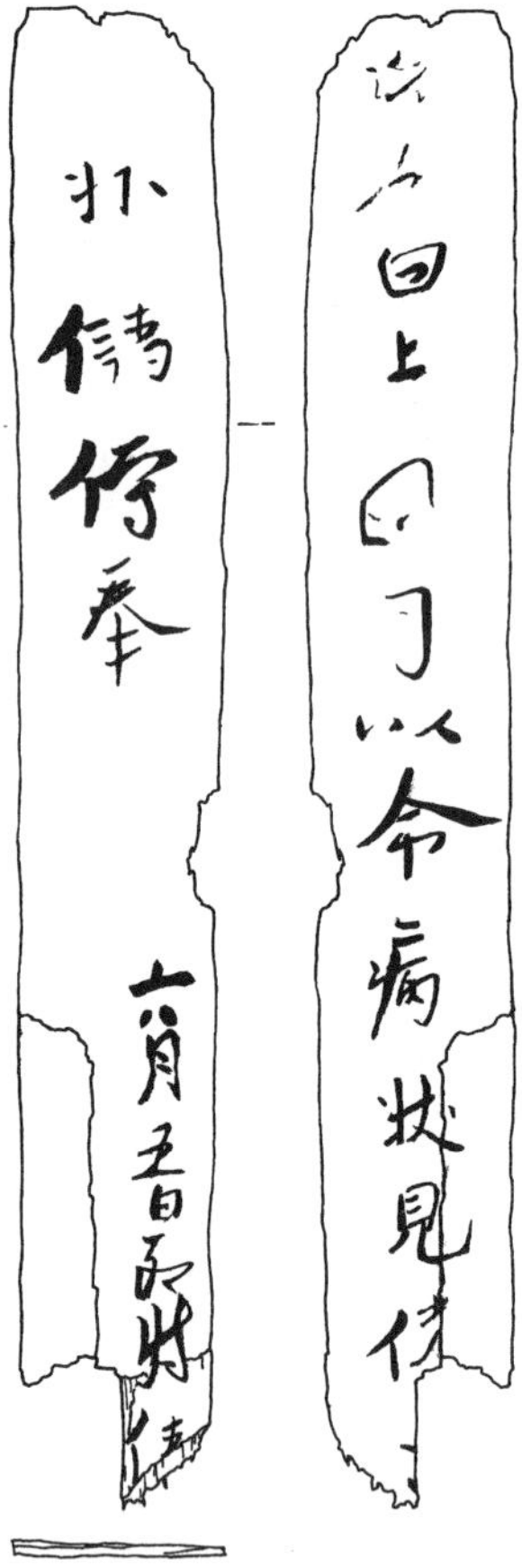

図74　市辺遺跡出土４号木簡

は「状、儲け侍ひ奉る」となろう。文意は下端を欠くために明瞭ではないが、出土地点から考えると、おそらくは国司が氷上郡に巡行したさいに病に倒れ、その病状をみるために浄名という人物（郡関係者か）が使者を派遣したことを示しているのではないか。この書状は浄名から直接的には国司の従者などに宛てたものではないかと推測できよう。

6　五号木簡

（一九八）×四一×四　〇一九

(1)　釈　文

・六斗
　□斗　」

・中臣部千足」

(2)　形　状

上部欠損。おそらく、原形は短冊形を呈し、文書木簡と考えられる。

7　六号木簡

(1)　釈　文

「∨(墨点) 扳沙進送∨」　　五三〇×四八×八　〇四三

(2)　形　状

完形。

(3)　内　容

近年、長屋王家跡をはじめ、山垣遺跡・八幡林遺跡など、数多くの遺跡出土の木簡のうちに、紙の書状送付のさいに、二枚の板、または一枚を割りさいてそれに書状をはさんで紐でしばり、その紐の上から「封」の文字または墨を打ち、封印したことを示す木簡が確認されている。この種の木簡は封緘と呼ばれている。(2)

本木簡は、長さ五三センチ、幅五センチ、厚さ一センチの大型の封緘木簡で、しかも完形である。

制作方法は、まず厚さ一センチの一枚の板材を、羽子板状に整形、表・裏両面を平滑にし、上下左右の四辺を調整、左右からの切欠きを体部の上端・下端に入れる。次に、厚手の一枚の材を頭部から羽子板状の柄の上部まで割りさい

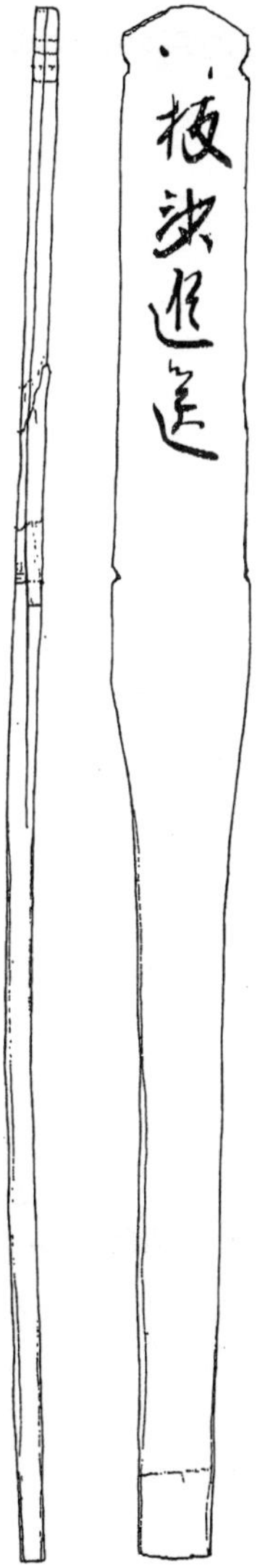

図75　市辺遺跡出土6号木簡

ている。頭部は当初方形の状態で割りさき、そののち、方形の角を落として山形状に仕上げている。

封緘木簡の場合、上書きは書状にかかわる文言しか考えられない。その場合、「扳沙」は「返抄」と理解する以外は想定しがたい。しかし、通常の「返抄」ではなく「扳沙」と表記している点、若干問題となろう。ただ、「迸」↓拼、遷↓掏・揷と通用し、「返」も「仮」の書体が通用することから推して、「扳」は誤字というのではなく、「返」と通用したと判断できるであろう。

この封緘木簡の上書きは、差出・宛所を明記しないで、「返抄」という〝文書の領収〟の意味と「進送」という上申の形で送付したことを示す文言しか記されていない。このような記載のしかたから判断して、同一行政機構内のやりとりとみることができよう。たとえば、山垣遺跡におかれた別院から氷上郡家本院に宛てたケースもその想定の一つとしてあげられよう。

なお、上部の切欠き部分は、わずかな墨痕が確認できるが、これは紐の上から封印の墨点を打ったさいのもので、正倉院文書にその類例が数多くみられる（図76）。

図76　封の墨点の例（正倉院文書，続々修43－22）

8　七号木簡

（二七五）×（一四）×六　〇八一

(1)　釈　文

・「石前里　中臣連忍人　□□□

・「神人若末呂　□□〔倉カ〕□人

(2)　内　容

「石前里」は一号木簡の「石前郷」と同様に、『和名抄』にみえる氷上郡西部の郷名の一つである。「里」の表記から、本木簡は郡里制下（七〇一～七一七年）のものと判断できる。「神人」のウジ名は、山垣遺跡六号木簡、一〇号木簡に「神人マ」「神人」の例がある。歴名の記録簡であろうか。

まとめ

市辺遺跡出土木簡の主要な意義は、次にあげるようなものである。

①　年代を示す木簡のうち、一号「石前郷野家里」は郷里制下（七一七～七四〇年）のもの、七号「石前里」は郡里制下のものである。木簡の年代は全体的に八世紀前半として間違いなく山垣遺跡出土木簡とほぼ同時期のものとみてよいであろう。

②　本遺跡出土の木簡は一点の付札（一五号）を除くとすべて文書木簡（狭義の文書木簡と記録簡）である。

③　一号木簡の国が遣わした僧や、四号木簡の国司は郡家や隣接する駅家などに滞在した事実を物語るものであり、郡家と国府との交流の姿を具体的に示す貴重な史料である。なお、『延喜式』（兵部）の丹波国星角駅家は、市辺

遺跡の東、山際近くを走ると想定される山陰道沿いに比定されている。

④　筆者は、一九九五年に発表した「郡符木簡」[3]で山垣遺跡出土の木簡を手がかりに次のように指摘した。

㋑　封緘木簡の宛所「丹波国氷上郡」はこの種の木簡の特性として宛所で封印が解かれることから、その出土遺跡と直結して考えることができる。この点、封緘木簡は差出に召喚人などとともに戻る郡符木簡と、全く異なる特質の木簡といえる。したがって、氷上郡（家）宛の封緘木簡が出土した山垣遺跡は郡家相当の施設とみなすべきである。

㋺　氷上郡は地形上、水系で東西に二分される。西部（のちの氷上西縣）の氷上郷に郡家がおかれ、東部（のちの氷上東縣）の交通の要衝、春部郷に郡家の別院を想定できるであろう。

㋩　春部里長ほかのおそらく東部各里長宛の郡符木簡は、郡の施設への召喚と理解すべきである。

ところで、氷上郷内に所在したと考えられる市辺遺跡出土木簡には、十世紀には西縣とされた郷のうちの「石前里」「石前郷」にかかわるものが含まれている。また、「宗部里」の表記も含めて各里（郷）を管理し、国司および国から派遣された僧侶に対応している点などから判断して、郡家施設を想定できる。したがって、市辺遺跡出土木簡から判断して、本遺跡は氷上郡におかれた氷上郡家にかかわる施設とみることができよう。

⑤　山垣遺跡出土木簡は、別院とはいえ中核施設を囲む大溝に投棄されたもので、郡符木簡をはじめとして郡家発行の重要な文書木簡の廃棄に際して意識的に刃物を入れて折っている。

一方、市辺遺跡出土木簡には記録簡や文書木簡を丁寧に刃物を入れて廃棄したものが認められない。また、遺跡は加古川近くの不安定な地形に立地し、山陰道想定域からも離れ、建物規模・方位・配置などからみても、郡家の中心施設とすることはできない。これらの点を併せ考えると、市辺遺跡は、おそらく加古川水運をも含めた郡家の実務的施設の性格をもつと想定できる。

⑥　一号木簡は、表が下稲帳、裏が国僧への支給帳というように郡家内の米などの物品の出納にかかわる役所の作成文書であるが、表・裏が全く異なる帳簿として利用されている。おそらく表の文書廃棄後に裏面に二次的文書を記載したと考えられる。こうした木簡は日本の古代木簡ではほとんど例をみないであろう。本木簡は紙と木の関連を考えるうえできわめて重要な資料といえる。

⑦　封緘木簡としては、これまで平城京・二条大路木簡の長さ五九・五センチ、幅四・二センチ、厚さ〇・五センチのものが最大であるが、全体的に欠損が著しい。その点、六号の封緘木簡は長さ五三センチ、幅五センチ、厚さ一センチで完形である。そのうえ、上端から柄の部分まで割れ目を入れ、書状をはさむ形状を完全にとどめた貴重なものである。

これらの意義を総合するならば、市辺遺跡出土木簡は、律令文書行政における具体的な文書の作成過程を解明する重要な資料であるとともに、古代地方行政支配における郡家と国との関係や令制郡に対応した、きわめて合理的な行政運用（本院・別院のシステムなど）の実態を明らかにした点で、大きな歴史的意義を有すると評価できるであろう。

註

（1）種定淳介「兵庫・市辺遺跡」（『木簡研究』二二、二〇〇〇年）抜粋。

（2）羽子板状の柄を特徴とする「封緘木簡」の存在と、「封緘木簡」の用語は、筆者が「地方の木簡」（『木簡―古代からのメッセージ―』川崎市民ミュージアム、一九九〇年）で最初に指摘したが、その後、封緘木簡については、佐藤信「封緘木簡考」（『日本古代の宮都と木簡』吉川弘文館、一九九七年。原論文は一九九五年）で詳細に形態および機能全般にわたり論究されている。

（3）拙稿「郡符木簡」（虎尾俊哉編『律令国家の地方支配』吉川弘文館、一九九五年、本書第二章一「郡符木簡」）。

三　召　文——山形県鶴岡市山田遺跡

1　遺跡の概要(1)

山田遺跡は鶴岡市の西部、JR羽前大山駅南側の、標高一三・五メートルの微高地上に立地する。現況は水田・畑地である。遺跡の周辺は、北東に向かって流れる大山川に合流すべく北流する湯尻川などの小河川に囲まれた低湿地帯である。遺跡から西へ約五キロほどで日本海に出られるが、加茂丘陵の山塊が途中に存在するため、河川は大山付近から北に向かい、庄内砂丘に沿いながら日本海に注ぎ込む。遺跡全体の面積は、約二二万平方メートルである。遺跡の発見は昭和三十年代の暗渠排水工事のさいの土師器出土にさかのぼり、以来、古墳時代後期の集落跡として知られてきている。昭和六十三年（一九八八）に県教育委員会によって県営圃場整備事業に伴う調査が一部実施されており、九世紀前半の遺構・遺物が検出されている。

また、鶴岡市教育委員会は発掘調査を平成八年（一九九六）から実施している。A調査区からM調査区までの面積は約三五〇〇平方メートルである。古墳時代中期後半〜後期までの集落跡を中心として、平安時代前半〜後半の集落跡、中世の溝跡などが検出されており、それらは時代によって分布がやや異なることも判明してきた。

二点の木簡は、平成九年（一九九七）度調査区であるJ区の古墳時代〜平安時代の河川跡から出土したものである。この河川跡は平安期には検出面で幅二〇メートル、深さ一メートル前後を測る。最上層に十和田aと考えられる火山灰層が認められ、十世紀の前半代には埋没していることが判明した。二点の木簡は、出土した地点は異なるが、層位はいずれも中層〜下層上面で、出土土器から九世紀前半の遺物と考えられる。なお、河川跡から東へ六メートル離れた地点には二間×三間と一間×一間のセットをなす掘立柱建物が二時期分重複して確認されている。
河川跡からは、木簡のほかに「安」「守」「刑」「田領」「□〔領カ〕」「大伴」「成継」「三」「伊」「〇」などの墨書土器や、
皿・盤・曲物・箸状木製品・斎串・弓・梯子などの木製品が出土している。

2　一号木簡

(1) 釈　文

・「甘祢郷錦織部果安戸主佰姓□長□□〔巫部〕□
　　『大□』　　　　召□〔山〕守」

・「□」　　四九五×四六×一五　〇一一

(2) 形　状

下端部に若干の欠損箇所が認められるが、ほぼ原状をとどめていると判断できる。墨痕が裏面にわずかに認められるが、表面《おもて》との関係は判然としない。

(3) 年　代

木簡の「甘祢郷」の記載は本木簡が郷里制廃止の天平十二年（七四〇）以後の年代のものであることを表している。また、二号木簡の「大伴酒□」の表記は、大伴氏が伴氏に改姓された弘仁十四年（八二三）以前の年代を示す。この二つの年代から本木簡の年代は、天平十二年から弘仁十四年の間とみることができる。

(4) 内　容

まず、郷名「甘祢郷」が注目される。

図77　山田遺跡出土１号木簡

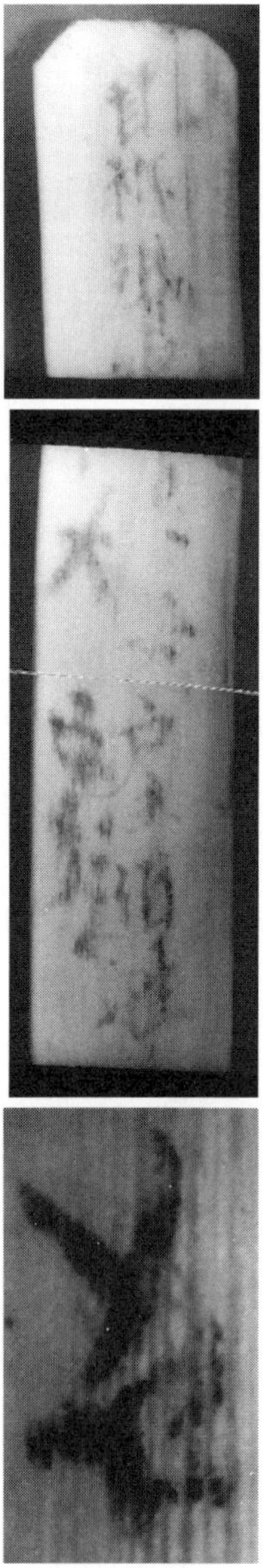

図78　山田遺跡出土１号木簡部分

『和名抄』高山寺本、名古屋市博本によれば、出羽国田川郡の項に「其弥郷」とあり、元和古活字本には「甘祢郷」とある。「彌（弥）」は「み」、「禰（祢）」は「ね」と読む。

従来は、元和古活字本の「甘祢郷」を「かみ」郷と読み、上田川郷に比定する見解が一般的であった。本木簡は「甘祢郷」とあり、元和古活字本の表記と合致する。「甘」の読みについては、次の例が参考になろう。『和名抄』の近江国「神埼郡」は平城宮木簡に、

・「近江国甘作郡雄諸郷」

・「大津里大友行商　」　　　一二二×一三×三　〇五一

（『平城宮木簡』三―三一九八）

と、「甘作郡」と表記されている。『和名抄』大東急文庫本には「神埼郷」の読みを「加无佐木」とし、『更級日記』には「かむさき」とある。『和名抄』国郡部では上野国「甘楽郡」を「加牟良《かむら》」と読んでいる。したがって、甘祢郷の読みは「甘《かむ》」「祢《ね》」すなわち「かむね」「かんね」となる。

先に掲げた『和名抄』の諸本による「甘祢郷」と「其弥郷」の混乱も、「祢」と「弥」は通用しており（例えば、「刀祢」と「刀弥」）、また、原本の「甘」の字体が「甘」と「其」の二つを生み出したことに起因するのではないかと推測される。

次に本木簡の性格について考えてみたい。

木簡の記載様式をみると、

「郷名　人名　戸主名
『大□』　　召　人名」

となり、個人名と「召」の用語の存在から判断するならば、まず召文である可能性が考えられる。

まず、通常人名を表記する場合は、

○○郷戸主○○○○戸口○○○○

というように、戸主名のあとに人物名が記されるという形をとることが多い。しかし、本木簡では、戸口錦織部果安の名が先に書かれ、その後に戸主名が記されている。この類例として、次の例をあげておきたい。

○僧興弁経師貢上文（続々修四〇―四裏、『大日古』二二―三九）

貢上　経師一人
刑部稲麻呂年卅八上総国市原郡江田郷戸主刑部荒人戸口
　宝亀四年六月四日　僧興弁
「勘知
　寺主玄愷」

右の例は、冒頭の人名が貢進対象者であり、そのあとに戸主名を記すという形をとっている。本木簡の場合も、「錦織部果安」が召喚される人物ゆえに冒頭に明記されたと考えられる。

さらに召文木簡は、冒頭に「召」という命令文言を書いたあとに召喚される人物名が記載される。一例をあげると衛府が発した牟儀猪養に対する召喚状は、次のとおりである。

・「府召　牟儀猪養　右可問給依事在召宜知　」
・「状不過日時参向府庭若遅緩科必罪翼　大志　少志　四月七日付縣若虫」
二八二×二八×五　〇一一
（『平城宮木簡』一―五四）

ところが、山田遺跡の木簡は冒頭が人物から始まっており、「召」の字は左下部分に記載するという様式をとっている。この記載様式は次のように理解できる。

本木簡は、和文体で書かれたものと解し、「甘祢郷錦織部果安……を召す」と読ませたのであろう。では、なぜ「召」を左下部分に書いたのかが問題となるが、冒頭から人物名と戸主名を書きはじめたが木簡の下端まで及んだために命令文言である「召」を左下部分に続けて書いたと想定できる。その場合、左上部分は、のちに触れるように「大　□□」と、郡司の自署の位置と定められていたために、一行目の人物名に続く「召」以下を左下部分に記載したのではないか。

召文の文例として、次の一例をあげておきたい。

○奉写一切経所経師等召文（続々修三―四裏、『大日古』一四―四四四）

奉写一切経所召

合弐拾陸人

経師秦豊穂　高赤万呂「止」　万昆太智　中臣鷹石
中臣諸立　穂積万呂　辛国千村　史戸木屋万呂
十市正月　春日部伯　宇智若江　陽胡田次

右十二人、帙了請暇並過限日

安宿大広「卯時」　城上神徳　鬼室小東人　念林老人「辰時受」
飛鳥種万呂　赤染広庭　万昆嶋主「追」　大宅人上
民豊川　鬼室石次

右十人、請暇過限

高市老人請得浄衣偽病未参「受巳時」　刑部真綱従今月廿一日无故不上
装潢能登忍人請得浄衣久過限日　石田嶋足請暇過限

以前人等、並違期限、至今未参、仍差坤宮官今良
上嶋津召之、事有期限、不得遅怠、其都中人等、宜
充食、其都外人等、宜充食馬、今以状、牒示

天平宝字四年九月廿七日　史生下道朝臣「福麻呂」
造東大寺司主典　阿都宿祢「雄足」
外従五位下池原公

「出入自在人等」

これは、東大寺の写経所である奉写一切経所が、写経所の秦豊穂以下二六人を召喚しようとした文書であるが、この文書中には「差坤宮官今良上嶋津召之」（坤宮官の今良上嶋津を差して召す。今良は賤民から解放されて良民となったもの）という表現がみられ、この召喚状が使者「上嶋津」によってもたらされたことが記されている。本木簡の「山守」は、木簡の記載場所から考えると、「召喚の使者山守（山守は人名）」ということを意味していると考えられよう。

本木簡を召文と解すると、中央の冒頭から記されている「甘祢郷錦織部果安」こそが、召喚される人物と考えられよう。そしてその下には、「錦織部果安」の属する戸主名が記されていると解される。

本木簡が召文と推定できる根拠としてほかにあげられるのは、本木簡の長さが、四九・五センチと、長大である点である。

さて、この召喚状の差出は、通常の召文であれば、

・「式部省召　書生佐為宿祢諸麻呂
・「　　十二月廿□□　（一八三）×三五×五　〇一九（『木簡研究』九）

召　川瀬造万呂　〇九一（『藤原宮木簡』二―八〇三）

のように、冒頭に「（差出）＋召」または「召」が明記される。しかし本木簡の場合、冒頭に召喚される人物が記載されているのみで差出が明確ではない。そこで差出について推論するならば、次のようになろう。

まず冒頭の郷名記載から、郷を統括する郡司の存在が想定される。ところで左行上部には明らかに『大　□

□」』と、別筆と考えられる記載があり、しかも「大」の下は一字空きとなっている。この記載の類例として、福島県いわき市荒田目条里遺跡出土二号木簡（郡符）をあげることができる。

この木簡の裏面には「大領　於保臣」の自署がみられる。これを参照すれば、「大□□」は「大領＋（ウジ名）」の意味と解することもできるかもしれない。

表面《おもて》を以上のように解すると、木簡の内容は表面で完結していると考えられる。裏面に見える墨痕については不明だが、表面の内容とかかわる可能性は少ないとみておきたい。

さて本遺跡は、古代の田川郡田川郷に比定される。田川郷は郡名と同じ郷名＝郡名郷であり、田川郡の郡家所在郷と考えられる。『和名抄』の郷名記載からいえば、「甘祢郷」は郡家所在郷の田川郷に隣接する田川郡内の筆頭郷である。つまり木簡の出土場所と、記載されている郷名は、一致しているわけではない。この点も、「召文」という木簡の性格から説明が可能である。

いうまでもなく、召文は下達文書としての符式の一つであり、符と同様に主として人の召喚に多用されている。そして符式に基づく郡符木簡が人を召喚する場合、宛所（里長・郷長など）のもとで廃棄されることなく、差出（郡家またはその関連施設）で廃棄されるのが一般的である。召文も同様と解すれば、本遺跡は郡家または郡家関連施設とみなすことができよう。ただし、完形のまま廃棄されている点は、これまでの郡符木簡が差出に戻ったさいに、人為的に割ったり折ったりする廃棄方法がとられることとは異なっており、その点は注意する必要がある。

ところで、「錦織部果安」の下に記されている戸主にあたる記載の構成をみると、

戸主＋佰姓＋□長＋人名

となっている。通常は「戸主＋人名」の形をとるが、本木簡ではそれだけではなく、一般の人民を表す「佰姓（百

姓）」の語と、何らかの職名を表すとみられる「□長」の語が記されている。なぜここで「佰姓」「□長」と記されているのであろうか。

まず「佰姓」についてみると、古代の東北地方にかかわる史料には、「百姓」の表記が頻出する。

そのうちの二、三の例をあげると、次のとおりである。

○『続日本紀』宝亀七年（七七六）十二月丁酉条

募下陸奥国諸郡百姓戍二奥郡一者上。便即占着、給二復三年一。

○『続日本紀』宝亀八年（七七七）九月癸亥条

陸奥国言、今年四月、挙レ国発レ軍、以討二山海両賊一。国中忩劇、百姓艱辛。望請復二当年調庸并田租一、以息二百姓一。許レ之。

○『続日本紀』宝亀十一年（七八〇）二月丙午条

陸奥国言、去正月廿六日、賊入二長岡一焼二百姓家一。官軍逆討、彼此相殺。若今不二早攻伐一、恐来犯不レ止。請三月中旬発レ兵討レ賊、并造二覚鱉城一置レ兵鎮レ戍。勅曰、夫狼子野心、不レ顧二恩義一、敢恃二険阻一、屢犯二辺境一。兵雖二凶器一、事不レ獲レ已。宜下発二三千兵一、以刈二遺孽一、以滅中余燼上。凡軍機動静、以二便宜一随レ事。

○『続日本紀』宝亀十一年八月乙卯条

出羽国鎮狄将軍安倍朝臣家麻呂等言、狄志良須俘囚宇奈古等欵曰、己等拠二憑官威一、久居二城下一。今此秋田城、遂永所レ棄歟。為レ番依レ旧還保乎者。下レ報曰、夫秋田城者、前代将相僉議所レ建也。禦レ敵保レ民、久経二歳序一。一旦挙而棄レ之、甚非二善計一也。宜下且遣二多少軍士一、為中之鎮守上。勿レ令レ衂二彼帰服之情一。仍即差二使若国司一人一、以為二専当一。又由理柵者、居二賊之要害一、承二秋田之道一。亦宜二遣レ兵相助防禦一。但以、宝亀之初、国司言、秋田難レ保、河辺易レ治者。当時之議、依レ治二河辺一。然今積以二歳月一、尚未二移徙一。以レ此言レ之、百姓重レ遷明矣。宜下存二此情一歴二問狄俘幷百姓等一具言中彼此利害上。

○『日本後紀』弘仁二年（八一一）十二月甲戌条

詔曰、天皇詔旨良麻止勅命乎、衆聞食止宣。陸奥国乃蝦夷等、歴レ代渉レ時弖、侵二乱辺境一、殺二略百姓一。是以掛畏柏原朝庭乃御時尓、故従三位大伴宿禰弟麻呂等乎遣弖、伐平之米給比支。而余燼猶遺弖、鎮守未レ息。又故大納言坂上大宿禰田村麻呂等乎遣弖、伐平之米給不尓、遠閇伊村乎極弖、略掃除弖之可止毛、逃二隠山谷一弖、尽レ頭弖究殄已止不レ得奈利尓太利。因レ玆正四位上文室朝臣綿麻呂等乎遣弖、其覆傾勢尓乗弖伐平掃治之矣流尓、副将軍等、各同心勠レ力、忘二殉心一以弖、不レ惜二身命一、勤仕奉利。幽遠久薄伐。巣穴乎破覆之弖、遂其種族乎絶弖、復一二乃遺毛無。辺戎乎解却。転餉乎毛停廃都。量二其功労一波、上治賜尓足止奈毛御念須。故是以其仕奉状乃重軽乃随尓、冠位上賜比治賜久止宣天皇御命乎、衆聞食止宣。正四位上文室朝臣綿麻呂授二従三位一。従五位下佐伯宿禰耳麻呂正五位下。従五位下大伴宿禰今人、坂上大宿禰鷹養従五位上。外従五位下物部匝瑳連足継外従五位上。

これらの史料をみると、「百姓」はすべて「蝦夷」との対比（具体的には「山海両賊」と「百姓」、「賊」と「百姓」、「狄俘」と「百姓」）において表記されていることは明白である。しかしこれらの史料は、すべて『続日本紀』『日本後紀』などの正史であり、古代国家の華夷思想に基づく意図的な編纂のなかで統一された表記であるといえる。

一方、編纂物以外の文書、出土文字資料の漆紙文書や木簡では、「百姓」の表記の例を聞かない。

木簡の年代は八世紀後半から九世紀初頭の間に比定され、この時期は律令国家の積極的な東北政策の遂行によって蝦夷との対立が激化したときである。

また、秋田城の第五四次調査（外郭東門地区）出土木簡のなかに、田川郡関係資料が目立っている。[2]

七一号

・「八月廿五日下粮饗料□二條□　（二二五）×二六×三　〇一九

・「　□　田川　荒木真

一一一号

田川半役議上　（一二四）×二六×九・五　〇八一

一八六号

「□所□子津□□田川郡　〇九一

第五四次調査出土木簡の年紀は、延暦十年（七九一）から同十四年（七九五）に限られており、この時期は先に述べた、東北情勢の緊迫した時期にあたる。出羽国南部の田川郡などの諸郡が、秋田城への人的・物的貢進を負っていた様子がわかる。このような対蝦夷政策下において、人の召喚にかかわる召文に、服属した蝦夷＝俘囚などとの識別として「佰姓」を表記したものと判断できるのではないか。つまり出羽国内だからこそ、「佰姓」と明記する必要があると考えられるのである。在地における行政支配にかかわる史料のなかで、「佰姓」と表記した意義はきわめて大きいといえよう。

次に「□長」については、一文字目が判読できないため不明だが、一つの可能性として、たとえば軍団などにかかわる職名であると考えられる。

宮城県遠田郡田尻町の木戸瓦窯跡からは、次のようにヘラ書きされた瓦が出土している。

×郡仲村郷他辺里長

二百長丈部呰人

ここでは、丈部呰人という人物に関して、「里長」の次に、「二百長」という軍団の職名が続けて表記されている。これは、「里長であり、軍団の二百長であるところの丈部呰人」を意味していることは間違いない。

とすれば本木簡も同様に、「戸主であり、□長であるところの某人物」と解することができよう。「□長」は、やはり軍団などにかかわる職名と考えざるをえないであろう。

なお、戸主の人物名として「巫部」が推定されるが、「巫部」は、胆沢城出土四三号漆紙文書（三八一～三八二頁参照）、いわゆる戸番文書(3)に、

「駒椅郷八戸主巫部人永□□〔戸口〕×」

「駒椅郷十七戸主巫部本成戸口」

「駒椅郷卌八戸主巫部諸主戸口」

とみえ、また、福島県いわき市の荒田目条里制遺構(4)からは、

「山口□□〔郷 巫カ〕□子鷹取九斗」　（二〇〇）×二二×五　〇一九

という付札木簡が出土しており、陸奥国内での分布が確認される。同じ東北地方の出羽国内でもその分布を想定することができるであろう。

註

（1）真壁建・松田亜紀子「山形・山田遺跡」（『木簡研究』二〇、一九九八年）抜粋。

（2）秋田城跡調査事務所『秋田城跡調査事務所研究紀要II　秋田城出土文字資料集II』（一九九二年）。

（3）平川南『漆紙文書の研究』（吉川弘文館、一九八九年）。

（4）樫村友延「福島・荒田目条里制遺構」（『木簡研究』一三、一九九一年）。

四　過所木簡

はじめに

過所とは、関を通過するさいの旅行者の身分証明書のことで、公式令過所式条にその書式が定められている。その過所式によると、旅行者がその旅程・身分・従者・携帯品などを記して所轄官庁に申請し、それに発給官司の署判をうけて発効することとなっている。過所は和銅八年（七一五）五月一日の格により、国印の押捺が制度化され、木簡の過所が廃されたとされている。しかし、現段階では、八世紀の過所で紙に書かれたものは、正倉院文書中の過所申請書（続修二八、「調乙麻呂等事注文」）と、伊勢国計会帳（正倉院宝庫外文書）に「判給百姓過所廿五紙」とみえるにすぎず、過所そのものは存在しない。

一方、過所と考えられる木簡は、和銅八年以前およびそれ以降においても数点確認されている。以下ではまずこれまで出土している過所木簡について事例を整理しておきたい。

1　出土過所木簡

(1)　平城宮跡——近江国関係

・「関ゝ司前解近江國蒲生郡阿伎里人大初上阿□〔伎カ〕勝足石許田作人」

・「同伊刀古麻呂 大宅女右二人左京小治町大初上笠阿曾弥安戸人右二 / 送行乎我都　鹿毛牡馬歳七　里長尾治都留伎 」

六五六×三六×一〇　〇一一[1]

（『平城宮木簡』二―一九二六）

本木簡は、平城宮朱雀門造営前の溝（SD一九〇〇）から出土した。この溝は朱雀門から北にのびる道路の西側溝であるが、新旧二期に分けられ、木簡が出土したのは門造営以前に属する旧い方の溝である。この道路は、平城宮造営前には大和平野を南北に走る官道、下ツ道の一部であったと考えられている。木簡の年代は、平城宮造営以前にさかのぼり、また国・郡・里という行政組織表記、「大初（位）上」という位階表記から、大宝令制下のものであるこ

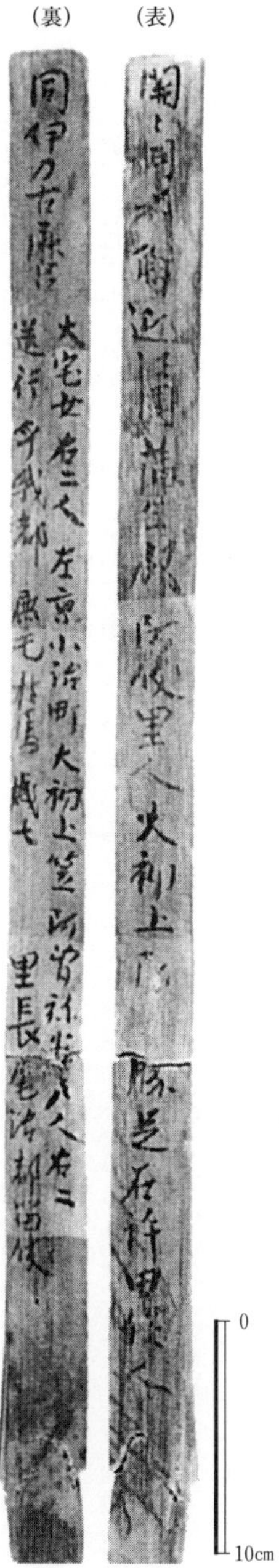

図79　平城宮跡出土木簡（右＝近江国関係，左＝甲斐国関係）

とがわかる。これらのことから、八世紀初頭の藤原京時代に属するものとされている。

(2)　平城宮跡――甲斐国関係

「依私故度不破関往本土甲斐国戸□□人□万呂」　(二六八)×三七×四　〇八一(2)

本木簡は、平城宮の東張出し部の外側、条間大路南側溝（ＳＤ五七八八）から出土している。この溝から多様な内容の木簡が出土しているが、本木簡の年代を推定する参考資料として、同一の出土遺構（ＳＤ五七八八）のうち、年紀を有するものをあげると次のとおりである。

×平十年八月三日　〇九一

・「＜長門国大津郡中男作物海藻陸斤二連」
・「＜　天平九年十一月　」　一三九×三〇×八　〇三二

このほか、養老三年（七一九）、天平勝宝七歳（七五五）があり、かなり幅があるとみられているが、天平前後のものとみて問題ないとされている。

本木簡は下半分を折損しているが、文面から美濃国の不破関を越え、甲斐国へ戻ることが知られる。しかしこれのみでは過所の申請文かあるいはすでに判給を受けた過所そのものかは不明であると理解されている。(3)

(3)　浜松市伊場遺跡――遠江国関係（三〇号木簡）

・「□□　美濃關向京　於佐々□□　□□□□濱津郷□人」
・「□□驛家　宮地驛家　山豆奈驛家　鳥取驛家」　(三二六)×三〇×一二　〇一九(4)

伊場遺跡は静岡県浜松市東伊場・浜名郡可美村に所在する。伊場遺跡と近接する城山・梶子遺跡も木簡や墨書土器などに共通する内容のものが出土していることから、これらの遺跡群は現段階では遠江国敷智郡家とその関連する施設と位置づけられている。

七世紀後半から十世紀代にかけて、遺跡西部地区を蛇行する幅約一六メートルの大溝とその両岸に沿うような形で規模の比較的小さな掘立柱建物が計四五棟検出されている。

木簡はその大溝および大溝に注ぐ奈良時代の枝溝から一〇八点出土している。大溝の堆積土は、古墳時代遺物包含層Ⅵ－Ⅷ層、奈良時代遺物包含層Ⅴ層、平安時代遺物包含層Ⅳ層、鎌倉時代遺物包含層Ⅱ－Ⅲ層に分かれ、木簡はⅤ・Ⅳ層から出土した。

郷里制と三字地名（山豆奈）が二字に改められていない点から霊亀三年（七一七）から神亀三年（七二六）までの間のものと推定されている。

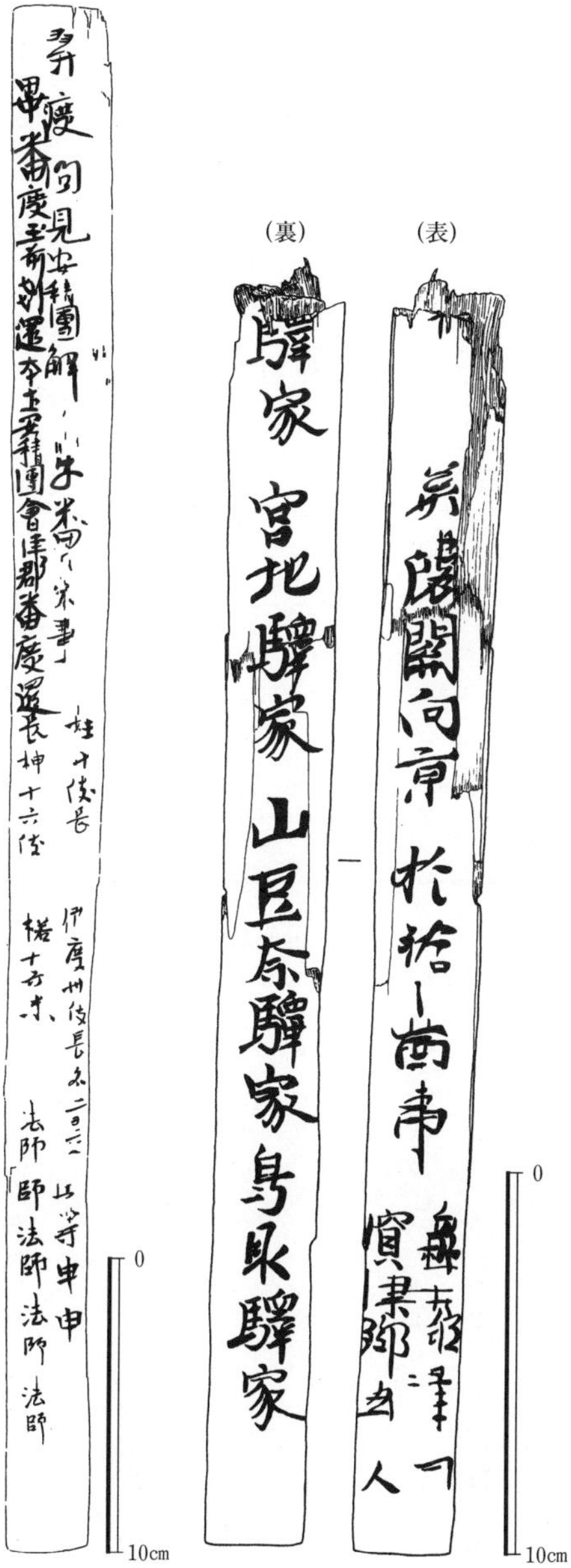

図80　伊場遺跡出土木簡（右，遠江国関係）・多賀城跡出土木簡（左，安積団関係）

本木簡は、大溝と枝溝との交点の南の大溝西縁のⅤ層下層から、古墳時代の層に突き刺した状態で出土した。上端が欠損している。

その内容は、敷智郡浜津郷の人が美濃関を通って京へ向かうための過所木簡とされている。宮地駅家・山豆奈駅家・鳥取駅家は三河国内の駅名である。

(4)　多賀城跡——安積団関係（異筆部分および裏面は省略）

・「　安積団解　□〔申カ〕□番□事
　　畢番度玉前剗還本土安積団会津郡番度還」

・（裏面は省略）　　五三九×三七×五　〇一一[5]
（四七次、ＳＤ一五二五）

多賀城の外郭西辺をなす材木塀に伴う南北の大溝が検出されたが、木簡はその材木塀の南北両側の大溝から出土した。計九点の木簡は、出土した溝の年代から推して、いずれもほぼ九世紀ごろのものとされている。

本木簡以外のほとんどの木簡は、本来は大きな板状の木簡で、軍団兵士の一定期間の交替勤務の様子をまとめた「兵士番上簿」とでも呼ぶべき帳簿とみられる。

例　多賀城跡出土木簡

・「＜（刻線）□（刻線）人番長旅
　　物部□〔真カ〕事百五十

・「＜（刻線）下旬一人番長火□〔長カ〕
　　□　　一四〇×三五×一五　〇三二

（四七次、ＳＤ一五一一）

本木簡の内容は、安積団が国司に対して会津郡兵士の本土への帰還の許可を求めた過所の申請木簡と解釈されている。

以上が、これまで過所木簡とされている木簡の概要である。次にこれら木簡について形状や内容から検討を加えてみたい。

2　過所木簡の形状と木取り

(1)　平城宮跡——近江国関係

本木簡は旧下ツ道の西側溝から二片に折れて発見された。二片は復元接合すると、約六六センチ（二尺二寸）の完形木簡となる。折損箇所は、約六六センチの三分の二の位置に相当する。木取りは柾目材である。

(2)　平城宮跡——甲斐国関係

本木簡は下端が折損しているが、約二七センチほど残存している。表《おもて》面は丁寧に調整されているが、裏面は現状では割かれたままの無調整である。厚さはわずか四ミリであるのも、割かれたことを意味している。木取りは板目材である。

(3)　伊場遺跡——遠江国関係

上端が欠損し、約三三センチが残存しているが、上端部を詳細に観察すると、表・裏両面から刃物でキリ・オリしている。その刃物は三一・六センチの位置で入れられている。表《おもて》面からみると、右側面は原状を維持しているのに対して、左側面は折損した状態である。木取りは柾目材である。

(4)　多賀城跡――安積団関係

完形木簡。長さは五四センチである。断面形はカマボコ型である。表面《おもて》は丁寧に調整されているが、裏面は現状では割かれたままの無調整である。厚さは(2)甲斐国関係木簡と同様に約五ミリと薄く、割かれたままの状態を伝えていると判断できる。木取りは板目材である。ただし、板目材については『出土木簡の樹種と木取り』Ⅰ・Ⅱ（布留遺跡天理教発掘調査団、一九八一年）を参照すると、板目材Ⅰ、板目材Ⅱのうち、板目材Ⅱに相当する。

3　過所木簡の内容と動き

(1)　平城宮跡――近江国関係

平城宮跡木簡（近江国関係）についての諸氏の見解は、次のとおりである。

○奈良国立文化財研究所および狩野久氏(6)

「関々の司の前に解す」という文頭の表現は、奈良朝以降の官庁文書にはみられない口語的表記法で、藤原宮木簡に二、三その例がある。この過所符が、通過するであろういくつかの関司に宛てられたものであることを示している。「公式令」によれば、過所の発行者は、一般には国司あるいは郡司であるが、この場合は、最後に名前のみえる里長であるらしい。

渡行者は、裏面にみえる伊刀古麻呂と大宅女の二人である。二人は左京小治町に本貫をもつ笠朝臣安の戸人であり、いわゆる京戸である。それがある時期、なんらかの縁故があって、近江国蒲生郡の阿伎勝足石のもとに田作人として出向いていた。この過所符は、彼ら二人が用事を終えて、近江から本貫の京に帰るときに使用されたもので、駄馬として年七歳の老いさらばえた鹿毛牡馬を連れていた。

○東野治之氏（7）

近江国蒲生郡阿伎里の里長が、上京する三名のものについて、途中の関々の司らに通行許可を上申する形をとった文書。阿伎伊刀古麻呂と大宅女は、左京小治町の笠安の戸の人とあるが（阿曽弥は朝臣に同じ）、左京小治町は藤原京の坊名とする見解が有力である。「右二送行乎我都」は「右ふたりを送り行くは乎我都」の意で、乎我都は従者（あるいは奴）の名であろう。

○舘野和己氏（8）

現代語訳すると、「関々のお役人の前に申し上げます。近江国蒲生郡阿伎里（滋賀県近江八幡市雪野山から蒲生郡竜王町北部の一帯）の人大初位上阿伎勝足石の所の田作人である同（阿伎勝）伊刀古麻呂と大宅女の二人は、藤原京左京小治町に住む大初位上笠阿曾弥（朝臣）安の戸の人です。右の二人を我が都（藤原京）に送りやります。馬は鹿毛の牡馬で七歳です。阿伎里長尾治都留伎」ということになる。これは、当時の交通の諸側面を窺わせる貴重な史料である。この過所木簡を発給したのが阿伎里長であるが、関市令欲度関条によれば、過所の発給主体は国司であった。本木簡が過所として通行したことは、律令と現実との乖離を物語るとしている。

○佐藤信氏（9）

近江国蒲生郡阿伎里から藤原京左京に上った時の過所で、この過所木簡の発給・記載者は筆跡が一筆であることより「里長尾治都留伎」と思われる。過所の判給については令制では、諸国の場合は当国司がその主体とされていたが、本木簡は近江国蒲生郡阿伎里長が自ら解の形で関々司に充てて発行しているのである。しかもそれは、いささか大判ながら大和の平城宮跡の地点まで帯行された——すなわち実際に機能したものと考えられる。

諸氏の見解で共通している点は、

㋑　過所の発行者を最後に名前のみえる里長としている。
㋺　渡行者は、伊刀古麻呂と大宅女。

の二点である。

「送行乎我都」の解釈は、狩野・舘野両氏にみられるように、「右二人、我が都に送り行《や》る」と解し、東野氏は「右ふたりを送り行くは乎我都」（従者の名）としている。

しかし、この木簡を詳細に観察すると、里長の姓名部分の墨色はやや薄く、書風も異なることがわかる。これは、里長の姓名は追筆であることを示している。里長が文書作成者であれば、このようなことは考えられない。しかも里長が関司に直接申請することは、律令行政上、想定しがたい。むしろ過所使用者の身元を確認し、保証する意味で自署を加えたとみるべきであろう。

(2)　平城宮跡——甲斐国関係

東野治之氏は、次のように指摘している。(10)

（平城宮朱雀門造営前の溝出土木簡より）公式令の過所の書式に近く、これも過所木簡と通称されることがあるが、同所から出土した他の木簡には養老・天平以降の年紀があること、それが少なくとも京内で廃棄されていることなどから考えて、簡単に過所とするのはためらわれる。

さらに舘野和己氏は、本木簡について新たな解釈を加えている。(11)すなわち、氏は関市令丁匠上役条に注目し、丁匠や運脚夫は、度関のための過所を必要とせず、本国の歴名によって勘度し、その役・納入が終了し本国に還るときは、往路に関司が写録した歴名の姓名年紀によって、本人かどうかを確認して関を通したのであり、本木簡がそのさいに作成されたものであり、過所木簡とはみなすことができないとした。

(3)　伊場遺跡――遠江国関係

美濃関を経て平城京に向かうことが表に、途中経過駅の名が裏に記されている。報告書をはじめ、多くの研究者は、書式不備と『続紀』和銅八年（七一五）五月辛巳条「始㆑今、諸国百姓、往来過所、用㆓当国印㆒焉」との関係から正式な過所ではないと説かれている。(12) 佐藤信氏によれば、本木簡は団体としての使用も想定でき、その場合、丁匠上役や調庸運脚のさいの「本国歴名」（関市令丁匠上役条）や軍防丁夫のときの「惣歴」（衛禁律私度関条）と呼ばれるものとの関連も考えるべきであろうと指摘している。(13)

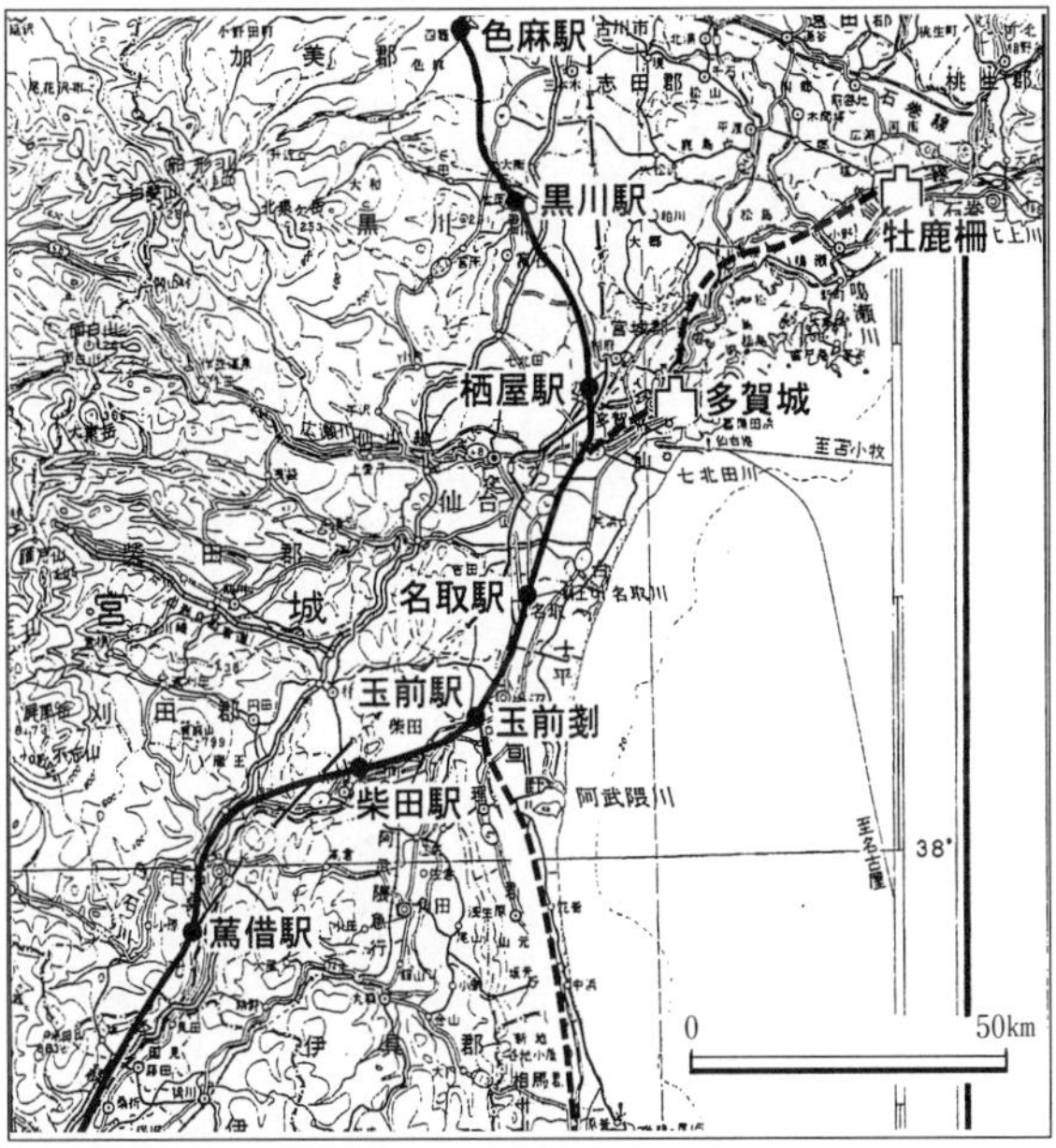

図81　現地形図にみる玉前剗の位置

(4)　多賀城跡――安積団関係

調査報告書は、次のように述べている。(14)

　解文は、番上していた安積団会津郡の兵士が番をおえて本貫地の会津郡に帰還することを、安積団の役人が陸奥国府に上申したものと考えられる。（中略）「公使」や「軍防丁夫」の場合には過所を必要とせず、それぞれ「鈴符」「惣歴」をもって通過することができた。この「惣歴」とは、関市令丁匠上役条にいう「歴名」と同義である。同条によれば、「丁匠調庸脚」は、関の通過に当って関司ではなく引率する部領使が本国の歴名によって人物を確認して通過し、帰還のさいには元の歴名によって人物を確認するのみで通過できた。丁匠上役条では「丁匠調庸脚」のみしか触れていないが、兵士についても同様の手続きがとられたことは、衛禁律私度関条において「軍防」が惣歴によって関を通過する対象になっていること、同律領人兵度関条に惣歴に記載されている兵士以外の人物を通過させた場合、関司よりも部領使の責任が重く問われる罰則規定があることなどから明らかである。この「軍防丁夫」に対する例外処置は、公的立場にある部領使の存在と、通過する人物の確認が部領使のもつ惣歴（歴名）によってなされることが前提にあるのである。

以上のような制度のなかにおいては、本木簡における兵士の玉前剗通過は、帰還の場合であるので部領使の存在を前提として往きのときの惣歴（歴名）によって人物を確認するのみで可能であったことになる。したがって、解文上申の本質的な目的は、玉前剗を通過することが記されているものの通過の許可証を求めたものとすることはできず、会津郡兵士の本土への帰還の許可を求めることにあったと考えるのが妥当であろう。

若干の考察

公式令の過所式には、過所の書式について次のように規定されている。

過所式

①其事云云。②度㆓某関㆒往㆓其国㆒。

③某官位姓。三位以上。称㆑卿。資人。位姓名。年若干。若庶人称㆓本属㆒。④従人。某国某郡某里人姓名年。奴名年。婢名年。其物若干。其毛牡牝馬牛若干疋頭。

年　月　日　　　　主　典　位　姓　名

次　官　位　姓　名

右過所式。並令㆘依㆑式具録㆓二通㆒。申㆗送所司㆖。々々勘同。即依㆑式署。一通留為㆑案。一通判給。

関の通過のために必要な情報は以下のようにまとめられる。
①過所申請事由の記述。
②越えるべき関の名称と目的地たる国の名。
③官人の場合、官位姓・資人を記す。庶人の場合、本貫を記す。
④従者（奴婢の場合、名と年）・携行物・携行する馬牛の毛の色・牡牝の別・頭数。

表13　過所式との比較

過所式	平城宮跡	多賀城跡
①	田作人を送行	安積団会津郡番
②	関々司・左京小治町	玉前剗・会津郡(本土)
③	近江国蒲生郡阿伎里人	安積団会津郡
④	平我都(奴の名)・鹿毛牡馬歳七	—

これまで出土したいわゆる過所木簡のうち、完形のものは(1)平城宮跡木簡（近江国関係）、(4)多賀城跡木簡の二点である。この二点について、先の過所式の整理に照らしてみると表13のようになる。

二点とも通行許可を上申する形をとった文書である。おのおの書式は異なるが、過所式の諸条件をほぼ満たしている。書式の違いは、過所式はあくまでも紙の文書に対する規定であり、木簡は一般的に簡略に記載するという性格から説明できよう。この二つの事柄から考えると、(1)・(4)の木簡は過所そのものとみてよいのではないか。

従来の説明では、和銅八年（霊亀元＝七一五）五月辛巳条により、国印の押捺が制度化され、木簡の過所は廃されたとされている。しかし、格は紙の過所に押捺することを定めたもので、木簡の過所を禁止する規定とはいえない。そして、平城宮跡の一点を除いて、いずれも和銅八年以降の木簡資料であり、和銅八年格発布後も木簡の過所は確実に存在したといえよう。

上記の検討から、(1)の木簡を現代語訳すれば、次のようになろう。

関々司の前に申し上げます。近江国蒲生郡阿伎里人である大初位上阿伎勝足石の許にいた田作人の同伊刀古麻呂と大宅女の二人は左京小治町大初位上笠阿曽弥（朝臣）安の戸の人です。私（阿伎勝足石）は右二人をその本貫である京まで送って行きます。（携行するものは）（奴の）乎我都と鹿毛牡馬です。

この過所木簡は、近江国蒲生郡阿伎里人大初上阿伎勝足石に支給されたものである。足石は田作人伊刀古麻呂・大宅女の二人を左京小治町大初上笠阿曽弥安の戸に「送行」（送り行く）、そのときに乎我都と鹿毛牡馬（七歳馬）を伴って上京したと考えられる。すなわち、過所式の「④従者（奴婢の場合、名と年）・携行物・携行する馬牛の毛の色・牡牝の別・頭数」に照らしてみると、乎我都はウジ名を有しない奴に相当する。その点に留意して、本木簡の文字配置をみるならば、従来から紹介されている釈文は「送行乎我都」とするが、「行」と「乎」の間は明らかに一字分弱の空白が存し、「右二人送行　乎我都」とすべきである。その訓みは「右二人を送り行く。乎我都。鹿毛牡馬歳七」となり、足石が田作人伊刀古麻呂と大宅女の二人を送っていく、そのとき、「乎我都」という奴婢と牡馬を伴っていたと解すべきである。有位の足石ではなく、田作人が奴婢と馬を伴う可能性は想定しがたい。そして先に触れたように、阿伎里の「里長尾治都留伎」は過所の使用者である里人阿伎勝足石の身元保証人として自署を加えたのであろう。

4　過所・公験と契

これまでみたきたように、過所木簡は形状ならびに内容共に特異なものであるが、この木簡の意味を考えるうえで、中国における過所・公験や日本における契の存在が、手がかりを与えると考えられる。以下では両者についてこれまでの研究をみていきたい。

(1)　唐の過所・公験

唐代の過所の伝世品としての実物は、中国では知られず、福州に上陸したわが国の入唐僧円珍（八一四～八九一年）

が行者の丁満を連れて国都の長安まで求法巡礼の旅行をしたさいの大中九年（八五五）の二通が、滋賀県大津市の三井寺（園城寺）に伝世されているにすぎない。公験は官府から発給する身分の証明書であるが、この実物も伝教大師最澄（七八七～八二二年）と円珍が持ち帰ったものが伝世されている。

唐代においては、吐魯番のアスターナから出土した過所が注目される。(15)

瓜州都督府給石染典過所　本文書は開元二十年（七三二）に瓜州都督府が西州百姓游撃将軍の石染典に発給した過所である。以下、礪波護氏の解釈を引用することとする。(16)

（前欠）

家生奴移□

安西已来。上件人肆・驢拾。今月日□

稱。従西来。至此市易事了。今欲却往安

西已来。路由鉄門関。鎮戍守捉。不練行由。

請改給者。依勘来文同。此已判給。幸依勘

過。

府
史楊祇

戸曹参軍「亶」

（瓜州都督府之印）

開元弐拾年参月拾肆日給。

-----（紙縫背面に「□」あり）-----

三月十九日。懸泉守捉官高賓勘西過。

三月十九日。常楽守捉官果毅孟進勘西過。
三月廿日。苦水守捉押官年五用勘西過。
三月廿一日。塩池戍守捉押官健児呂楚珪勘過。

「琛」　（沙州之印）

作人康禄山　石怒忿　家生奴移多地
驢拾頭沙州市勘同。市令張休。
牒。染典先蒙瓜州給過所。今至此市易
事了。欲往伊州市易。路由恐所在守捉。不
練行由。謹連来文如前。請乞判命。謹牒。
開元廿年三月廿　日。西州百姓游撃将軍石染典牒。

「印」　（沙州之印）

「任　去。琛　示。
廿五日」。（沙州之印）

「印」
四月六日。伊州刺史張「賓」　押過
（伊州之印）

開元二十年三月十四日に瓜州都督府の過所を発給された遊撃将軍（従五品下の武散官）の肩書をもつ西州百姓の

石染典は、作人の康禄山、石怒怨、家生奴の移多地とともに、驢馬拾頭をつれて西に向かい、懸泉守捉・常楽守捉・苦水守捉・塩池戍守捉で勘過をうけつつ沙州敦煌に到着し、沙州の市で交易を了えた。当初、はるか西方から瓜州に交易にやってきた石染典は、鉄門関を通って西帰せんとし、さればこそ鉄門関通過に必要な瓜州都督府過所の発給をうけたのであるが、沙州で交易を了えた段階で伊州（哈密）に立寄って交易をしたくなり、沙州・伊州間には関所がないので、牒を書いて伊州へ行く許可を求めたのである。

なお、この石染典の牒文の二行目に書かれた「驢拾頭」の項に、沙州の市が瓜州都督府過所に記載されていた「驢拾」の頭数と異同がなかったことを確認して、「勘するに同じ。市令の張休」と小さな字で書き込まれたのが牒の提出前なのか後なのか断定しがたいが、おそらくは提出前に確認をうけたのであろうとされている。

通過証明書としての公験は貞観二十二年（六四八）と調露二年（六八〇）の二通だけで、前者はほぼ完全な公験ながら副本であるのに対し、後者は断片ながら正本である。

貞観二十二年庭州人米巡職公験（吐魯番アスターナ二二一号墓出土）　公験の下附を申請したのは北庭都護府のおかれた庭州の人で、米国つまり昭武九姓の一国の出身者で、三十歳のソグド商人の米巡職である。彼は十五歳の奴の哥多弥施、十二歳の婢の娑匐と駱駝・羊を連れて西州吐魯番に往って交易したいのだが、所在の烽塞が旅行の事情を知らずに拘留しないように公験を給してほしいと申請している。その辞をうけた州司、おそらくは庭州当局が、戸曹参軍であろうところの某懐信による判辞を書かせたとされている。

現存する唐代の過所あるいはその案文と考えられる五通の文書から復元した書式は、次のとおりである。

①　発給都督府・州名
②　発給対象者と同行の人・畜などの内訳

③　目的地＋「已来（路次）」〜「幸依勘過」
　　　「府」官員名
④　「戸曹参軍」『官員名（自署）』
　　　「史」官員名
⑤　　某年某月某日＋「給」

過所の充所は、これを所持して関を度えんとする発給対象者ではなく、目的地までの路次にある関などの勘過官司であると考えられる。

⑵　日本における契

これまで文献史料とくに律令の割符「契」に関して、勝浦令子氏の研究が知られている(17)。勝浦氏が指摘するように、日本の場合、随身符、合符（軍将交代符）を除く各種の割符を契として捉えており、これは割符が金属製でなく木製であることを前提としているためである可能性が強い。ただし形態については、唐の木契も不明であり、また儀式化した固関の「木契」が長三寸、方一寸とある以外は手がかりがない。

三関国に給される契すなわち「関契」は、あらかじめ作られている契であり、常に左片は蔵司に保管され、右片は三関国に配備されているべきものである。それに対し、『儀式』や『西宮記』をはじめとする平安期の故実書にみえる「木契」は固関が行われるたびに新しく作製される臨時のものである。

一方、「合契」は宮衛令諸門条にみえる。

　凡諸門及守当処、非㆓正司㆒来監察者、先勘㆓合契㆒。同聴㆓検校㆒。不㆑同執送㆓本府㆒。

この「合契」は令文によれば、諸門や守当のところで、正司以外の者すなわち、守衛を担当している衛府の官人ではない者が監察にやって来たときに、その者の正当性を証明するものとして使用されるのである。

勝浦氏によれば、この「合契」と混同される場合があった「随身符」は、在宅中の官人を夜間などの非常時に別勅によって召しよせる場合、別勅を伝えに来た使者が偽者でないことを証明するためのものである。すなわち使者が内裏からもってきた符と、追喚される官人がいつも随身している右符が合って初めて、ことを承り、使者のもってきた左符に封印をして使者に返しもたせるのであるとしている。

以上の勝浦氏の分析は、律令および諸説などを参考として、日本古代の割符「契」のあり方を検討したものであるが、過所木簡には言及していない。

この木契の実物資料は、宮内庁書陵部所蔵の九条家本中に「即位木契印」として伝存していたものである。[18] 完存ではないが、伊勢・美濃・近江に宛てられた近世期（宝永六年〈一七〇九〉六月二十一日、東山天皇譲位に伴う固関とされている）の三国の三関警備、いわゆる固関の木契である。

三関使の派遣と木契の関係は、『北山抄』によれば次のとおりである。

木契は、あらかじめ木工寮から檜材の「長三寸、方一寸」の木契板三枚と函三合（寸法不明）が用意される。木契は、上卿が三枚の板の面に、おのおの「賜其国」（伊勢・近江・美濃）と墨書し、内記がこの字の中央を刀で割りさき六片とする。右片三枚を内記が一枚の紙に包んで封じ、上卿が名一字を署名し、これを鈴櫃に納めて開関時の料とする。左片三枚は、一枚ずつ「以紙裹之、束結両端、其中央各注国名字」（『北山抄』）などとする。これを函に入れて封をし、賜其国、駅伝、月日などを記載し、別に封じた勅符の函と合して革袋に収め、短冊が付せられ、固関使に授けられたのである。

5　過所木簡は〝対〟

(1)　表・裏の墨書

過所木簡は、現段階で知られている四点についてみるならば、表・裏に文章が認められるものと表のみにしか認められないものに二分される。

○表・裏両面に文章が認められるもの
　平城宮跡（近江国関係）
　伊場遺跡（遠江国関係）
○表のみにしか文章が認められないもの
　多賀城跡（陸奥国安積団関係）
　平城宮跡（甲斐国関係）

(2)　木　取　り

木取りについては、先の検討から次のようになっている。
○柾目材――平城宮跡（近江国関係）・伊場遺跡（遠江国関係）
○板目材――多賀城跡（陸奥国安積団関係）・平城宮跡（甲斐国関係）

この両者の対応でも明らかなように、表・裏両面に文章が認められるものは、柾目材を用いており、表のみにしか文章が認められないものは、板目材を用いているのである。さらに材の厚さでいえば、板目材（甲斐国四ミリ・陸奥国五ミリ）は柾目材（近江国一〇ミリ・遠江国一二ミリ）の半分以下である。

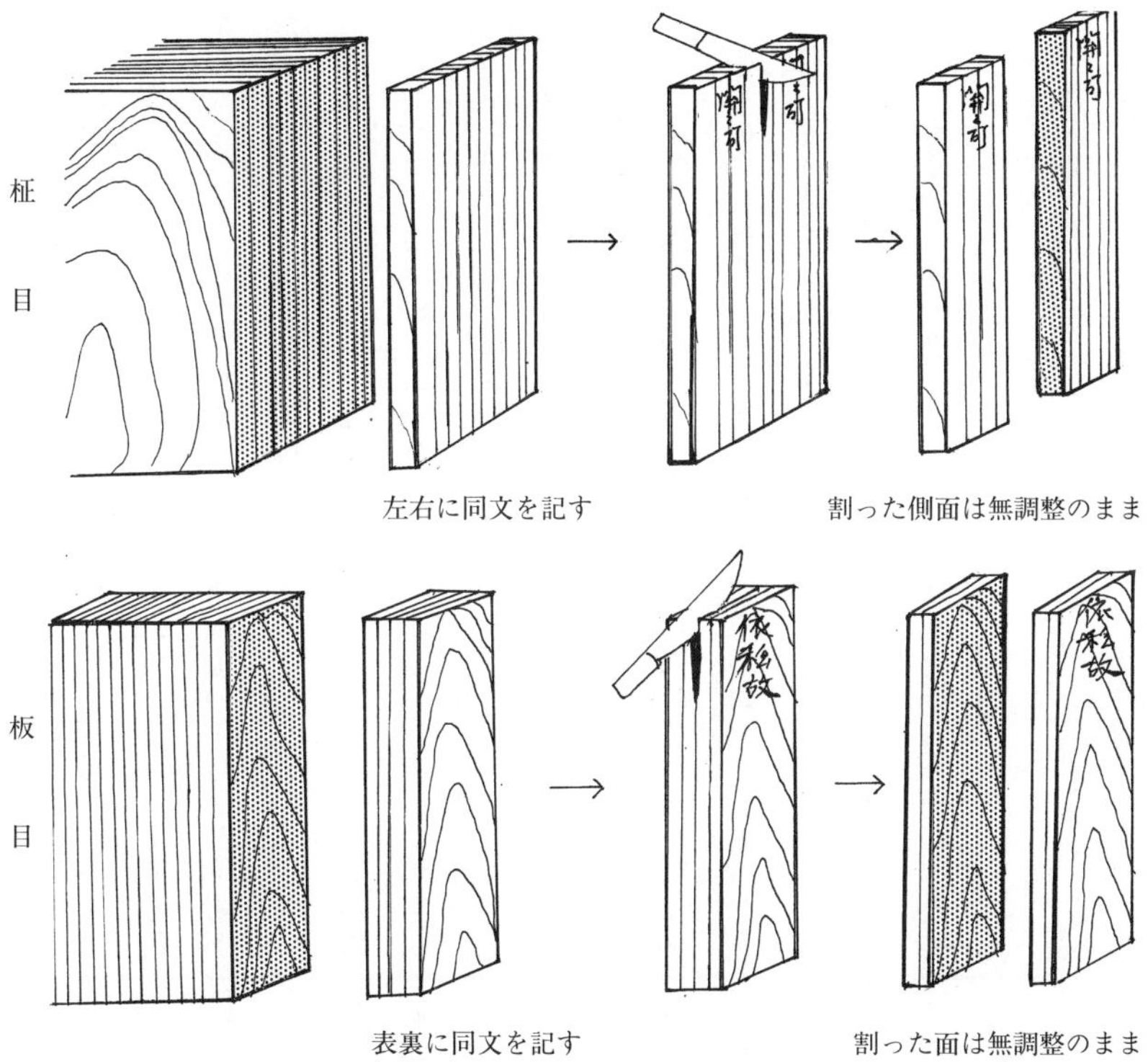

図82　過所木簡作成過程想定図

このことは、次のように想定できるであろう。

柾目材の場合は、同文を表と裏に並記し、縦に割り、二片とする。そのために、柾目材の二点の木簡は、片側面は面調整されているが、もう片側面は割りさいたままの状態を呈している。しかも、二点の木簡共に片側面の部分で文字の字画が欠損しているのは割りさいた所作を示すなによりの証拠とみることができるであろう。とくに平城宮跡木簡（近江国関係）の場合、裏面の双行の左行の字画の一部（鹿・歳・尾）が失われており、左側面は割りさいた痕跡が確認できる。ただ、下部の「里長……」以下の側面は調整のケズリが加えられているが、これはおそらく携行するときに、下部の握り部分のみ持ちやすいように加工したのではないだろうか。

一方、板目材の場合は、本来、表・裏両面

に同文を記載し、板目材の上端部の柾目に刃物を入れ、割りさいて二片とする。その結果、板目材の二点の木簡は、裏面が割りさいたままの状態になっているのではないか。

ところで過所式条の養老令文の解釈について、石田実洋氏によれば、申請者側は過所式条に準拠して申請文書二通を作成し、これをうけた所司では過所式条の年月日と位署部分によって署判を加える、というのが養老令に規定された過所の作成手続きなのではないだろうかとしている。(19)

申請文書＋判、という書式で作成される通行証としては唐の通行公験があり、また、漢代の私的旅行者用の棨《けい》にもこのような複合文書であるものが存在する。日本令の規定する過所は、唐の過所よりもむしろこちらに近い書式のものであったのではなかろうか。すなわち、日本令の規定する過所は、申請文書＋発給官司の署判という書式の複合文書であったという。

この過所式にみえる複合文書としての性格が、過所木簡の実態をみるうえできわめて重要な要素ではないか。すなわち、木製の過所の場合も、申請文書に対して、発給官司が署判を加える行為と同様に、材に刃物を入れ、割る行為そのものの〝署判〟と同様の行為とみなされたのではないだろうか。

(3)　動くものと動かぬもの

過所木簡の出土地点を中心に整理すると、表14のとおりである。

過所木簡の片側を遺したものと想定した場合、その出土地点は過所を支給した官司にかかわる施設の存在が考えられる。

平城宮跡木簡（甲斐国関係）は宮の東張出し部の外側、条間大路南側溝から出土している。(20)

舘野和己氏によれば、先にも掲げたように本木簡について、次のように解釈している。

表14　過所木簡の記載内容の比較

申請者	発行官司	関	行先	出土地点
近江国蒲生郡阿伎里人 阿伎勝足石	近江国	山背と大和国境の関(関〻司)	藤原京左京	藤原京旧下ツ道西側溝
(遠江国敷智郡)浜津郷□人	遠江国	美濃関	向京	伊場遺跡
(陸奥国)安積団	陸奥国	(陸奥国)玉前剗	還本土(会津郡)	多賀城跡西外郭線東側大溝
甲斐国□□戸口神人□麻呂	平城宮[　　]所司	不破関	往本土(甲斐国)	平城宮東張出部条間大路側溝

関市令丁匠上役条には、丁匠・運脚などが、関を越えるときは、過所ではなく本国の歴名によって勘度し、本国に還るときは、往路に関司が写録した歴名の姓名年紀によって、本人かどうかを確認して関を通したので、本木簡は過所そのものではないとしている。

つまり、木簡の作成主体は、過所ではないのでもちろん京職ではなく、宮内で廃棄されたことからすると、彼らが勤務していた官司、関市令欲度関条にいう本司であろうとしている(21)。過所ではなく、関市令丁匠上役条の本国歴名という解釈には従いがたいが、出土地点は勤務地の官司とみなしてよいであろう。

多賀城跡木簡（安積団関係）は、外郭線西辺中央部の材木列に伴う溝から出土している。共伴した木簡は、軍団兵士の一定期間の交替勤務に関する帳簿など軍団関係の文書木簡である。これらの木簡から判断するならば、陸奥国府内の軍団関係の官司からの廃棄と考えられる。

伊場遺跡（静岡県浜松市）木簡は、遠江国敷智郡家および栗原駅家関連施設とされる遺跡の大溝から出土している。遠江国の国府は静岡県磐田市に所在する御殿・二之宮遺跡と推定されている。したがって過所を発行したと考えられる遠江国府ではなく、過所の支給を受けた官司＝郡家または駅家に留めおかれたものと推測される。

過所木簡は契として二点を対とするならば、過所を受け取った申請者が通過する関まで保持し、廃棄したものが平城宮跡木簡（近江国関係）である。一方、過所発行官司に遺された対の片側の木簡が、平城宮跡木簡（甲斐国関係）、多賀城木簡（安積団関係）であろう。また伊場遺跡木簡は、過所発行官司を国府とした場合、出土地点が敷智郡家または栗原駅家である点、問題が残るであろう。ただ、伊場遺跡木簡が、他の過所木簡と異なる唯一の点は、「駅家　宮地駅家　山豆奈駅家　鳥取駅家」と駅家の記載があることである。すなわち、伊場遺跡木簡は、「美濃関」の過所であるとともに駅家利用を兼ねたものであるとすれば、周知のとおり駅家の管理・運営は国司の管下である点に注目したい。この場合、対の片側の過所木簡は遠江国府ではなく、敷智郡家に隣接する栗原駅家に留めおかれた可能性があるであろう。

なお、平城宮木簡の中に未完成ながら、過所木簡と考えられる「川口関務所」関係木簡が存在している。

・「［　　　　］
　　津玖余々美宇我礼□□□□□
　故　設　□〔解カ〕　由　由我　礼由由　男
　謹解　川口闗務所　本所土返還夫人事　伊勢國
　　　　□　　　　　　　　　　夫人　男□
　故漢□解解解務都本善礼我還事事
　□□〔尊〕白大郎尊者□下借錢請□右取□□

・（裏面の釈文は省略）

（三四九）×（六四）×八　〇一九
（『平城宮木簡』一―七九）

「謹解　川口闗務所云々」の記入のあるものに、その後数度にわたり表裏に習書などを書き加えたもの。「謹解川口闗務所」以下の一行は未完だが、伊勢国の川口関務所に宛て、その関を越えて東へ還る夫人（諸国徴発の百姓＝人夫の意か）のことを記したもので、過所か。川口関は三重県一志郡旧川口村と推定され、大和から桜井、名張を経て伊勢に通ずる重要交通路の関所。『続日本紀』天平十二年十一月乙酉に伊勢国壱志郡河口頓宮を関宮といった記事がある。(22)

この木簡は、非常に木目の揃った典型的な柾目材である。しかも、現状の幅六・四センチの半分の位置に下端部から三センチ弱の辺りまで切断面が確認できる。本来、「謹解　川口関務所……」という文を並列して記載し、真二つに割りさけば、対の過所木簡となったのではないか。なんらかの理由で、過所木簡の作成を途中で止めたために、現状のような習書を加えた形で遺存したのであろう。(23)

まとめ

公式令過所式はあくまでも紙を前提とした規定である。その骨子、いいかえれば必須項目のみ羅列した簡略な記載様式が過所木簡であるといえる。したがって従来過所と考えられる木簡について、過所式に合致しないことをもって疑義が呈されてきたが、それはあたらないであろう。

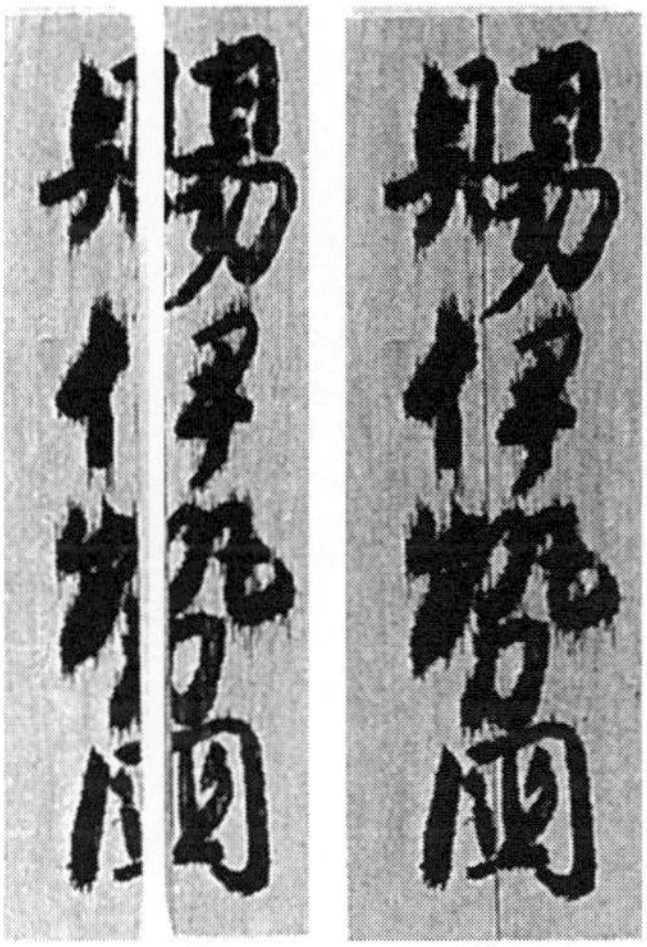
図83　固関木契

過所木簡の出土地は、その発行官司と考えられたため、その木簡は未使用か、またはなんらかの理由でとどまったか、さらには過所木簡とはいえないのではないか、などとみられてきたのである。

しかし過所木簡の形状に注目するならば、過所木簡は本来一本の木簡を二つに割りさいたことが看取できるのである。これは古代の文献史料上にみえる「契」本来の割符という要素に合致するものである。過所木簡は平安時代の儀式書などにすでにみえる関契の「給二内記一。令レ割レ之。内記各自二字中央一割レ之」の行為および実物資料として現存する宮内庁書陵部に伝わる近世の宝永六年（一七〇九）、東山天皇譲位に伴う固関木契にまさに連動する祖型的資料といえる。

過所の充所は、これを所持して関を度えんとする発給対象者ではなく、目的地までの路次にある関などの勘過官司である。日本令の規定する過所は、申請文書＋発給官司の署判という書式の複合文書である。古代日本における過所木簡は、一本の木簡を割りさいて（板目材の場合は表裏に、柾目材の場合は左右に割るという方法）、片側を発給官司にとどめ、もう片側を目的地までの路次にある関などの勘過官司に示すために受給者（旅行者）が所持するという方式であったと考えられる。したがって過所木簡の出土地点は、発給官司か、または関などの勘過官司およびその近辺であると理解すべきであろう。

結局のところ、古代の文書行政のしくみからいえば、〝対〟の過所木簡は、原則的には正文と案文の関係に近いといえるのではないだろうか。

このように本節では過所木簡の本質を解明することを目指してきたが、今後の課題としては、過所木簡の資料の増加によって、上記の考察の検証を進めるとともに、紙の過所に関連する史料（和銅八年五月辛巳条および伊勢国計会帳にみえる「判給百姓過所廿五紙」）と過所木簡との関連を追求しなければならないであろう。

註

（1）奈良国立文化財研究所『平城宮木簡』二　解説（一九七五年）など。

（2）『木簡研究』一〇（一九八八年）。

(3) 奈良国立文化財研究所『奈良国立文化財研究所年報　一九六八』(一九六八年)。

(4) 浜松市教育委員会『伊場遺跡発掘調査報告書　第一冊　伊場木簡』(一九七六年)、木簡学会『日本古代木簡選』(岩波書店、一九九〇年)など。

(5) 宮城県多賀城跡調査研究所『年報一九八四　多賀城跡』(一九八五年)、『木簡研究』七(一九八五年)。

(6) 『平城宮木簡』二　解説、『書の日本史　第一巻　飛鳥・奈良』(狩野久氏執筆分、一九七五年)。

(7) 『日本古代木簡選』平城宮跡・過所(東野治之氏執筆分)。

(8) 舘野和己『日本古代の交通と社会』(塙書房、一九九八年)。

(9) 佐藤信「過所木簡考」(『日本古代の宮都と木簡』吉川弘文館、一九九七年。原論文は一九七七年)。

(10) 註(7)に同じ。

(11) 註(8)に同じ。

(12) 坂本太郎「伊場遺跡雑考」(浜松市遺跡調査会『伊場遺跡第六・七次発掘調査概報』一九七五年、所収)。

(13) 註(9)に同じ。

(14) 宮城県多賀城跡調査研究所『年報一九八四　多賀城跡』(一九八五年)。

(15) 『文物』一九七五年第七期および『新疆出土文物』(文物出版社、一九七五年)掲載。のちに『吐魯番出土文書〔肆〕』(文物出版社、一九九六年)に掲載。

(16) 礪波護「唐代の過所と公験」(礪波護編『中国中世の文物』京都大学人文科学研究所、一九九三年)。

(17) 勝浦令子「日本古代の割符『契』について」(東京大学古代史研究会『史学論叢』一〇、一九八二年)。

(18) 宮内庁書陵部所蔵の固関木契についての資料紹介は、平林盛得「資料紹介　固関木契」(『書陵部紀要』三九、一九八八年)に詳しい。

(19) 石田実洋「正倉院文書続修第二十八巻の『過所』についての基礎的考察」(『古文書研究』五一、二〇〇〇年)。

(20) 註(8)に同じ。

(21) 氏はさらに、一応完結した本木簡が宮内で廃棄されたということは、それが用いられなかったか、あるいは使用後再びその人が都に戻ってきて不要として捨てられたか、さらには本司が過所にならい二通作成し、一通を案として保管したものなどの可能性が考えられよう、と指摘している。

(22) 奈良国立文化財研究所『平城宮木簡』一　解説（一九六九年）。

(23) その理由の一つは、「還」を「邐」と誤ったことと、廃棄後、正しい「還」を左横に習書していることもその誤字意識の大きさを示すのではないか。

五　小型の過所木簡——石川県津幡町加茂遺跡

1　釈　文

六号木簡（図84）

・「往還人　　丸羽咋郷長官
　路□〔作〕　　不可召　遂〔逐〕　」

・「道公　　乙兄羽咋□丸　『保長羽咋（異筆1）
　男□〔伎〕丸』　」
　『二月廿四日』（異筆2）　一八〇×二九×四　〇一一

2　形　状

完形。上下端・表裏共に刃物により整形されている。厚さは均一でなく、表面《おもて》からみて右側が厚く四ミリほどあり、左側は薄く二ミリ程度である。左側下端はとくに薄く〇・五ミリほどしかない。作りは丁寧とはいえない。

全体に墨痕の遺存状態が良好でないが、表裏とも二行書きである。表裏の書出しの文字は大きく、下方に向かって小さくなる傾向が認められる。書体は手慣れた速筆と判断できる。

表《おもて》面の初行の書出しは「往還人」で間違いない。「往還」の語は、古代の史料にはしばしばみられ「往来」「通行」などの意味で用いられる。「往還人」は告知札の冒頭にしばしば記されている。

中央部はわずかに墨痕が確認できるのみであり判読できないが、なかほどに「丸」字が確認できるので、これを人名の末尾と考え、不明部分には人名が入ると想定したい。

なお「某丸」という人名は、藤原宮跡出土の弘仁元年（八一〇）の年紀をもつ帳簿木簡（『飛鳥藤原宮発掘調査出土木簡概報』七）にみえるのが早い時期の例であり、文書では貞観元年（八五九）十二月二十五日付「近江国依智荘検田帳」（『平安遺文』一二八号文書）にみえる「秦咋丸」や貞観五年（八六三）十一月十五日付「近江国大国郷墾田売券案」（『平安遺文』一四〇号文書）にみえる「依智秦公田次丸」などがある。以後一般的な名前として、史料にしばしばみられる。

初行の最後の文字は、字形から判断して「官」と解読した（図85）。

表《おもて》面二行目の二字目は、旁の字形から「作」かと思われるが、断定しがたい。

（表）（裏）

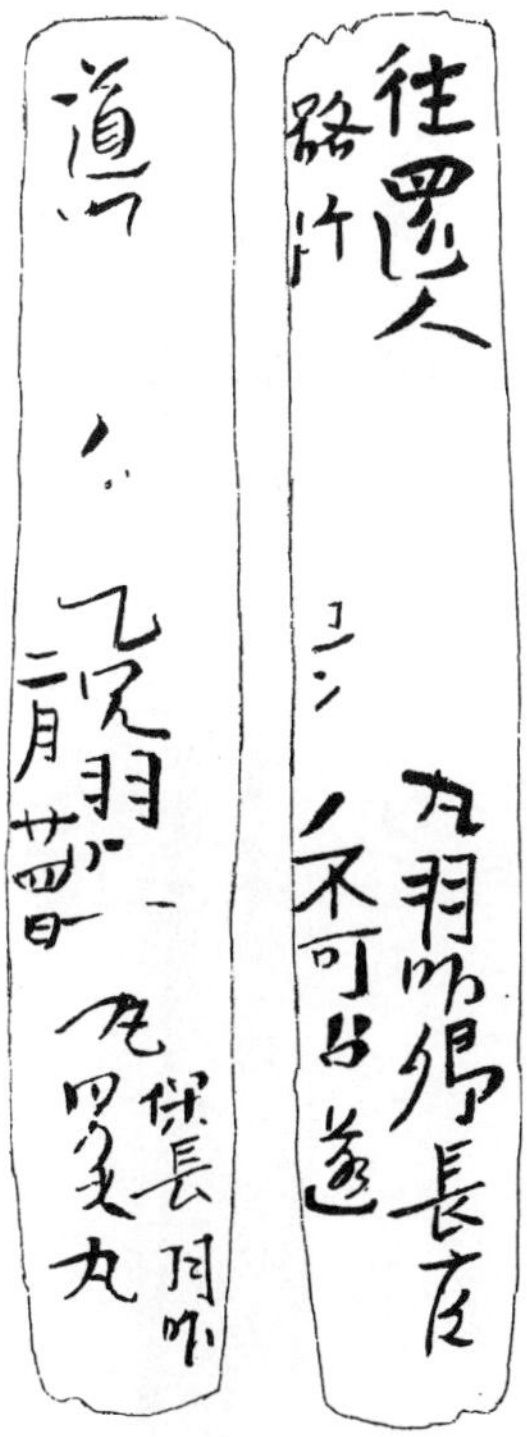

図84　加茂遺跡出土６号木簡

図86　「召」の書体（平城宮跡出土木簡）

図85　「官」の書体

中央部は墨痕が認められ、「不可」字がはっきりと確認できる。これは「……すべからず」という禁止文言であろうから、この木簡が文書木簡であることが知られる。

「不可」の下の文字は平城宮跡出土木簡などの例より「召」と解読できる（図86）。

行末の文字は字形からは「遂」であるが、文意から「逐」の誤記の可能性を指摘しておく。

以上、表《おもて》面の文意は必ずしも明らかではないが「往還人である□□丸は、羽咋郷長に率いられ、官路を作る（人夫として深見関〈剗〉を通過するが）召し逐うべからず（＝拘束しないでほしい）」というような内容であったと思われる。

裏面には文書らしい文言は見当たらない。二文字目は不鮮明であるが、加賀国周辺の在地氏族として「道公」の存在が知られていることから、「公」と判読した（図87）。

裏面の構成は「道公□□」「□□乙兄」「羽咋□丸」という三人の名前、双行で書かれた「保長羽咋男□〔伎〕丸」の名前、および「二月廿四日」の日付、と考えられる。なお、「二月廿四日」の日付は、人名に一部字画が重なっていることから推して、追筆とみなすべきであろう。

以上のような解釈が可能ならば、深見村の地には深見駅とともに通行人を管理する関も設置されていたと考えられる。深見の地は国境にも近く、越中国へ向かう北陸道と能登国への道の分岐点にあたるので、交通の要衝であると同時に、管理にも適した地であるといえる。さらに渤海使の能登への来着がしばしばあり、その警備上からも関の設置が考えられたのであろう。

駅家と関とは、次の陸奥国の「玉前剗」と「玉前駅」の例で、その関係を知ることができよう。多賀城跡外郭西辺中央部の発掘調査で発見された木簡（西辺材木塀に伴う大溝中出土）には、次のようにみえる。

多賀城跡出土木簡（異筆部分および裏面は省略）

・「　　安積団解　〔申カ〕□□番□事
　　畢番度玉前剗還本土安積団会津郡番度還」　五三九×三七×五　〇一一

・（裏面は省略）　（四七次ＳＤ一五二五、宮城県多賀城跡調査研究所『年報一九八四　多賀城跡』）

「玉前剗」はこれまでの文献史料には全くみえない。その内容は、多賀城に当番勤務していた安積軍団に所属する会津郡の兵士が、当番を畢《お》えて、多賀城の南、玉前剗を度えて会津の地に還ることを安積軍団の役人が国府に上申したものである。玉前は、現在の宮城県岩沼市南長谷の玉崎付近と思われ、東北本線と常磐線が合流する地で、古代にも山道と海道が合流するこの地に関がおかれていたことが知られる。

玉前の地は、都から北上して山間部を経て広大な仙台平野への入口にあたる。『延喜式』（兵部）によれば、「玉前駅」が設置されている（二四一頁、図81参照）。

『延喜式』（兵部）諸国駅伝馬条

陸奥国駅馬雄野。松田。磐瀬。葦屋。安達。湯日。岑越。伊達。篤借。柴田。小野各十疋。名取。玉前。栖屋。黒川。色麻。玉造、栗原。磐井。白鳥。胆沢。磐基各五疋。長有。高野各二疋。伝馬白河。安積。信夫。刈田。柴田。宮城郡各五疋。

「玉前剗」と「玉前駅」とが近接していたことは想像にかたくない。

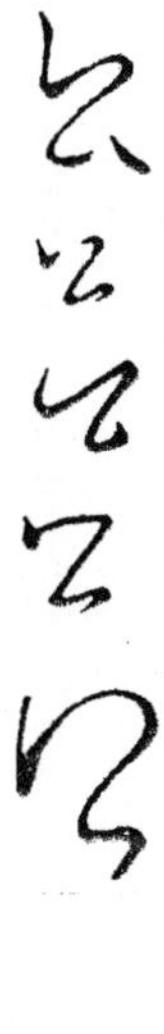

図87 「公」の書体

「玉前剗」の設置年代は明らかではないが、東北地方の行政・軍事の拠点である多賀城を防備する目的から、南の入口にあたる地に関（剗）を設置したと考えられる。

このような状況は、加茂遺跡周辺においても認められる。本遺跡は、北陸道が加賀国から越中国と能登国へ分岐する三国の国境に位置しており、河北潟の「都幡津」（初見は『医心方』巻二五紙背文書群〈大治五年（一一三〇）〉とされる白山中宮執行大法師某書状）や、「深見駅」が集中する北陸道の重要地点である。さらには渤海使らの来着に備えていることが史料にみえることからも、関を設置する条件は十二分に備わっているといってよいであろう。

さらに『万葉集』巻一八―四〇八五によれば、越前国（のちの加賀国）と越中国との国境の越中国側に「礪波関」がおかれていたことが知られている。

天平感宝元年五月五日、東大寺の占墾地使の僧平栄等を饗す。時に、守大伴宿禰家持の、酒を僧に送る歌一首

　焼大刀を礪波の関に明日よりは守部遣り添へ君を留めむ

『延喜式』（兵部）には、礪波に伝馬がおかれていることがみえ、ここからも交通路と関との強い関係がうかがえる。

　北陸道

加賀国駅馬朝倉。潮津。安宅。比楽。田上。深見。横山各五疋。　伝馬江沼。加賀郡各五疋。

能登国駅馬撰才。越蘇各五疋。

越中国駅馬坂本。川合。曰理。白城。磐瀬。水橋。布勢各五疋佐味八疋。　伝馬礪波。射水。婦負。新川郡各五疋。

また、釈文中にみえる「羽咋郷」が能登国羽咋郡羽咋郷であることは確実であると思われ、この木簡が隣国である能登国から加賀国に携行されたものであることを示している。深見駅と玉前駅とが上記のように共通した性格をもっていることと考え合わせると、本木簡を先のように解釈できる蓋然性はきわめて高いといえる。

これまで各地の遺跡から出土したいわゆる「過所木簡」は、上記のほか次のとおりである（釈文は前節を参照）。

(1)　平城宮跡――近江国関係

(2)　平城宮跡――甲斐国関係

(3)　浜松市伊場遺跡――遠江国関係

その特徴として、次の二点があげられる。

㋑公式令過所式の書式には完全に符合しない。

㋺過所木簡は平城京跡の六六センチを筆頭として、比較的大型である。

これらのうち、完形のものは多賀城のものと、(1)平城宮跡－近江国関係の二点である。二点とも通行許可を上申する形をとった文書であり、公式令過所式の書式とは完全に符合しないが、過所式の諸条件をほぼ満たしている。

これらの過所木簡と比較すると、本木簡の特色は次のとおりである。

㋑本木簡は、長さ約一八センチ（六寸）×幅三センチ（一寸）と、小型である。

㋺過所木簡は必ず関司または関名を記すが、本木簡は関の名称を記載していない。

㋩過所木簡は（年）月日を記載しない。本木簡は追筆であるが、「二月廿四日」と記す。

㋥文書の宛所や文書の書式を示す「解」「啓」などの文言は記さない。

以上の特徴からは、本木簡は前述の「過所木簡」と同列に考えることはできない。しかし、記載内容は明らかに官道に設置された関を通過するさいの身分証明書としての意味を有していると判断できる。また、先述のように作りがあまり丁寧でない点から、作成当初より長期の保存や長距離の携行のためではなく、簡便な使用法が想定されていたことがうかがえる。

すなわち本木簡は、長さ一八・〇センチ×幅三・〇センチと小型であり、記載内容もきわめて簡略ではあるが、関の通過のための身分証明書であるといえる。

これらの特徴を備えた木簡は、中国の符・券・棨などとされる通行証に類似していると考えられる。

「符」と呼ばれる通行証は、次のような特徴を備えている。

特定の一関所を通過する場合、そしておそらくはまたもとの場所へ帰ってくる場合は「符」を用いた。張掖郡居延県と肩水金関との間で使用された符が出土している。『説文解字』（一世紀末に後漢の許慎が作った字書）によると、符は「信の意味である」という。また「漢の制度では、竹の長さ六寸のものを以てし、分ちて相い合す」とも書いている。金関の符は竹ではなく木を使っているが、「六寸符」と書いてあり、事実一五センチあることはほぼ漢の制度どおりである。

○「符」の実例

居延漢簡〔原簡番号六五・七〕（中国エチナ河流域）

始元七年閏月甲辰居延与金関為出入六寸符券歯百従第一至千左居
官右移金関符合以従事　・第八　○
長さ一四・七センチ

始元七年（前八〇）閏月甲辰の日に、居延県は肩水金関と「出入六寸符」を作る。券歯《けんし》は百。第一より千まで。左半分は居延県官におき、右半分は金関に送る。左右の符が合致したなら、所定のとおり手続きを行うように。第八。

肩水金関を通過する者を対象に、居延県で作成された割り符である。対をなす一方を居延県におき、他方は金関に送っておく。旅行者はその一方を県から受け取り、通関のさい金関御保管の片方と照合して身分の証とした。

「券歯は百」とは、割り符の照合のために付けられた刻みが、「百」を意味するフ字形をしているということ。「第一より千まで」とは、同型の符を一〇〇〇枚作ったことをいい、末尾の「第八」が通し番号にあたる。長さ六寸（約一五センチ）と小振りであるのは、携帯に便利なためであろう。

さらに「棨《けい》」という文書がある。「棨」は『説文解字』では「伝信である」と解し、伝信とは『漢書』文帝紀の魏の張晏の注では「いまの過所（旅行者の身分証明書）のようなものである」という。

棨は、公的旅行者用と私的旅行者用とがある。

公的旅行者（主に官吏）の場合は、直属上官が発信者となり、旅行者の身分・姓名・旅行目的・宿泊設備の利用を規定どおりさせるよう命ずる文書である。

私的旅行者（主に民間人）の場合は、本人の所属する郷（行政区画＝郡―県―郷―里）の行政を担当している郷嗇夫が「監獄に徴せられたことがない――前科がない」を証明する旨を書き、旅行途次の関津の吏に通達し、無事旅行させるようにという文言である。

○「棨」私的旅行証明書〔原簡番号一五・一九〕

永始五年閏月己巳朔丙子、北郷嗇夫忠敢言之、義成里崔自当自言、為家私市居延。謹案、自当毋官獄徴事、当得取伝。謁移肩水金関・居延県索関。敢言之。

閏月丙子、觻得丞彭移肩水金関・居延県索関。書到、如律令。／掾晏・令史建

永始五年（前一二）閏月八日、北郷嗇夫の忠が申し上げます。「〔觻得県〕義成里の崔自当が自ら申請するには、家のため居延県まで商売に行きたい、と。つつしんで調べますに、自当は獄事で呼び出された前科なく、

伝を取得しうるものと考えます。肩水金関・居延懸索関に取り次いでください」。閏月八日、觻得県丞の彭が肩水金関・居延懸索関に通知する。この文書が届いたら、律令の定めにしたがって対処するように。掾の晏・令史の建。

○「致《ち》」短距離旅行証明書――D21敦煌馬圏湾（玉門関近辺）出土の漢簡（原簡番号七九・DM・T九・二八）

元康元年七月壬寅朔甲辰、関嗇夫広徳・佐熹敢言之。敦煌寿陵里趙負趙自言、夫訢為千秋燧長、往遣衣。用令出関。敢言之。

元康元年（前六五）七月三日、関所の長官の広徳と副官の熹とが申し上げます。敦煌県寿陵里の趙負趣がみずから申し出るには、千秋燧長である夫の訢のもとへ衣類を届けにゆきたい、と。ついては、令の定めにしたがって出関させてください。以上申し上げます。

結局のところ、棨は広範囲の旅行に通用し、符は特定の関を通過する比較的短距離の往来に用いられた。また肩水金関の符に「六寸券符」と書かれ、実際、その符の長さは一四・七センチ、漢尺の一尺＝約二三センチからいえば、ほぼ漢の制度どおり六寸の符であるといえる。

一方、本木簡の長さ一八・〇センチは、八〜九世紀段階では天平尺の一尺＝二九・六〜二九・八センチとすれば、六寸に相当する。

古代日本の木簡を筆者は「屋代遺跡群木簡のひろがり――古代中国・韓国資料との関連」（本書第一章三）において、中国木簡－漢簡との関連性をおよそ次のように指摘した。

古代日本の木簡研究においては、中国の漢簡などと異なり、当初より紙木併用下におかれた日本の木簡の形状や法量に一定の規格性を問うことをほとんどしなかった。……しかし……屋代木簡一つを取り上げても、それらのなかに漢簡を意識した形状や法量に一定の規格性を十分に確認できるのである。……八世紀後半の新羅木簡にも漢簡模倣の様子がうかがえる点も併せて、……また、紙木併用期ゆえに、より木の特性を生かした使用範囲が想定できるという点に着目すべきである。

古代日本において関を通過するための簡略な身分証明書の長さが一八・〇センチであったことは、中国の漢代の制にならい、六寸簡とした可能性が十分に考えられるのではないか。

関市令丁匠上役条には、

凡丁匠上役、及庸調脚度レ関者、皆拠二本国歴名一、共所レ送使勘度。其役納畢還者、勘二元来姓名年紀一、同放還。

とあり、丁匠・調庸運脚が関を越えるときには、本国の歴名により勘度されることが規定されているが、『令義解』によると、往路に関司が歴名を写録し、還るさいにはその記録をもとに本人かどうかを確認するとされている。本木簡の場合は、道路づくりの人夫ではあるが、国を越えるさいには同様のチェックが行われていたのではあるまいか。「二月廿四日」は関司によって日付が書き込まれたものと判断できよう。そのように考えると、本木簡が深見駅（関）付近で廃棄された理由も理解しやすい。

次に、裏面の最後に記された「保長羽咋男□〔伎〕丸」について検討する。この名前のみが、双行で記されていることが特徴であるが、これは、まず三人の姓名が記され、余ったスペースに保長の名を書き込まねばならなかったことによると考えられる。すなわち三人の名と保長の名の間には、文書作成上の段階差が認められると思われる。

ここで、先に引用した資料であるが、平城宮出土の近江国関係の過所木簡に注目したい（釈文は前節参照）。

この木簡の従来の解釈は、大初位上笠阿曽弥安の戸口である伊刀古麻呂と大宅女が、阿伎勝足石の田作人となって近江に赴き、その帰途に用いられた過所であり、最後に記された里長尾治都留伎は文書作成者と考えられている。

しかし、前節で指摘したように、この木簡を詳細に観察すると、里長の姓名部分の墨色はやや薄く、書体も異なることがわかる。これは、里長の姓名は追筆であることを示している。里長が文書作成者であれば、このようなことは考えられない。むしろ里長は過所使用者「阿伎里人阿伎勝足石」の身元を確認し、保証する意味で自署を加えたとみるべきであろう。

この解釈が正しければ、本木簡の保長の名も裏面に記された三人の身元を保証する意味で書き込まれたものであると考えられる。そして、羽咋郷長に率いられた羽咋郷の人々は保単位に徴発され、身分証明書も保ごとに発行されたと推測される。

最後に次のような興味深い可能性を指摘しておきたい（小嶋芳孝氏に多くの教示を得た）。営繕令津橋道路条によれ

出国安置	内　　容	出　典
越前国	高多仏が残留して，越中国で渤海語を教える。	日本紀略
越前国？		日本後紀
出雲国	815年5月18日以前に出航したが遭難している。	日本後紀
		類聚国史
	唐越州人の周光翰を伴って帰国。	日本紀略
		類聚国史
	入京を許さず。渤海に対して一紀一貢にするよう伝える。	類聚国史
加賀国		類聚国史
	入京を許さず。国使との私的な交易を禁止する。	類聚国史
		続日本後紀
		続日本後紀
加賀国	入京を許さず。宣明暦を将来。	三代実録
出雲国	入京を許さず。	三代実録
	都人や市人と交易する。	三代実録
出雲国	入京を許さず。	三代実録
	国使との私交易を禁止する。	三代実録
出雲国	入京を許さず。	日本紀略
		日本紀略
		扶桑略記
越前国	残留者4名を越前国に安置。	扶桑略記
越前国？		扶桑略記

粋。

表15　渤海が日本に派遣した9・10世紀の使節の一覧

着岸	年　　号	月日	出国	年	月日	使人	着岸地	着岸安置
809	大同4年	10.1	810	弘仁元年	5.27	高南容		
810	弘仁元年	9.29	811	弘仁2年	4.27	高南容		
814	弘仁5年	9.3	816	弘仁7年	5.2	王孝廉	出雲国	
818?	弘仁9年?		819?	弘仁10年?		慕感徳		
819	弘仁10年	11.20	820	弘仁11年		李承英		
821	弘仁12年	11.13	822	弘仁13年		王文矩		
823	弘仁14年	11.22	824	天長元年	5.15	高貞泰	加賀国	加賀国
825	天長2年	12.3	826	天長3年		高承祖	隠岐国	出雲国?
827	天長4年	12.29	828	天長5年	4.29	王文矩	但馬国	但馬国
841	承和8年	12.22	842	承和9年		賀福延	長門国	長門国
848	嘉祥元年	12.30	849	嘉祥2年		王文矩	能登国	能登国
859	天安3年	1.22	859	天安3年	7.6	鳥孝慎	能登国珠洲郡	加賀国
861	貞観3年	1.20	861	貞観3年	5.26	李居正	隠岐国	出雲国島根郡
871	貞観13年	12.11	872	貞観14年		楊成規	加賀国	加賀国
876	貞観18年	12.26	877	元慶元年	6.25	楊中遠	出雲国	出雲国島根郡
882	元慶6年	11.14	883	元慶7年		裴頲	加賀国	加賀国
892	寛平4年	1.8以前	892	寛平4年	6.29	王亀謀	出雲国	出雲国?
894	寛平6年	5.?	895	寛平7年		裴頲	伯耆国	伯耆国?
908	延喜8年	1.8以前	908	延喜8年		裴璆	伯耆国	伯耆国
919	延喜19年	11.18以前	920	延喜20年	6.28	裴璆	若狭国丹生浦	越前国松原駅館
922	延喜22年	9.2以前	922	延喜22年				越前国

註　小嶋芳孝「高句麗・渤海との交流」(『海と列島文化』第1巻　日本海と北国文化，1990年）により抜

表16　元慶6年（882）第30次渤海使節の日程記録

年　月　日	記　　　　　事
元慶6年11月27日	11月14日に裴頲ら105人の渤海使節が来着したことを，加賀国が報告。
11月28日	加賀国に対し渤海国使を入港地付近の便処に安置・供給させ，客徒との私的な交易を禁止した。
元慶7年1月1日	大蔵善行と高階茂範を存問使に，伊勢朝臣興房を通事とした。
1月11日	菅原道真が加賀権守を兼ねる。
1月26日	山城・近江・越前・加賀諸国に対して，官舎道橋などを修理し，路傍の死骸を埋葬して，渤海国使の入京に備えさせた。また，越前・越中・能登に対して，酒宍魚鳥蒜などを加賀国に送らせて渤海国使を労饗させた。
2月21日	渤海国使に林邑楽を観させるために，大安寺において林邑楽人107人を調習させ，大和国の正税をもってその食に充てることにした。また，2人の存問使に，領渤海客使を兼ねさせる。
2月25日	渤海使に頒給する冬の時服を，加賀国に送付する。
3月8日	存問兼領渤海客使の大蔵善行と高階茂範らが加賀国へ向かう。
4月2日	掌渤海客使，領帰郷渤海客使を任命。
4月21日	渤海使接待のため，菅原道真が仮に治部大輔の事，美濃介嶋田忠臣が仮に玄蕃頭の事を行う。
4月28日	渤海使節が鴻臚館に入る。
4月29日	5月11日に至るまで，菅原道真と嶋田忠臣が，鴻臚館をたびたび訪れて，渤海大使裴頲と詩宴を催す。
5月2日	大使の裴頲が，天皇に対し渤海国王の国書と進物を呈する。
5月3日	天皇が，豊楽殿で渤海客のために宴を催す。
5月5日	武徳殿で，渤海使に騎射を見せる。
5月7日	鴻臚館で官交易を行う。
5月8日	昨日に引き続き，鴻臚館で官交易を行う。
5月10日	朝集堂で，渤海使のために宴を催す。
5月12日	渤海使節が帰国のため，領客使に率いられて出発。
10月29日	能登の国に勅して，渤海使帰還の造船料に充てるため，羽咋郡福良泊の大木の伐採を禁じる。

註『日本三代実録』による。

ば、道路などの修理は通常、年ごとに九月半ばから十月までの間に行うよう定められている。

　営繕令津橋道路条

　凡津橋道路、毎レ年起二九月半一、当界修理。十月使レ訖。其要路陥壊、停レ水、交廃二行旅一者、不レ拘二時月一、量差二人夫一修理。非二当司能弁一者、申請。

ところが、本木簡の日付は「二月廿四日」となっている。そこで、本木簡にみえる道路づくりと「二月廿四日」という日付に注目して、渤海使来着との関連を想定してみたい。

表15からもわかるように、渤海使らは冬の季節風を利用して、十月〜一月にかけて日本海沿岸に来着するケースが目立つ。また、『日本三代実録』元慶七年（八八三）正月二十六日条によると、渤海使が入京するのに際して、その経路となる山城・近江・越前・加賀などの国は、官舎・道・橋の修理にあたり路辺の死骸を埋めるなどの清掃作業を行った。さらに、越前・能登・越中三国は酒・宍・魚などを加賀国に送り、渤海の客人を饗応した。このときの渤海使は元慶六年十一月十四日に加賀国に来着したので、来着から道の修理・清掃は七一日のちのことである（表16）。

本木簡の年代が、共伴した「牓示札」の年紀「嘉祥」（八四八〜八五一）にほぼ近いものと想定するならば、渤海使はそのころに加賀・能登方面に二度来着している。

○嘉祥元年（八四八）十二月三十日　能登国に来着　（『続日本後紀』）

○天安三年（八五九）正月二十二日　加賀国に来着　（『日本三代実録』）

嘉祥元年の場合、本木簡の二月二十四日までは五四日後、天安三年の場合は三一日後となる。ただし、天安三年のときは入京が許されていないので、おそらくは加賀国府で饗応し、とくに能登国羽咋郡羽咋郷の人が国境を越えて路づくりに動員されることはなかったであろう。

一方、嘉祥元年の場合は、能登国に来着した渤海使が五十数日後に入京を許されたとすれば、嘉祥二年（八四九）二月に、能登国から加賀国への道の修理などが命じられ、羽咋郷の人が動員された可能性は十分にありうるであろう。嘉祥元年十二月渤海使来着、本木簡を嘉祥二年二月とするならば、共伴する「牓示札」の年紀（嘉祥二年）（八四九）と合致し、一括廃棄とみなすことができるのである。

ま と め

おわりに、これまでの検討により明らかとなった本木簡の意義について、簡単にまとめておきたい。

○本木簡は、関の通過のための身分証明として使用されたと考えられる。

○深見駅家付近に関が存在した可能性が高い。

○本木簡の長さは、漢代の簡牘の使用法にならったものである可能性がある。

「牓示札」と同時に廃棄されたと考えられる、長さ一八センチ、幅三センチの一点の木簡は、きわめて重要な歴史的意義を有していると指摘できよう。

最後に本木簡の表面《おもて》の記述が、あまりにも簡略すぎるのではないかという疑問についてふれておきたい。確かに、表面《おもて》は既述の想定による文字の復元を認めても、文章としては成立しない。しかし、これまでの「過所木簡」が書式は均一ではないものの、必要な情報をもれなく記載していたという先の検討結果と、本木簡が簡便な通行証であると思われる点を考慮すると、必要な情報のみを列挙したものと理解できるのではないか、というのが現時点での見通しである。今後、類例が発見されることを期待して後考を俟ちたい。

六　餞馬収文木簡——宮城県多賀城市山王遺跡

1　遺跡の概要(1)

山王遺跡は、宮城県多賀城市山王・南宮の両地区を中心とする東西約二キロ、南北約一キロの広範囲にわたる遺跡である。本調査地点は、旧七北田川と砂押川によって形成された東西に長い自然堤防上に立地しており、海抜約五メートルを測る。

周辺の遺跡についてみると、本調査地点の北東約一・二キロの丘陵上に多賀城跡が所在している。さらに、この南東地域には市川橋遺跡が所在しており、山王・新田・高崎である。本調査地点は、旧七北田川と砂押川によって形成された東西に長い自然堤防上に立地しており、海抜約五メートルを測る。

周辺の遺跡についてみると、本調査地点の北東約一・二キロの丘陵上に多賀城跡が所在している。さらに、この南東地域には市川橋遺跡が所在しており、山王・新田・高崎遺跡とともに、多賀城を取り巻く大規模な集落群を構成している。

山王遺跡の調査は、昭和五十四年（一九七九）に第一次調査が始まっており、これまでの調査で数多くの成果を得ている。第四次調査において幅一二メートルの道路跡が発見され、第八次調査でその延長が確認され、新たにこの道路から分岐する幅三メートルの南北道路も発見された。

この幅一二メートル道路は、多賀城外郭南辺築地跡に平行する東西道路跡である。そのほか数多く掘立柱建物や井戸が存在し、遺物も施釉陶器、青磁、瓦、硯、斎串、木簡、漆紙文書などが出土しており、山王遺跡は多賀城との関連性が強い遺跡として認識されている。

発見した遺構には、掘立柱建物一九棟、井戸二基、土器集積遺構一基、溝二〇条、土坑二八基などがある。これらは、削平を受けた部分を除いてはすべて第Ⅲ層に覆われている。第Ⅲ層については灰白色火山灰降下（十世紀前半ごろ）後の堆積であることを確認している。

掘立柱建物1は調査区北東部に位置し、東西九間以上、南北四間の大規模な東西棟四面廂付建物である。建物はほぼ同位置で四時期（A～D期）の変遷が認められ、身舎部分には床束を検出している。C期の掘り方埋土中に多量の焼土ブロック、炭が混入していることから、B期の建物は火災にあって焼失したものと推定される。

井戸1は直径約一メートル、高さ約一・七メートルの大木を半截してくりぬいたものを合わせて据えた井戸側をもつものである。井戸内からは土器のほか、斎串、立体人形、櫛、下駄などの木製品も多く出土している。

土器集積遺構の平面形は一・五×〇・五メートルの楕円形を呈している。埋土中からは土器が二六九個体出土したが、土器は底面から壁面にかけて丁寧に埋設した様子を呈している。

発見した遺物では、灰釉・緑釉陶器の豊富さが目立つ。また中国産の青磁・白磁・褐釉陶器も出土している。土器以外のものとしては、下駄、椀、錘、曲物容器、櫛という生活をにおわせる木製品があげられる。

墨書土器は約四十点ほど出土しているが、そのなかには「厨」「井」「長」などが判読されている。

調査のまとめとして以下の点が列挙できよう。

㋑　遺構の年代は、出土した遺物から十世紀前半ごろと考えられる。

㋺　この調査で検出された遺構のうち、最も注目されるものは九間以上×四間の四面廂付建物である。このような大規模な建物は、多賀城内でも政庁正殿のほか、数棟しか検出されていないのである。この建物は第四・八次調

図88　山王遺跡調査位置図

査で発見されている多賀城外郭南辺築地跡に平行する幅一二メートルの道路を東へ延長した推定道路に面し、同一の方位にとっている。したがって、本遺跡で大規模な四面廂付建物が発見されたことは、この地が陸奥国府のおかれた多賀城にかかわる重要な施設の中心部であることを示している。

(八)　発見された遺物のなかで、多量の緑釉陶器、灰釉陶器、中国産陶器は多賀城内でも例がなく、これは明らかに奢侈品であり、この遺跡の性格を物語っているであろう。

(二)　主要遺構のなかに井戸が存在する点や、下駄、錘、櫛などの生活用品の出土は、この場で日常生活が行われていたことを示していよ

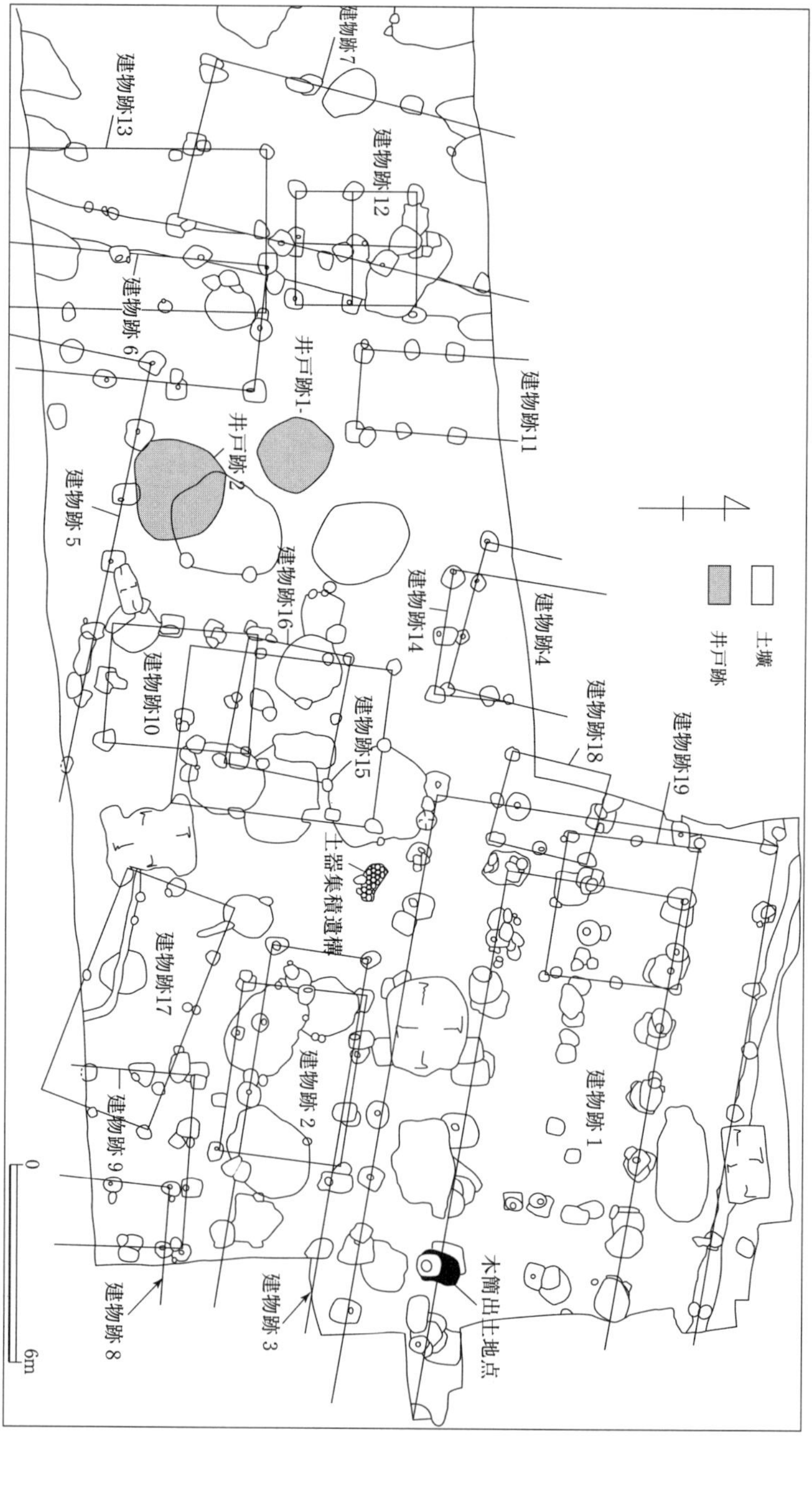

図89　山王遺跡第 9 次調査遺構全体図

う。

㋭　最も注目される遺物としては「右大臣殿、餞馬収文」と書かれた木簡がある。この木簡については、陸奥国司にかかわる内容であることは確かであるといえよう。

以上のことを総合して考えるならば、この調査地は、国司の館の中心部分であったのではないかと推定される。

2　釈　文

・「右大臣□〔殿〕
　□〔餞〕馬□〔収〕文
・「□□〔大〕臣□〔殿〕
　餞馬収文（題箋軸）　（五五）×三六×八　〇六一

3　形　状

この木簡は題箋軸である。短冊形の一枚の板から削りだして題箋部と軸部を作る。この木簡は軸部が根元から欠損している。題箋部は片面は右下部と左側面、もう片面は右上部と右側面がそれぞれ抉り取られたように木簡面がほとんど失われている。材の保存状況もそれほどよいとはいいがたい。

（裏）　（表）

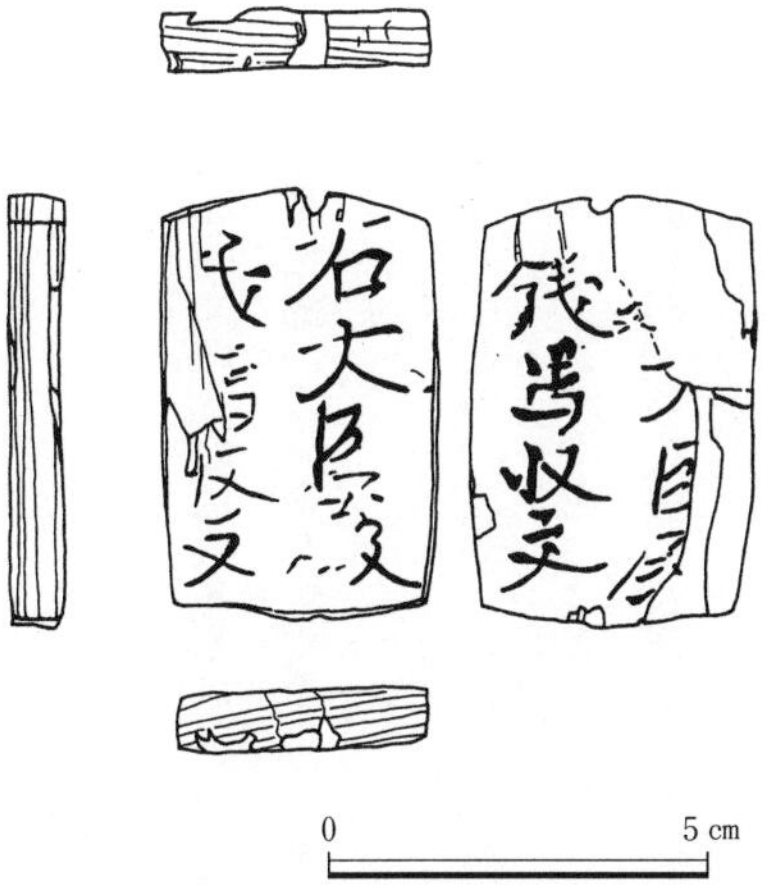

図90　山王遺跡第９次調査出土の木簡（題箋部）

題箋両面の内容は全く同文と判断できる。正倉院文書中の題箋の例にも、表裏同文のものは数多く見出せる。木簡面の傷みがはなはだしいが、幸い表裏同文であることが確認できたので、両面を相補って完全な釈文を付することが可能となった。

4　内　容

「右大臣」は太政官の長官で左大臣に次ぐ重職である。「餞」は文字どおり餞別のことで、「餞」を『新撰字鏡』（わが国現存最古の字書、寛平四年〈八九二〉撰述、延喜元年〈九〇〇〉増補）によれば、「馬《うま》乃《の》鼻《はな》牟《む》介《け》」と訓んでいる。したがって、「餞馬」は餞別のための馬のことである。「収文」は通常、諸国の貢納物に対する中央の役所の受取状のこととして用いている。

全体の内容については、次の三とおりの解釈が成り立ちうるであろう。

㋑　陸奥守に任命された者が陸奥国下向に先立って右大臣に挨拶を行い、そこで右大臣から餞別の馬を贈られた。

〈参考〉『日本紀略』天元三年（九八〇）七月二十五日条

太政大臣於㆓職曹司㆒餞㆓出羽守源致遠赴任㆒有㆓和歌㆒

㋺　当時、陸奥国の按察使は大納言までは兼任しているが、右大臣に昇進すると、按察使の職を辞するのが常であった。そこで陸奥国守は、東北地方の最高行政官〝按察使〟が右大臣に昇進するにあたって餞別として陸奥国の最高の贈り物、馬を進上したと考えられる。もちろん、按察使は在京しているが、陸奥国を任地とする建前から一種の儀礼として右大臣への貢馬を〝餞（うまのはなむけ）〟と表現したのであろう。陸奥国守から餞別の馬が都の右大臣家に送られ、その収文（受取状）が陸奥国司宛に送付されたと考えられ、その一連の文書（収文と送るさいに付せられる陸奥国司解文の案文など）に題箋を付し保管していたのであろう。

㈧　㈫のような馬の貢進の場合に陸奥国において、右大臣への餞馬を国内から調達したさいの受取状を保管していたものではないか。

これら三点のうち、いずれのケースが最も可能性が高いか、以下、若干の考察を加えてみよう。

5　収文の用例

a　『三代実録』元慶五年（八八一）四月二十八日条

先レ是、去年四月八日、大膳史生矢田部氏永、姧私作二諸司収文一。偸二取淡路国塩代米五十斛余一。自レ此姧二作備前讃岐等米収文一之事発露。出納諸司坐二此事一、下レ獄者衆。（下略）

b　『延喜式』（主計下）調銭条

凡畿内諸国所レ進調銭、勘二定調帳一之曰、具録二銭数一。移二送穀倉院一令レ納。其収文待二従レ官下一勘会。

c　『延喜式』（主計下）鋳銭司条

凡鋳銭司所レ進年料銭、随二所進数一、且附二綱丁一収二収文一、至二十年終一令レ進二惣帳一。勘会已訖乃与二返抄一。

d　『延喜式』（主計下）失文条

凡諸国貢調幷雑物綱丁等、若失二諸司収文一有レ申レ官者、官先令二所司勘一之。即加二外題一、経レ省下レ寮。更写二前収文一、具注二其由一、允属共署、捺二寮印一与之。

まず四例すべて「収文」が諸国からの貢進物に対して中央の諸司が発する受取状の意として用いられている。たとえば、aは大膳史生矢田部氏永が、諸司の収文を姧作し淡路国米五十斛余を偸取したことが発覚し、追及の結果さらに備前・讃岐などの収文をも姧作していたことも明らかとなり、出納諸司官人がこれに坐して下獄する事件である。その点は次の例も同様であろう。

『類聚三代格』承和十年（八四三）三月十五日太政官符

調庸并雑交易等物納畢之日、郡司綱領受二取諸司諸家返抄収文一付二授雑掌一、雑掌為レ請二返抄一与二寮官一共勘二会抄帳一、若寸絹撮米有二未進一者、不レ与二返抄一。

この史料からは、調庸ならびに雑交易などを納めた日に郡司が諸司・諸家より受け取ったのは返抄・収文であり、収文は主計寮において返抄請求のために抄帳と勘会されることが知られる。そして未進があった場合は返抄は与えられないのである。結局、収文の性格は、すでに俣野好治氏が指摘しているように現納分についての仮領収証とでもいうべきもので、未進数勘出の役割をもっていたといえる。[2]

以上の収文の用例からは、㋑の場合のような右大臣家から陸奥守への餞馬の収文とは理解しがたいであろう。収文の例がいずれも中央の諸司から発するものであった点から判断するならば、右大臣家から、下向する新任の陸奥守に餞馬する場合、陸奥守が収文を発したとは考えにくく、さらに陸奥国府において、題簽を付けた収文を保管していた事実も説明しにくいのではないだろうか。

まとめ

『権記』長保二年（一〇〇〇）九月十三日条

奏文并宣旨等注二目録一、退出詣二左府（左大臣）一。下二宣旨一。帰宅。出羽守義理朝臣所レ送書状并貢馬解文等、彼息男為義持来。
左大殿（左大臣殿）貢馬六疋解文在レ別。（下略）

出羽守が都の左大臣殿に貢馬した史料であるが、この「左大（臣）殿貢馬六疋解文」という表記を参照すれば、「右大臣殿餞馬」は㋑の右大臣殿からの餞馬の意でなく、㋺㋩の右大臣殿に対する餞馬と解することができるであろう。ただし、㋩は陸奥国内からの馬の調達であるから、収文は国司の側に遺されるのは案文であるが、この題箋には〇〇案とはない。

以上の検討からは、㋺のケースが最も可能性が高いであろう。㋺の場合はいくつかの付帯条件を考慮しなければならないが、この場合は先に述べたようにあくまでも按察使は在京しているが、陸奥国を任地とする建前から、右大臣昇進とともに按察使を辞することは陸奥国を離れる行為とみて、〃うまのはなむけ〃という名目のもとに貢馬したと理解するのである。この陸奥国司から右大臣への餞馬はおそらく陸奥国の貢馬の一形態として慣例化し、その貢進に対して右大臣家から収文が陸奥国司に与えられたと想定することができるであろう。

なお、参考までに大納言兼按察使として、右大臣に昇進した人物を一応九世紀末から十世紀前半までの間で『公卿補任』でみてみると、次のとおりである。

昌泰四年（九〇一）（右大臣任、以下同じ）正三位源光
延長二年（九二四）正三位藤原定方
承平三年（九三三）正三位藤原仲平
天慶七年（九四四）正三位藤原実頼
天暦元年（九四七）従二位藤原師輔
康保四年（九六七）正二位藤原師尹

本遺跡は以上のように遺構・遺物などの検討により、国司の館であると想定でき、さらに国守の館であるという可

能性も提示できるきわめて重要な遺跡であるといえよう。また、本遺跡の年代は十世紀前半とされている。この時期は、律令体制の衰退とともに地方政治が大きく変質を遂げるのである。地方政治の中心となる国府においても、しだいに国司の館の役割がその重要性を増してくる時期でもある。(3)

註

(1) 多賀城市埋蔵文化財調査センター『山王遺跡　第9次発掘調査報告書』(一九九一年)。
(2) 保野好治「律令中央財政機構の特質について―保管官司と出納官司を中心に―」(『史林』六三―六、一九八〇年)。
(3) 鬼頭清明「国司の館について」(『国立歴史民俗博物館研究報告』一〇、一九八六年)。

七　古代における人名の表記

1　七世紀の「氏(ウジ)」異筆木簡の発見――長野県屋代遺跡群(1)

長野県更埴市に所在する屋代遺跡群のうち、平成六年(一九九四)、⑥区と呼ばれる調査区の溝から祭祀などに用いられた大量の木製品とともに一二六点の木簡が出土した。⑥区の調査では木簡が出土した溝の土層を北側のそれぞれの時期の水田跡に対応させて、上層から順に第二、第三、第四、第五水田対応層と呼んでいる。それらの木簡のなかに次に示すような干支年木簡が存在する。

四六号木簡(図91)

・「乙丑年十二月十日酒□〔人〕
・「『他田舎人』古麻呂　(一三二)×(三六)×四　〇一九

この木簡は第三水田面湧水溝から出土しているが、この湧水溝最下層からは八世紀前半の土器が多量に出土しており、溝は八世紀前半に埋まったとみられる。ただし、木簡自体はこの湧水溝の埋め戻し土から出土した。第三水田面の木簡は、年紀のみられるものはいずれも元号を使用しており、養老・神亀の時期のものである。「乙丑年」木簡は、このなかでは特異な存在である。全国的にみて、これまでのところ、木簡における干支年紀の例では八世紀に下るものを見出せない。本遺跡では七世紀に人々が活動していたことが明らかであり、別に「戊戌年」（文武天皇二年〈六九八〉）が出土していることからも、「乙丑年」を孤立した資料として扱う必要はない。これらの状況からみて、「乙丑年」は神亀二年（七二五）よりも天智天皇四年（六六五）に比定するのが妥当であろう。ただし、この木簡は、下部の欠損によって内容がわかりにくく、文書木簡・記録簡かあるいは付札の類なのかは判断しがたい。

本木簡については、さらに興味深い点がある。表面《おもて》の「乙丑年十二月十日　酒□〔人〕」と裏面の「古麻呂」は、字画の太さや墨痕のにじみぐあいからみて同筆とみられるが、「他田舎人」の部分は異筆のようである。八世紀以後にみられる文書では、署名に際しては一般に姓名のうちの名の部分だけを自署するが、本木簡では「氏」の方を自署している可能性が考えられるのである。

本木簡は、下端が欠損し、自署か否かの判断は容易に決しがたい。しかも、現存する文書（漆紙文書を含む）でみるかぎり、署名は姓名のうちの

（表）　（裏）

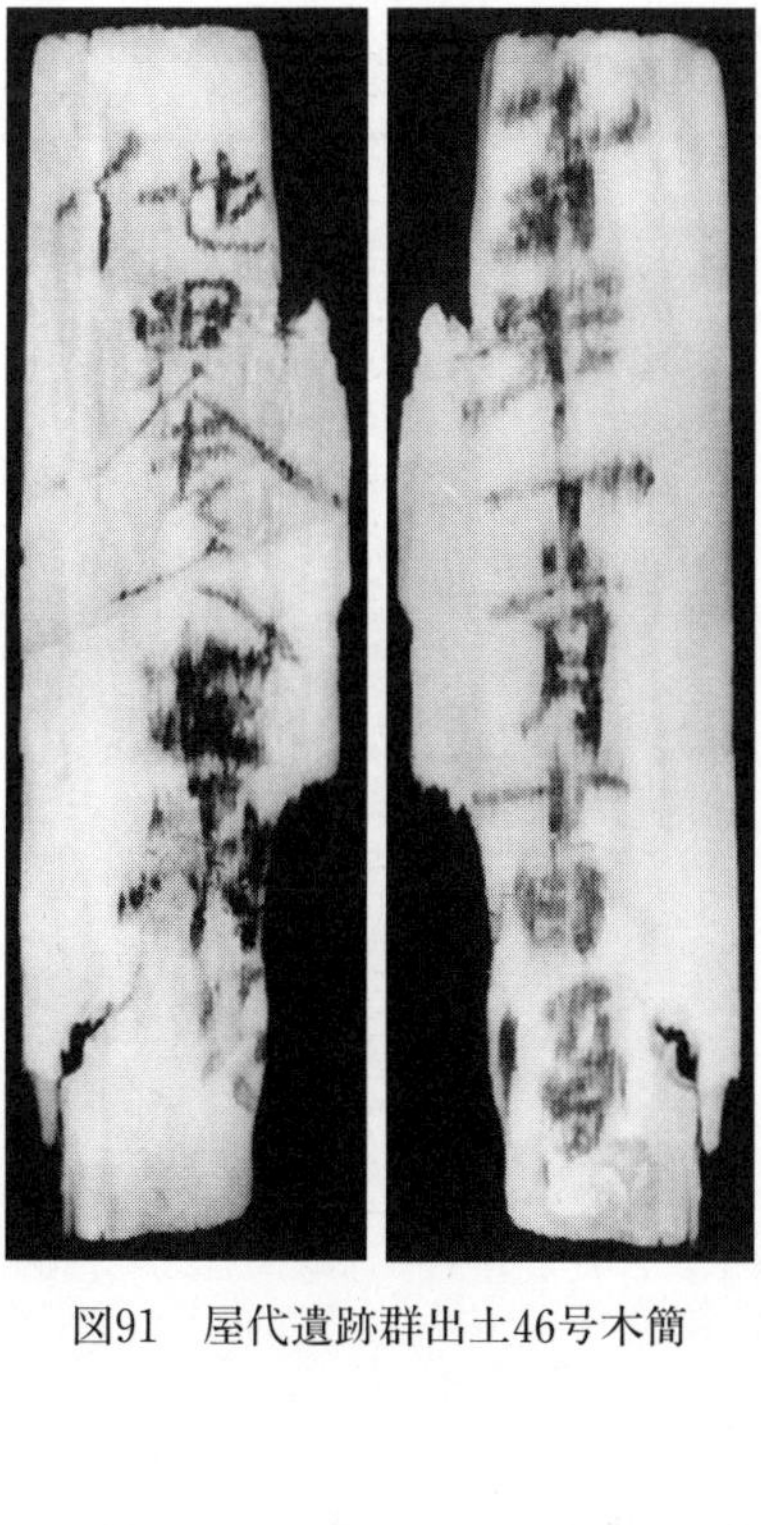

図91　屋代遺跡群出土46号木簡

名の部分である（図92）。ただし、これらの文書は八世紀以降のものであり、これまで七世紀代の自署を有する紙の文書および木簡資料は皆無であった。

その点、本木簡は六六五年「乙丑年」の年紀を有するいわば、初見資料だけに検討する価値は十分にある。自署する場合、姓名のうちの姓か名かはおそらく古代国家における氏の本質にも大きくかかわる重要な問題であると考えられる。

本節では、一点の木簡を契機として、幅広い古代資料を検討し、人名表記を通じて古代の氏の実態を明らかにしてみたい。なお、本節では、人名については、人名から個人名を除いた部分、たとえば大伴宿禰などウジ・カバネの部分を「姓」と呼び、[2]カバネを伴わない場合は「氏（ウジ）」または「ウジ名」を用いることとする。

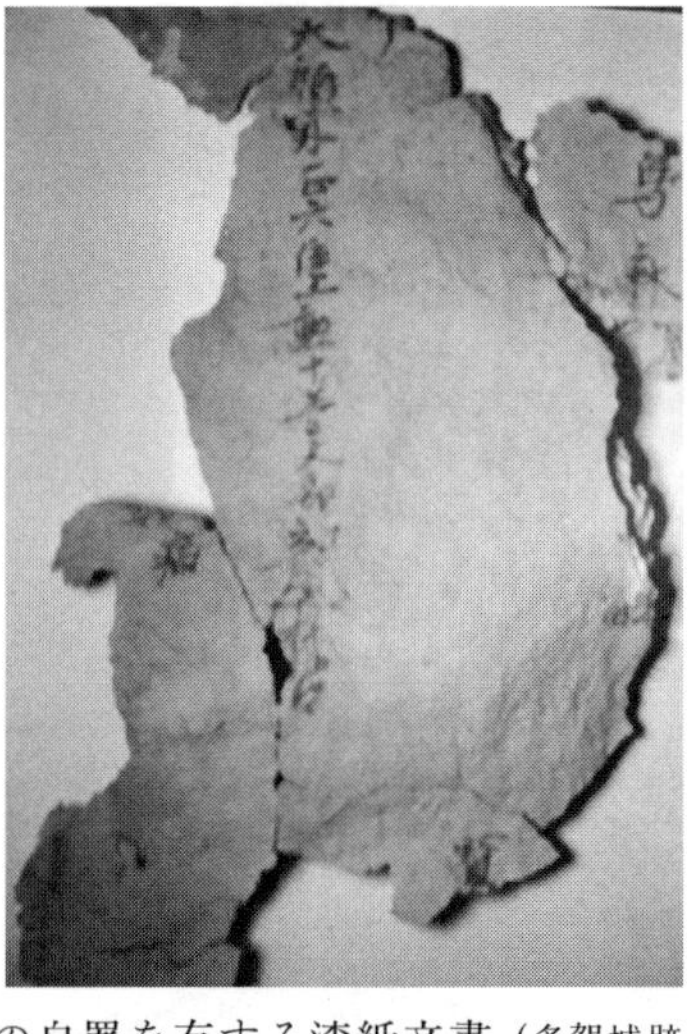

□鳥麻□□（以カ）解
寶□
大領外正六位上勲十等丈部（自署）「龍麻呂」
□部病
（別筆）「同月□」

図92　8世紀後半の自署を有する漆紙文書（多賀城跡出土4号漆紙文書）

2　八世紀以降の「名」自署

(1)　公式令の自署規定

養老公式令によれば、解式などの文書は、四等官がすべて署名する。まずその官司の四等官のうちで文案作成を職掌とする主典が文章を作り、年月日の下に署名する。その次の行から他の四等官が署名するが、主典の作成した文案を浄書するのは史生の役目で、本文はもちろん、四等官全員の官位姓までを書いておくのである。これを「署処（所）を書く」という。この署処の下に各自が名を自署するのである。したがって文書の本文および署処は一筆であるが、署名部分はそれぞれ筆が異なることになる。

(2) 長岡京跡出土木簡（検収署名）[3]

六七号木簡

・「美濃国米綱丁勝栗万呂

・「延暦九年五月十九日『秦安万呂』　（一六五）×二四×二　〇五一

この木簡は美濃国地子米の荷札である。秦安麻《（万）》呂は太政官史生兼太政官厨家預と推定される人物で、この署名は太政官厨家で地子米を収納するさい、検収にあたった彼がその責任を明らかにするために記したものである。

六一号木簡

・「近江国米綱丁大友醜麻呂　」

・「　五月十三日秦『安万呂』」　一七四×二一×三　〇一一

近江国地子米の荷札。この荷札は検収者のウジ名「秦」までを貢進側が記しているから、貢進側の近江国が収納担当官人を知っていたと思われる。この点や、中央における貢進物収納事務が長期間かかることからみて、この荷札は、在京の近江国の官人によって収納直前に付けられたものと推定されている。

(3) 福島県門田条里制跡出土木簡（郡司署名）[4]（四二二頁、図143）

門田条里制跡は、会津若松市街地の南方約三キロに広がっている。調査地点は遺跡の東北隅で、南から北への緩やかな傾斜地で、遺構・遺物は北側の低地に集中する傾向が認められた。木簡をはじめ、人形、二種類の田下駄などの木製品が良好な保存状態で出土している。

木簡の釈文と内容

□□税長等依法□物塡進了<　寛×

『有安』擬大領［　］『筌麻呂』擬少領［　］　（二六二）×七五×一二　〇三九

上下端欠損しているので全長は不明であるが、幅七・五センチ、厚さ一・二センチという非常に大型な木簡であり、裏面は調整が粗く、墨痕が全くない。

この木簡は、（国司）・郡司・税長が法に基づき、官物の欠損を補塡したことを内容としており、年月日（寛平年間〈八八九～八九八〉とおそらく日下（日付の下の署名）に税長名、左側の上部欠失部分に国司、そして現存部に郡司（擬大領、擬少領）の署名を記したものと推測できる。

なかでも左行は、「擬大領」、「擬少領」と官職名を順次記載している。この点も、紙の文書では、署処は上下二段、郡領であるならば、上段（「行上」）に一人一行とし、列記されるべきところである。また、文書の本文および署処部分の官職名とウジ名までは一筆で記載されているが、各自の署名部分は文字の大きさと書体が異なり、自署であることは明白である。ここで注目されるのは、自署部分と官職名が一部重なってしまっていることである。これは木簡特有の記載として郡領名を縦に連ねたときに、それぞれの自署の余白が不十分であったのに、通常書き慣れた紙の文書に記す自署を、そのまま加減せずに記してしまったためにこのような文字の重なりが生じたのであろう。

結局のところ、本木簡は、大型で、裏面の加工が比較的粗雑で全く文字のないことからも、正倉に納められた官物の不足分を国司・郡司・税長などの役人が補塡し、署名したうえで正倉に掲示した「倉札」ではないかと推測される。

3　金石文（六世紀後半から八世紀前半の資料）の人名表記

(1)　六世紀後半、岡田山一号墳出土大刀銘（島根県松江市大草町）

岡田山一号墳は、全長二四メートルの前方後方墳で、六世紀後半の築造とされている。この古墳出土の鉄刀は、刀身の半分が失われ、現存長五二センチしかない。銘文は銀象嵌で一二文字あったことがわかる。

各田ア臣□□□素□大利□

「各田ア臣」は額田部臣と読み、以下は吉祥句と想定される。額田部臣は、『出雲国風土記』大原郡条に「前少領額田部臣押嶋」などとみえるように、出雲国の地方豪族と考えられる。六世紀後半当時、すでに地方の豪族にヤマト政権の部民制が普及し、かつ身分秩序を示す「臣」というカバネ制が確立したとみなされている。「額田部臣」という姓のみの表記である。

(2)　辛亥年（六五一）銘金銅観世音菩薩立像台座銘（東京国立博物館法隆寺宝物館蔵）

〔台座框正面〕

辛亥年七月十日記笠評君名左古臣辛丑日崩去辰時故児在布奈

〔右側面〕

太利古臣又伯在□古臣二人乞願

この系譜の記載方法は、笠評君左古、その児の布奈太利古、その伯の□古というように、笠評君という姓を記すと、以下児と伯の同姓部分を省略するのである。

(3)　和銅四年（七一一）多胡碑

〔正面〕
弁官符上野国片岡郡緑野郡甘
良郡并三郡内三百戸郡成給羊
成多胡郡和銅四年三月九日甲寅
宣左中弁正五位下多治比真人
太政官二品穂積親王左大臣正二
位石上尊右大臣正二位藤原尊

左中弁多治比真人、左大臣石上尊、右大臣藤原尊というように姓またはウジ名と敬称（尊）のみ記し、名を記していない。

(4)　神亀三年（七二六）金井沢碑
上野国群馬郡下賛郷高田里
三家子孫為七世父母現在父母
現在侍家刀自他田君目頰刀自又児加
那刀自孫物部君午足次馸刀自次乙馸
刀自合六口又知識所結人三家毛人
次知万呂鍛師礒部君身麻呂合三口
如是知識結而天地誓願仕奉
石文

神亀三年丙寅二月廿九日

この碑は七世父母の菩提と現在父母の安穏を祈って造立されたものであるが、碑文の内容が八世紀前半ごろの氏族の結合のあり方を知るうえで注目されている。この碑の系譜の記載については、続柄はすべて家刀自との関係を示すと理解できる（第五章二、註(7)参照）。

系譜の中心である家刀自は、もちろん固有名を表記せず、児加那刀自は家刀自と同じウジ名ゆえに明記されていないのであろう。加那刀自の夫のウジ名（姓）が「物部君」を称したので、孫は物部君午足、午足の姉妹たちは同じ姓「物部君」を略したと解釈できる。

4 「氏」列記の記録簡

七世紀段階の木簡には、人名を表記する場合、ウジ名のみを列記する記録簡が目立っている。

(1) 飛鳥京跡出土木簡(5)

奈良県高市郡明日香村に史跡伝飛鳥板蓋宮跡があり、これまでの発掘調査成果によれば一本柱列により囲まれる内郭と、さらにそれをとり囲む外郭、その東南に接するエビノコ郭がある。これらを合わせて飛鳥京跡と称している。最近では、飛鳥京跡の上層遺構を、飛鳥浄御原宮とする見解が有力である。第一〇次調査で検出された木簡は一六〇点（うち削屑は一二一点）で、内郭から北側に流れ出た溝などから出土している。

第一〇次二七号木簡

・□〔マ〕矢田マ　大田マ　長小〔小長〕谷マ　月
マ田財マ　□　田　丈マ　丈マ　田マ　月」

・□マ　□□　占マ　マ　矢作マ　若
□マ　□マ　若」　（二五〇）×三八×三　〇八一

上部が折損し、また現存は六片に分かれている。表裏ともに部名を列記したもので、裏は重ね書きをしており、下にも薄く部の名が記されている。

(2)　長野県屋代遺跡群出土木簡(6)

三号木簡

・「□□□□□ネ□ア　□　□　□□
戸田ア　穂積ア　弥□　□　□□」

・「□□□□□□」　一八七×五三×七　〇五一

上下端ともに側面ケズリで斜めに面取りをして調整している。厚手かつ幅広で下部を圭頭状にしている。ウジ名（部姓）を列記した記録簡と考えられる。

一一号木簡

・　三家人ア　石田ア□
□　他田ア　人　□
□　□□　□石田ア　□□田□相

・　　　　　　　　□[　　　]　　　　□
　□田□〔ア〕　□□　　　　　　　□〔連〕
　　　　　　　　□□□　　　　□〔連〕

(二七三)×四三×二　〇八一

三片が接合する。上端は二次的なキリ、下端は欠損。三家人部・石田部・他田部などの部姓が記されている。歴名を内容とする記録簡の一部か。

二点の木簡は、第五水田対応層から出土しているが、この出土層位は屋代遺跡群の木簡出土層のなかで最も古い層で、同層からは一三号木簡「戊戌年八月廿日」という干支年紀――戊戌年＝六九八年を伴い、また土器の年代観からも、層位は七世紀第3四半期から八世紀初頭ごろにあてることができる。

(3)　平城宮跡出土木簡――兵衛関係木簡(7)

年代的には八世紀段階でも、平城宮跡の兵衛関係木簡の人名記載が注目される。

平城宮内の内裏外郭内のごみ捨て場様の土坑から、兵衛の出勤と食料の支給に関係する木簡が五一点出土した。そのなかに、兵衛が西宮と呼ばれた区画にある門へ出勤した当日の食料請求のための木簡が四三点ある。西宮の区画に造られた北門、東一・二・三門、南門などに出勤した兵衛のウジを記した木簡である。

・「東三門額田　林　神／各務　漆部　秦　北門日下部／縣　北府服□〔結〕／大伴」
・「合十人　五月九日食司日下部太万呂状　」

一八七×二二×二　〇一一

(『平城宮木簡』一―一〇〇)

・「北炬兵衛礒　宗我　八尸〔戸〕　河内　養徳／石前　錦部　道守　枝井　田部」
・「若麻／尾張　合十二人　」

二五〇×三一×四　〇一一

人名記載はすべてウジ名のみの列記である。（『平城宮木簡』一―九一）

これらの木簡の年紀は、天平十七年五月の平城遷都後に属し、天平末年もしくはそれをそう遠く下らないものと推定してよいであろう。

5　籍帳にみる人名の表記

正倉院文書中の戸籍や計帳に加えて近年、発掘された籍帳関係の木簡や漆紙文書の登場により、わが国の籍帳制の成立段階に新たな見解を提示することが可能となってきた。その私見を本論との関連で要約して紹介しておきたい。(8)

全国的戸籍制度は、天武・持統朝における軍事的要請から実施されたと考えられる。浄御原令に基づくとされる御野型戸籍は、兵士徴発をはじめとする軍事的活用を前提として、その記載の様式を整えている。当初御野型戸籍が全国的に実施され、大宝二年段階で新たな記載様式をもつ西海道型が導入されたのか、当初から地域的特性を配慮して道別にそれぞれ異なる記載様式の戸籍を採用したのかは現段階では決めがたい。

しかし、いずれにしても多賀城跡およびその周辺遺跡から発掘された籍帳関係の木簡や漆紙文書によって、陸奥国一国における籍帳制の変遷をみごとに立証することができた。その結果、わが国においては、少なくとも、養老五年までは、御野・陸奥型すなわち東山道型と西海道型が併存することが明らかとなった。そのことは、道単位で同じ記載様式の戸籍が存したことを意味し、その記載様式は戸籍そのものの本来的な作成意図を投影したものであると指摘した。

そこで、人名表記に関して、まず大宝二年御野国戸籍は、その記載様式の特色として、次の点があげられる。

○大宝二年（七〇二）御野国加毛郡半布里戸籍（正集二四、『大日古』一－八四）

中政戸秦人止也比戸口十四　正丁二 兵士一　少子二 小子二　幷七　正女三 少女一　小女三 幷七

下々戸主止也比年卌二 正丁　嫡子太加麻呂年廿 少丁　次小太加年八 小子

戸主甥都麻利年卅六 正丁　次加尼麻呂年廿四 兵士　次千麻呂年十九 少丁

加尼麻呂甥秦人牟津年十一 小子　戸主妻秦人余売年卅六 正女　児知代売年廿 少女

次牟志奈売年十三 少女　次小牟志売年五 小女　都麻利母秦人加々弥売年六十 正女

加尼麻呂妹都売年卌二 正女　児秦人牟都売年四 小女

(イ)「人名＋続柄＋人名」の記載。

(ロ)男女順の戸口配列法をとっていること。

(ハ)続柄の説明に「次」という継起的記述法をとっていること。

(ニ)従父兄弟、従父姉妹に考定されている「戸主同党」の表記がみえる。

その特色に加えて、人名表記に関しては、中政戸秦人止也比を明記すると、以下、戸主と同じウジ名の場合はウジ名を省略する。

この御野国戸籍と同様な記載様式をもっていたのが、次の二点の陸奥国関係の籍帳である。

○和銅元年（七〇八）陸奥国戸口損益帳（正集二六、『大日古』一－三〇五）

意弥子黒麻呂年廿六　残丁　和銅元年死

戸主占部加弓石年卌四　正丁　太宝二年籍戸主占部古弖弥戸戸主子今為戸主

寄大伴部忍年九　小子　太宝二年籍後移出里内戸主大伴部意弥戸戸主為甥

次真忍年七　　　小子
従父弟大麻呂年廿三　　正丁
忍姉麻刀（自脱カ）年十四　　小女　上件三人忍従移往

「寄大伴部忍」に続く「次真忍」のように、ウジ名を省略している。

○多賀城山王遺跡第一七次調査四号漆紙文書（計帳様文書）

〔表面《おもて》〕

出挙八百卌四束
□貸一百九束

〔漆付着面〕

形見年正丁
□貳課見輸
戸男獲子年五小子
戸叔父那年［　］六耆老
戸女古祢咩年□

歴名記載について「戸」＋「続柄」＋「人名」＋「年齢区分（割書）」とし、人名にウジ名を記していない。

一方、大宝二年西海道型戸籍および養老五年下総国戸籍については、その記載様式の特色は御野・陸奥型（東山道型）と比して次のような点が対比的にあげられる。

○大宝二年筑前国島郡川辺里戸籍（正集三八、『大日古』一―九七～八）

戸主卜部乃母曽年肆拾玖歳　正丁　課戸
母葛野部伊志売年漆拾肆歳　耆女
妻卜部甫西豆売年肆拾漆歳　丁妻
男卜部久漏麻呂年拾玖歳　少丁　嫡子
男卜部和哥志年陸歳　小子　嫡弟
女卜部哥吾良売年拾陸歳　小女
女卜部乎哥吾良売年拾参歳　小女　上件二口嫡女
従父弟卜部方名年肆拾陸歳　正丁
妻中臣部比多米売年参拾漆歳　丁妻
男卜部黒年拾漆歳　少丁　嫡子

○養老五年（七二一）下総国葛飾郡大島郷戸籍（続々修三五―五裏、『大日古』一―二六〇～一）

戸主孔王部佐留年肆拾漆歳　残疾　課戸
母孔王部乎弖売年漆拾参歳　耆女
妻孔王部若大根売年参拾漆歳　丁妻
男孔王部古麻呂年拾伍歳　小子　嫡子
男孔王部麻麻呂年拾弐歳　小子　嫡弟
男孔王部勝年玖歳　小子
男孔王部小勝年漆歳　小子

女孔王部与佐売年弐拾弐歳　丁女
女孔王部真黒売年拾弐歳　小女
女孔王部小黒売年漆歳　小女
弟孔王部徳太理年参拾壱歳　正丁　兵士
男孔王部古麻呂年漆歳　小子

㋑戸主下の「戸某」として記載。

㋺戸主の血縁の親近性に基づく男女混同記載。

㋩同一の続柄の場合、戸主弟某・弟某などと反復列記。

人名表記は、戸主以下が同一のウジ名であった場合でも、原則としてすべて記載している。

6　福島県荒田目条里遺跡出土の郡符（里刀自宛）木簡の人名表記(9)

荒田目条里遺跡は福島県いわき市平菅波地内に所在する。夏井川下流の右岸に位置し、太平洋の海岸より西へ約二・五キロのところにある。本遺跡の南東方向へ約一・五キロのところに磐城郡家の中心施設に比定される根岸遺跡がある。平成五年（一九九三）に調査された荒田目条里遺跡は、古代の幅一六メートル以上にわたる河川跡のなかから祭祀遺物を中心に多数の遺物が出土した。

・「郡符　、里刀自　、手古丸　、黒成　、宮澤　、安継家　、貞馬　、天地　、子福積　、奥成　、得内　、宮公　、吉惟　、勝法　、圓隠　、百済部於用丸
　、真人丸　、奥丸　、福丸　、蘇日丸　、勝野　、勝宗　、貞継　、浄人部於日丸　、浄野　、舎人丸　、佐里丸　、浄継　、子浄継　、丸子部福継『不』足小家
　、壬部福成女　、於保五百継　、子槐本家　、太青女　、真名足『不』子於足　『合卅四人』

右田人為以今月三日上面職田令殖可扈發如件　」

・「　大領於保臣　奉宣別為如任件□〔宣カ〕　」

　　　　　　　　以五月一日　」

五九二×四五×六　〇一一

短冊形の完形木簡である。現状では二片に分かれているが、これは本木簡の廃棄のさいに、刃物で両面から若干切込みを入れ、折られて投棄されたものと判断できる。

本木簡では、郡符の宛所は〝里刀自〟とみなしてよいであろう。里刀自に続いて、人名が三六人列記されている。歴名のなかに、ウジ名を有するものとないものとが記されているが、この点は次のように理解しておきたい。

里刀自　[1]手古丸　[2]黒成　[3]宮澤　[4]安継家　[5]貞馬　[6]天地　[7]子福積　[8]奥成　[9]得内　[10]宮内　[11]吉惟　[12]勝法　[13]圓隠

百済部　[1]於用丸　[2]真人丸　[3]奥丸　[4]福丸　[5]蘓日丸　[6]勝野　[7]勝宗　[8]貞継

浄人部　[1]於日丸　[2]浄野　[3]舎人丸　[4]佐里丸　[5]浄継　[6]子浄継

丸子部　[1]福継　[2]足小家

壬部　[1]福成女

於保　[1]五百継　[2]子槐本家　[3]太青女　[4]真名足　[5]子於足

すなわち、冒頭の「里刀自」の戸はウジ名を略し、以下手古丸から圓隠までをその戸の構成員と理解し、百済部於用丸以下もウジ名を筆頭に記し、その構成員のウジ名を略したのではないか。「里刀自」の戸の構成員が圧倒的に多く、しかも「吉惟」「勝法」「圓隠」を僧名とすれば、沙弥のような僧をも抱えた〝有勢の家〟と推測される。「浄人部於日丸」の戸において、「浄野」「浄継」「子浄継」を含んでいる点も、この区分の妥当性を示しているのではないか。

列記された人名は召喚される人々と考えてよいであろう。里刀自を含む三四人分のそれぞれの右肩にみえる「、」は名簿と人物との照合を示す合点と考えられる。合点の認められない二人「足小家」と「小於足」については、左肩に「不」と記されており、これは〃不参〃を意味しているのであろう。その結果、別筆で「合卅四人」と実際に参向した人名を集計したと考えられる。

裏面は、符式文書の施行文言、位署、文書の日付に相当する。とくに五月一日というこの文書の月日の前に「大領於保臣」と記されている点が公式令の符式に合致している。「大領於保臣」の位署部分は本来ならば、主帳が「大領於保臣」までを記し、名のみ大領自身が自署するのであるが、ここでは「於保臣」部分が自署されたと判断できる。

磐城郡の郡司名は、これまでの史料では次のとおりである。

イ　多賀城跡漆紙文書・二号文書

者□使□郡運送［
□〔粮カ〕穀郡宜承知始来［
者謹依符旨□〔差カ〕□

……………………（折れ目）

寶龜十一年九月十七日
］磐城臣「千［　］〔自署〕」主政外［
擬主政［

ロ『続日本後紀』承和七年（八四〇）三月戊子条

戊子。俘夷物部斯波連宇賀奴、不レ従二逆類一、久効二功勲一、因授二外従五位下一。陸奥国磐城郡大領外正六位上勲八等磐城臣雄公、遄即二戎途一、忘レ身決レ勝、居レ職以来、勤修二大橋廿四処、溝池堰廿六処、官舎正倉一百九十宇一。宮城郡権大領外従六位上勲七等物部已波美。造二私池一漑二公田八十余町一、輸二私稲一万一千束一賑二公民一。依二此公平一、並仮二外従五位下一。

磐城郡大領は「磐城臣」姓であるが、『続日本紀』神護景雲三年（七六九）三月辛巳条に陸奥国大国造道嶋宿禰嶋足の推挙のもとに、陸奥国内全域の在地有力者の改賜姓が行われているなかに、「磐城郡人外正六位上丈部山際」という人物が、「於保磐城臣」と改姓されている。「於保磐城臣」は通常磐城郡内においては、「磐城」を略し「於保臣」と称したのであろう。

ところで、本木簡の年代は、同一遺構から共伴している三号木簡の年紀「仁壽三年」（八五三）とほぼ同時期とするならば、本木簡の位署部分「大領於保臣」は、『続日本後紀』承和七年三月戊子条・同十年（八四三）十一月己亥条および同十一年（八四四）正月辛卯条にみえる「磐城郡大領磐城臣雄公」と同一人物の可能性が高い。

7「氏」自署の意義

(1)「氏」列記の資料

古代日本においては、六世紀から七世紀にかけての資料には「氏」のみを記したものが目立っている。

六世紀後半の岡田山一号墳出土の大刀銘では「各田部」とのみ記している。また七世紀後半の飛鳥京跡や屋代遺跡いる。

群木簡のなかに、「氏」のみ列記した記録簡が存している。八世紀段階においても、兵衛木簡は「氏」のみを記している。

兵衛は、ツワモノノトネリといい、令制以前の朝廷軍としての舎人の伝統をひくものである。舎人は、その任務が大王や王族に侍し、身辺の護衛や諸種の雑務に奉仕することにあった。そのために舎人の多くが、名代と同じく大王または皇子の名、あるいは皇后の名を冠している。その例は、勾舎人・檜前舎人・金刺舎人・他田舎人などで、勾は安閑、檜前は宣化、金刺は欽明、他田は敏達の各天皇の宮号であり、時期的にいえばすべて六世紀の大王の宮号である。これらの舎人は、その実例をみると、駿河・信濃をはじめとしていわゆる東国に集中的に分布しており、しかも郡の大領とか主帳とかの、地方首長の一族と思われる者が多いと指摘されている。(10)

以上からも明白のように、平城宮の諸門を守る兵衛は、令制以前の舎人の伝統をひくもので、ウジ名のみを特定したのであろう。

さらに九世紀においても、荒田目条里遺跡の郡符木簡の大領の自署部分は、その姓「於保臣」のみを記載しているのが注目される。

(2)　同一の氏の下略方式

人名列記の方法として、同じウジ名の場合、冒頭にウジ名を明記し、以下を省略する資料が確認できる。

七世紀後半から八世紀前半にかけての金石文資料に目立ち、なかでもいわゆる上野三碑が注目される。その一つ、金井沢碑の場合、佐野三家の経営を預ってきた家柄の子孫「三家子孫」の筆頭にあげられ、仏教に帰依した集団の統率者であったのが「家刀自」である。

金井沢碑の系譜については、続柄はすべて家刀自との関係を示していると理解できる。その家刀自を中心とした系譜の記載は、固有名を略した家刀自、児の加那刀自は家刀自と同じウジ名であるから記載せず、孫物部君午足は家刀自とは異なるウジ名ゆえに明記し、その午足の姉妹は同じ「物部君」を省略したと理解できる。この記載方法は、福島県荒田目条里遺跡の二号木簡と共通している。すなわち、郡符の宛所とされた「里刀自」は固有名を記載せず、里刀自の家に属すると思われる「手古丸」〜「圓隠」までは名のみ記し、「百済部於用丸」からウジ名「百済部」を記し、以下名のみ記すというような記載様式である。

　この金井沢碑文については、続柄の説明に「次」を用いていることや人員の単位に「口」が使われていること、さらに「鍛師礒部君身麻呂」の記載は、大宝二年（七〇二）御野国加毛郡半布里戸籍中の「下〻戸主安麻呂 年卌四 正丁 鍛」の「鍛」の注記と共通している。これらの点から推測するならば、上野国も神亀三年以前に御野型戸籍を用いたことが想定される。(11)

　この御野型戸籍は浄御原令に基づくとされ、兵士徴発をはじめとする軍事的活用を前提として、その記載様式を整えられている。御野型戸籍の人名記載は、同じウジ名の場合、冒頭にウジ名を明記し、以下を省略している。

(3) 氏（ウジ）の本質

　ウジに関する従来の研究は枚挙に遑ない。それらの先行研究を本節との関連のなかで、要約しながら引用しておきたい。まず、熊谷公男氏のウジに関する次のような整理はウジの本質を鮮明にしたものと評価できる。(12)

　大和政権はその形成過程において、大王が中央・地方の諸豪族を、一定の政治的な関係を結んでウジとして組織しながら、支配を拡大・強化していったのである。このようにウジは第一義的には、王権との政治関係を媒介として形成された大和政権の支配体制にかかわる政治上の組織なのである。ところが、ウジは、一方では、稲荷山古墳の鉄剣銘に明瞭にみられるように、始祖との父系の系譜関係によって示されるような、父系出自に基づく同族組織でもあった。このウジのもつ二つの側面——政治組織と同族組織——を統一的に把握することがわが国古代のウジの性格を究明するためには不可欠である。

そのウジの成立過程については、次のような加藤晃氏の整理がなされている(13)。推古朝に成立した人名呼称法においては、たとえば、小野妹子臣というように、小野という名称とカバネとが分離しており、また『隋書』に粟田という名称のみが写しとられているなどのことを考え併せると、この段階で姓と結びつけられたのは、小野という名称のみであった可能性が強い。姓をカバネをも含むものとすることが確定したのは持統四年の庚寅年籍の段階においてであったということになる。したがってわが国における姓は庚寅年籍において最終的に完成したということである。

以上のウジの本質に基づいて、前述の「氏」の用例をみるならば、次のように意義づけることができよう。「氏」のみ記すことと、同じ氏の場合、冒頭に「氏」を記し以下を略す表記とは、同族組織さらに政治組織としての「氏」を重視した同一の理念に基づく表記方法と解釈してよいであろう。この理念のもとに、文書の位置においても、ウジ名の自署が存在した可能性を想定できるであろう。

(4)　ウジ名表記の意義

平野邦雄氏は、大化前代から各人民に氏の名や姓があったわけではなく、人民の氏はなんらかの形で支配機構に組み込まれ帰属が明瞭になってはじめて付与されるものであるという。さらに、平野氏によれば、無姓者に氏姓が与えられていく契機として、個別人身賦課の浸透があることを指摘し、具体的には造籍を重視され、とくに天智朝の庚午年籍によって、無姓者の有姓化が大幅に進められたとされている(14)。

この平野氏の所説に基づき、現存戸籍をみるならば、その記載様式も、御野型戸籍のように、同一ウジの場合に以下を省略する様式から、大宝二年の西海道戸籍に系譜的につながる養老五年（七二一）の下総国戸籍のように、ウジ名はほとんど「孔王部」であっても、省略することなく、すべて一個人として「ウジ名＋名」を登録する様式が前述の個別人身賦課により順応したものといえるであろう。そして、その籍帳に基づいて、平城宮跡木簡の場合、養老年間以降、個人負担の貢進物付札には貢進者ないし戸主・戸口の氏名が明記されるようになるのである。

以上から、六〜八世紀初頭段階の資料に、「氏」のみ表記したものと同一の氏の下略方式のものが目立つ傾向は、ウジのもつ政治組織と同族組織の二面性を重視した記載様式と判断できる。しかし、律令制下において、律令国家による個別人身賦課を目指し、戸籍制が導入された段階で、人名を「ウジ名＋名」という形で個々に戸籍に登録し、課税対象者としたのである。そして八世紀以降、籍帳制の浸透により、〝ウジ名（また姓）と名〟記載が一般的となるのである。そのために、文書の位署部分も、従来のウジ名また姓自署から、名を自署する方式に変わったのではないか。

しかしながら、八世紀段階においても、平城宮跡の兵衛関係木簡は、兵衛が令制前の舎人の系譜を引いており、特定のウジの兵衛が伝統的に諸門を守備することから、ウジ名のみ列記しているのである。

さらに九世紀段階においても、陸奥国内の三つの資料が対照的な記載様式をとっている。

イ　多賀城跡二号漆紙文書

先に掲げた磐城郡から国府・多賀城への上申文書には、大領の位署部分に「磐城臣『千□□』」とある。磐城郡大領の姓は、『続日本紀』神護景雲三年（七六九）三月辛巳条の賜姓記事を参照すれば、「於保磐城臣」と複姓であったと考えられる。国府への上申文書では、「磐城臣」と称し、当該期の通常文書と同様に、大領の名の部分を「『千□□』」と自署している。

ロ　荒田目条里遺跡出土二号木簡（郡符）

郡符木簡裏面の大領の自署部分は、「於保磐城臣」のうちの「於保臣」のみ記している。

ハ　門田条里制跡出土木簡

正倉に納められた官物の不足分を国司・郡司・税長などの役人が補塡し、署名したうえで正倉に提示した「倉札」と考えられる。署名は現存部では、擬大領と擬少領の職名とウジ名を記し、名「有安」と「筌麻呂」部分が自署されている。

まず、磐城郡から国府への上申文書（イ）および門田条里制跡の「倉札」（ハ）は、八世紀以降の通常の文書と同様に、名の部分を自署している。それに対して、磐城郡内の里刀自に対する郡符木簡（ロ）は、大領「於保臣」の姓のみを自署している。この相違は、それぞれの木簡の性格に基づいているのであろう。すなわち、荒田目条里遺跡木簡は、令制前の在地社会における支配関係に基づく郡司から里刀自への下達文書である。それに対して、門田条里制跡木簡は官物補塡に関する正倉の倉札という律令体制下の収取体系を体現したものである。

この両者の基本的性格の違いが「姓（ウジ名）」部分の自署と「名」部分の自署にあらわれていると考えられる。いいかえれば、令制前の在地支配体系に基づく荒田目条里遺跡の郡符木簡は、律令国家体制下においても、在地社会に「氏」を重視する傾向が根強く存在したことを伝えているのであろう。さらにいえば、「磐城臣」ではなく「於保臣」としたところに、ことさらに在地において中央との結びつきを強調するウジの政治組織としての側面が意識されているると理解できるのである。

ひるがえって、屋代遺跡群出土四六号木簡の「他田舎人」の部分は異筆とみて、署名に際して「氏」の部分を自署している可能性を指摘したが、以上の幅広い関連資料の検討により、その妥当性はほぼ立証することができたのではないか。

このように、七世紀後半の屋代遺跡群木簡にはじまり、九世紀半ばの荒田目条里遺跡出土木簡に及んだ本節は、在地社会における「氏」の政治組織・同族組織両面の意義を根強く遺した実態をうかがい知ることができるとともに、七世紀後半以降の律令国家の個別人身賦課を目ざした戸籍制の導入により、人名を個々に戸籍に登録した体制をあたかも「氏」の実態と捉えてきた従来の通説的理解に疑問を提示しえたのではないかと考えられる。

一点の木簡の登場により、これまでの個々の資料を結びつけ、そこに一つの大きな流れを読み取ることができ、日本の古代社会の根幹にかかわる重要な問題に若干なりとも切り込むことができたのではないか。さらにいえば、古代国家形成期の「氏」の成立そして律令体制下の戸籍・計帳の「氏」と「名」を個々に完備した人名表記は、律令体制の崩壊とともに、在地社会に根強く存在していた「氏」重視の傾向を再び顕在化させ、必ずしも古代のそれとは同質とはいえないが、中世社会における新たな「氏」の台頭を生みだしたといえるのではないか。こうした大きな動向については、一つの仮説として示すにとどめ、今後の課題としたい。

註

(1) ㈶長野県埋蔵文化財センター『長野県屋代遺跡群出土木簡』(一九九六年)。同上「屋代遺跡群出土木簡補遺」(『更埴条里遺跡・屋代遺跡群—総論編—』二〇〇〇年)。

(2) 湊敏郎『姓と日本古代国家』(吉川弘文館、一九八九年)。

(3) 『長岡京木簡』一〈解説〉(向日市教育委員会、一九八四年)。

(4) 拙稿「門田条里制跡出土木簡について」(会津若松市教育委員会『門田条里制跡発掘調査報告書』一九九〇年)。

(5) 和田萃「飛鳥京跡」(木簡学会編『日本古代木簡選』岩波書店、一九九〇年)。

(6) 註(1)に同じ。

（7）奈良国立文化財研究所『平城宮木簡』一〈解説〉（一九六九年）。鬼頭清明「平城宮跡」（『日本古代木簡選』）。
（8）拙稿「古代の籍帳と道制－発掘された古代文書から－」（『九州史学』一一六、一九九六年）。
（9）拙稿「里刀自小論－いわき市荒田目条里遺跡第二号木簡から－」（『国立歴史民俗博物館研究報告』六六、一九九六年。本書第五章二）。
（10）笹山晴生『古代国家と軍隊』（中央公論社、一九七五年）。
（11）註（8）に同じ。
（12）熊谷公男「古代国家と氏族」（『古代史研究の最前線』第一巻上、雄山閣出版、一九八六年）。
（13）加藤晃「我が国における姓の成立について」（『続日本古代史論集』上巻、吉川弘文館、一九七二年）。
（14）平野邦雄『大化前代社会組織の研究』（吉川弘文館、一九六九年）。東野治之氏は無姓者については、藤原宮木簡にみえる無姓者の存在から平野氏の所説をさらに発展させている（「藤原宮木簡にみえる無姓者」『日本古代木簡の研究』塙書房、一九八三年）。

第三章　木簡と古代城柵

一　多賀城の創建年代

はじめに

多賀城は古代における陸奥国の国府のおかれたところで、奈良時代には、鎮守府も併置されていた。

多賀城の創建年代は史料上に見えない。『続紀』天平九年（七三七）四月戊午条に「多賀柵」とあるのが初見で、「多賀城」とあらわれるのは、同書宝亀十一年（七八〇）三月丁亥条の伊治公呰麻呂の乱に関する記事である。

この多賀城の創建年代については、筆者はすでに文献史料上の検討から、養老～神亀年間（七一七～七二九）の範囲で捉えるのが穏当であろうと指摘した。また、考古学的調査では、多賀城創建瓦を焼成したとされる宮城県田尻町木戸窯跡出土の文字瓦や今回取り上げる第四四次調査出土木簡のなかに郷里制を表記したものが存在することから、多賀城創建年代をその施行期間（七一七～七四〇）内で考えることが可能となった。さらに金石文資料では、多賀城碑が多賀城は神亀元年（七二四）におかれたと明確に刻している。この碑については、従来偽作説が強かったが、近年の碑に関する多角的な研究によって、ほぼその偽作説を斥けることができたといえる。

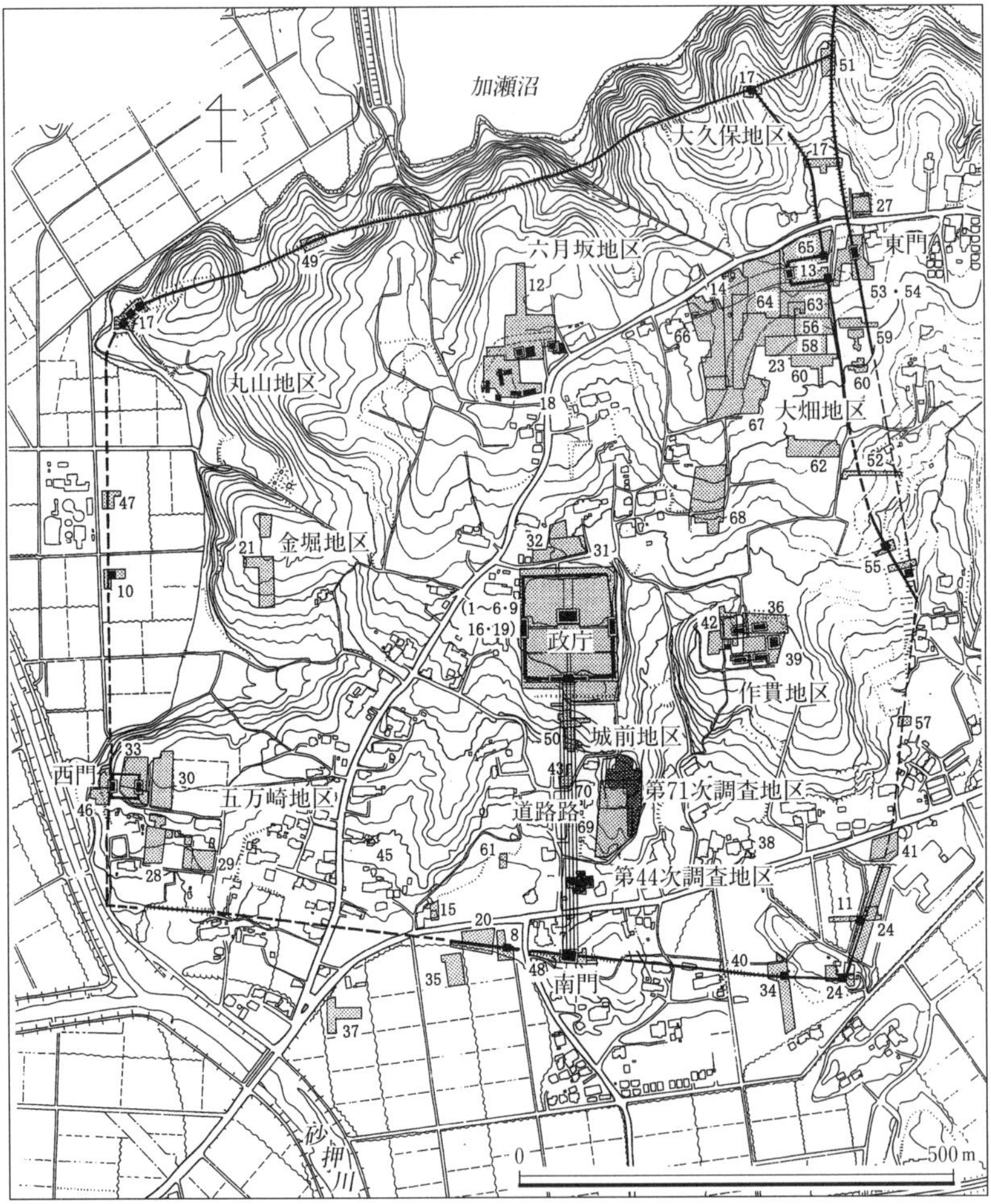
加瀬沼
大久保地区
東門
六月坂地区
丸山地区
大畑地区
金堀地区
政庁
作貫地区
城前地区
西門
五万崎地区
第71次調査地区
道路
第44次調査地区
南門
砂押川
0
500 m

図93　多賀城跡全体図

こうした状況のなかで、多賀城政庁と外郭南門を結ぶ正面道路跡の調査（第四四次）において、その暗渠施設の裏込め土と暗渠の埋り土から多量の木簡が出土した。この暗渠施設は多賀城創建期の道路に伴うものだけに、それらの木簡から年代を割り出すことができれば、多賀城創建の問題を大きく前進させるに違いない。しかし、これらの木簡はほとんど削屑であり、しかも木簡に年紀を明確に記したものは一点もない。

ところが、木簡群の内容を検討するならば、そのなかに一定の年代幅を想定できる木簡も存在するのではないかという見通しを得た。この検討によって得た年代が従来の諸史料に基づく年代幅をより限定できるとすれば、多賀城創建の問題を究明する大きな糸口となるに違いない。しかもそれらの木簡の検討のなかから、日本古代史の諸問題にも大きな史料を提供する重要な内容を含むことも明らかとなった。

以下、まず、従来の文献史料上の検討、多賀城碑などに関する筆者の既発表の見解を簡単に紹介し、そののちに小論の骨子となる第四四次発掘調査出土木簡の年代の検討に入ることとしたい。

なお、木簡の出土遺構の概要および木簡の釈文（一部筆者の再調査で訂正した箇所もある）・形状・内容などについては、調査報告書（宮城県多賀城跡調査研究所『多賀城跡』一九八四年）より引用させていただいた。

1　文献史料上の検討

まず文献史料のうえで、多賀城の創建年代をどの程度、限定できるか言及する必要がある。この点に関しては、筆者はすでに「律令制下の多賀城」（宮城県多賀城跡調査研究所『多賀城跡―政庁跡　本文編―』一九八二年）と題して考察を試みているので、ここではその論旨を以下に要約して紹介することとする。

(1)　陸奥国の行政整備

和銅五年（七一二）に、出羽国が新たにおかれたのに伴い、陸奥国の最上・置賜二郡（山形県内陸部）は出羽国に移管された。陸奥国には、翌和銅六年、新たに丹取郡が建郡された。この丹取郡はその後の史料に次の一例を除いて一切みえない。それは『続紀』神亀五年（七二八）四月丁丑条の丹取軍団を玉作軍団と改称した記事である。おそらく、丹取郡はこの陸奥国北部の玉作地方と深く関連をもつ地域であろう。

ここで、当時の陸奥国北部の状況をみておきたい。『続紀』天平十四年（七四二）正月己巳条に「黒川郡以北十一郡」に赤雪が降るなどとあるように、大崎平野およびその周辺一帯の郡は〝黒川以北の十一郡〟と、一括して扱われていた。一一郡とは牡鹿・小田・新田・遠田・長岡・志太・玉造・富田・色麻・賀美・黒川の各郡である。これら黒川以北の諸郡は一郡平均三・三郷（多賀城以南の二〇郡の一郡の平均は六・八郷）しかない小規模な郡であった。また、陸奥国北部の諸郡の郷名をみると、たとえば、

黒川郡白川郷（←陸奥国白河郡）
賀美郡磐瀬郷（←陸奥国磐瀬郡）
色麻郡相模郷（←相模国）
色麻郡安蘇郷（←下野国安蘇郡）
玉造郡信太郷（←常陸国信太郡）

のように、陸奥国南部および坂東諸国の郡名または国名を負っている。陸奥国南部はともかく、坂東諸国からの移住を示す八世紀前半の史料としては、『続紀』霊亀元年（七一五）五月庚戌条に、相模・上総・常陸・上野・武蔵・下野六国の富民一〇〇〇戸を、陸奥国に移すとある。一方、陸奥国から他の地域への移住も、たとえば、神亀二年（七二五）に陸奥国俘囚一四四人を伊予国に、五七八人を筑紫に、一五人を和泉監に移している。

このような動きを整理すると、まず、和銅五年の出羽国新置に伴い、陸奥国南部の内陸部に位置した最上・置賜両郡を出羽国へ移管した。その一方、陸奥国北部一帯に坂東地方からの多数の移民を配し、新たに丹取郡を設置し、これに並行する形で、在地の民を他地域に移住させた。この施策は単に住民の数的増加を狙ったものではなく、住民の交換による陸奥国北部に対する律令的支配の強化を意図したものであろう。

このような施策が養老二年（七一八）陸奥国南部（阿武隈川以南）に石城国と石背国の二国を分立させた前提でもあったと考えられる。

○『続紀』養老二年五月乙未条

割二陸奥国之石城、標葉、行方、宇太、曰理、常陸国之菊多六郡一、置二石城国一。割二白河、石背、会津、安積、信夫五郡一、置二石背国一。割二常陸国多珂郡之郷二百一十烟一、名曰二菊多郡一、属二石城国一焉。

この石城・石背両国の存在を示す史料には、

○『続紀』養老三年閏七月丁丑条

石城国始置二駅家一十処一。

○『類聚国史』巻八三、免租税　養老四年十一月甲戌条

勅、陸奥、石背、石城三国調庸幷租、減□〔免〕之。唯遠江、常陸、美濃、武蔵、越前、出羽六国者、免二征卒及廝馬従等調庸幷房戸租一。

があり、さらに、土田直鎮氏が指摘された紅葉山文庫本『令義解』の紙背にある註記には、以下のように記されている[1]（新訂増補 国史大系『令義解』戸令新附条）。

問。石城・石背国在二何処一答。古格云。養老二年分二陸奥国一為二三国一云々者。但未レ知レ復レ旧之格一。

これらから、『続紀』養老二年の石城・石背両国の成立は問題ないことになる。

ところで、この石城・石背両国の停廃記事はないが、両国の停廃の下限はいつであろうか。

養老三年、全国的に按察使が設置された。ただし、畿内および西海道はもちろんのこと、このとき、按察使およびその管内に含まれなかった国は、東山道―近江・飛驒・陸奥・石城・石背・出羽、北陸道―若狭・佐渡、山陰道―隠岐、山陽道―長門、南海道―紀伊であるが、結局は養老五年八月に近江・若狭二国以外はすべて按察使制下におかれている。このとき、出羽は陸奥按察使に隷すとあることから、これ以前に陸奥按察使が存在したことは間違いない。さらに、『続紀』養老四年九月丁丑条に「陸奥国奏言、蝦夷反乱、殺二按察使正五位上上毛野朝臣広人一」とみえることから少なくとも、養老四年九月段階で陸奥按察使が存在すること、陸奥按察使は石城・石背両国を管していることが明らかである。

石城・石背両国については、くだって『続紀』神亀五年（七二八）三月甲子条の資人の補充に際しても、「其三関・筑紫・飛驒・陸奥・出羽国人、不レ得二補充一。余依レ令」とあって、石城・石背両国の名が見えない。また、『続紀』神亀五年四月丁丑条では、白河郡におかれたと思われる白河軍団が石背国ではなく、明らかに陸奥国に属している。

以上から、その確実な下限は神亀五年四月である。石城・石背両国の存続は一〇年に満たないきわめて短期間であったと思われる。(2)さらに付言するならば、石城・石背両国の存続した時点の陸奥国の範囲は、阿武隈川以北の現在の宮城県域となり、多賀城の位置はほぼその中央にあたる。つまり、かりに多賀城創建が石城・石背両国の存続した時点で計画されたとすれば、従来いわれているような多賀城の位置が北に偏しすぎているなどという指摘は意味をなさなくなるのである。

一方、当時の全国的な政治状況をみるならば、大宝令制定後のとくに和銅（七〇八～七一五）から養老（七一七～七二四）年間にかけては、地方諸国への具体的な支配方式の貫徹を目指した諸政策が全国的に相ついで打ち出された時期で、野村忠夫氏はこれを〝和銅元年体制〟と指摘している。(3) すなわち、和銅元年（七〇八）に入ると、元明天皇は平城への遷都を決意し、また、地方をより具体的な方法で把握しようとする積極的な方針が出されてくるのである。まず、『続紀』和銅元年三月丙午条には、大宰帥・大弐および三〇ヵ国に近い国守が任ぜられている。また、和銅五年（七一二）には出羽国、翌年には丹後・美作・大隅の三国が新たにおかれ、五月には諸国の郡・郷名に好字をつけること、また諸国にその風土・産物などの記録撰進をすることが命ぜられた。この時期には、さらに全国的に郡の分割・新置をはじめ、陸奥国にみられたような郷の管轄換えも行われている。

このような諸施策は、中央権力が、地方諸国をより的確な形で把握しようとする意図の具体的な現れである。したがって、出羽国の成立、石城・石背両国の分立、陸奥国丹取郡の新置など前述した一連の東北地方に関する諸施策も、一地方の問題ではなく、和銅から養老期にかけて行われた律令制支配を全国的に貫徹させるための施策の一環とみるべきである。また、こうした全国的規模での律令地方行政制度の整備事業と、地方行政遂行の中心的機関としての国府の整備とは密接不可分のものと解される。ここに陸奥国府がおかれた多賀城の創建の前提条件を見出すことができるのである。

(2) 陸 奥 鎮 所

多賀城の創建を考えるうえで、明らかにしておかなければならないのは、この期に集中的に史料上にみえる「鎮所」である。(4)

鎮（所）の初見は、『続紀』養老六年閏四月乙丑条、

（前略）又言。用レ兵之要、衣食為レ本。鎮無二儲粮一、何堪二固守一。募レ民出レ穀、運二輸鎮一。可下程二道遠近一為上レ差。

（後略）

であり、鎮所は神亀元年（七二四）までの三年間に集中してみえる。

この鎮所に関する通説的理解は、「陸奥鎮所」（『続紀』神亀元年四月癸卯条など）がその後、発展的に解消して「陸奥鎮守府」と名称と規模を変えたものとされている(5)。ところで、八～九世紀にかけて、史料をみる限り、坂東・北陸道諸国から陸奥・出羽両国への多量の物資の送付先は「陸奥鎮所」（または「鎮所」）をはじめ、「陸奥軍所」（または「軍所」）、「多賀城」、「出羽柵」、「征狄所」などである。和銅二年に蝦狄を征討するため、征越後蝦夷将軍（征狄将軍）佐伯宿禰石湯が任命されたさいの越前など四国の船一〇〇艘の送付先は、「征狄所」となっている。出羽国の例では、宝亀十一年（七八〇）三月、伊治公呰麻呂の乱が起こったさい、「出羽鎮狄将軍」が任命され、五月には、京庫と諸国から甲六〇〇領が「鎮狄将軍之所」に送られている。さらに鎮所の実態を考えるうえで重要な手がかりを与えてくれるのが次の史料である。

○『日本後紀』大同三年（八〇八）七月甲申条

勅。夫鎮将之任、寄二功辺戍一。不虞之護、不レ可二暫闕一。今聞。鎮守将軍従五位下兼陸奥介百済王教俊、遠離二鎮所一、常在二国府一。儻有二非常一、何済二機要一。辺将之道、豈合レ如レ此。自今以後、莫レ令二更然一。

このときすでに鎮守府は多賀城から延暦二十一年（八〇二）に造営された胆沢城に移されている。ここでは鎮守将軍が本来あるべき〝鎮守将軍之所〟＝鎮所＝〝胆沢之地〟を離れて国府にあることを譴責されている。八世紀の鎮守の対象は現在の宮城県北部であり、八世紀前半に集中してみえる陸奥国鎮所は大同三年条の例を参照にするならば、鎮所＝〝多賀之地〟となろう。鎮守府は令外官とはいえ、正式な行政上の機関名であり、鎮所は軍所と同様、鎮守府のような正式な機関名ではない。鎮所は本来、正式な機関名としての鎮守府と同列において比較すべき用語ではなく、陸奥鎮所の場合は「鎮守将軍之所」、さらにその支配領域全体をも意味する場合もあるきわめて幅のある用語と理解すべきであろう。

一方、鎮守将軍の初見は、『続紀』天平元年(七二九)九月辛丑条の「陸奥鎮守将軍従四位下大野朝臣東人」である。さらに神亀元年(七二四)に起きた蝦夷の反乱に対する征討の功による叙位記事(『続紀』神亀二年閏正月丁未条)をみると、征夷将軍藤原朝臣宇合に続き、征夷副将軍高橋朝臣安麻呂に先んじて大野朝臣東人が叙位されているのは、鎮守将軍以外の役職名では考えられない。したがって、神亀二年当時、すでに大野朝臣東人が鎮守将軍であるとすれば、養老六年(七二二)を初見として、神亀元年までに集中して史料にみえる陸奥鎮所と鎮守将軍の登場がほぼ同時期とみなすことができるのである。八世紀において、鎮所=「鎮守将軍之所」=〝多賀之地〟とするならば、多賀城の成立時期は国府の問題に加えて陸奥鎮所および鎮守将軍の初見の時点をもって一つの目安とすることができるのではなかろうか。

このことは、先の石城・石背両国の設置をはじめとした陸奥国の情勢、さらに全国的な地方行政整備政策などから推しても、ほぼ妥当な時期であるといえよう。

2 多賀城碑に刻された年紀

多賀城碑(6)は多賀城の外郭南門跡のすぐ内側に西面して立っており、江戸時代前半ごろから「壺《つぼ》の碑《いしぶみ》」という名称で広く世に知られ、松尾芭蕉が元禄二年(一六八九)にこの碑を訪れたのをはじめ、当代の著名な学者・文人たちも深い関心を示した。

図94　多賀城碑（拓本）

ところが、明治以降、①碑の姿・文字の彫り方、②書体・書風、③東人・朝獦の官位・官職、④国号と里程、などに疑問がもたれ、近世の偽作とする説が最近まで強かった。

碑の本文には、神亀元年（七二四）に大野朝臣東人が多賀城を設置し、天平宝字六年（七六二）に藤原恵美朝臣朝獦が多賀城を修造したと記載している。最後の一行に碑の建立年月を示す天平宝字六年十二月一日の年紀が刻まれている。

碑文全体をながめると、この碑がけっして多賀城の創建を記念したものではなく、天平宝字六年の多賀城修造に力点がおかれていることは明白である。碑の偽作説の根拠の一つとなった朝獦の官位は、経歴しない従四位上を記し、東人の官位とバランスをとっており、碑の最後に、天平宝字六年十二月一日とあるが、これは朝獦の参議就任の日にあたる。このことは、碑が朝獦を顕彰する意味合いが強かったと推測される。

朝獦は時の権勢者藤原仲麻呂の四男であり、そのバックアップをうけて、東北の行政・軍事上の全権を委ねられ、積極的に東北政策を推進した。

まず、陸奥国に桃生城、出羽国に雄勝城を造営した。また、出羽国側では、出羽国府のおかれた秋田城は延暦二十三年（八〇四）の史料に「秋田城建置以来四十余年」（『日本後紀』延暦二十三年十一月癸巳条）とみえることから、雄勝城の完成（天平宝字三年〈七五九〉ごろ）に伴って整備されたと考えられる。このように東北政策の全権を委ねられた朝獦は、行政・軍事の中心的施設としての城柵の造営や修復を大規模に断行し、蝦夷と真正面から対立し、こののちの〝三十年戦争〟の発端を作ったのである。陸奥国府のおかれた多賀城の修造もまさにこの時期にふさわしい事業であろう。そうした意味で、碑文の示すところは客観的情勢からも正しいと判断できるのである。

多賀城碑については、明治以降、偽作説が強く打ち出され、近年ほぼ通説として落ち着いた感があった。この偽作説を再検討しようという動きがあらわれたのは、ここ二〇年ほど前からで、その動機となったのは多賀城跡の発掘調査の成果であった。調査の結果、多賀城は奈良時代前半、さらにいえば、次のような出土遺物から推して、郷里制下（七一七〜七四〇）[7]に創建されていると判明した。

(イ) 宮城県田尻町木戸瓦窯跡（多賀城跡創建瓦焼成窯）出土のヘラ書き平瓦

×郡仲村郷他辺里長

二百長丈マ呰人

(ロ) 多賀城跡第四四次発掘調査出土二九号木簡（習書および裏面は省略）

・丈部大麻呂　年□（廿カ）九左頬黒子　陽日郷川合里」

（二〇八）×二〇×七　〇一五

（傍点は筆者）

さらに政庁についてみると、その後、創建期

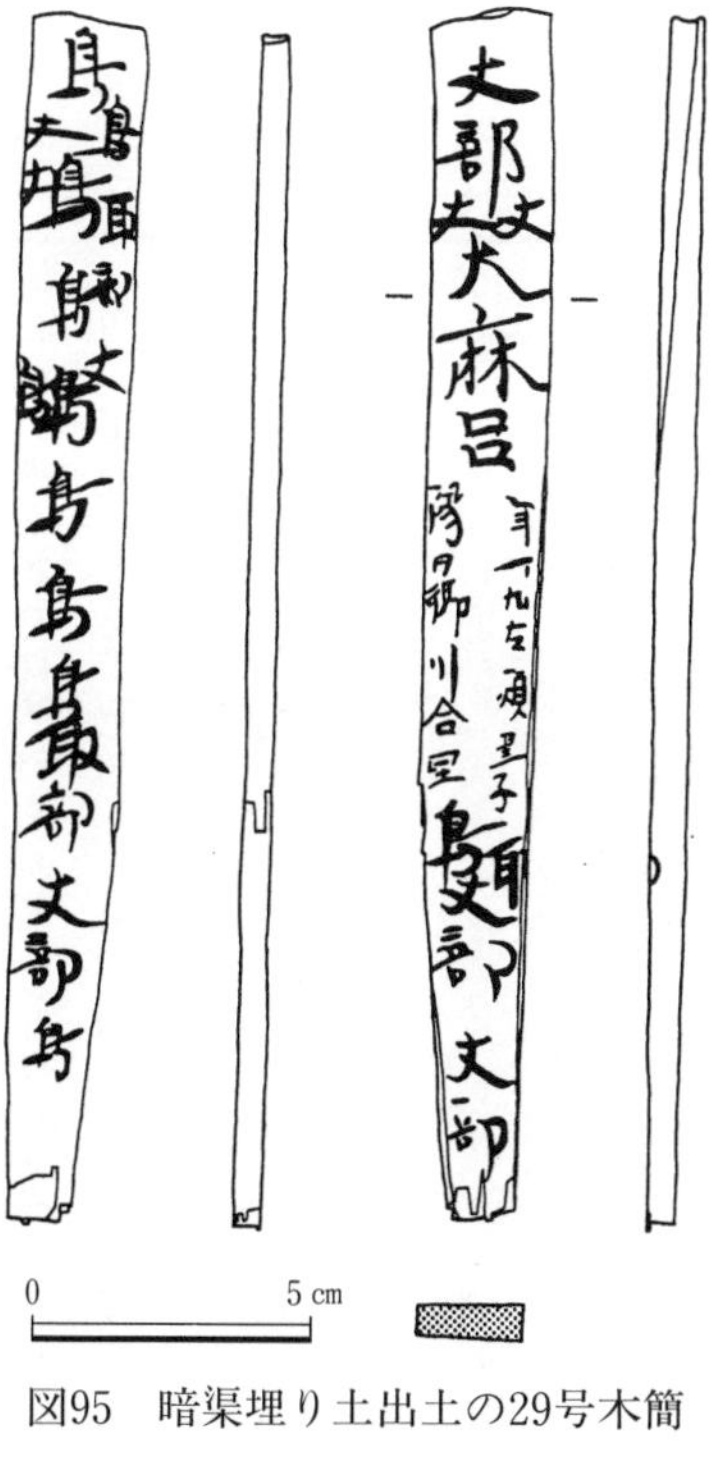

図95　暗渠埋り土出土の29号木簡

の掘立柱建物は一斉に礎石建物に建てかえられ、正殿の前方には石敷広場が新たに設けられて、政庁は儀式と重要な政務の場としていちだんと整備されたことがわかる。それら第二期の建物は火災に遭って、第三期の造営が行われている。この火災は、宝亀十一年（七八〇）に起きた伊治公呰麻呂の反乱のさいに放火されたものと推測される。したがって、第三期以前に一度大きな改修が行われていることが明らかで、その年代は、天平十三年（七四一）ごろから天平神護三年（七六七）までの間と考えることができる。

これらの事実は碑文の「神亀元年（七二四）大野朝臣東人が置く所なり」および「天平宝字六年（七六二）藤原恵美朝臣朝獦が修造するなり」の記載と全く矛盾しない。

多賀城の創建については諸説あるが、文献上の明証はなく、その改修についても、正史の記載は全くみられない。もし仮に碑が近世の偽作ならば、多賀城の創建や改修のことを述べた史料がないだけに、このような記載をすることは不可能であろう。

また、従来の偽作説については、種々検討の結果、必ずしも十分な根拠をもたないことも判明した。近年の考古学的な成果と、碑についての研究成果とを総合すると、多賀城碑が真物である可能性は非常に高まったといえる。(8)

3　多賀城跡第四四次発掘調査出土木簡の検討

(1)　遺構の概要

第四四次調査は多賀城市市川字城前三〇・三四番地を対象として政庁南面道路跡の検出を目的としたもので、調査地点は政庁南門跡の南約二四〇メートルに位置する。以下、その調査で検出された遺構の概要を報告書に基づいて述べておきたい。

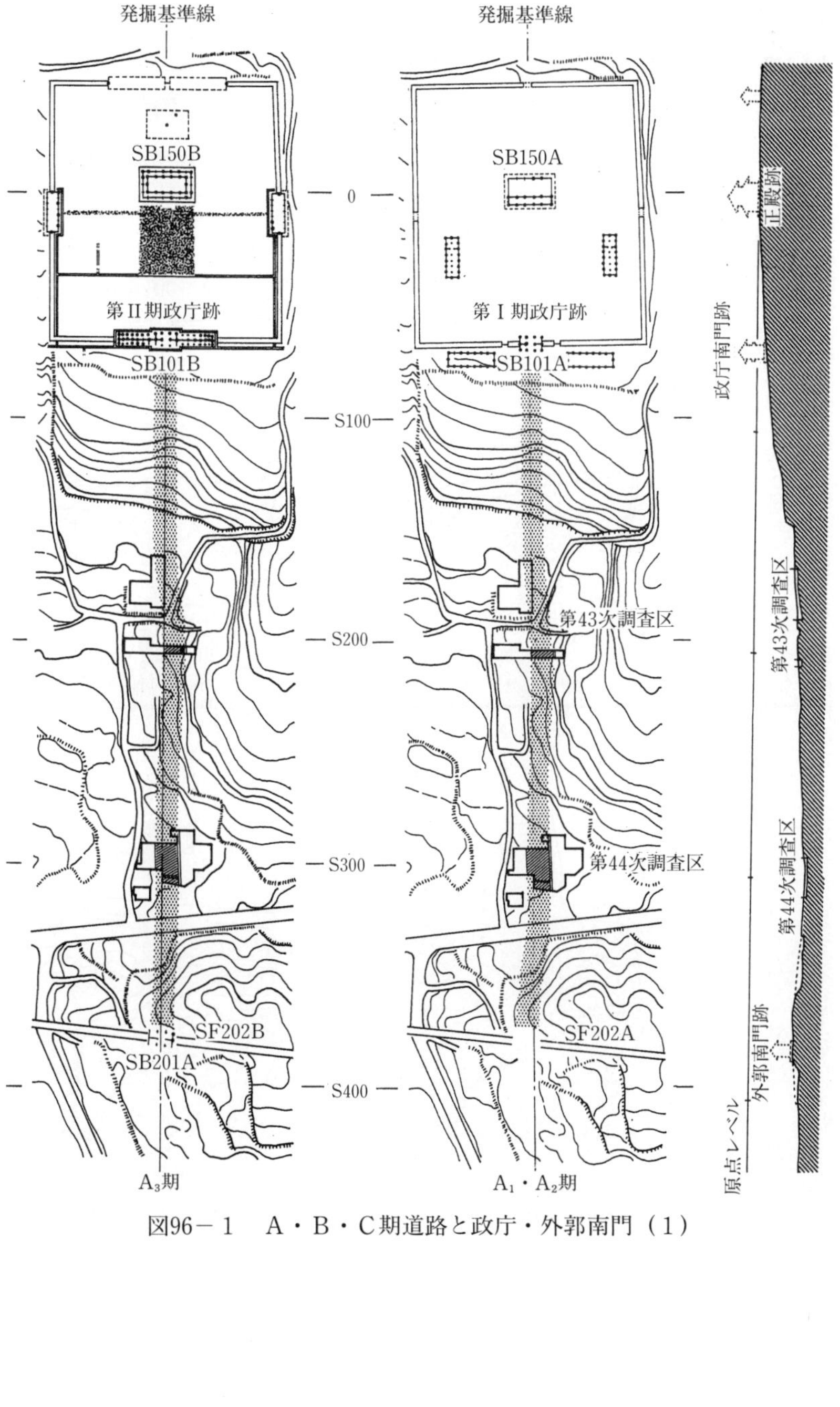

図96－1　A・B・C期道路と政庁・外郭南門（1）

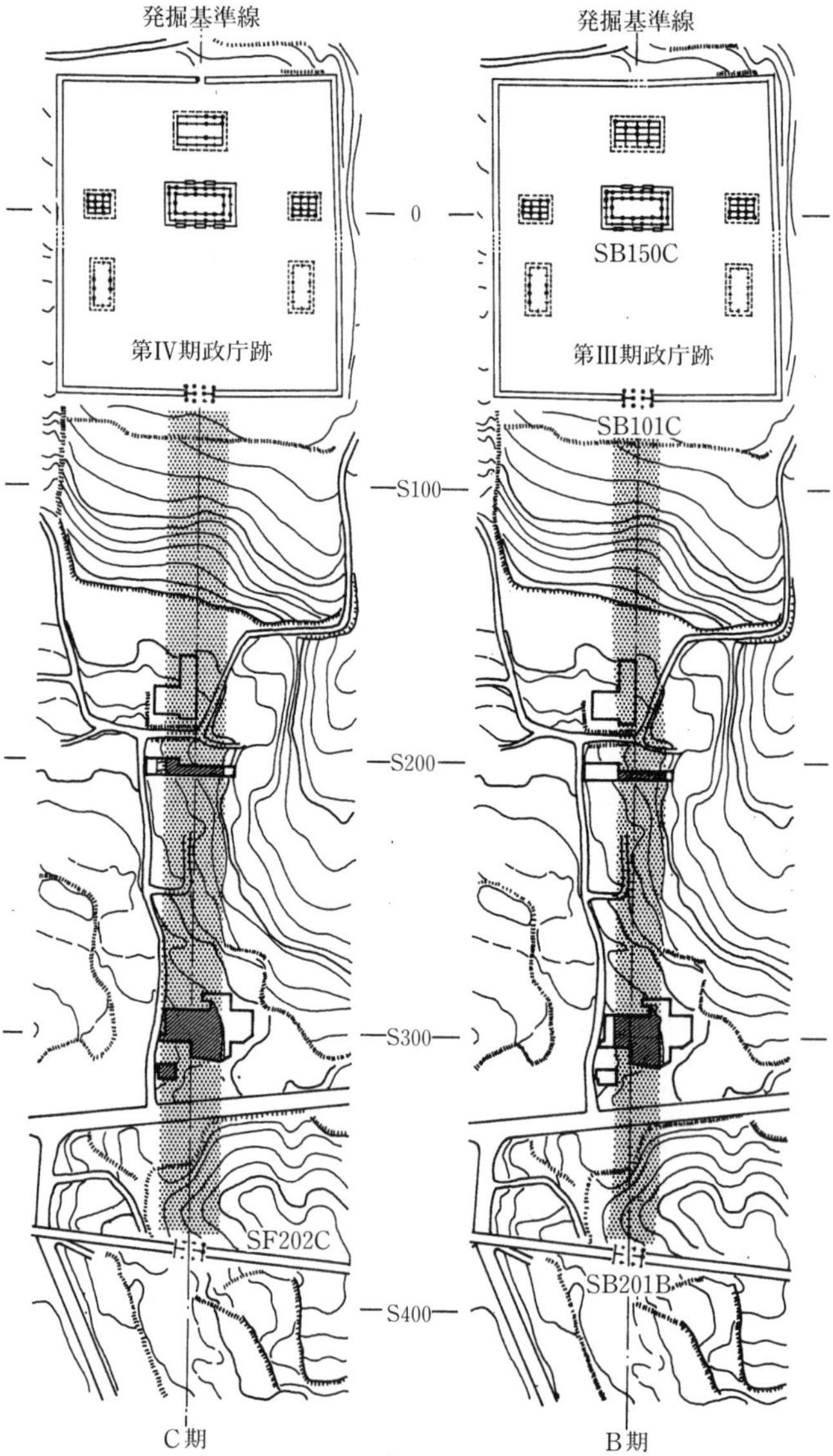

図96－2　A・B・C期道路と政庁・外郭南門（2）

政庁南面道路跡は大別してA～C期に変遷している。

A期　大部分は盛土によるが、東から丘陵が迫る部分では地山を削り出して造られた道路跡で、幅は約一〇メートルである。南北発掘基準線に対する道路の中心位置は、第四四次地区北端では東三メートル、第四三次南地区南端では東約五メートル（推定）にあり、ともに東方にずれている。この期には暗渠に二回の改修があることからA_1～A_3に細分される。

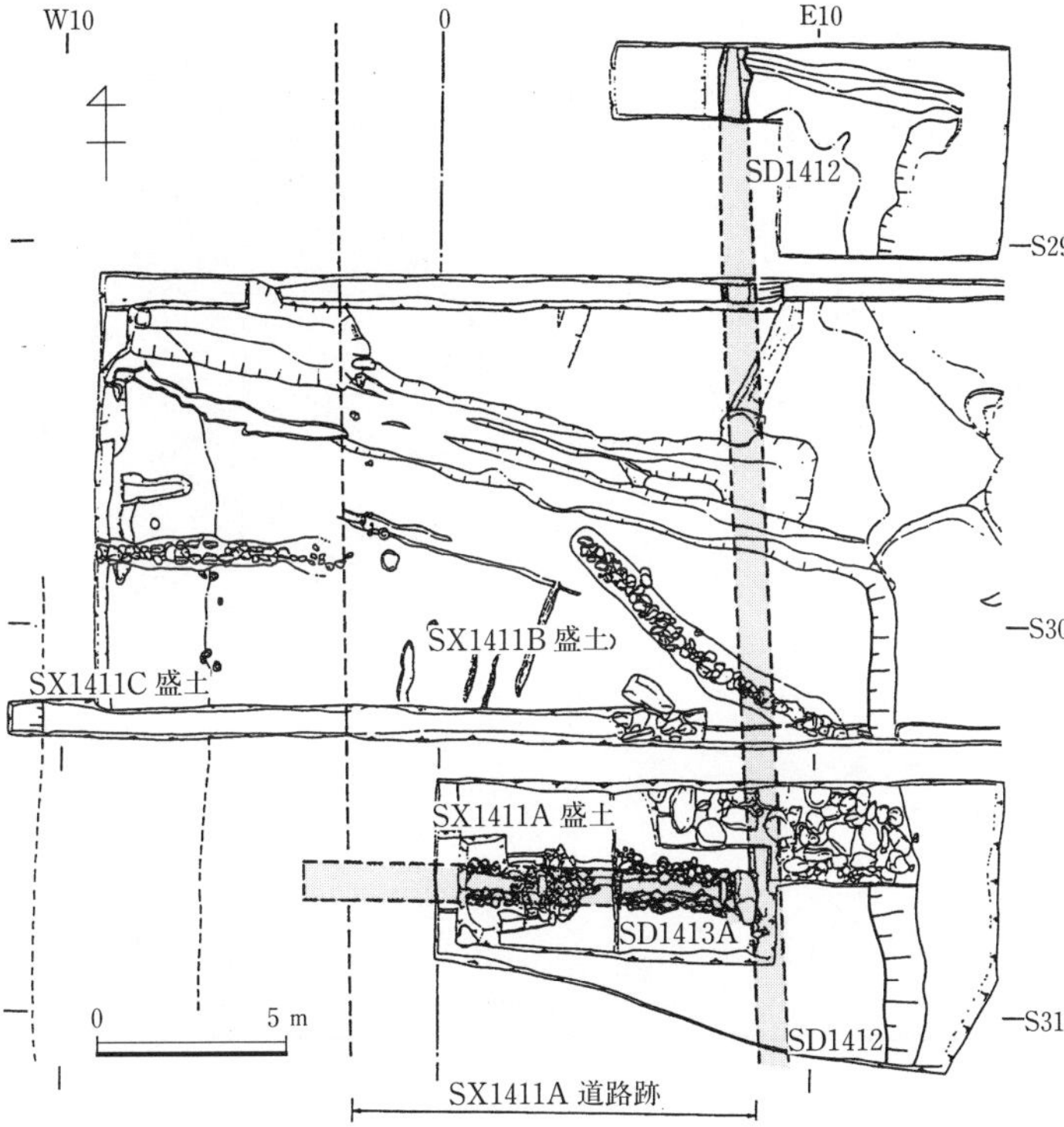

図97　SX1411A 道路・SD1412側溝・SD1413A 暗渠跡

〔A_1期〕　東側に側溝を伴い、第四四次地区にはこれとT字状に接続し東側の水を西側の沢に排水する石組暗渠を設けている。構築年代は八世紀前半である。

〔A_2期〕　第四四次地区でA_1期暗渠の東半部が土砂の堆積で埋ったため、素掘暗渠に改修した時期である。A_1期の側溝は埋まり切っている。改修年代は霊亀元年（七一五）から八世紀中ごろまでの間と考えられる。

〔A_3期〕　A_2期に改修した暗渠が土砂で埋まったため瓦組暗渠に再度改修した時期である。改修年代は八世紀後半ごろと考えられる。

B期　A期道路の上に盛土し、路幅を約一八メートルに拡掘している。南北発掘基

図98　多賀城跡SX1411A道路跡のSD1413A石組暗渠（西から）

準線に対する道路の中心位置は、第四四次地区では東約三メートル、第四三次南地区では東約三〜五メートル（推定）にある。構築年代は宝亀十一年（七八〇）から九世紀前半ごろまでの間と考えられる。

Ｃ期　Ｂ期道路の西側に継ぎ足して幅四〜六メートルで盛土を行った時期で、路幅は約二二メートルに拡幅されている。南北発掘基準線に対する道路中心の位置は基準線に最も近く、第四四次地区で東〇・六メートル、第四三次南地区で基準線から東二メートルまでの間にある。構築年代は九世紀後半ごろと考えられる。廃絶年代は第四三次南地区のＣ期道路が十二・十三世紀の土壙に切られていることから、それ以前であることが知られる。

A_1期のＳＤ一四一三Ａ石組暗渠跡は、ＳＸ一四一四枡を境に東半部と西半部とで埋まった時期が異なる。東半部はＳＤ一四一二側溝とともに第一三層によって埋まっており、ＳＤ一四一三Ｂに改修したときにはすでに機能を失っている。石組暗渠の取水口付近の埋り土から多数の木簡が出土した。一方、西半部は、ＳＤ一四一三Ｂ・ＣおよびＳＸ一四一一Ｂ道路に伴うＳＤ一四一三Ｄ暗渠の構築のさいにも利用されており、それ以降に埋まったものと考えられる。石組暗渠の西側に分布する木片を多量に含む層を一部除去した結果、ＳＤ一四一三Ａ石組暗渠は旧表土（第一四・一五層）上面から浅い溝を掘って据えられており、両側の木片を多量に含む層は側石をおさえるために盛られた土で暗渠の裏込め土と一連のものであることが知られた。この裏込め土には多数の木簡や加工痕のある木製品が含まれていた。

以下、具体的に木簡の検討に入るが、その木簡の年代を推定する前提として、まず暗渠裏込め土の多数の木簡はほとんど削屑であり、一括投棄されたものであることを確認しておきたい。また暗渠東半部埋り土は、多少の年代幅を考えなければならないが、木簡は裏込め土のものと同様にほとんど削屑であり、しかも内容的には後述するように兵制関係のものが大部分を占めているなど、かなり集中的に投棄された可能性が高いと推測される。

(2) 木簡の概要——SD一四一三A石組暗渠出土の木簡

木簡は、最も古いSX一四一一A道路に伴うSD一四一三A石組暗渠の裏込め土から一九七点、同暗渠東半部の埋り土から八六点の計二八三点が出土している。大部分は削屑であり、文字の判読が可能なものは約七〇点である。以下、報告書に基づいて出土層位ごとに、主要なものの釈文(9)を掲げ、形状および内容などについて記述する(木簡番号は報告書の番号による)。

暗渠裏込め土出土の木簡

〔釈文〕(界線はいずれも刻線である)

① 『□□』
黒万呂姉占マ麻用賣
弟万呂母占マ小冨賣□
戸主同族[ ]

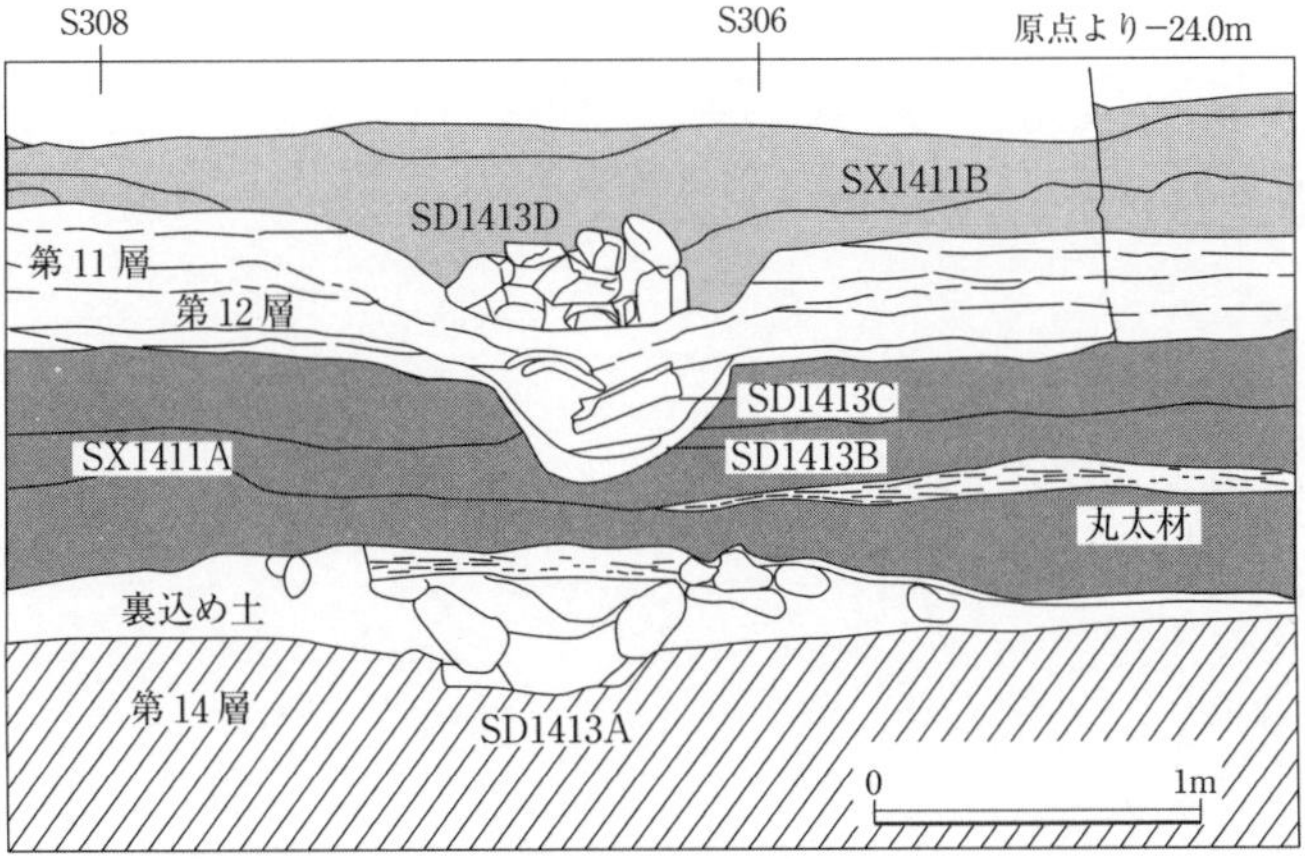

図99　多賀城跡 SD1413A と裏込め土の状況

（一一八）×（三八）×七　〇八一

② □□〔菊多カ〕郡君子部荒國　（一二三）×（二六）　〇九一

③ 丈マ子荒石
□　□□　（八五）×（二四）　〇九一

④ □伴マ□
大伴マ神
□［　　］　（三五）×（三一）　〇九一

⑭ □廿三□□〔右頬カ〕
□　（四〇）×（一三）　〇九一

⑮ □番□替□　（六九）×（一四）　〇九一

⑯ □三番替　（六八）×（一四）　〇九一

⑰ 替□□□　（六八）×（二五）　〇九一

⑱ 主典一　（六六）×（一四）　〇九一

⑲ □〔鉦カ〕師四　（五二）×（一一）　〇九一

（⑱と⑲は同一木簡の削屑である。┐は合点）

〔形状および内容〕　①の上端は、表側と裏側から切込みを入れた後に折られている。下端、左右両端とも欠損している。表側は削り整形の面をなしているが、裏側は割れ面のままで厚さが一定しない。

表側には、上部にクギのようなもので引かれた約一一ミリ間隔でほぼ平行する三本の刻線がみられる。墨痕は四行二七文字分確認できるが、その中二～四行目は三本目の刻線を基準として書かれている。

本木簡は、戸単位に歴名を記したものの断片と思われる。また界線を有し書式が整っていることから、単なるメモではなく、正式に実務に使用されたものであろう。なお、報告書では、裏側に一行を認めているが、材は割れ面のまま整形されておらず、文字とは判断しがたいので、ここでは省くこととした。

②は、削屑ではあるが、郡名＋人名の記載がみられる。第一字目と第二字目の郡名は、残画からみて「菊多」の可能性があり、菊多郡とすれば養老二年（七一八）建置であるのでそれ以後の史料ということになるが、確定できない。

⑭は、削屑であるが、右端は原形をとどめているとみられる。「廿三」の上に残存する墨痕は「年」とみても矛盾はなく、「□□」〔右頬カ〕は身体的特徴を記しているものと思われる。

⑮～⑰の三点は記載内容から、いずれも分番・交替に関係する木簡の削屑と思われる。

⑱・⑲は同一木簡の削屑とみられ、ともに官職名と員数を記していると判断される。

図100　多賀城跡１号木簡（暗渠裏込め土出土木簡，実物大）

図101　多賀城跡２号（右）・18号（中）・19号（左）木簡（暗渠裏込め土出土木簡）

暗渠東半部埋り土出土の木簡

〔釈文〕

㉙
・『丈』丈部大麻呂　年〔廿カ〕□九左頬黒子『鳥取丈部丈部』」
　『丈』　　　　　陽日郷川合里　　　　　　鳥
・『鳥取部丈　　　　　　　　　　　　　　　　　
　鳥鳥鳥鳥鳥鳥取部丈部鳥』」
　丈丈　　　鳥

（二〇八）×二〇×七　〇一五

㉚・人　兵士五百七十　（八七）×（一六）×七　〇八一
・『鳥鳥丈部』

㉛ □
□健児替「□□」　（三二）×（二九）　〇九一

㉜『□』
尩弱替　（二一）×（一七）　〇九一

㉞ 緑子□
□〔廢カ〕□　（三五）×（二〇）　〇九一

㊴ □郷大□　（七八）×（一二）　〇九一

㊵ 小川郷□　（二九）×（六）×（四）　〇八一

㊶ □〔里カ〕　（三六）×（一一）　〇九一

㊷ 里　（五五）×（三七）×五　〇八一

㊺ □木三百八十村前旬□□□　（一七二）×（一六）　〇九一

〔形状および内容〕㉙は、本来は短冊形で側面上方部に孔があけられていたものと考えられる。表側の中心には、上部に人名が書かれ、その下に割注の形で年齢・身体的特徴・本貫地名というその個人のデータが書かれている。本貫地として記されている「陽日郷川合里」は、陸奥国安積郡に所在したものと思われる。この余白と裏を利用して、後に「鳥取部」「丈部」の氏族名が習書されている。㉚〜㉜の三点とも兵制関係のものであることを考えると、㉙は、兵制関係の事務処理の過程で使用された個人カード的なもので、他の木簡と連ねた状態で木簡の記載をみることができ、必要に応じて順序を組み換えるという使われ方であったと思われる。

㉛の健児は、天平十年（七三八）に廃止され、天平宝字六年（七六二）に伊勢・近江・美濃・越前で、さらに延暦十一年（七九二）には陸奥・出羽・西海道など辺要国を除くほぼ全国で復置されている。

㊴・㊵は、共に「郷」の記事がみえ、霊亀元年（七一五）以後の史料であることが確認できる。㊵の「小川郷」は『和名抄』によれば陸奥国安積郡に小川郷の名がみえる。

(3)　木簡の年代の検討

暗渠裏込め出土の木簡

〔一号木簡〕本木簡は、歴名ではあるが、通常の「続柄＋人名」ではなく、「人名＋続柄＋人名」という記載となっている。このような歴名の記載のしかたは、第一章二ですでに詳細に述べたように、現存史料でみる限り、大宝二年御野国戸籍および和銅元年戸籍に伴う陸奥国戸口損益帳にのみみられるものである。

陸奥国戸口損益帳は、大宝二年造籍以後、次の籍年たる和銅元年までの六年間の戸・戸口の異動の集計である。大宝二年御野国戸籍との記載様式の類同性から考えて、戸口損益帳から復元的に推察できる大宝二年陸奥国戸籍は御野国戸籍と同様な記載様式をもっていて、西海道のそれとは異なっていた。(10)

さらに、陸奥国戸口損益帳は両籍（大宝二年籍と和銅元年籍）年間の計帳の別項記載を取りまとめたもののように一応解されるから、大宝二年戸籍はもちろんそれ以後毎年造られた計帳および和銅元年の戸籍そのものまでが、一様に大宝二年御野国戸籍的記載様式を存続せしめていたこととなる。この点について、岸俊男氏は和銅元年戸籍といっても実際はそれが完成するのは翌二年であるし、また他の点からもむしろこの文書は和銅元年戸籍完成以前のもので、この文書がその造籍に作用することは考えられても、逆の場合はないと考えた方がよいとして、陸奥国戸口損益帳の記載はあくまでも大宝二年の戸籍を一般的に基本としているとした。

そこで、本木簡について、以下詳細に検討することとしたい。

御野国戸籍の記載様式の特徴の一つは一行三口で現存史料に全く類例を見出せない。しかし、御野国戸籍の一行三口の記載はあくまでも、紙の記載様式であるので、本木簡の一行一口の記載は原簿たる戸籍が一行三口で記載されていたことの可能性を否定するものではない(11)。

　黒万呂姉占マ麻用賣
　弟万呂母占マ小冨賣
　戸主同族□

この「男性名＋姉」「男性名＋母」の記載は御野国戸籍でも同様であり、たとえば「中政戸秦人止也比」（御野国加毛郡半布里戸籍）の戸の構成は、以下のとおり記載されている（正集二四、『大日古』一－八四）。

中政戸秦人止也比戸口十四　正丁二 兵士一 少丁二 小子二 幷七　正女三 少女一 小女三 幷七
下々戸主止也比年卌二 正丁　嫡子太加麻呂年廿 少丁　次小太加年八 小子
戸主甥都麻利年卌六 正丁　次加尼麻呂年廿四 兵士　次千麻呂年十九 少丁
加尼麻呂甥秦人牟津年十一 小子　戸主妻秦人余売年卌六 正女　児知代売年廿 少女
次牟志奈売年十三 小女　次小牟志売年五 小女　都麻利母秦人加々弥売年六十 正女
加尼麻呂妹都売年卌二 正女　児秦人牟都売年四 小女

「戸主同族□」については、同族の用語は現存史料では陸奥国戸口損益帳にしかみられない（正集二六、『大日古』一－三〇七）。

戸主丸子部忍年八十四耆老太宝二年籍里内戸主丸子部子尻分析今移来
子忍羽年廿九　　　　　正丁
次忍人年廿一　　　　　正丁
次子真人年十九　　　　少丁
戸主妻同族古夜年五十三　正女
児刀自年廿七　　　　　正女
次乎刀自年十　　　　　小女　上件六人忍従移来

御野国戸籍では「戸主同党」の表記（前掲の加毛郡半布里戸籍の中政戸県造荒島の戸参照）が注目される。新見吉治氏は御野国戸籍にのみみえる「同党」「同党妹」を従父兄弟・従父姉妹と考定された(12)。また、同戸籍では前述したように男女順の戸口配列法をとっており、「戸主同党」記載は必ずその前行と同性となっている。その点、本木簡も「黒万呂姉……」「弟万呂母……」の次の「戸主同族」は女性の記載と判断できる。本木簡はこの配列から考えて、御野国戸籍および陸奥国戸口損益帳と同様に、男女順の戸口配列法をとっていた可能性がある。また、ことさらに刻線を引き、その刻線を基準として歴名記載をしているが、これは紙に書かれた戸籍を模した記載法であり、通常の木簡の歴名記載と異なる点である。

これらの点から推して本木簡は、単なる歴名記載ではなく、戸籍原簿から一つの戸の構成をそのまま抜書きしたものと考えられる。

以上をまとめるならば、次のようになる。

㈠「人名＋続柄＋人名」の記載。

(ロ) 男女順の戸口配列法をとっていること。

この二点の記載上の特徴は、大宝二年御野国戸籍・和銅元年陸奥国戸口損益帳にのみみられるものである。

(ハ) 「戸主同族」の記載は陸奥国戸口損益帳にしかみられない。なお御野国戸籍は「戸主同党」という類似の記載が存する。

これら三点は、大宝二年西海道戸籍・養老五年下総国戸籍とは異なる記載様式といえる。下総国戸籍は戸主下の「戸某」としてそれぞれ大宝二年西海道戸籍様式（受田記載を除く）によって記載されているのである。また、計帳の歴名記載は、最も古い神亀元年（七二四）の近江国計帳手実をはじめとして、山背国の各種計帳などすべて、西海道および下総国戸籍と同一様式である。

○神亀三年（七二六）山背国愛宕郡雲上里計帳（正集一一、『大日古』一―三三九〜三四〇）

戸主出雲臣川内、年伍拾漆歳、	正丁	鼻於黒子
妻出雲臣真土売、年参拾陸歳、	丁妻	左中指黒子
男出雲臣秋守、年弐拾肆歳、		左掌黒子
男出雲臣春守、年弐歳、	生益	
男出雲臣大国、年参拾壱歳、	一支廃疾、筑紫国	
女出雲臣秋刀自売、年拾漆歳、	少女	左腕黒子
女出雲臣嶋刀自売、年拾壱歳、	小女	左頬疵
女出雲臣春刀自売、年拾肆歳、	小女	上唇黒子
姑出雲臣比良売、年陸拾玖歳、	耆女	鼻黒子

女出雲臣麻呂売、年参拾漆歳、　丁女　右頬黒子

したがって、戸籍様式からすれば、養老五年戸籍が大きな変換点といえるであろう。

ところで、『続紀』養老元年（七一七）五月辛酉条によれば、「以二大計帳・四季帳・六年見丁帳・青苗簿・輪租帳等式一。頒二下於七道諸国一」とあり、大計帳以下の式が七道諸国に頒下され、帳簿の様式が整えられた。律令行政文書の全国的様式統一が養老元年の大計帳式以下の諸式の制定に端を発するとすれば、その一連の施策として戸籍は養老元年後の籍年すなわち養老五年籍において同様の様式統一を実施したのではないか。

これら養老年間における籍帳類の式の制定は、逆にいえば、それ以前における籍帳類の様式などが統一を欠いていたことを予測させる。

先にも紹介した戸籍制度に関する通説的理解のように、大宝二年戸籍は「浄御原令」の様式にもとづく御野国戸籍と、「大宝令」の様式による西海道戸籍とする説明ではなく、大宝二年籍では御野・陸奥（陸奥国戸口損益帳よりの類推）両国型戸籍と西海道型戸籍が併存したとみるべきであろう。その後、和銅元年籍・和銅七年籍は現存史料がこれまで知られていないが、おそらくは、養老以前には戸籍の統一がいまだ成らず、養老五年籍においてはじめて全国的に様式の統一がなされたのではないか。養老五年籍以降は若干の用語などで変更は認められるが、養老五年籍において記載様式が統一され、それ以降戸籍・計帳は全国的に一定した様式を踏襲したものと考えられる。

この点から、御野国戸籍および陸奥国戸口損益帳と同様の記載様式をもつ本木簡は、下限を養老五年籍完成の養老六年五月三十日（戸令造戸籍条「凡戸籍。……起二十一月上旬一。……五月卅日内訖」）とすれば、その戸籍原簿は和銅七年籍・和銅元年籍・大宝二年籍のいずれかの戸籍からの抜書きと考えられるであろう。

〔二号木簡〕　非常に薄い削屑で、郡の上部が欠損して確定しがたいが、「多」はほとんど問題ないが、陸奥・石

城・石背三国内で考えるならば、現存第一字目は「菊」の一部の字画とみてよいと判断できる。(13) 菊多郡は前掲史料・『続紀』養老二年（七一八）五月乙未条によれば、常陸国多珂郡の郷二一〇烟（戸）を割いて石城国に加えた新置の郡である。なお、石城国は前述したように確実な下限は神亀五年（七二八）、さらに解釈を加えれば、神亀元年（七二四）段階では陸奥国に復しているとみられる。(14)

結局のところ、二号木簡は、養老二年新置の「菊多郡」の記載から、養老二年以降の史料であることがわかった。

このことは、暗渠裏込め土出土の木簡の年代を、養老二年以降、養老六年五月三十日（養老五年籍完成）までに限定することができる。さらに、一号木簡で抜書の原簿を大宝二年籍・和銅元年籍・和銅七年籍のいずれかと想定したが、二号木簡の年代を養老二〜六年五月三十日の間に限定すれば、一号木簡は和銅七年籍からの抜書きであると判断を下すことができるであろう。

〔一八・一九号木簡〕　この二点は、本来同一木簡から削り取られたものであるから、その内容は、密接な関連をもつものとして扱わねばならない。

「鉦師」の「鉦」は形は鈴に似て舌がなく、柄があって半ばは内にあり、その貫通を緩くし、柄の内にある部分を本体に打ち当てて音を出すもので、行進を停める合図に用いるという。

軍防令私家鼓鉦条によれば、

凡私家、不レ得レ有二鼓鉦、弩、牟、矟、具装、大角、小角、及軍幡一、唯楽鼓不レ在二禁限一。

とあり、鉦鼓は大角・小角などの吹鳴具や軍幡などとともに、私家に所蔵することを禁止されている軍隊の調度品として、もっぱら用兵の目的で使用されるものである。この鉦鼓に関して『令義解』は「鼓者、皮鼓也。鉦者、金鼓也。所二以静一レ喧也」と解釈を下している。

鉦鼓については、次の史料が本木簡の解釈のうえで重要である。

○『類聚三代格』延暦十九年（八〇〇）十月七日官符

廃二置長上一事

鼓吹司

廃二大笛長上一員一、今置二鉦鼓長上一員一。

右得二兵部省解一偁。鼓吹司解偁。軍旅之設、吹角為レ本、征戦之備、鉦鼓為レ先。今有二吹角長上三人一、曽無二鉦鼓之師一。至二威儀之日一、有レ失二進退之節一。望請、置二鉦鼓長上一、教二習生徒一者。右大臣宣。奉レ勅、宜下廃二大笛長上一、兼預二大角長上一、更置中鉦鼓長上上。其官位亦同二吹角長上一。

延暦十九年十月七日

（傍点は筆者）

軍旅の設は吹角を本となし、征戦の備は鉦鼓を先となす。にもかかわらず、鼓吹司の解状によれば、今吹角の長上は三人いるが、鉦鼓の師が欠員となっているので、大笛長上一員を廃して、鉦鼓長上一員をおいてほしいという内容である。軍防令軍団置鼓条によれば、「凡軍団、各置二鼓二面、大角二口、少角四口一、通二用兵士一、分番教習。（下略）」とあり、軍団には大角・小角および鼓が配置された。

延暦十九年十月七日官符にみえるように、鉦鼓は「征戦之備」とされたが、八・九世紀の東北地方の征討事業に関する史料には鉦鼓に関する記述は残念ながらみえない。しかし、次の史料は、中央の衛府関係のものであるが、将軍の用語とともに注目される。

○『続紀』養老五年（七二一）十二月辛丑条

太政官奏、授刀寮五衛府、別設二鉦・鼓各一面一、便作二将軍之号令一、以為二兵士之耳目一、節二進退動静一。奏可之。

授刀寮と五衛府とに、鉦・鼓各一面を設け、将軍が行軍の進退・動静の指示に使用することを目的としたと考えられる。この非常体制は、同月七日に元明太上天皇が没し、その直後の不測の事態に備え、新田部親王が将軍に任命されたことに伴う措置とされている。この史料は不測の事態に備えた軍事体制と鉦鼓の密接な関連を示す史料とみてよいであろう。[15]

前述の諸史料でも明らかなように、鉦と鼓は「鉦鼓」また「鼓鉦」と並称されるが、実際は、常時の軍隊には鼓のみがおかれ、鉦は戦闘行動などに際して大軍の行進の合図に使用されるのであろう。[16] いわば、鉦とそれを指揮する鉦師は、非常時の征討軍などには必要不可欠の構成員であったと理解できる。一方「主典」という表記も、鉦師との関連でいえば、当然征討軍の第四等官・主典（軍曹）に相当するであろう。軍防令将帥出征条の義解の注には「軍曹者、大主典也。録事者、少主典也」とある。

このように「鉦師」と「主典」が征夷軍の構成員とするならば、八世紀前半の蝦夷反乱とそれに対する征夷軍派遣が取り上げられなければならない。

○『続紀』養老四年（七二〇）九月丁丑（二十八日）条

陸奥国奏言、蝦夷反乱、殺二按察使正五位上上毛野朝臣広人一。

○『続紀』養老四年九月戊寅（二十九日）条

以二播磨按察使正四位下多治比真人県守一為二持節征夷将軍一。左京亮従五位下下毛野朝臣石代為二副将軍一。軍監三人、軍曹二人。以二従五位下阿倍朝臣駿河一。為二持節鎮狄将軍一。軍監二人、軍曹二人。即日授二節刀一。

○『続紀』養老五年（七二一）四月乙酉（九日）条

征夷将軍正四位上多治比真人県守、鎮狄将軍従五位上阿倍朝臣駿河等還帰。

○『続紀』神亀元年（七二四）三月甲申（二十五日）条

陸奥国言、海道蝦夷反、殺二大掾従六位上佐伯宿禰児屋麻呂一。

○『続紀』神亀元年四月丙申（七日）条

以二式部卿正四位上藤原朝臣宇合一為二持節大将軍一。宮内大輔従五位上高橋朝臣安麻呂為二副将軍一。判官八人、主典八人。為レ征二海道蝦夷一也。

○『続紀』神亀元年十一月乙酉（二十九日）条

征夷持節大使正四位上藤原朝臣宇合、鎮狄将軍従五位上小野朝臣牛養等来帰。

この二つの征討軍派遣のうち、本木簡と関連するのは、養老二年以降養老六年五月以前の間に起きた蝦夷の反乱とそれに対する征討事業となるであろう。すなわち、養老四年九月、蝦夷が反乱を起こし、按察使を殺害した事件のさいに派遣された征夷軍の一員が、本木簡の「鉦師四」「主典一」（「軍曹二人」との違いは本木簡の性格によるか）であったと理解できるであろう。

このように理解できるとすれば、この木簡の年代は、養老四年九月二十九日（征夷軍派遣のさいの節刀授与の時点）以降、養老五年四月九日（征夷軍の帰還）以前と限定することができる。そして、木簡の廃棄年代は、おそらく養老五年四月以降まもない時期と考えられるであろう。

暗渠埋り土出土の木簡

上記の暗渠裏込め土出土木簡の推定年代をより確実なものにするためには、暗渠東半部埋り土出土の木簡の年代についても検討しておかなければならない。

〔二九号木簡〕　上部に人名、その下に割注の形で年齢・身体的特徴・本貫地名というその個人のデータが書かれている。本貫地「(安積郡)陽日郷川合里」は、郷里制の施行されていた霊亀元年(七一五)から天平十二年(七四〇)の間の史料である。

〔三一号木簡〕　この木簡は健児に関する史料である。健児は天平十年(七三八)五月に廃止され、天平宝字六年(七六二)に伊勢・近江・美濃・越前で、さらに延暦十一年(七九二)には陸奥・出羽・西海道など辺要国を除くほぼ全国で復置されている。二九号木簡の年代の下限が天平十二年であることから、天平十年以前の健児関係史料といえる。

〔三四号木簡〕　緑子については、大宝令では三歳以下の男児を緑と称し、養老令では黄と規定しているが、八世紀代の戸籍・計帳類における三歳以下の男児の表記の変遷をみてみたい。

図102　多賀城跡31号(右)・34号(左)木簡(暗渠埋り土出土木簡)

大宝二年御野国戸籍・西海道戸籍さらに養老五年下総国戸籍は緑児、それ以降は天平十二年越前国山背郷計帳の一例を除いてはすべて緑子の表記に統一されている。ここで重要なことは、現存史料でみる限り、緑子の戸籍上の用例は養老五年籍以前にはない事実であり、養老五年以降の緑児の使用例は問題とはならない。したがって、本木簡の「緑子」の表記は、養老五年籍(養老六年五月三十日完成)以降のものと解釈することができる。

また、「緑子」の次行の残画は、次にあげる戸籍の配列を参照すれば、「癈」の一部、「疾」は削り取られ、わずかに墨痕が残っているにすぎないが、「癈疾」と判断できる。

○下総国葛飾郡大島郷島俣里戸籍（正集二〇、『大日古』一―二九〇～二九一、傍点は筆者）

島俣里戸肆拾貳

合口参佰漆拾

口貳佰陸拾捌不課

口卌六　小子

口一十二　緑、児、

口二　癈、疾、

口三　耆老

（下略）

口壹佰貳課

○筑前国島郡川辺里戸籍（正集三八、『大日古』一―一〇九、傍点は筆者）

凡口壹拾壹

口捌不課

口一　緑、児、

口一　癈、疾、

口三　丁女

口一　次女

（下略）

口参課

この不課記載の「緑子」と「癈疾」の並びからみて、この削屑は戸籍の一部（集計部分）かと思われる。

この暗渠埋り土出土の木簡は、㉙の兵制関係の事務処理の過程で使用された個人カード的なもの、㉚の兵士などの人数を記したもの、㉛の健児関係のもの、㉜の兵制にかかわる人間の交替に関するものなど、いずれも兵制関係のものであり、木簡も削屑を中心としてある程度まとまって投棄したと推測される。

表17　籍帳にみえる緑児・緑子

大宝２年(702)	御野国戸籍	緑児	緑女
〃	筑前・豊前・豊後国戸籍	〃	〃
和銅元年(708)	陸奥国戸口損益帳		
養老５年(721)	下総国戸籍	緑児	緑女
神亀３年(726)	山背国出雲郷雲上・下里計帳	緑子	〃
天平５年(733)	山背国郷里未詳計帳	〃	〃
〃	右京計帳	〃	〃
天平７年(735)	山背国大住郷(？)計帳	〃	〃
天平12年(740)	越前国山背郷計帳	緑児	〃
天平14年(742)	近江国古市郷計帳	緑子	
天平宝字元(757)～宝亀３年(772)	因幡国戸籍(？)	〃	
天平宝字元(757)～宝亀４年(773)	讃岐国戸籍		黄女

この「緑子」を養老五年籍以降の表記とみなすならば、暗渠埋り土出土木簡の年代は養老五年籍完成後の養老六年（七二二）六月を上限、健児廃止年代の天平十年（七三八）五月をその下限とすることができる。

このように暗渠埋り土の年代を養老六年六月以降、天平十年までとすると、上記の暗渠裏込め土出土の木簡の年代を養老四年九月から養老五年四月までと推定したことの妥当性を間接的に裏付けるものといえる。

以上から、政庁と外郭南門を結ぶ道路跡の創置年代は、養老五年四月以降おそらく養老六年にかけてのころと想定することができる。

東北地方の政治・軍事上の中心施設としての多賀城の造営は大規模なゆえに、数年間を要したことは間違いない。

ちなみに陸奥国桃生城と出羽国雄勝城について、その造営状況が史料上確認できるので、ここに参考までに記しておくこととする。

まず、雄勝城は早くは藤原朝臣仲麻呂の伯父藤原朝臣麻呂が天平九年（七三七）持節大使として取り組んだ陸奥・出羽連絡路の開削事業に伴い、その造営が計画されながら中止されたままとなっていた。仲麻呂はその念願の雄勝城に加えて、陸奥国北部の海道の中心牡鹿地方の北に桃生城を建置しようとした。両城の造営は天平勝宝九歳（天平宝字元、七五七）四月には、仲麻呂の儒教政策に基づき、儒教的倫理にそむく不孝・不恭・不友・不順の者を「陸奥国桃生・出羽国小勝」に移配することとしている（『続紀』天平宝字元年四月辛巳条）。両城の造営は天平宝字三年（七五九）九月ごろにはほぼ完成に近づいたと思われ、春から秋まで郷土を離れて造営に従事した郡司・軍毅・鎮兵・馬子ら合わせて八一八〇人に対し、その労をねぎらって当年の人身挙税を免除している（『続紀』天平宝字三年九月己丑条）。その両城の正式な完成は天平宝字四年（七六〇）正月であり、この大事業を指揮した按察使の藤原朝臣朝獦以下、陸奥・出羽両国の首脳陣が論功行賞を得ている（『続紀』天平宝字四年正月丙寅条）。

この点から、桃生・雄勝両城の造営は、天平勝宝九歳の時点ではすでに計画され、天平宝字三年中には完成したと考えられ、少なくとも三年は要したことになる。

ところで、大規模な多賀城造営がどのような手順のもとに推し進められたかは定かでない。ただ、多賀城で最も象徴的な中心施設は政庁であり、外郭の正門となる南門およびその政庁と南門を結ぶ道路建置が全体の造営計画のなかで、比較的初期に着手されたことはほぼ無理なく想定できるであろう。多賀城の政庁と南門を結ぶ道路跡の造営年代は、養老五年四月（征討軍の帰還）以降、それほどの期間を経ない時期とみておきたい。

ここで問題は、多賀城碑の記す創建および修造の年紀をそれぞれの造営期間のどこに位置付けるかである。

先に述べたように、桃生・雄勝両城は天平勝宝九歳の時点ですでに計画され、天平宝字三年中には完成したと考えられる。この桃生・雄勝両城の造営完成をまって、陸奥・出羽両国の国府の所在する多賀城・秋田城は、その修造事業に着手したのではないか。この秋田城はもちろん『続紀』天平五年（七三三）十二月己未条に「出羽柵遷₂置於秋田村高清水岡₁」とみえる出羽柵の改変である。秋田城は『日本後紀』延暦二十三年（八〇四）十一月癸巳条によれば、秋田城は「建置以来卅余年」とあり、ほぼ七六〇年前後が秋田城の建置時期と考えられる。多賀城・秋田城の修造はともに大規模な改変と判断され、天平宝字四年ごろに着手したとすれば、宝字六年中の完成は、きわめて妥当な修造期間とみることができるであろう。その意味では、多賀城碑の示す修造年紀が天平宝字六年であることに一応の妥当性を見出すことができるであろう。ただし碑の最後に記す「天平宝字六年十二月一日」は、藤原朝臣朝獦の参議就任の記念すべき年月日であることに留意する必要がある。

創建年代についても、神亀元年は修造と同様にその完成とみなすことが最も穏当であろう。多賀城の創建期について、政庁の造営をその造営の初期として、政庁と外郭南門を結ぶ正面道路の構築年代を養老五年ないし六年ごろとみれば、その後、多賀城外郭内地域の整備を経て、養老八年＝神亀元年に完成したとみることができるであろう。

まとめ

多賀城の創建は、和銅元年体制と呼ばれる八世紀前半の全国的な地方行政整備の一環として実施されたと考えられる。すなわち、出羽国建国にはじまる陸奥国北部の改変、石城・石背両国の分置など一連の東北政策に連動するものである。

一方、多賀城外郭南門跡前に建つ多賀城碑は、多賀城創建年代を「神亀元年」と刻している。この碑は永らく偽作と説かれていたが、近年の多方面からの検討により、ほぼ偽作説を斥けることができたと考えている。ただ、この神亀元年が大規模な多賀城造営事業のどの時点を指すものかは明らかでない。

考古学的成果からは、多賀城の創建年代はこれまでは木戸窯跡出土の文字瓦などから郷里制施行（七一七〜七四〇）下の二五年間のなかで捉えてきた。

それらに対して、多賀城政庁と外郭南門とを結ぶ正面道路跡の石組暗渠裏込め土と暗渠埋り土から出土した一群の木簡は、その創建年代を養老二年以降、養老六年までの間と上限・下限を明確に定め、さらに「鉦師」「主典」を征討軍の構成員とみるならば、養老四年九月の征討軍の派遣に伴うとみて、上記の年代をさらに養老四年九月から養老五年四月までの間に限定できる。

こうした考察と関連して、今後の課題点について若干ふれておきたい。

イ　一般的に数年間にわたる大規模な官衙造営にあたっては一定の手順に基づいて計画的に事業が遂行されたと考えられる。その意味では、本節で試みた政庁と外郭南門を結ぶ道路跡の構築推定年代が認められるとすれば、今後多賀城造営のどの時点に位置づけるか、全体の造営手順のなかで考えていく必要があろう。また、他の遺跡においても、その造営過程を考古学的調査のなかであとづける作業を今後試みてほしい。

ロ　わが国における古代の戸籍制度からいえば、通説的理解としては、現存最古の戸籍である大宝二年籍のうち、浄御原令による御野国戸籍と、大宝令による西海道戸籍そしてその後は西海道戸籍を基本的に引き継いだ養老五年下総国戸籍に至るとされていた。しかし、すでに和銅元年陸奥国戸口損益帳は、大宝二年の陸奥国戸籍そのものが御野型であることを物語っているという事実が指摘されながら、上記のような従来の理解では十分に説明できていなかったのである。

ところが、多賀城木簡の検討の結果、和銅七年籍も大宝二年の御野型・陸奥型を踏襲しているとみなすことができると判断した。この見解が認められるなれば、陸奥国（陸奥国戸口損益帳、和銅七年籍の一部を伝える本木簡）は、御野国（大宝二年戸籍）と同様に東山道に属する国であることに共通点を有しているので、西海道型戸籍に対して御野型ではなく、東山道型と称すべきであろう。その場合、律令文書行政における道制のあり方について注目し、新たに検討を加えなければならないであろう。

以上、古代の東北地方の政治・軍事の一大拠点である多賀城の創建年代について、文献史料・金石文さらに出土文字史料など、多方面からの検討を加えることにより、その年代をきわめて限定することができたと思う。こうした手続は、他の遺跡についても、いろいろな制約条件があるであろうが、試みてみる必要はあるであろう。

註

（1）土田直鎮「石城石背両国建置沿革余考」（『奈良平安時代史研究』吉川弘文館、一九九二年。原論文は一九五二年）。

（2）石城・石背両国の存続期間をさらに限定できるとする新見解が発表されている。熊谷公男氏によれば、次のとおりである（「黒川以北十郡の成立」『東北学院大学　東北文化研究所紀要』二一、一九八九年）。『続紀』神亀元年四月癸卯条にみえる「坂東九国」という表現は、通常の坂東八国に陸奥を加えたものと考えるべきで、このときまでに石城・石背両国は消滅していたとみられる（喜田貞吉「石城・石背両国建置沿革考」『喜田貞吉著作集』四、歴史地理研究、一九八二年、原論文は一九一二年。今泉隆雄「陸奥国の建国と郡山遺跡」『図説　宮城県の歴史』河出書房新社、一九八八年）。すなわち石城・石背両国は養老二年（七一八）五月に建置され、養老四年（七二〇）十一月（『類聚国史』養老四年十一月甲戌条に石城・石背の国名がみえる）以降神亀元年（七二四）四月までの三年余の間に再併合されたことになるわけで、存続期間は二年半から最大限でも六年たらずと指摘している。

本節「1　文献史料上の検討」については、旧稿「律令制下の多賀城」発表以後、諸氏により検討が加えられ、有益な新見解も公表されている。とくに本節第1項との関連でいえば、今泉隆雄氏「陸奥国の建国と郡山遺跡」「多賀城の時代」（前掲書所収）および熊谷公男氏の前掲論文がその代表的なものとしてあげられる。ただ、本節の主眼はあくまでも第3項の木簡の検討にあり、以下の本論の展開に直接的には影響がないものと判断したので、ここでは関説しないことをはじめにお断りしておきたい。

（3）　野村忠夫『律令政治の諸様相』（塙書房、一九六八年）。

（4）　鎮所については、詳しくは拙稿「鎮守府論Ⅰ－陸奥鎮所について－」（『東北歴史資料館研究紀要』六、一九八〇年）を参照されたい。

（5）　虎尾俊哉「律令国家の奥羽経営」（『古代東北と律令法』吉川弘文館、一九九五年。原論文は一九七八年）ほか。

（6）　多賀城碑については、詳しくは安倍辰夫・平川南編『多賀城碑－その謎を解く－』（雄山閣出版、一九八九年）を参照してほしい。

（7）　鎌田元一氏は、木簡などの実態史料から、郷里制の施行は霊亀三年（七一七）五月下旬のこととする見解を発表された（「郷里制の施行と霊亀元年式」『律令公民制の研究』塙書房、二〇〇一年。原論文は一九九一年）。

（8）　この点について、今泉隆雄氏は、偽作であるという積極的な根拠がなくなったのであるから、碑文を多賀城の理解に積極的に利用することを提唱し（「多賀城碑は真物か偽物か」、前掲『図説　宮城県の歴史』）、熊谷公男氏も賛意を表明している（註(2)の前掲論文）。

（9）　報告書の釈文について、筆者の再調査により、若干訂正を加えたものを本文に掲げたので、ここに釈文に変更を加えたもののみ報告書の釈文と訂正箇所を明示しておきたい。

①表　□□
黒万呂姉占マ□用賣
弟万呂母占マ小□□□〔賣カ〕
戸主同□□□□〔族カ〕
裏　□

②□□郡君子部荒國

④□□□

大伴マ神

⑮□番□□□〔替カ〕

⑯□三番□□〔替カ〕

⑰□□□□〔替カ〕

⑲□師四〔金ヘン〕

㉜

□弱□〔庄カ〕〔替カ〕

㉞□子□

□〔丈カ〕

㊵　□〔小カ〕川郷□

(10)　岸俊男「いわゆる『陸奥国戸籍』の残簡」(『日本古代籍帳の研究』塙書房、一九七三年)。

(11)　虎尾俊哉氏は、岸氏が陸奥国戸口損益帳と御野国戸籍との記載様式の類同性を主張したのに対し、「老女」などの表記とともに「戸口記載の体裁も西海道戸籍は一行一口で、御野国戸籍は一行三口であるのに、この文書(陸奥国戸口損益帳)は一行一口であって西海道戸籍と共通である」として、御野国戸籍の記載様式との類同性のみを強調することはできないのではないかとした(「所謂陸奥国戸籍について」『古代典籍文書論考』吉川弘文館、一九八二年。原論文は一九五五年)。虎尾氏のあげた論点については、岸氏の論考でほぼ克服しているが、この戸口記載の体裁については陸奥国戸口損益帳は戸籍そのものではなく、異動の集計という性格からはむしろ一行一口の記載法をとるのが自然であろう。この点は本木簡も本文で指摘したように木簡の特性という面だけでなく、戸籍原簿からの抜書という意味で一行一口と記載したのかもしれない。

(12)　新見吉治「中古初期に於ける族制」(『史学雑誌』二〇―二、三、四、一九〇九年)。

(13)　八世紀前半に存在したと考えられる陸奥国(石城・石背両国を含む)の郡名は次のとおりである。白河・磐瀬・会津・安積・信夫・刈田(養老五年十月建置)・柴田・名取・菊多・磐城・標葉・行方・宇多・伊具・曰理・宮城・黒川・賀美・色麻・玉造・志太・長岡・新田・小田・牡鹿。

(14)　註(2)の熊谷氏前掲論文に同じ。

(15)　天平六年(七三四)の「出雲国計会帳」によれば、天平四年度に国際情勢の緊迫化に対して西辺の防備強化を目的として設置した節度使下において、烽の設置、弩の製造などとともに、鉦が山陰道の国に緊急に送られている。

(16)　鉦(鼓)が戦闘行動のなかで必要不可欠であったことは、次の史料からも十分に読みとることができる。すなわち、壬申の乱に際して、村国連男依が諸将と数万の兵を率いて、近江の瀬田に迫ったとき、大友皇子側は瀬田橋の西に大陣営をはったが、そのさまを『日本書紀』天武天皇元年(六七二)七月辛亥条では「旗幟蔽レ野。埃塵連レ天。鉦鼓之声。聞二数十里二」と表現している。これは、後漢書光武帝紀にもとづいているが、鉦鼓は戦闘行為のなかで重要な役割を果たしていることを知ることができるであろう。

二　上総国部領使関係木簡——秋田市秋田城跡

1　遺跡の概要（註）

秋田城の前身である出羽柵は、天平五年（七三三）十二月に出羽郡（山形県庄内地方）から「秋田村高清水岡」に遷置された。秋田城の名は正倉院文書中の天平宝字四年（七六〇）三月十九日の丸部足人の解状に「阿支太城」と初めて見える。また、『日本後紀』延暦二十三年（八〇四）十一月癸巳条に「秋田城建置以来卌余年」の記載があることから、天平宝字年間（七五七～七六五）ごろに、秋田城の建置を考えられる。このことは、天平宝字年間に出羽柵を大改修し、新たに秋田城と呼称するようになったことを示しているのであろう。

秋田城の遺跡は、秋田市街地と土崎港を結ぶ中間の標高二〇～五〇メートルの低い高清水丘陵に位置している。西に秋田運河（旧雄物川）を隔てて日本海を見下ろし、地質は礫・火山灰からなる寺内層上に日本海から吹き上げられた飛砂が堆積し、古代の遺構はすべて砂層面に形成されている。

秋田城跡は、一辺五五〇メートルほどの外郭築地（正しくは築地塀二時期と築地塀崩壊後の布掘り溝を伴う材木塀の四時期の変遷）が不整方形にめぐり、中心の政庁地区は東西九四メートル、南北七七メートルの築地で囲まれ、正殿は六期の変遷が考えられる。

第五四次調査（一九八九～九〇年）は東外郭推定線と政庁東門の中軸線の東への延長線の交叉する地点を中心とする地域で、これまで未確認であった外郭東門を検出することを調査目的とした。その成果は以下のとおりである。

調査区北東部で検出したSB九九八A・B建物跡は、南梁間中央に布掘溝がとりつくこと、建物の規模が梁間（東

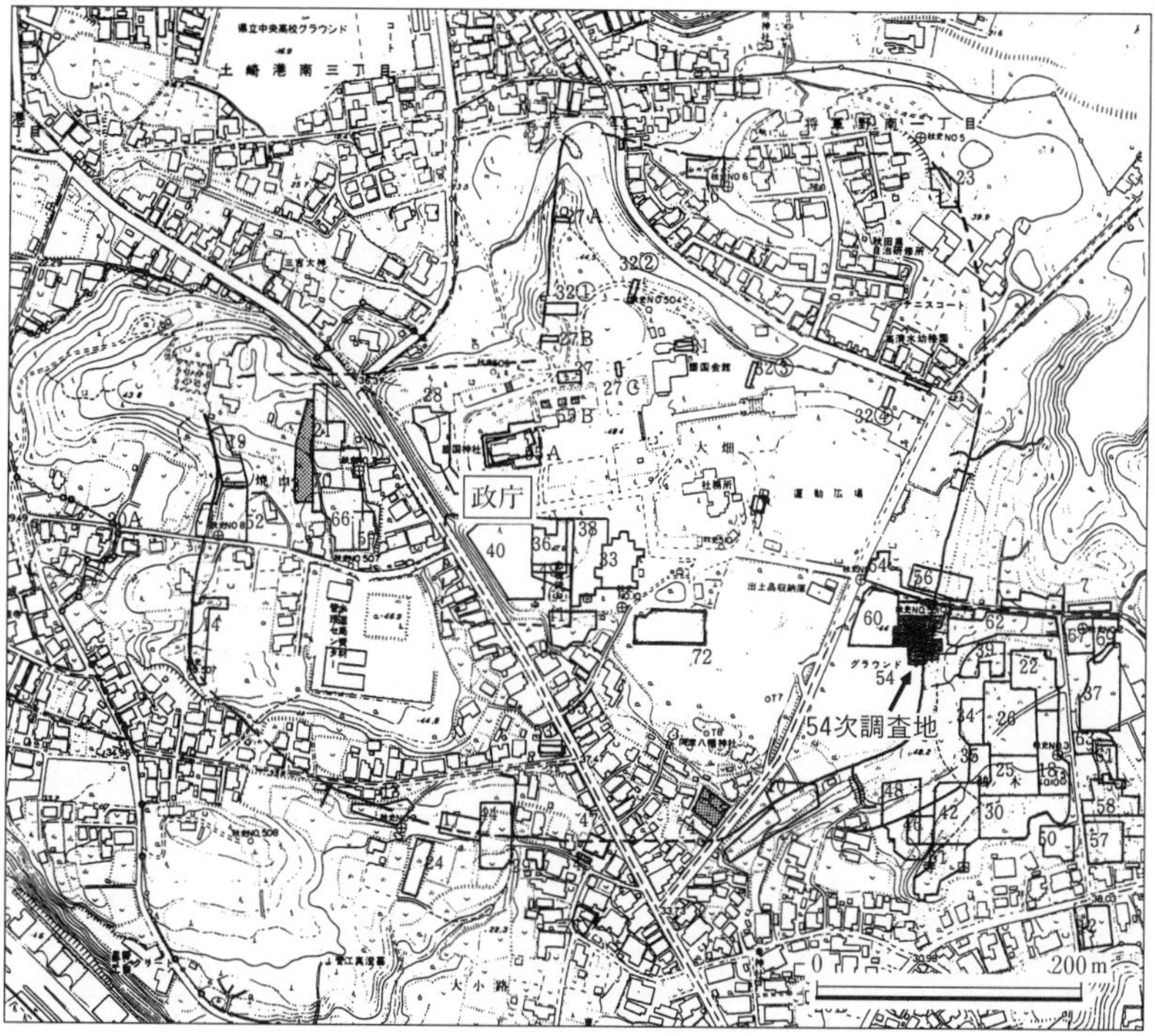

図103　秋田城跡地形図および調査地域図（数字は平成10年度までの調査次数）

西）二間、桁行（南北）三間で、梁間が二・七メートル（約九尺）等間、桁行が中央部が三メートル（約一〇尺）、両脇間が二・七メートル（約九尺）であること、掘り方も大規模であることなどから、東外郭（材木塀の時期）に伴う三間一戸の掘立柱式八脚門すなわち外郭東門とみて間違いない。なお、これ以前の築地塀に伴う外郭東門跡はＳＢ九九八Ｂの巨大な掘り方によって全面的に破壊されたものと考えられる。

この調査で検出した主な遺構は、このほかに掘立柱建物（三棟）、竪穴住居（四二軒）、創建築地土塀をつくるための巨大な土取り穴、土留めのしがらみなどがある。

調査南東部で検出した巨大な土取り穴は、スクモ（泥炭）の堆積する湿地（ＳＧ一〇三一湿地、のちＳＫ一〇三一とする）となっている。スクモは最深部で約一・五メートルの厚さで、砂層、粘土層と互層状になって堆積しており、南・西

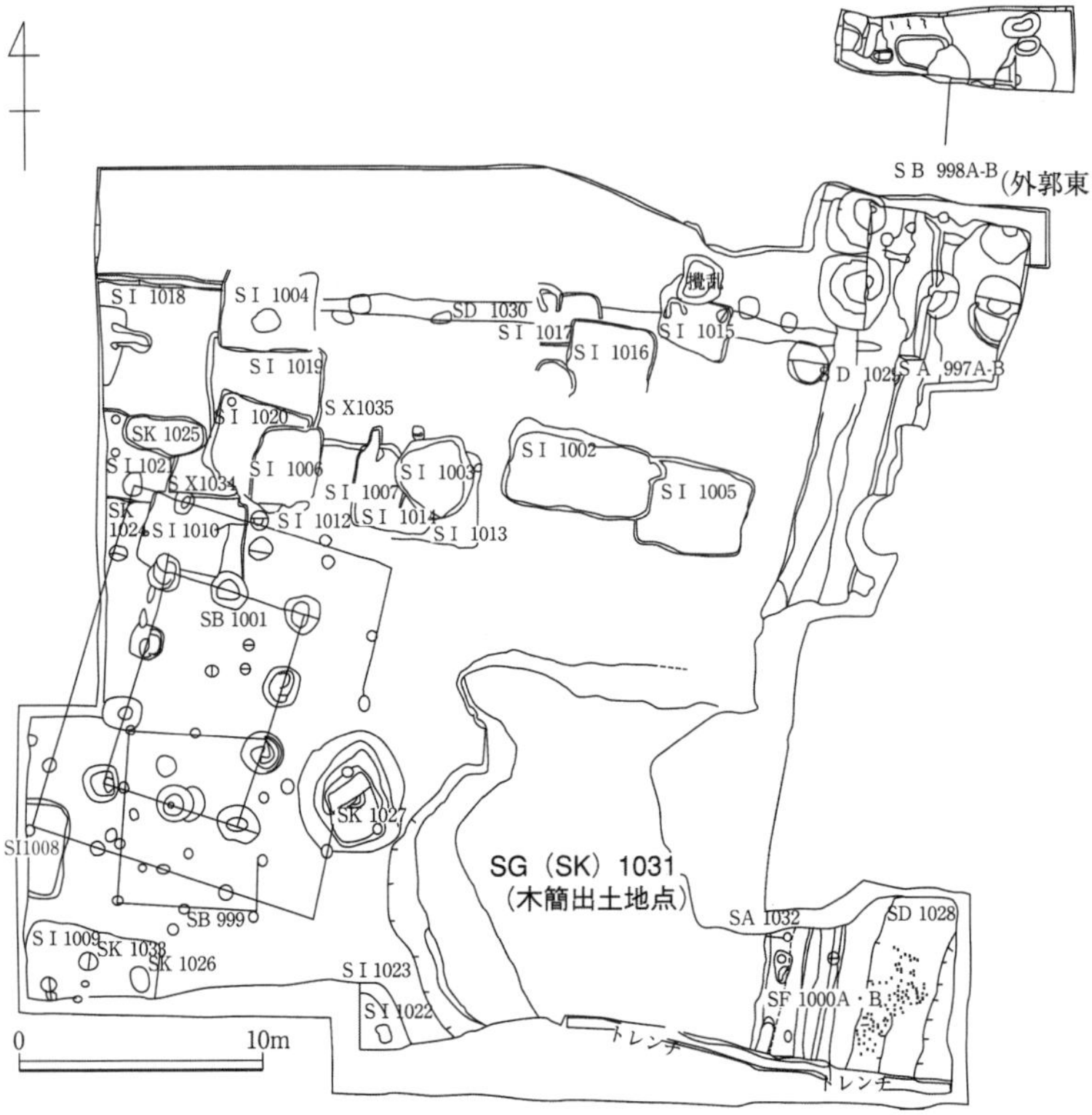

図104　秋田城跡第54次調査上層・下層検出遺構図（平成元年度）

から流れ込んだ状態である。スクモは加工材の削屑や籾殻、焼けた籾などが多量に認められることから人為的に廃棄された植物質が泥炭化したものである。また、スクモはＳＦ一〇〇〇Ｂ築地崩壊土上、ＳＦ一〇〇〇Ａ築地崩壊土下に位置しており、ＳＦ一〇〇〇Ａ築地の存続期間内に堆積したものであろう。このスクモ内からはのちにふれるように延暦十（七九一）～同十四年（七九五）までの紀年銘のある木簡が出土しており、ＳＧ一〇三一湿地の整地は木簡の年代だけから判断すると、八世紀末以降の時期が考えられる。

スクモと砂層、粘土層の互層状の堆積層からは、多量の木製品（斎串、刺串、絵馬、舟形木製品、琴柱、曲物、挽物皿・椀、漆塗大皿、檜扇、下駄、横槌、鋤、鍬など）のほか、冠の断片、多量の須恵器坏、瓦、二〇〇点を超える木簡、三〇点近い漆紙文書などが出土した。

東西約一五メートル、南北約二五メートル、現地表から約七・五メートルの深さの大規模な土取り穴は、のちに土砂や雨水が流入して湿地となったが、この湿地から合計二六〇点近い木簡が出土した。

それらの木簡の内容と年代を簡単にまとめると、次のようになる。

㋑ 木簡の年紀は、延暦十年から同十四年に限られる。

㋺ 門の造営やその警護のための宿直関係の木簡が目立っている。外郭東門は、地形上から判断すると、平野部に通ずる唯一の門としておそらく秋田城の外郭の最も主要な門で、その警護も厳重をきわめたと推測できる。

㋩ ㋺に関連して、兵士や工人などの歴名簡が目立ち、人名だけでも一〇〇人近くが知られ、ウジ名も従来の文献史料でほとんど未見のものが多く、三〇種にものぼる。

㋥ 出羽国内各郡（平鹿・最上・置賜・田川・村山など）からの貢進関係木簡が目立ち、とくに平鹿・最上両郡からは延暦十一年と十三年にそれぞれ糒を貢進しているのが注目される。

㋭ 坂東諸国では、上総国の一点を除くと、すべて上野国関係のもの（六点）に限られる。

2 釈文

二二号木簡

「上総国部領解　申宿直

合　五　人　火

（一〇九）×四〇×四　〇一九

上端はほぼ原状を保っているが、下端は欠損している。最も厚いところで四ミリあるが、全体的に薄く、繰返し使用されたことを示すように深く削り取られた箇所もあり、均一な厚さを呈していない。

3　形　状

4　内　容

筆運びの速い書体で、全体に解読しづらいが、とくに「部領」の部分は判読しにくい。「部」は旁《つくり》のくずし字で終筆の部分はやや不鮮明であるが、とめの動きをわずかに確認できるので、部とみて間違いないし、また「領」は新潟県笹神村発久遺跡出土の二号木簡の「領」の書体を参考にすれば、問題はないであろう。

この木簡は、いわゆる宿直者の報告の解（上申書）である。令制では、中央の官司ごとに官人らが毎日交替で当たることになっていた。各官司は毎日太政官の弁官に宿直者を報告することになっており、この報告書は「宿直札」「宿直之抄」などと呼ばれていた。平城宮跡からは、数多くの宿直札が出土している。

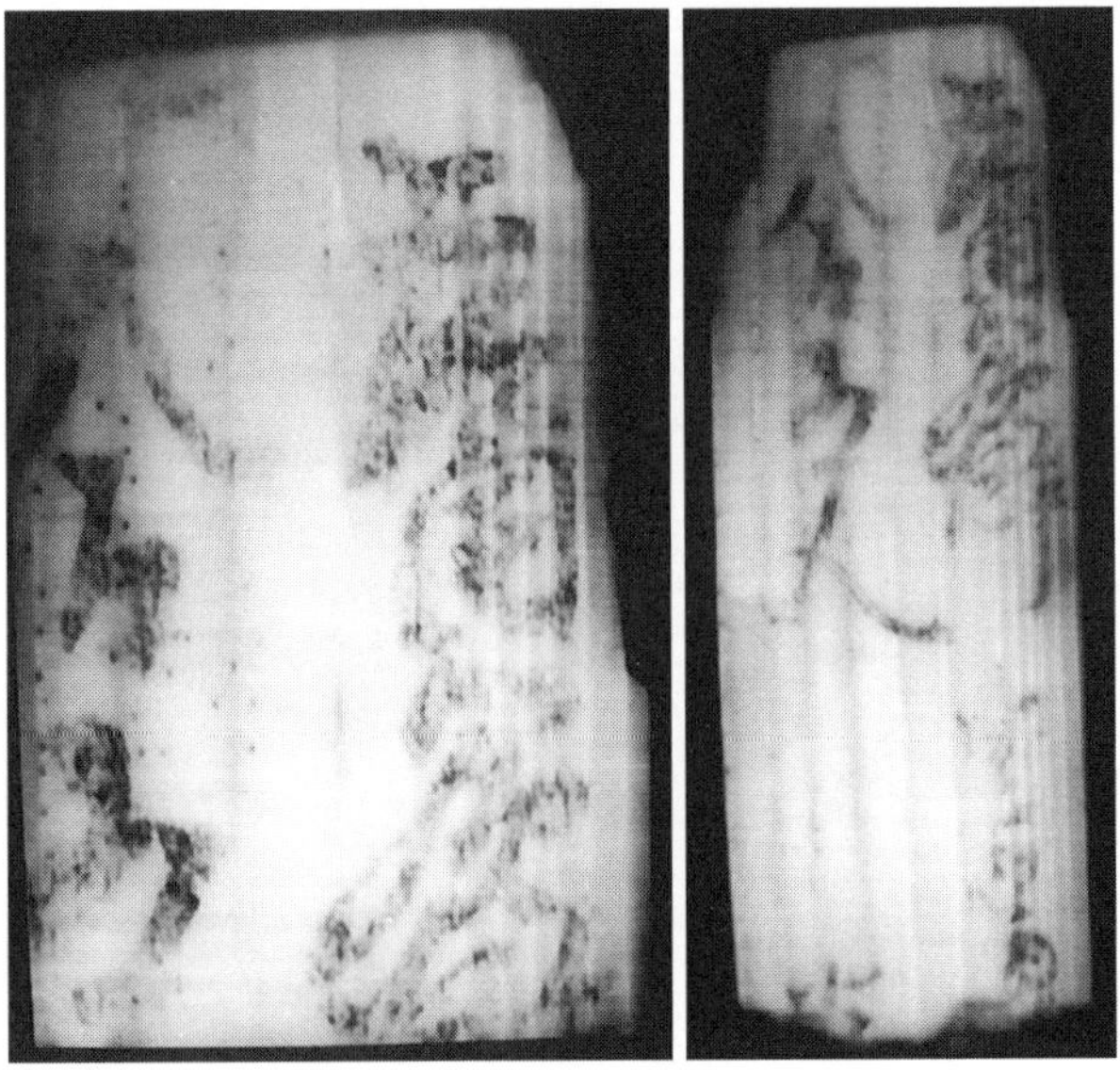

図105　秋田城跡出土22号木簡全体（右）と「上総国部領」部分（左）

「大学寮解　申宿直官人事
直講正八位上濃宜公水通
天平宝字八年□〔九〕月十一日」　　二四一×三三×三　〇一一
（『平城宮木簡』四―三七五三）

この大学寮宿直に関する木簡は式部省関係の一群の木簡と共伴したことから、この木簡は弁官ではなく、式部省に宛てられたものとされた。そのことは職員令太政官条にみえる左大弁職掌の「知諸司宿直」について、『令集解』に引く新令秘私記が当時（平安時代）の慣例として、宿直の事務は、昼の日直（「直」）は式部省が、夜の宿直（「宿」）は弁官が取り扱っていたとしていることで明らかである。

秋田城跡からはほかにも宿直関係木簡が出土している。

㋑一〇四号
・□申進上御門宿
・□　□〔墨抹〕　火長刑部　　（二二八）×二七×五　〇八一

㋺一〇七号
・□宿直事　合十人
・□
　□　　（一三〇）×（一二）×四　〇八一

㋩一〇五号
・×直事　合三人　　火長□田□□□
・　　　　　　　　子□□〔家カ〕長

図106　新潟県発久遺跡出土２号木簡
（「領」部分写真）

□□　(二〇八)×二〇×三　〇八一

先の中央官司の宿直札の記載様式は、「大学寮解」のように差出書で始まり、次に「申宿直官人事」という事書があり、その下に宿直者名と年月日を双行に記すものである。それに対して、秋田城跡の宿直関係木簡は、㋑・㋺・㋩いずれも同じ様式で、まず、「上総国部領解」のように差出書で始まり、次に「申（進上）宿直（事）」と事書があり、つづいて「合〇人」と総数、さらにその内訳の個人名を記す。

本木簡の宿直担当施設は、㋑「申進上御門宿」と書かれた木簡や出土地点が外郭東門に接近していることなどから、秋田城の主要な門とされる東門とみてほぼ間違いないであろう。また、「火」も㋩の「×直事　合三人　火長……」の例から、軍団の火長と判断してよい。

部領（使）は、防人を例にとるならば、軍防令の規定では、津（難波）に至るまでが国司の部領、津出発後は専使の部領となっていたが、『続紀』和銅六年（七一三）十月戊午の詔で、専使の部領を改め、逓送とした。ただ、天平勝宝七歳（七五五）の防人は、坂東諸国は国司がそれぞれ防人を部領して難波に至っている。防人の帰還にあたっては、天平十年（七三八）の場合、難波までは海路大宰府官人の部領、難波からは路次の諸国の逓送により行われたことが、同年の筑後・周防・駿河の各正税帳により推測される。

ところが、こうした史料からは、現地（兵士の派遣地）における兵士の統率・配備などの状況を知ることはできない。その点では、出羽国の秋田城を舞台とする九世紀後半の元慶の乱に際して、坂東諸国から派遣された押領使の実例が参考になるであろう。

元慶の乱は、元慶二年（八七八）三月に勃発した俘囚の反乱である。城司の苛政に端を発したとされるが、城内の諸建物、郡院、民家、武器などが大量に焼損した。そこで、元慶二年四月四日には陸奥国に兵二〇〇〇人の派遣を命じ、「須㆘差㆓国司掾・目各一人㆒押㆗領其事㆖」と、国司のうち掾または目一人がその事にあたることとした（『三代実録』元慶二年四月四日条）。さらに、同年四月二十八日には上野・下野両国に対しても兵士一〇〇〇人の発動を命じている。陸奥押領使大掾藤原梶長は援兵を率いて秋田城中にあり（『三代実録』元慶二年六月七日条）、上野押領使権大掾南淵秋郷は、上野国の兵六百余人を率いて秋田河の南に駐屯した（『三代実録』元慶二年七月十日条）。

　このときの援軍および押領使は約一年後に解却されている。そのときの記事によって、それぞれの国の押領使の詳細な陣容が知られる。

○『三代実録』元慶三年（八七九）六月二十六日条

正五位下守右中弁兼行出羽権守藤原朝臣保則飛駅奏言。謹奉㆓去三月五日勅符旨㆒、諸国軍士解陣放却。幷留㆓中国甲冑㆒、及置㆓当国例兵㆒。陸奥鎮守将軍従五位下小野朝臣春風、上野国権大掾従七位上南淵朝臣秋郷、権博士大初位下上村主佐美行、検非違使従六位下多治真人多麿雄、下野国前権少掾従七位上雀部朝臣茂世、権医師大初位下下毛野朝臣御安等、各押㆓領国兵㆒、来従㆓軍旅㆒、今還向訖。（下略）

上野・下野両国の押領使は、上野国権大掾・権博士、下野国前権少掾・権医師と全員が権官であり、なかでも下野国の場合、前権少掾をあてている。このことは、押領使が一年間近く現地にとどまることを前提とした派遣であるとみることができる。上野国および下野国の押領使は、兵を率いて現地に赴き、その地に一年近く滞在し、自国兵の監督・統率の任にあたったのである。

　本木簡の部領（使）は、秋田城内のおそらく門の警護のための宿直兵に関する報告の解（上申書）を提出しているのである。このことは、押領使の例を引くまでもなく、部領使も自国兵を率いて秋田城に赴き、引き続き滞在し、兵士を監督し、必要に応じて兵士の配備などの任にあたったと理解できる。

それでは、どのような軍政組織下において、部領使と秋田城内の門の宿直任務が実施されたのであろうか。先の元慶の乱によれば、勅符が下され、国司の掾目各一人がそのことを押領しており、さらに権博士や権医師がそれを補助している。そして、摂政藤原基経から全権を委任された右中弁兼出羽権守藤原朝臣保則が全軍の指揮をとったのである。

この部領使の問題を考えるうえでは、本木簡の年代が重要な鍵となるであろう。前に述べたように木簡の年代は、紀年銘木簡が延暦十年（七九一）から同十四年（七九五）までの五ヵ年に限られている。この年代は、いうまでもなく、東北地方の征夷事業のピークにあたる。この期の征夷使の任命は次のとおりである。

○『続紀』延暦十年七月壬申条

従四位下大伴宿禰弟麿為征夷大使。

○『日本紀略』延暦十一年（七九二）閏十一月己酉条

征東大使大伴乙麿辞見。

○『日本紀略』延暦十三年（七九四）正月乙亥朔条

賜征東大将軍大伴弟麿節刀。

○『日本紀略』延暦十四年正月戊戌条

征夷大将軍大伴弟麿朝見、進節刀。

木簡の示すこの五年間には、中央政府側が征夷軍を二度（延暦十～十一年、延暦十三～十四年）にわたって派遣している。征夷の対象の中心は、陸奥側の胆沢地方である。しかし、陸奥国北部の胆沢・志波地方の蝦夷の動きは、陸奥・出羽両国にまたがっていた。たとえば、宝亀七年（七七六）に、陸奥・出羽の征討行動に反発して、「志波村賊」

が反乱を起こすと、下総・下野・常陸などの国の騎兵を動員して鎮圧し（『続紀』宝亀七年五月戊子条）、さらに陸奥鎮守府からも、鎮守権副将軍が派遣され、出羽国の鎮圧にあたっている。また、八世紀段階を通じて、蝦夷の反乱があった地域には「征」東将軍または「征」狄将軍が派遣され、もう一方の地域には蝦夷の動揺を鎮める意味で「鎮」東将軍または「鎮」狄将軍が遣わされている。ただ、九世紀段階では、征夷軍関係の記載のみである。しかし、延暦十年および十三年の征夷行動に際して、出羽国側に鎮守の軍が派遣されたことは、容易に想定できるであろう。

それはともかくとしても、本木簡による限りでは、秋田城内の重要な門の宿直を上総国の兵士が担当している事実は動かしがたい。この宿直は通常のものではなく、非常時の警備と判断するのが妥当であろう。非常時の門の警護は、先の元慶の乱のさいの上野・下野の例のように、おそらく、坂東諸国の軍が交代で勤務し、そのつど、各国の部領使が、出羽国守または「鎮狄所」宛に、宿直の報告を上申したのであろう。本木簡を含めて、宿直関係木簡が、外郭東門から出土したことから推して、木簡は宿直任務にあたる五人の兵士とともに実際は東門を司る官司に提出され、そののち、東門付近に廃棄されたものと考えられる。

こうした現地における坂東諸国兵の勤務形態を知る史料は、従来ほとんど知られていないだけに、本木簡の意義はきわめて重要であるといえよう。

註　秋田市教育委員会『秋田城跡——平成元年度秋田城跡発掘調査概報』一九九〇年、秋田市教育委員会『秋田城跡——平成二年度秋田城跡発掘調査概報』一九九一年。

〔付記〕　本木簡を含めて、秋田城跡第五四次および第五五次調査で出土した木簡と漆紙文書の詳細な内容については、秋田市教育委員会『秋田城跡出土文字資料集Ⅱ』（一九九二年）を参照してほしい。

三　朝鮮式山城出土木簡——熊本県菊鹿町鞠智城跡

1　遺跡の概要（註）

鞠智城跡は県北の菊池川の支流である木野川東岸の標高一四〇メートル前後の米原台地上に位置する。発掘調査は昭和四十二年（一九六七）に第一次調査を実施し、今回（平成八年〈一九九六〉）の調査は第一八次になる。山城の東端部は崖で、北端部から西端部にかけては、尾根上に土塁がみられる。南端部の三ヵ所には門礎跡があり、それらを繋ぐ状態で土塁が延びており、土塁の外側は崖になっている。崖や土塁に囲まれた内城域は約五五ヘクタールあり、その周囲に約六五ヘクタールの外縁地区が想定されている。発掘調査は内城地区を中心に実施され、ほぼ中央部平坦面に六五棟の建物が現在確認されている（掘立柱建物四三棟、礎石建物一九棟、掘立柱礎石併用建物三棟）。これらの建物の時期は七世紀後半〜九世紀後半と考えている。柱列が八角形に三重と二重に巡る二棟の建物の存在が特異である。建物が集中する地域に近接した北西側に、谷の自然地形を利用した池（約五三〇〇平方メートル）が確認できた。池内部の調査は部分的であり、詳細な構造は現在のところ不明である。木簡一点がこの池の粘土層より出土した。粘土層には七世紀後半〜八世紀前半の土師器・須恵器が包含される。

2　釈　文

「<秦人忍□〔米ヵ〕五斗」　　一三四×二六×五　〇三二

図107　鞠智城跡（第19次調査区位置図）

3　形　状

ほぼ半分の位置で折損し若干欠損部があるが、完型木簡とみてよい。裏面はわずかに刃物を入れて割ったままであり面調整を施していない。

4　内　容

上部の左右から切込みを入れた形状と「人名＋(米)五斗」の記載様式から判断すれば、荷札木簡とみて間違いない。米五斗＝一俵に付した荷札である。秦人というウジ名は肥後国では初見である。この荷札には貢進者の本貫地が記載されていない。

図108　鞠智城跡出土木簡

5　年　代

建物が集中する地域に近接した北西側に、谷の自然地形を利用した池（約五三〇〇平方メートル）が確認され、木簡はその池の粘土層より出土した。粘土層には七世紀後半〜八世紀前半の土師器・須恵器が包含されていることから、一応、木簡の年代を七世紀後半から八世紀前半の間とみておきたい。

6　木簡の製作技法と形状

本木簡の制作法について、二つの特徴を指摘することができる。

(イ) 裏面は、上部からわずかに刃物を入れて割り、面調整を施していない。これは、おそらく荷札木簡の製作にあたり、次のような技法が想定できるであろう。

まず、一定の厚さの短冊を用意し、次に表裏両面を調整し、上部の左右から切込みを入れたのちに上部から刃物をわずかに入れて割り裂いて、二つあるいはそれ以上の荷札を作り出す方法である。

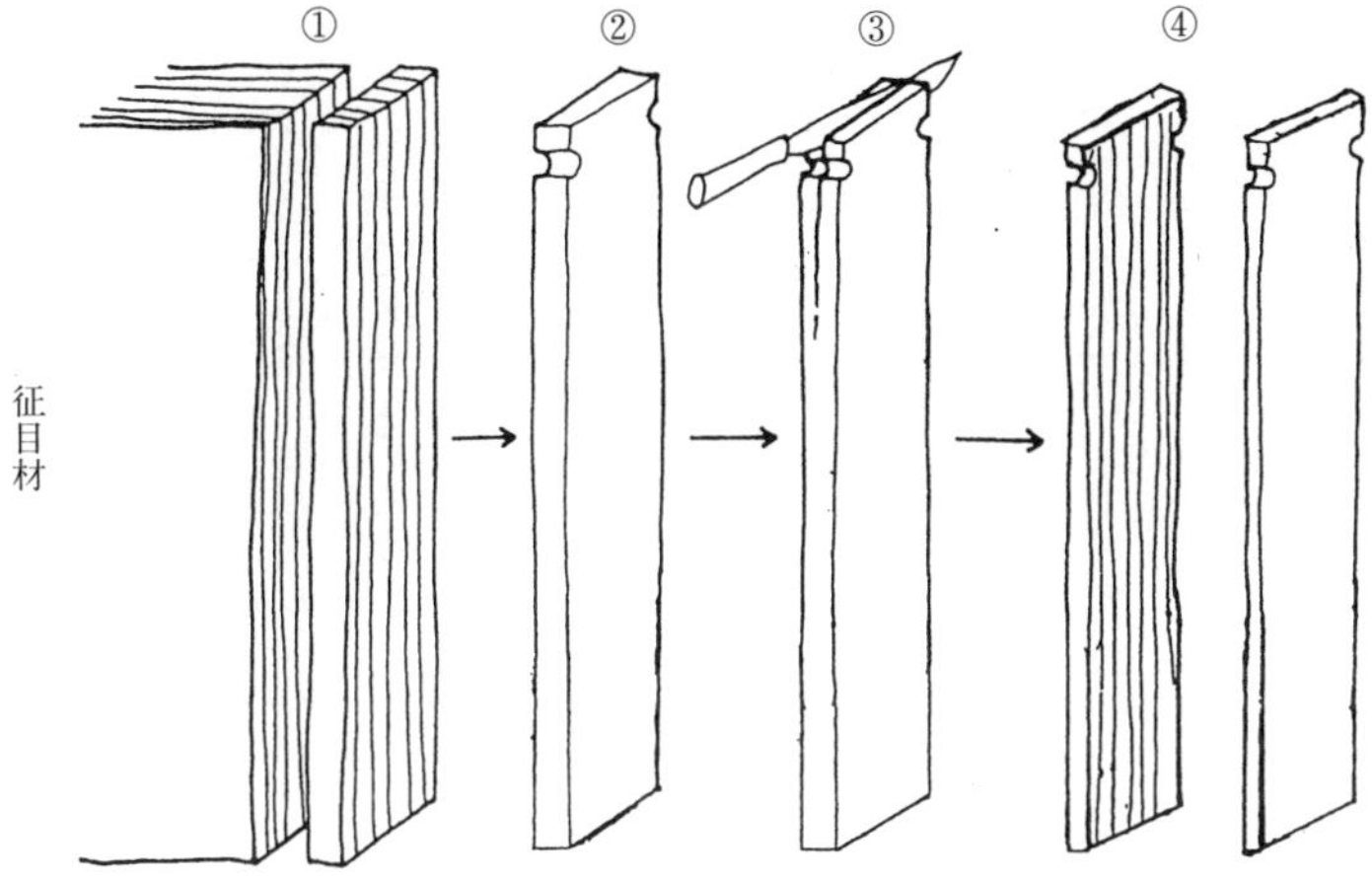

図109　木簡の製作技法

(ロ) 上・下端部を表裏から刃物を入れて、面取りを施したのちに、上端部分に表からわずかに切り取った面（カット面）が認められる。この技法は、各地の出土木簡で確認することができ、木簡の表・裏の表現として意識的になされたものであると考えられる。

この点については、いわき市大猿田遺跡出土木簡などにおいても同様の特徴を指摘できる。古代の木簡の製作および使用上、きわめて重要な所作として、今後注意深く観察する必要があるとあらためて強調しておきたい。

さらに、荷札木簡の形状については、次の点に注目しておきたい。

図110に示すように、荷札の上部の左右から切込みが入るが、その切込みの形状（通常のV字状に対してU字状に近い形）と位置（通常よりやや

上端部に近い）が、平城宮跡出土の諸国の荷札のなかで特異な形状とされている西海道関係の調綿の荷札と類似した特徴を有している。さらに大宰府跡出土の荷札にも共通した形状のものがみられるだけに、一応留意する必要があろう。

註　西住欣一郎「熊本・鞠智城跡」（『木簡研究』一九、一九九七年）抜粋。

付　韓国・城山山城跡木簡(1)

1　遺跡の概要

大韓民国・国立昌原文化財研究所では、慶尚南道咸安郡伽倻邑廣井里にある城山山城（周囲約一・四キロ）の調査を平成三年（一九九一）から同六年（一九九四）まで四次にわたって行ったが、第二次調査（平成四年〈一九九二〉四月十三日～七月二十一日）において、推定東門跡付近の泥土層より二七点の木簡と多数の木製品を確認した。調査報告書(2)によれば、木簡が確認された付近には、排水路も確認されており、東門跡内部には大きな池が形成されていたと推定されている。木簡が出土した泥土層は、表土から約三メートル程度下のところにあり、そこからは、木簡、棍棒形木製品、三日月型木製品など、さまざまな形の木製品が出土している。そのほかに多くの土器片が部分的

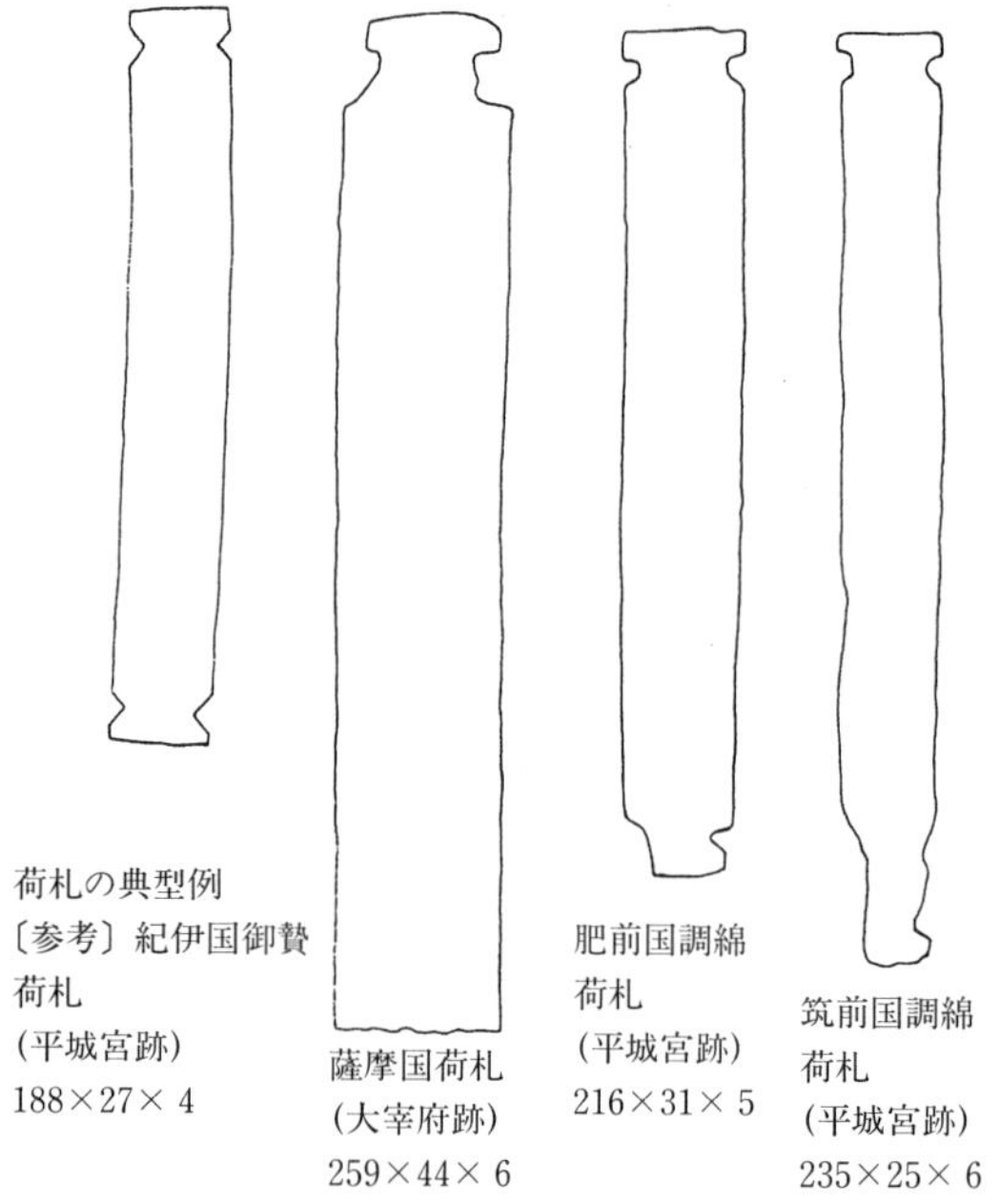

図110　西海道関係荷札木簡の形状模式図

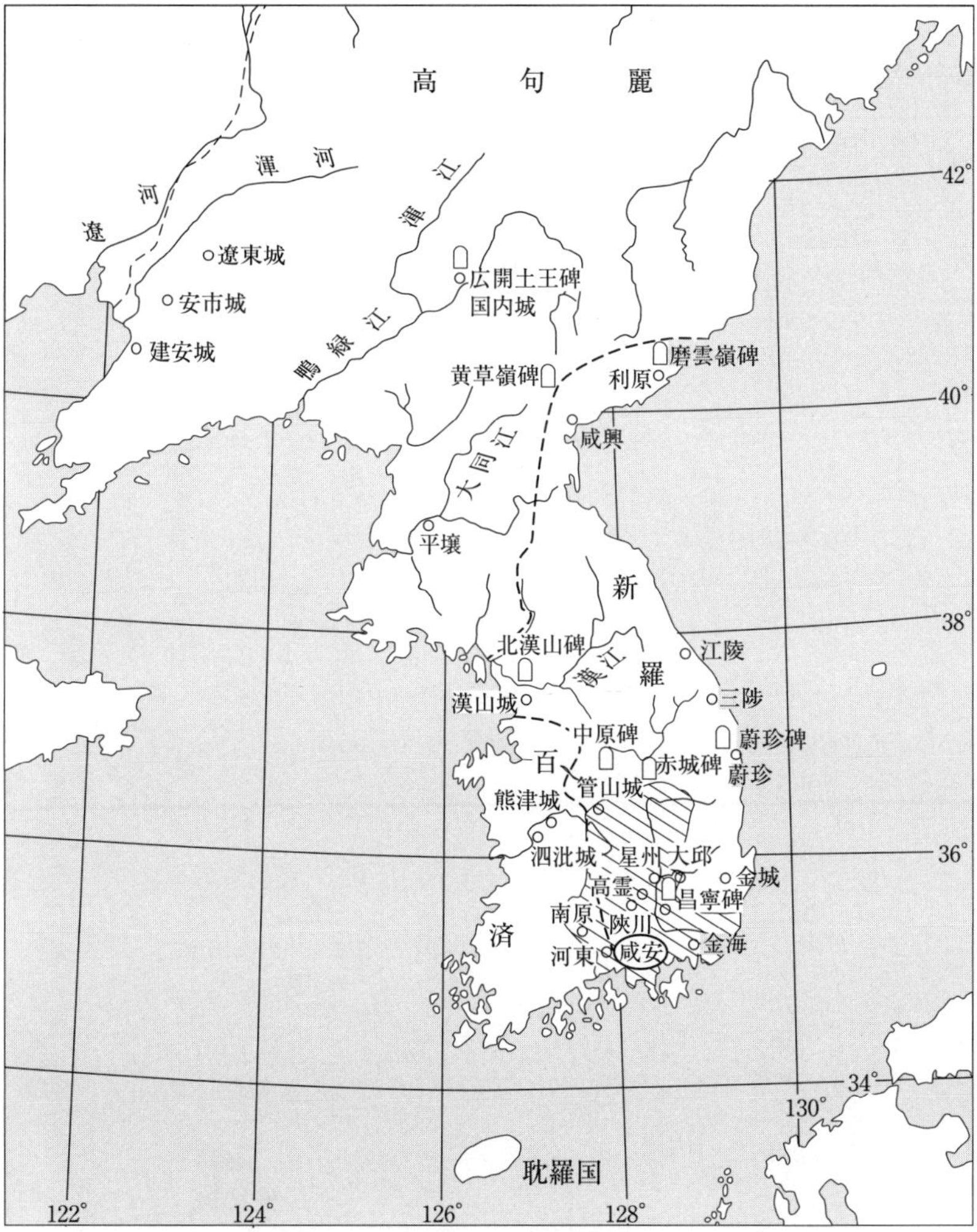

図111　古代朝鮮三国と咸安の位置図（斜線部分は加耶諸国）

に出土しており、印花紋が刻まれた薄い土器片、偏瓶、高杯蓋などが出土しているという。また、木製品の製造過程で破棄されたとみられる木片が多量にみられることから、この付近に木材を調整する作業場があったと推定されている。

いずれにしても、出土した木簡についての詳細は今後の調査報告にまたなければならないが、加耶地域からも木簡が出土した点や、山城から多くの木簡が確認されたことは、京畿道河南市の二聖山城から出土した木簡(3)ともかかわって、古代朝鮮の山城の性格や機能を検討するうえでも重要な意味をもつものとして注目される。

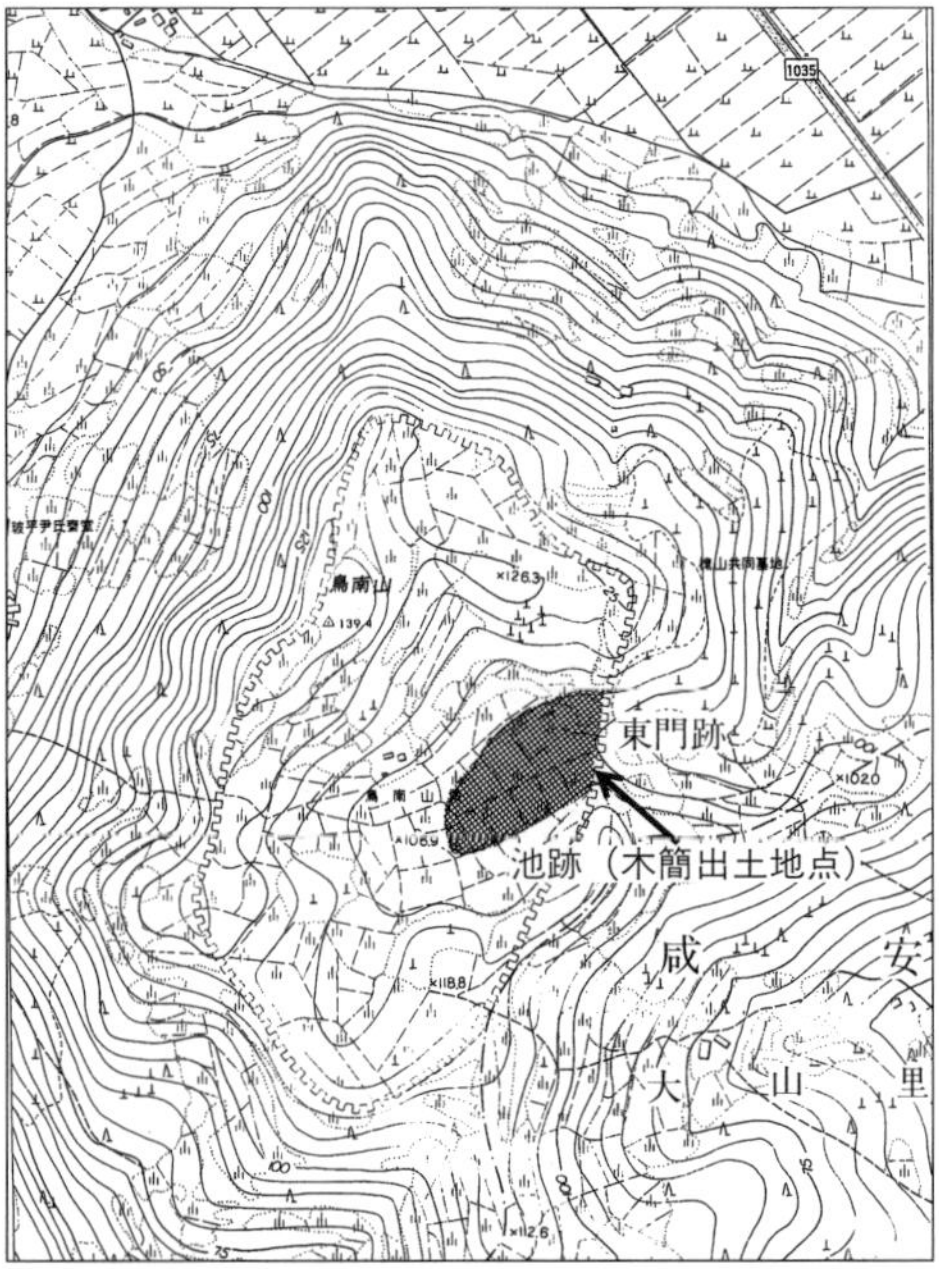

図112　咸安・城山山城地形図と木簡出土地点

2　釈　文（○は穿孔）

一号　仇利伐上彡者村波婁　○」　（二三六）×四四×七　○一九
二号　□〔村〕尓□利　○」　（一一七）×三六×五　○一九
三号　知上干支＜」　（八〇）×二五×五　○三九
六号　「甘文本波□□旦那村伊竹便」　二二七×二六×五　○一一

七号	「王□〔私〕烏多伊伐支上工員支<」	二〇〇×二八×六	〇三二
八号	「烏欣弥村卜兮稗一石<」	(一七七)×一七×五	〇三三
九号	「上吟□村居利支稗<」	一七五×一六×五	〇三三
一〇号	「仇伐于好女村卑ア稗一石　○」	二〇五×二八×四	〇一一
一一号	「□〔仇〕伐城□〔刀〕乃巴稗<」	二〇八×二八×七	〇三二
一二号	「▢支稗<」	二一一×二五×九	〇三二
一三号	・「仇利伐　上彡者村 ・「　乞□〔利〕	(二三七)×三〇×九	〇一九
一四号	「竹尸□　□〔乎カ牟カ〕于支稗一<」	一八六×二五×八	〇三二
一五号	前谷村阿足只元□	(一六七)×三四×五	〇八一
一六号	「▢」	一六〇×三三×六	〇一一
一七号	・「甘文城下幾甘文本波□□　<」 ・「　　□□村□利兮□　<」	一九七×二〇×六	〇三二
一八号	□□只□〔元〕」	(一七九)×一九×三	〇五九
二〇号	「陳城己兮支稗<」	一五九×二二×七	〇三三
二一号	・□□□□□利□」 ・仇□〔仍〕支稗□　」	(一二六)×二二×五	〇一九
二二号	「夷□〔財〕支□那尓利知□	(一〇四)×二〇×四	〇一九

17号 14号 13号 10号 1号

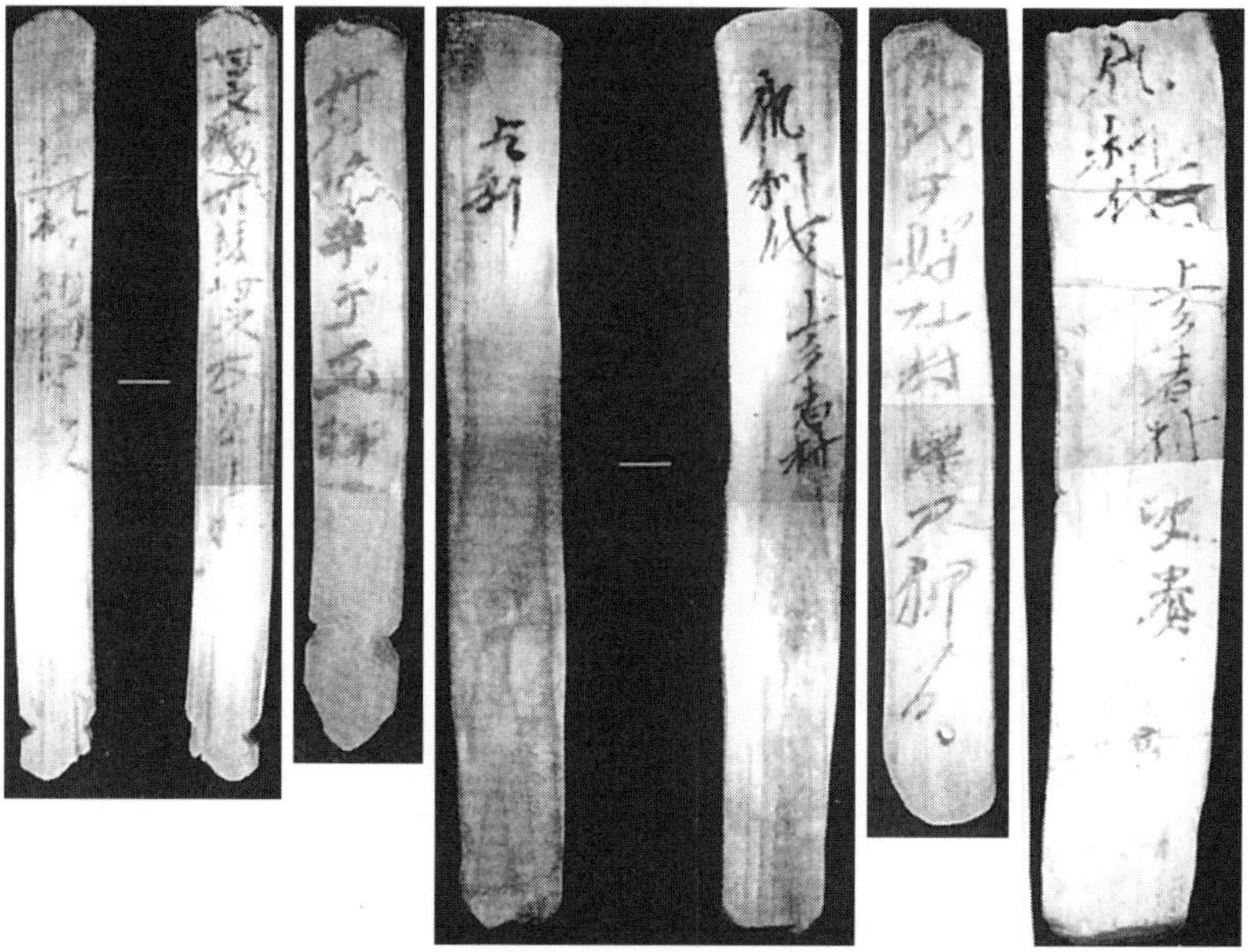

27号 26号 25号 24号 20号

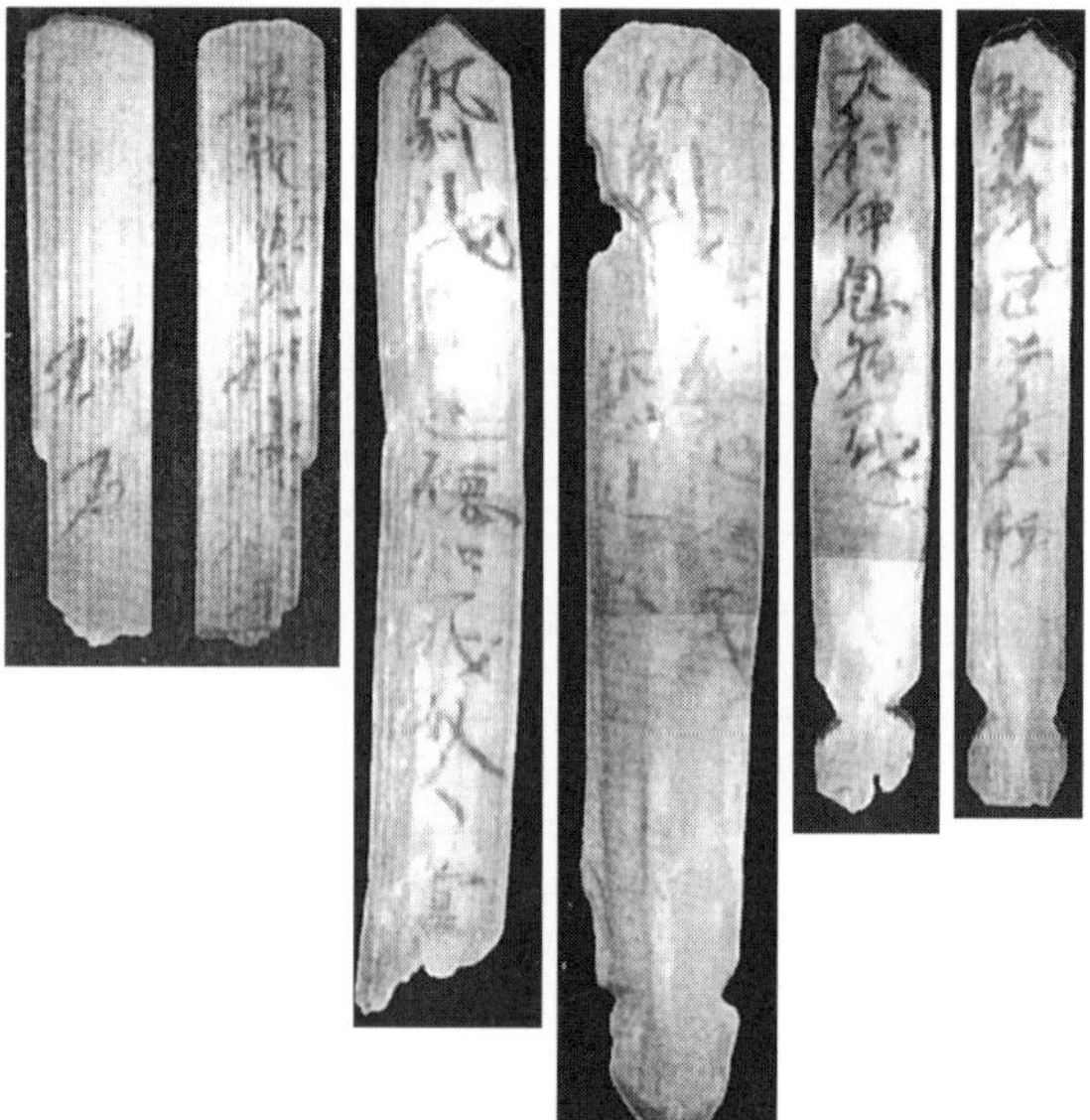

図113　城山山城跡出土木簡

二三号　□□城□□□□〈」　(一五九)×一八×四～九　〇三九

二四号　「大村仲息知一伐〈」　一六〇×一五×四～一〇　〇三三

二五号　「　仇利伐　□〔虵〕□□□一伐　尓利只支一伐　〈」　二二八×三三～三八×六～九　〇三二

二六号　「仇利伐□迩徳知一伐奴人　□　(二〇三)×三一×六　〇五九

二七号・「屈仇□□□〔村完〕□□
・「　稗一石　(一二七)×二六×五　〇一九

3　木簡の形状

○下部の左右切込み＝一二点
三・七・八・九・一一・一二・一四・一七・二〇・二三・二四・二五号

○下部に穴＝三点
一・二・一〇号

○下部に切込み・穴ともになし＝五点
六・一六・一八・二一・二七号

○下部欠損のため形状不明＝四点
一三・一五・二二・二六号

下部のみに両側面から切込みを入れた（切込みのないものは下部に穴をうがっている）特異な付札は、中国の晋簡にその源流をたどることができるであろう。

日本においては、平城宮木簡などわずか数点を確認できるにすぎない。いずれにしても、下部の両側面に切込みを入れた特異な付札は、物品にくくりつけられたものである。(4)

4　記載様式

記載様式は、基本的には「城名＋村名＋人名＋(官位)＋物品名＋数量」となる。その基本文例は、

八号「仇(利)伐(城)＋于好女村＋卑ア＋稗一石」

であり、その省略型の文例は、

七号「(城名略)＋烏欣弥村＋兮卜＋稗一石」

一七号「陳城＋(村名略)＋己兮支＋稗＋(数量略)」

である。

木簡の記載のうち、人名記載の下にみえる「一伐」「稗石」「稗一」「稗」については、これらをすべて新羅の外位「彼日」とする説があるが、これらについては検討を要する。

仇利伐城も仇伐と仇利伐を同一とみた場合、(5)「仇伐」(一〇号)、「仇伐城」(一一号)、「仇利伐」(一・一三・二五・二六号)とさまざまな省略的表記が用いられる。

稗についても「稗」(九・一一・一二・二〇号)、「稗石」(八・一〇・二七号)、「稗一」(一四号)、「稗□」(二一号)と、多様な表記があり、とくに「稗一」と「稗石」は深く関連すると考えられる。「稗石」と読んだ場合、意味が通じがたい。日本の正倉院に残るいわゆる佐波理加盤付属文書によれば、「米一石」などの表記にみえる「一石」の字体は

合わせ文字風に「石」一文字のように表記している。その筆使いは「一伐」の二つの字体と比較すれば、より説得力を増すであろう。一四号の「稗一」とあるのは「稗一（石）」の意味であろう。

なお、二四・二五・二六号「城名＋（村名）＋人名＋一伐」の「一伐」は、外位と理解して問題はない。この記載様式は、蔚珍鳳坪新羅碑文（甲辰年＝五二九年）の、たとえば「居伐牟羅（村名）＋尼牟利（人名）＋一伐（官位）」と同じである。

また、物品名のみ記し数量を明記しない例としては、日本の次のような木簡がある。

○神奈川県綾瀬市宮久保遺跡

・「鎌倉郷鎌倉里□□〔軽マカ〕□寸稲天平五年九月」

・「田令軽マ麻呂郡稲長軽マ真国　」　二五〇×二二×九　〇五一

この場合、表《おもて》の記載様式は「行政区画名＋人名＋物品名＋年号」となる。

なお、城山山城出土木簡のなかには、「城名＋（村名）＋人名」のみの記載のものも見られるが、物品の付札として、物品の数量だけでなく、貢進する人名のみで物品名そのものを略する例はそれほど珍しいものではない。日本の木簡の例には、次のようなものがある。

○静岡県神明原・元宮川遺跡

「他田里戸主宇刀マ真酒」　一一〇×一七×四・五　〇五一

○静岡県御殿・二之宮遺跡

「大郷　小長谷マ宮□　○　」　一六八×三二×三　〇一一

5　木簡の意義

本木簡類の形状と記載様式の特徴を併せ考えるならば、咸安・城山山城から出土した今回の二七点の木簡は、ほぼ、同一性格のものとみなし、物品付札と考えられる。ここで、「稗石」を官位「彼（波）日」と解さないで「稗一石」と解読する論拠をまとめると次の四点があげられるであろう。

㋑　八世紀の佐波理加盤文書中にみえる「米一石」の書体は、「二石」を「一石」と記す。「二石」の二文字をあたかも一文字で記すいわゆる合わせ文字の例である。

㋺　「石」の書体は、佐波理加盤文書の「一石」とは若干相異するが「一伐」を「伐」と記載する例からすれば、「石」を「一石」の合わせ文字と理解できる。

㋩　稗に関する記載として「稗一石」「稗一」「稗」の三種の例があるが、官位「彼（波）日」の別表記

表18　城山山城跡出土木簡の記載様式

番号	城・伐	村	人名	官位	物品名	数量
1	仇利伐	上彡者村	波婁			
2		——□〔村〕	尓□利			
3			——知	上干支		
6	甘文本波	□□旦那村	伊竹便			
7	王□〔私〕烏		多伊伐支	（上工員支）		
8		烏欣弥村	卜兮		稗	一石
9		上吟□村	居利支		稗	
10	仇伐	于好女村	卑ア		稗	一石
11	□〔仇〕伐城		□〔刀〕乃巴		稗	
12			——支		稗	
13	仇利伐	上彡者村	乞□〔利〕			
14	竹尸□		□〔平カ牟カ〕于支		稗	一
15		前谷村	阿足只元			
17	甘文城	下幾甘文本 □□村	波□□ □利兮			
18			□□只元			
20	陳城		己兮支		稗	
21		—利—	仇□〔仍〕支		稗	□
22			夷□〔財〕支			
23	□□城		□那尓利知			

「稗石」とした場合、「石」と「一」では音があわない。しかも、官位の「彼」「波」「稗」のみを記すことはない。

これらに対して、この記載を付札の物品名＋数量とした場合は、物品名「稗」のみの記載や、「稗一」と数量単位「石」を略す記載はありうる。物品の付札の場合、物品が存在するゆえに、付札に物品名や数量および数量単位などを省略することが可能となるのである。

24		大村	仲息知	一伐		
25	仇利伐		□□〔陁〕□□ 尓利只支	一伐 一伐		
26	仇利伐		□迩徳知	一伐 奴人		
27	屈仇	――□〔村〕	□〔完〕――		稗	一石

㈡「出身地名（城＋村）＋人名＋官位（上干支・一伐）」という記載様式のうち、とくに「人名＋官位」はつねにセットとして記載される。

ところで、城山山城跡出土木簡の二七点のうち、表裏両面に記載のあるものが三例ある。

一三号・「仇利伐上彡者村

・「　乞□〔利〕

二一号・「□□□□□利□」

・仇□〔仍〕支稗□　」

二七号・「屈仇□□□□□〔村　完〕□□

・「　　稗一石

このうち、一三号は裏面に人名、二一号は「人名＋稗□」、二四号は「稗一石」と記す。「人名＋官位」はセットであるから、二七号のように裏面に単独で官位を記すことはありえない。これに対して人名または物品を単独で裏面に記載することは、日本の木簡ではきわめて一般的である。

○裏面人名の場合（平城宮木簡――若狭国の荷札）

・「<若狭国遠敷郡 青里御贄 多比鮓壱塥 <」
・「<　秦人大山　<」
一三〇×二六×五　〇三一
（『平城宮木簡』一―三九九）

○裏面物品の場合（飛鳥京木簡――皷〈スキ・クハ〉十口の荷札）

・「<白髪ア五十戸」
・「<皷十口　」
一五七×二六×四　〇三二（『木簡研究』二一）

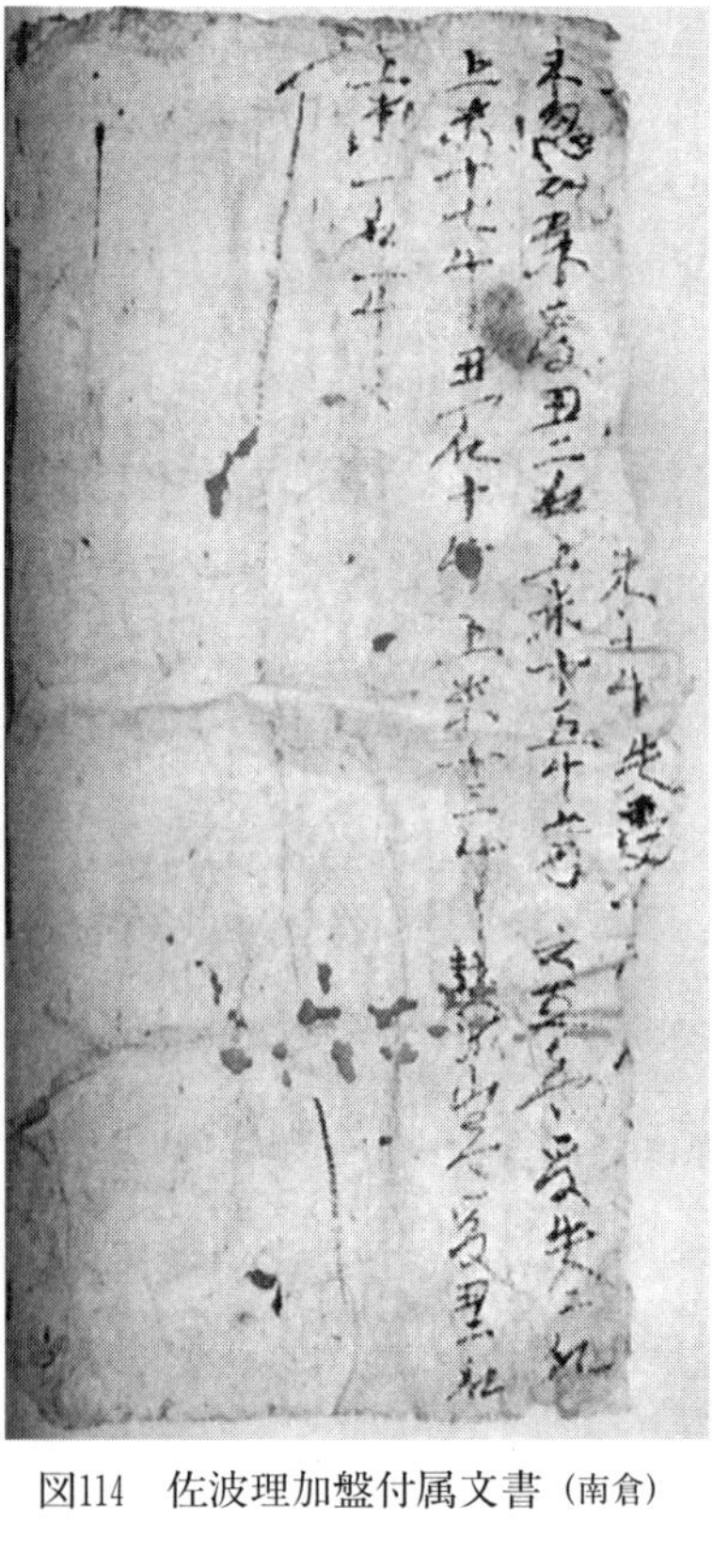

図114　佐波理加盤付属文書（南倉）

官位（外位）として、「彼日」=「稗一」とした場合、「稗石」の説明が付けがたい。

また、七・二二・二五号の人名部分は、

七号「多伊伐支」と「□□支」
二二号「夷□支」と「□那尓利知」
二五号「□阤□□」と「尓利只支」

と、二人の人名が一本の木簡に記載されている。すなわち、これらの木簡を物品の付札とすれば、いわゆる〝合成輸納〃ということができる。しかし、報告書で指摘するように身分証明にかかわる木簡とすれば、二名を連記した身分証明はありえない。

以上の検討をふまえるならば、「稗一石」「稗一」「稗」は官位ではなく、文字通り穀物の「ヒエ」のことと理解すべきであろう。つまり、これらの木簡は、食料としての「稗」を貢進したさいの付札と考えられる。

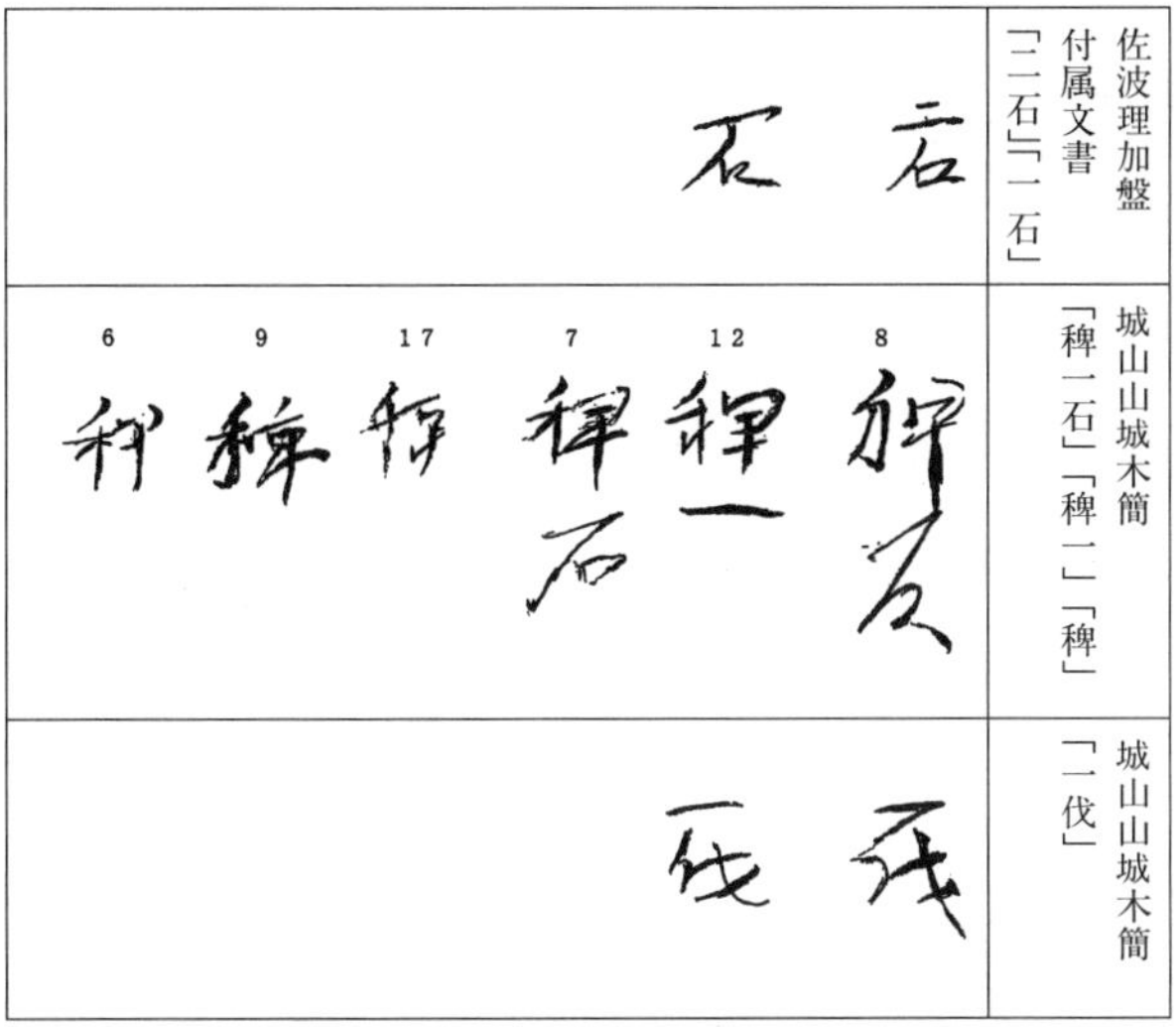

図115　「一石」「一伎」の書体

ところで、古代において「稗」を食料としていた点については、次の指摘が参考になる。

> ともかく、古代朝鮮における主要な栽培作物は稗・粟・大豆・小豆・大麦・小麦・稲であり中国や日本とほとんど共通の事実であったことを認めなければならない。日本の学者も『古事記』や『日本書紀』に記載された神話を引用して、わが国の言葉との類似点を指摘している。すなわち須佐之男命が大気都比売神を斬殺したとき、後者の頭から蚕、目から稲種、耳から粟、鼻から小豆、陰部から麦、臀部から大豆が出てきたと記されており（『古事記』）、また、もう一つの『日本書紀』にみえていることだが、保食神の死後に、頭は牛馬に変化し、顱部には粟が生じ、眉毛から蚕が、目から稗が、腹から稲が、陰部から大麦と大豆が生じたという。

（李春寧『李朝農業技術史』未来社、一九八九年）

また、日本の正倉院文書の「尾張国正税帳」（天平六年〈七三四〉）には、

薭伍斛　直稲伍拾束　束別一斗

とみえ、食料としての稗《ひえ》を調達していたことが知られる。しかも米との換算基準として、

稲一束＝稗一斗

稲一束＝米五升

稗一斗＝米五升

稗一石＝米五斗

とあったことが知られる。

以上をまとめると、これらの木簡の基本的記載様式は、

「城＋村＋人名＋(官位)＋稗一石＜」

と記す物品付札である。おそらく、本木簡群は城山山城の軍粮として、新羅北部から稗を貢進していたときの付札とみることができよう。

6　年　代

二七点の木簡には、年紀を示すものはないが、李成市氏によれば、次のように年代を限定している。(6) すなわち、外位の表記は、五五一年以後、五六一年以前に変化（上干支→上干）があったことがわかっていること、これらの木簡が一括して同時期に用いられ、また同時に廃棄されたものと推定されることなどから使用年次の下限は五六一年とし

ている。

7　書風と書体

書風については、かつて日本の大谷探検隊が四世紀前半の中国の楼蘭で発見した李柏文書との類似性を指摘できる。李柏文書は前涼の西域太子が高昌を攻略したときに、高昌近くにあった国の王に送った手紙の草稿（龍谷大学蔵）であり、南北朝の時期の肉筆の行書である。

城山山城一号木簡の「氵（さんずい）」、二四号木簡の「息」「知」、一五号木簡の「足」の書体は、李柏文書中の該当個所ときわめて類似し、城山山城木簡全体の書風は、韓国および日本における六世紀から七世紀にかけての諸資料のなかに類似のものを見出すことができる。

韓国の順興邑内里壁画古墳の玄室南壁に墨書された「己亥中墓像人名□□□」（己亥＝五七九年）の書風は、たとえば城山山城二六号木簡の全体的に伸びやかな特徴と共通している。また、この書風の特徴は、日本の七世紀前半の法

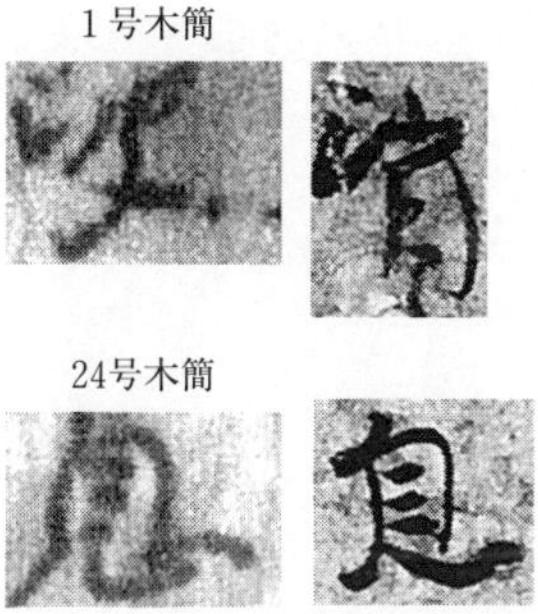

図116　城山山城跡木簡(左)と李柏文書(右)の書体

図117　順興邑内里壁画古墳墨書

図118　難波宮跡出土木簡（7世紀）

隆寺釈迦如来台座の鏡板左内側墨書「相見可陵面楽識心陵了時者」にも、七世紀中葉の難波宮跡下層出土の習書木簡〔表〕「広乎大哉宿世」、〔裏〕「是以是故是是」などとも近似している。

一〇号木簡の「卑部」の部の異体字は、日本における八世紀以降に多く見られるカタカナの「マ」に似た字体ではなく、「ア」に近い。縦画を長く伸ばす点が特徴的な字体である。日本においては、七世紀代の飛鳥京跡出土二七号木簡、石神遺跡出土の刻書された須恵器、長野県屋代遺跡群出土一三・一九・三二号など、すべて「ア」の字体である。一方、同じ屋代遺跡群出土の八世紀前半の六九号木簡は「マ」の書体である（図119）。

ま と め

城山山城跡木簡の意義について、簡単にまとめれば、次のようになろう。

① 城山山城木簡は、その年代が六世紀半ばごろと判断され、これまで出土している韓国内の木簡のうちで、最も古いものである。日本においては、現段階では七世紀前半ごろまでしかさかのぼらないが、古代朝鮮と日本（倭）の交流の実態からいえば、今後列島内でも六世紀代の木簡の発見は十分に可能性があるといえるであろう。

② 城山山城木簡は、山城内の池状遺構からの出土であり、一括廃棄と考えてよいであろう。その木簡の性格はほ

とんど付札類とみなすことができる。

③　その付札の形状は下端部のみ左右から切込みをほどこしているのが特徴である。古代日本の約一八万点近い木簡のうちの付札のなかに下端部のみに切込みを有するものは一〇点に満たない。しかもそれらの木簡は、八世紀初頭ごろの信濃国や吉備国などから都への貢進物付札に限られている。

④　記載様式は、基本的には「城名＋村名＋人名＋(官位)＋物品名＋数量」である。この記載様式は、古代日本における七世紀以降の貢進物付札とほぼ同様であり、六世紀半ば段階で新羅ではすでに徴税体系が十分に整備されていたことを示しているといえよう。

⑤　城山山城木簡の六朝風の書風は、中国の四世紀前半の李柏文書、古代日本の七世紀前半の法隆寺釈迦如来台座の墨書銘、七世紀中葉の難波宮跡下層出土木簡などと近似している。

三二号「酒人ア」（七世紀）

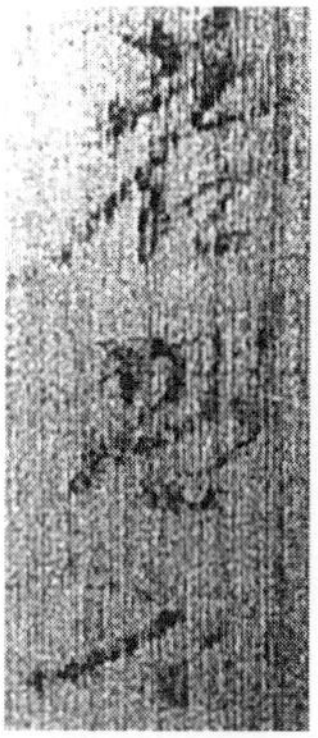
六九号「若帯マ」（八世紀）

屋代遺跡群出土木簡

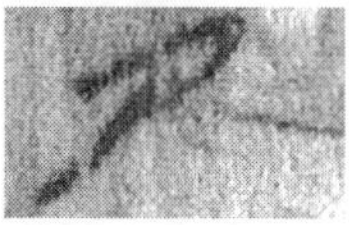
城山山城出土10号木簡

奈良県石神遺跡出土須恵器（7世紀）

図119　「部」(「ア」と「マ」) の書体

以上の五点に限ってみても、現段階では、点数こそ少ないが、古代朝鮮の木簡は、中国の古い要素が、朝鮮半島を経由して、古代日本にもたらされた状況を如実にものがたっている。六世紀半ばの城山山城木簡は、おそらく八世紀（前半）以前の日本の木簡に強い影響を与えたと考えられ、古代日本の木簡研究にとって欠かすことのできない貴重な資料群といえよう。

註

（1）　城山山城木簡については、一九九九年十一月十二日に開催された韓国古代史学会主催の国際学術会議「咸安・城山山城木簡」（金海国立博物館）において、筆者が基調講演「日本古代木簡研究の現状と新視点」「咸安・城山山城木簡」を行った折、出土木簡全点を実見し、新たな釈文を作成することができた。その後、同名の論文は、『韓国古代史研究』一九（韓国古代史学会、二〇〇〇年）に収載された。

（2）　国立昌原文化財研究所『咸安　城山山城』（一九九八年）。

（3）　漢陽大学校博物館『二聖山城（第8次発掘調査報告書）』（二〇〇一年）ほか。

（4）　第一章三「屋代遺跡群木簡のひろがり」2－(2)参照。

（5）　李成市氏によれば、「仇利伐」については、出土地の咸安に比定する見解もあるが、「南山新城碑」（五九一年）第二碑にみえる「仇利城」とみて、忠清北道沃川郡周辺である可能性が高い。

（6）　李成市「韓国木簡研究の現況と咸安城山山城出土の木簡」（『韓国古代史研究』一九、二〇〇〇年）。

第四章　木簡と税

一　令制成立期前後の出挙木簡——福岡県小郡市井上薬師堂遺跡

1　遺跡の概要

井上薬師堂遺跡は福岡県小郡市井上に所在し、小郡市を南北に貫流する宝満川東岸の低位段丘上を開析してできた谷合の低湿地に位置する。昭和六十年（一九八五）、九州横断自動車道の建設に伴う発掘調査により、弥生時代から奈良時代にかけての複合集落遺跡であることが判明した。遺跡の北西約三〇〇メートルには七世紀後半〜八世紀に存続した井上廃寺、さらに西方約二キロには筑後国御原郡家に比定される小郡官衙遺跡が、東には六世紀末〜八世紀後半の集落である井上薬師堂東遺跡が、南東には七世紀中ごろ〜後半を中心に寺院・柵列・倉庫群・竪穴住居群などが確認された上岩田遺跡が隣接する。

発見された木簡は六点である。一・三〜六号木簡は調査区を南北に走る大溝から、二号木簡は大溝南東部東岸の土器溜まりから出土している。墨書は一〜五号について確認される。大溝は井上廃寺の寺域をほぼ一周すると推測される遺構であり、木簡のほか、大量の農具を含む木製品、墨書・刻書土器、瓦、刻骨などを出土している。

大溝は常に滞水状態にあったと思われ、共伴する土器は七世紀後半～八世紀前半に求められる。

これらの木簡は、報告書[1]で詳しく検討され、その後も『木簡研究』など[2]に紹介されているが、平成十一年（一九九九）二月、近年の著しい出土文字資料の研究成果を踏まえて再調査した結果、新たな知見を得ることができた。ここでは、訂正釈文をはじめ、新たに判明した年代観、内容などについて紹介する。

2　一号木簡（図121）

(1)　釈　文

・「丙家撝米宅津十丙ア里人大津夜津評人」

・「丙里人家□□［　　］［　　］」

四四八×三六×八　〇一一

表《おも》面《て》最終字は二画目を横に引く「人」。同様の書体として、七世紀後半の奈良県石神遺跡出土刻書須恵器（三七五頁、図119参照）、長野県屋代遺跡群一三号木簡などが挙げられる。裏面第二字は「里」、裏面第四字以下も墨痕が確認されたが、損傷のため釈読には至らなかった。「部」の異体字「ア」や二画目

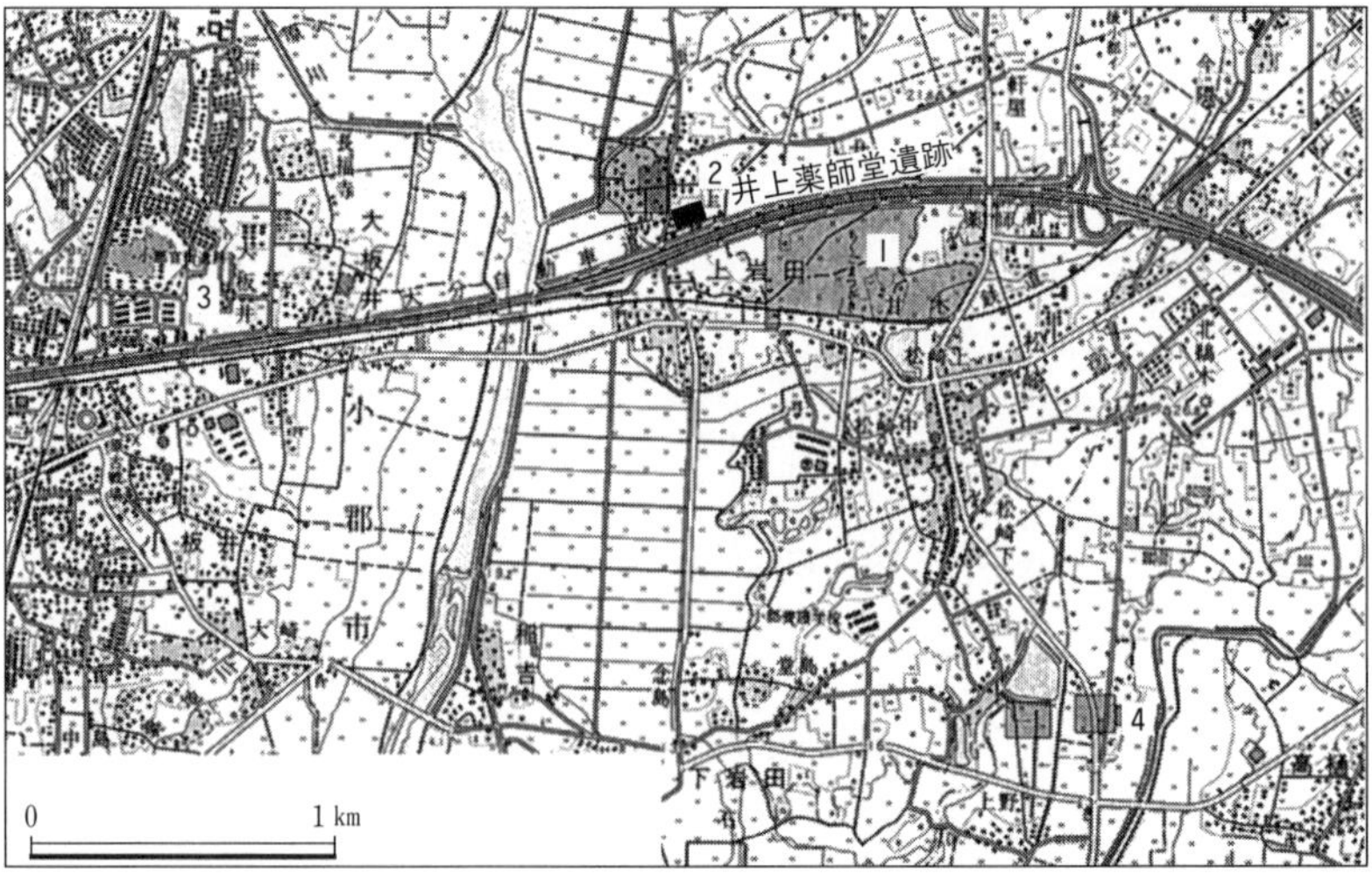

図120　井上薬師堂遺跡位置図（1上岩田遺跡，2井上廃寺推定地，3小郡官衙遺跡，4下高橋官衙遺跡）

を横に引く「人」の書体は七世紀代の資料に特徴的な書体である（図122）。

(2)　形　状

完形。裏面は若干損傷。

(3)　年　代

「ア」「人」の字形や「評人」「里人」の記載から、七世紀にさかのぼる評制下の木簡であることが確認できる。

(4)　内　容

本木簡は両面全体を使用して記載されているが、裏面の文字が失われているので表裏の関係や文意は判然としない。記載内容には、差出・宛所や上申・下達など、伝達文言が存しない。一方、表《おもて》面の第七字には物品名・単位を欠いた端数のない数量「十」がみられる。同様の数量記載は茨城県石岡市鹿の子C遺跡一七四号漆紙文書（六〇～六一頁参照）の出挙帳簿のほか、出挙の記録簡である二号木簡にも「五」「十」「廿」などとみえ、出挙額を指す用例に多くみられることから、本木簡は出挙に関する記録簡と想定される。

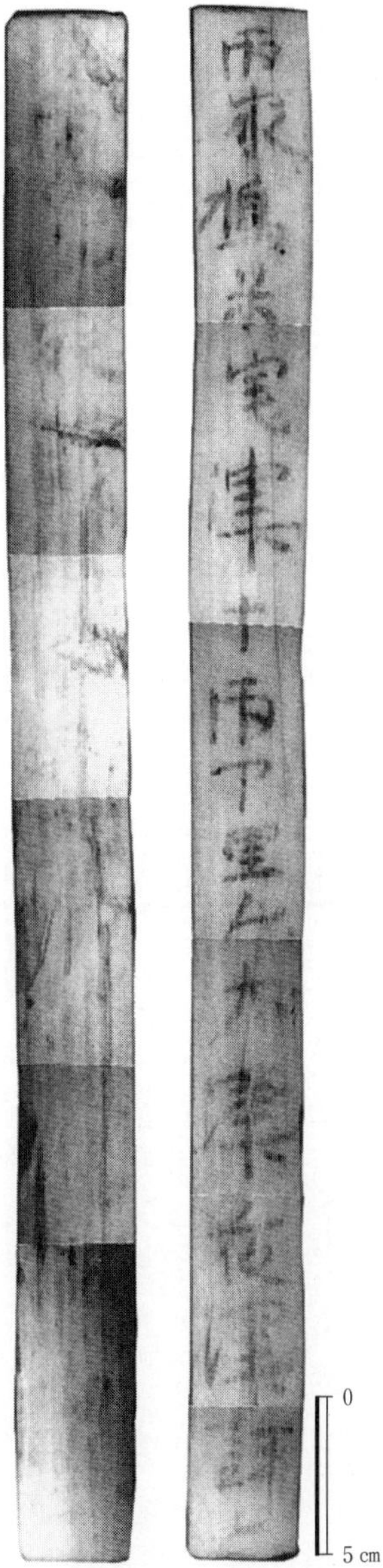

図121　井上薬師堂遺跡出土
1号木簡

図122　「部」（「ア」）と「人」の書体（右＝井上薬師堂遺跡出土１号木簡，左＝屋代遺跡群出土13号木簡）

両面冒頭部の「丙家」「丙里人家」については、裏面が判読不能なこともあり、明確な意味を見出すことは困難である。しかし、冒頭部に位置する里所在の「ヤケ（家）」記載は、家が出挙の単位であるとともに運用された出挙額を里ごとに集計する過程で本木簡が作成された可能性を示唆している。本木簡の三六ミリという幅は記録簡に類例の多い規格性の高い数値であること、すなわち三六ミリは一八ミリを基準単位とした場合、二本の木札をつらねた意味をもつことが指摘でき（本書第一章三）、集計作業は本木簡と同形の定型化した大量の木簡を使用して行われたと考えられる。

表《おもて》面の記載は「人名＋稲束量」という出挙帳簿の類型的な記載様式である前半部と、里・評に関する記載の後半部に大別される。前半部の「搗米宅津」は出挙対象者であり、「搗米」は「大宝二年筑前国島郡川辺里戸籍」に散見されるほか、戊戌年（文武二年〈六九八〉）の妙心寺鐘銘には「筑前国糟屋評造春米連広国」が記されるなど、同時期の筑紫には類例の多いウジ名である。後半部の「丙ア里人」につづく「大津」は、おそらく「搗米宅津」と同姓ゆえに略されたのであろう。

ところで本木簡は「評・里・家」を単位としている点が特徴である。こうした評・里・家という記載のしかたは同じ七世紀後半の木簡では滋賀県西河原森ノ内遺跡の二号「其稲在処者衣知評平留五十戸旦波博士家」の記載が類例として挙げられるであろう。

ただし、本木簡の記載順が「評・里・家」とならず、「家・里・評」とあるのは変則的である。この点を考察するうえで、宝亀四年（七七三）六月四日付僧興弁経師貢上文（続々修四〇―四裏、『大日古』二二―三九）や胆沢城跡四三号漆紙文書の記載構成が参考となる。これらには、上段の貢進対象者の本貫が下段の（国郡）郷名＋戸主で示されており、本木簡の後半部も出挙対象者の本貫であった可能性が指摘できる。

○僧興弁経師貢上文（続々修四〇―四裏、『大日古』二二―三九）

貢上　経師一人

刑部稲麻呂年卅八上総国市原郡江田郷戸主刑部荒人戸口

宝亀四年六月八日　僧興弁

「勘知

寺主玄愷」

○胆沢城跡四三号漆紙文書

〔本紙〕（左文字）

×継年□〔卌カ〕×

×清成年五×

×□〔連カ〕阿伎麿年廿八×

×部□麿年廿六　　、衣前郷□×

×部國益年卌二　　、駒椅郷廿一戸主丈部犬麿戸口

×巫部□□〔酒カ〕麿年卌六　　、瀦城郷卅八

×年廿三　　駒椅郷卌八戸主巫部諸主戸口

×年卅一　　、瀦城郷五十戸主吉弥侯部黒麿戸口
×駒椅郷十七戸主巫部本成戸口

……………………（紙継ぎ目）……………………

×年廿三　　、高椅郷廿五戸主刑部人長戸口
×、駒椅郷八戸主巫部人永□□〔戸口〕×

〔別紙〕（正位文字）

×年廿二　　×高椅郷□〔卌〕四戸主刑部真清成戸口
×駒椅郷廿一戸主丈部犬麿戸口

また、荷札木簡には国郡里＋戸主＋戸口の記載例が数多くみられる。戸主は貢進の責任主体としてのちの勘検のために貢進者である戸口とともに記載されたのであろう。「大津」もまた、おそらくは「搗米宅津」の戸主的な存在であり、後半部は前半部の出挙対象者の本貫を明記するとともに、出挙収納の家単位の責任主体を示した記載と考えられる。

(5)　地　名

評名・里名として「夜津評」「丙（ア）里」が認められる。当該地域は律令制下においては筑後国御原郡に属している。ただし、隣接する上岩田遺跡からは「丙乙麻呂」と墨書された八世紀中ごろの土師器が出土しており、「丙」は当該地域周辺に存在した地名に基づくものとみられる。「夜津評」については御原郡に接して筑前国夜須郡が所在する点が注目される。「夜須（YASU）」と「夜津（YATU）」の音韻上の違いが問題になるが、『日本書紀』仲哀八年正月己卯条には、「伊覩（ITO）国」を「伊蘇（ISO）国」とし、「今、謂伊覩国者訛也」と記す例があり、S音・T

音はしばしば交替することが知られる。「夜津評」＝夜須評と想定される場合、「夜津（須）評」は律令制下の筑後国御原郡を含む範囲で編成されていた可能性がある。

3　二号木簡（図123）

⑴　釈　文

「〔寅〕□年白日椋稲遺人
黒人赤加倍十
山ア田母之本廿
日方□□〔ツ呉〕之倍十
木田支万羽之本五
竹野万皮扎本五」

四四六×四五×七　〇一一

冒頭に墨痕が確認され、残画から「寅」の可能性が高い。「寅」の上には若干のスペースがみられることから、冒頭部には本来、干支年が記されていた可能性もあるが、墨痕が確認されなかったため釈読には至らなかった。第二字は「年」、第五字は「椋」、第七字は「遺」。割書一段一行目第一字は横画が「里」より一本多く「黒」。同段三行目の冒頭は「日方」で、二字を圧縮した合わせ文字風の書体である。第三・第四字は「ツ」「呉」に類似した字形。同段四行目第三・第四・第五字は「支」「万」「羽」。割書二段目第三・第四字は「万」「皮」、第五字「扎」は「引」の異

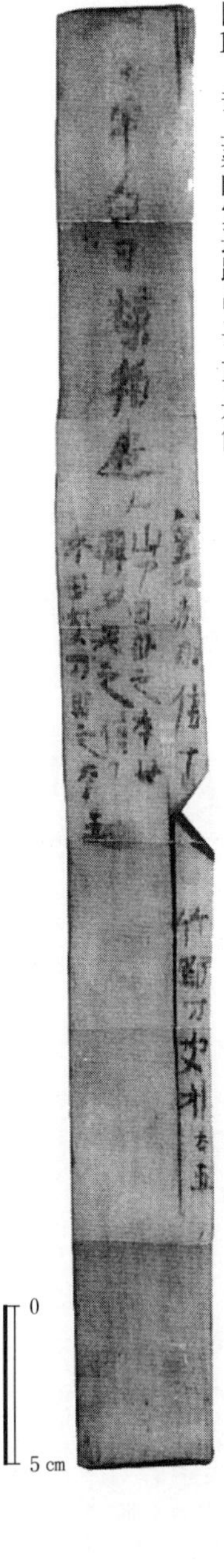
図123　井上薬師堂遺跡出土二号木簡

体字である（図124）。

(2)　形　状

完形。右端下部にＶ字状の切込みがある。

(3)　年　代

干支年紀や一号木簡同様の「人」「ア」の特徴的な書体から七世紀にさかのぼる木簡とみられる。

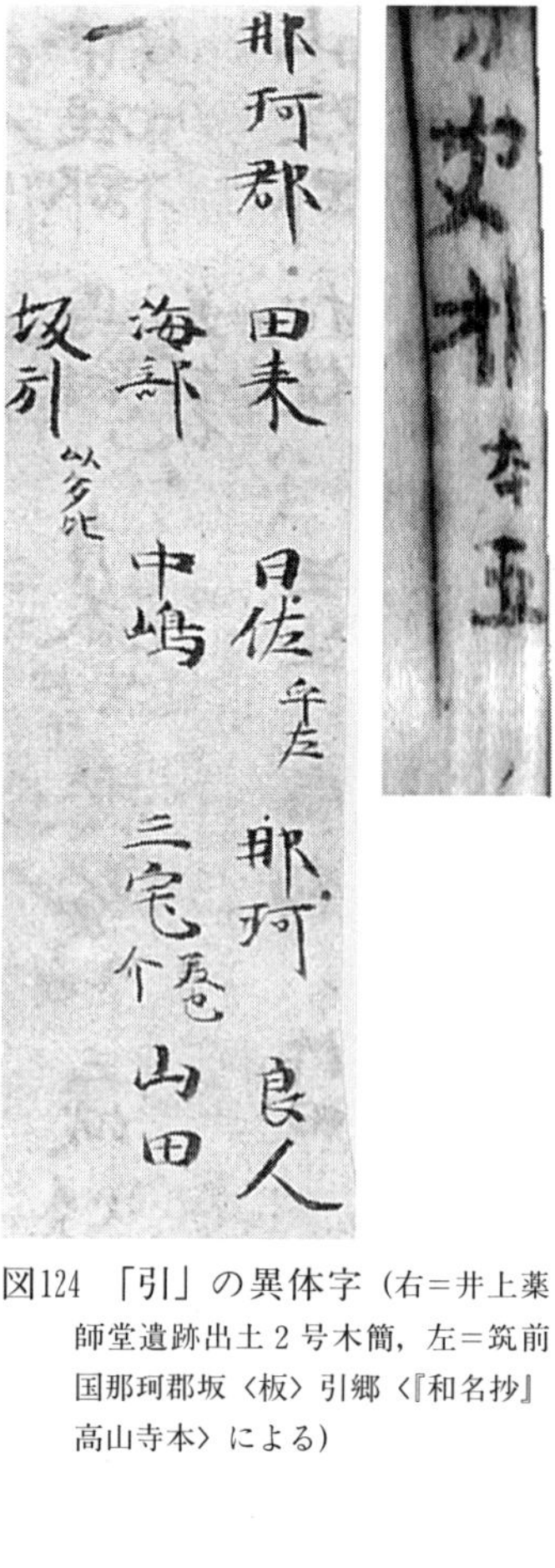

図124　「引」の異体字（右＝井上薬師堂遺跡出土２号木簡，左＝筑前国那珂郡坂〈板〉引郷〈『和名抄』高山寺本〉による）

(4)　内　容

本木簡は干支年紀ではじまる一行書き部分と「人名＋稲束量」を割書二段で記した構成をもつ、出挙に関する記録簡である。同様の構成で記載された記録簡として、伊場遺跡二一号木簡（図125）、山垣遺跡五号木簡、西河原森ノ内遺跡三号木簡、屋代遺跡群一〇号木簡などが挙げられる。これらの木簡は人名を段組に列記する歴名記載の様式である。七世紀にさかのぼる例として指摘されており(3)、本木簡もその一例に加えられる。「稲遺人」は出挙未収の人を指すと思われ、類似の表現としては屋代遺跡群八七号木簡の「稲取人」（出挙の貸付対象者）がある。割書部分には「稲遺人」の人名が列記されている。

○屋代遺跡群八七号木簡

・「五月廿日　稲取人金刺マ若侶廿□〔束〕
　　　　　　　　　金刺マ兄□

・（裏の釈文略）

（二八八）×五五×四　〇一九

未収の出挙数にかかる「本」は出挙本稲、「倍」は「本稲＋利稲」を指すと解される。一号木簡同様、端数のない「五」「十」「廿」といった数量単位で出挙が運用され、利率一〇割であったことが窺われる。

干支年紀につづく「白日」については「白日椋」として出挙を収納するクラの固有名と考えられる。「白日」については、『古事記』に筑紫の別名を白日別とし、また大年神の子として白日神を記すが、その由は定かではない。ここでは椋が所在した地名を指すのであろう。神功皇后説話で著名な橿日宮の所在地が『和名抄』には筑前国糟屋郡香椎郷とみえるなど、日（ヒ）はイと音通であることから、「白日」は〝シライ〟と訓まれた可能性もある。

割書に列記された未収稲束量は「白日椋」に収納することが予定された出挙額であることから、「椋」が出挙経営の拠点であるとともに、「椋」単位で未収出挙額を列記していたことがわかる。他の「椋」でも同様の作業が木簡を

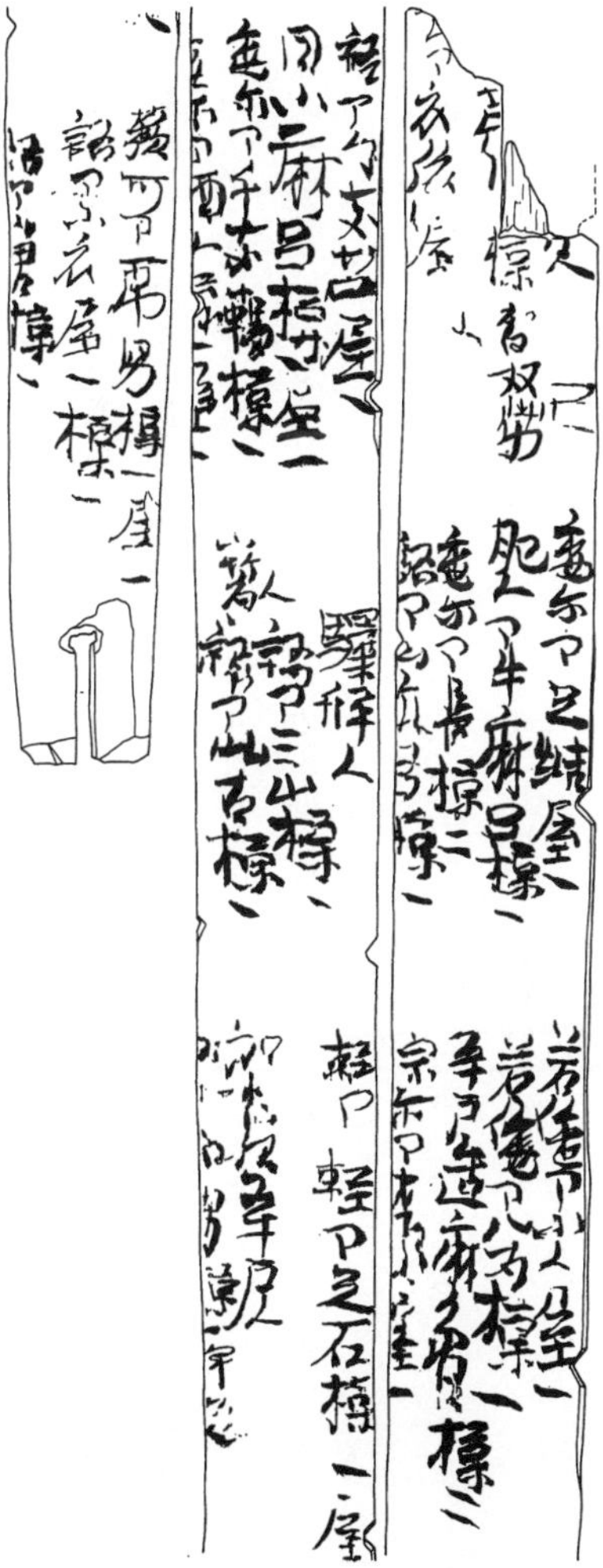

図125　伊場遺跡出土21号木簡（表）

使用して行われたのであろう。本木簡の縦横の比率は一〇対一と規格性が高いことから、一号木簡同様、同一の目的のために定型化した木簡を製作し、カード的な利用によって集計作業が合理的に行われていたと想定できる。本木簡の記載様式・形状からは、煩雑な出挙経営を木簡の利用によってシステム的に管理する方式が七世紀段階に実施されていたと考えられ、一号木簡とともに貴重な資料といえよう。

なお、右端下部のV字状の切込みが、本木簡に伴ったものであるか、二次的なものなのかについては不明である。

(5)　人　名

割書部分の人名のうち、「黒人」「山ア」「日方」「木田」「竹野」はウジ名を指すと思われる。ただし、一段三～五行目に付される「之」は名の一部ではなく、格助詞の可能性が高い。

〔黒人赤加〕

黒人というウジ名は未詳。「赤加」については千葉県印旛郡龍角寺五斗蒔瓦窯出土刻書文字瓦（七世紀後半）に、〃赤浜〃と考えられる地名を「赤加真」「阿加皮」などと表記した例があり、「赤加」二文字で「アカ」と訓むことが知られている。

〔山ア田母〕

山ア（部）は筑後国及び筑前国では初見。

〔日方□〔ツ〕□〔呉〕〕

ウジ名の日方は未詳。『和名抄』には筑後国御原郡日方郷がみえ、地名に由来するウジ名であろう。

〔木田支万羽〕

木田は未詳。

表19　井上薬師堂遺跡木簡関係郷名『和名抄』諸本対照表

	筑後国御原郡				筑後国生葉郡							
道円本	長栖	日方	坂井	川口	大石	山北	姫治	物部	椿子	小家	高西	柴刈
高山寺本	長栖	日方	板井	川口	椿子	小家	大石	山北	姫沼	物部	高西	柴刈
名博本	長栖	日方	板井	河口	椿子	小家	大石	山北	姫沼	物部	高西	柴刈

	筑後国竹野郡					筑後国山本郡						
道円本	二田	竹野	長栖	舩越	川曾	土師	蒲田	古見	三重	芝澤	節原	伴太
高山寺本	二田	竹野	長栖	舩越	川曾	土師	蒲田	古見	三重	芝澤	節原	伴太
名博本	二田	竹野	長栖	舩越	河曾	土師	蒲原	古見	三重	芝澤	節原	伴太

	筑後国御井郡						筑後国下妻郡			筑後国三潴郡		
道円本	殖木	弓削	神氏	賀駄	大城	山家	新居	鹿待	村部	高家	田家	三猪
高山寺本	殖木	弓削	神代	賀駄	大城	山家	新居	鹿待	村部	高家	田家	三潴
名博本	殖木	弓削	神代	賀駄	大城	山家	新居	鹿待	村部	高家	田家	三潴

					筑後国上妻郡					筑後国山門郡		
道円本	鳥養	夜関	青木	荒木	菅綜	太田	三宅	葛野	桑原	大神	山門	草壁
高山寺本	鳥養	夜開	青木	荒木	菅綜	太田	三宅	葛野	桑原	大神	山門	草壁
名博本	馬養	夜開	青木	荒木	菅綜	太田	三宅	葛野	桑原	大神	山門	草壁

			筑後国三宅郡				筑前国夜須郡					
道円本	鷹尾	大江	米生	十市	砥上	日奉	中屋	馬田	賀美	雲提	刈嶋	栗田
高山寺本	鷹尾	大江	米生	十市	砥上	日奉	中屋	馬田	賀美	雲提	川島	栗田
名博本	鷹尾	大江	米生	十市	砥上	日奉	中屋	馬田	賀美	雲提	河邉	栗田

	筑前国御笠郡				筑前国下座郡							
道円本	御笠	長崗	次田	大野	馬田	青木	鍫饗	三城	城邊	立石		杷伎
高山寺本	御笠	長罡	次田	大野	馬田	青木	鍫饗	三城			美嚢	杷伎
名博本	御笠	長罡	次田	大野	馬田	青木	鍬鑾	三城			美嚢	杷伎

	筑前国上座郡						肥前国基肄郡				
道円本	壬生	廣瀬	祚田	長淵	何束	三島	姫社	山田	基肄	川上	長谷
高山寺本	壬生	廣瀬	柞田	長渕	河東	三嶋	姫社	山田	基肄		長谷
名博本	壬生	廣瀬	柞田	長渕	河東	三嶋	姫社	山田	基肄		長谷

〔竹野万皮加〕

竹野というウジ名は「竹野広成」（続修二八裏、『大日古』一〇―三七三）一例が知られ、「竹野広成」は「高野」にもつくる（続々修三五―六、『大日古』九―四七）。いずれにしろ、ウジ名としては筑後国および筑前国では類例がない。律令制下の郡郷名として『和名抄』に筑後国竹野郡竹野郷がみえる。日方や一号木簡の「丙里」が人名と一致する例などから、「竹野」も竹野郡竹野郷の地名に由来する可能性が高い。

「万羽」および「万皮」は、矢羽に用いる鷲のはね、すなわち真羽《まば》（真鳥羽）に由来するかと思われる。

4　三号木簡（図126）

(1)　釈　文

三石　加太里白米二石半

米一石　并十五石

白米半　反俵廿一石半　」

（二四六）×四六×六　〇八一

二段一行目最終字および二段三行目最終字はともに「半」。二段二行目は四字分の墨痕が確認できる。きわめて不明瞭ながら「并十五石」と判読される。

(2)　形　状

上端部欠損。下端部、表裏から刃物を入れて折っている。

(3)　年　代

不詳だが、二段一行目の「加太里」を『和名抄』にみえる筑後国三井郡賀駄郷と解すれば、霊亀三年（七一七）の

図127　井上薬師堂遺跡出土４号木簡

図128　井上薬師堂遺跡出土４号木簡（拡大。裏「義倉」部分，「倉」は薄墨による重ね書き）

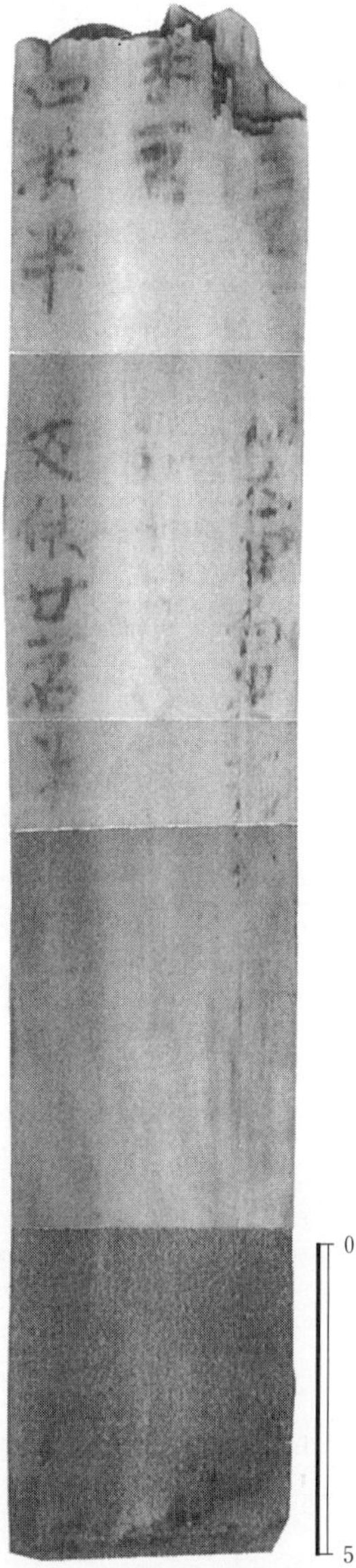

図126　井上薬師堂遺跡出土３号木簡

郷里制施行以前となる。

(4)　内　容

米の出納に関する記録簡である。二段二行目には集計額が記載されており、その額から欠損部分にも白米の数量列記が数段に及んでいたと思われる。また、一段各行は欠損のため「白米＋数量」の上にくる記載が不明であるが、二段一行目からは「里＋白米＋数量」の記載様式が窺われることから、各行ごとに里別の白米数量を記載していたと想定される。「半」は一石の半分である五斗。米五斗＝一俵であり、俵を基準とした単位記載で統一されている。

二段三行目の「反俵」は返却分の俵の意であろう。「反」の同様の用例は正倉院文書に散見する。一例を挙げれば、天平二十年（七四八）正月二十四日付写疏充紙帳（続修七裏、『大日古』三―三二）には紙の返却表現として「返」「反」を併用している。

(5)　地　名

二段一行目の「加太里」については、すでに『和名抄』にみえる筑後国三井郡賀駄郷の古称との想定が報告書でなされている。しかし、当該遺跡は御原郡に立地しており、郡域を越えるにもかかわらず、里名のみが記されている点、疑問が残る。賀駄郷は御原郡に隣接する地域であるので、評制下〜八世紀初頭においては、賀駄（加太）は御原郡（あるいは「夜津評」）に属す里であった可能性も考えられよう。

5　四号木簡（図127・128）

(1)　釈　文

・　見上出挙千百七束

未

二石六斗七升

・百九十四［　　］上□〔積〕義上五束

『倉』（「上」のうえに重ね書き）

□〔三〕石六斗□□

百十束七把　　加義上五束

『倉』（「上」のうえに重ね書き）

（二一一）×四三×四　〇六五

表《おもて》面二行目の一字は「未」。裏面一行目および三行目の「義上」は「上」に「倉」と薄墨で重ね書きされており、三行目の「義上（倉）」の右上には合点状の墨痕が付されている。裏面二行目の「六斗」以下は墨痕が二字分確認されるが、欠損のため判読できない。

(2)　形　状

曲物の側板を転用した材であろう。左側面上方の一部を欠いており、現状は三片に分かれる。上端・下端とも刃物により切断されている。下端部は右隅に刃物による切取りがなされ、墨書が連続する可能性もあるなど、二次的な切

図129　朱書の重ね書きの例(1)－長岡京跡出土木簡

朱書『請』『少志』

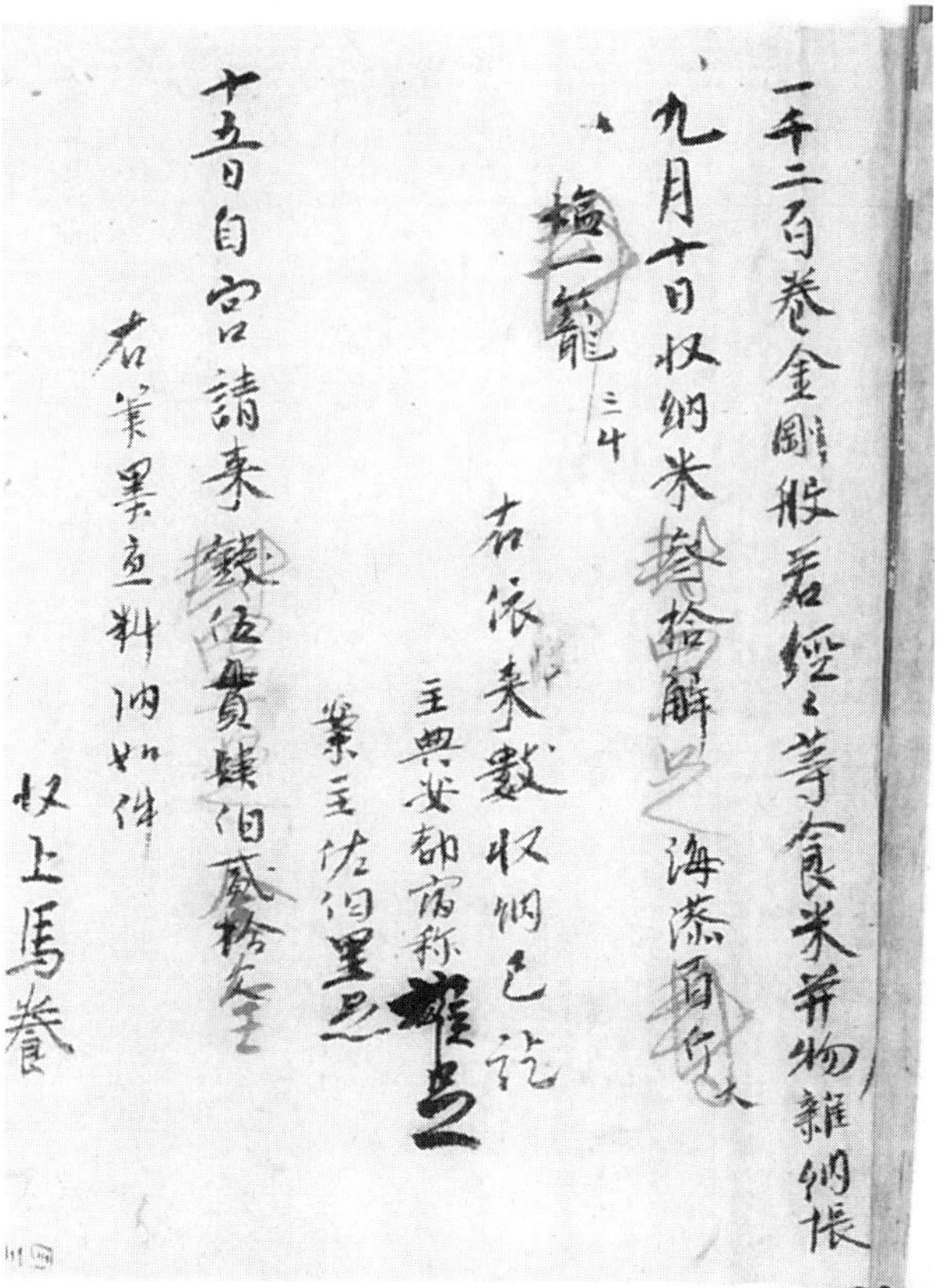
一千二百巻金剛般若経々等食米并雑物納帳
九月十日収納米参拾斛
塩一籠 三斗
右依来数収納已訖
主典安都宿祢雄足
案主佐伯里足
十五日自宮請来銭
右箕墨直料納如件
収上馬養

図130　朱書の重ね書きの例（2）－金剛般若経経師等食米并雑物納帳（正倉院文書）

断面である可能性が高い。

(3)　年　代

「出挙」「義倉」という用語の記載から、八世紀以降を考えるべきであり、出土した大溝の最終埋没段階である八世紀後半を下限とする。

⑷　内　容

出挙稲などの数量を集計した記録簡である。単位記載は束―把のものと、石―斗のものに分かれる。表面《おもて》に合計額、裏面に出挙の運用単位ごとに小計された数量を記載している。表面《おもて》二行目左下の「未」は一行目「見上」に対応する未納の意であろう。未納分の束数は現存部分には見当たらず、裏面の束数合計も表面《おもて》の額に足りないので、本来は下部の欠損箇所に記載が連続していたのであろう。「義倉」は八世紀にさかのぼる出土文字資料としては初例となる。「倉」が薄墨で重ね書きされたことの意味は不明だが、類例として進上物の受領サインが朱書きで重ね書きされた長岡京左京一条三坊八・九町出土一九号木簡（図129）や、同じく朱書で「封」と重ね書きされた正倉院文書の「金剛般若経経師等食米幷雑物納帳」（続修後集一九）（図130）が参考となろう。義倉制については賦役令義倉条に「皆与田租同時収畢」とあり、神祇令神戸条令釈などには義倉穀は出挙しないと記すが、出挙稲の収納と同時に義倉穀が計上されている本木簡からは、出挙経営に依存した義倉制の運用の実態が窺われる。

註

（1）福岡県教育委員会『九州横断自動車道関係埋蔵文化財調査報告10　小郡市所在井上薬師堂遺跡の調査』（一九八七年）。
（2）倉住靖彦「福岡・井上薬師堂遺跡」（『木簡研究』七、一九八六年）、木簡学会編『日本古代木簡選』（岩波書店、一九九〇年）。
（3）鐘江宏之「七世紀の地方木簡」（『木簡研究』二〇、一九九八年）。

二　服属した蝦夷と出挙――宮城県石巻市田道《たみちちょう》町遺跡

1　遺跡の概要（註）

田道町遺跡は、JR仙石線陸前山下駅の東側一帯、石巻市田道町一丁目から二丁目にかけて広がる遺跡である。この遺跡の北約一キロのところで、南流してきた北上川が東に大きく向きを変え、さらに南に向きを変えて石巻湾に注いでいる。その河口西岸には、標高約五〇メートルの日和山丘陵がある。この日和山丘陵の北側一帯には標高一メートル前後の沖積平野が広がるが、ところにより自然堤防が形成され微高地となっている。田道町遺跡は、この自然堤防の一つに営まれた遺跡で、標高は一・二～一・四メートルである。本遺跡の北側に隣接して横堤遺跡、東側約五〇〇メートルのところには清水尻遺跡がある。この清水尻遺跡は、古代牡鹿郡家の推定地として現在最も有力視されている赤井遺跡（桃生郡矢本町）が八世紀中ごろに廃絶した後、牡鹿郡家がこの遺跡に移ったとする説もあり、重要視されている（図131）。

田道町遺跡は、平成三年（一九九一）四月～八月にかけてA地点の調査が実施され、古墳時代、奈良・平安時代の竪穴住居が多数発見され、古代の集落跡であることが確認された。C地点はこのA地点の南約五〇メートルのところである。調査の結果、古墳時代の竪穴住居一棟、奈良・平安時代の竪穴住居四棟、掘立柱建物一九棟ほかが確認された。とくに奈良・平安時代の竪穴住居は、一辺の大きさが七～一〇メートルで、この時期の竪穴住居としては非常に大型である。住居の南北中軸線は、ほぼ真北線に沿っている。出土遺物には、八世紀後半から九世紀にかけての土師器や須恵器などの土器のほか、釣針、斧、紡錘車、刀子などの鉄製品、銅製の帯金具（巡方）があり、A地点の遺構、遺物とは様相が異なっている。

掘立柱建物は、調査区の西側に集中している。これらは、多少の振れ幅は認められるものの、ほぼ真北線に沿って

No.	遺跡名	時代	No.	遺跡名	時代
①	田道町遺跡	古墳・奈良・平安	11	五松山洞窟遺跡	弥生・古墳
2	横堤遺跡	縄文・奈良・平安	12	湊小学校遺跡	奈良
3	清水尻遺跡	古墳・奈良	13	西三軒屋遺跡	古墳・近世
4	明神山下貝塚	縄文	14	新金沼遺跡	古墳〜平安
5	明神山遺跡	平安	15	新山崎遺跡	古墳〜平安
6	羽黒町遺跡	不明（焼土遺構）	16	沼向遺跡	古代
7	羽黒山遺跡	平安	17	南境貝塚	縄文
8	梅ヶ丘窯跡	奈良・平安	18	水貫山遺跡	平安
9	永巌寺貝塚	縄文・奈良・平安	19	箕輪山貝塚	奈良・平安
10	館山遺跡	縄文			

図131　田道町周辺の遺跡（国土地理院発行５万分の１地形図より複製）

建てられている。しかし、一棟だけ東に大きく振れた形で建てられている建物がある。調査区の外側に伸びているため、その規模は不明であるが、二間×三間以上である。木簡はこの建物の北西隅柱穴から出土した。墨書面を下にして、柱穴底面にほぼ真横になった状態で出土した。この出土状態からみて、木簡として廃棄された後に柱の礎板として転用されたものと考えられる。

遺跡の性格については、前述のとおりA地点とは異なる様相を呈しており、竪穴住居の大きさ、帯金具の出土、ある程度の規格性をもつ掘立柱建物の存在、木簡の内容からみて、古代牡鹿郡の公的な施設のあった可能性を指摘できる（図132）。

2　釈　文

延暦十一□〔年カ〕▭　　▭
合四百六十四□〔束カ〕□□□〔野公カ〕□▭　真野公▭九□
□刀□〔部カ〕九▭　真野□〔公カ〕▭□奈女
真野公穴万呂五十五束　▭

（三〇二）×（七八）×一四　〇八一

3　形　状

木簡の遺存状態は、腐蝕が著しく、非常に脆弱であるといえる。現在の形状は腐蝕によるもので、原状は短冊形に近いものと推測できる。表面は上部のみ墨痕が明瞭であるが、下半部は木簡面が失われ、ほとんど墨痕が消えかかっている。裏面は全く加工されておらず、木簡としての調整面は表《おもて》のみである（図133）。

4　内容と意義

本木簡は、墨痕も部分的にしか残っておらず、形態も欠損などで原状を知ることができない。しかし、まず全体構成を手がかりとして若干考察を加えてみたい。

右側面を欠くが、初行は年号「延暦」（七八二～八〇六）とみて間違いない。中央上部に記された「合四百六十四□」は総計部分で、数量単位は墨痕がうすく、確定できないが、次行の内訳部分を参考にすれば、「束」であろう。

結局のところ、本木簡は冒頭に年紀、以下、総計・内訳（人名＋数量〈単位は束〉）を列記した記録簡とみてよい。このような記載様式をもつものの類例としては、藤原宮第三六次調査（昭和五十七年〈一九八二〉度）の西北隅地域の平安初期荘園跡から出土した木簡を挙げることができる（五五三頁、図190参照）。

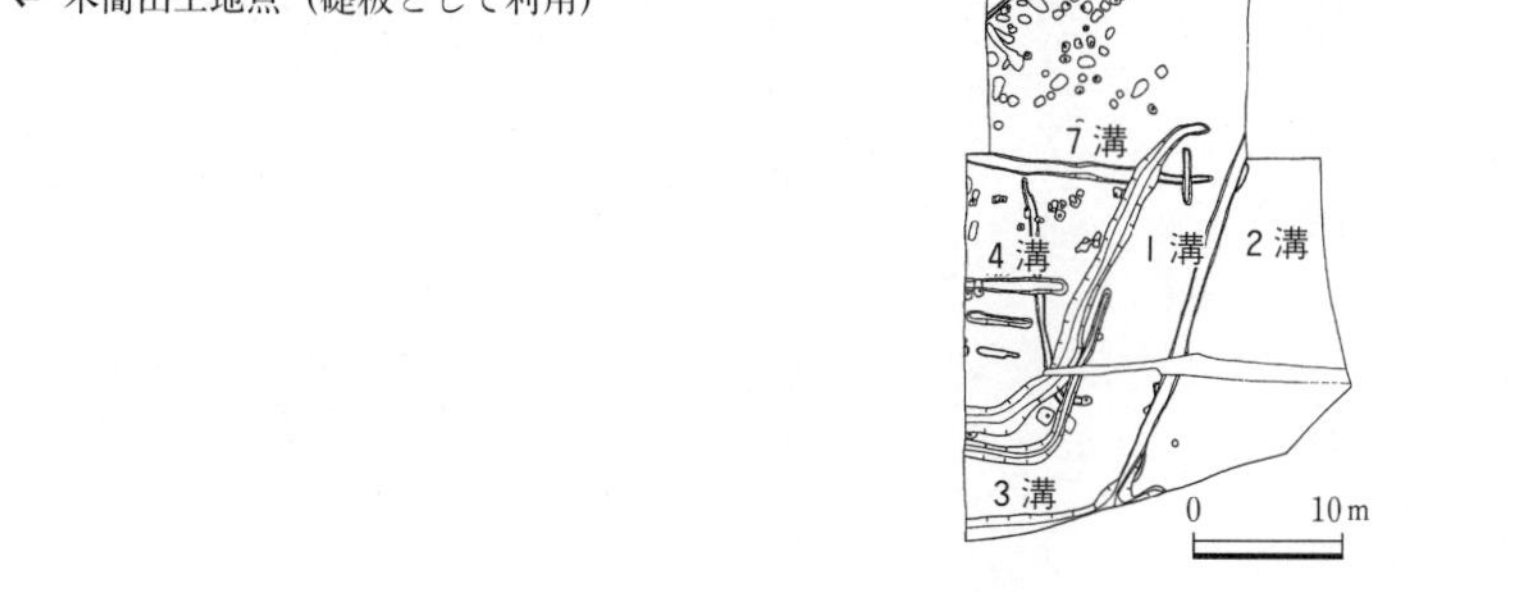

図132　田道町遺跡Ｃ地点遺構配置図

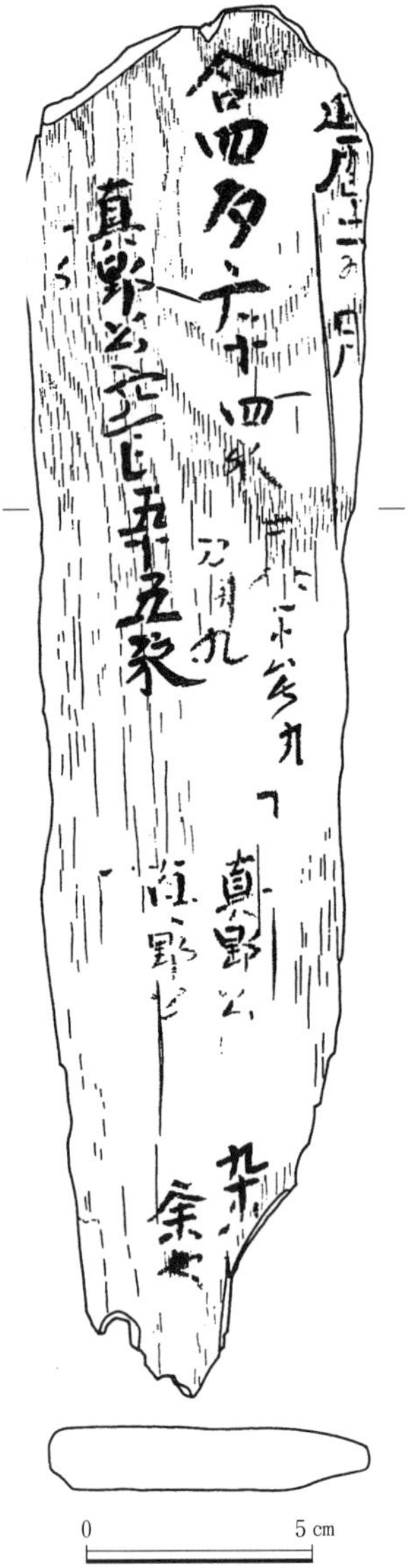

図133　田道町遺跡出土木簡

「真野公穴万呂五十五束」は、内訳の一部である。「真野公」は『日本後紀』弘仁六年（八一五）三月丁酉条にそのウジ名を確認できる。

陸奥国遠田郡人竹城公音勝等卅五人賜二姓高城連一。真野公営山等卅六人真野連。白石公千嶋等卅九人白石連。遠田公広楯等廿九人遠田連。意薩公広足等十六人意薩連。

この改賜姓記事は、同書弘仁三年九月戊午条と連続するものであると考えられる。その記事には、

陸奥国遠田郡人勲七等竹城公金弓等三百九十六人言。己等未レ脱二田夷之姓一。永貽二子孫之恥一。伏請改二本姓一為二公民一。被レ停レ給レ禄。永奉二課役一者。勅可。（下略）

とあり、田夷の姓を改めて、公民として以下のような改賜姓をうけている。

遠田郡の場合、郡領の遠田公（延暦九年五月庚午条）をはじめ、竹城公・白石公などが有力者層と考えられる。両記事からも、意薩公・遠田公などは遠田・小田両郡にまたがって存在していることがわかる。

すでに筆者がしばしば指摘したように、『延喜式』（民部上）に記載された陸奥国北部のうち、長岡・新田・小田・

遠田・登米・桃生・気仙・牡鹿の各郡は海道地域として一つの広域行政ブロックを形成していたと考えられる。そのうちでも、新田・小田・牡鹿の三郡が中心的な郡であり、遠田郡は郡領が田夷を冠せられていたように、通常の令制郡と異なる扱いをうけていた。

本木簡に列記された人名のうち、現状で四人確認できる「真野公」は、古代の牡鹿郡内、現石巻市真野の地名に由来するものと思われ、遠田郡の真野公（弘仁六年条）はむしろ牡鹿郡からの移住などによるのではないかと推測される。このほか人名には「□奈女」のような女性名も含まれている。

次に、その総計「四百六十四束」に注目するならば、近年発見されている木簡や漆紙文書などの出土資料にきわめて近似した数値を有するものがある。

(1) 埼玉県行田市小敷田遺跡三号木簡（六二頁、図15参照）

木簡の年代は八世紀初頭前後とされている。この木簡は出挙を記録したもので、五割の利息が加えられている。注目すべきことは、三回の総計が一三七〇束であるが、一回ごとの出挙額は、平均すると四五七束となることである。

(2) 茨城県石岡市鹿の子C遺跡（常陸国府付属工房跡）出土の漆紙文書中の出挙帳（一七四号文書、六〇～六一頁参照）

漆紙文書の年代は八世紀後半ごろとされている。その内容は、出挙に関する三月と五月の貸付額と九月の収納額を記している。その貸付額については、たとえば六人（□マ廣足～刑マ廣主）の総計は二七〇束、一人平均出挙額は四五束となる。

(3) 富山県射水郡大島町北高木遺跡出土木簡（五九頁参照）

木簡は、調査区のほぼ中央部を横切るように流れる川跡から出土している。主な共伴の遺物は、奈良時代後半～平安時代初頭までのもので、須恵器・土師器・人形（八点）・斎串・下駄などである。

木簡には貸し付けた稲が五〇束で、その利息は五割の利子二五束、その合計が七五束と記されている。

(4)　長野県更埴市屋代遺跡群木簡（五六頁参照）

○八七号

表は五月二十日に稲を金刺部若侶らに支給したことを記した木簡である。裏は別筆で習書している。

(5)　金沢市金石本町遺跡木簡

○三号

〔釈文〕

□稲　大者君稲廿三」　（一八九）×三七×四　〇一九

本木簡は、「大者君」の稲廿三（束）ということであろう。本木簡の重要な意義は、冒頭に示した「大者君」という尊称にあるのではなかろうか。

出挙の貸付にあたり、貸付主体の尊称を「大者君」と明記したことは、出挙起源にかかわる首長による種稲分与の意を体現させたといえよう。

表20　出挙関係出土資料にみえる出挙額比較表

遺　跡	内　訳	1回1人の出挙額
小敷田遺跡	1370束÷3＝45.6束	45.6束÷2＝22.8束≒23束
北高木遺跡	50束	50束÷2＝25束
田道町遺跡	464束÷10人＝46.4束	46.4束÷2＝23.2束≒23束
屋代遺跡群	〔第87号〕五月廿日稲取人	20束
	〔第13号〕酒人マ□荒馬	20束
	酒人マ□□〔大万〕	20束
鹿の子C遺跡	1人平均出挙額　45束	45束÷2＝22.5束≒23束

以上の五資料からみて、出挙関係の資料からうかがわれる出挙の実態には、次の三点の特色がある。

(イ)　数量単位は原則として「束」である。

(ロ)　一人の貸付額は平均すると四五～五五束程度である。

(ハ)　春三月と夏五月の二度貸し付けられ、その収納はほぼ九月である。

さらに、右の五資料の出挙額からそれぞれ一回一人の貸付額を試算してみたい（表20）。五資料の年代は、七世紀末から八世紀後半までと年代幅があるにもかかわらず、一回一人の出挙額は、ほぼ二三束前後で一致している。とくに屋代遺跡群の八七号木簡は、「五月廿日　稲取人　金刺マ若侶廿束」ということで、五月の夏出挙額一人二〇束となる。

そこで田道町遺跡出土木簡の性格も次のように想定することができるのであろう。

この木簡は、延暦十一年（七九二）分の出挙額を記録した木札である。「真野公穴万呂五十五束」をはじめとして、おそらくは一〇人程度の総計が「合四百六十四束」（一〇人とすれば、一人平均四六束程度）であったであろう。現状は、そのうちの七人の歴名（女性を含む）を確認できるのである。なお、参考までに、一人平均四〇〜五〇束という出挙額は、当時の中田段別収量穎稲四〇束〜上田五〇束に相当する。

また、本遺跡近くに位置する現石巻市真野は、「真野公」と深く関連するものと推測できる。現地名＋公（君）姓は、律令国家に服属した蝦夷に与えられた夷姓とみられる。公（君）姓をもつ夷は村の首長層であり、帰降しながら、在地での支配関係を容認され、現地に留まることが一般的であった。本木簡がその「真野公」集団を列記している点に重要な意義を見出すことができよう。

律令国家の地方財政運用の根幹をなした出挙制を裏付けるかのように、近年各地の発掘調査において、漆紙文書や木簡のなかに、公・私出挙関係の文書が目立っている。

こうした傾向のなかで、本木簡は八世紀末において、律令国家に服属した牡鹿地方の有力な蝦夷と考えられる「真野公」集団に対して、出挙を「内国」なみに実施していることを示している点、きわめて注目すべきである。また、出挙制に関しては、他の出土資料などとの比較から、より一層具体的にその実施形態を明らかにしうる点にも、本木簡のもつ重要な意義を認めることができるのである。

註　岡道夫「宮城・田道町遺跡C地点」（『木簡研究』一四、一九九二年）抜粋。

三　戸単位の出挙木簡——石川県金沢市畝田・寺中遺跡

1　遺跡の概要（註）

本遺跡は日本海に臨む犀川・大野川河口部の扇状地上に立地しており、遺跡地内には犀川支流の一つである大徳川が流れる。付近には加賀郡津と推定されている金石本町遺跡や、加賀国府津と推定される戸水C遺跡などが存在し、古代の水上交通の要衝としてよく知られる地域である。

平成十一年（一九九九）からの調査で古墳時代中～後期、奈良・平安時代の遺構を検出しているが、木簡を含む古代の遺物を埋蔵しているのは調査地中央を南北に蛇行して流れる旧河道SD〇〇八、調査地北端を流れる溝SD〇三一である。旧河道からは土器・木製品が多量に出土するなかで、二〇〇点以上の墨書土器と一点の木簡が出土した。墨書土器は八世紀初頭～中ごろに比定される須恵器坏に記されており、「語」「語—語」などの「語」字グループが大半を占めるなかで、「天平二年」「津司」「荒田家」などの注目される墨書も散見される。

SD〇三一と名付けた古代溝は調査地端で検出されており、一部を検出するにとどまっている。掘形は丸底の舟形を呈しており、幅も三メートルほどでそれほど規模も大きくなく、なんらかの施設に伴うものと想定される。この溝からも墨書土器三〇点弱、木簡一点（一号木簡）が出土している。墨書土器は一三点の「津」字を中心として「山田」「男山」などが確認されているが、旧河道で大半を占めた「語」字グループに属するものは確認されなかった。

墨書された須恵器坏の時期も八世紀中ごろ～後半に下ることから、旧河道とはその性格を異にするものであろう。

2　釈　文

「天平勝寳四年上領
戸主阿刀足人六十
妻答㝵宅女卌
阿刀三縄卌束
妻錧氣奈加女
山邊足君卌
□□内麻呂廿
□□悪万呂
合稲二百卌
□田秋人卌
答㝵□□女卌束
刑マ小當廿束
同姓味知麻呂十
（一〇三）×二九二×九　〇八一

図134　畝田・寺中遺跡とその周辺

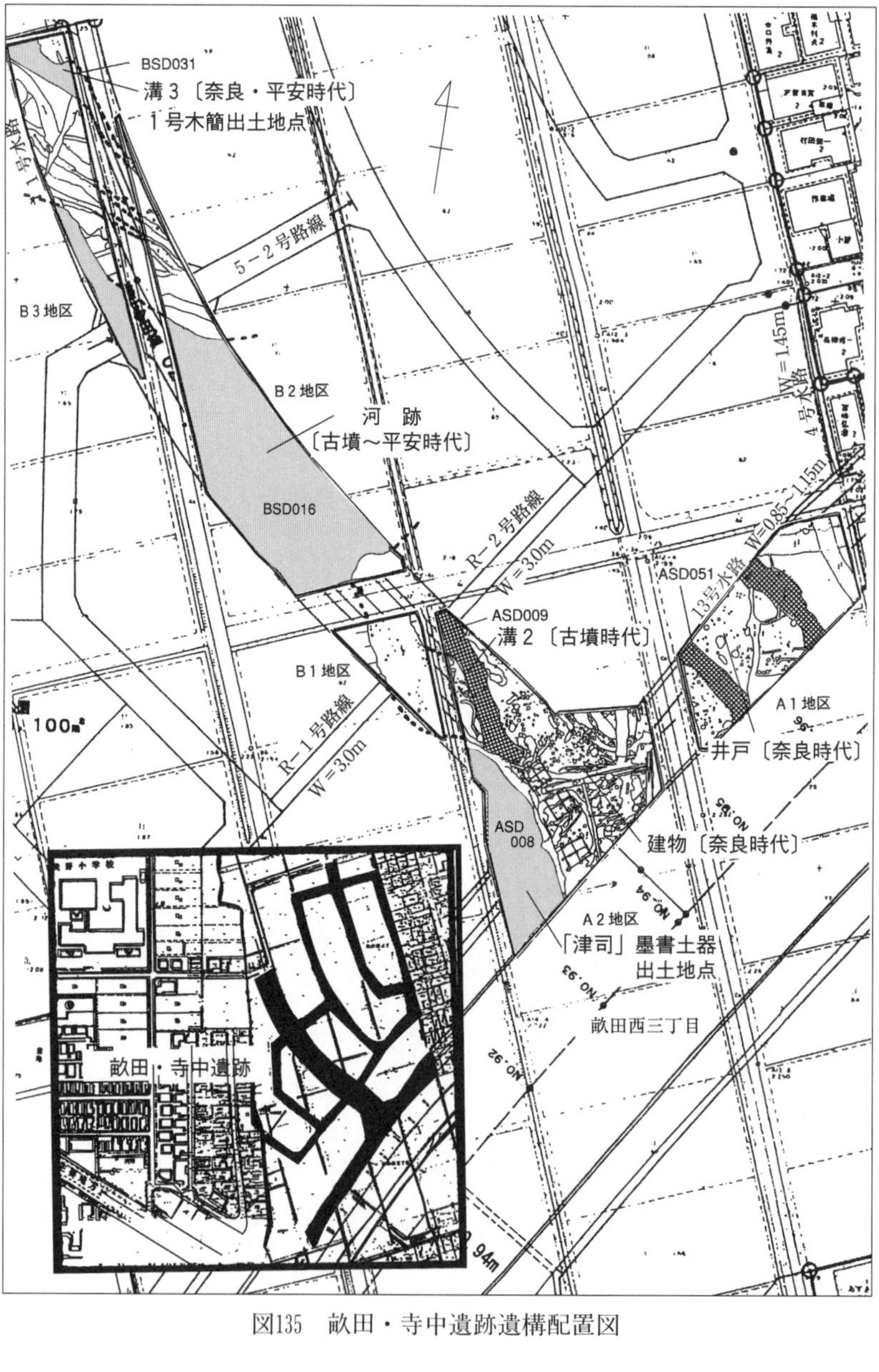

図135　畝田・寺中遺跡遺構配置図

3　形　状

二つに折れた状態で出土している。下端部が若干欠損しているために、各行の末尾部分の文字が確認できない。裏面に墨痕はない。本木簡は材の木目を横にして記している。左半分の墨の遺存状態が右半分に比してよくない。

4　内　容

全体に「個人名＋稲の束数」が列記されていることから、出挙にかかわる木簡と判断できる。かつ、一行目の「天平勝宝四年」（七五二）の年紀の下に「上領」という表現がみえる。「上領」は「たてまつりおさむ」と読むことができるので、出挙稲の返納のさいに作成された記録簡であると考えられる。

本木簡は内容と記載のしかたから「戸主阿刀足人六十」から「合稲二百卌」までの前半と、「□田秋人卌」以下の後半の二つの部分に分けることができる。

まず、前半部分についてみると、墨痕の失われている二名をのぞき、いずれも名前の右上に鉤型の合点（「⌐」）がつけられており、最後に「合稲二百卌」と、稲の合計束数が記載されている。これらのことから、前半は、稲を実際

図136　「津司」墨書土器（畝田・寺中遺跡出土）

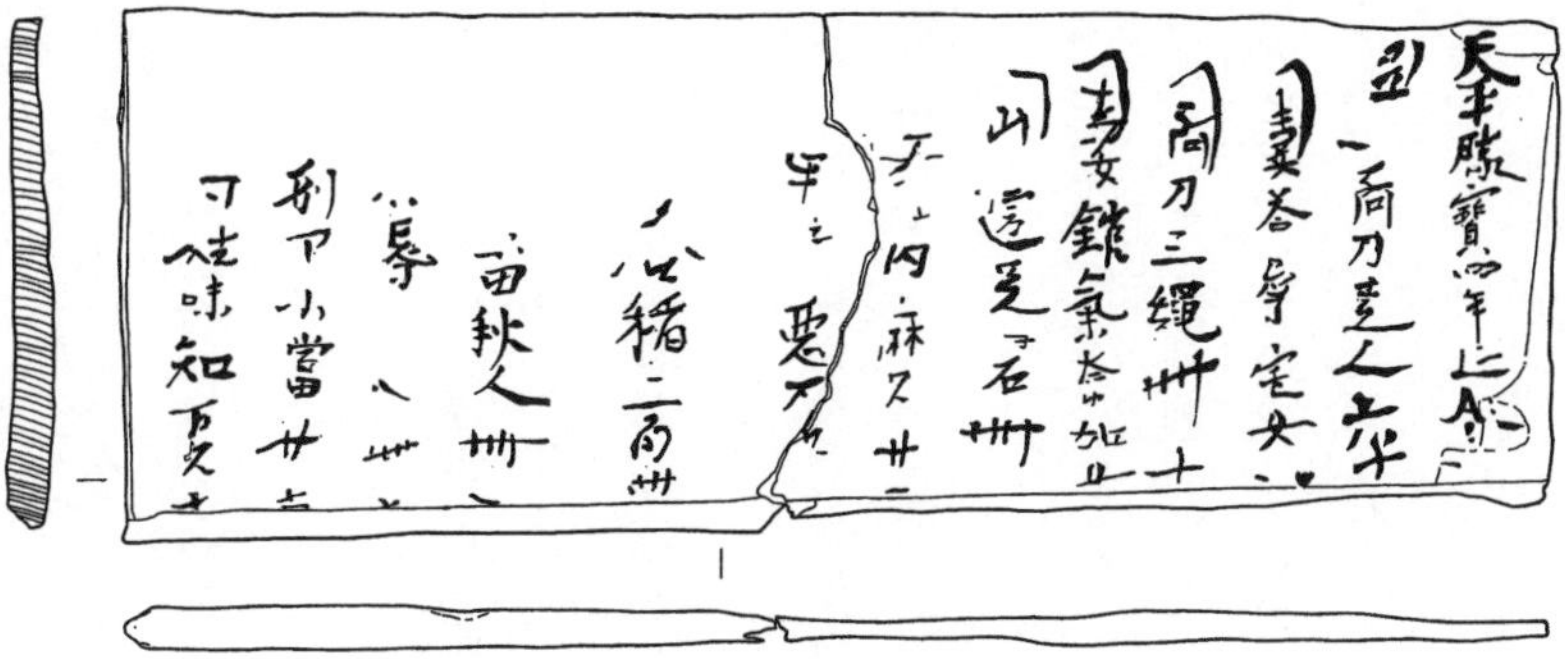

図137　畝田・寺中遺跡出土１号木簡

に返納した人物を列記し、実際の返納額の合計を記したものと考えられる。

一方、後半は前半の歴名に比べて一段下げて記載しており、合点も付されておらず、稲の合計束数もみられない。前半との対比で考えると出挙稲の未納者を列記したものであろうか。その点から推して、鉤型の合点は別の帳簿との照合か、または回収した稲を倉に収納するさいに記載したものと想定できる。

本木簡で注目されるのは次の三点である。

イ　木簡は横長の長方形であり、横の長さがほぼ一尺で規格性が高い。こうした横材は一般的に記録簡として利用される。おそらく出挙に関しては、貸付・返納の繁雑かつ膨大な作業を迅速に処理するため同じ規格の木簡が大量に作られ、それらがいわばカードのような役割を果たしていたものとみられる。本木簡の形態は、木簡のカード的な使用の実態を示す一例となろう。

ロ　記載様式に着目すると、前半の歴名部分に「戸主」「妻」の続柄記載がみえる。これは、出挙稲の貸付・返納が戸を単位として行われていた実態があったことを示している。しかも、戸の構成員によって、出挙額が異なっている点も注目される。

個人の出挙額が具体的にわかる資料としては、茨城県石岡市鹿の子C遺跡出土一七四号漆紙文書がある。この漆紙文書「出挙帳」には、個人名の下に、春・夏の出挙額が記載されているが、その額は個人によって異なっている。春・夏の合計束数をみると「廿束」「卅束」「六十束」「七十束」などとバラつきがあり、しかも本木簡の束数記載とも近似している。鹿の子C遺跡出土の「出挙帳」を参考にすると、人名の下に記されている稲の束数は、春・夏の出挙額の合計を記したものであるといえよう。

ハ　個人名の下の束数が春夏の出挙額とすると、ここには出挙本稲の額のみが記され、利稲の額が記されていないことになる。これは、出挙稲収納のさい、本稲と利稲を別々に収納していた可能性をうかがわせる。出挙本稲と利稲が別々に収納されていた実態を示す資料としては、新潟県和島村下ノ西遺跡出土一号木簡があげられる（次節参照）。

この下ノ西遺跡出土一号木簡では、「先上（先にたてまつる）」「後上（後にたてまつる）」という表現がみられるが、稲の束数の比率から、「先上」の稲が出挙本稲をさし、「後上」の稲が利稲をさしていることがわかる。すなわち、出挙本稲と利稲が別々に収納されていると考えられる。本木簡も、出挙稲収納のさいの記録簡でありながら、出挙本稲の額のみが記されている点は興味深い。出挙稲の回収が実態としてどういう手順で行われていたかを知る手がかりとなろう。

5 意義

すでに第一章二「出土文字資料と正倉院文書」において指摘した、膨大かつ繁雑な出挙業務に際して、紙ではなく木簡の特性を生かしたカード的利用法に、本木簡は新たな実例を加えたといえよう。

近年、各地から出挙関係の木簡が出土しており、古代における出挙経営の実態が明らかになりつつある。本木簡のような戸籍から抜粋した形で、戸を単位に一枚の木簡に記載する方式に基づいている出挙木簡は初めてであり、おそらくは、津の周辺の戸に対して出挙し、その利稲を津の運営費にあてたと考えられる。

出挙経営は、いうまでもなく古代地方財政運用および地方社会の支配の根幹である。ほぼ完全な形で出土した本木簡は、古代地方社会の財政運用および民衆支配の実態を如実に物語るものとして、きわめて重要な意義を有するものといえよう。

註　和田龍介「石川・畝田・寺中遺跡」（『木簡研究』二二、二〇〇〇年）抜粋。

四　異なる利息の出挙木簡――新潟県和島村下ノ西遺跡

1　遺跡の概要（註）

和島村の地形は、三島山地から派生する東側丘陵、島崎川に沿う島崎川低地、および海岸に面した西側丘陵の三種に大きく分類される。

下ノ西遺跡は、島崎川低地の微高地に位置し、北側には島崎川・小島谷川・梅田川の合流点を控え、北陸道が付近を通過するなど、水・陸上交通の要衝の地に立地する古代遺跡である。周辺には古代の遺跡が高密度に分布し、本遺跡の北西八〇〇メートルには、古（高）志郡家に関連する八幡林遺跡が所在する。

下ノ西遺跡の範囲は試掘および表面採集調査の結果、南北二〇〇メートル、東西三五〇メートルの七万平方メートルに及ぶものと推定され、平成八年（一九九六）度から十年度にかけて、村道建設関連の発掘調査が実施されている。

検出された遺構には、掘立柱建物（最大で桁行七間）二二棟、一本柱列四条、道路、井戸三基などがあり、共伴遺物から八世紀前半から十世紀前半にかけて構築されたものと推定される。計画的な地割の存在や桁行七間という建物規模からみて、一般的な集落遺跡とは様相が異なる。

主要な出土遺物としては、古志郡を表す可能性がある「古」の墨書土器や、漆紙文書、木簡、馬形、斎串、漆器椀、木皿などがある。

木簡は計一一点あり、I区西SE二〇一の覆土中から出土した11号木簡以外は、すべてII区SD二〇一下層におい

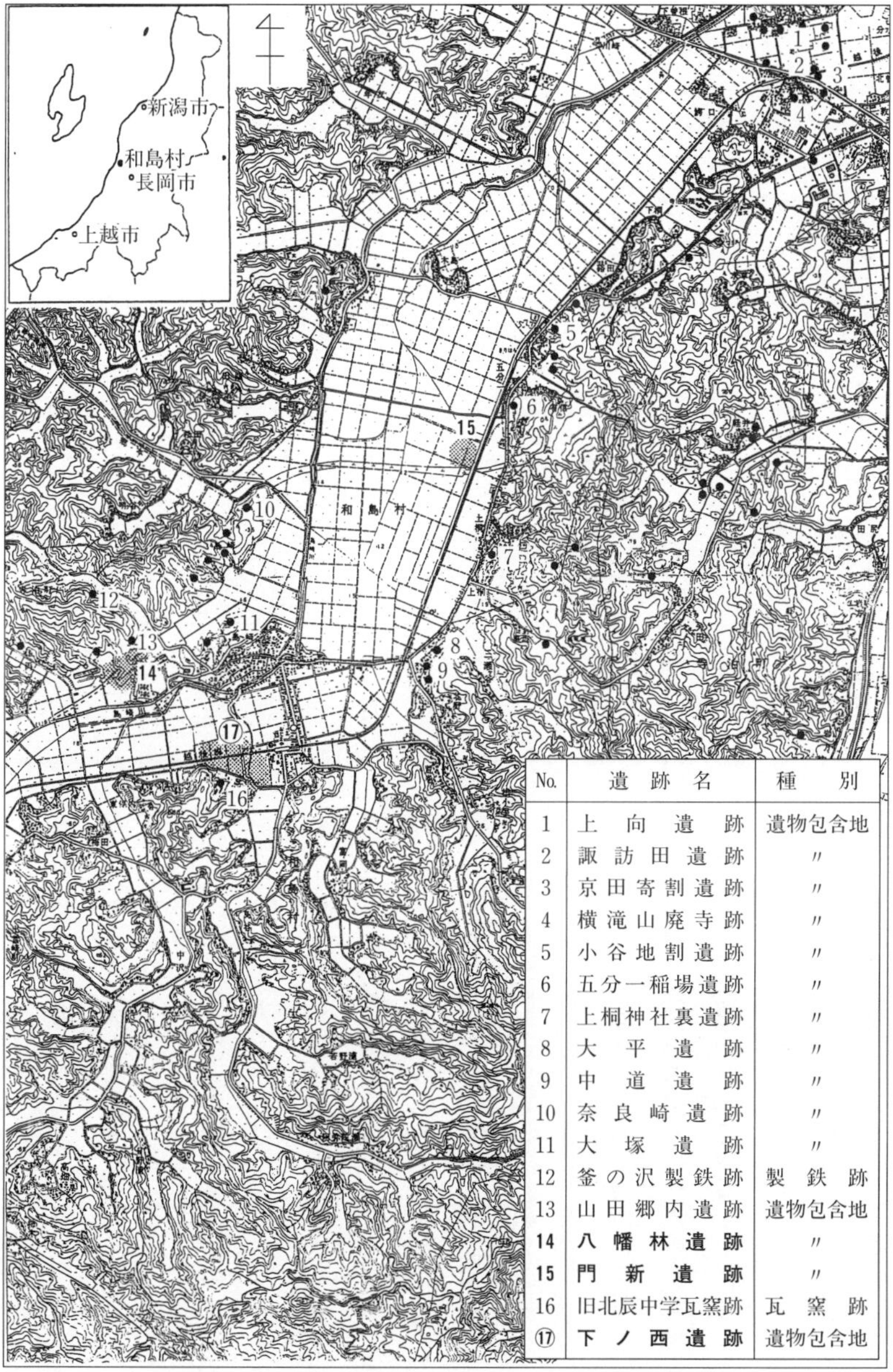

No.	遺跡名	種別
1	上向遺跡	遺物包含地
2	諏訪田遺跡	〃
3	京田寄割遺跡	〃
4	横滝山廃寺跡	〃
5	小谷地割遺跡	〃
6	五分一稲場遺跡	〃
7	上桐神社裏遺跡	〃
8	大平遺跡	〃
9	中道遺跡	〃
10	奈良崎遺跡	〃
11	大塚遺跡	〃
12	釜の沢製鉄跡	製鉄跡
13	山田郷内遺跡	遺物包含地
14	**八幡林遺跡**	〃
15	**門新遺跡**	〃
16	旧北辰中学瓦窯跡	瓦窯跡
⑰	**下ノ西遺跡**	遺物包含地

図138　和島村下ノ西遺跡周辺の主な遺跡・地名表

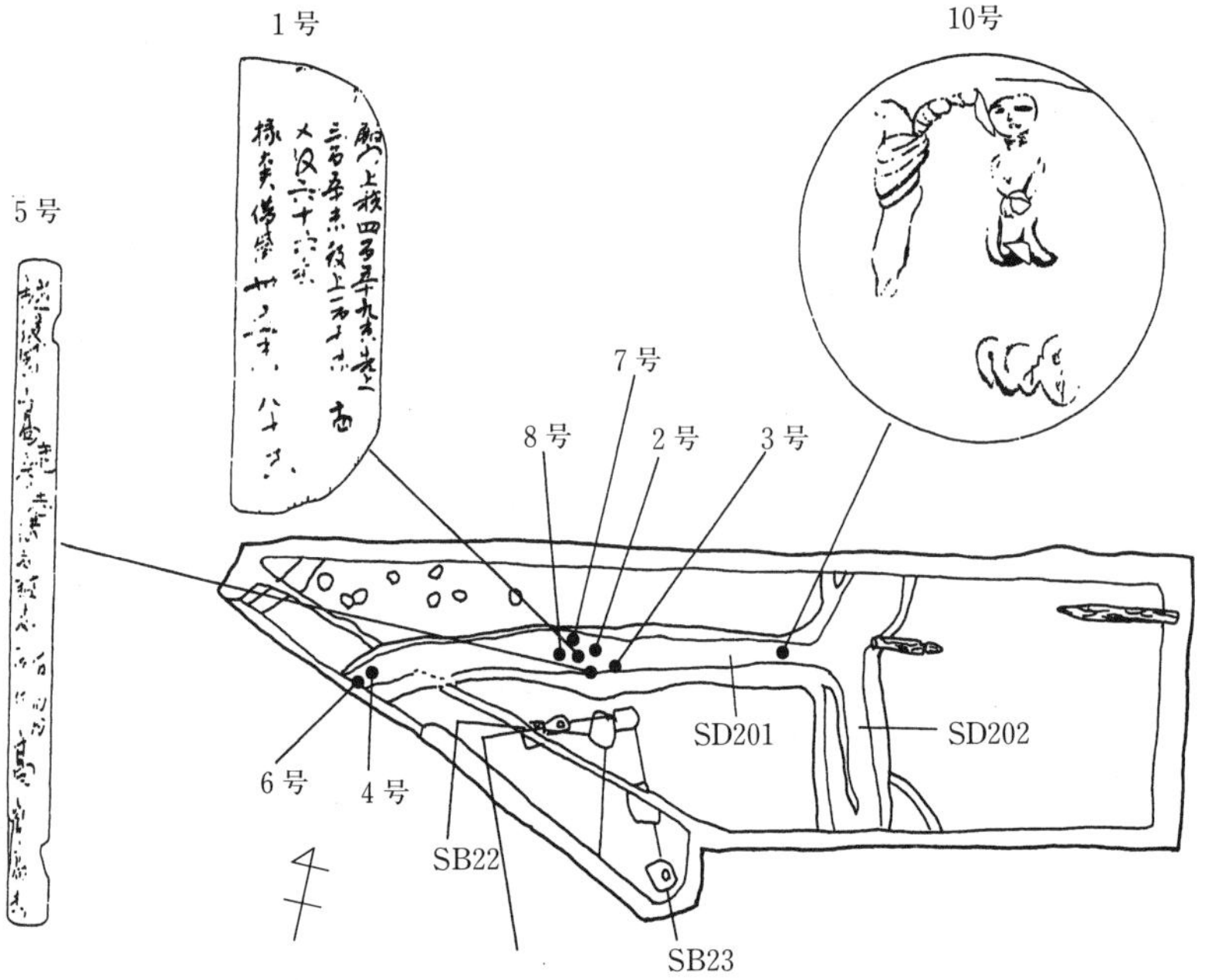

図139　和島村下ノ西遺跡出土木簡の出土位置

て発見された。ＳＤ二〇一は、ＳＤ二〇二を伴って方形にめぐる可能性があり、これらの溝に囲まれた掘立柱建物の区画と排水を意図して掘られた可能性が高い。

ＳＤ二〇二からは、墨線のある斎串（長さ二七三ミリ、幅二五ミリ、厚さ五ミリ。七号）、墨痕がない封緘木簡（長さ一三二ミリ、幅二五ミリ、厚さ五ミリ。八号）、絵画の描かれた曲物の底板（直径一九五ミリ、厚さ一一ミリ。一〇号）も合わせて出土している。

このうち絵画板（図139参照）は、円形を呈する曲物の底板に、縄状のものが巻かれた立木（？）と二人の人物像が描かれている。中央の人物は、首および交叉した腕を縄状のもので縛られており、表情も心なしか苦しげである。もう一人の人物は、右下に不自然な体勢で横たわっている。

この絵の解釈については、推測の域を出るものではないが、縄（？）で縛られている異常な状況からみて、通常の戯画ではなさそうである。絞首刑や体の自由を拘束する刑罰の描写、あるいは何らかの呪術的世界を表現した可能性もある。

2　出挙収納木簡

(1) 釈　文

「殿門上税四百五十九束先上
三百五十束後上一百九束　十四
又後六十六束
掾大夫借貸卅五束　　八十束」　　二二五×八〇×一〇　〇六一

(2) 形　状

本木簡は、曲物の底板（未成品）を記録簡に転用したものと考えられ、裏面には手斧（？）による調整痕を明瞭にとどめている。末尾の「八十束」以下、文言が続くとみられることから、これより左側を欠損している可能性が高い。

図140　下ノ西遺跡出土１号木簡

(3)　内　容

「殿門上税」および「掾大夫借貸」という二項目の書初めは比較的丁寧であるが、書き進めるうちに筆を速め、文字の大きさを増している。そのなかで注目すべき点は、二行目の「十四」が追記されたと判断できる点である。

内容的には、「税、借貸＋束数」と記録される特徴から、出挙（公出挙）および国司（掾）借貸について記録した記録簡といえる。

一行目「殿門上税」、四行目「掾大夫借貸」と、殿門および大夫という尊称がそれぞれ用いられている。殿門については、八幡林遺跡出土木簡に、「＜上大領殿門＜」（三八〇×三六×三）と記された封緘木簡（三二号）があり、郡司の大領の尊称として用いられている。これは、郡雑任などから大領に宛てた書状に付したものと考えられる。

この「殿門上税」および、「掾大夫借貸」については、次のような解釈が可能であろう。すなわち本木簡は、税長などの郡雑任が出挙・借貸の収納のさいに、郡司および掾に対して尊称を用いて記録したものではなかろうか。

(4)　出挙の利息と木簡の製作年代

次に記された束数から、本稲と利稲の関係をみてみたい。

イ　先に上納された三五〇束と、後に納入された一〇九束を合わせて、冒頭記載の四五九束となる。二行目の下部の一四も含めて次のように理解できる。

> 三五〇束＋一四束を本稲とすると、三割利息が一〇九束となる。
> （三五〇束＋一四束）×〇・三＝一〇九・二束

ロ　二行目の三五〇束と、後に納入された一〇九束、三行目のまた後に納入された六六束の三つの数値から、次のように理解できる。

三五〇束を本稲とすると、一〇九束と六六束の合計一七五束が五割の利息となる。
　三五〇束×〇・五＝一七五束
　一〇九束＋六六束＝一七五束

以上のような二重構造を模式図を用いて表現すると、左図のようになる。

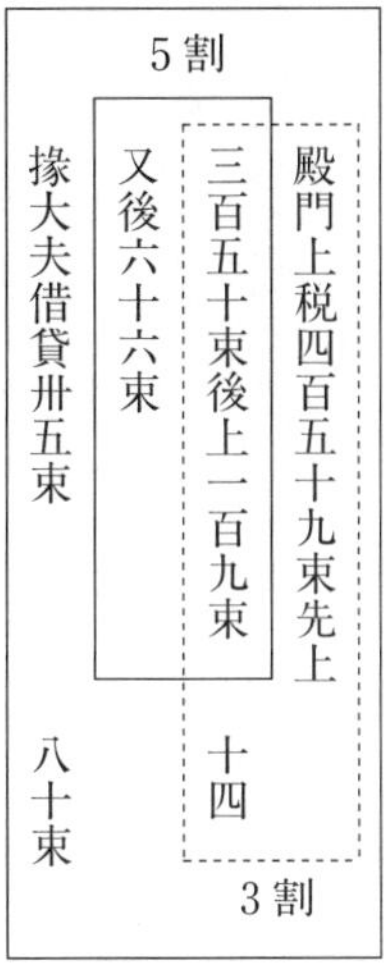

ところで、上記のような二重構造図が成り立つ重要な鍵は、数字「十四」である。冒頭に指摘したように「十四」は追記と判断できる。また、「十四」は数量単位を伴わないが、本木簡のすべての数値が数量単位を「束」としていることから、追記したさいに「束」を省略したと理解するのが、無理がないであろう。「十四」には、〝先上〟〝後上〟も付されていない。さらに右の計算のなかで、三五〇束に「十四」を加えた三六四束の三割利息は一〇九・二束と端数を生ずるが、その端数（把）を記載していない。

以上の点を考えあわせると、三割利息が机上の算出であり、数値「十四」がダミー数字であると判断せざるをえない。

次に木簡の製作年代について考えてみたい。

本木簡と共伴した土器は、八世紀前半のものとされており、ここで当該期の利息が問題になる。当時の記録をみると、次のように利息が変化している。

・『続日本紀』養老四年（七二〇）三月己巳条　太政官奏
大税以外の公稲（郡稲・駅起稲などの雑色官稲のこと）は、従来の利息五割を改めて、三割とした。
↓
・『続日本紀』養老六年（七二二）閏四月乙丑条　太政官奏
出挙の利息が、公私とも三割に改められる。
↓
・「隠岐国郡稲帳」天平二年（七三〇）
・「越前国郡稲帳」天平四年（七三二）
郡稲出挙の利息が五割で記載されている。
↓
・「越前国正税帳」天平三年（七三一）
大税出挙も利息五割である。

このなかで、木簡にみえる三割利息の時期は、大税以外の公稲（郡稲出挙など）の場合は養老四年から、大税出挙の場合では養老六年から、天平二年の間で捉えられる。

ここで問題になるのが、五割利息部分の併記である。可能性としては、前述の数値「十四」の解釈を参考にするならば、利息が三割の時期に、旧来の五割の収益を維持するため、三割利息で提出される公式の帳簿と、実際を表す裏帳簿が併記されていると考えるのが、最も理解しやすい。

ところで、二重帳簿であるならば、〃十四〃というダミーの数字を介在させなくとも、左記の記載の方がはるかに合理的である。

殿門上税四百五十五束先上 三百五十束後上一百五束 又後七十束

四五五＝三五〇＋一〇五
一〇五＝三五〇×〇・三
七〇＝三五〇×(〇・五−〇・三)
一七五＝一〇五＋七〇
一七五＝三五〇×〇・五

しかし、実際には釈文のように記載されているのである。「後上一百九束」「又後六十六束」は実際に分割納入された実数が記入されたとみざるをえない。本木簡は分割収納の五割の裏帳簿と、「十四」というダミー数字を追記することによって正式な帳簿用の三割帳簿を作成したと判断できるであろう。正式な帳簿として外部へ報告するときは、「十四」を加算したものを作成したのであろう。

最後に右の解釈の前提として、次の二点を考慮したことを強調しておきたい。本木簡が曲物の底板を転用したいわばメモ的な記録簡であることと、「十四」という数値は、他のすべての数量単位が「束」であるので追記のさいに「束」を略したと理解できるが、〃十四日〃とか〃十四人〃とかの可能性を想定したとしても、〃日〃や〃人〃を略することは通常ありえないであろう。

このような二重帳簿ともとれる本木簡の出土は、当時の出挙制度の地方における運用の実態を示す点で、きわめて重要な資料といえる。

(5) 掾大夫借貸

国司借貸は、国司に対する無利息の官稲の貸付であり、実態として貸し付けられた稲は、国司によって出挙され、国司がその利息を自己の収入としたのである。『続紀』天平六年（七三四）正月丁丑条では、国の等級によりその上限を定めているが、国司借貸の制度の開始を示すものではない。これ以前、国司借貸が広く行われていたことは、天平十年の「和泉監正税帳」に、

天平四年前監所給借貸未納伍伯陸拾陸束伍把
故正田辺史首名二百廿束五把
主政土師宿禰広浜三百卌六束
（正集一三、『大日古』二―八〇）

などとあることからも推測できるのである。また、国司それぞれの借貸稲を、国内の各郡にどのような分担方式で実施したかについては、具体例がこれまでの史料には全くなかったため不明であった。

本木簡は、国司借貸制にかかわる出土資料として、初めての具体的実施例である。

国司のうち掾の借貸が、古志郡家にかかわる下ノ西遺跡から出土した意義は大きいと考えられる。

下ノ西遺跡において、国司（掾）借貸が行われていた事実は、成立期の八幡林遺跡に、過所機能を併せ持つとみられる蒲原郡符（一号木簡）や、沼垂城にかかわる二号木簡、発音の一致から石屋城（柵）を指す可能性がある「石屋木」の墨書土器が共伴し、関・城柵といった国レベルの機能が窺える点とも関連するのではないか（本書第一章四参照）。

島崎川低地の微高地上に立地する下ノ西遺跡に、郡家の中心施設を想定できるとすれば、当時、丘陵上に立地する八幡林遺跡は、まさに〝石屋〟の地と意識されたであろう。

もし、八幡林遺跡に掾の管轄する国レベルの施設があったとすると、複数の城柵を国司が分割支配する形態をとった出羽・陸奥両国と同じ状況下にあったことになり、八世紀前半において、出羽建国後も北の辺要国として位置付け

られていた越後の特性を示す可能性がある。

具体的な一案としては、越後国府（頸城郡）に越後国司の守、沼垂城に介、両者の中間地点にあたる八幡林遺跡に掾、最も北方の磐舟柵に目などというケースを想定できるのではないか。

註　田中靖「新潟・下ノ西遺跡」（『木簡研究』二〇、一九九八年）抜粋。

五　倉　札――福島県会津若松市門田条里制跡

1　遺跡の概要(1)

門田条里制跡は、会津若松市街地の南方約三キロに広がる約一三〇ヘクタールの遺跡である。本遺跡は、会津盆地東南隅から北流する阿賀川の東岸に位置し、遺跡東側の山地より流れ出る小河川が形成した沖積平地上に存在する。「門田」の名は、荘園名として「実相寺文書」中にみられるのが、その初見であるとされる。

平成元年（一九八九）度に河川改良工事で発掘調査を実施した。

調査地点は遺跡の東北隅で、南から北へ緩やかに傾斜しており、遺構・遺物の検出は低地である北側に集中する傾向が認められた。

条里遺構と断定できるものは検出できなかったが、それぞれが交差・接続する小溝をもつ二条の溝跡のほか、四五基の土坑と小土坑を検出した。

出土した遺物は、縄文土器、弥生土器、土師器、須恵器、陶磁器、石器、木製品などであるが、量的に最も多いのは弥生土器である。

図141　調査地点と周辺の条里地割復元図（1万分の1「会津都市計画図」を使用）

須恵器は八～十世紀に属するもので、点数は二四点と少ないものの、一二点に墨書があり、そのうち四点には「奎」という文字が墨書されている。

この調査地点は低湿地にあるため、木簡をはじめ、人形、二種類の田下駄などの木製品が良好な保存状態で出土している。

木簡は、SD〇二と呼んでいる溝から出土した。

2 釈文

□□税長等依法□物塡進了＜　寛×

『有安』擬大領[　]『奎麻呂』擬少領[　]

（二六二）×七五×一二　〇三九

3 形状

上・下端ともに刃物で刻みを入れた後に折っている。また、下半部両側面に大きな切込みが存する。これらはいずれも文字を切っていることから判断して、木簡に伴うものではなく、木簡として使用した後になんらかの木製品に転用されたさいの加工と考えられる。表面右側上部の穴も文字を切っていることから、同様の加工と考えられるが、のちに述べるように本木簡が掲出されていたとすれば、それに伴うものという可能性もあろう。

木簡は文書内容から類推すると、現状の倍近い長さを有していたと考えられる。その長さに加えて、幅七・五センチ、厚さ一・二センチという大型の木簡であり、その形状は後述するように、本木簡の性格を考えるうえで、きわめて重要な要素となるであろう。

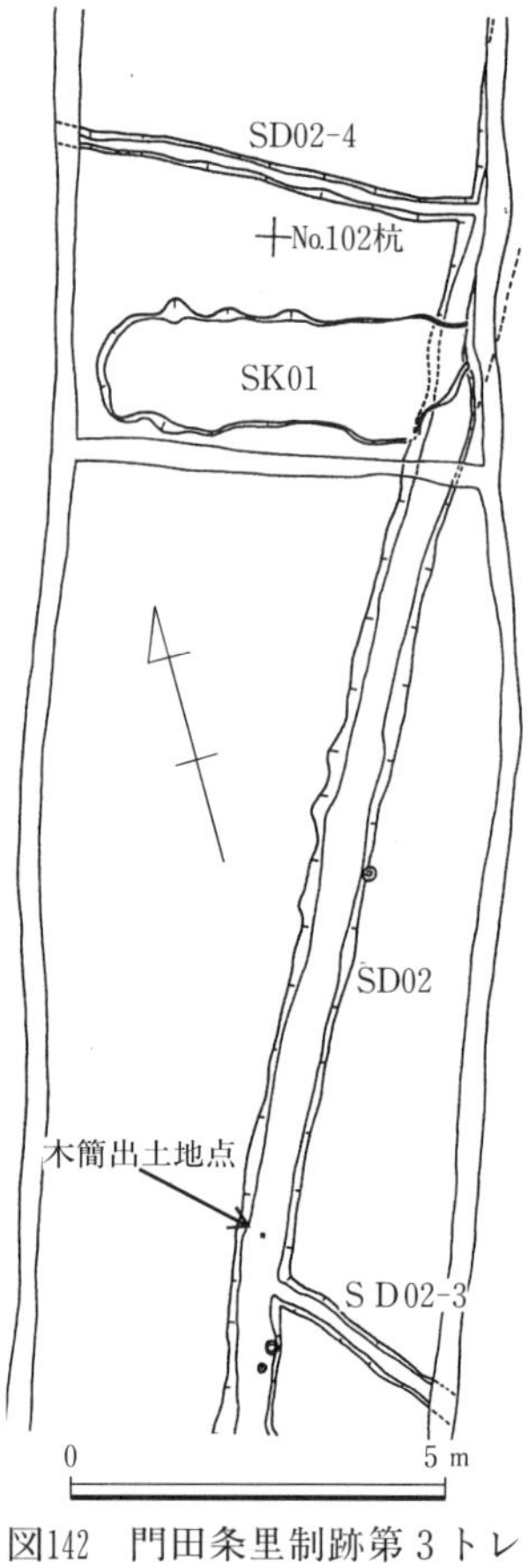

図142　門田条里制跡第3トレンチ平面図

なお、裏面は加工も粗く、墨痕は認められない。材はスギの板目である。

4　記載様式

本木簡の記載様式は一通の紙の文書を、一本の木簡に要領よく二行に収めたものである。

右行は「……塡進了」のあとに二文字分ほど空けて「寛×」と記している。これは、「塡進了」という書止め文言に続いて改行せずに、「寛×」と文書の年月日を書いたものと理解できる。

左行は、「擬大領」、「擬少領」と官職名を順次記載している。この点も、紙の文書では、署所は上下二段、郡領であるならば、上段（「行上」）に一人一行とし、列記されるべきところである。

また、文書の本文および署所部分の官職名とウジ名までは一筆で記載されているが、各自の署名部分は文字の大きさと書体が異なり、自署であることは明白である。

ここで特筆すべきことは、自署部分と官職名が一部重なってしまっている点である。これは前述のように木簡特有の記載として郡領名を縦に連ね、しかもそれぞれの間隔（自署の余白）が不十分なために生じたのであろう。おそらくは、このような文字の重なりは、通常書き慣れた紙の文書に記す自署を、そのまま加減せずに記してしまったために生じたのであろう。

5 年代

イ 木簡は低湿地の溝状遺構から出土したもので、その出土層位および共伴遺物から年代を決定することは難しいが、最も新しい遺物は、九世紀後半代と思われる須恵器と土師器であるとされている。

ロ 現状における木簡の右行の最後「寛×」は文書の年紀を示すと理解できる。

八・九世紀段階の年号のうちで「寛□」とするものは「寛平」（八八九〜八九八年）しかないので、現段階では、木簡の年代は寛平年間としておきたい。

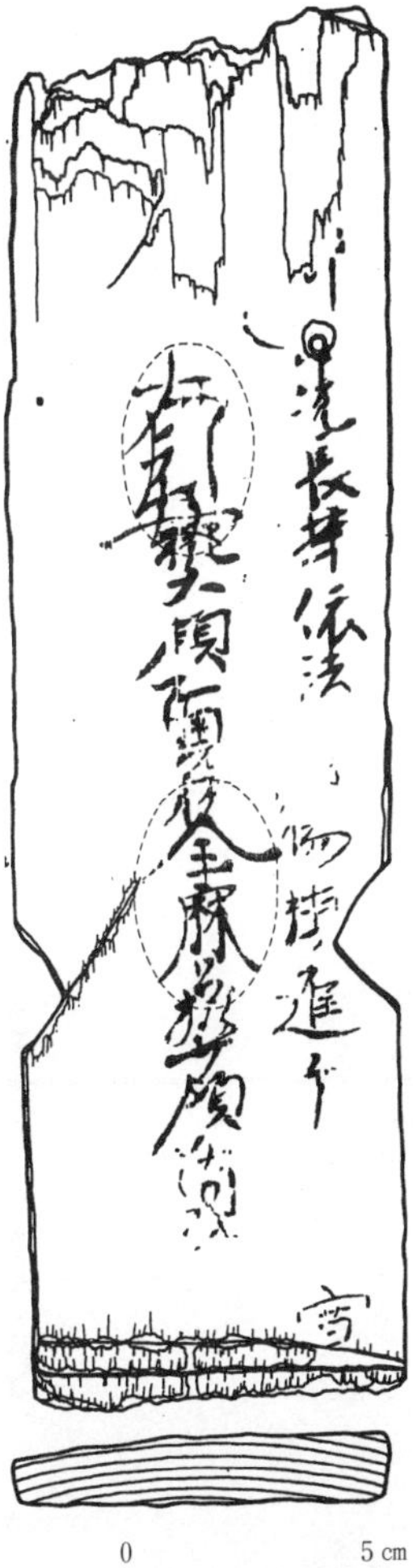

図143 会津若松市門田条里制跡出土木簡（図中の破線で囲った部分が「自署」）

6　内　容

まず、「税長」「塡進」の語からみて、本木簡は税の出納に関するものと考えられる。「税長」は郡雑任とされるが、ほかの郡雑任と異なって郡別ではなく正倉官舎に院別に設けられている。正倉は郡内の数ヵ所に分置されている場合と郡家に集中しておかれている場合があり、それに対応して税長も院別に規定されたらしい。税長は正倉を拠点として正税を出挙し、財政を担当したのである。[2]

平安初期ごろから租税制度の変質に伴って、税目別の専当郡司があらわれ、正税は専当郡司―税長―徴税丁という系列で出納が行われたとされている。

『類聚三代格』巻一四所収の弘仁三年（八一二）八月十六日付太政官符によれば、従来、官物が焼亡した場合、神火によるならば、監臨の官・守掌の人の罪を問わなかったが、「宜下依二延暦五年八月七日格一。不レ問二神火人火一、令中当時国司郡司及税長等。一物已上依レ数塡備上」と改められたという。税長が国司・郡司について官物管理の責任者であったことがわかる。[3]「塡進」とは正税などの欠損を補塡することである。[4]

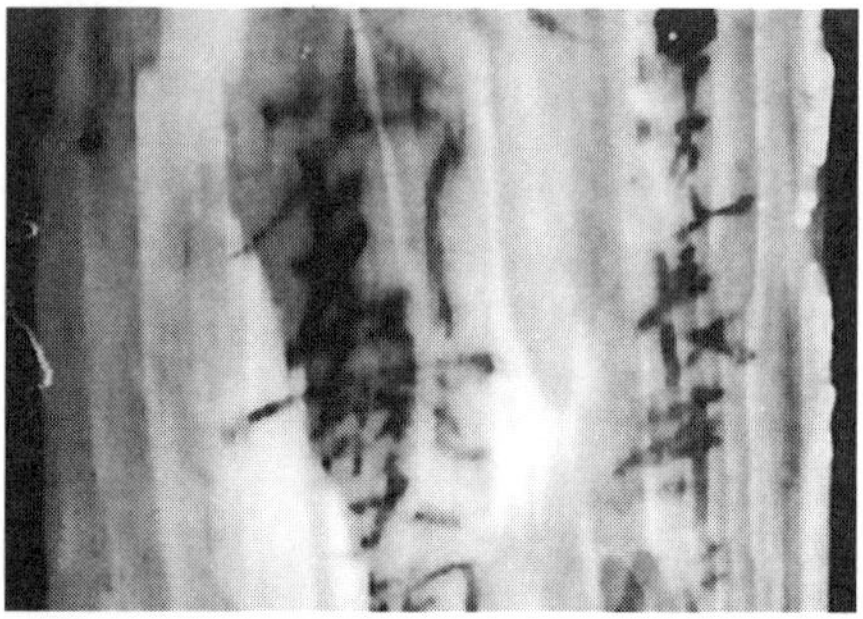

図144　自署部分（1）－「有安」

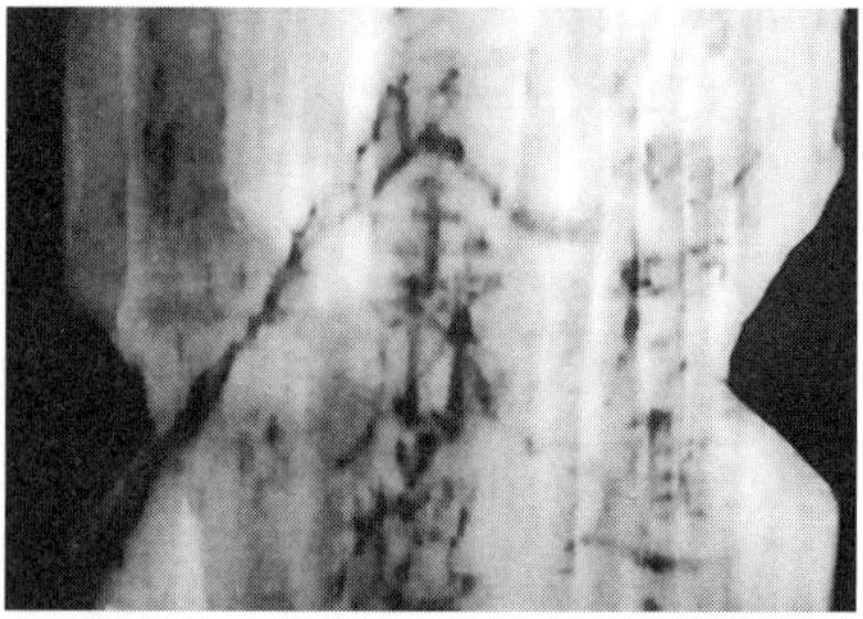

図145　自署部分（2）－「筌麻呂」

ところで、『類聚三代格』弘仁五年（八一四）七月二十日付太政官符に引く天平三年（七三一）四月二十七日官奏によれば、税徴署名者の条件は、その年の出納を担当した者とし、犯失すなわち官物（正税）欠失があった場合、その担当者を徴断することとしている。さらに天平八年（七三六）十一月十一日の官符（『延暦交替式』）によれば、出挙稲回収不能のさいの責任が「判署之官」に存するという。

このように税の出納担当者は必ず署名し、「判署之官」として欠損した場合の〝塡進〟の責任を負うこととされていた。

また、正倉との関連でいえば、和銅元年（七〇八）閏八月十日の官符（『延暦交替式』）に「国郡司等各税文及倉案、注㆓其人・時・定倉㆒」とし、その注に「後検㆓校欠㆒徴㆘所㆓連署㆒人㆖」とある。倉別主当官＝税文倉案連署人（「判署之官」）が塡進（塡納）責任者であったのである。(5)

次に、正倉と木簡の関連をみてみたい。

天平勝宝七歳（七五五）七月五日付太政官宣（『延暦交替式』）に付せられた「今案」中に不動物の欠負に関連して次のようにみえる。

又有㆓長官㆒率㆓史生㆒、分領収納、共署㆓倉札㆒、後至㆓下尽㆒、所ㇾ納有ㇾ欠、史生以上可ㇾ預㆓其事㆒。

ここにいう「倉札」は、不動物の収納状況や責任者などを、そのつど記録しておく木札のことである。

この倉札について、東野治之氏は、先にあげた『延暦交替式』和銅元年閏八月十日官符の「国郡司等各税文及倉案、注其人時定倉」とみえる倉案と同一のものであろうとした。また、「明確に倉札の実物といえるものは存しない」が、正倉院蔵の木簡中には類似の性格をもつものが現存するとして、出納に関係した木簡四点をあげている。たとえば、その中の一つ、「河内豊継銅釜検納文」（続々修一六―五、『大日古』一三―二一二）は、次のとおりである。

銅釜壱口右依員検納如件

九歳正月廿七日史生河内『豊継』

これらの木簡には物品の員数・日付・官人名がみえ、「検納如件」などのように物品を授受したさいの記録となる。そして、これらの木簡は物品の出納にあたっての勘検の資料となるばかりでなく、帳簿作成の資料にもなったと東野氏は指摘している。(6)

なお、東野氏はふれていないが、正倉院文書中の天平宝字六年（七六二）八月十日付「米売価銭用帳」（続修後集一一、『大日古』五―二六六～二七〇）の往来軸には、

米売銭用　　倉札

と墨書されており、本文中に「米売価銭用帳　第二札」と記されており、「倉札」の貴重な資料といえよう。

さらに、昭和五十八年（一九八三）、藤原宮西北隅の調査（第三六次）において、平安時代初頭に掘削されたと推定される井戸跡から、二点の長大な木簡が出土した。その一点は、弘仁元年（八一〇）の年紀を有する長さ九八・二センチ、幅五・七センチ、厚さ〇・五センチの短冊形の木簡（五五〇～五五一頁）、もう一点は、六年（おそらく弘仁六年〈八一五〉）の年紀のある長さ八四・〇センチ、現存幅五・一センチ、厚さ〇・六センチの木簡である。これらの木簡は、いずれも荘園の経営にかかわる内容が記されており、とくに弘仁元年簡には、その年の十月の稲の収納にはじまり、翌弘仁二年（八一一）二月までの支出の詳細が書き継がれていることから、大和国の某荘の出納簿と考えられた。(7)

この藤原宮木簡について、原秀三郎氏は、東野氏の研究をふまえて、この種の木簡が倉札あるいは倉案と呼ばれ、また、それらがミヤケや荘園の管理や経営において実際に使用されたであろうと推論した。(8)

なお、「擬大領」「擬少領」という擬任郡司については、一般的に次のように理解されている。

擬任郡司制は、八世紀段階では正員郡司を補うためにおかれていたのに対して、九世紀前半には正員郡司と併存し、

中ごろ以降になると、今度は正員郡司がほとんどみえなくなってくる。擬任郡司制の展開は、一方で国衙の在地支配の統制・強化にあり、他方で在地の階級分化の一層の進展が郡司補任を希望するものを増大させるようになった。(9)

また陸奥国の場合、擬任郡司について貴重な関係史料がある。

『類聚三代格』所収の大同元年（八〇六）十月十二日太政官符のなかで、陸奥出羽按察使陸奥守坂上大宿禰田村麻呂は「郡司之任職員有レ限、而辺要之事、頗異二中国一」と述べ、「擬二任幹了勇敢之人一、宜レ為二防守警備之儲一」とすることを請い、聴許されているのである。この史料について米田雄介氏は次のように指摘している。(10)

八世紀初頭以来の前期の擬任郡司は、正員郡司の欠を補う意味をもっていたことがわかる。正員郡司と並んで擬任郡司をおいて公務に与らしめようとするようになったのは、陸奥国の特殊な条件下においてである。

7　木簡の意義

以上の諸資料を参考にしながら、本木簡の性格を考えてみたい。

まず、その性格を考えるうえで留意すべき点が二つある。

一つは、上・下端とも原状を失っており、長さは不明であるが、幅七・五センチ、厚さ一・二センチという非常に大型の木簡であり、しかも裏面は調整が粗く、墨痕が全くないことである。もう一つは、郡司の自署が認められることである。

前者の特徴から、本木簡の記載様式は文書形式ではあるが、通常の文書様木簡ではなく、藤原宮跡西北隅出土の長大な弘仁元年簡や滋賀県高島町鴨遺跡出土の毎日の稲の収穫を記録した貞観十五年簡（長さ一六六・五×現存幅六・四×厚さ一・三センチ）などのように、倉などの施設に掲出することを目的としたものと判断できるであろう。(11)

また、これまでの出土木簡では、国郡司の自署のある例はない。その意味から、郡司の自署の存在は本木簡の性格を考えるうえで最も重要な要素となるといえるのではないか。

その点では、前述した税の出納担当者が税文倉案連署人（「判署之官」）として、欠損した場合の塡進の責任を負うこととされていたことが想起されるであろう。おそらく、当時、正倉の納物の出入は木簡に記録し、その木簡には出納責任者の名が連署されていたと思われ、欠損した場合はともに補塡する責任を負っていた。九世紀以降、官稲の欠損に対する補塡責任は国司のみならず、郡司・税長にまで拡げられた。

結局のところ、本木簡の内容は、（国司）・郡司・税長が法に基づき、官物の欠損を補塡したこと（欠損している右行上半部に補塡量目が記されていたと推測される）を示し、年月日（寛平年間〈八八九〜八九八〉）と、おそらく日下（日付の下の署名）に税長名、欠損の左行上半部には（国司）そして現存部に郡司（〈大領〉・擬大領・擬少領）の署名を記したものと推測できるであろう。そして、この木簡（木札）は正倉に掲出され、その年度内に国司の正式な勘検と税帳などの公文に記載された段階で廃棄され、ほかに転用されたものと考えられる。

このような木札は類似（藤原宮木簡など）のものはあるが、郡司の署名を伴う正倉の木札としては全国で初めての発見例といえよう。古代国家の地方財政の運用を具体的に物語るきわめて重要な資料であろう。

わずか一点の木簡という制約条件はあるが、上記の推論は今後の各地における類例の発見を期待してなしたものであることをお断りしておきたい。今後の周辺調査による正倉跡（郡家内正倉または郷内に分置された正倉）などの関連施設の検出や関連資料の増加をまって、本資料の性格をあらためて論じてみたい。

註

（1）平野幸伸「福島・門田条里制跡」（『木簡研究』一二、一九九〇年）抜粋。

（2）西山良平「〈郡雑任〉の機能と性格」（『日本史研究』二三四、一九八二年）、「律令制社会の変容」（『講座日本歴史』2、東京大学出版会、一九八四年）。

（3）直木孝次郎「税長について」（『奈良時代史の諸問題』塙書房、一九六八年。原論文は一九五八年）。

（4）参考『貞観交替式』

応下国司郡司共作二差法一塡中納交替雑官稲欠上事

右得二前越前守従四位下藤原朝臣嗣宗解一偁。太政官去弘仁三年三月廿三日符云。河内国解。前介従五位下藤原朝臣総継牒偁。任中未納雑官稲。触レ色有レ数。望請。国司史生已上。共作二差法一。各塡二己分一。且給二解由一者。国依二牒状一。謹請二官裁一者。右大臣宣。奉　レ勅依レ請。自余諸国。如有二此類一者。亦准レ此者。須下謹依二符旨一。国司等作レ差塡進上而件欠稲。雖下国司不レ勤二検校一之怠上。而郡司及税長。相共所レ致之欠也。廐庫律云。庫財物安置不レ如レ法。若曝凉不レ以レ時致二損敗一者。計レ所二損敗一。坐レ贓論。減二二等一。注云。皆以二官長一為レ首。以下節級為レ従者。旧説云。国司郡司。共科二同罪一。其倫償之法。中二分其物一。半分国守以下作レ差塡レ之。半分者郡領以下作レ差塡レ之者。望請。同預二干差分一。合二共塡進一。国司各塡二己分一。且給二觧由一。然則奸盗之源自絶。官物之損無レ有。謹請二官裁一者。右大臣宣。奉　レ勅依レ請。自余国亦宜レ准レ此。

承和十二年十月廿二日

（5）梅村喬「公廨稲制と塡償法の展開」（『日本古代財政組織の研究』吉川弘文館、一九八九年）。

（6）東野治之「奈良平安時代の文献に現れた木簡」（『正倉院文書と木簡の研究』塙書房、一九七七年。原論文は一九七四年）。

（7）飛鳥藤原宮跡発掘調査部「藤原宮跡の調査」（『奈良国立文化財研究所年報　一九八三』一九八三年）、加藤優「一九八二年出土の木簡　奈良藤原宮跡」（『木簡研究』五、一九八三年）。

（8）原秀三郎「倉札・札家考」（『木簡研究』八、一九八六年）。

（9）米田雄介『郡司の研究』（法政大学出版局、一九七六年）。

（10）註（9）に同じ。

（11）滋賀県高島町教育委員会『鴨遺跡』（一九八〇年）、丸山竜平「滋賀・鴨遺跡」（『木簡研究』二、一九八〇年）。

六　藺栽培関係木簡――山形県遊佐町大坪遺跡

1　遺跡の概要(註)

大坪遺跡は遊佐町北東部にあり、出羽国府とされる城輪柵跡から北に直線距離で七・三キロのところに位置している。遊佐町ではこれまでも、平安時代の集落跡が自然堤防上の微高地に数多く確認されている。遺跡総面積一二万二〇〇〇平方メートルのうち、平成二年（一九九〇）に三〇〇〇平方メートルが調査されており、平成六年（一九九四）の調査は遺跡中央部分の水田一万一二〇〇平方メートルを調査対象とした。

調査の結果、中央部を南から北に蛇行して流れる幅二〇メートル、深さ一・五メートルの河川跡が検出された。その両岸には居住域が形成されており、掘立柱建物が二〇棟ほど確認された。調査区の南西端では板材列が検出された。この河川は月光川水系と考えられるが、河川岸辺から三カ所の捨て場が確認され、須恵器・赤焼土器・内黒土師器などの他木簡一点と多くの木製品が出土した。河川覆土上層には灰白色の火山灰が含まれ、分析の結果では『扶桑略記』延喜十五年（九一五）七月十三日条に「出羽国言上、雨灰高二寸（後略）」とみえる降灰の十和田aと推測されている。

遺物は火山灰下の泥炭層の下の砂泥層から出土した。墨書土器一二八点が出土しているが、灰釉陶器や須恵器坏（糸切り）に付された「廿」や、ヘラ切りの須恵器坏にみられる「寻」が注目される。「寻」は一九九〇年の第一次調査で出土した赤焼土器坏の墨書「忌寸」の可能性が高く、〝合わせ文字〟と考えられる。遺跡の年代としては、猿投窯灰釉陶器などの編年から九世紀後半と推定されるが、歪みの大きい赤焼土器坏が主に出土する捨て場もみられ、十

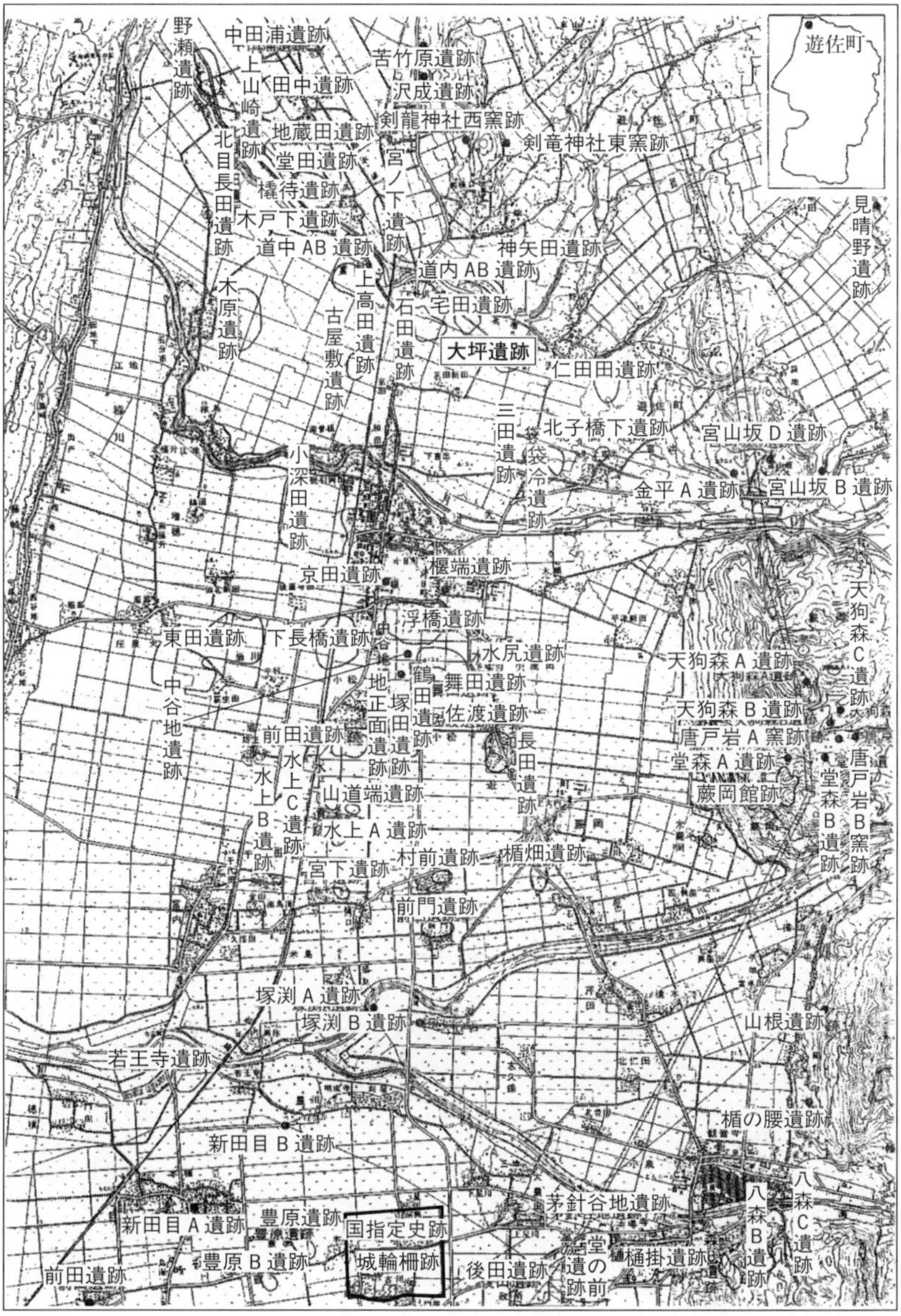

図146　大坪遺跡位置図

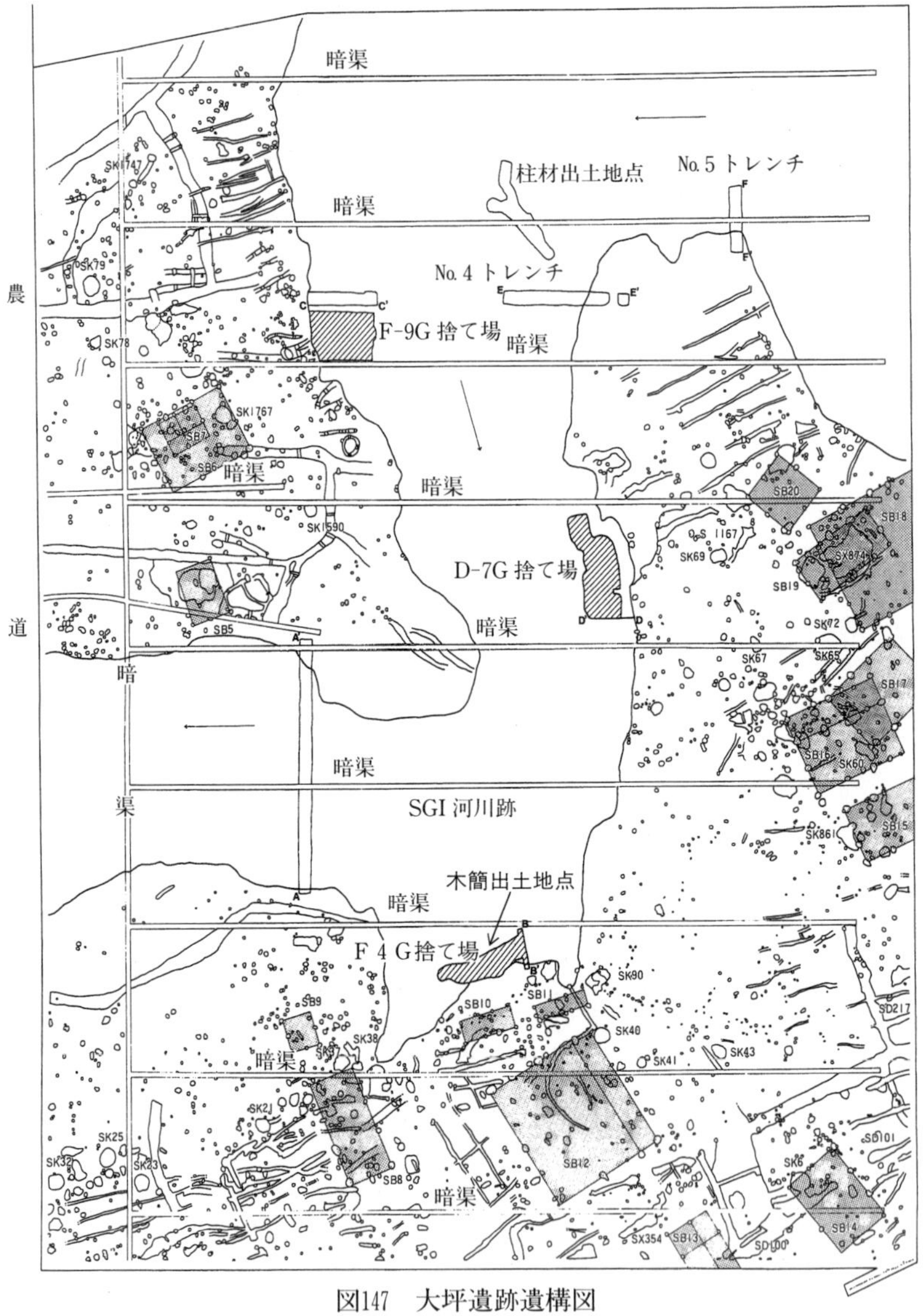

図147　大坪遺跡遺構図

世紀まで継続している。

2 釈 文

「潤三月九日 軍□〔福カ〕録補役 伴咋万呂蘠二役
目代真蓑二役□マ
□□□真 ［　］ (三一三)×五二×八 〇一九

3 形 状

本来は短冊型の文書木簡と考えられるが、現状では下端が欠損している。裏面は腐蝕が目立つが墨痕は認められない。

4 内 容

閏三月九日に軍□（人名、渡米系の人物か）が徴発した人物と使役の回数「二役」を記録したものと推測できる。すなわち役は、おそらく蘠の栽培に従事する労役を意味するのであろう。その使役の目的として「蘠」が注目される。「蘠」は『類聚名義抄』によれば、「カツラ」と訓む。これは古代においては甘味料として利用された。その甘味料は「甘葛煎」（アマヅラ）と呼ばれている。

『延喜式』（大膳下）貢進菓子条によれば、

出羽国。甘葛煎二斗。（中略）

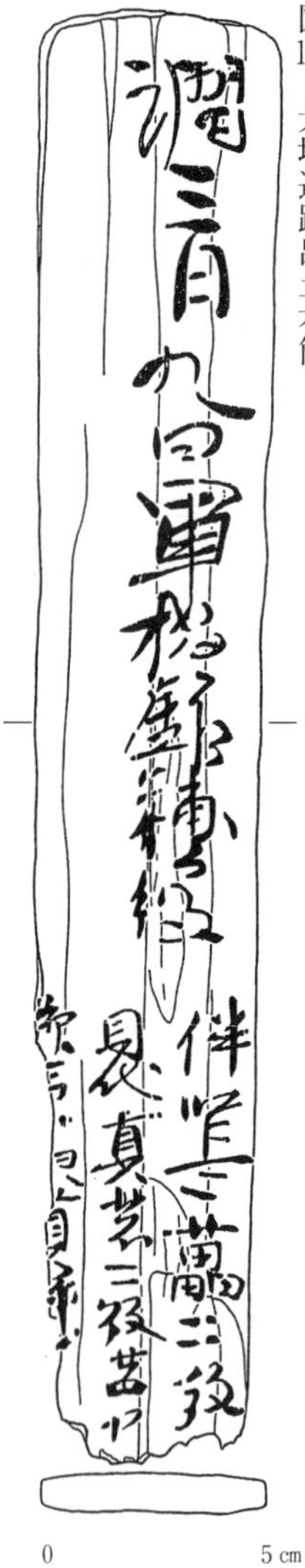

図148　大坪遺跡出土木簡

右依二前件一。其数臨時増減。随レ到検収附二内膳司一。但甘葛煎直進二蔵人所一。

とあり、出羽国から中央へ甘葛煎を毎年貢進していたのである。その葍の収穫または製造加工に際しての就役ではないかと考えられる。このような木簡をもととして、最終的に帳簿様の文書にとりまとめ、作成されたのであろう。

5　年　代

木簡を出土した投棄場が延喜十五年（九一五）の火山灰に覆われていることから、下限は九一五年となる。上限は木簡に記された人名、伴氏が淳和天皇の諱大伴を避けて改められた弘仁十四年（八二三）となる。したがって、本木簡の年代は八二三〜九一五年のあいだと限定できる。

註　斎藤俊一「山形・大坪遺跡」（『木簡研究』一七、一九九五年）抜粋。

第五章　木簡と農業

一　種子札《たねふだ》と古代の稲作

はじめに

日本の稲作に関して、歴史上、二つの大きな問題が考えられてきた。その一つは、農民はいつごろから米を常食としたか、もう一つは、近現代の日本における稲作中心の農政はどのような歴史的経緯に基づくものか、いいかえれば、稲作はいつから政治ときわめて密着した作物となったかである。

この二点は、当然古代の稲作を考えるうえでも重要なテーマであり、おそらくは古代の稲作農耕の実態がそれを解く鍵となるであろうと予測されてきたといえる。

しかし、これまでの日本古代史においては、班田収授制、出挙制そして律令国家の財政構造などに関して稲がその大前提とされながら、稲作そのものの農業史的考察についてはほとんど言及されてこなかった。その一方では、近年、水田耕作に対してアワ・キビ・ヒエなどの雑穀や芋などの畑作物を重視する見解が相ついで発表されている。(1) ただ、これらの見解も稲作の正しい位置付けがなされないとその意義を見出すことができないであろう。

筆者は、平成三年（一九九一）、金沢市上荒屋遺跡の木簡群（総点数五五点）のうちに「大根子籾種一石二斗」をはじめ、種籾の付札と思われる数点の木簡の存在することを指摘した。[2] さらに平成八年（一九九六）、いわき市荒田目条里遺跡では、上荒屋遺跡出土の種籾の付札と共通した木簡数点を確認できた。しかし「地蔵子一解」「高木一解」などの「地蔵」「高木」は、種籾を収穫した田の固有名（地蔵田など）の可能性があるのではないかと推測するにとどまっていた。[3]

今回、会津若松市矢玉遺跡などの木簡の調査中に、『清良記―親民鑑月集―』をはじめとする近世の農書類に記された稲の品種名と、種籾付札の固有名「畔越」「足張」「荒木」などが合致することを確認した。

そこで、本節では、まず稲の品種にかかわる文献史料を概観し、次に矢玉遺跡、荒田目条里遺跡をはじめ、全国各地の既報告木簡のなかにも稲の品種名を記したと思われるものが存在するのではないかという見通しのもとに検討を行いたい。また、これらの種籾の付札が古代のどのような遺跡から出土しているのか、さらに数多くの稲の品種の存在に基づく稲作の統制、管理の実態が古代史にもたらす意義について言及したい。

1　文献史料にみえる稲の品種

(1)　仮寧令の註釈

○仮寧令給休仮条

凡在京諸司、毎二六日一、並給二休仮一日一。（中略）五月八月給二田仮一。分為二両番一。各十五日、其風土異レ宜、種収不レ等、通随レ便給。外官不レ在二此限一。

給休仮条は、京官各種の休仮に関する規定であり、京官は一ヵ月に五日の休仮があり、また、農繁期の五月と八月の休仮は、それぞれの地域で農繁の時期にズレがあるから、その実情によって田仮を給することと定めている。そして、本条集解古記には「其郷土異レ宜、種収不レ等、通随レ便給」という大宝令文が引用されたあとで、以下のように記されている。

謂添下郡、平群郡等四月種、七月収。葛上、葛下、内等郡五月六月種、八月九月収之類是。

「種」については、『令集解』田令在外諸司条の古記によれば、「種」は殖（田植）を指し、種蒔は種の例に入らないという。「種」は動詞として使用されるのである。

大和国では、田植（種）と刈取（収）の時期が郡によって異なることをあげている。すなわち、添上郡、平群郡などは四月に植え、七月に刈取り、葛上・葛下・内（宇智）などの郡は、五月・六月に植え、八月・九月に刈取りを行っている。すでに吉田晶氏がこの点に注目され、次のように指摘している。(4)

稲に早稲・中稲・晩稲の三種があり、郡を単位にほぼ統一されていたことを示している。そして、その目的は、農繁期における労働力の確保にあり、雇傭労働力は共同体に限られず、農繁期の時期の異なる他地域（郡）からも恒常的に供給されるのであろうとしている。

ここで、改めて指摘するならば、仮寧令給休仮条によれば、五月と八月を農繁期としているのは、五月の田植と八月の刈入れが京およびその周辺地域において一般的であったことを示し、それが品種でいえば、後述する中稲を指していたと考えられる。その点、宝月圭吾氏は中世になってから早稲と晩稲の中間になる中稲が普及したと指摘し、(5)通説的理解となってきたが、今回の木簡の登場を待つまでもなく問題があろう。

(2) 「賀茂馬養啓」（続々修一八―三裏、『大日古』一五―一二四〜一二五）

謹啓　　可苅御田事

合二町之中 南牧田一町殖稲依子／北牧田六段殖越特子 四段荒
右、今明日間尓越特子可苅、故功銭付東人給下、依注以申上、
一馬養者、昨今日間、蒙遠恩釈、東西如常、但明公何公事平哉、幸甚々々、
一前日申給之考事者、何可成選也、又五年之考等、希欲聞食、若非得之哉、
五年八月廿七日下賀茂馬養

二町の田のうち、「南牧〔枚〕田」一町に「稲依子」、「北牧〔枚〕田」六段に「越特〔持〕子」(6)をそれぞれ植えている。この「稲依子」「越持子」は、ともに稲の品種とみられている。さらに今・明日の間に「越持子」を刈るべしとみえ、文書の年月日は、天平宝字五年（七六一）八月二十七日である。先の仮寧令給休仮条を参照すれば、畿内において、八月二十七日に刈り取られる「越持子」という品種は、中稲と判断できるであろう。ここでは「越持子」のみの刈取りがみえることから、「稲依子」は「越持子」と収穫時期の異なる品種かもしれない。

(3)『万葉集』などの和歌集

○『万葉集』

少女らに行相の早稲を刈る時に成りにけらしも萩の花咲く（巻一〇、二一一七番）
〔夏と秋と行き合う頃みのる早稲を刈る時になったらしい。萩の花が咲いた。〕

橘を守部の里の門田早稲刈る時過ぎぬ来じとすらしも（巻一〇、二二五一番）
〔守部の里の門田の早稲を刈る時はもはや過ぎてしまった。恋しい人は訪ねて来ないつもりらしい。〕

鳰鳥《にほどり》の葛飾早稲を饗《にへ》すともその愛《かな》しきを外に立てめやも（巻一四、三三八六番）
〔葛飾早稲で新嘗の祭りを行っていても、あのいとしい人を外に立たせておけようか。〕

○『好忠集』（曾丹集ともいう。歌人曾禰好忠の家集。平安時代末期までに成立か）　（『日本古典文学大系5　万葉集三』）

一九七番

我守るなかての稲ものぎはおちむら〳〵穂先出でにけらしも

〔七月中旬の歌〕　（『日本古典文学大系80　平安鎌倉私家集』）

○『躬恒集』（歌人凡河内躬恒の私家集。平安中期の成立）

あきののにたかがり

一五四番

みやまだのおくてのいねをかりほしてまもるかりほにいくよへぬらむ

（略）

已上延喜十七年（九一七）、仰によりてたてまつる御屏風のうた

（『新編　国歌大観』三　私家集編Ⅰ）

『万葉集』の「早稲」、『好忠集』の「なかての稲」（中稲）、『躬恒集』の「おくてのいね」（晩稲）と、古代において稲の品種が、早・中・晩稲の三種存在したことを明確に示している。

なお、『類聚三代格』巻八・大同元年（八〇六）八月二十五日官符に引く延暦十八年（七九九）五月二十日官符によれば、

如聞。稲有二早晩一。各任二土宜一、而尽レ穎為レ穀、種子難レ弁。宜下本者収レ穎利者納レ穀、不レ絶二本穎一、廻宛二種子一、

本稲之外不ズ得レ収レ穎。若有ニ過レ限収一レ穎者、国郡官司科ニ違勅罪一者。（抜粋）

とあり、正税稲の本稲は、穎稲で収め、利稲は穀で納めさせるが、その理由は、穎稲は種子に充てるために、穎稲で収めさせておかないと早稲や晩稲の区別ができないということである。

○『散木奇歌集』（歌人源俊頼の私歌集。大治三年〈一一二八〉の成立か）

秋の田をよめる

山里はいでいこのへるたもとこに風そよめきて袖しをるなり（四七六番）

いねのたふれたるをみて

おぼつかなたが袖のこにひきかさねほふしごいねかへしそめけん（四七七番）

田上に侍りけるころ、こもりがいねといふものをもちひにしてとりいでて侍りけるを、またのひみそうづにして侍りけるをみてよめる

ほうしこのいねとみしまにもちぬればみそうづまでもなりにけるかな（一五五三番）

作者源俊頼は近江の田上という甲賀郡の山間に領地があり、わけがあってこの地に長い間引込んでいるときに、付近の田園風景を多く歌に詠んだとされている。これらの歌については、平安末期の僧顕昭が『散木集註』という注釈書（寿永二年〈一一八三〉成立）で注解を付している。

たもとこは稲名なり、但つねにはちもとことい ふを、たもとこともいふにや、此集にもちもとことかきたるものあれど、末の袖しぼるによせてたもとことよめるにもあらん

○『夫木和歌抄』（遠江の豪族勝間田長清の私撰類題集。延慶三年〈一三一〇〉ごろ成立）

・巻三六　雑部一八

承保三年（一〇七六）十一月源経仲朝臣出雲国名所歌合、長田祝　源　俊　兼

かぞふればかずもしられず君が代はながたにつくるながひこのいね（一六八二八番）

・巻三一　雑部一三

ながらのむら、近江或丹波　藤原正家朝臣

天仁大嘗会（一一〇八〜一〇）

はるばるとしもはるかにみゆるかなながらの村のながひこのいね（一四八三九番）

（『新編　国歌大観』二　私撰集編）

○『新続古今和歌集』（室町時代の勅撰和歌集。永享十一年〈一四三九〉成立）

・巻七　賀歌

暦応元年（一三三八）大嘗会主基方、稲春歌　正二位隆教

万代のためしにぞつく田上や秋のはつほのながひこのひね（八一三番）

（『新編　国歌大観』一　勅撰集編）

これらの和歌集にみえる「たもとこ」「ほふしこ」「ながひこ」などは、すでに安藤広太郎氏らが具体的な稲の品種名として注目している（7）。

(4)　近世の農業書『清良記―親民鑑月集―』

『清良記』は、伊予国宇和郡の戦国武将土居清良の一代を記した軍物語（全三〇巻）であるが、第七巻「親民鑑月集」は当地の農事を記している。著者は土居一族中の土居水也と称する宮の下三島神社の神主を務めた人物であり、成立年代は元禄十五年（一七〇二）あるいは正徳二年（一七一二）から、「土居本」の成立する享保十六年（一七三一）の間とされている。いずれにしても、中世農業から近世農業への移行の過程を知ることのできる近世前期の最古の農

書とされている。

『清良記―親民鑑月集―』には、古本・新本の二種が存在する。古本は「末光・牧野本」（故西園寺源透翁旧蔵）、新本は、愛媛県東宇和郡三間村の土居家に伝えられたものである。

〔古本〕

五穀雑穀其外物作と号する事

一古出挙成《ふるしぞなし》　一廿日早稲　一四十日早稲　一みのはせ（新本蘘早稲）
一薫早稲《にをのはせ》　一馬嫁早稲《ばか》　一黒はせ（新本黒早稲）　一庭だまり
一内だまり　一丹波早せ（新本丹波早稲）　一九王の子　一畑早せ（新本畑早稲）

右十二品は古来の名なり。此外餅太米にはせあり。二月彼岸に種子を蒔、四月初より同廿日時分植仕廻、六月末七月初刈、其跡へそば小きび小菜を蒔、九月末に取て其後へ早麦を作。此早稲作申事、百姓専一の徳也。此三度の作いづれも左ほど鬧敷《さわがし》なき時分なしに仕付て熟す。斯のごとく早稲中田晩田をせんぐりに作出せば男女皆いそがわしき事只一度に重り手廻しよからず。此早稲は百姓のためのみにあらず、公義諸士、百家の御為なり。

疾中稲《となかて》の事

一仏の子　一一本千　一備前稲　一小備前
一畔越《あごし》　一小畔越　一野鹿《やろく》　一太白稲（新本大白稲）
一小白稲　一大下馬　一栖強《すくはり》（新本栖張）　一疾饗膳《ときようぜん》

右十二品は疾中稲にして上白米也。はせの次に出。

一内蔵　一今大塔　一上蝦《えび》の毛　一小法師
一晩饗膳　一大とご　一半毛　一白我社《はれこそ》
一清水法師　一定法師　一小けば　一大ち子
右合廿四品何も上米にて早稲、疾中稲《となか》、はん中稲と巡に植。又そのなりに熟する。三月初に種子をまき、四月末に植て、八月末にかり取也。

晩稲の事

一黒小法師　一黒定法師　一小児《ちこ》　一大白草
一小とこ〔新本 小とご〕　一下蝦《えび》　一大堂後稲　一大きんばる
一打稲　一辺土稲　一小きんばる　一赤我社
一打手口〔新本 井手口〕　一小堂後稲　一大へばる　一小白草
一鹿威《しゝおどし》　一小へばる　一晩半毛《おそなからげ》　一赤髯《ひげ》
一小的草　一赤草　一萑《すゞめ》〔雀〕稲　一霜稲
右廿四品ハ、晩稲なり。其内上十二はおそ中稲の次、下十二は一の晩稲なり。三月中時分苗代を仕廻、五月中節を前にあてゝ植、九月初にかり取る。此外種々の名有。

（入交好脩校訂『日本史料選書⑤』近藤出版社刊）

2　稲の品種名付札

(1)　山形県飽海郡遊佐町上高田遺跡

図149　付札「畔越」（山形県上高田遺跡出土一号木簡）

図150　「あせ越」（明和5年〈1768〉駿河国駿東郡茶畑村柏木家文書より）

上高田遺跡は、山形県の北西端、古代出羽国府比定地、城輪柵跡の北約六キロに位置する。遺跡は沖積平野のなかで、自然堤防上の微高地に立地している。平成八年（一九九六）度の発掘調査で幅一三～一五メートル、深さ二メートルに及ぶ河川跡から九～十世紀ごろの大量の遺物（人面墨書土器・人形など）とともに、木簡五点が出土した[8]（図149）。

①　「∨畔越」　　一三三×二九×五　　〇三三（一号木簡）

②・「∨和早稲」
　・「∨一斛　」　　六一・五×三〇×三・八　　〇三二（二号木簡）

①の木簡は、上部の切込みの両端が欠損している。二点とも物品の付札である。

「畔越」は、近世の農業書『清良記』にみえる中稲の品種名の一つ「畔越（あぜこし、またはあごし）」と全く合致する。このほかにも、近世には各地の農業書や古文書に頻出する。

○「地方の聞書」（『才蔵記』一六八八～一七〇三年、紀伊）

晩稲……「畔こし」

○駿河国・駿東郡茶畑村柏木家文書の『籾種帳』（一七四九〜七二年）（図150）

「あせ《（ぜ）》越」「あせこし」「畔《（畦）》越」

よって、稲の品種名を記した付札であると判断できる。

②の木簡は、「和早」を「わさ」と訓むならば、次の例との関連がうかがわれるであろう。

○『万葉集』巻八

坂上大娘の、秋の稲の蘰を大伴宿禰家持に贈る歌一首

わが蒔ける早稲田の穂立ち造りたる蘰そ見つつ偲はせわが背（一六二四番）

大伴宿禰家持の報へ贈る歌一首

吾妹子が業と造れる秋の田の早穂の蘰見れど飽かぬかも（一六二五番）

（略）

右の三首は、天平十一（七三九）年己卯秋九月に往来す。

「早稲田《わさだ》」「早穂《わさほ》」の例から、「和早《わさ》」は、早稲の品種名と理解することができる。

(2)　福島県会津若松市矢玉遺跡

矢玉遺跡は、福島県の西部、会津盆地の中心部からやや東寄りの平坦部に位置している。遺跡は古代の会津郡家の比定地である河東町の郡山遺跡から南西に約二・五キロの位置にある。

矢玉遺跡は、奈良時代後半から平安時代前半にかけての官衙に準じた施設の可能性があるとされている。

一号溝の底に近い下部層から中間層にかけての部分から、木簡二点「足張種一石」ほかが出土している。一号溝は

図151―1　付札「足張種一石」(福島県矢玉遺跡出土三号木簡)

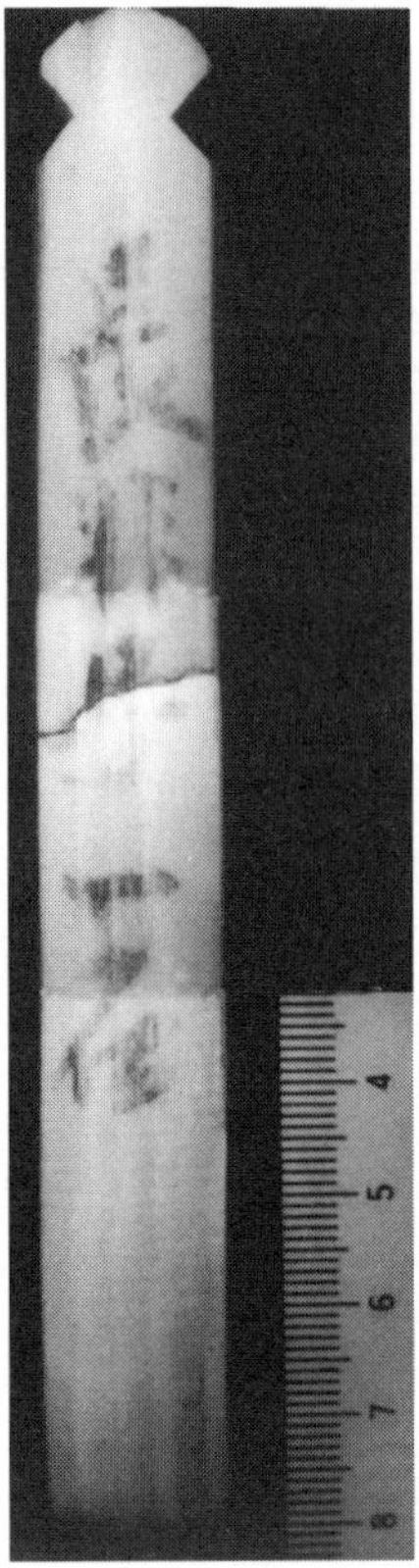
図151―2　付札「長非子一石」(福島県矢玉遺跡出土七号木簡)

八世紀後半から九世紀半ばの時期に機能していたとされている(9)(図151―1)。

①「<足張種一石

(一六一)×三一×六　〇三九

(三号木簡、一号溝出土)

先の上高田遺跡の例を参考にすると、この付札は、「足張」の種籾一石という意味と解される。先にみたように、令文の注釈によれば、「種」は殖を指すとされているが、古代の実例では種を「タネ」という名詞で使用しているのである。

「足張」は稲の品種名とみられるが、「足張」の訓みが問題となろう。

○埼玉県稲荷山古墳出土の「辛亥年」銘鉄剣(辛亥年=四七一年)

「其児(名は)多加利足尼」

○群馬県山ノ上碑(辛己歳=六八一年)

「此新川臣斯多々弥足尼」

この二資料の「足尼」は、宿禰のことであり、「すくね」と訓む。

「足張」は、『清良記』(新本)にみえる中稲の品種名の一つ「栖張《すくはり》」に相当すると判断できよう。栖は音「セイ《(サイ)》」、訓「すむ。やどる。す。すみか」など「スク」の音はない。おそらく、本来宿「シュク」「スク」が用いられ、「宿張」と表記していたのに基づき、同義語「やどる」の栖にあてたのではないか。なお「すくはり《ば》」は「すくよか」と同根とされ、丈夫、まっすぐ伸びるさまの意味から名付けたと思われる。

このほかにも、紀伊の「地方の聞書」（『才蔵記』、一六八八～一七〇三年）に、早稲と晩稲に「すくはり」という品種名が存在する。

②「く白和世種一石」　一六〇×二五×八　〇三三
（一三号木簡、八号溝出土）

③「く白和世種一石　（一五六）×三〇×七　〇三三
（二号木簡、三八号土坑出土）

この付札の「白和世」＝「白早稲」の意とみて間違いない。

近世における各地の農書類に「しろわせ」という品種名がみえる。

○『地方名目』（一七五五年、岩代・磐城）

「白早稲」

○『八戸弾正知行所産物有物改帳』（一七三五年、閉伊郡横田村）

早稲……「白わせ」

○『享保書上』（一七一六～三五年、陸中）

早稲……「白わせ」

○『両国本草全』（一七三五～三七年、周防・長門）

早稲……「白ワセ」

○駿河国・駿東郡茶畑村柏木家文書の『籾種帳』（一七四八年）

「白早稲」

④「<荒木種一石」　二一七×三七×五　〇三三（一〇号木簡、八号溝出土）

「荒木」という品種名は、近世の文献に次の例を見出すことができる。

○「天明四年（一七八四）遠江国周智郡中田村・村鑑明細書上帳」ほか

荒木

○『三国地志』（一六八八～一七〇三年、伊勢・伊賀・志摩）

髭小粒（黒稲の一種）→荒木白子（荒木）

○『両国本草全』（一七三五～三七年、長門）

中稲……チモトコ（アラキ）

⑤「<長非子一石」（図151－2）　一三五×一八×四　〇三二（七号木簡、八号溝出土）

「長非子」は、「ながひこ」と訓むとすれば、平安時代以降、和歌のなかでさかんに詠われた稲の異名とされる「長《なが》彦《ひこ》」に該当するであろう。

○『夫木和歌抄』一六八二八番（前掲）

かぞふればかずもしられず君が代はなかたにつくるながひこのいね（承和三年〈一〇七六〉）

○『新続古今和歌集』八一三番（前掲）

万代のためしにぞつく田上や私のはつほのながひこのいね　（暦応元年〈一三三八〉）

○『西国受領歌合』（作者不明。保安年間〈一一二〇～二三〉ごろ以前の成立か）

我君の御代長彦の苗をしも引きつらねても植うる田子かな　（承暦三年〈一〇七九〉）

○『清輔集』（藤原清輔の私家集。平安末期の成立）

鶴のすむ沢辺にかへす苗代はよをながひこのいねやまくらん

「ながひこ」の場合、本来は稲の品種名であったものが、平安時代後半以降、和歌の世界では、最も親しまれ、稲の異名のように位置付けられたと考えられる。

(3) 福島県いわき市荒田目条里遺跡（図152・153、四七六～四七八頁参照）。

①・「曰理古僧子□〔一カ〕

・「五月十　（六二）×一五×五　〇一九（一六号木簡）

「曰理古僧子」のうち、「曰理」は「わたり」すなわち河川の渡河点の意で、地名かと思われる（ちなみに古代陸奥国には阿武隈川河口近くに曰理郡が存在している）。「古僧子」のうち、「僧」は「ほうし」と訓み、「法師」はその通称である。すなわち、「古僧子」は「こほうしこ」と訓む（図154参照）。

○『散木奇歌集』

四七七番（前掲）

おぼつかなたが袖のこにひきかさねほふしごのいねかへしそめけん

一五五三番（前掲）

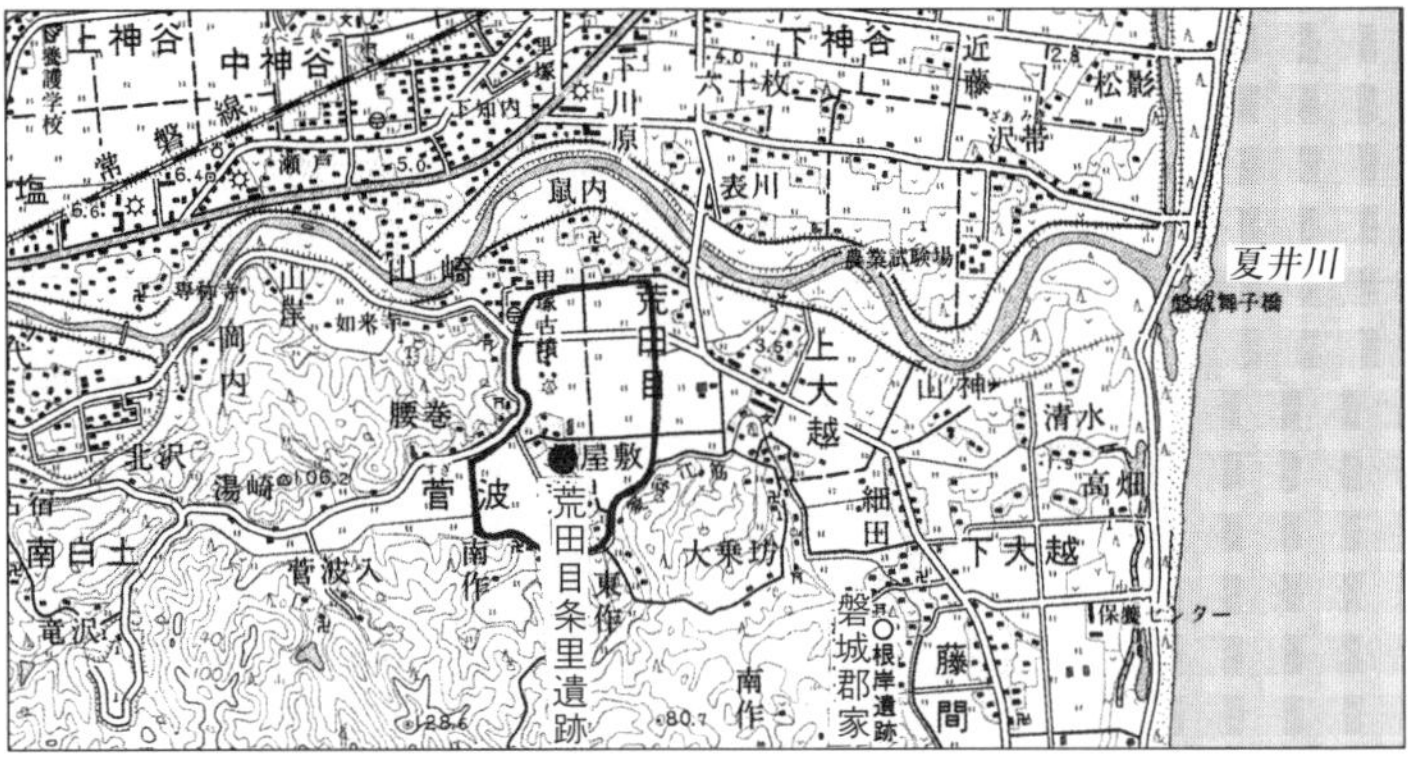

図152　荒田目条里制遺構（枠）と荒田目条里遺跡（点）の位置

図153　空からみた古代遺跡と条里（鈴木貞夫氏作成）

ほふしごのいねとみしまにもちぬればみそうづまでもなりにけるかな

さらに、「古僧子」は『清良記』の中稲二四品種のなかの一つ「小法師《こほうし》」にも該当すると考えられる。

②・「白稲五斗□

・「□

（一九六）×二三×三　〇五一（一七号木簡）

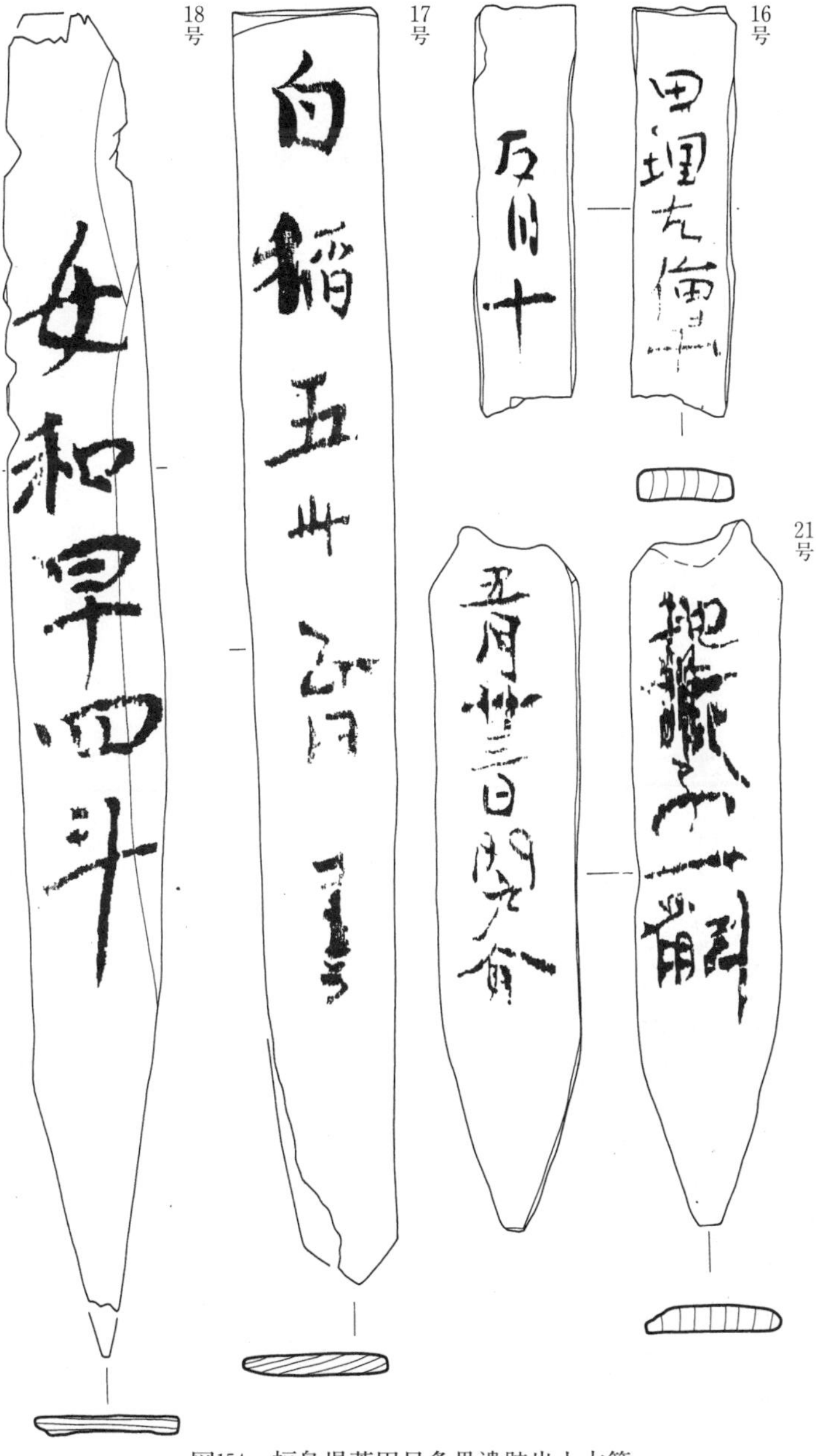

図154　福島県荒田目条里遺跡出土木簡

「白稲」は「しろいね」、「しろしね」と訓み、近世の文献に稲の品種名として頻出する。

○「地方の聞書」（一六八八～一七〇三年、紀伊）

　中稲……白稲

○『八戸弾正知行所産物有物改帳』（一七三五年、南部）

　中晩稲……白しね

○『享保書上』（一七一六～三五年、南部）

　中稲……しろ稲

　晩稲……白稲

○『両国本草全』（一七三五～三七年、周防、長門）

　中稲……白稲

　晩稲……白稲

　畑稲……白イネ

③「＜女和早四斗」　　一九七×二四×四　〇三二（一八号木簡）

「和早」は、先に掲げた山形県上高田遺跡の②「＜和早稲」と同じ「わさ」と訓み、早稲の品種名とみてよい。

このほかにも、形状、記載様式、数量（二石〈斛〉）などから判断して、明らかに稲の品種名を書いた札が数点確認できる。

④・「＜鬼□□□

・「＜五月十七日□〔於カ〕　　（八七）×二五×三　〇三九（一九号木簡）

⑤・　□□□子□〔石カ〕」
・×月廿二日記　」　（一一三）×二三×四　〇一九（二二号木簡）

⑥・<地蔵子一斛
・<五月廿三日門戸介」　（一〇九）×二二×三　〇三三（二一号木簡）

⑦・「<高木一斛
・「<　□□　（九六）×一六×三　〇三九（一五号木簡）

品種名と考えられる「鬼□□□」、「□□□子」の二点については、現段階では釈文が未確定である。なお、④・⑥号木簡の裏面の月日記載は、①号同様に欠損しているが、本来短形であり、貢進物付札とは異なることから、月日はおそらく播種日とみてよいであろう。⑥号の「門戸介」は管理責任者名か。「高木」については、管見のかぎりでは農書などの文献に該当する品種名がみあたらない。

(4)　福岡市博多区高畑廃寺

高畑遺跡の北方五〇〇メートルに弥生時代の代表的遺跡である板付遺跡が存在する。高畑遺跡は板付遺跡において水稲耕作を開始した前後に集落が形成されている。高畑遺跡での水田は未検出であるが、水利のうえでは板付遺跡と同一水系（御笠川・諸岡川）を利用し、かつ上流に位置する。

この高畑遺跡の台地上に、奈良時代創建寺院跡すなわち高畑廃寺が確認された。高畑廃寺は筑前国那珂郡家推定地（現博多区那珂）の南約一・五キロと近接した位置にあり、郡寺的な性格が想定されている。

木簡が出土した幅一〇メートル内外、深さ二メートルの大溝ＳＤ〇一は、八世紀前半から十世紀ごろまでの時期に

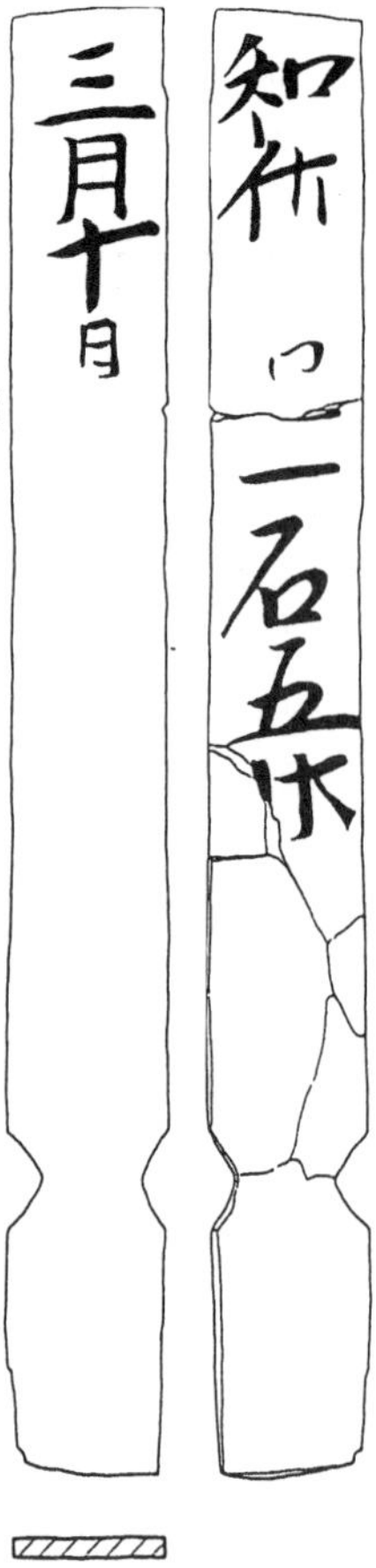

図155　付札「和佐□一石五升」（福岡市高畑廃寺）

存続しているとされる。(10)

・「和佐□一石五升＜」
・「三月十日　＜」　一八二×二一×三　〇三二（図155）

「和佐」は、山形県上高田遺跡出土木簡「和早稲」および福島県荒田目条里遺跡出土木簡「女和早四斗」の「和早」同様に「わさ」の意で、「早稲《わさ》」に通ずる。「三月十日」という日付も、早稲種の播種時に該当するであろう。

(5)　大阪府四條畷市上清滝遺跡

上清滝遺跡の発掘調査では、掘立柱建物をはじめ、石組井戸・素掘井戸・溝・旧河川などが検出された。埋土中からは、木簡のほか、下駄・木製聖観音立像・人形などの木製品が出土している。木製品以外の遺物は瓦器碗・土師質皿・白磁・硯などがある。(11)

「はせのたね」　一〇三×二二×三　〇五一（図156）

この木簡と共伴した題箋軸に、

・「寿永三年　」（題籤軸）
・「四至内券文」　三六一×一九×五　〇六一

とあり、木簡の年代は「寿永三年」＝一一八四年を一つの手がかりとすることができる。

「はせのたね」は、近世の『清良記』には「黒はせ」「みのはせ」などにみえる「はせ」すなわち〝早稲〟であり、「早稲の種」のことである。

(6)　その他

山口県下関市安養寺遺跡　安養寺遺跡は淮提峯の東側山麓地の緩傾斜面に立地する。長門国府跡の北西方、長門国分寺跡の北側にあたり、また長門鋳銭所跡の東側に接している。調査の結果、平安時代から室町時代前期までの、掘立柱建物や溝状遺構などからなる集落跡を検出した。このうち、東西方向の大溝は、幅約三メートルを測り、出土した木簡は平安時代後期に属するものとされている。

<□子□〔籾カ〕一石　　（一三二）×（一九）×六　〇三九

木簡は上端部および下部ともに欠損しているものの、長方形の材の一端の左右に切込みをいれた形式である。[12]
「□〔籾カ〕一石」は種籾に通有の一石を単位としており、「□子」を、稲の品種名に一般的な名称「稲依子」「越持子」「ちもとこ」「ほうしこ」「ながひこ」などの「○○子」とみると、この木簡も、稲の品種名を書いた付札と考えられる。

図156　付札「はせのたね」（大阪府四條畷市上清滝遺跡）

〔参考〕『五体字類』

石川県金沢市戸水大西遺跡　遺跡の北約一キロには大野川が流れ、南西約二キロには犀川がある。本遺跡は、両河川にはさまれた標高二メートル強の低微高地に立地する。検出した主な遺構は、掘立柱建物四〇棟・井戸八基などがあり、東西溝（SD三〇）からは木簡八点が出土している。遺跡の年代は、八世紀後半〜九世紀代と考えられる。[13]

図157　石川県上荒屋遺跡出土五号木簡

「<得庭等一石」　一五二×二九×六　〇三三

形状および内容からいえば、稲の品種名付札とみてよい。「得庭等」の部分が稲の品種名といえよう。

石川県金沢市上荒屋遺跡　上荒屋遺跡は、手取川扇状地の先端、安原川流域の微高地に立地している。奈良・平安時代の遺構は、東西・南北方向に走る二本の条里溝（幅約一メートル）と東西方向から南北方向に直角に曲るSD四〇に囲まれたほぼ一町四方内に建物群が展開している。SD四〇には数ヵ所の船着場状遺構が確認され、近接して二間×五間西庇付の大型掘立柱建物も二棟確認している。なお、遺跡の南約八〇〇メートルには、史跡東大寺領横江荘の荘家跡がある。

木簡は、平成二年（一九九〇）の調査で五三点出土したが、そのすべてが幅約八メートル、深さ約二メートルの河川（SD四〇）からのものである。木簡の時期は、八・九世紀に属するが、二三号木簡は、「天安元年」（八五七年）の年紀が記されている。これらの木簡のうちには、稲の品種名を記したと思われる付札が数点確認できる[14]。

①「<大根子籾種一石二斗」　一七五×一八×五　〇三三（五号木簡）（図157）

②「<□〔許〕庭一石二斗」　一七八×二〇×五　〇三二（八号木簡）

③「<富子一石二斗」　（一〇六）×一六×三　〇三三（一六号木簡）

「大根子籾種一石二斗」は「籾種」と明記されていることから、種籾に付した札であることはまちがいない。三点

表21　古代における稲の「種子札」一覧表

番号	品　種　名	出土遺跡名	品種名の掲載文献
1	畔越(あぜこし・あこし)	山形県上高田遺跡(9～10世紀)	『清良記』(1702～31)「畔越」(中稲)ほか
2	足張(すくはり)	福島県矢玉遺跡(9世紀前半)	『清良記』(〃)「栖張(すくはり)」(中稲)ほか
3	長非子(ながひこ)	〃	『夫木和歌抄』承保3年(1076)「ながひこ」
4	荒木(あらき)	〃	『両国本草全』(1735～37)長門国「ちもとこ(あらき)」(中稲)。『三国地志』(1688～1703)伊勢・伊賀両国の黒稲の一種「荒木白子(あらき)」
5	白和世(しろわせ)	〃	『八戸弾正知行所産物有物改帳』(1735)岩手県閉伊郡横田村「白わせ」(早稲)ほか
6	曰理古僧子(こほうしこ)	福島県荒田目条里遺跡(9世紀半ば)	『散木奇歌集』大治3年(1128)「ほうしこ」「ほふしご」ほか。『清良記』「小法師」(中稲)
7	白稲(しろいね・白しね)	〃	『清良記』「小白稲」(中稲)福島(1703～15)「しろいね」。『八戸弾正知行所産物有物改帳』(1735)「白しね」(中晩稲)ほか
8	女和早(めわさ〈せ〉)	〃	『万葉集』巻第八「早稲田(わさだ)」「早穂(わさほ)」
9	地蔵子(ちくらこ?)	福島県荒田目条里遺跡(9世紀半ば)	『散木奇歌集』大治3年(1128)「ちくら」か?　『清良記』「内蔵」か?
10	小白	滋賀県柿堂遺跡(奈良末～平安前半)	南部『享保書上』(1716～35)「小白」(晩稲)
11	はせ	大阪府上清滝遺跡(12世紀後半)	『清良記』「黒はせ」(早稲)「みのはせ」(早稲)
12	和佐(わさ)	福岡県高畑廃寺(8世紀前半～10世紀)	『万葉集』巻第8「早稲田(わさだ)」「早穂(わさほ)」
13	大根子(おおねこ)	石川県上荒屋遺跡(9世紀半ば)	
14	許庭(こば?)	〃	『清良記』「小けば」(中稲)
15	富子(とこ?)	〃	『清良記』「小とこ」(晩稲)「大とご」(中稲)

註　表21および本文引用の近世の農書類にみえる品種名は，農業発達史調査会『日本農業発達史2』(中央公論社，1954年)所収の「徳川期稲種分布表」を参照した。

史　　料　　名	所　　蔵　　者
「貞享元年５月　狩野組之内豆州君沢郡瓜生野村覚書帳下書」	修善寺町　大城巨四郎氏蔵
「享保14年３月　伊豆国君沢郡瓜生野村差出帳」	〃
年未詳　「　〃　」	〃
「天保８年９月　田畑手作取方覚帳」	修善寺町　山本い志子氏蔵
「　〃　」	〃
「　〃　」	〃
「元文５年７月　駿河国駿東郡西熊堂村明細帳」	沼津市明治資料館蔵
「安永６年８月　〃　」	〃
「　〃　(駿河国駿東郡)岡宮村明細帳」	〃
「　〃　下土狩村枝郷与兵衛村明細帳」	長泉町　三輪与始康氏蔵
年未詳（駿河国駿東郡中土狩村）「村鑑明細帳」	長泉町中土狩区有　鈴木昭二氏管理
「嘉永５年　小河内村明細帳」	清水市蔵
「文政５年　午種当之覚」	『清水市史資料』近世III所収
「寛政13年　鈴掛氏日記帳」	相良町　鈴掛啓三氏蔵
「文政６年　鈴掛氏万日記帳」	〃
「弘化２年９月　下吉田村差出明細帳」	吉田町　久保田千里氏蔵
「貞享３年正月　遠州城東郡小沢村反別差出帳」	菊川町史編さん室保管，福島武氏蔵
村反別差出帳	『掛川市史』中巻
倉真村差出帳	〃
「家代村明細書上帳」（享保18年３月写）	〃
(東山村明細書上帳ヵ)	〃
「寛政２年４月　村鑑明細書上帳」	森町　松井久利氏蔵
「天明４年８月　〃　」	〃
「　〃　〃　」	〃
「　〃　〃　」	〃
「　〃　〃　」	〃
「　〃　〃　」	〃
「弘化元年９月　周智郡鶴松村村方明細帳」	『袋井市史』史料編II，近世所収
	『角川地名辞典・静岡県』
「元禄５年９月　遠州山名郡高部村反別差出帳」	『袋井市史』史料編II，近世所収

表22　村明細帳などにみる稲の品種

村　名	年　次	稲　の　品　種
伊豆国君沢郡瓜生野村	貞享元年	弥六
〃　〃	享保14年	弥六，ゑひわせ，毛白，新たひ，北国早稲，笠餅，熊野餅
〃　〃	年未詳	(早稲)ゑひ，信濃わせ，北国早稲，(中稲)やろく，となん，(晩稲)うつら
〃　熊坂村	天保7年	北国，早稲うつら，若狭糯，赤もち，矢はづ
〃　〃	〃 11年	若さもち，早稲うつら，北国
〃　〃	弘化3年	ほっこく，しら川，舟原，小そう，池田わせ，小そうもち，赤もち，うすばらい
駿河国駿東郡西熊堂村	元文5年	(早稲)四国，毛白，(中稲)細弥六，毛弥六，(晩稲)近江弥六，青柄，せん穂
〃　〃	安永6年	四国，甲稲
〃　岡宮村	〃	毛弥六，地らく，小笠餅，黒せんぼ
〃 下土狩枝郷与兵衛村	〃	大和早稲，遠州，弥六，八石いね，備前稲，小笠餅，とほれ稲，小僧，とし寄稲
〃　中土狩村	年未詳	(早稲)藤原，こぼれ，赤穂，(中稲)幸がた，嘉六，徳島はそく，白菜
庵原郡小河内村	嘉永5年	はそく，白菜
〃　中河内村	文政5年	赤穂，うづら，赤うつら，目黒，赤餅，くろもち，かがわせ，わせうづら
遠江国榛原郡海老江村	寛政13年	笠餅，小ぢこ，江戸餅，生所，あらき，高砂，近江
〃　〃	文政6年	こぢこ，あらき，橋本，しゅんなし，六十日
〃　下吉田村	弘化2年	肥後，目黒，四国，万石，大和，白髭，(餅米)橋本，白餅，恵飛須
城東郡　小沢村	貞享3年	みこわせ，ちゃうせんこく，あぜこし，せんぼ，おふみ
〃　子隣村	元禄5年	大実，せうしろ，(晩稲)せんほ，あせ越
佐野郡　倉真村	享保14年	橋本，いせいね，せんぼ，三川糯
〃　家代村	(正徳3年)	黒せんぼ，をふみ，八そく，天方上目，をく上目，青からせんぼ，いせ小ほうし，三河餅，ささ餅
〃　東山村	延享4年	黒伊勢，黒ひけ，黒橋本，赤はし本
周智郡　森町村	寛政2年	はせ本，髭，次郎九，甚三，さかみ，与八，白糯
〃　中田村	天明4年	伊勢稲，近江，せんぼ，(早稲)西国，荒木
〃　石川村	〃	橋本，ぢろく，中あら，甚三
〃　天宮村	〃	橋本，二郎九，千穂
〃　上河原村	〃	ひげ，次郎九，中あらき，甚三
〃　草ケ谷村	〃	橋本，ひげ，次郎九，甚三
〃　鶴松村	弘化元年	(早稲)あふみ，のあらき，(中稲)橋本，黒ひげ，(晩稲)せいそろい，高柳，青柄
〃　西俣村	慶応3年	いせいね，きゃうしゅう，はっそく，ししもち
山名郡　高部村	元禄5年	とうぼし，きかい，あぜ越，こぢこ，きじの尾，ぢゃう白，青から，せんぼ，あふみ

史料名	所蔵者
「元禄16年6月　遠州豊田郡高木村差出帳」	竜洋町高木自治会蔵
「宝永5年3月　遠州豊田郡前野村差出帳」	磐田市編纂室史料
「寛保2年12月　遠州豊田郡浦川村差出帳」	『佐久間町史』所収
「享保11年6月　遠江国豊田郡上野部村反別明細書上指出シ帳」	豊岡村　深田彦太郎氏蔵
「宝暦6年3月　□□国豊田郡地田村御差出帳」	豊田町　大橋いち氏蔵
「天明5年3月　明細書上帳」	〃
伊藤一二氏所蔵文書	豊田町　伊藤一二氏蔵
「天保6年　米秋の覚帳」	細江町　名倉巽氏蔵
「万延元年　米秋の覚帳」	〃

に共通する量目「一石二斗」は、種籾段別二束からいえば、六段分に相当する。

以上のように「籾種一石二斗」を理解すれば、「大根子」は種籾の品種名とみることが妥当であろう。(15)

「大根子」と同様に「□〔許〕庭」「富子」も種籾の品種名と判断できる。そのうち、「富子」は「とこ」と訓むならば、『清良記』の中稲の品種名「大とご」、晩稲の「小とこ」に合致するであろう。

以上の品種付札とその品種名掲載文献（主として初見史料）を一覧にまとめると、表21・22のとおりとなる。

3　「種子札」からみた古代の稲作

(1)　稲の品種名を記した付札

古代木簡は、通常、①文書木簡、②付札、③その他の三つに大きく分けられる。②付札は、(イ)調庸などの貢進物に付けられた札（荷札あるいは貢進物付札と称す）と、(ロ)物品の整理保管用の付札の二種類がある。

稲の品種名を記したと判断される付札は、上記のうちの(ロ)物品の整理保管用の付札に相当すると考えられる。

稲の品種名付札は、一石単位を特徴とする。付札の場合、米は通常五斗単位すなわち五斗俵に札を付ける。それに対して、種籾一石は米五斗に相当するこ

村　　　　名	年　次	稲　の　品　種
遠江国豊田郡　高木村	元禄16年	壱本せん，青から，定白，おふみ，白糯
〃　前野村	宝永5年	(早稲)あか早稲，こほれ，(中稲)もてき，おふみ，上白，(餅稲)晩白もち
〃　浦川村	寛保2年	白ゑひ
〃　上野部村	享保11年	大み，せんぼ，はせもと，がんもち
〃　池田村	宝暦6年	赤わせ，次郎九，こしこ，笠餅，あらき
〃　〃	天明5年	赤わせ，次郎九，笠餅，あらき，京丸稲
〃　気子島村	嘉永5年	ひけ長吉，赤あらき，ちふ吉
引佐郡　気賀村	天保6年	赤稲，黒もち
〃　〃	万延元年	長せん，黒稲，狐，赤粳，正々，大黒

註　川崎文昭「近世駿遠豆の稲の品種について」(『静岡県史研究』第6号，1990年)による。

とから、この種籾の木簡は一俵（一石入り）に付したものと考えられる。

結局のところ、これらの付札は、種籾一俵ごとに稲の品種名を明記したものであるといえる。こうした札は、近世以降の農書類（農書はすべて農文協『日本農書全集』による）にも散見する。

○『農稼録』（尾張国長尾重喬の書いた農書で、安政六年〈一八五九〉完成）

粗簸揚《ざっとひだし》（箕でふるい、ちりを除くこと）其品毎に薦に包ミ、稲草の名を札にしるし〈取違ぬため二枚の札にしるし、俵の中にもいれ外にも建置べし〉、堅く〆《しめ》て鼠の喰ぬ湿気なき所に収め蓄へ置べし。

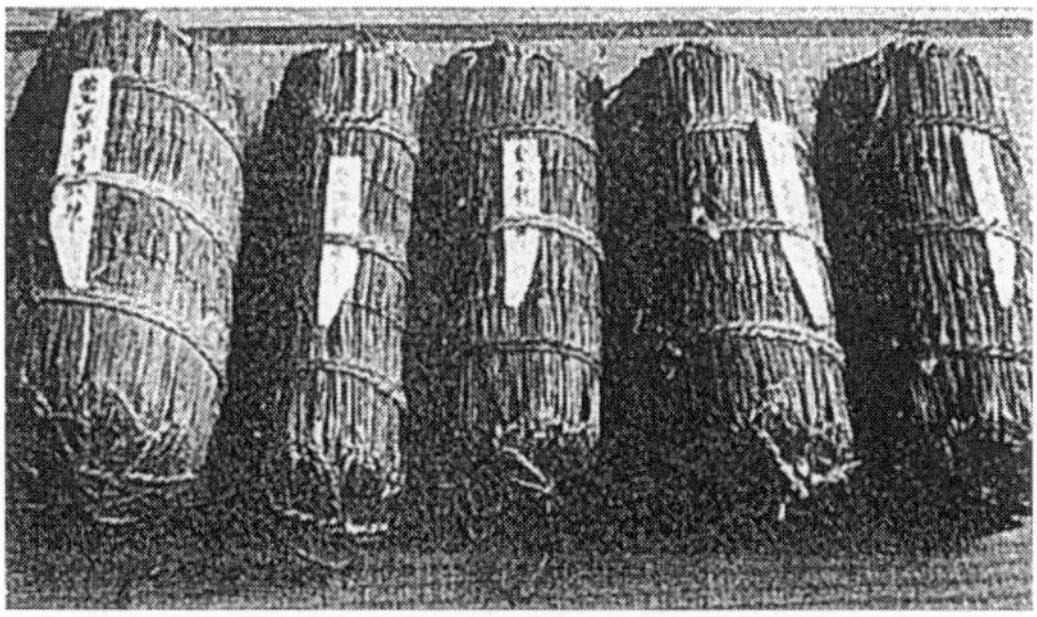

図158　「種俵」(昭和40年代撮影)

品種ごとにこもに包み、品種の名を札に記し、とり違えないように札を二枚作り、俵の中にも入れ、外にも立てておくというのである。近世後期の代表的農書『農業自得』（天保十二年〈一八四一〉）の著者田村仁左衛門吉茂は、下野国河内郡下蒲生村生れで、その吉茂が明治六年（一八七三）に書いた『吉茂遺訓』には手習いぎらいの吉茂が、「甚不自用（由）ながらむりやりに、種子札、農事の日記等をにじくり記すといへ共、農業ハ寝てもさめても怠ることなく勤めける」と記されている。この「種子札」は、文字どおり、種子を保存するさい、種子俵に品種名を書いて付けておく札のことである（図158）。

ここに紹介した各遺跡出土の稲の品種名を記した木簡は、管見のかぎりでは古代の文献史料にその名称を確認できないので、近世から近代にかけての史料『吉茂遺訓』などにみえる「種子札」をもって、その呼称とすることにしたい。

この種子札は、おそらく播種のときに俵からはずされるであろう。そのさい、苗代に放置されたりするものではなく、籾俵からはずされた札は、それを管理する機関・施設に一定期間保管されるのであろう。上記のすべての遺跡の出土状況から判断しても、そののち、種子札は、文書木簡などとともに溝などに一括投棄されたものと想定できるのである。

ところで、貢進物付札は一般に、「国郡郷名＋貢進者＋物品名＋数量」などの数多くの項目を記載するために幅は原則として一行書用に狭いが、長さは二〇〜三〇センチほどのものが多い。一方、種子札は、多くの場合、表に「品種名＋数量」のみを記し、その形状は短型のものが多いが、多様な形態を呈しているのが特徴といえよう。正倉院文書中の往来軸がその文書内容に応じて形態を異にするのと同様に、意図的に品種ごとに形態を変えた可能性も考えられる。

裏面には文字が記されていない例が多いが、荒田目条里遺跡などの出土木簡の場合、裏面に月日が記載されている。その月日は、福島県荒田目条里遺跡出土木簡では「五月十□（日）」「五月十七日」「五月廿三日」、福岡県高畑廃寺出土木簡では「三月十日」と書かれている。三月は筑前国の場合、早稲、五月は陸奥国の場合、晩稲のそれぞれ播種時期を示しているといえる。荒田目条里遺跡出土木簡の五月の異なる日付は、おそらく同じ晩稲でもいくつかの品種を少しずつずらして播種することになっていたことによるのではないか。それは、農作業の労働力確保および風水害などに対する配慮に基づくものと想定できよう。

(2) 近世農業書類にみる播種・刈取り

近世の農書関係文献にみる種籾の選別から播種・刈取りまでの過程を簡単に抜粋しておきたい。

○種子の選び方

農業全書に作り物の過《すぎ》もせず能《よき》程に出来てむしけの痛もなく、色よくうるハしきを、常の刈しほより猶よく熟して刈取、雌穂を見分てえりとるべし、雌穂といふハ其穀茂く葉もしなやかに、節たかからず見ゆるものなり云々。

（『農稼録』）

凡種子は去年田取の時、兼て勝り立籾俵へも格段ニ目印を附、札をも挟ミ置たるを取出して、尚又目の細き簁《ふるい》ニてゆり廻し、稗の不交やうによく振ひ落し、新に相応の俵をも薦をも編て包むなり。又籾を日に当てつゝめハ萌安しとて苞《つと》ニする時日ニ干もあり。

（『耕耘録』。土佐藩の学者細木庵常らの共同編集による農書で、天保五年〈一八三四〉成立）

○稲の品種

早稲とぼうず稲、又ハ籾こぼるゝ稲、此三品わ益少し。国所にもよるなれ共、大方ハ益無し。の毛稲・中稲、此類ひわ何国にてもよけれ共、の毛に恐れて作る事をいやがるなれとも、是ハ私し事なり。其訳ハ、の毛稲ハ風にいたまずこぼれも少し。冷気のさわりも少し。能々考へて益き多き方を作るべき也。

（『農業自得附録』。下野国田村仁左衛門の著書『農業自得』〈天保十二年（一八四一）〉の付録で、初稿本は明治四年

〈一八七一〉）

能《よ》種《き》子にても年々作れバ、土地になれて実のり衰るものなり。兎角《とかく》土地に珍しき能種《よきたね》を互に替合て作るべし。自分の田にても一ツ所にひとつものをば、年を累《かさ》ねて作るハわろし。爰彼所《ここかしこ》と年々殖場を替て作るべし。

（『農稼録』）

種子浸《ひたす》定法附早稲実

種子籾を浸す日数は元よりも　三十日を法とする也
たねあけて（種子揚げ）萌す日数の定法ハ　いつれの里も十日とそ云
種子蒔て日数三十五日過　早苗をとるハ法の定り
苗植て日数七十五日めに　みのるハいつもわせ（早稲）の定法
定法の日数ハ凡百五十　七月中にあたりこそすれ

（『会津歌農書・上之本』。『会津農書』〈貞享元年（一六八四）〉の著者佐瀬与次右衛門の書いた農書で、宝永元年〈一七〇四〉の成立）

(3)　稲の品種と農作業

「種子札」と農書などの文献史料による稲の品種と種蒔・田植・刈取りの時期を一覧表にすると、表23のとおりである。

この一覧表からは、早・中・晩稲の三種と筑前から陸奥までの地域差により、種蒔・田植・刈取りの時期が異なっていることを確認できる。最も平均的なものは、中稲の三月種蒔・五月田植・八月刈取りである。これが仮寧令給休仮条本文の田仮を五月（田植）、八月（刈取り）に給する規定の根拠となっているのであろう。また種蒔から刈取りま

表23　稲の品種別による田植～収穫時期

国名	資料名	品種	早・中・晩	種蒔	植	収・刈
筑前	高畑廃寺木簡	和佐(早稲)	早稲	3月10日		
伊予	清良記	早稲		2月彼岸	4月初～同20日	6月末～7月初
		疾中稲		3月初	4月末	8月末
		晩稲		3月中	5月中	9月初
大和	令集解古記	(添下・平群郡)	早稲	(2月)	4月種	7月収
		(葛上・葛下・内郡)	中稲	(3月)	5月種	8月収
			晩稲	(4月)	6月種	9月収
	賀茂馬養啓	越持子	中稲	(3月)	(5月)	8月27日刈
陸奥	荒田目条里16号木簡	曰理古僧子	(晩稲)	5月10日	(7月)	(10月)
	19号木簡	鬼□□□	(晩稲)	5月17日	(7月)	(10月)
	21号木簡	地蔵子	(晩稲)	5月23日	(7月)	(10月)
	2号木簡(郡符)		(早稲)	(3月)	5月3日	(9月)

での期間は、早・中・晩稲の別なく一応五ヵ月＝一五〇日間を要している。[16]

これらの早・中・晩稲および農作業についての時期について、農書などの文献と出土資料の例をみてみたい。

文献史料　永正十四年（一五一七）の春日神社の記録を分析した古島敏雄氏によれば、次のとおりである。[17]

①潤種（浸種）三月一九日―(五二日)―田植五月一〇日―(九九日)―刈入八月一七日

②潤種四月八日―(五七日)―田植六月四日―(一〇七日)―刈入九月一九日

潤種から田植の期間は五五および五七日であって、田植適期を播種後四〇～五〇日としている。田植後一〇〇日前後で刈り入れられているのであるという。先にみたように、播種から刈取りまでに要する期間は約一五〇日間である。

○早・中・晩稲の刈取り

少女らに行相の早稲を刈る時に成りにけらしも萩の花咲く

（『万葉集』巻一〇、二一一七番）

行相は夏と秋の行き相いと解し、旧の六月から七月へかけての時期になるという。この六月から七月は、早稲の刈取り時期である。

七月の早稲田の収穫が完了すると、中稲が出穂した後、七月下旬の歌のなかには、遠山田の仮盧に住んで獣害除去につとめる農夫の妻の心になって詠んだ歌がある。中稲・晩稲はまだ刈入れ期にならないのである。

晩稲の刈取時期については、藤原清輔の歌「田は秋こそかる物にあるを。雪ふらん時はいかゝなと申人ありしかとも。それは僻事なり。十月にかる所おほかりし。おしねといふは。遅きいねなれは。かけあひてこそと申し侍れ」という。早稲が夏と秋の行き相いであれば、晩稲は秋と冬の行き相いであるとされている。

出土資料――福島県いわき市荒田目条里遺跡出土二号木簡（一四八頁図59、釈文は第一章一、一二頁参照）

本遺跡は、広大な荒田目条里遺跡に隣接しており、郡家の中心施設のおかれた根岸遺跡の西北に位置している。この地が郡家所在郷である磐城郷に相当することは、本遺跡から人面墨書土器に「磐城郡磐城郷丈部手子麿召代」と記されていたことでも明らかである。大領於保（磐城）臣は、その郡司職田（田令郡司職分田条によれば、大領六町）をおそらくは荒田目条里内に有し、従来からの強い支配関係に基づき、郡司職田の田植の雇傭労働力として磐城郡家所在郷・磐城郷の里刀自（里長の妻）に徴発を命じたのであろう。(18)

この郡符木簡の内容は、三六人の田人（農民）が「今月三日を以て職田に上面し、植えしめんがために雇い発するべきこと件の如し」とある。すなわち、五月三日に郡司職田の田植えをする労働力として雇傭するという命令である。(19)東北地方南部において、五月の田植は、早稲種と判断できるのではないか。郡符木簡と共伴している「種子札」のうち、月日を記す三点は、「五月十日」「五月十七日」「五月廿三日」といずれも五月の日付であることから、五月を種蒔とすれば、七月田植、十月刈取りとなり、晩稲種に相当すると判断できるであろう。

4 「種子札」発見の意義

(1) 多様な品種

新発見「種子札」は、全体的には短く、多くの場合、下端を尖らせているが、多様な形態を特徴としているといってよい。それは先にも指摘したように品種名と形状を対応させた形でも識別できるよう工夫したと考えられる。記載内容は多くの場合、「品種名＋数量（一石）」である。そして今回確認された十数例の品種名は、古代末期の和歌の世界および近世の農書・古文書にその名を見出すことができるのである。たとえば、九世紀の矢玉遺跡出土の「長非子」は、古代末期の和歌のなかに、品種名というよりは稲の異名としてみえる。矢玉遺跡の一連の種子札とともに出土した「長非子」は、本来稲の品種名であることは明らかである。

また九世紀の上高田遺跡出土の「畔越」は、近世の農書『清良記―親民鑑月集―』に中稲の品種名の一つとしてみえるのをはじめ、近世において各地で栽培された稲のなかでも最も普遍的な品種の一つである。すなわち近世の代表的な稲の品種「畔越」は、八〇〇年前にさかのぼって存在したことがはじめて確認されたのである。同様に、全国各地の古代遺跡で発見された数多くの「種子札」が、近世の農書などの稲の品種名と合致することは、品種名を同一としながら、品種改良の可能性をもちろん考慮しなければならないが、古代から近世まで一貫してほぼ同一品種を栽培していたことを示している。このことは、日本列島における稲作農耕は古代において大部分の骨格が形成され、中・近世に継承・発展したことを示していると考えられる。多数の品種を計画的に毎年栽培していくためには権力による完全な管理が必要であった。すなわち古代国家の稲作は支配者層により予想以上に統制・管理されていたと考えられるのである。

この品種に関する問題として平安末期の和歌に本来、稲の品種名であったものが、稲の異名のごとくに一般化して詠み込まれたのはなぜか。

その疑問は、古代社会において稲作農耕が天皇や貴族そして在地首長による強力な統制下におかれ、品種管理までに及んでいたゆえに、各地に広大な農地を所有した貴族層には稲の品種名が、強く意識され、継承されていたという上記の事実によってはじめて氷解するであろう。

それではなにゆえに、古代において多様な品種が存在したのであろうか。

イ　近世の農書類例えば、『農稼録』にも次のように指摘されている（意訳）。

　よい種子であっても、年々同じ土地に作ればその土地になれて収量が少なくなる。とにかく土地になじみのないよい種子をかわるがわるかえて作ること。自分の田であっても、一ヵ所に同一の品種を毎年作ってはいけない。あちらこちらと年々田をかえて作ることである。

この同じ田に同一品種を毎年作らないという鉄則は、稲作本来の定法であるとされている。この点においても、稲の品種は厳密に定められていたといえよう。

さらには、早・晩稲にもそれぞれ特性があり、併用することの必要性を近世の盛岡藩の農書『風土雑記』（著者大関新右衛門、天保八年〈一八三七〉山口泰疑の写本あり）などで説いている。

　御国などの風土にては惣て早稲物は宜しかるべき事也、然るに民は目前の慾を知りて遠き利を知らざるもの故、晩稲は風土に宜しからざる事を知っても、凶年にさへなければ晩稲は早稲よりは格別実取も多きゆへ、その慾にひかれて、多くは晩稲ばかりを執る也。

ロ　『令集解』仮寧令給休仮条の古記によれば、農繁期の休暇は令本文では五月と八月に与えることになっているが、たとえば、大和国では、郡によって田植の時期が異なっていた。すなわち、種に早稲・中稲・晩稲の三種があり、さらにその品種が郡を単位にほぼ統一されていたのである（実際は一郡一品種ということではなく、あくまでも古記の例示的表現と解すべきであるが）。これは農繁期の雇傭労働力を確保するための措置と考えられる。

荒田目条里遺跡の種子札のうち、月日を記す三点は、「五月十日」「五月十七日」「五月廿三日」と日のずれが認められる。これはおそらく、晩稲でも、品種ごとに播種時期をほぼ一週間ずつずらすことにより、やはり田植、刈取りなどの一連の農作業の労働力を確保することを意図した対策であろう。[20]

ハ　多品種を作付するのは、風水害等に対する措置と考えられる。

近世後期の阿波の人、砂川野水の『農術鑑正記』（『通俗経済文庫』巻四）が、早・中・晩稲の作付面積の配分を説いて、「凡一町作る百姓は早稲ハ取実すくなく一二反、遅稲ハ鹿鳥の防ぎ、麦蒔の障有ゆへ二三反、中稲ハ前後の仕舞よく、天災も遁るゝ事有ゆへ五六反作る也」とする。また北陸の宮永正運の『私家農業談』が「先大概其所に古来より作り来れるを、其歳々の豊凶を考て作へき事肝要なり、何れにも農人ハ種子の数早稲より晩稲乞《（迄）》十四五種二十品も作るへし、左あれハ歳の気候によりて遅速の豊凶或ハ風難水難にも品多く作れハ、五品ハ災に懸りても五品ハ遁るゝ有り、一概に一品斗を作るへからず」とする。

古代以来、稲作において、多様な品種が存在したのは、イの同一品種の同じ土地で連作することを回避すること、ロの農作業の労働力確保、ハの風水害などの被害を避けることなどの目的のために早・中・晩稲それぞれに多様な品種を用意し、少しずつずらして作付けを行っていたことによる。

ところで、「種子札」の出土遺跡（七〜九世紀）の性格は、次のとおりである。

福島県会津若松市矢玉遺跡　陸奥国会津郡家関連遺跡

福島県いわき市荒田目条里遺跡　　陸奥国磐城郡家関連遺跡
福岡県福岡市高畑廃寺　　筑前国那珂郡家関連遺跡

遺跡の性格が判然としない上高田遺跡を除くと、「種子札」出土遺跡はそれぞれの地域支配の拠点に位置し、郡家関連と考えられる。在地における稲作農耕に最も深く関与し、指導的役割を果たしたと考えられる郡司層の拠点的場から種子札が出土している点はおおいに注目すべきであろう。つまり、地方社会においては、郡司層が、稲の品種を統制・管理していたと想定される。郡司層が稲の品種を統制し、在地首長としてその種稲を農民に分与した実態をも物語っているのではないか。

(2)　種稲分与と「種子札」

まず、「種稲分与」は、これまではもっぱら出挙の起源論に関して主張されてきた。

出挙の起源については、種稲の賜与という原始農耕において種稲を村落の首長や司祭者から授けられる農業慣行が残存しているという八木充氏らの所説、出挙の起源は共同体を打ち破る新しいミヤケ制支配のなかに求められねばならないという薗田香融氏の所説、さらに早川庄八氏による、田租の起源の共同体的機能に含まれるところの、種稲あるいは営料の分与の機能を担って出挙が発生したという所説がある。(21)薗田・早川両氏が説くように、本来出挙稲の貸付は、種稲のみならず、佃功・食料を含めた営料の分与にあったであろう。

しかし、一方では、岡田精司・榎英一両氏の大王―首長、首長―農民という二重構造による種稲分与が王権および在地首長権の確立に実質的な意味を持ち続けたという指摘(22)は本論との関連からも重要である。

岡田精司氏は、大王の新嘗に初穂とミツギをもって参集した地方首長やその代理が、それぞれ大王から種稲を授けられて下向していたこと、令制に入ってからは、祈年祭の班幣が、地方に種稲を下賜するものであったことを指摘している。すなわち、『続日本紀』大宝二年（七〇二）二月庚戌条に「是日、為レ班二大幣一、馳レ駅追二諸国国造等一入レ京」とあり、新年の大幣を班つために「諸国国造等」を京に召集したのである。祈年祭の幣帛を授けるために、全国から新国造たちを召集することは、この班幣の儀式が大化前代の種稲分与の伝統に立つ、服属儀礼としての色彩の濃厚なものだったからと思われる。

『延喜式』（践祚大嘗祭）抜穂の項に、「稲実公」「稲実卜部」という役がみられる。郡司一族の女であり、巫女的な役割をもつ造酒児《さかつこ》とともに、大嘗の斎国から選ばれる男が稲実公である。その本来の形は、国造の代理として初春の年祈い祭に宮廷に上り、大王から種稲を授けられて持ち帰る役割のものであったと推定される。これは秋の新嘗の日に、国造家の女性が采女として初穂を貢上する儀礼＝ニイナメ・ヲスクニ儀礼と対応するもので、国造が管理を委ねられている屯倉について行われるものであった。大王が農耕儀礼を掌握することによって、宗教的に国土支配を行おうとするものである。それは即位儀礼が新春の予祝の形をとり、大王が穀霊の化身のように扱われることに連なっている。このようにして、大王の手から授けられる初春の種稲分与は、大王家の稲魂を頒つという意味をもち、それによって農業生産そのものが大王に宗教的に支配されるという重要な意味をもったと指摘した。

以上の岡田氏の見解をさらに展開した榎氏は、次のように強調している。

> 大王の支配下のすべての土地と農民は、象徴的には、大王が賜与する種稲を播き、大王に初穂を捧げる。こうした体制が日本列島の大部分を覆うようになるのは、おそらくは七世紀後半に入ってからであろうし、その場合も実際は、天皇―首長、首長―農民、といった重層構造が基本であったとみるべきであろうが、その体制は令制の初期においても、なお依然として、実質的な意味を持ち続けていたようであるという。

なお、種稲分与と出挙との関連は、次の史料が如実に物語っている。

『続日本紀』天平神護三年（七六七）二月辛卯条

淡路国頻旱乏二種稲一。転二播磨国加古印南等郡稲四万束一、出二挙百姓一。

この記事によれば、日でりで不作となり、種稲が不足すると、種稲を直接支給するのではなく、出挙する。つまり、種稲分与は、あくまでも出挙によることを意味しているのである。

また、大王および首長権による「稲種分与」の実態を伝える木簡資料もまた地方官衙遺跡から出土している。

○宮城県多賀城市多賀城跡

多賀城跡は古代陸奥国府跡で、奈良時代には鎮守府も併置されていた遺跡である。第三八次調査は政庁の東を刻む谷の出口にあたる作貫地区南端の沖積地を対象として実施した。調査の結果、杭材を敷き並べた東西に延びるいかだ地業と、その南側でこれと並行して延びる打込みの丸太列とからなる。

木簡はこの基礎地業の盛土にはさまれるほぼ九世紀代に自然堆積した粘土層中より出土した。

「〈長者種　　（一九六）×三九×九　〇三九（図159）（三八次）

上端から約三・五センチ下の左右に切込みがあり、下端が欠損している。墨痕はほとんど残っておらず、文字部分のみがわずかに浮き出ている。

「長者」の種籾の意味と考えられる。(23)

○石川県金沢市金石本町・金石本町遺跡

本遺跡は金沢市内を流れる犀川右岸の河口付近にあり、自然涌水や水運に恵まれた場所に位置する。奈良・平安時代を中心とした遺跡で、三間×九間の大型掘立柱建物や倉庫群、河道跡などが確認されている。このうち河道跡は、幅は広い地点で二〇～三〇メートル以上、狭い地点で六メートル強、深さは二メートル以上ある。この遺構からは、古墳時代から奈良・平安時代にわたる遺物を中心として、木簡三点を出土している。

□稲　大者君稲廿三」

（一八九）×三七×四　〇一九（図160）（三号木簡）

下端と両側面は原形をとどめているが、上端部を欠損している。

この木簡の文意は、「大者君」の稲廿三（束）ということであろう。「大者君」を尊称とみれば、出挙にかかわる木

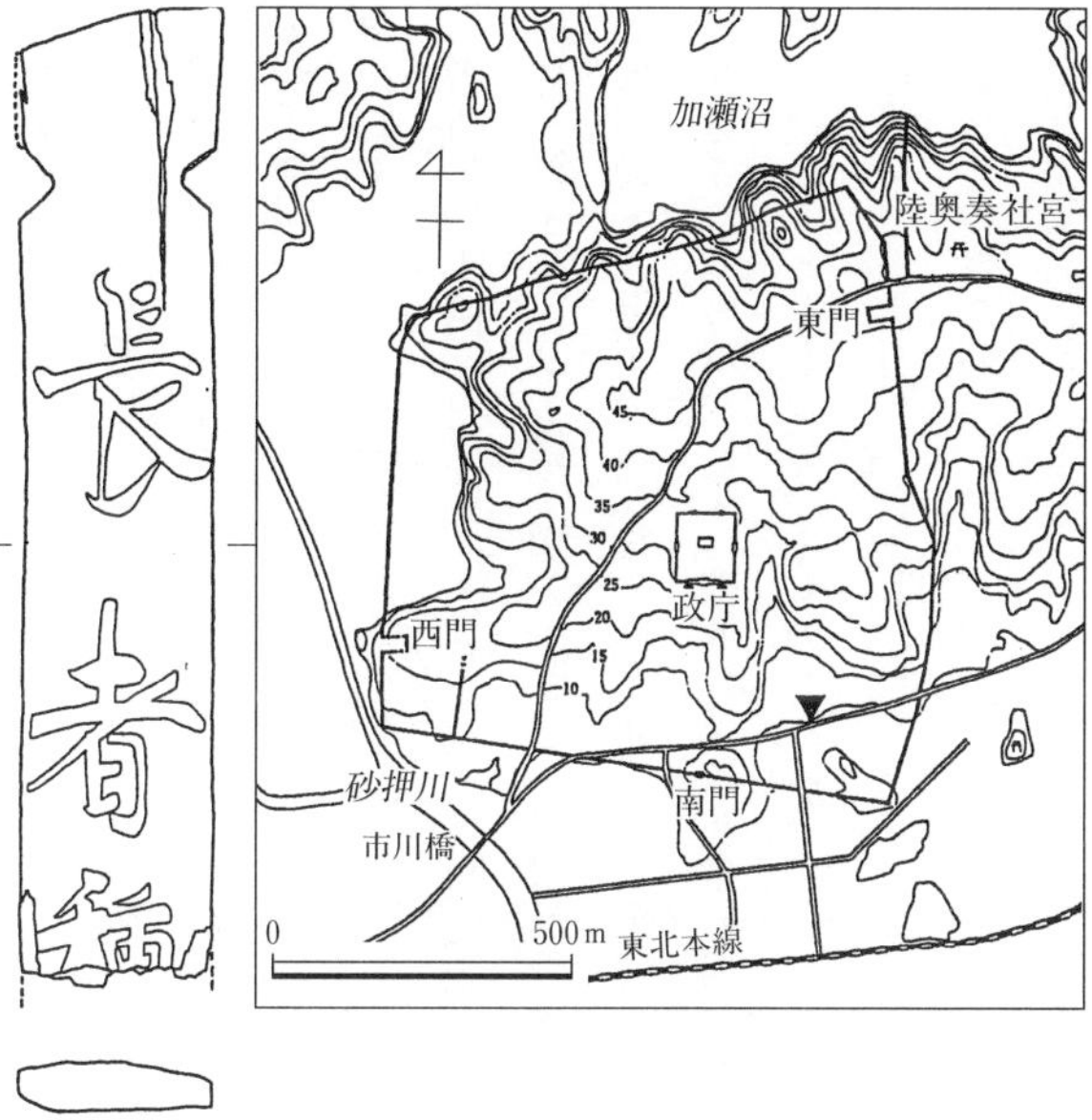

図159　付札「長者種」と宮城県多賀城跡木簡出土地点図

図160　「□稲　大者君稲廿三」と金沢市金石本町遺跡周辺地図

簡とみなすことができる。[24]

これらは首長層による種稲分与の意味をより直接的に表記した種籾の付札と解することができるのではないか。[25]地方社会において圧倒的な権力を誇った郡司層は、なによりもその社会における経済的優位性に着目すべきである。[26]当然、郡司層は地方における生産機構を十分に掌握していたにちがいない。なかでも、生産用具の専有はきわめて重要な要素であったと考えられる。

考古学的事例としても、たとえば、丹波国氷上郡の郡家別院と想定される山垣遺跡（兵庫県氷上郡春日町）では、縦杵・鋤・えぶり・鍬・槌の子など、農耕具の未製品が数多く出土している。また駿河国志太郡家跡（静岡県藤枝市）では、鋤・大足・えぶりなどの農耕具、土錘約三〇〇点など漁具、糸車・きぬたなどの織物具などの生業用具が多量に発見されている。とくに郡家による多量の農耕具の専有は、在地における稲作農耕が郡司層によって統制・管理されていたことをものがたるものであろう。

最後に、新発見の「種子札」は、今後、さらに古代国家構造の本質に迫る以下のような可能性を有していることを強調しておきたい。

『令集解』仮寧令給休仮条の古記にみえるように、早・中・晩稲に三区分し、さらに早・中・晩稲それぞれに多様な品種を少しずつずらして作付けるなど、稲作が予想以上に統制・管理された作物であることがわかる。こうした統制・管理下において、稲ははじめて生産量と品質の安定が保障されたといえる。そして安定した生産量と品質が、稲を国家財政の基盤および流通経済の物品貨幣として位置づけることを可能としたのではないか。

また、稲作が古代国家そのものを支える生産物とすると、古代の農民の生活を支える食料は、雑穀さらには木の実・魚類・動物などの山野河海のあらゆる資源がその対象となったであろう。今回の稲の「種子札」の発見は、従来の稲作中心の農業生産から、古代社会の多様な生産に眼を向ける必要性をも示唆するものであろう。

註

（1）坪井洋文『イモと日本人――民俗文化論の課題』（未来社、一九七九年）。佐々木高明「畑作文化と稲作文化」（『岩波講座 日本通史』第一巻、岩波書店、一九九三年）ほか。

（2）拙稿「石川・上荒屋遺跡」（『木簡研究』一三、一九九一年。本書第五章三に収録）。

（3）拙稿「木簡が語る古代のいわき」（福島県いわき市教育委員会『荒田目条里遺跡木簡調査略報　木簡が語る古代のいわき』一九九六年）。

（4）吉田晶『日本古代村落史序説』（塙書房、一九八〇年）。

（5）『中世灌漑史の研究』（吉川弘文館、一九八三年）。『中世日本の売券と徳政』（吉川弘文館、一九九九年）でも同様の指摘を行っている。

（6）「越特子」「越持子」のいずれとも読めるが、ここでは「越持子」と解し、「えちもちこ」と訓むと、のちの平安末から鎌倉期の和歌集にみえる「たもとこ」「ちもとこ」「もちもとこ」との関連をうかがうことができるであろう。

（7）稲作史研究会・盛永俊太郎編『稲の日本史』上（筑摩書房、一九六九年）。

（8）斎藤健「山形・上高田遺跡」（『木簡研究』一九、一九九七年）。㈶山形県埋蔵文化財センター『上高田遺跡第二・三次発掘調査報告書』（一九九八年）。

（9）拙稿「矢玉遺跡出土木簡」（会津若松市教育委員会『若松北部地区県営ほ場整備事業発掘調査概報Ⅳ（平成七年度）』一九九六年）。拙稿「矢玉遺跡出土木簡」（会津若松市教育委員会『若松北部地区県営ほ場整備事業発掘調査報告書Ⅰ　矢玉遺跡』一九九九年）。

（10）柳沢一男「福岡・高畑廃寺」（『木簡研究』五、一九八三年）。福岡市教育委員会『板付周辺遺跡調査報告書(9)―一九八二年度調査概要―』（一九八三年）。

（11）村上始・野島稔「大阪・上清滝遺跡」（『木簡研究』一二、一九九〇年）。報告の釈文は「□せのたね」となっている。

（12）水島稔夫「山口・安養寺遺跡」（『木簡研究』一〇、一九八八年）。

(13)　出越茂和「石川・戸水大西遺跡」(『木簡研究』一六、一九九四年)。

(14)　小西昌志・出越茂和・平川南「石川・上荒屋遺跡」(『木簡研究』一三、一九九一年)。金沢市教育委員会『平成四年度　上荒屋遺跡II』(一九九三年)。

右記の報告書では、八号木簡の釈文は、次のとおりである。

「＜記□〔庭カ〕一石二斗」

(15)　種おろし(種蒔)の完了したとき、籾播き祝いとか種あがりなどといい、祭りが営まれるが、酒井卯作氏の『稲の祭』(岩崎書店、一九五八年)によれば、石川県において、これを「大根《おうね》おろし」と呼んでいる。すなわち村祭りをもって種播き日としているが、当日おろしたこの大根のような白い飯が喰えることから出た名称であるという。この石川県における「大根《おうね》おろし」と同県内の遺跡から出土した種籾の品種名「大根《おうね》子《こ》」との関連を想定できるであろうか。

(16)　これは、前掲の『会津歌農書　上之本』によれば、種子浸から刈取りまでの期間を「定法の日数ハ凡百五十」と記している。また、後掲の中世史料からの古島敏雄の分析によれば、浸種から刈取りまでをやはり一五〇日ぐらいに想定できるとしている。

(17)　古島敏雄『日本農業技術史』(古島敏雄著作集第六巻、東京大学出版会、一九七五年)。

(18)　拙稿「里刀自小論—いわき市荒田目条里遺跡第二号木簡から—」(『国立歴史民俗博物館研究報告』六六、一九九六年。本書第五章二に収録)において、里刀自を里長の妻と解し、古代の農業経営に女性が果した役割を強調したのである。

(19)　註(3)の略報の釈文では、

右田人為以今月三日上面職田令殖可□発如件

としたが、「□発」とした部分は、再調査(いわき市教育委員会・加藤友康・三上喜孝との共同調査)の結果、「扈(雇)発」と確定し、雇傭労働力の徴発と理解することとした。荒田目条里遺跡出土木簡の再調査結果は、『荒田目条里遺跡』(いわき市埋蔵文化財調査報告　七五、二〇〇一年)を参照されたい。

(20)　正倉院文書「賀茂馬養啓」にも、二町(四段荒)のうち、一町には「稲依子」を、六段には「越持子」をそれぞれ植え、八月二十七〜二十八日には「越持子」を刈り取ることとしているが、「稲依子」は時期をずらして収穫したと想定できる。

(21)　八木充「律令制における穀稲収取」(『律令国家成立過程の研究』塙書房、一九六八年)、宮原武夫『日本古代の国家と農民』(法政大学出版局、一九七三年)など。薗田香融『日本古代財政史の研究』(塙書房、一九八一年)。早川庄八「律令『租税』制に関する二、三の問題」（『日本古代の財政制度』名著刊行会、二〇〇〇年。原論文は一九七一年）。

(22) 岡田精司「律令的祭祀形態の成立」（『古代王権の祭祀と神話』塙書房、一九七〇年）。榎英一「田租・出挙小論―その起源について―」（日本史論叢会編『論究　日本古代史』学生社、一九七九年）。

(23) 佐藤則之「宮城・多賀城跡」（『木簡研究』四、一九八二年）。

(24) 拙稿「金沢市金石本町遺跡木簡」（石川県立埋蔵文化財センター『金石本町遺跡―銭五記念館（仮称）建設工事に係る埋蔵文化財発掘調査報告書―』一九九七年）。

(25) 金石本町遺跡出土の木簡は、出挙の貸付にあたり、貸付主体の尊称を「大者君稲」と明記することで、首長による種稲分与の意を体現させたものといえる。多賀城跡出土の「長者種」木簡は、長者も「大者君」と同様の尊称であるが、出挙の貸付ではなく、種籾の尊称と理解できるのではないか。

(26) この点に関しては、すでに拙稿「古代木簡からみた地方豪族」（『歴博大学院セミナー　考古資料と歴史学』吉川弘文館、一九九九年。本書第一章四に収録）で指摘した。

〔付記1〕長い間栽培されてきた在来種は特殊な優良遺伝子をもつとはいえ、その総合的な実用価値が低下し、消滅の危機にひんしているという。そこで農林省は、昭和三十七年（一九六二）から同四十年（一九六五）までの四年間にわたって、全国的規模で、稲の在来種の収集と特性調査を実施した。そして、その調査結果は、農林水産技術会議事務局『わが国の在来稲品種の特性』（一九七〇年）として刊行された。その報告書によれば、今回の古代の「種子札」にみえる品種名がいくつか確認できるのである（付表2）。

〔付記2〕荒田目条里遺跡二一号木簡「地蔵子」は「ちくら（こ）」と訓んで品種名としたが、佐藤明浩氏「稲の名を詠んだ和歌」（伊井春樹編『古代中世文学研究論集』第三集、二〇〇一年）のなかで、新たな史料もあげて品種名として追認されている。

付表2　1962～65年ごろ栽培されていた在来品種

品種名	採集地
「あぜこし」	三重県北牟婁郡長島町ほか
「白早生」	石川県鳳至郡柳田町
「白稲」	徳島県那賀郡上那賀町
「あらき」	島根県飯石郡赤名町ほか
「亀治」	長野県飯田市ほか（明治8年「縮張」=「足張」を品種改良したもの）

二　里刀自論――福島県いわき市荒田目条里遺跡

1　遺跡の概要

遺跡は福島県いわき市平菅波地内に所在する。[1] 夏井川下流の右岸に位置し、太平洋の海岸より西へ約二・五キロのところにある（四四八頁、図152・153参照）。

夏井川下流域の海岸平野には、現海岸線を除いて、四列の浜堤列が認められる。最終氷期が終わり、海進に転じ、五〇〇〇年ＢＰごろから海進がすすむなかで第一〜第四浜堤が形成された。第一浜堤は四五〇〇年前に、第二浜堤は三九〇〇年以前に、現海岸線は一八〇〇年までに形成された。遺跡の西方約一五〇メートルに延喜式内社の大国魂神社がある。

大国魂神社の立地する丘陵の東斜面は弧状をなし、急斜面で海蝕崖である。同神社の南に位置する字砂畑・新屋敷の集落の位置する微高地は浜堤で海岸線に並行に走る低い砂丘である。これが第一浜堤であって縄文海進期の海岸線を示している。第二列の浜堤はやや複雑な形をしているが、上大越の石崎付近と思われる。[2] 荒田目の北部にある田中内北、鼠内は夏井川の自然堤防である。これら第一浜堤、第二浜堤、自然堤防に囲まれた後背低湿地が条里地割の水田である。

現在の土地割と地籍図による復原図を比較すると、明治三十年代の耕地整理は大規模な改変ではなく、基本的には条里地割を踏襲している。すなわち、東西方向の道路や水路が一〇九メートル間隔に平行に走り、南北方向も一部を除き、条里の線を引き継いでいる。これらの水田の灌漑は、少し離れた谷頭部にある太郎作入溜池、南作上池、菅波

入溜池などに溜池を作り、灌漑水路を通って、灌漑範囲を水田化した。(3)

ところで、本遺跡の南東方向へ約一・五キロのところに磐城郡家の中心施設に比定される根岸遺跡がある。根岸遺跡は太平洋の現海岸線から西へ約一・四キロの台地上にある。平成二年(一九九〇)度からの範囲確認調査において、遺跡のA地点西側一帯からは礎石建物七棟(全面掘込地業六棟、坪地業一棟)、掘立柱建物二二棟以上の建物群(倉庫跡)が数時期にわたって検出され、正倉院であることが判明している。さらに平成六年(一九九四)のA地区の東側(A地区最東端の台地上とその裾部)の調査において、桁行七間×梁行四間の四面廂付建物、桁行七間×梁行二間の細長い掘立柱建物が多いこと、一ヵ所で大型の建物が六期の重複をみるなど、多くの成果を得ている。このことから、この調査区域は正倉院の東側に位置する郡庁院の中枢地区と想定された。

荒田目条里遺跡は、約二万平方メートルにわたる面積を有し、平成元年(一九八九)から続いている常磐バイパス改築工事に伴う発掘調査により、古代の水田を含む集落や古墳など、弥生時代から近世にかけての複合遺跡であることが判明している。そのうち、平成五年(一九九三)に調査された地点は、荒田目条里遺構のほぼ中央部の礼堂地区に位置し、浜堤の東側裾部で低湿地との境目にあたる。調査の範囲は、一八〇〇平方メートルとわずかであるが、確認された古代の幅一六メートル以上にわたる河川跡のなかから祭祀遺物を中心に多数の遺物が出土した。

発見された遺物は、その大半が古墳時代から平安時代にかけての約一〇万点におよぶ土器である。これらの土器のなかに、人面墨書土器と、「子」「好」「田」「赤井」「田島」「東」「倉」「山寺」「柏井」などの一八〇点の墨書土器が含まれている。石器・石製品は、剣形・鏡形の滑石製模造品などが七七点、土製品では、手捏土器・土玉・土錘・土馬・舟形土製品など六四点、金属製品では紡錘車・手斧・馬具・刀子など一五点、また、木製品では、木簡三八点、絵馬三点、人・馬・弓・矢などを模したものや、椀・皿・蓋・定規・下駄・刀子柄・杵・曲物・櫛・鍬・笊などあわせて四〇〇点出土している。なお、低湿地のため胡桃・桃・梅・しうびなどの種や馬骨などが数多く出土している。

2　「里刀自」宛郡符木簡概要

(1)　釈　文（二号木簡）

・「郡符　ヽ里刀自　ヽ手古丸　ヽ黒成　ヽ宮澤　ヽ安継家　ヽ貞馬　ヽ天地　ヽ子福積　ヽ奥成　ヽ得内　ヽ宮公　ヽ吉惟　ヽ勝法　ヽ圓隠　ヽ百済部於用丸
ヽ真人丸　ヽ奥丸　ヽ福丸　ヽ蘓日丸　ヽ勝野　ヽ勝宗　ヽ貞継　ヽ浄人部於日丸　ヽ浄野　ヽ舎人丸　ヽ佐里丸　ヽ浄継　ヽ子浄継　ヽ丸子部福継『不』足小家
ヽ壬部福成女　ヽ於保五百継　ヽ子槐本家　ヽ太青女　ヽ真名足『不』子於足　『合卅四人』
右田人為以今月三日上面職田令殖可扈發如件　」

・「　奉宣別為如任件□〔宣カ〕
大領於保臣　以五月一日　」

五九二×四五×六　〇一一

(2)　形　状

短冊形の完形木簡である。現状では二片に分かれているが、これは本木簡の廃棄のさいに、刃物で両面から若干切込みを入れ、折られて投棄されたものと判断できる。

墨痕は表に比べて、裏面の遺存状況が悪いが、ほぼ判読可能である。冒頭の「郡符」の部分は、墨痕の重なりがあり、その部分にかなり深い削り取り痕が存する（図161）。

(3)　記載内容

記載様式は次のとおりである。

・差出＋宛所＋歴名
下達内容（右……如件）
・施行文言
位署
月日

記載内容は、冒頭の「郡符」から明らかなように、近年、各地で出土しているいわゆる郡符木簡と考えられる。荒田目条里遺跡では、一号木簡に続いて二例目である。

一号木簡（一四八頁、図59参照）は郡司から立屋津長伴マ福麿に人の召喚を下達した文書である。下端欠損のために詳細は不明であるが、郡司から津長に符が下され、津の来客のために、津長の管理下の船をあやつるかじとりや水手、または雑役に従事する津の周辺の人々などが徴発されたと考えられる。

一号木簡でいえば、宛所は「立屋津長伴マ福麿」である。これまでの郡符木簡と同様に、その特徴は、宛所がそれ

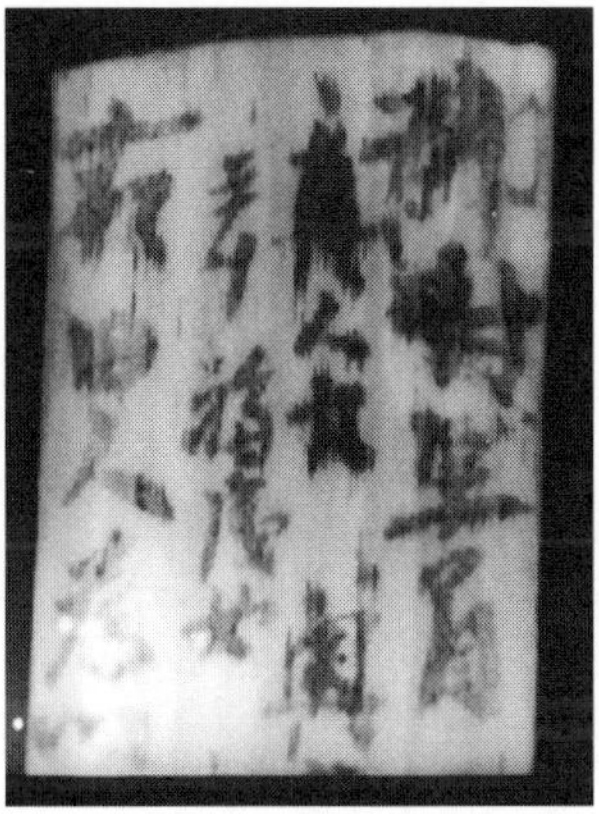

図161　郡符木簡「郡符　里刀自」部分（荒田目条里遺跡出土２号木簡）

図162　「津長」宛郡符木簡（荒田目条里遺跡出土一号木簡）

ぞれの官司または官司の責任者であり、その下達の内容は人の召喚にかかわるということである。

二号木簡では、郡符の宛所は〝里刀自〟とみなしてよいであろう。里刀自に続いて、人名が三六人列記されている。人名に「手古丸」以下「〇〇丸」が九人みえるが、九世紀半ばごろの用例とすれば、史料上、比較的早い使用例であろう。

このような人名表記について八世紀における用例は、現段階では木簡などの実例はない。管見の限りで最も早い例は、藤原宮跡出土の初期荘園に関する弘仁元年（八一〇）の木簡にみえる（五五〇～五五一頁参照）[4]。

（略）葛木寺進者　　上三月丸弟□建丸（略）

定残千四百八十玖束　　浄丸福丸等

また、岩手県水沢市黒石寺薬師如来像の胎内墨書銘中「貞観四年（八六二）十二月」の年紀とともに「物部哀黒丸」という人名がみえる。

「右田人為下以二今月三日一上三面職田一令中殖上可二扈発一如レ件」は、郡符の召喚内容を具体的に示しているのである。

田人については、『古語拾遺』の御歳神の項の冒頭に「一《ある》いは、昔在神代に、大地主神田を営る日に、牛の宍を以て田人に食はしめき」とみえる。この「田人」に対比する「山人」の用例は、『日本霊異記』中巻「常に鳥の卵を煮て食ひて、現に悪死の報を得る縁第十」にみえる「山に入りて薪を拾ふ」人を、「山人」と称している。したがって、「田人」は、農耕の民、田作りの民を意味しているとみてよい（法制用語としては「田夫」「樵夫」が用いられている）。

結局、郡符は、裏面に記された文書の年紀である五月一日に発行され、五月三日までに郡司の職田（大領の場合六町、少領の場合四町）の田植えのために、ある里の農民を扈（雇）用するために召し出したものである。郡符を受け取った里刀自は農民（三三人）を率いて郡家に赴いた。そこで郡の役人は郡符に記された人名と召し出された人物とを照合した結果、参加者は人名の右上に合点（﹅）を記したが、二人は不参加であることが判明し、その人名の上に「不」と記し、総計「合卅四人」と記載したのである。

一方、裏面は、若干文字の読みに疑問も残るが、要するに符式文書の施行文言、位置、文書の日付に相当する。とくに五月一日というこの文書の月日の前に「大領於保臣」と記されている点が公式令の符式（二五一頁参照）に合致している。すなわち、裏面は約四・五センチ幅のなかにほんのわずか行をずらし三行をたくみに配している。一行目は「奉宣」以下の施行文言、二行目は「大領於保臣」の位置部分、三行目は左端に「以五月一日」と月日を記しているのである。「大領於保臣」の位置部分は本来ならば、主帳が「大領於保臣」までを記し、名のみ大領自身が自署するのであるが、ここでは「於保臣」の自署と判断できる。また、符における「宣」の用例としては、有名な多胡碑があげられる（傍点は筆者）。

弁官符上野国、片岡郡緑野郡甘
良郡幷三郡内三百戸郡成給羊
成多胡郡。和銅四年三月九日甲寅宣。（後略）

(4)　木簡の年代

古代の河川跡とされる第三号大溝跡の発掘区北西部の近接した地点で、しかも同一層位から本木簡（二号木簡）と三号木簡が出土した。

三号木簡

・「＜返抄検納公廨米陸升　正料四升　調度二升　卅七石丈部子福□〔領カ〕
　右件米検納如件別返抄

・「く　　仁寿三年十月□日米長□

　　『於保臣雄公□』　（二六八）×三五×一〇　〇三九

公廨米の収納領収書、裏面にその年月日が記されており、「仁寿三年」は西暦八五三年である。この三号木簡の年紀から推して、二号木簡の年代は、ほぼ九世紀半ばごろと想定することが可能であろう。

本木簡は、郡符の宛所が〝里刀自〟となっている点がきわめて注目される。

郡符木簡はこれまでの出土例によるかぎりは、主として人の召喚を内容とし、宛所の責任者は召喚人とともに召喚先に赴き、郡符に記載された人名と人物との照合を行った後に、その地で廃棄されたと考えられる。一号木簡の宛所「立屋津長」、二号木簡の宛所「里刀自」が同一遺跡から出土している。このことは、郡符木簡は宛所—津長、里刀自に下達されたのち、召喚人とともにおそらく磐城郡家の一画に位置する荒田目条里遺跡の地に至り、勘検ののちに廃棄されたのであろう。

3　里刀自の用法

ところで、里刀自とは何を意味しているか、そのためにはまず刀自の用法を明らかにしなければならない。刀自については、すでに義江明子氏の詳細な考察が行われているが[5]、義江氏が端的に結論した「トジとは、（共同レベル・家レベルの両者を通じて）支配の契機の乏しい統率者にとどまった女性の私的尊称であった」という指摘に対して、若干異なる私見を以下述べてみたい。

『日本書紀』允恭天皇二年春二月条によれば、允恭天皇の皇后忍坂大中姫が母と家に在ったとき、闘鶏《つげ》国造が皇后に「戸母」と呼びかけているが、その訓注は「戸母、此をば覩自《とじ》と云ふ」とする。『伊勢国風土記』逸文、度会郡条では、天日別命は、大国玉の神の女、彌豆佐々良姫命を「刀自」と呼んでいる。刀自はトヌシ（戸主）の約といわれ、to（戸）＋nö＋usi（主）→tonusi→tonzi→$to^{n}zi$→tozi となる。戸口を守る者の意が原義とされている。すなわち、一家の主婦権を持つ母の尊称として用いられている。

(1) 大刀自

『万葉集』巻第八 一四六五番の詞書

藤原夫人の歌一首 明日香清御原宮に天の下知らしめしし天皇の夫人なり。字を大原大刀自といへり。即ち新田部皇子の母なり。

藤原夫人は鎌足の娘、五百重娘で新田部皇子の生母である。夫人は妃と嬪との間の地位、天皇に侍し仕える婦人をさし、夫人の国訓は〃オホトジ〃（大刀自）である。

(2) 家刀自・家室・家母

イ 『日本霊異記』（抜粋）

○上巻―二 狐を妻として子を生ま令むる縁

昔欽明天皇の御世に三野の国大野の郡の人、（略）家室脅え惶りて家長に告げて言はく（略）二月三月の頃に設けし年米を舂く時、其の家室、稲舂女等に間食を充て将《む》として碓屋に入る。

○上巻―十八 法花経を憶持し、現報を得て奇しき表を示す縁

昔大和の国葛木の上の郡に、一の持経の人有り。丹治比の氏なり。（略）家母に白して曰はく「門に客人在り、恰も死にし郎《をのこ》に似たり」（略）家長も見て亦怪しび問ひて、

○中巻―十六 布施せ不ると放生するとに依りて、現に善悪の報を得る縁

聖武天皇の御代に、讃岐の国香川の郡坂田の里に、一の富人有り。夫と妻同姓にして綾君なり。（略）家室・家

長に告げて曰はく

○中巻―三十三　女人、悪鬼に点《しめ》レテ食噉はるる縁

聖武天皇のみ世に、（略）大和の国十市の郡菴知の村の東の方に、大きに富める家有り。（略）明日晩ク起き、家母戸を叩キテ

○中巻―三十四　孤の嬢女、観音の銅像に憑り敬ひ、奇しき表を示して、現報を得る縁

諾楽《なら》の右京の殖槻寺の辺の里に、一の孤《みなしご》の嬢《をうな》有り。（略）父母有りし時に、多く饒にして財に富み、数屋倉を作り（略）隣の大家、具に物を進り納る。（略）隣の家室曰はく

（以上、岩波書店『日本古典文学大系　日本霊異記』による）

以上の例でも明らかなように、上巻―二「春米作業に際して稲春女等の労働力を抱える有力な家」、中巻―十六「富人」、中巻―三十三「大きに富める家」、中巻―三十四「隣の大家」など、いずれも富裕な在地豪族層の家に家長（いえぎみ）と家室・家母（いえのとじ）が併記されているのである。

ロ　金井沢碑（群馬県高崎市山名町所在）

上野国群馬郡下賛郷高田里

三家子孫、為二七世父母・現在父母一

現在侍家刀自・他田君目頰刀自（以下、略）

佐野三家の経営を預ってきた家柄の子孫「三家子孫」の筆頭にあげられ、仏教に帰依した集団の統率者であったのが、「家刀自」である。服藤早苗氏は、この家刀自は文章の構成から個人名と考えられるが、一家の主婦権をもつ母の尊称の可能性もあるであろうと指摘している。(6)

しかし、私見では家刀自は個人名ではなく本系譜の中心として、佐野三家を経営する豪族の家において服藤氏が指摘した後者の可能性があり、むしろより強力な存在であると推測されるであろう。(7)

ハ　墨書土器――千葉県山武郡芝山町山田遺跡群

土師器坏・底部内面墨書

「家刀自

大神奉」

山田遺跡群に近い芝山町庄作遺跡からは、数点の人面墨書土器や「国玉神」「竈神」などという祭祀に関する数多くの墨書土器が出土している。

その墨書土器の一つに次のようなものがある。

「×秋人歳神奉進　上総×」

断片であるが、土師器の口縁部に横位で、おそらく一巡するように記載していたと考えられる。文意は「上総国武射郡□□郷の□□秋人」という人物が、歳神に対して、この土器に供物を盛り、奉献することを書きあらわしたものであろう。「歳神」(年神)は歳徳神のことで、その年における福徳をつかさどり、毎年正月にこの神を家に招き入れるために、恵方に向けて酒肴をささげるという。

この歳神に関する墨書土器を参照するならば、この土師器坏に供物を盛り、大神に奉献したと考えられ、その祭祀行為の主体が「家刀自」である。この

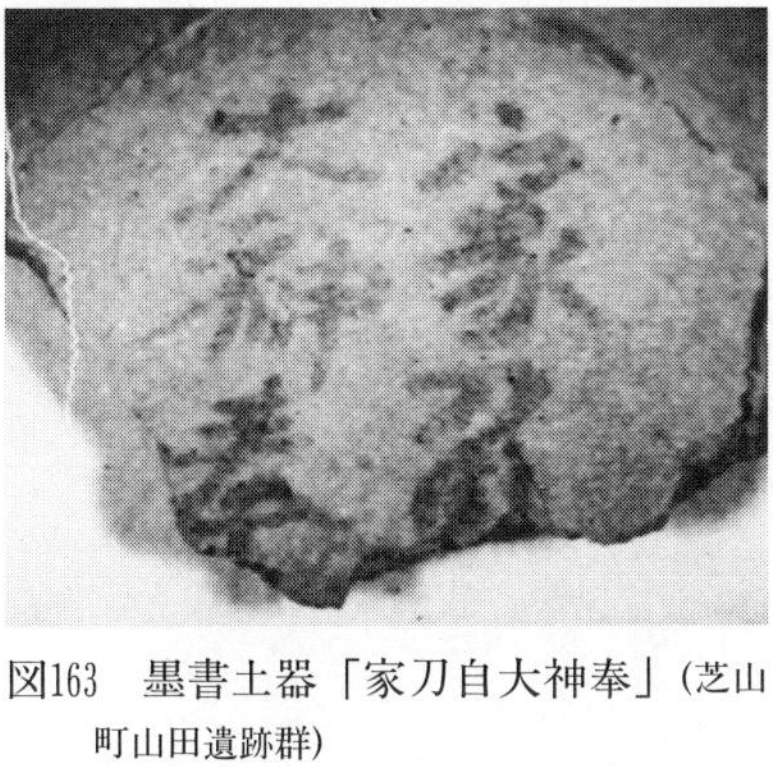
図163　墨書土器「家刀自大神奉」(芝山町山田遺跡群)

「家刀自」は個人名ではなく、家を支配する主婦の意とみられ、おそらくは、家を代表して祭祀を司祭したのであろう。

一方、イヘとヤケの問題に言及した吉田孝氏は、女性名「宅媛《やかひめ》」と関連させ、次のように述べている。(8) たとえば、宮主宅媛は和珥臣の租、日触使主の女で応神天皇の妃と伝えられるように、宅媛と呼ばれたのはヤケが当時の人々から特別な目でみられていたことを前提としていたのではなかろうか。「殿の若子」と同じような感覚で「宅媛」と呼ばれた可能性も想定される。家刀自・宅刀自も、『日本霊異記』（興福寺本）に「家室」を「伊戸乃止之」と訓注しているが、のちにふれる「里刀自」のように「サト」の「トジ」も存在したことから、「トジ」は「イヘ」に限らず、家刀自・宅刀自も、「ヤカトジ」であった可能性は十分に存在したとする。(9) むしろ、吉田氏のいうサトのトジが存在したので家刀自もあった可能性があるという点を、逆に家刀自があくまでも家を統率する刀自であるならば、「里刀自」は里を統率する刀自の意と解することができるであろう。

(3) 母刀自

『万葉集』巻六　一〇二二番

父君に　われは愛子《まなご》ぞ　母刀自に　われは愛子ぞ　参上る　八十氏人の　手向する　恐の坂に　幣奉り　われはぞ退る　遠き土佐道を

『万葉集』巻二十　四三七七番

母刀自も玉にもがもや頂きて角髪のなかにあへ纏かまくも

母刀自は「オモトジ」、四三七七番は防人歌で、母は上代東国方言ではオモではなく「アモ」といい、ともに〝家の主である母〟を意味している。家刀自とほぼ同様な表記といえる。

以上、天皇の夫人たる大刀自にはじまり、家（ヤケ・イヘ）を支配する主婦の尊称として家刀自・母刀自と称せられたことは明白であろう。

そこで、さらに進んで里と刀自の関係を明らかにしてみたい。

イ　法隆寺幡銘文

「癸亥年山部五十戸婦為命過願造幡已」

法隆寺に伝えられた幡は明治の献納品の一つになったので、現在その一部が東京国立博物館と正倉院に保管収蔵されている。この幡は東京国立博物館蔵のものである。「法隆寺昭和資財帳」調査により新たに発見された戊子年銘幡は、切畑健・沢田むつ代両氏により戊子年は持統二年（六八八）に比定することができると紹介された(10)。それをうけて、狩野久氏は、癸亥年銘幡をはじめとする干支年号表記の幡について、従来の年代比定について再検討を加えた(11)。周知のとおり、干支年号は大宝以前に限られ、以後は干支を使わず大宝にはじまる固有年号（元号）を使用していて、例外がほとんど認められない。また文書の年月日の位置が、大宝初年を境にして文頭から文末に逆転するという変化がみられるのである。この二つの理由から、癸亥年を従来、養老七年（七二三）としたのは、天智二年（六六三）に比定すべきであるとした。さらに「山部五十戸」は、先年飛鳥京跡で出土した「白髪部五十戸」という木簡が、天智三年（六六四）をあまり下らない時期のものであることが指摘されているように(12)、天武末年ごろにはじまる「里」制に先行する表記法であるともされている。

これらの幡は命過幡とされ、臨終に際して行う命過幡燈法による供養幡である。銘文は施入年月日＋施入者＋施入事由などを簡潔に記したものである。癸亥年銘幡と類似したものに年紀を欠くが、「山部名嶋弖古連公過時敬造幡」という幡がある。両者の施入者は、山部であるが、これは「阿久奈弥評君女子為父母作幡」の飽波とともに、法隆寺近辺（平群郡夜麻郷、飽波郷―『和名抄』）の人々である。『和名抄』夜麻郷は、もちろん『続日本紀』延暦四年（七八五）五月丁酉条による山部を山と改姓したことに基づくものである。したがって、七世紀後半においては、平群評には山部里が存在したことになる。結局、問題の癸亥年銘幡の「山部五十戸婦」は、〝山部里婦〟となる。『万葉集』巻一六―三八四七「壇越や然もな言ひそ五十戸長が課役徴らば汝も泣かむ」の「五十戸長」＝里長を引用するまでもなく、「山部五十戸婦」は山部の五十戸（里）の長の妻を表現しているのであろう(13)。

ロ　墨書土器――岐阜県加茂郡富加町東山浦遺跡（以下、富加町教育委員会『東山浦遺跡――庁舎建設地内埋蔵文化財発掘調査報告書』一九七八年による）

本遺跡は川浦川の左岸の段丘上に立地し、現在の羽生地区を中心とする一帯は、古代の半布里の故地と比定され、大宝二年御野国加毛郡半布里戸籍（正倉院文書）との関連が深い地域として注目されている。

発掘調査の結果、約二八〇〇平方メートルの範囲内に確認された遺構は、竪穴住居三一軒、掘立柱建物二棟、ピット群二ヵ所、溝状遺構三ヵ所、土坑六ヵ所などであった。確認された三一軒の竪穴住居のうちではその推定年代の資料を欠くもの六軒を除くと、すべて七世紀半ばから八世紀後半までの時期に構築されたものである。さらに詳細にいえば、七世紀半ば（第一期）は二軒のみ、また、最も新しい八世紀半ば～後半（第四～五期）も四軒、残り一九軒はすべて七世紀後半から八世紀前半（第二～三期）のもので、年代推定のできた二五軒の約八〇パーセントを占めることになる。

問題の墨書土器は第七号竪穴住居（東西四・八×南北四・一メートル）のほぼ中央付近のピットから出土している。ピットは、径三〇×二六センチ、深さ三〇センチの規模で、その断面がやや巾着状を呈している。そのピットの底部に墨書のある坏身と盤が検出されたのである。しかも坏身が下に正位におかれ、その周囲に小指大の円礫が詰められ固定され、いわゆる〝埋納〟された状態を呈し、その上を盤が逆位におかれて蓋状となっていたのである。なお、坏の内部には土塊のみしか検出できなかった。同ピットは床面を丁寧に掘り込んでおり、同ピット内の覆土と上部の住居跡覆土の土層的変化は認められない。これらの須恵器はいずれも八世紀前半に属するものである。

坏身は底部外面に墨痕があるが、遺存状況が悪く、判読できない。盤はやはり底部外面に、「里刀自」と墨書されていた。

竪穴住居内のピットの上に祭壇を付設して祭祀とする場合も想定される。すなわち、「住居跡内に河原石で石壇状に表面を平らに築いた祭壇をもち、周囲から大盤、小型手捏土器を出土した群馬県入野遺跡第一一・一四・一七号住居跡内における祭祀遺構」の例もあり、加えて、本住居の貯蔵用ピットと床面から出土し接合した須恵器坏身の外面底部に「坏」の墨書をもつものが検出されていることからみても、本住居は特殊な性格をもつものであろうとしている。

4 里刀自の意義

以上、二例（「山部五十戸婦」「里刀自」）より判断すると、先の「家刀自」が家（ヤケ・イヘ）を支配する主婦の尊称であったと同様に、里（サト）を統率する里長の妻は、「里刀自」（サトノトジ）と尊称されたのではないか。

郡符の宛所

これまでの郡符木簡の宛所は、表24のとおりである。

郡符はいうまでもなく、公式令の符式に基づくものである。したがって、その差出と宛所は、基本的には令制の行政組織に準拠する。これまでの郡符木簡においても、宛所は里（郷）長であり、郷里制下では、宛所を「郷長里正等」としている点にも行政組織を明確にふまえていることがわかる。ただ唯一の例外ともいうべき「津長」に宛てるときは、津名と津長人名「伴マ福麿」とを明記している点が注目される。

本木簡の宛所「里刀自」も、郡司－里（郷）長という律令地方行政組織の延長上にあり、里名、ウジ名さえ省略したところに、〝里長の妻〟を「里刀自」と通称していたと推察することの妥当性の高いことを示しているであろう。金井沢碑における家刀自の場合も、全体系譜の中心として、あえて姓名を記していないことと共通した表記といえよう。

また、有勢な家（ヤケ・イヘ）において家長と家刀自（家室）が併称されたのと全く同様に、里においても里長と里刀自は併称されたのであろう。その場合、本木簡の年代は九世紀半ばごろとみたが、郷制下にもかかわらず「郷刀自」ではなく、「里刀自」と表記されたのは、「里刀自」の呼称が定着していたことをなによりも示しているのかもしれない。[14]この点は、里長を七世紀後半において「五十戸長」、里長の妻を「五十戸婦」と表記したが、八世紀においても『万葉集』には、「五十戸良（さとおさ）」（巻五、八九二番）、「五十戸長」（巻十六、三八四七番）と前代の表記を踏襲していることと同様の傾向と理解できよう。

里名さえ省略している点については、次のようなことが想定されるであろう。

本遺跡は、広大な荒田目条里遺構に隣接していること、郡家の中心施設のおかれた根岸遺跡の西北に位置し郡家所在郷（里）に相当すると考えられることなどから、磐城国造の系譜を引く大領於保磐城臣は、その郡司職田を荒田目条里遺構内に有し、従来からの強い支配関係に基づき、郡司職田の田植の労働力として磐城郡家所在郷・磐城郷の里

表24　郡符木簡の宛所

遺　　跡	宛　　所
山垣遺跡	春部里長等
八幡林遺跡	青海郷(長)
西河原遺跡	馬道里長
伊場遺跡	竹田郷長里正等
杉崎廃寺	飽見(郷長)
屋代遺跡群	屋代郷長里正等
屋代遺跡群	余部里長
荒田目条里遺跡	立屋津長伴マ福麿

刀自に命じたとすれば、里名省略もうなずける。

古代において、農業労働力として女性が大きな比重を占めたことは間違いないが、さらに女性が農業経営・管理に従事していた点も見逃すことはできない。この点については、服藤氏が山本幸男・関口裕子両氏の論文を引いて説明されている(15)。すなわち、大伴坂上郎女は、奈良の佐保宅や春日里などから、竹田荘・跡見荘などを春秋に往復して農業経営・管理を行うばかりでなく、大伴氏一族の祭主として祭祀を司っていたから、一族員の荘へも赴き農耕に欠かせない宗教的勧農をも担っていた(16)。このような農業経営・管理・勧農を行う女性は貴族層ばかりではなかった。在地の富豪層においても家産所有主体として農業経営・管理を行う女性が存在していた(17)。

里長の職掌は、戸令為里条に規定されているように、「禁察非違」という治安維持的機能と「検校戸口」「課殖農桑」「催駈賦役」という行政的・財政的機能であった。里長は具体的には、周知のとおり、貧窮問答歌「楚取る五十戸良（さとおさ）が声は、寝屋戸まで来立ち呼ばひぬ」（『万葉集』巻五、八九二番）、「檀越や然もな言ひそ五十戸長（さとおさ）が課役徴らば汝も泣かむ」（『万葉集』巻十六、三八四七番）などにみえるように、もっぱら課役徴発に従事した様をうかがうことができる。すなわち、里長は課役徴発と戸籍・計帳作成など行政上の役割を負い、おそらく郡家に頻繁に出仕していたのであろう。それに対して、集落における各戸の構成員の動向を的確に把握し、農業経営に隠然たる力を発揮したのは里長の妻たる里刀自ではなかっただろうか。

一方、田植が、田のすき返しや引水を伴う最も多くの労働力を一時に必要とする農業労働であることは、いうまでもない。

すでに吉田晶氏も指摘しているように、『令集解』仮寧令給休仮条の古記に、大和国の諸郡の田植の時期として、四・五・六月をあげている(18)。また、稲に早稲・中稲・晩稲の三種があり、さらにその品種が郡を単位にほぼ統一されていたという。(19)こうした点をとらえて、吉田氏は雇傭労働力の供給関係は、日常的な「共同体」の枠をこえて、相当に広い地域ごとに恒常的に行われる可能性が生ずると指摘している。

この郡符に示された当初指名された三六人の歴名に対し、欠員をたった二人におさめるには、郡家に備えられた戸籍・計帳に基づく徴発では不可能である。五月一日に発し、三日に召喚先の現地に赴く人員を、的確に列記できるのはやはり里の実状をつねに掌握していた里（郷）長または里長の妻しか考えられない。

郡司職田の田植の労働力を里刀自を通して雇い、それをあえて律令制下の公式令符式に基づく郡符という書式により、郡―里（郷）制ルートを通じて里刀自に命じ、田人三四人を召喚したところに律令国家の本質的側面を垣間みることができるのではないか。

この郡符は稲の「種子札」などとともに、おそらく郡司職田の設定された荒田目条里遺跡に近接した地点に廃棄されている。このことは、この郡符木簡は郡司職田の田植を行ったつまり召喚先またはその付近で廃棄されたことになる。郡符木簡は召喚人とともに、召喚先である郡家内またはその出先機関において廃棄されたこととなるのである。

荒田目条里遺跡で宛所の異なる二点の郡符木簡が出土したことは、実に重要な意義を示すことになる。すなわち一号木簡「立屋津長伴マ福麿」、二号木簡「里刀自」という宛所の異なる郡符が同一遺跡の同一遺構から出土したことは、郡符木簡は宛所で廃棄されるのではなく、召喚人らとともに差出の郡家、または郡家関連施設（召喚先）に戻り、その施設およびその付近で廃棄されることをみごとに証明したとみなしてよい。

一方、本木簡は、古代の農業経営と女性の役割を解明していく大きな手がかりを得たと評価すべきであり、今後よりその実態を具体的に究明しなければならないと考えられる。

註

（1）㈶いわき市教育文化事業団「福島県いわき市荒田目条里遺跡」（『月刊文化財発掘出土情報』ジャパン通信社、一九九三年十月）。

（2）藤本潔「福島県南東部に位置する海岸平野の浜堤列とその形成時期」（『東北地理』四〇―二、一九八八年五月）。

（3）鈴木貞夫「夏井（菅波・荒田目）の条里制遺構」（『いわき地域学会夏井地区総合調査報告』一九八八年）。

（4）加藤優「奈良・藤原宮跡」（『木簡研究』五、一九八三年）。

（5）義江明子「『刀自』考―首・刀自から家長・家室へ―」（『史叢』四二、一九八九年五月）。

（6）服藤早苗「古代の母と子」（森浩一編『日本の古代』一二、中央公論社、一九八七年）。

（7）金井沢碑の系譜については、続柄はすべて家刀自との関係を示すと理解でき、従来の諸説とは異なる試案を次に提示しておきたい。

○義江明子説（前掲論文）

○東野治之説（『群馬県民の歴史』1、上毛新聞社、一九九三年）

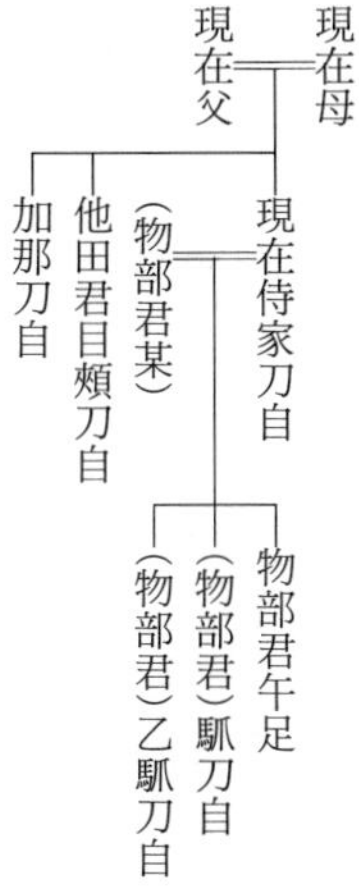

○平川試案

現在母
現在父
現在侍家刀自
（某）
他田君目頬刀自（物部君某）
児
加那刀自
孫
物部君午足
（物部君）馴刀自
（物部君）乙馴刀自

（8）吉田孝『律令国家と古代の社会』（岩波書店、一九八三年）。

（9）この場合の「ヤケ」と「イヘ」の関係は、吉田氏は次のように想定している。

ヤケは単なる施設ではなく、なんらかの機能を含めた観念であり、種々の機能のなかでも農業経営の単位としての機能が最も重要な農耕儀礼であったのは、そのあらわれであろう。日本の古代社会においては、そのヤケは在地首長のイへと、空間的にもまた機能的にも重複していたのではなかろうか。すなわち在地首長層の住居が、ヤケとしての景観と機能をもっていたとき、同じ実体が、家族の側面からはイへとして、景観からはヤケとして観念されたのではなかろうか（後略）。

（10）切畑健・沢田むつ代「飛鳥時代の褥・戊子年銘幡」（『伊珂留我』法隆寺昭和資財帳調査概報2、一九八四年）。

（11）狩野久「法隆寺幡の年代について」（『伊珂留我』法隆寺昭和資財帳調査概報3、一九八四年）。

（12）岸俊男「『白髪部五十戸』の貢進物付札」（『日本古代文物の研究』塙書房、一九八八年。原論文は一九七八年）。

（13）東野治之氏は、「山部五十戸」をサトと解すれば、死没者は簡略に過ぎるのではないかとして、「ヤマベノイへ」という人名とみるべきであると指摘している（「法隆寺伝来の幡墨書銘―追善行事との関連にふれて―」、小松和彦・都出比呂志編『日本古代の葬制と社会関係の基礎的研究』平成六年度科学研究費補助金研究成果報告書、一九九五年）。しかし、私見は〝山部里の婦〟ではなく、山部里婦＝山部里刀自＝山部里長の婦の意ということで特定した人物を記載したと理解している。

（14）福井県鯖江市持明寺遺跡出土の九世紀後半の墨書土器は「郷長」ではなく、「里長」と記す（二例あり）（福井県教育庁埋蔵文化財調査センター『年報5――平成元年度』一九九一年）。

（15）註（6）に同じ。

(16) 山本幸男「八世紀における王臣家発給文書の性格」(『ヒストリア』八九、一九八〇年)。
(17) 関口裕子「歴史学における女性史研究の意義——日本古代史を中心に」(『人民の歴史学』五二、一九七七年)。
(18) 吉田晶『日本古代村落史序説』(塙書房、一九八〇年)。
(19) 本章一「種子札と古代の稲作」参照。

三　初期荘園と木簡——石川県金沢市上荒屋遺跡

1　遺跡の概要(1)

上荒屋遺跡は石川県金沢市上荒屋六丁目に所在し、手取川扇状地の扇端、安原川流域の微高地(遺構面標高約八メートル)に立地している。江戸時代までは上荒屋の集落まで安原川を使って荷揚げがされるなど水運の便がよいところでもある。

木簡は、平成二年(一九九〇)の調査で五三点出土したが、そのすべてが幅約八メートル、深さ約二メートルの河川(SD四〇)からのものである。奈良・平安時代の遺構は、東西・南北方向に走る二本の条里溝(幅約一メートル、深さ一〇～三五センチ)と東西方向から南北方向に直角に曲がるSD四〇に囲まれたほぼ一町四方内に建物群が展開している。SD四〇には数ヵ所の船着場状遺構が確認され、近接して二間×五間西庇付の大型掘立柱建物も二棟確認している。SD四〇の遺物の中心は八・九世紀であるが、上層には十世紀および十二～十三世紀のものも含まれている。木簡の時期は、八・九世紀に属すると思われるが、内容や周辺の遺構・遺物の出土状況などから総合的に判断する必要がある。

ＳＤ四〇からは木簡のほかにも文字資料として、破片も含めて五〇〇点以上もの墨書土器が出土しており、その内容は当遺跡が八・九世紀の荘園跡であることを示している。八世紀の墨書土器は、一〜二割であるが、「庄」（一七

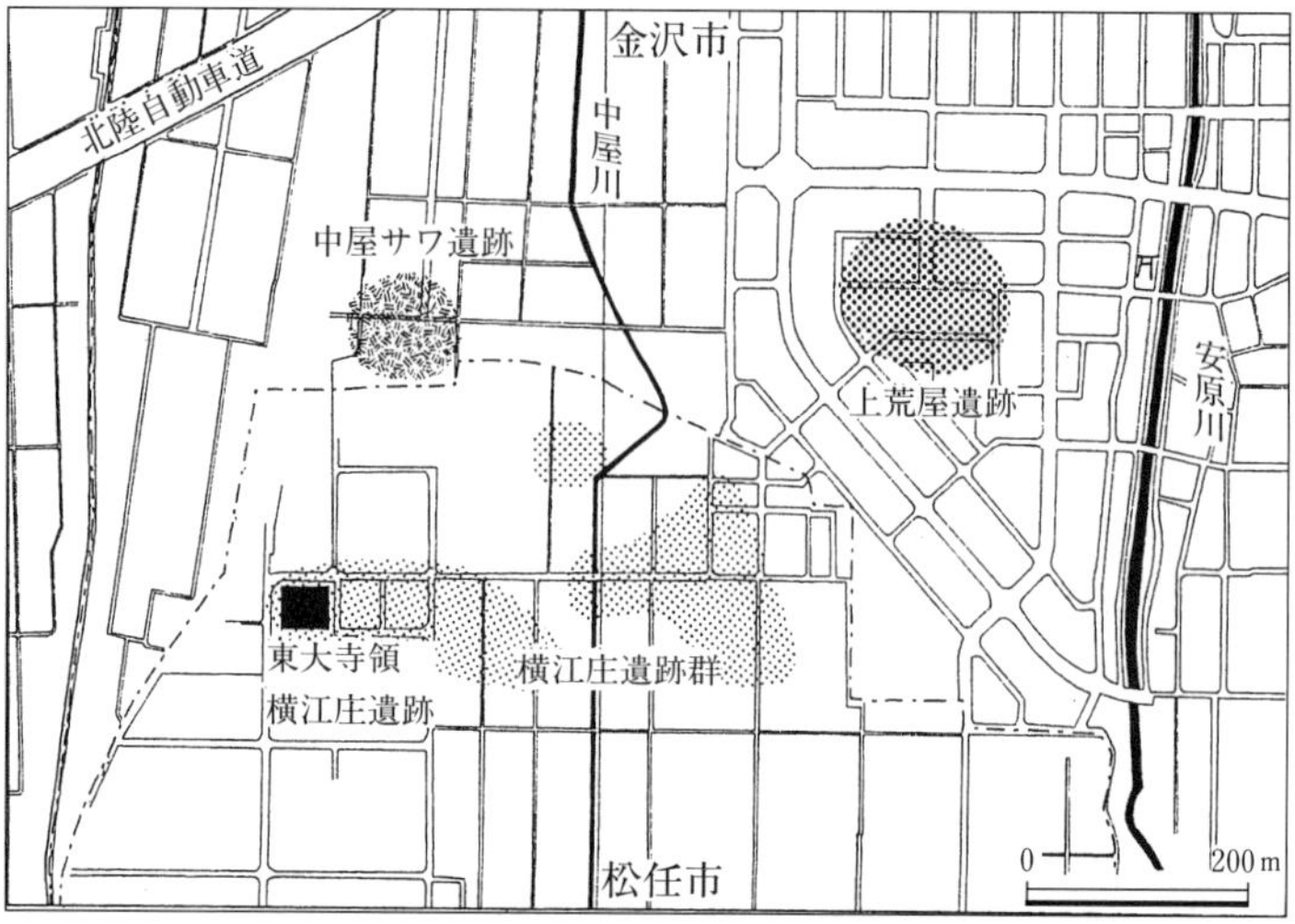

図164　上荒屋遺跡周辺地図

図165　上荒屋遺跡主要遺構略図

点）や「綾庄」（一点）がある。また九世紀の墨書土器では六割以上が「東庄」（二〇〇点以上）である。便宜的に前者を「綾庄」段階、後者を「東庄」段階と呼ぶ。二段階を設定したのは、固有名詞的な「綾庄」や「庄」一文字墨書から、相対的位置関係を示す「東庄」に変化し、その量が格段に増加するなど、単純に連続しているとは考え難く、大きな転換が考えられるからである。また「東庄」段階の墨書土器のなかには少数ではあるが、「西庄」「南庄」「北庄」が確認されており、当遺跡周辺にそれらが存在する可能性を示唆している。

奈良・平安時代の建物と考えられるものは、平成二年までの調査で、建て替えを含めて二二棟の掘立柱建物を検出している。建物の軸線方向は大きくN一度W、N六〜七度E、N九度E、N一三度Eの四群に分けられる。軸線方向の違いは時期差と考えているが、N一度Wの建物としては、SD四〇沿いに二間×五間西庇付の大型掘立柱建物（SB一一〇）があり、船着場および付属棟を伴っている。このSB一一〇の柱穴からは八世紀後半の土器が出土し、前面のSD四〇からは「東庄」墨書土器が数パーセントしか出土していないことから、「綾庄」段階の荘家ではないかと考えられる。また、別地区でN九度Eの建物、二間×五間西庇付の大型掘立柱建物（SB一二〇）を未掘ではあるが確認している。SB一一〇と同様に付属棟と船着場を伴っている。隣接するSD四〇から、「東庄」墨書土器の七〇パーセント以上が出土していることから「東庄」段階の荘家ではないかと考えられる。N一三度Eの建物としては、庇をもたない二間×五間のSB五〇があり、柱穴から九世紀半ば以降の土器に「東□」と書かれたものが出土している。

SD四〇からは木簡・墨書土器のほかに、斎串が六五点、人形が二五点、馬形その他形代などの木製品や、帯金具・銅鈴・儀鏡などの金属製品が出土している。

調査は一九九一年度に約三〇〇〇平方メートルの調査をもって終了し、一町四方内の建物群の配置が全面確認されることになる。

なお、上荒屋遺跡の南西約八〇〇メートルには、史跡東大寺領横江荘荘家跡がある。昭和四十五年（一九七〇）の調査では、二間×五間に庇をもつ掘立柱建物を中心に両脇に付属棟を配置した遺構が検出された。横江という地名と「三宅」と書かれた墨書土器から、その建物群は横江荘の荘家跡と推定され今日に至っている。

2　釈　文

一号「品治部君足黒五斗二升」　一二〇×一五×四　〇五一

二号「荒木佐ツ麻呂黒五斗二」　一二四×一五×五　〇五一

四号・「＜酒人月朔　」
　　・「＜　奉　」　一一〇×二〇×五　〇三三

五号「＜大根子籾種一石二斗」　一七五×一八×五　〇三三

六号「秦於政□〔大〕神山人進上」　二九四×二五×五　〇五一

七号「＜封　四人料　(一一七)×三〇×二　〇三九

八号「＜□〔許〕庭一石二斗」　一七八×二〇×五　〇三二

九号「度津曰佐万呂黒五斗二升」　一四五×二〇×二　〇五一

一〇号　□可進上交易布　(九八)×(一三)×三　〇八一

一三号「諸上白米五　(七二)×一八×二　〇一九

一四号・別止万呂十一束　石勝十一束

□□〔悪都カ〕十一束　　足羽家十一束
□□十一束　　黒子女十一束
・今日受二斗三升　　（一五〇）×二九×三　〇八一

1号　（表）　36号　（裏）　43号

図166　上荒屋遺跡出土木簡

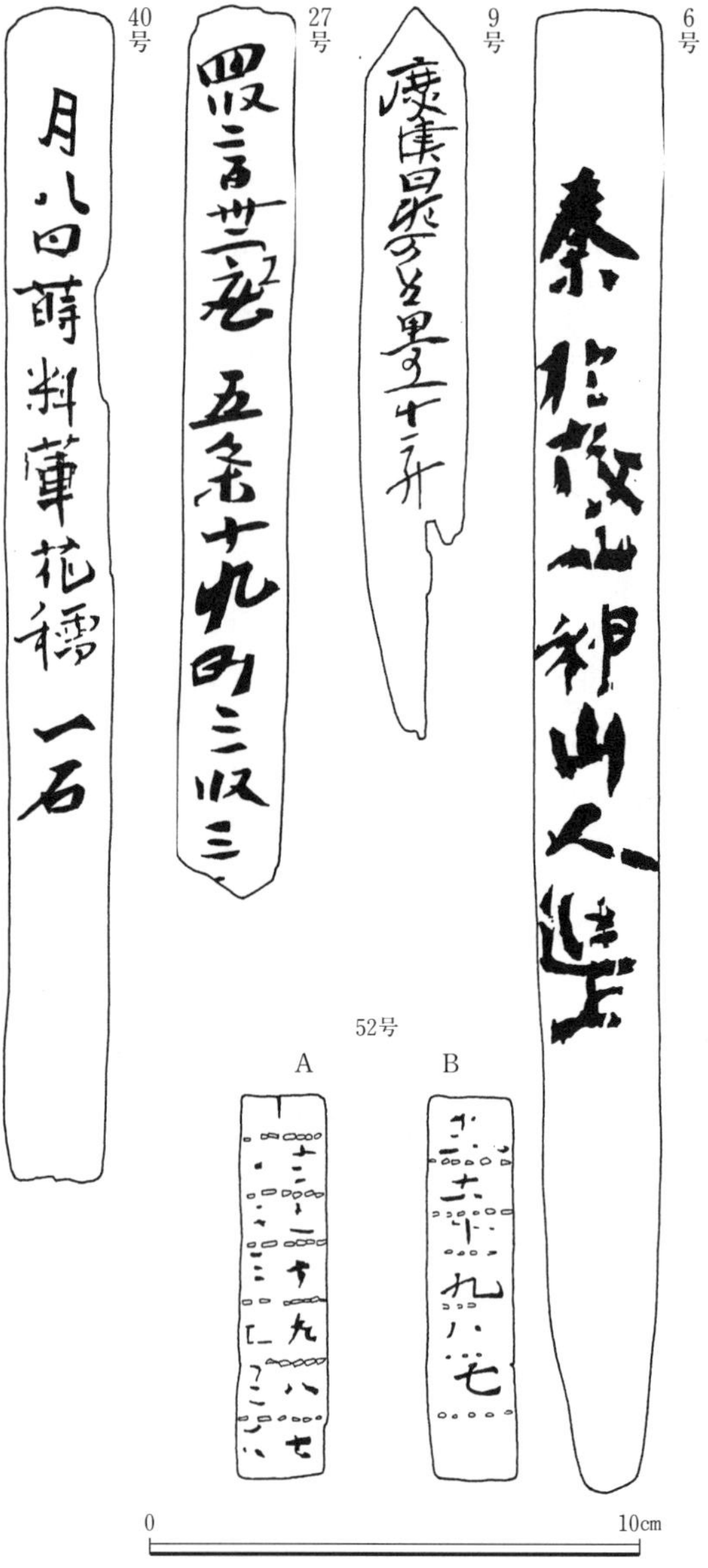

図167　上荒屋遺跡出土木簡

一六号　「＜富子一石二斗　　(一〇六)×一六×三　〇三三

一八号　「春日千麻呂黒五斗二升」　　一一三×一六×二　〇五一

一九号　「津守久万呂五斗」　　一二四×一七×五　〇五一

二〇号　「秋万呂上白米五斗」　　一四二×一八×四　〇五一

二一号　春日千万呂　、坂本吉人　、国覔八千万呂」　　(二四七)×一〇×七　〇一九

二二号　□□酒人黒米五斗一升」　　(一一〇)×一八×三　〇五九

二三号「□〔申カ〕□□□〔米壱カ〕□[　　　　]□□為進上□怠有□
　　　注事状以解　天安元年二月廿五日丈部[　]」　三〇六×二七×五　〇一一

二四号・「八作万呂五斗」　二一一×二五×五　〇五一
　　　・「二月十五日□」

二七号『四段二百卅二歩』庄　五条十九町三段三□　（一七四）×二〇×五　〇八一

三〇号・□扣□　扣召枚□」　（二八九）×（二九）×四　〇一九
　　　・『重　重　重□　重　重[illegible]』
　　　　六月十八日有鐙『[illegible]』」

三四号「山人上黒米五　（八七）×二〇×四　〇一九

三五号「山人上黒米五斗」　一五〇×一九×九　〇五一

三六号・「浄公上白米五斗」　一四〇×一四×四　〇五一
　　　・「　『欠二升』　」

三七号「∨福マ仁加□〔忍カ〕一石」　一六〇×三〇×七　〇三三

四〇号「□月八日蒔料蓮花種一石　（二三〇）×一八×九　〇一九

四二号「庄」　一〇九×一八×二　〇五一

四三号「∨鴨御神一束」　一〇九×二五×四　〇三三

四四号　安長呼　（一四六）×二八×一　〇六一

四五号　呼呼
　　　　呼　　(一五四)×二八×一　〇六一

四六号「<四石四斗五升」　一五二×二四×四　〇三三

四七号「法師万呂米五斗」　一五一×一四×五　〇五一

五〇号「針真黒五斗二升」　一三〇×一六×五　〇五一

五二号・「　　十二　十一　十　九　八　七
　　　　　一　二　三　四　五　六」
　　　・「十二　十一　十　九　八　七　」　七五×(一六)×二　〇八一

五五号　　、別止万呂　　、服マ安万呂二人
　　　万呂　、福継　　、三田万呂」　(一六一)×(二五)×四　〇八一

五六号「<壹斛一斗三升」　一三七×二四×五　〇三三

五七号「東庄」(2)(曲物側板外面)　径(二六〇)×高(六五)×側板厚三十二　〇六一

3　内　容

付札木簡が二六点あり、全体の約半数を占めている。そのうち、大半は白米・黒米の付札で、その特徴は次のとおりである。

㋑　基本的な書式は、「貢進者＋黒（米）または白米＋量目」である。

㋺　その形状は、長岡京木簡に多くみられる上端を山形として、下端を両側面から削り尖らせる点に特徴がある。長岡京木簡もその形状のものは近江・美濃・越前などの国からの白米付札に多用されている。

(ハ) ほぼ同時期の長岡京木簡と比較して小型である（表25～27参照）。

(ニ) 郡郷名の記載がない。

(ホ) 木簡の裏面に記載がない。

(ヘ) 年月日の記載がない。

(ト) 白米五斗に対して、黒米の場合「五斗二升」（一例のみ一升）と記されているのは、おそらく精白代をプラスして貢進したものと考えられる。正倉院文書によれば、造石山寺所に関して、「黒一石、但一斗米加入精代」（『大日古』五—二四七）と、黒米で納入する場合は十分の一の精白代が余分に徴収されている。

(チ) 人名はウジ名を略するものもある。

(リ) 三六号「浄公上白米五斗」のように「上」（タテマツル）と記されている点は、同じ初期荘園遺跡のじょうべのま遺跡（富山県）の付札とその形状（頭部を山形とし、下端を尖らせる）とともに共通する。(3) なお、三六号の裏面墨書「欠二升」の書込みは、白米五斗を検収したさいの不足分を示すものであろう。

表25　長岡京跡出土の付札

（越前国の米荷札，単位：ミリ）

番号	長　さ	幅	厚さ
67	(165)	24	2
76	195	22	4
77	187	19	5
78	180	23	4
85	142	18	4
86	154	15	5
87	165	13	4
88	171	17	4
平均	171（7点）	19（8点）	

註　051型式のもの。ただし頭部を山形に整形したものを含む。

五・八・一六号は、ともに両側面から切込みのある点、先の白米・黒米の付札と異なる。五号は「籾種一石二斗」と明記されている。一六号も「一石二斗」とあるが、五号と同一地点・同一層位ゆえに籾種とみなしてよいだろう。八号は層位が異なるが、量目「一石二斗」とみえる。なお、一石二斗は種籾段別二束からいえば、六段分に相当する。

七号は、いわゆる封緘木簡で上端から一・七センチの位置の左側面に

表26　切込みのない付札（051型式）　　（単位：ミリ）

番号	長さ	幅	厚さ	出土地区・層位	備考
*1	120	15	4	船着場・下	
*2	124	15	5	船着場・下	
6	294	25	5	E7・上	
*9	145	20	2	E8・下	
13	(72)	18	2	E8・下	
*18	113	16	2	船着場・下	
19	124	17	5	船着場・下	
20	142	18	4	船着場・下	
*22	(110)	18	3	船着場・下	
24	211	25	5	D9・上	裏に日付あり
*34	(87)	20	4	D9・下	
*35	150	19	9	D9・下	
*36	140	14	4	D9・下	
*41	144	14	4	C9・下	
*47	151	14	5	D9・下	
*50	130	16	5	E9・下	
*53	157	18	6	D9・下	
平均	137 (12点)	18 (17点)			6・24号を除く

註　＊印は頭部が圭頭状のもの。

切込みがある。仙台市郡山遺跡の一号木簡（『木簡研究』四）と法量がほぼ同じである（（一〇四）×二九×三）。郡山木簡と本木簡は、切込みと「封」の文字の位置が一致しない点も共通している。一四号は、人名を列記し、すべて「十一束」と記されており、出挙関係木簡と考えられる。二一・五五号は形態が異なるが、人名を列記し、各自の上部に墨点を施しているが、なんらかの勘検の痕跡と考えられる。二七・四二号はともに「庄」の表記が、本遺跡の性格との関連から注目される。三〇号は、召喚状木簡と思われ、裏面には日下に「有澤」とみえる。「有澤」を僧侶とすると、本遺跡の性格とも深くかかわり、庄経営に僧侶が関与したことを示す史料として重要であろう。

四三号の「鴨御神」と本遺跡との関連は、延喜式内社として加賀郡に「賀茂神社」、『白山之記』（長寛元年〈一一六三〉成立）によれば、安宅（現小松市安宅町）に「加茂社」が存する。なお、形状の点で類似する四号「〈酒人月朔」「〈　奉　」も祭祀関連の付札とみることができよう。五二号は、左側側面が欠損するが、復元すると、おそらく長さ二寸五分（七・五センチ）、幅七分（二・一センチ）、その中央の位置に縦の刻線を引いている。表の縦・横線は釘状のものによる刻線、裏の横線は釘状のものの先で突き刺し浮かしている。つまり、表裏異なる刻線で表現している。この木簡は一～一二までの数値および千鳥式の並びから判断すると、条里の坪並を表現していると理解できる。このような小型な軽便さから木簡の用途を推測するならば、条里の坪並の読取りに利用されたのではないか。四四・四五号は、「呼」という表記がこれまでの木簡に類例がないが、この木簡の性格を推測するうえでその形状が一つの手がかりになるであろう。非常に薄い柾目材を用い、二点を合わせると人形の胴から足の部分のような形状となる。その出土状況も文字面を貼り合わせるように投棄されていた。通常の召喚状の「召」ではなく、「呼」としている点にも、その形状などと考え合わせて、祭祀のような特殊な用途が想定できるであろう。

表27　上端の左右に切込みのある付札（単位：ミリ）

番号	長さ	幅	厚さ	出土地区・層位	備考
4	110	20	5	E8・上	量目記載なし
5	175	18	5	E8・上	
8	178	20	5	E8・下	
*16	(106)	16	3	E8・上	
37	160	30	7	D9・下	
43	109	25	4	B9・下	量目記載なし
46	152	24	4	D9・下	
56	137	24	5	B10・下	
平均	146（7点）	22（8点）			

註　＊印は032型式。他は033型式。

以上のように、上荒屋遺跡出土木簡は付札が全体の約半数を占めるが、それは、出土遺構が荘園における物資輸送のための運河の船着場付近であることによるであろう。また、八世紀後半の「綾庄」段階と九世紀半ばの「東庄」段階で、木簡の形状も大きく異なっている点、注目すべきであろう。八世紀後半段階の付札は形が小型で、ほぼ統一されているのに対して、九世紀半ば段階のものはやや大型化し、全体的に多様な形状を呈するようになり、その記載様式も従来の都城における貢進物付札と異なる。いずれにしても、上荒屋遺跡出土木簡は荘園の現地管理・運営の実情を物語る貴重な資料といえるであろう。

註

（1）小西昌志・出越茂和「石川・上荒屋遺跡」（『木簡研究』一三、一九九一年）、金沢市教育委員会『上荒屋遺跡(二)』（一九九三年）抜粋。

（2）五七号は、曲物の側板外面に墨書したものである。墨書の方向は曲物を正位においたとき「[illegible]」と左横位である。曲物の法量は、底板が直径一六八ミリ、厚さ五～八ミリで、側板の高さは六五ミリ残り、厚さは三ミリである。

（3）入善町教育委員会『入善町じょうべのま遺跡発掘調査概要』三（一九七五年）。

四　古代末期の居館跡と木簡——山形県米沢市古志田東遺跡

1　遺跡の概要（1）

遺跡は、山形県の最南端部の米沢市林泉寺三丁目に所在する。松川扇状地の扇央部から末端部にあたり、市街地からは南西約三キロほど進んだ平坦な水田地帯の標高二五七メートルに位置している。

遺跡周辺の地形をみると、東方向は比較的平坦な水田地帯が堀立川に接するように広がっており、南方向は緩やかな傾斜を保ちながら上流へと向かう。北方向も平坦面が自然に下流に延びている。西側に進むと一変してきつい勾配となり、笹野山山麓から延びる台地を寸断するように五メートル前後の段丘が発達している。

この段丘は、旧松川（最上川）によって沖積世初期に形成されたもので縄文時代の早期や前期を中心とした集落跡と中世期の城館跡が数多く分布している。旧松川は、縄文後期から晩期に入ると急速に進路を東側へと変えていく。河川の移動に伴って残された跡には、窪地状に続く低湿地帯と枝分かれして新たに北流する旧堀立川が緩やかに流れていたものと推測される。肥沃な堆積物で覆われる湿地帯は水稲栽培に適しており、河川は運河としての利用も可能と考えた在地豪族らは河川が大きく蛇行する対岸を選定し屋敷を構えた。

2　遺構・遺物[2]

河川跡の東側に沿って大型建物一棟を含む七棟の建物、土壙二〇基、井戸二基、溝状遺構三基、河川跡に中世期とみられる柱穴二〇基が検出されている。また、河川跡には東西二基の船着場と木橋一基が付随する。

(1)　掘立柱建物

母屋と推測される中央の三間×一〇間の建物を中心として南北に各一棟、東西に二棟を合わせた計七棟で構成されている。

〔母屋（BY1）〕中央より検出された南北長の大型建物で、桁行一〇間（二三・八メートル）、梁間三間（八・六メートル）に北側を除く三面に庇を有している。

この大型の建物は、古志田東遺跡の中核をなす施設であり、母屋とみられる。床面積が約一九〇平方メートル、庇を含めれば約三三〇平方メートルの規模を誇り、東北

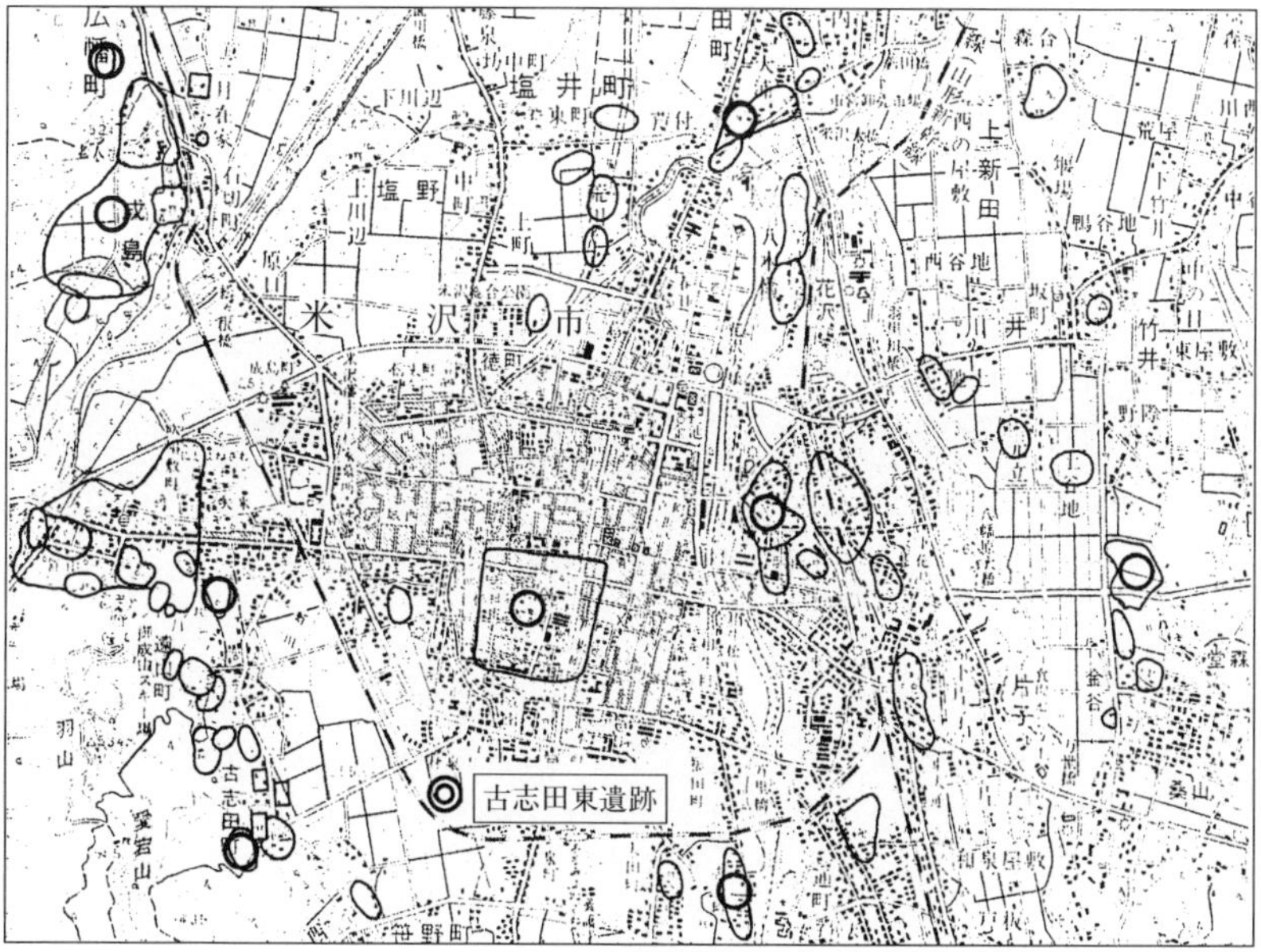

図168　古志田東遺跡周辺地形図

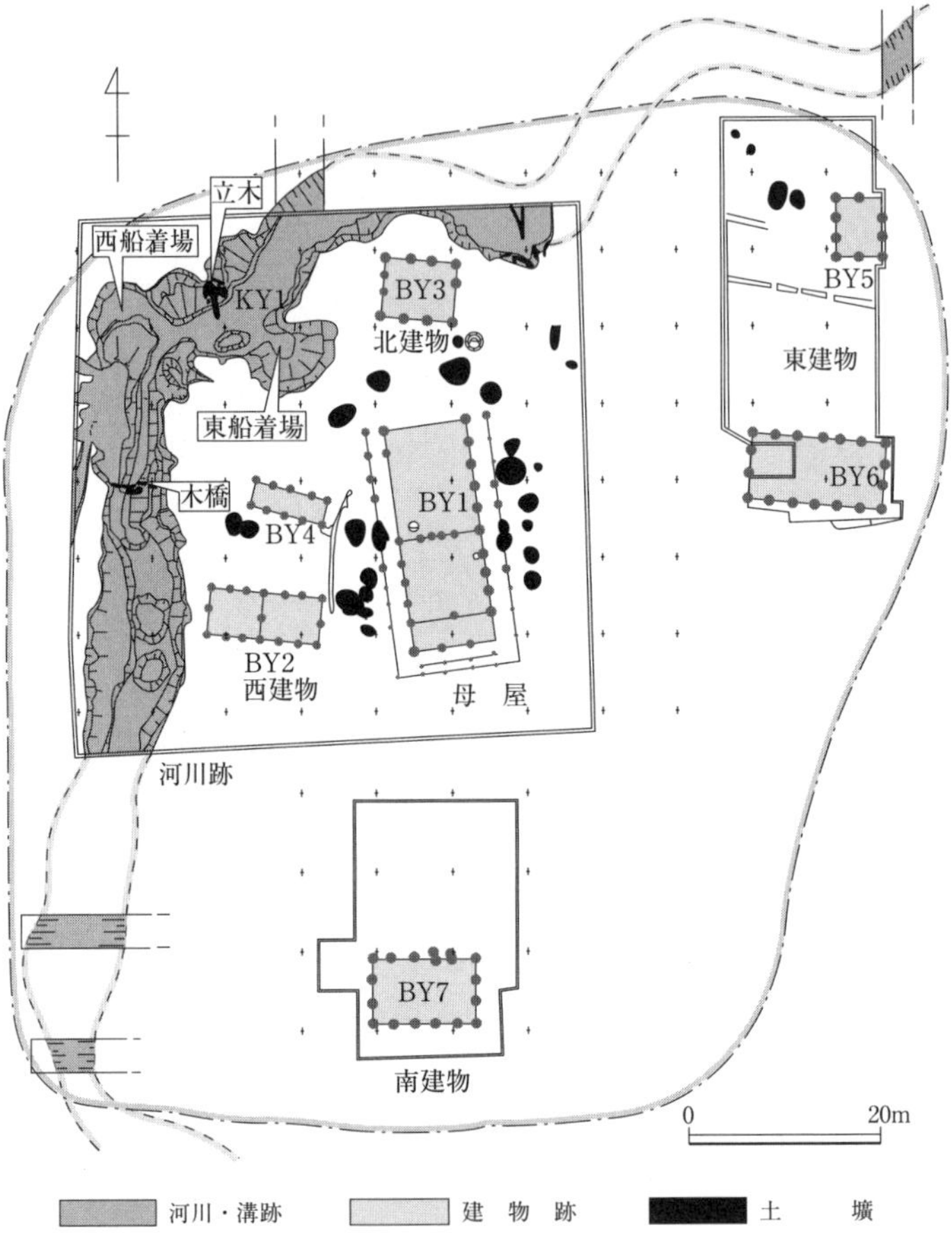

図169　古志田東遺跡遺構全体図

地方でも最大級の施設となる。

〔北建物（BY3）〕　東船着場に隣接する建物で、桁行三間、梁間三間となっているが、東面の一間だけが不自然に開いている。おそらく入口部分にあたるものと考えられる。東船着場に接していることや柱根が母屋と同等に太いことなどを考慮すれば、倉庫の機能として存在したものとみられる。

(2) 河川跡

調査区の西側から南北方向に検出された河川跡（KY1）で、確認された最大幅が一一・二メートル、最も狭い箇所で六メートルをなす。河川の調査区中央には、丸太一〇本を直角に配列した橋状遺構と北側建物の西側に人工的に掘り込んだ不整円形状の船着場を東西二ヵ所に配備している。深さは、全体的に南側が浅く、北側および東側に進むと緩やかに深くなっており、一・五～二メートルである。

今回の調査で出土した遺物は、整理箱で約三〇〇箱が検出されている。遺物の大半は河川跡の覆土内部から出土したもので、赤焼土器・須恵器・土師器などの坏形態を主体とした土器と木簡・木椀・物差し・修羅・弓などの木製品とに分けられる。

(3) 木製品

木製品の大半は、河川跡の中層から底面にかけて出土した。とくに、母屋の西側から蛇行する東側の範囲にかけて集中する傾向を示し、木簡六〇点や修羅四点を含む約五〇〇点の貴重な木器類が検出されている。これらの木製品は、用途の種別より日用雑器・農具・武具・祭祀具・建材などの五種類に分けることが可能である。

(4) 墨書土器・木簡

今回出土した墨書土器は、土師器・須恵器・赤焼土器などの坏類の胴部や底部に書かれたもので、断片や不明なものを含めると四三三点が認められている。その内訳を多い順に列挙すると呪符的記号「⋇」とみられるもの一三八点、「木」六六点、「東」一五点、「山田」一二点、「達」五点、「欠」三点、「吉」「生」「布」「伍万」二点、一点のみが

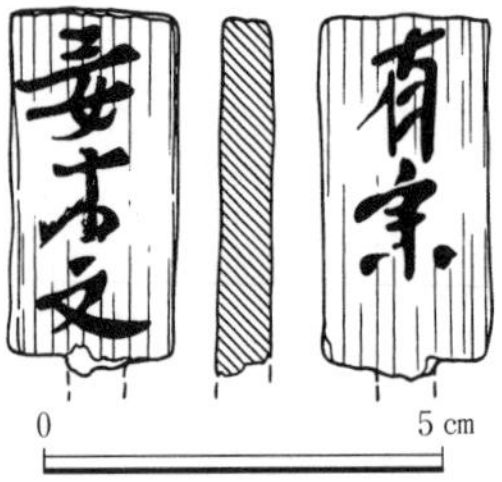
図170　古志田東遺跡出土1号木簡

「十万」「山田西」「千万」「福」などである。(3)

文字の全体としては、墨書土器特有の吉祥文字が目立つといえる。このなかで注目される墨書土器を挙げると呪術的記号の一三八点がある。一筆書きで螺旋を描くように四〜六個の花弁状の輪を一単位として上から下に展開するように描く不思議な文様表現である。

木簡は河川跡のC区〜E区と東船着場を中心に検出したものである。

3　主な出土木簡

(1)　一号木簡（図170）

・「有宗

・「案文（題籤軸）　（四五）×二〇×七　〇六一

この木簡は、題籤軸と呼ばれるものに属する。題籤軸は一般に、短冊形の一枚の板から削り出して題籤部と軸部を作るが、本木簡は軸部が欠損し、題籤部のみが遺存したものである。裏面の文字の字配りが特異である。

釈文は「有宗案文」と解読した。「案文」とは文書の控えを意味し、本遺跡において、某氏の有宗という人物の作成した文書を巻子仕立てで保管していたことを示すものである。「有宗」は人名で、ウジ名が省略されているが、施設内のみで用いられる場合、題籤などにウジ名を省略する場合がある。

(2)　二号木簡（図171）

□代田人廿九人　九人
女廿人　又卅九人　女卅一人
男八人　(二六五)×(一九)×五　〇八一

上端と右側面の一部が欠損している。内容は、田人を動員し、その人数を数度にわたり、累計した記録簡と考えられる。

田人については、『古語拾遺』の御歳神の冒頭に「一いは、昔在神代に、大地主神田を営る日に、牛宍を以て田人に食はしめき」とみえる。田人は、農耕の民、田作りの民の意味として用いられている。「田人」とみえる木簡の例では、いわき市荒田目条里遺跡出土の二号木簡（釈文は第一章一、一二頁参照）が挙げられる。

古志田東遺跡の二号木簡の記載内容は、田人二九人の内訳として男九人、女二〇人、次に三九人の内訳として男八人、女三一人が記されている。女性の人数が七、八割を占めている点が注目される。

(3)　三号木簡（図172）

・□百五十八人丁二百□
小廿人

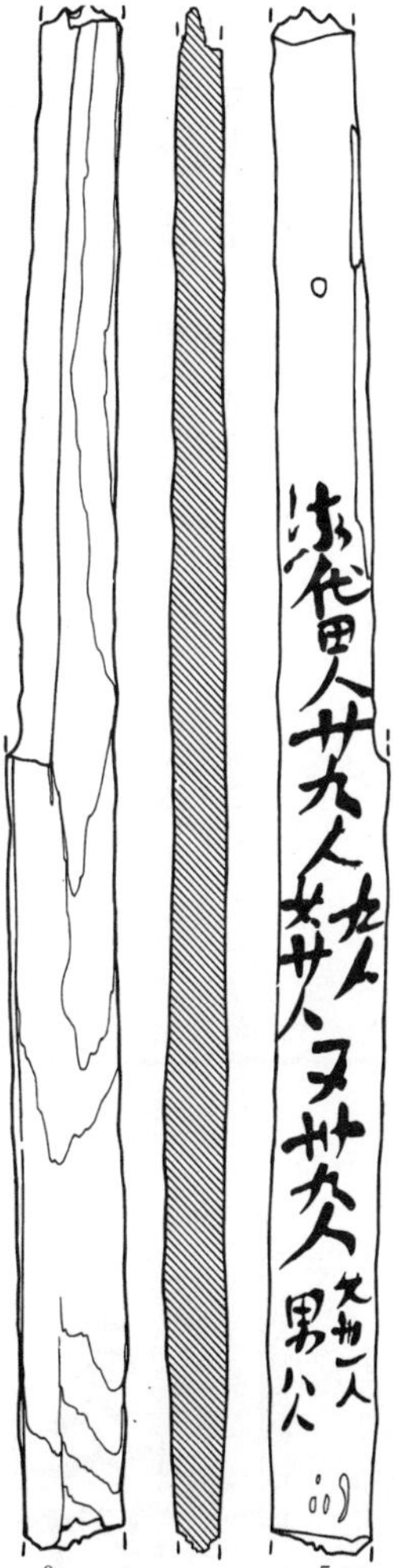

図171　古志田東遺跡出土
2号木簡

・卅人男廿八人
　　小二人　　□　　（九九）×二九×三　〇八一

原形は短冊形と想定されるが、上・下は欠損している。

内容は、二号木簡と同様に動員した労働者に関する記録簡である。

表《おも》面にみられる総勢二五八人の内訳は、「丁」二三八人と「小」二〇人となっている。「丁」「小」は年齢区分をあらわしており、「丁」は正丁（二十一歳～六十歳）、次丁（老丁。六十一歳～六十五歳）、中男（大宝令では少丁。十七歳～二十歳）を意味し、「小」は、小子（四歳～十六歳）を意味するとみられる。

裏面は、二号木簡と同様、数度にわたる労働の一回ごとの内訳を記録しているものと考えられる。「男」「小」という分類の仕方は、表《おもて》面の「丁」「小」と対応しているものとみられる。労働の内容は不明だが、本遺跡内において、男性の労働力を大規模に動員したさいの記録簡といえるだろう。

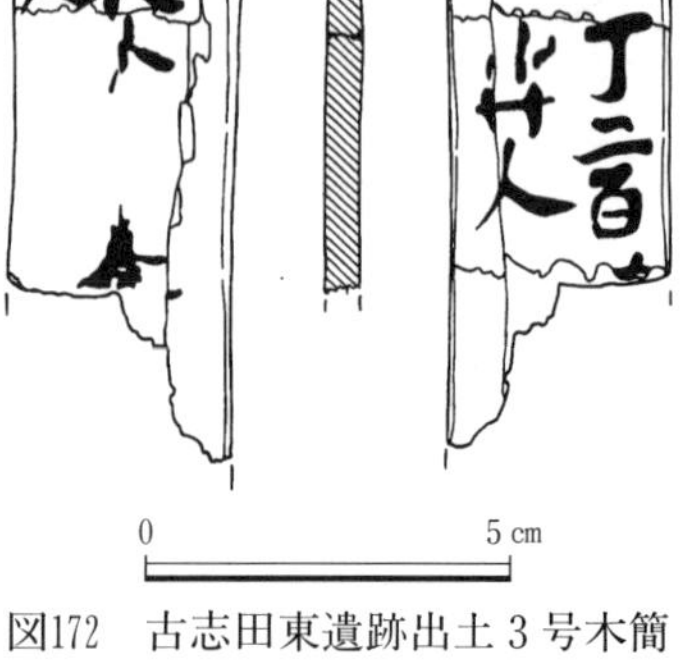

図172　古志田東遺跡出土３号木簡

(4)　四号木簡

＜八斗六升□□人万呂　　（九八）×（一九）×四　〇三九

現状は、上端部の左右に切込みがあり、付札の形態を呈しているが、本来は短冊状の文書木簡であったものを二次的に付札状に改変したと考えられる。書かれている文字は、付札に対応するものではなく、付札に加工する以前の記載が残ったのであろう。本木簡は本来、米などの数量と人名を列記した文書木簡であったと推測される。

(5)　五号木簡

「∨三斗八升　　　　　　　　　　　(二四一)×三一×四　〇三九

下端欠損。裏面は墨痕跡が全く認められない。数量「三斗八升」のみの記載で、詳細な内容は不明である。

(6)　六号木簡

「∨□□一石」　　　　　　　　　　一八一×二八×三　〇三三

材の上部の左右に切込みを入れ、下端を尖らせている。裏面には全く墨痕はない。「一石」は籾の数量か。

(7)　七号木簡

五十二束　　　　　　　　　　　　(一七五)×一五×四　〇八一

本来の短冊形の木簡を、二次的に先端を尖らせた付札状に改変している。稲の束数と思われる「五十二束」のみの記載であるので詳細は不明といえよう。ただ、これまで各地の遺跡から出土した出挙に関する木簡が、

一、数量単位は原則として「束」である。

一、一人の貸付数は平均すると、四五束〜五五束程度である。

という特徴をもっていることを参照するならば、(4)出挙関係木簡とみることができるであろう。

(8)　八号木簡

□万　七万　八万　九万　十一万　□万」　　　　(二四五)×二九×二　〇五九

上端欠損。形状は、材がきわめて薄く、下端を尖らせている点など、斎串の特徴に類似している。この形状の特徴と、記載内容が「(数字)万」という点を考えあわせると、呪符的な性格を想定することができるであろう。

(9)　一一号木簡

「東」　　　　　　　　　　　　　径一五〇×厚七　〇六一

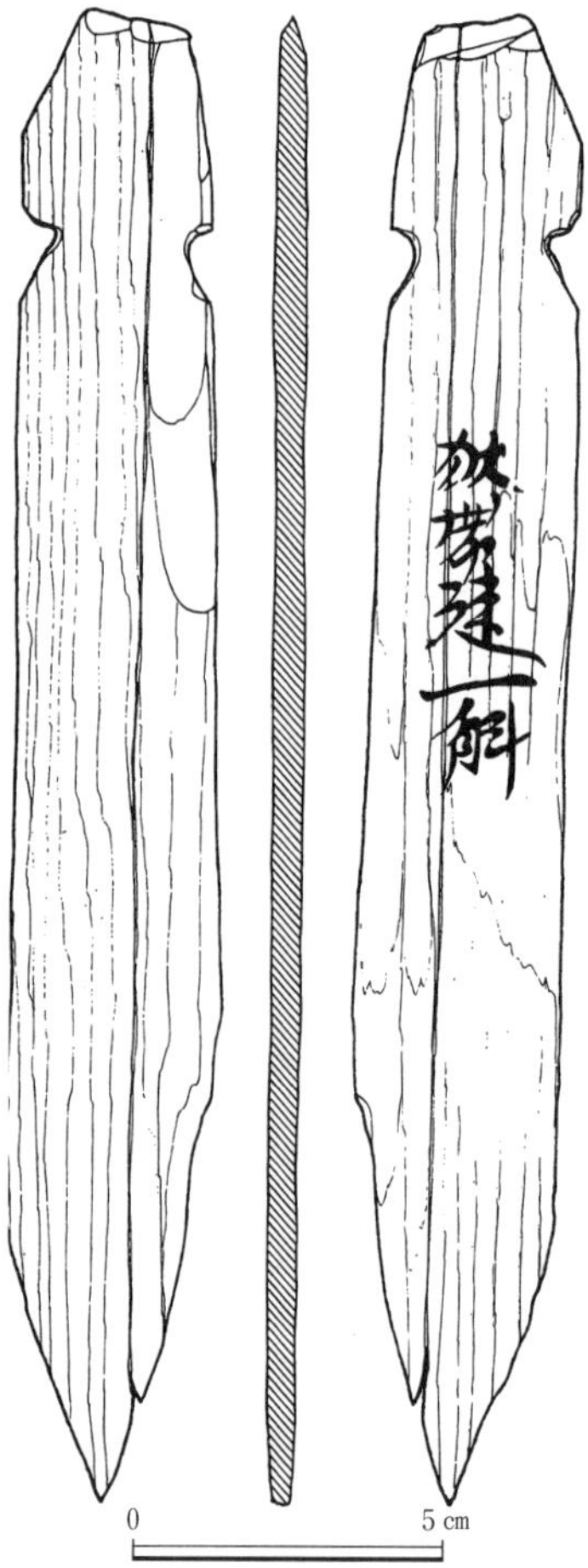

図173　古志田東遺跡出土12号木簡

曲物の底に「東」と墨書したものである。おそらくは、この施設内の母屋を中心として、東施設に備えた曲物容器に「東」と墨書したのではないかと推測される。

⑽　一二号木簡（図173）

「〈狄帯建一斛」　　二四〇×三二×五　〇三三

材の上部の左右に切込みを入れ、下端を尖らせた付札状の木簡である。裏面には全く墨痕はない。表面に「狄帯建一斛」と書かれている。本木簡は九世紀後半から十世紀にかけての出羽国南部、しかも狄と表記される蝦夷からの貢進物とは理解しがたい。形状と一斛単位そして以下にみるように「狄帯建」という表記から推して稲の「種子札」か。[5]近代前半に著わされた石川理紀之助の『稲種得失弁』によれば、品種名に「赤夷」「白夷」「おく夷」などが存在している点に注目したい。「狄」は蝦夷（北狄）をあらわし、「帯」は貴人の弓の意、「建」は勇猛な者の意であり、「帯」および「建」は「大帯日子於斯呂和気天皇」（景行天皇。『古事記』）、「倭建命」（『古事記』）などに用いられている。おそらく稲が勢いよく成長する意味で品種名とした可能性を指摘しておきたい。「一斛」は籾をあらわしている。

(11)　一三号木簡（図174）

・□船津運十人」
・□□□□□　」

(一六三)×(一六)×四　〇三九

上端が欠損している。従来の短冊形の木簡を半載して転用した木簡で、表面《おもて》に「□船津運十人」と書かれている。裏面にも明瞭に墨痕が認められるが、破損していることから文字の判別は困難である。この木簡は、東船着場より検出したものであり、「船津」は船着場、「運十人」はその船着場で船荷の荷上げ荷降ろしに動員された労働者に関する記録簡である。

(12)　一四号木簡

「＜　上毛野真人一石」　一五八×一七×五　〇三三

材の上部の左右に切込みを入れ、下端を尖らせた付札状の木簡である。

(13)　一五号木簡

□□□　子主□人

(一二二)×一七×五　〇八一

上・下端が欠損している。

4　出土木簡の要約

一号木簡は、本遺跡における文書業

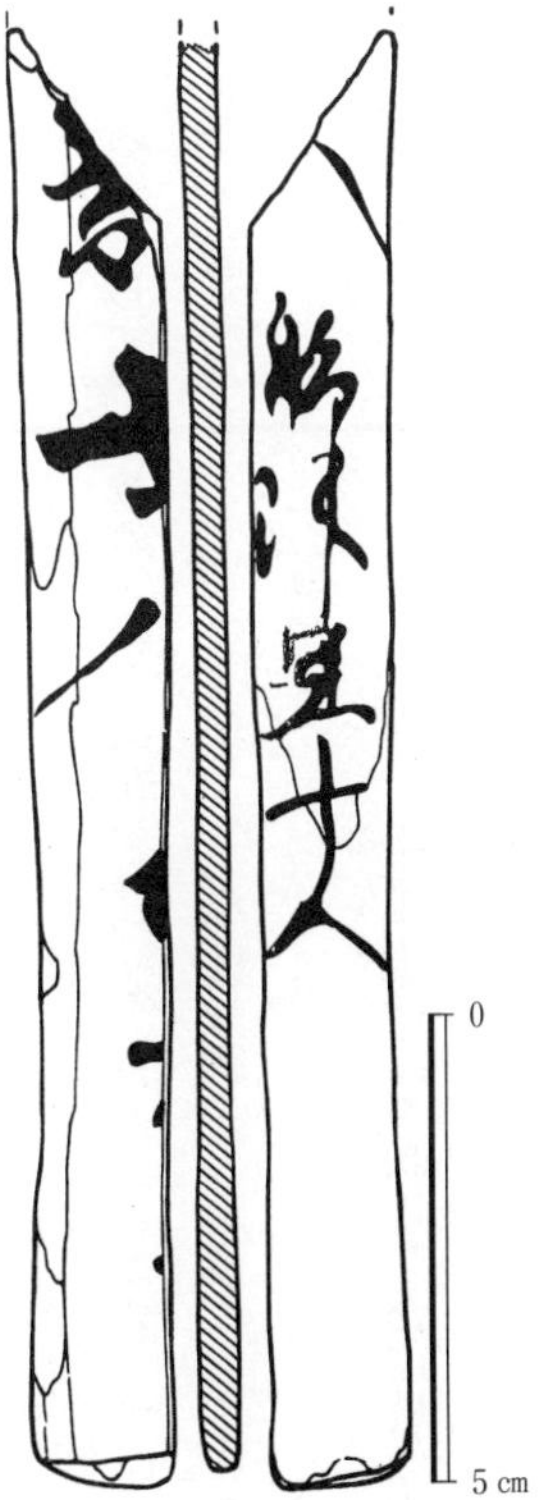

図174　古志田東遺跡出土
13号木簡

務が、日常的に実施されていたことを示す。

二号、三号木簡は、本遺跡が在地有力者層の拠点として、多数の労働力徴発を行っていたことを物語っている。その労働内容は、「田人」と女性労働者に象徴される農業経営と、二五八人にも及ぶ男性労働者の動員によるなんらかの大規模事業などが想定できよう。

一三号木簡は、「船津運十人」と船着場での労働をあらわすもので、河川による水上運搬を利用した広域な物流体制が確立していたことを示している。

一二号木簡（六号も同様か）は、籾「一斛（石）」単位の付札と考えられ、古代の稲の品種名を記した「種子札」の新たな資料の可能性がある。

5　古志田東遺跡と類似する門新遺跡

古志田東遺跡とほぼ同時期で、かつ同様の構造をもつ遺跡として、新潟県三島郡和島村の門新遺跡が挙げられる。(6) 門新遺跡は、古志郡家に関連する八幡林・下ノ西遺跡が衰退・廃絶した後に出現し、十世紀第2四半期に最も充実する。同遺跡からは、「延長六年（九二八）十月」の年号が記された漆紙文書が出土している。

最盛期の特徴としては、明確な外郭施設をもち、卓越した規模の主屋を中心に大小の建物が整然と配置されていること、敷地内に鍛冶・漆塗りの工房をもつことなどが挙げられる。また、自然河川を取り込み船着場状の遺構があり、その近くに三間×三間の総柱建物の倉庫風建物がみられる点も、注目される。

河道を取り込み、河川交通を意識した立地を示している点は、荘園の管理施設（荘家）とされる遺構（たとえば金沢市上荒屋遺跡など）に酷似している。しかし、北陸地方に多く分布する寺社系の荘園は、このころまでには衰退・

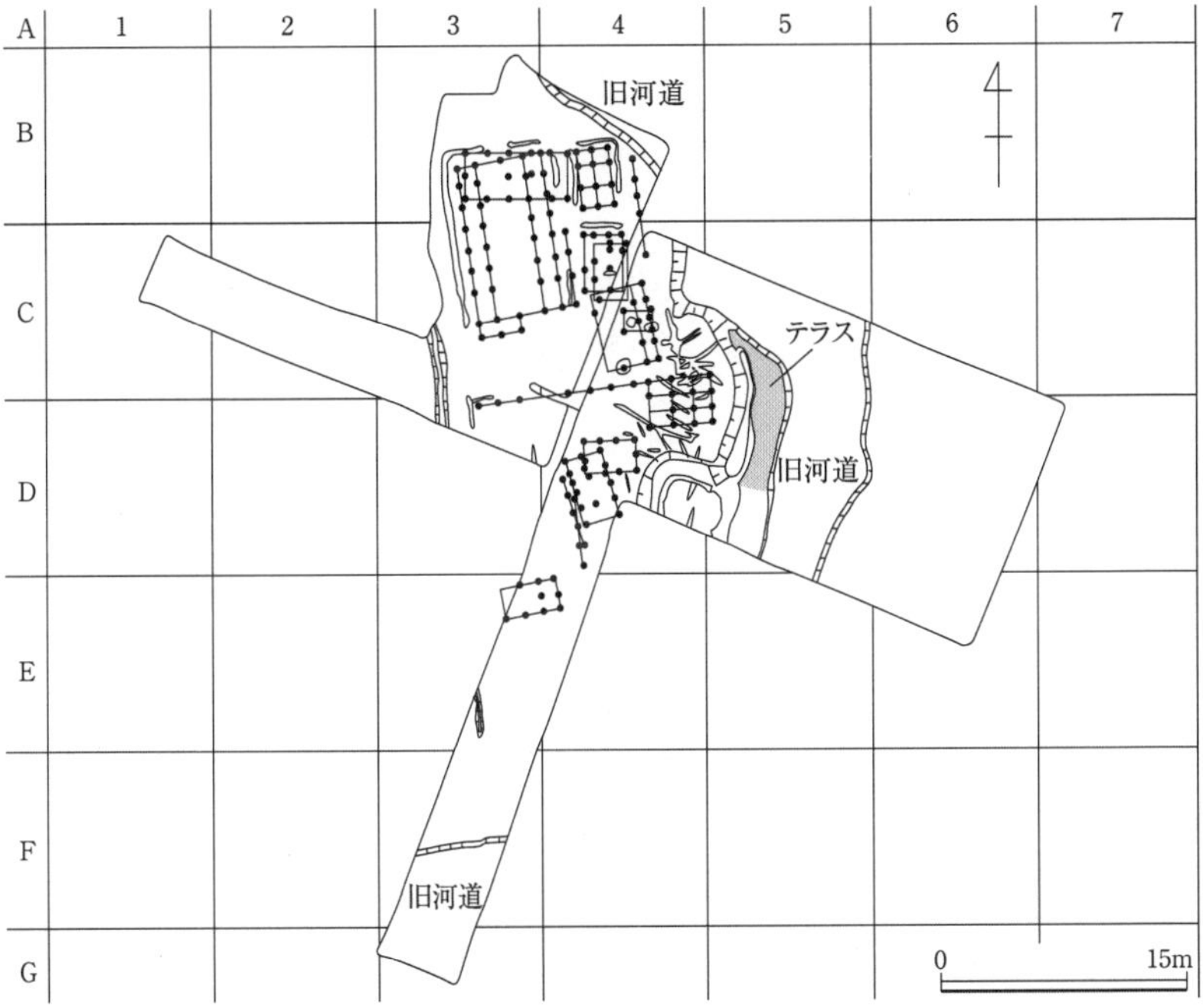

図175　門新遺跡遺構模式図

荒廃したとされることから、荘家であった可能性は低いと思われる。

以上の状況から「より私的な施設」、すなわち八幡林・下ノ西遺跡が機能していた時代に郡司を歴任していた首長層、あるいは私的経済活動によって急成長した富豪層が、郡家の解体とともに郡のもつ機能の一部（物資の輸送や交通、鉄器・漆器など重要品の生産）を掌握し、さらなる勢力拡大のために造営した、新しい地域支配の拠点と考えるのが妥当なようである。

門新遺跡に拠点を築いた支配者層は、「開発領主」と呼ばれる階層であったと推定され、漆紙文書にみえる米・大刀の請求にかかわる内容は、遺跡の性格を如実に物語るものといえる。とくに大刀を請求した文書の存在は、武器の掌握と武装化の一端を示す点で注目される。(7)

門新遺跡が地域支配の拠点として存続するのは、十世紀の第1四半期の後半から第2四半期の終わりごろまでのごく短期間であった。

　これらを参考にすると、本遺跡は古代置賜郡内の有力な在地豪族にかかわる居館跡と考えられる。そして遺跡では、大規模な農業経営と河川を利用した物流が推し進められ、そこが独立した行政機能を備えていた施設であることを十数点の木簡は如実に物語っているのである。

註

（1）手塚孝「文化財レポート　山形県米沢市古志田東遺跡」（『日本歴史』六三九、二〇〇一年）抜粋。

（2）同右。

（3）荒木志伸「古志田東遺跡出土の墨書土器」（『シンポジウム 古志田東遺跡の世界を考える』二〇〇一年）。

（4）拙稿「金沢市金石本町遺跡木簡」（石川県立埋蔵文化財センター『金石本町遺跡』一九九七年）。

（5）本章一「種子札と古代の稲作」参照。

（6）和島村教育委員会『和島村文化財調査報告書第4集　門新遺跡』（一九九五年）。

（7）註(6)の文献による漆紙文書の釈文は次のとおりである。

第四号

「　」

□執「　」「　」□□□□

□極□伏望察之状如何□

被請給所大刀一〓（腰）　宇□

□□請給□而有□

□　□

第五号

六月「　」「　」

□奉請米三斗

請米二石〻□

第六章　木簡と信仰

一　古代の内神

1　胆沢城跡出土「内神」木簡

(1)　胆沢城跡の概要

胆沢城は延暦二十一年（八〇二）坂上田村麻呂によって造営された古代城柵である。造営後まもなく鎮守府が多賀城から胆沢城に移されている。八世紀半ばから後半にかけて、陸奥国北部を舞台に、政府軍と蝦夷との間で激しい戦いが繰り返された。両者とも長期の戦いに疲れ、田村麻呂の登場で戦いは一応終止符が打たれた。胆沢城が造営されたのは、その直後である。

胆沢城は胆沢・江刺・磐井三郡を管する役割のみならず、さらに北に造営された志（斯）波城の管する和我・稗貫・斯波三郡を含めたのちの〝奥六郡〟の地を支配する行政府であった。陰陽師の設置（『類聚三代格』元慶六年〈八八二〉九月二十九日官符）、国印に代わる鎮守府印の使用（『続日本後紀』承和元年〈八三四〉七月辛未条）など、ほぼ国府相当の体裁を整えていた。陸奥国府のおかれた多賀城に対して、いわば第二国府としての役割を胆沢城が果してい

図176　胆沢城跡地形図および調査地図

たといえる(1)。

　胆沢城の遺跡は、岩手県水沢市佐倉河に所在する。岩手県最大の穀倉地帯である胆沢扇状地の扇裾部北末端に位置し、北は東流する胆沢川が、東は南流する北上川がそれぞれ限り、両河川が合流する付近の右岸上に立地する。この地は通称「方八丁」とも呼ばれ、一辺約六五〇メートルの方形に道路がめぐっている。この道路は調査の結果、胆沢

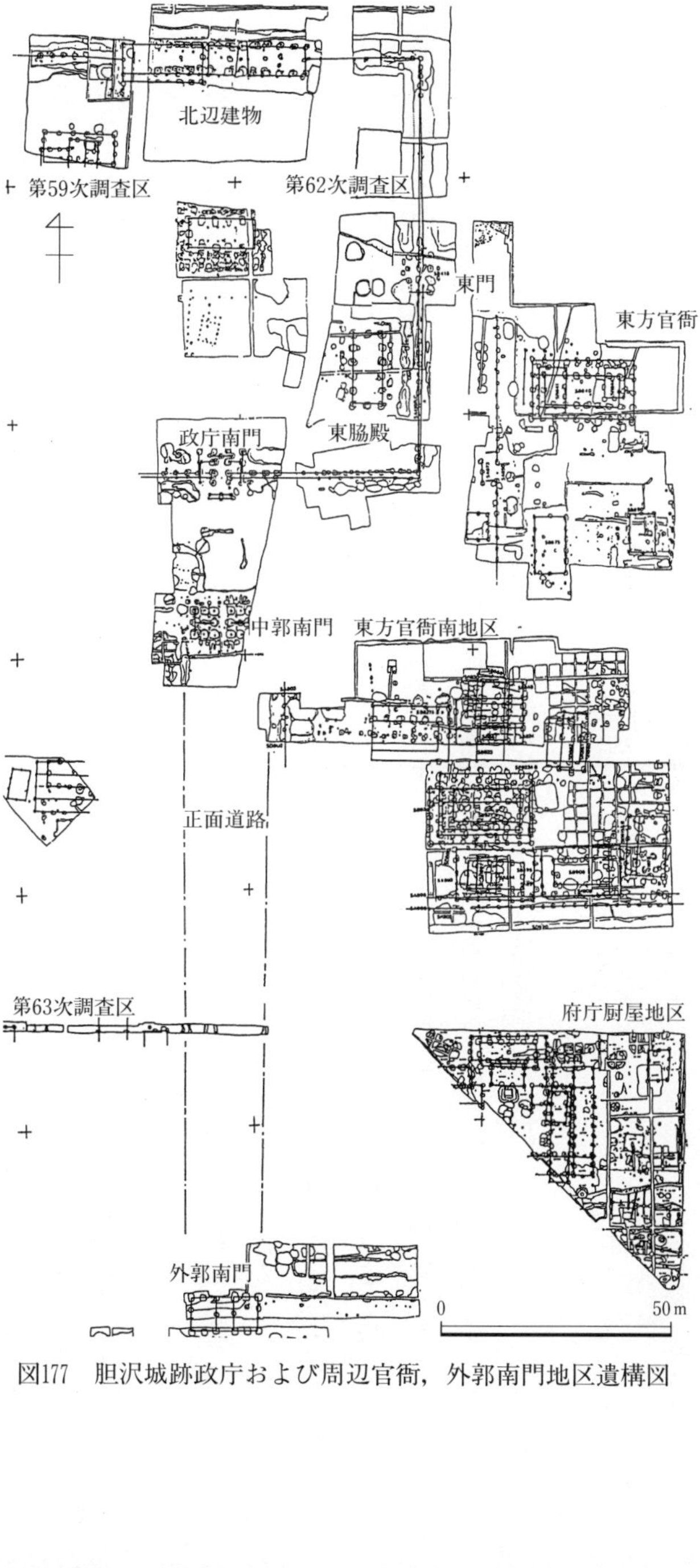

図177　胆沢城跡政庁および周辺官衙，外郭南門地区遺構図

城の外郭線の築地の遺構であることが判明した。なお、外郭内中央からやや南へ寄った微高地上に内郭部分（政庁地区）がある。

胆沢城跡の発掘調査は昭和二十九年（一九五四）に始まり、同四十九年（一九七四）以降、水沢市教育委員会によって継続的調査が実施されている。

外郭線は方六町の規模をもち、基底幅三メートルの築地であることが明らかになった。築地の外側には幅約五メートル、内側には幅約三メートルの溝が伴う。外郭線に付属する建物には門跡と櫓跡とが確認されている。内郭（政庁）は掘立柱列で区画され、三期に重複し、このうち最も古いA期には内郭内側に幅二・一〜二・五メートルの溝が存在する。また内郭の規模は東西八五・九メートル、南北八七・七メートルのほぼ正方形である。現在までに正殿・東脇殿・南門・東門および北辺建物さらに中郭南門および外郭南門と中郭南門とを結ぶ正面道路が確認されている。正殿跡は桁行六間×梁行五間の四面廂でさらに南孫廂付（五×三間の南廂付で周囲に土廂が付くものとする見解あり）である。正殿は三時期の重複があり、正殿・脇殿・北辺建物ともに九世紀後半の第II期以後は礎石建、瓦葺になる。

(2) 木簡出土遺構（第五九次発掘調査・政庁北辺区画内溝跡）の概要(2)

第五九次調査（平成元年〈一九八九〉）地点は、政庁内の西北隅にあたる区域である。検出された遺構は、政庁北辺を区画する柱列（塀）跡とその内外に掘られた溝、政庁の西北建物群にあたる掘立柱建物跡三棟以上、その他昭和六十年（一九八五）度調査で発見されていた北辺建物西棟の西側を確認した。

西北建物の第一期SB二〇〇一は梁行三間（約六メートル）、桁行五間（約一五メートル）である。第二期のSB二〇二二は、梁行二間（約四メートル）、桁行二間以上の南北棟で、東に一間（約二・四メートル）の廂状施設が付く構造

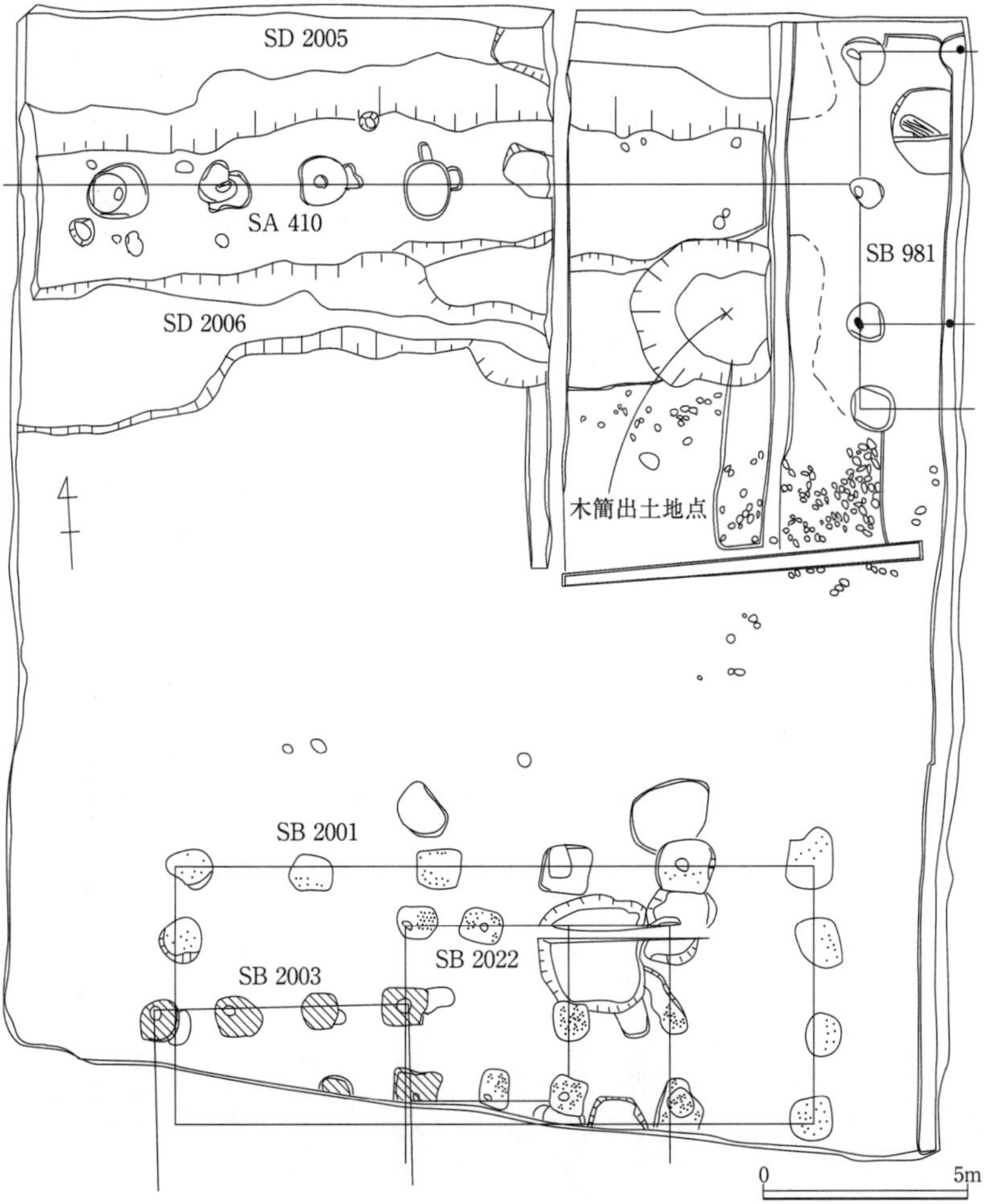

図178　胆沢城跡第59次発掘調査遺構配置図

図179　胆沢城跡出土木簡（第五九次調査）

と解されるが、南端が調査区外にあり全容を確認できない。第三期のSB二〇〇三は、東西三間（約六メートル）、南北二間以上の建物である。なお、SB二〇〇一と二〇〇二、SB二〇〇二と二〇〇三の重複関係は明らかでない。

木簡は、政庁を区画する柱列（塀）跡の内側に掘られた溝跡SD二〇〇六から、土器・瓦・木製品などとともに、平成元年（一九八九）六月に二点発見された。木簡と共伴した土器は、須恵系土器を主体に瓦を含むものであり、その年代は九世紀末を上限とする。したがって、この木簡の廃棄年代は、九世紀末から十世紀前半中葉である。

なお、付け加えるならば、胆沢城跡では、第五九次調査後の第六二次調査（平成二年〈一九九〇〉）において、西北建物と対をなす東北建物が存在するか否かの調査確認を実施している。その調査の結果では、政庁東門西側の微高地的地形で土壙跡二基、小溝跡一条を検出しただけで、その北側は低湿地の植物遺体を含む層が広がり盛り土地形なども認められなかったとされている。[3]

(3)　形状とその内容

「射手所請飯壹斗五升　　右内神侍射手□〔巫〕蜴万呂□〔請〕如件」　三一〇×二一×二　〇一一

上端は原状をとどめており、下端は若干欠損しているが、原形は短冊形とみなすことができる。裏面は剥ぎ取られ、木簡面を失っている。墨痕の残りはあまり良くなく、赤外線テレビカメラを使用して解読した。

「射手所請飯壹斗五升」までの最初の部分を木簡の右端に書き、「右内神……」以下は木簡のやや中央近くに記しており、紙の文書の行がえを意識した記載様式と考えられる。

射手所は地方官衙における初見史料とみられるが、射手（弓を射る兵士）を統括する組織と考えられる。

陸奥国関係の射手の例は、多賀城外郭東南隅地区の第二四次調査（昭和四十九年〈一九七四〉度）出土の木簡によって、射手四四人が白河軍団から多賀城に進上されていることが知られている。(4)

・「白河団進上射□□□□〔手歴名事カ〕　火長神
　□守十八人　□□〔火長カ〕和徳三衣
合卌四人　人味人」

・「［　　］
大生部乙虫　□□部嶋□〔成カ〕　丈部力男
□□〔阿倍カ〕［　　］　［　　］　大伴部建良」

二二三×(三八)×一　〇八一（二四次、二号）

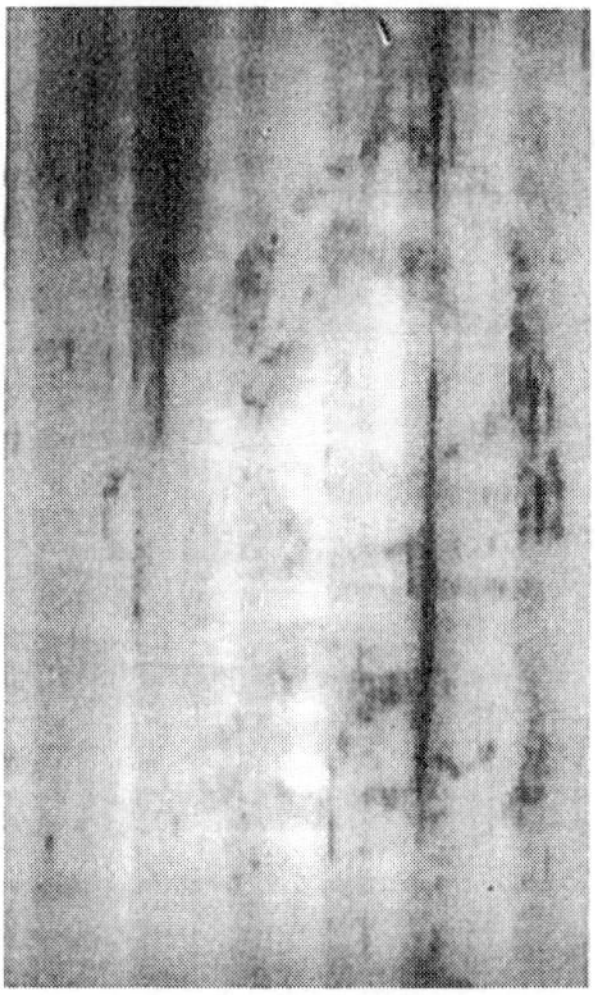

図180　「内神」木簡写真（部分）

また、「射手□〔巫〕蝪万呂」の〝巫〟の史料は、胆沢城跡東方官衙地区の第四五次調査出土の四三号漆紙文書中（三八一〜三八二頁参照）にみえる。(5) この文書は陸奥国柴田郡から進上された兵士歴名簿である。

本木簡の公粮については、まず兵士の場合を考えなければならない。兵士は一〇番に分けられ、各番が一〇日ずつ軍団に上番することになっていた（『続紀』慶雲元年〈七〇四〉六月丁巳条「勅、諸国兵士、団別分為㆓十番㆒、毎㆑番十日、教㆓習武芸㆒、必使㆓斉整㆒」）。陸奥・出羽両国に関しては、以下の史料が参考になろう。

『日本三代実録』元慶五年（八八一）三月二十六日条によれば、鎮兵の日粮は一升六合とされ、兵士も従来の日粮八合を、このとき、日粮一升六合に改められている。陸奥国の兵士も「兵士年役、六十箇日、分結㆓六番㆒、以㆑旬相代」（『続日本後紀』承和十年〈八四三〉四月丁丑条）と、上番一〇日とされた。多賀城跡一号漆紙文書は公粮請求文書と思われるが、

⊔〔月カ〕九日　盡　⊔月十□〔八カ〕日合十箇⊓
寶龜十一年九月廿⊓
行方團□毅上毛野朝⊓

とあり、一〇日分の公粮を請求している[6]。したがって、本木簡の「飯壹斗五升」も上番一〇日分に相当するものであるとみなすことができる。

本木簡の全体の文意は、射手所が公粮一斗五升を請求しているが、それは内神に侍するところの射手巫蝪万呂の公粮一〇日分であると解することができる。この公粮の請求先は、胆沢城内の厨（正式には厨施設を含む粮をつかさどる役所の存在が考えられる）であろう。

この胆沢城内の厨については、先年その大規模な遺構が確認されている[7]（第五二次調査）。

調査地点は政庁地区の今回の調査地から南東方向、直線距離で約二二〇メートルのところである。調査で検出された建物は大きく六期に分けられる。このうち、A期からD期までの建物配置は、各期により配置形態を異にする二対

の建物が側柱をそろえて建てられているのに対し、E・F期は様相を異にしている。F期は同位置・同規模で4小期に変遷する二間×三間の南北棟が独立した状況で検出されている。とくにE期では井戸を中心として、その北側に主要殿舎、東側に付属建物が配されている。すなわち主要殿舎の東西棟SB一〇四三・一〇四〇と、その南東に桁行一

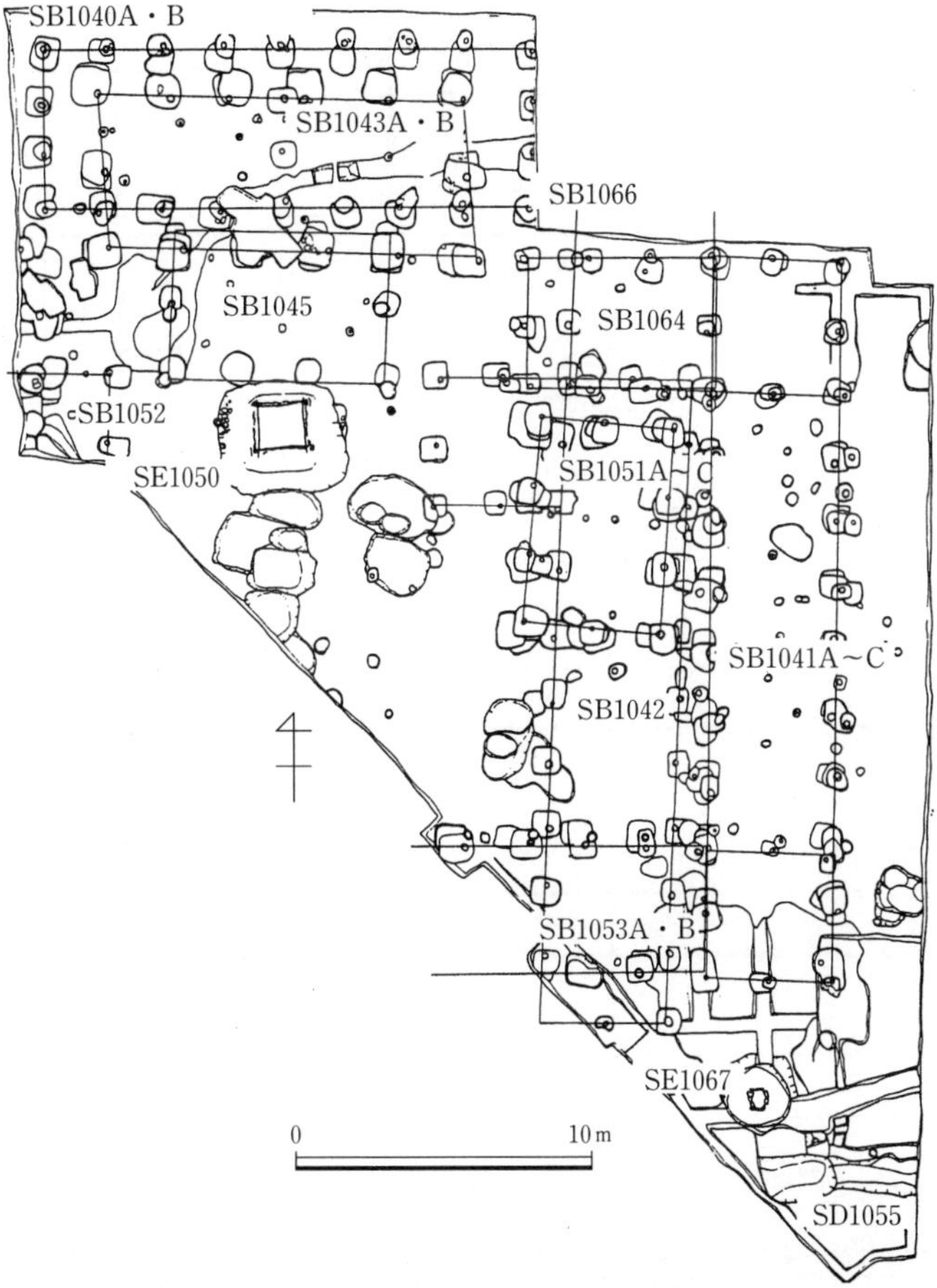

図181　胆沢城跡第52次発掘調査遺構配置図

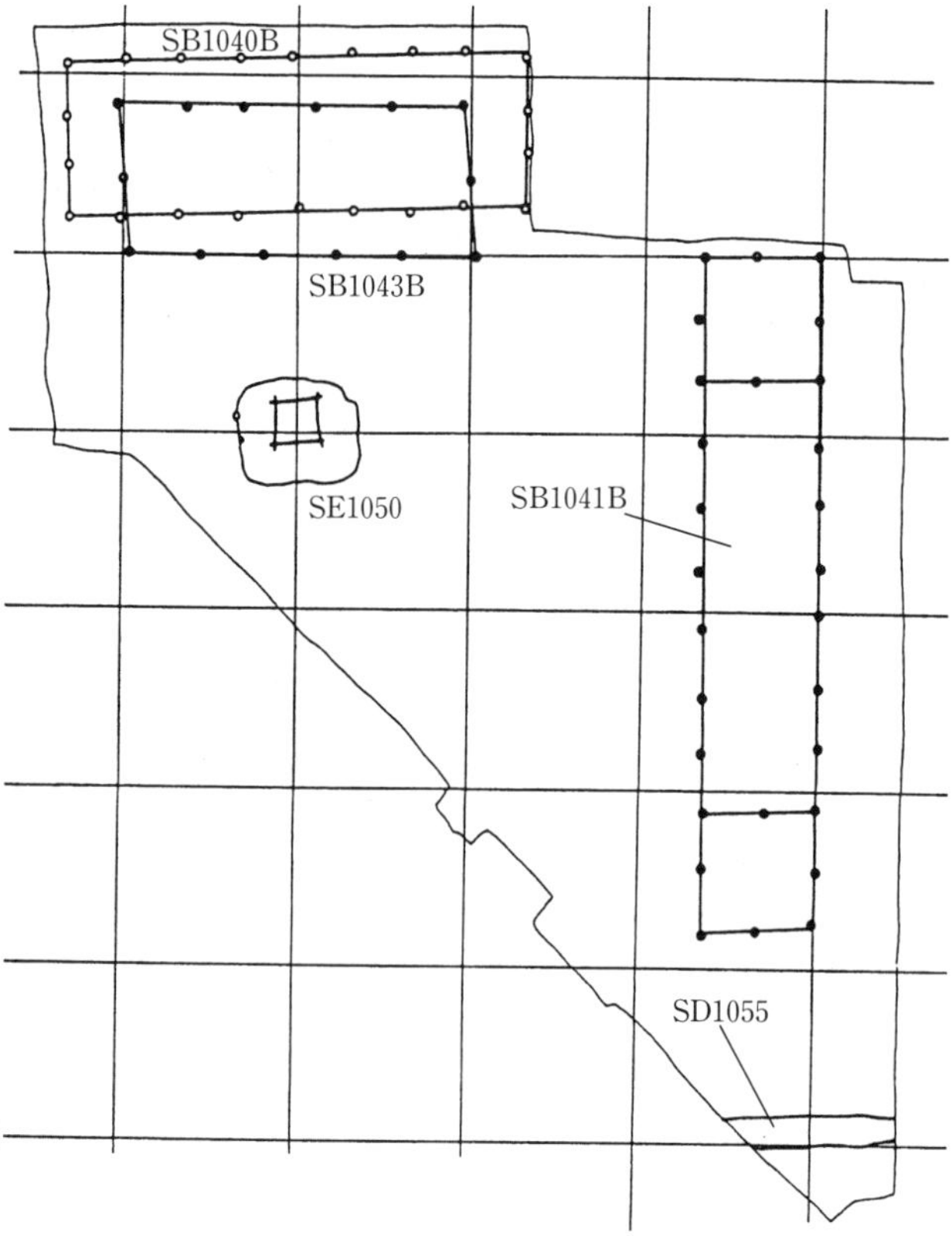

図182　E期官衙(厨家)の配置図 (20尺方眼 〈0.305m／尺〉)

一間の長大な南北棟SB一〇四一が付属する。この建物配置からいえば、調査区外の西方に、SB一〇四一と対をなす西建物の存在が想定できる。井戸跡出土須恵系土器坏に、「厨」のほかに、数点の「右」「左」と記した墨書土器がみられるが、これはそれぞれ「右殿」「左殿」の建物を指す可能性も考えられる。

このように「コ」字型に主要殿舎と東西棟に囲まれた広場の中央北よりに井戸が配置された状況は、規模こそ異なるが、平城宮大膳職跡の中心部の構造にきわめて類似する施設であるといえる。なお、井戸跡からは、白米の貢進物付札「和我連□□進白米《五》斗」のほか、厨房関係の木製品（へら、はし、まな板、木椀、皿など）や燃料用の炭、食用にされたと思われるニホンジカの骨などが出土している。

以上から、第五二次調査で検出した官衙施設は厨家院と解することができるであろうとされた。

本木簡は物品請求の文書木簡である。

物品請求木簡については、平城宮木簡の実例に基づき、次のような機能が明らかにされている。(8) 物品請求木簡は物資請求文書としての機能をもつだけでなく、一方で請求物資およびこれを運搬する人の移動や通行を保証する機能を備えているといえよう。物品を支給する官司からみれば、支給物資の運搬者に請求文書を携行させることにより確実に請求通りの物資を支出したことを相手方に証明することになり、一方で請求側は支給された物資が請求内容と合致しているか否かを、この木簡により勘検することができる。次の例が好例であろう。

・「陰陽寮移　大炊寮給飯捌升　右依」

・「例給如件録状故移□□□□〔年八月ヵ〕従八位下□□」

四一九×(三五)×五　〇八一

(『木簡研究』一二)

この木簡は、東区の大極殿・朝堂東外郭部の南面大垣の南の土坑（SK四四五三）から出土している。この木簡以外に「陰陽寮解申宿直□」、「陰陽寮受飯八□〔升ヵ〕」、「陰陽師」などの陰陽寮に関係する木簡が数点あることから、この調査地周辺に陰陽寮跡を推定しているところである。この木簡は陰陽寮から大炊寮に差出された飯請求文書である。木簡は陰陽寮から大炊寮に宛てられ、大炊寮は請求された飯八升を支給し、請求元の陰陽寮に飯とともに送り返したのである。つまり、木簡は最終的には陰陽寮で廃棄されている。

本木簡は、射手所が内神に侍する射手の飯一斗五升を府庁厨宛てに請求したもので、府庁厨は請求された飯を支給し、請求元の射手所に飯とともに木簡を送り返した。この場合、請求元は射手を統轄する射手所であるが、実際にこの木簡を持参し、飯を請求し、支給されたのは射手巫蝪万呂であろう。さらに木簡は政庁地区の北辺を限る塀の内側の溝跡から出土しているので、政庁域の外側からわざわざ廃棄した可能性はないと考えてよい。

したがって、飯請求木簡が廃棄された地点の付近に射手が警護する内神の所在地を想定することができる。いいかえれば、その射手が内神を警護していたとすれば、内神そのものの施設（神殿）が政庁地区の西北部に存在した可能性が高いと考えられるのではないか。

このように本木簡は、射手が警備する勤務地において廃棄されたと想定できるのである。このケースに類似するのが、平城宮における衛士の勤務と木簡の廃棄であろう。鬼頭清明氏は、この点について詳細な考察を加え、次のように述べている。(9)

平城宮木簡の衛士関係の木簡のうち、衛士の養物の付札が当面問題となる。それらの木簡の多くは、衛士の勤務所に近いところで出土しており、内裏の東北辺、第一次大極殿院地区の西北辺および同区の南門付近、小子門付近、若犬養門付近などには衛士の詰所もあったものと考えられる。このような衛士の詰所の存在のうち前の三者は『令集解』宮衛令宮閤門条や、同兵衛上番条所引の古記のいう、衛士がその守備を担当するという中門や御垣廻に該当するものと思われる。また、後二者は古記にはみられないが、延喜式（左右衛門府）宮城門条の規定と対応関係があり、門部の担当の下で、衛士が警備にあたっていたことを示しているものという。

2　文献史料にみえる「内神」と「戌亥隅神」

(1)　古代史料上の「内神」と「戌亥隅神」

胆沢城跡出土木簡で注目されるのは「内神」の存在である。文献史料にあたると、まず『今昔物語集』巻十九に好例を見出すことができる。

東三条内神、報僧恩語第卅三

今昔、何レノ程ノ事トハ不知ズ、二条ヨリハ北、西ノ洞院ヨリハ西ニ、西ノ洞院面ニ住ム僧有ケリ。糸貴キ者ニハ非ザリケレドモ、常ニ法花経・仁王経ナドヲ読奉ケルニ、東三条ノ戌亥ノ角ニ御スル神ノ、木村〔森カ〕ノ筋向ニ見エ渡リケレバ、経ヲ読奉テハ、常ニ此ノ神ニ法楽シ奉テ過ケル程ニ、夕暮方ニ此ノ僧半蔀ニ立テ、見出シテ経ヲ読テ有ケルニ、何方ヨリ来ルトモ不見ニデ、糸清気ナル男ノ年廿余許有ル来タリ。

僧誰トモ不知ネバ、「何クヨリ御タル人ゾ」ト問ヘバ、男、「年来極ク喜ク思ヒ奉ル事ノ侍レドモ、未ダ其ノ恩ヲモ報ジ不申ネバ、其ノ事申サムト思テ参ツル也」ト云ヘバ、僧、「我レハ人ニ恩シタル事ヤハ有ル。此ハ何事ヲ云フニヤ」ト恠ク思フ程ニ、男、「去来給ヘ、自ガ侍ル所ヘ。ヨモ悪キ事ハ不有ジ」ト云ヘバ、僧、「何コニ御スゾト」云ヘバ、男、「彼ノ向ニ糸近キ所ニ侍ト也」ト云テ、懃ニ倡ヘバ、僧怱ニ男ノ共ニ行ク、東三条ノ戌亥ノ角ニ御スル神ノ高キ木ノ許ニ将行ヌ。（下略）　（日本古典文学大系『今昔物語集』四）

東三条殿は平安時代における藤原氏嫡流歴代の邸宅で数代の天皇の里内裏ともなったが、その創設は良房（八七二年没）に始まる。永観二年（九八四）兼実の代に焼失したが、のち再建されて道長・頼通から師実・師通・忠通へと伝えられた。位置は三条の南、西洞院の東にあたり、東西一町、南北二町の広さを占めていた。

『今昔物語集』によれば、東三条殿内の戌亥（西北）の角に鎮座する神を表題では「内神」と表記している。この東三条殿に鎮守として、角振・隼の両社が祀られていたことは他の文献史料でも確認できる。たとえば、『日本紀略』永延元年（九八七）十月十四日条に、「天皇行㆓幸摂政東三条第㆒、（中略）又授㆓角振神、隼神従四位下㆒」とあり、即位まもない一条天皇がみずからの生誕地でもある摂政兼家の東三条殿に行幸したさいに、角振・隼の両神に従四位下を贈った。その東三条殿における鎮座する神の位置関係は『兵範記』仁平二年（一一五二）十一月十七日条中にみえる指図および太田静六氏『寝殿造の研究』のなかでの復元図のとおりである。(10) すなわち、東三条殿の戌亥（西北）隅には神殿が設けられているのである。

この事例は、貴族の邸宅内の西北（戌亥＝乾）隅に神を祀ったものであるが、古代の各種の官衙においても同様の例を確認することができる。

『日本三代実録』貞観五年（八六三）十二月三日条

左京職正六位上戌亥隅神、山城国春日年祈神、近江国少杖神、阿度河、川内神等並授㆓従五位下㆒。

『日本三代実録』元慶三年（八七九）閏十月二十三日条

是日、授㆓織部司正六位上辰巳隅神、戌亥隅神並従五位下㆒。

左京職・織部司においても、西北隅には神を祀り、神名そのものを「戌亥隅神」と称している。なお、織部司の辰巳隅神については、後にふれることとする。

さらに郡家の西北隅（角）に神が祀られていたことを示す貴重な史料が次のものである。

卜部吉田家旧蔵文書（現天理図書館蔵）

太政官符神祇官
応㆑奉㆔幣帛神社㆒事
右、得㆓武蔵国司去年九月廿五日解㆒偁、以㆓今月十七日㆒入間郡正倉四宇着㆑火、所㆑焼糒穀惣壱万五百壱拾参斛、
亦滅㆓□〔民〕百姓十人㆒、忽臥㆓重病㆒、頓死二人。仍卜占、在㆓郡家西北角㆒神、□□〔名云〕㆓出雲伊波比神㆒。崇云、我常受㆓給
朝庭幣帛㆒。而頃年之間□〔不〕㆑給、因㆑茲引㆔率郡家内外所㆑有雷神㆒発㆓此火災㆒者、仍勘□〔此〕□、外大初位下小長谷部
広麻呂申云、実常班㆓奉　朝庭幣帛㆒□〔神〕也。而頃年之間、不㆑為㆓給下㆒者。仍検㆓案内㆒、太政官去天平勝宝七年十一
月二日符偁、武蔵国預㆓幣帛㆒社四処、多磨郡□〔小〕野社、加美郡今城青八尺稲実社、横見郡高負比古□〔乃〕社、□〔入〕間郡
出雲伊波比社者、官符灼然。而時々班奉幣帛漏落者、右大臣宣。奉　㆑勅、依㆑例施行者、官宜承知、准　㆑勅施

□〔行〕、符到奉行。

参議正四位下行右大弁兼右兵衛督越前守藤原朝臣『百川』

左大史正六位上会賀臣『真綱』

宝亀三年十二月十九日

この官符の内容は、奈良時代後半以降板東諸国を中心に頻発した正倉神火事件に関するものである。なお、原文書の天地の紙端が切断と虫損などにより一部、文字不明の箇所がある。

武蔵国司の宝亀二年（七七一）九月二十五日の解によれば、入間郡の正倉四宇が火災に遭い、糒穀一万五一三斛を焼失したり死者を出したのは、郡家の西北角に祀られた神、出雲伊波比神の祟りであったという。

この点に関して、森田悌氏は異なる見解を示されている(11)。すなわち、西北隅の神ということになると、戌亥の隅に祀られることの多い屋敷神を思わせるので、官幣を受ける神社というよりは、名もない小さな神とみた方が理解しやすいという。原文「在郡家西北神□云出雲伊波比神祟云」の□の部分は原本が切断と虫損などにより読めなくなっているが、森田氏は咎や忿という文字を措定し、「郡家の西北隅にいる神が咎め（忿り）出雲伊波比神が祟って云うのを云った」と解している。つまり、郡家西北角神と出雲伊波比神を別神とみているのである。この森田氏の見解については、次の二つの疑問点から、首肯することはできない。

第一点は、戌亥の隅に祀られるものは屋敷神であるから、名もない小さな神であるとした点であるが、本節の主旨に従えば、古代の中央・地方の官司などにおいては戌亥の隅に神を祀っており、それがのちに広範に拡がり、各個人などの屋敷神となっていったと考えられる。したがって、古代の戌亥隅の神は名もない小さな神とは限らない。第二点は、欠損した文字は、残画を詳細に観察すれば、「咎」や「忿」の文字にはあたらず、川副武胤氏の推定された

「名」が妥当と考えられ、該当部分は「郡家の西北角に在る神、名は出雲伊波比の神と云う、祟りて云わく」と訓むべきであろう。(12)

結局のところ、本節で明らかにするように郡家においても戌亥の隅に神を祀り、入間郡の場合は、祀られた神は出雲伊波比神であったと解することができる。

なお、『延喜式』(神名)によれば、入間郡の五座のなかに、出雲伊波比神社があるが、この出雲伊波比神社は男衾郡にもあり(「出雲乃《ノ》伊波比神社」)、横見郡には「伊波比神社」が存し、神社の性格が問題となるであろう。

吉田晶氏は出雲伊波比神が郡家の敷地内に祀られている点を重視し、その神は郡司一族の氏神であった可能性が強いと指摘した。(13)それに対して、山中敏史氏は本官符は郡家区域内における神社関係施設の存在を示すもので、祀られる神は、国家祭祀にかかわるものであった可能性があるであろうと述べている。(14)両氏とも祀られる神の性格を問題としているが、この問題は本節の主題とする〝内神〟(15)の位置づけに深くかかわるだけに、いましばらくは不問として、両氏ともにこの史料で看過している郡家の西北隅に神が設けられていた事実を重視したい。

このようにみるならば、次の史料も、その解釈は従来のものと異なってくるであろう。その史料とは、昭和十九年(一九四四)に宮地直一氏によって紹介された「土佐国風土記逸文」である。(16)その該当部分は、

風土記曰、土佐郡家之内有社、神名為天河命、其南道下有社、神名浄川媛命、天河神之女也、其天河神者為土左大神之子也、云々、

とあるが、宮地氏は「郡家之内」とある郡家は、郡家の施設そのものでなく、郡家郷の場合におけるように、これに付属する若干の民戸の地域を含めた呼称と解している。しかし、先の宝亀三年官符を参考にすれば、宮地氏のように解する必要はなく、文字どおり、郡家内に祀られた神、「郡家内神」であり、その神名が「天河命」であったと理解

してよいであろう。

以上のように古代において、中央官司から郡家さらに貴族の私邸に至るまで西北（戌亥）隅に神が祀られていたことが明白となった。そして『今昔物語集』の東三条殿の例を引けば、その邸の戌亥隅に祀られた神は東三条殿の「内神」とも称されたのである。

(2) 国府と「内神」

上述のように、わが国においては諸施設内に古代より西北隅（戌亥隅）に神を祀っていたことは明白である。『今昔物語集』によれば、邸の戌亥隅神を「内神」とも称していたのである。古代の史料上においても、中央諸官司や郡家の西北隅に神を祀っていることは先にみたとおりである。胆沢城は鎮守府がおかれ、多賀城にある陸奥国府と並存した形で、いわば〝第二国府〟的な性格が強いことは、筆者がこれまで再三指摘したとおりである。[17] たとえば、『類聚三代格』貞観十八年（八七六）六月十九日の官符によると、各国庁で実施されている吉祥悔過の法会が鎮守府庁でも行われている。その意味からも、文献史料にみえる国府と「内神」の問題についてもふれておく必要があるであろう。

『日本三代実録』より関連史料をあげるならば、次のとおりである。

貞観十三年（八七一）四月三日己卯条

授二下総国正五位下意富比神正五位上一。石見国従五位下大歳神、大原神並従五位上。山城国正六位上澄水神、市河神、出羽国利神、伯耆国勝宿禰神、石見国霹靂神、国府中神、肥前国宗形天神並従五位下。

貞観十五年（八七三）四月五日己亥条

授二美濃国従二位中山金山彦神正二位一。（略）信濃国正六位上塩野神、和世田神、薩摩国正六位上多夫施神、伯耆国無位国庁裏神並従五位下。

元慶三年（八七九）九月四日辛卯条

授二石見国正五位上物部神従四位下一。正五位下勲七等伊甘神正五位上。従五位上府中神、国分寺霹靂神並正五位下。

三史料はもちろんそれぞれ神（社）名ではあるが、（石見）国府の「中神」、（伯耆）国庁の「裏神」、（石見国）府の「中神」の意であろう。

天子の御所を指す禁裏は、周知のとおり、その裏（ウチ）にはいることを禁ずることによっている。したがって、「国庁裏神」は、国庁のウチガミと訓んで差支えない。中は言うまでもなく、『説文解字』に「中、内也」とあるように、やはり、ウチと訓む。すなわち、上記史料の国府（庁）の「裏神」「中神」は、いずれも「ウチガミ」と訓み、裏神＝中神＝内神と通用しているとみることができるであろう。天子の御所を意味する「禁裏」「禁中」「禁内」が通用されているのはその類似の例といえよう。

なお、石見国の「国府中神」「府中神」とともにみえる「霹靂神」はいうまでもなく、雷神であるが、この国府の内神と雷神との関連は、先にみた宝亀三年十二月十九日官符の郡家の西北の角の神が官の幣帛に漏れたのを怒って祟り、郡家の内外にあるところの雷神を引率して火災を起こしている。このことから国府や郡家に内神を祀るとともに、雷神もその内外に祀られていた事実も明らかであろう。

結局のところ、国府においても、その位置は明らかでないが、〝国府内神〟が存在したことは、以上のように史料上確認できるのである。(18)

(3)　わが国における戌亥隅信仰

戌亥の隅に神を祀ることは、このほかの史料にも数多く散見し、のちの民俗例として屋敷神を家の西北隅に祀る事例も含めて、すでに三谷栄一氏が「日本文学に於ける戌亥の隅の信仰」で膨大な事例を紹介している。[19]以下、氏の集成された事例、考察のなかから、本節との関連を重視して主要な論点(イ)、(ロ)、(ハ)、(ニ)を引用しておきたい。

(イ) 中国から輸入された方位説では艮(丑寅―東北)を鬼門として恐れるのであるが、我々の実際の生活では、むしろ乾(戌亥―西北)を恐れている。そして戌亥の方角から来るものに対して極めて恐れ慎しんでいることである。その一つは戌亥の方角から吹くタマカゼをことのほか恐れている事実である。柳田国男はタマカゼは悪霊の吹かせる風という意味らしいという。また、柳田国男監修の『民俗学辞典』[20]の「風の名」の項には、日本の古い方位思想ではタマカゼの吹いてくる北西がそうした不安な方角であったと説明されている。しかし、タマカゼやアナゼのために、恐しい祟りに遭うのは、この慎しみ物忌すべき時期に出航するからである。家に忌み慎しんで神事に従っていれば、祝福をもたらしてくれる祖霊を乗せてくる方向の風であったのであろう。風は祖霊の来訪した「おしらせ」であった。

(ロ) 「田植草紙」(『日本歌謡集成』巻五所収。山本信哉が広島県山県郡新庄村から採集したもので、鎌倉時代のものとされている)によれば、

一、時鳥は何もて来り。
　斗の升にとかきに俵もち来り。
俵もち来ていぬゐの隅の俵よ
稲がよいけに俵をあめやせんとく。

とあり、富をもたらす方向が戌亥の隅であったことがよくわかる。

『看聞御記』応永二十三年（一四一六）七月二十六日条からは、戌亥の隅に、その家の神を安置する思想のあったことがわかる。すなわち、

又、或説。京下方ニ住男。宇治今伊勢へ参詣シケルニ。社頭辺白虵アリ。此男扇ヲ開テ。若宇伽ナラハ此扇へ来ルベシト云ケルニ。此虵扇ノ上ヘハイノボリケレバ。悦テ褁以テ下向シケリ、サテ家ノ乾ノ角ニ安置シケリ。而不慮ノ外ニ物出来テ。人モ物ヲ借シ賜ナドシテ心安ク成ケレバ。宇伽神ナリトテ、仏供ヲ備テ貴敬シケリ。（後略）（続群書類従完成会『看聞御記』上）

とある。蛇を宇伽神と崇敬することは今日もなお行われているところであり、宇伽は元来ウカノミタマ、トヨウカヒメのウカなどと同じ穀物の神である。しかるにここではむしろ財宝の神として考えられているが、かかる穀物とか財宝の神というその御神体ともいうべき蛇を、この説話ではまず家の戌亥の隅に安置している。これによって、神は家の戌亥の隅に祀らねばならないことがわかる。つまり家に祝福を与える神は戌亥の隅に来訪したのである。

(ハ)　『宇治拾遺物語』巻六の第二話は、要約すると次のような話である。桃園大納言の住んでいた邸を、一条摂政が引受けて大饗を行った。ところが坤（西南）の隅に塚があったので、堂を建てようと掘りくずさせた。すると美しい廿五六の尼が寝入ったように臥していたが、まもなく戌亥から風が吹き、すべて塵々となって消え失せた。つまり美しい死者に辱めを与えるのを、この屋敷の祖霊が戌亥の方角から風となって出現し、一族の者の死体を持ち去ったのだと解することができる。辱めを与えた一条摂政もこの祟りによって死んだのである。これによって戌亥の方角には屋敷を守る何者かがいたことがわかる。それがいうまでもなく祖霊神であったのであろう。

(ニ)　屋敷神の各地の神屋もまちまちであって、主として屋敷の西北隅に、小さな祠や年毎の仮屋を作ったり、更に

古風なものでは、古木や石を依り代としている。

岩手県内の屋敷神の例

森口多里さんの「屋敷に祀る神」[21]によると「岩手県の胆沢・江刺両郡の民家の屋敷内に一般に祀られているお明神さんは……別にはっきりしたお神体とてはない小さな石の祠、この地方で謂ふところの石のお堂コであるのが普通で原則としては屋敷の戌亥（西北）の隅にまつられている。」

また森口さんはいっている。「和賀郡の町村には一般的原則として屋敷の一隅にお明神さんをまつるといふ慣習はないやうである。」（一一頁）、「一般にはウヂ神は（屋敷の）北西にまつるのである。」（二九頁）、「（飯豊村の）辺ではウヂ神は屋敷の戌亥（西北）に祀るので蛇王権現もその方角にまつられているのである。」（二五頁）、「ウヂ神は氏神か内神か、それとも家神か、判明しない。どうも氏神の意味はないやうに思はれる。内と家とは同じ意味であるから、ウヂ神は矢張り一家の神といふ意味であらう。ウチをウヂと濁るのはこの地方の癖である。」（一二〜一三頁）ともいわれている。和賀郡笹間村大字南笹間字金栗の小原氏本家には不動明王、分家にも稲荷様金神などが、それぞれ屋敷の西北隅に祀ってあって、ウチカミ（内神）といっている。[22]

以上のように、三谷氏の戌亥隅信仰に関する貴重な研究を紹介したが、結局のところ、氏の強調しようとした主要な論点は次のようになるであろう。

東北隅（丑寅—艮）は中国から輸入された方位説で、鬼門として恐れたのは、のちのことであり、われわれの実際の生活では、むしろ西北隅（戌亥—乾）を恐れている。戌亥の隅に、その家の神を安置する思想があった。戌亥の方角には屋敷を守る何者かがいたことがわかる。正月訪れる年神様が祖霊であり、「屋敷神」つまり「地ノ神」であった。戌亥は祝福をもたらす祖霊の方向と考えていたといえる。この戌亥の隅は、祖霊神が遠く西の彼方から去来する常世の国を指し、もともと漠然たる西方を指していたに違いない。この信仰は、古代信仰に連なる『古事記』や出雲国に関する諸説話、諸伝承、大嘗会の行事などの考察にも重要な課題を投ずるものであるという。

一方、古代の文献史料にみえ、戌亥隅神と同様に屋敷神との関連を指摘されている「宅神」についてもふれておかねばならない。

神祇令季夏条の義解は月次祭について「謂於二神祇官一祭。与二祈年祭一同。即如二庶人宅神祭一也」とあり、庶人の家に宅神祭が行われていたことがわかる。これまで宅神祭（ヤカツカミノ祭）は、後世の屋敷神の源流として位置づけられ、祖霊信仰の側面が重視されてきた。[23] しかし、吉田孝氏も指摘するように、[24] 月次祭は明らかに農耕儀礼の一種であり、この月次祭が「庶人の宅神祭の如し」といわれているのは、庶人の宅神祭も農耕儀礼の一種にほかならなかったことを示している。また、同氏は、個々の農民の住居は一般にはヤケとは観念されていなかったらしいので、宅神祭も、奈良時代にはまだ個々の農民の住居で行われていたかどうか疑問であり、むしろヤカツカミノ祭を「ヤケ」の神の祭として捉え直すと、『延喜式』（神名）にみえる三宅神社や大家神社も、ヤケの神としての共通性が浮かび上がってくるという。『奥儀抄』（藤原清輔撰、保延元年〈一一三五〉から天養元年〈一一四四〉の間に成立）の古歌四八首中に、

　ふかみぐさにはにしげれる花のかを　いへよきてへようけもちの神

を示し、その釈に、

　ふかみぐさはかきつばたなり、いへよとは或物に興じ見ること也、うけもちの神はいへの神也、和名には保食神とかけり（下略）

と見えて「うけもちの神はいへの神也」とある。これにより家の神―宅神はウケモチノ神（保食神）を祀ると理解さ

れる。このように、平安時代以降は宅神祭は、「イヘノカミ」としだいに混同して用いられてくるようである。ところで、屋敷神はウチ神とも称され、家神または内神と記録されている。しかし家神の場合は「宅神」につながるであろう。その点について、たとえば『古事類苑』の解釈は、

宅神トハ、家宅ヲ守護シ給フ神ノ称ニシテ、旧クハ之ヲヤカツミカミトモ、ヤケノミカミトモ云ヒ、又イヘノカミ、ヤドノカミトモ云フ、祭ル所ハ保食神ニシテ、毎年四月ト十一月トノ二季ニ於テ之ガ祭祀ヲ行ヘリ

（神祇部十七　第宅神の項）

と説明されており、宅神は「ヤカツミカミ」「イヘノカミ」などと訓ぜられ、「ウチカミ」とは称しない。

したがって、本節で論ずる「内神」は、宅神とは直接的に結びつくことはなく、戌亥の隅の神として中央・地方官司や貴族の邸宅などの主要施設の西北隅（戌亥隅）に安置されたものであり、おそらくはのちの屋敷神に連なるものであろう。いいかえれば、屋敷神として戌亥隅に祀られる神すなわちウチ（ヂ）神は、本来は氏神、家神ではなく、古代以来の「内神」に由来するとみたほうがよいのではないか。ただし、三谷氏の主張する祖霊神との関係は、今後の検討課題としておきたい。

(4)　戌亥隅の神殿

東三条殿の場合は、角振・隼の両社がその鎮守として祀られていた。天皇の里内裏ともなった東三条殿は、天皇の行幸や里内裏から内裏への遷御に際して、その鎮守神に位階の授与がしばしば行われるほど重きをなした（『日本紀略』永延元年〈九八七〉十月十四日条ほか）。この神殿の構造と配置については、『兵範記』仁平二年（一一五二）十一月十七日条中に指図と記載がみえる。この解釈は、太田静六氏によれば次のとおりである。

神殿廻廊は東西に長い八間の複廊で、西洞院大路面の築地塀と西蔵人所との間に設けられ、西第三間に出入口扉を

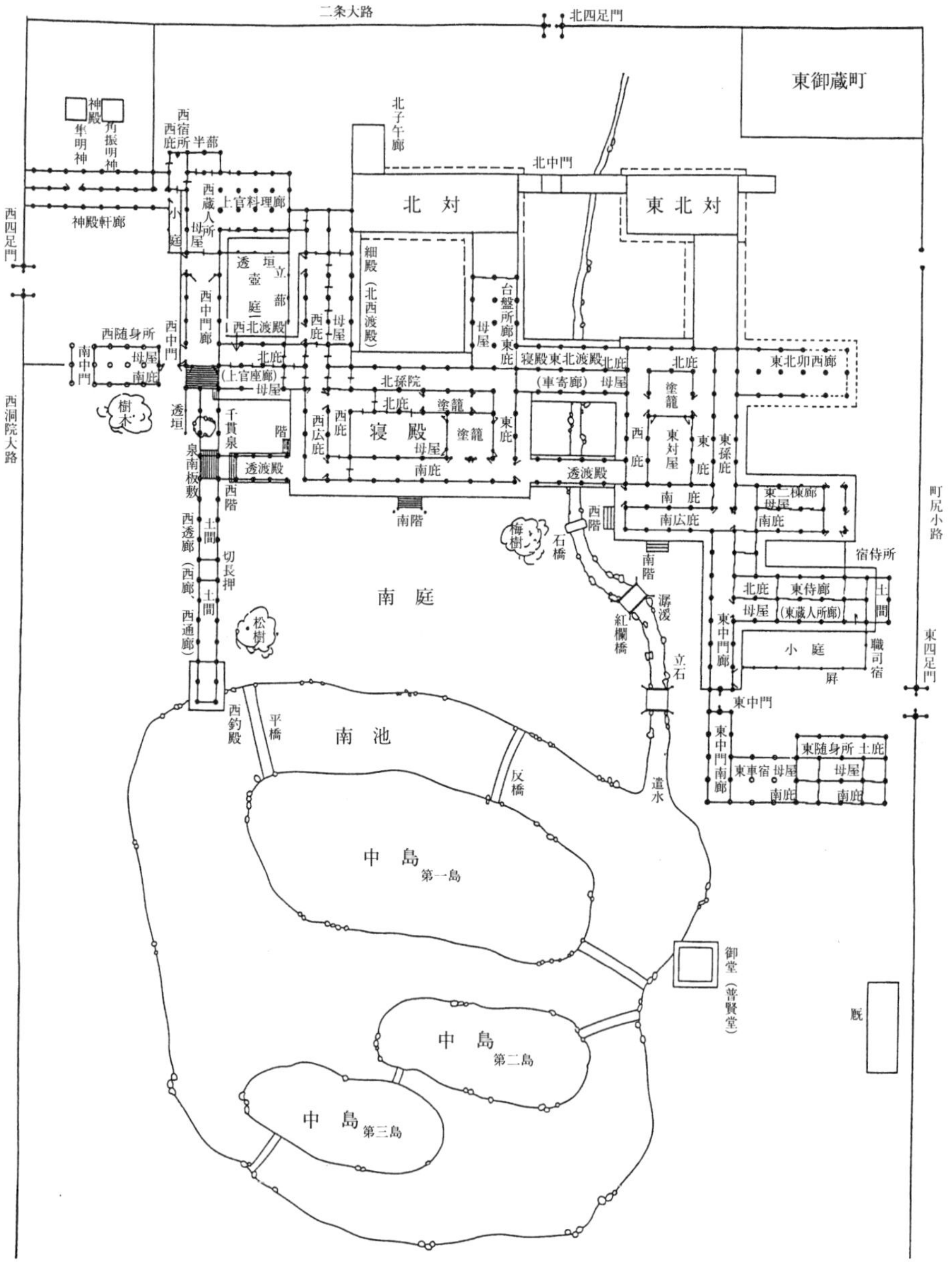

図183　東三条殿全構推定復元図

開き、そこを入ると両神殿が東西に並んで奉安されること、および神殿そのものは小規模であることが知られる。

なお、邸の東南方に御堂が設けられていたことは『今昔物語集』に、「辰巳の方たる御堂」とみえ、このお堂が普賢菩薩を祀った普賢堂であることも『俊頼口伝集』に「南の普賢堂」とみえることから知られる。戌亥と辰巳とは相

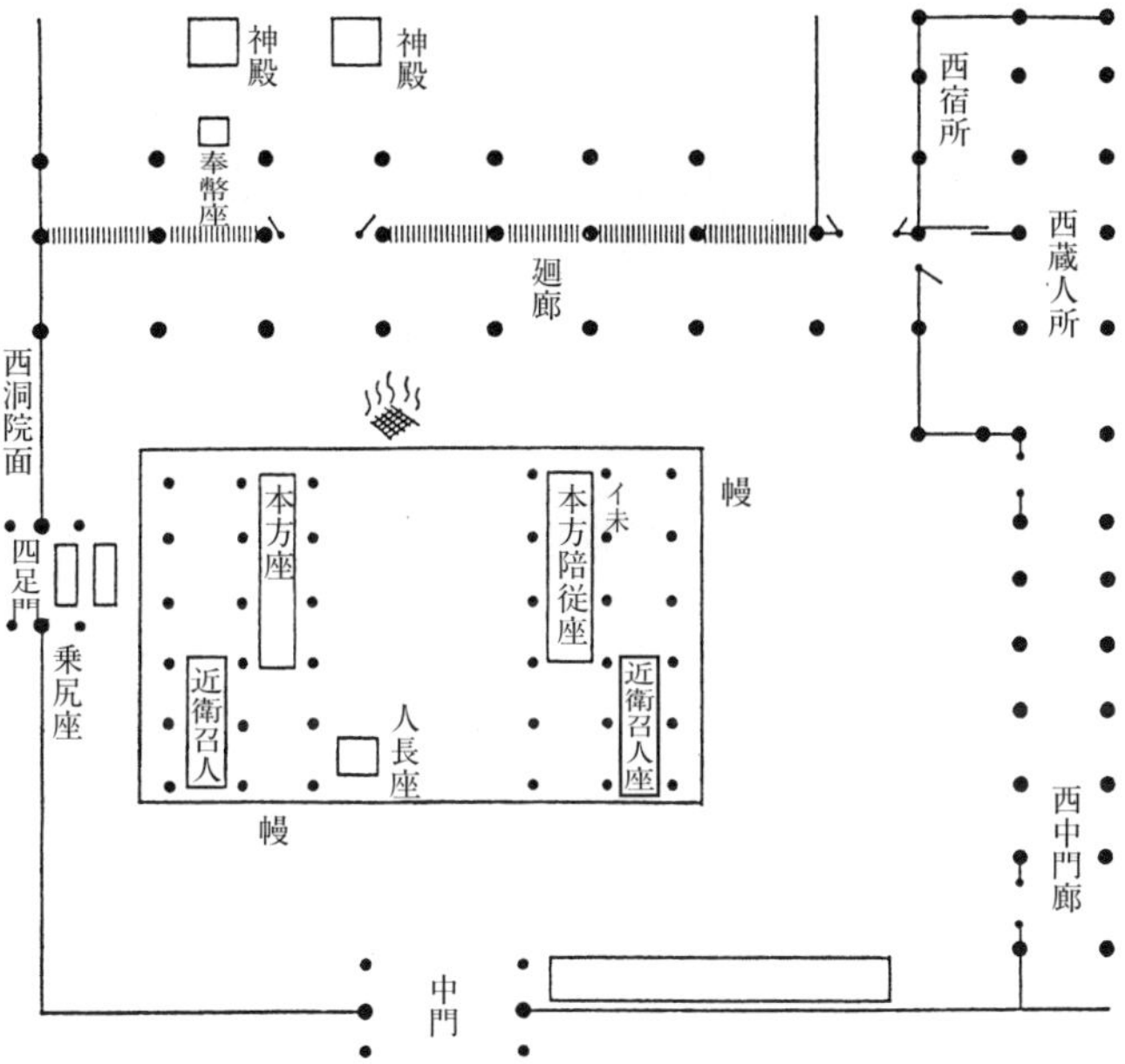

図184　東三条殿の神殿・西蔵人所・西中門廊付近指図

対的な位置で、神が降臨する場所の方向と神が降臨するに際して立ち向かうその方向との相違で同じ意味であった(25)という。

朝廷の祭祀をつかさどる神祇官庁の西北隅にも神殿が設置されていたのである。

神祇官図(26)によれば、神祇官が西庁から降りて庁の前座に就き、神部祝部などを率いて西庁の南庭に立つとすると、神祇官図にはこの斎院（西院）の西北隅に当たって八神殿が奉祀されている。八神殿とは『延喜式』（神名）の宮中神三十六座のうちの、「神祇官西院坐御巫等祭神廿三座」に含まれる「御巫祭神八座並大、月次新嘗、中宮、東宮御巫亦同。」のことであり、神産日神、高御産日神、玉積産日神、生産日神、足産日神、大宮売神、御食津神、事代主神の八神を指す(27)。

この八神殿の殿舎の規模・調度などについては、

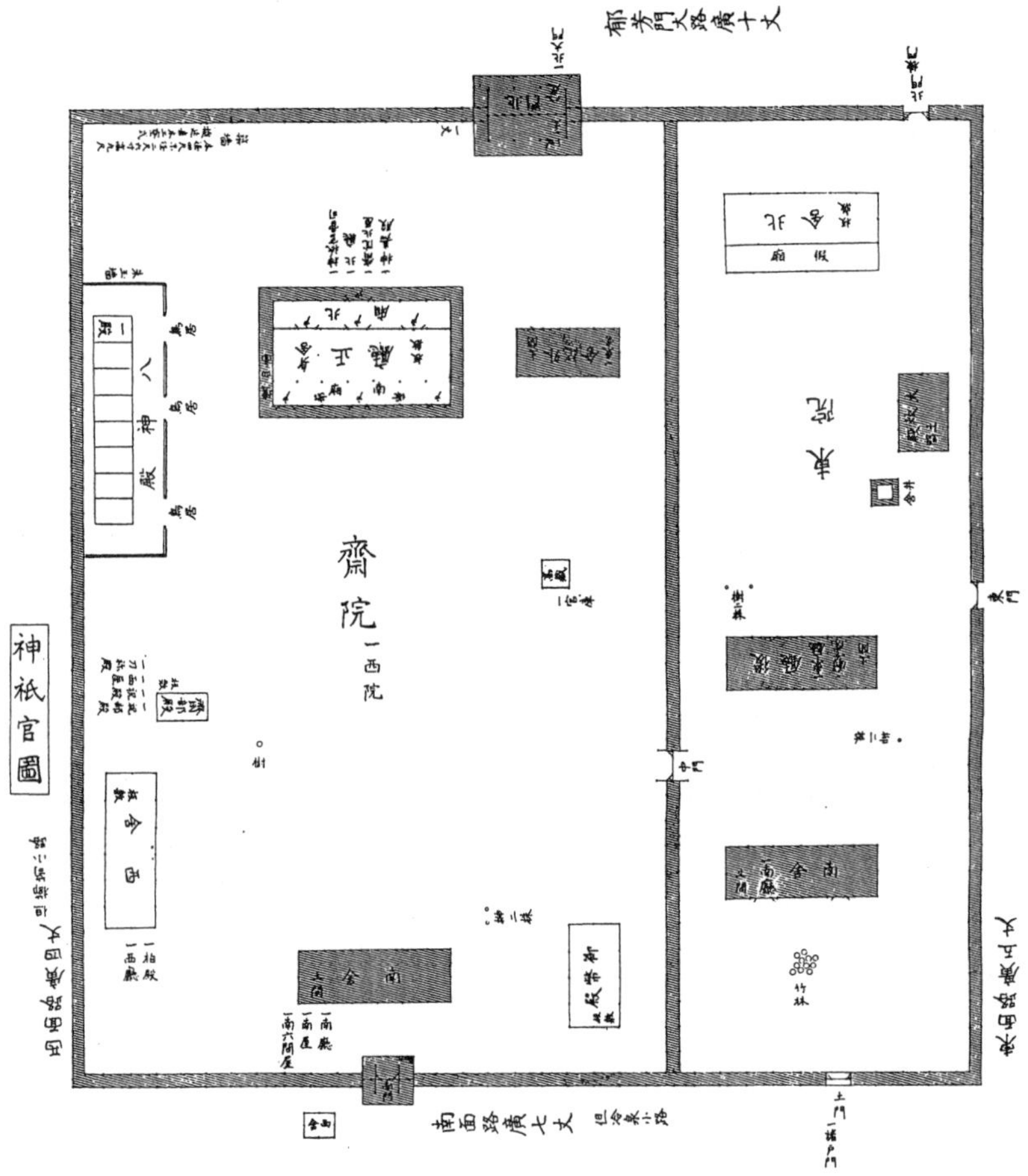

図185　神祇官図

『延喜式』（臨時祭）の供神装束条に、次のようにみえる。

神殿各一宇。長一丈七尺、広一丈二尺五寸。（下略）

右毎二御巫遷替一、神殿以下改換。但座摩、御門、生嶋等奉レ斎神、唯改二神殿一、不レ供二装束一。其新任御巫、皆給二屋一宇一。長二丈、庇二面長各二丈。

殿舎の記事は簡略すぎるが、この神殿は御巫遷替のたびに新造されるのが古例であったから、当初より素朴・単純な建物であったと思われる。また『百錬抄』大治二年（一一二七）二月十四日条に「八神殿」を含む諸建物の焼亡記事がみえる。その記事のなかに「自レ元無二御正体一」とみえることから、神座には特定の依代を常置奉安せず、祭祀のつどに諸神を迎え送るという「空座」型であろうとされている。

このように、上記にあげた中央諸官司・貴族の邸宅に設けられた神殿のうち、史料上その建物配置や構造を知ることのできるものはわずかにすぎないが、神殿そのものはきわめて規模が小さく、簡単な建物で、神祇官の八神殿のように神座も空座型と推測される。(28) これらの点は、地方官衙においても、ほぼ同様の傾向と推測されるだけに、遺構の検討のさいに十分にこの点を考慮する必要があるであろう。(29)

ただし、これらの中央官司や貴族の邸宅内および国府の内神に関する史料はいずれも九世紀以降のものである。しかし、郡家内の神は前述の史料による限りいずれも八世紀段階のものであり、しかも入間郡の場合、出雲伊波比神社は延喜式内社に加えられており、その神殿は中央官司や貴族の邸宅内の神殿と規模などの点で必ずしも同様の傾向にあったとはいえないであろう。

3　古代官衙遺跡内西北部の遺構・遺物

(1)　多賀城跡

胆沢城跡出土「内神」木簡の検討から、当時の官衙内の西北隅に「内神」を祀っていた事実を導き出すことができた。そこで、次には、古代の官衙遺跡内においてその遺構を検証しなければならない。しかしながら、各地の発掘調査の現状は、官衙の政庁域全域の調査を実施した遺跡は数少なく、むしろ今後の課題とすべきテーマの一つとすべきかもしれない。そうした現状のなかで、胆沢城跡ときわめて密接な関係にあり、しかも、政庁域をほぼ完掘している多賀城跡について、その政庁西北部の調査状況をみておくこととする。

政庁の遺構は第Ⅰ～Ⅳ期に大別され、そのうち第Ⅲ期は二小期に、第Ⅳ期は三小期に細分されている。このうち、第Ⅳ期は主に正殿より北の地域で建物の建て替えなどの造営が行われる時期である。以下、調査報告書の記述を引用しておきたい。(30)

第1小期は貞観十一年（八六九）の地震直後に復興された政庁である。第Ⅲ－2期のうち建て替えられたのは後殿・北門のみで、他の建物については大規模な瓦の葺き替えなどは行われたが、建て替えられることなく存続したと推定される。

第2小期は第1小期のものがそのまま維持されるが、政庁の後方には、掘立柱建物からなる北方建物がこの期のみに付加される。

第3小期は政庁の最終末期であり、遅くとも十世紀後半には廃絶していたと推定される。この期に造営されたものはすべて掘立柱建物である。政庁の主要な一部は基本的には第1小期のものがそのまま維持されるが、政庁西北部では第2小期に付加された建物に代わり新たな建物が連続して建て替えられる。

ここで、主に政庁西北部において連続して建て替えが行われる第3小期についてもう少し詳細に紹介しておきたい。

a小々期からe小々期までの5小々期に分かれ、いずれも掘立柱建物である。この遺構期に初めて政庁の対称性が失われる。

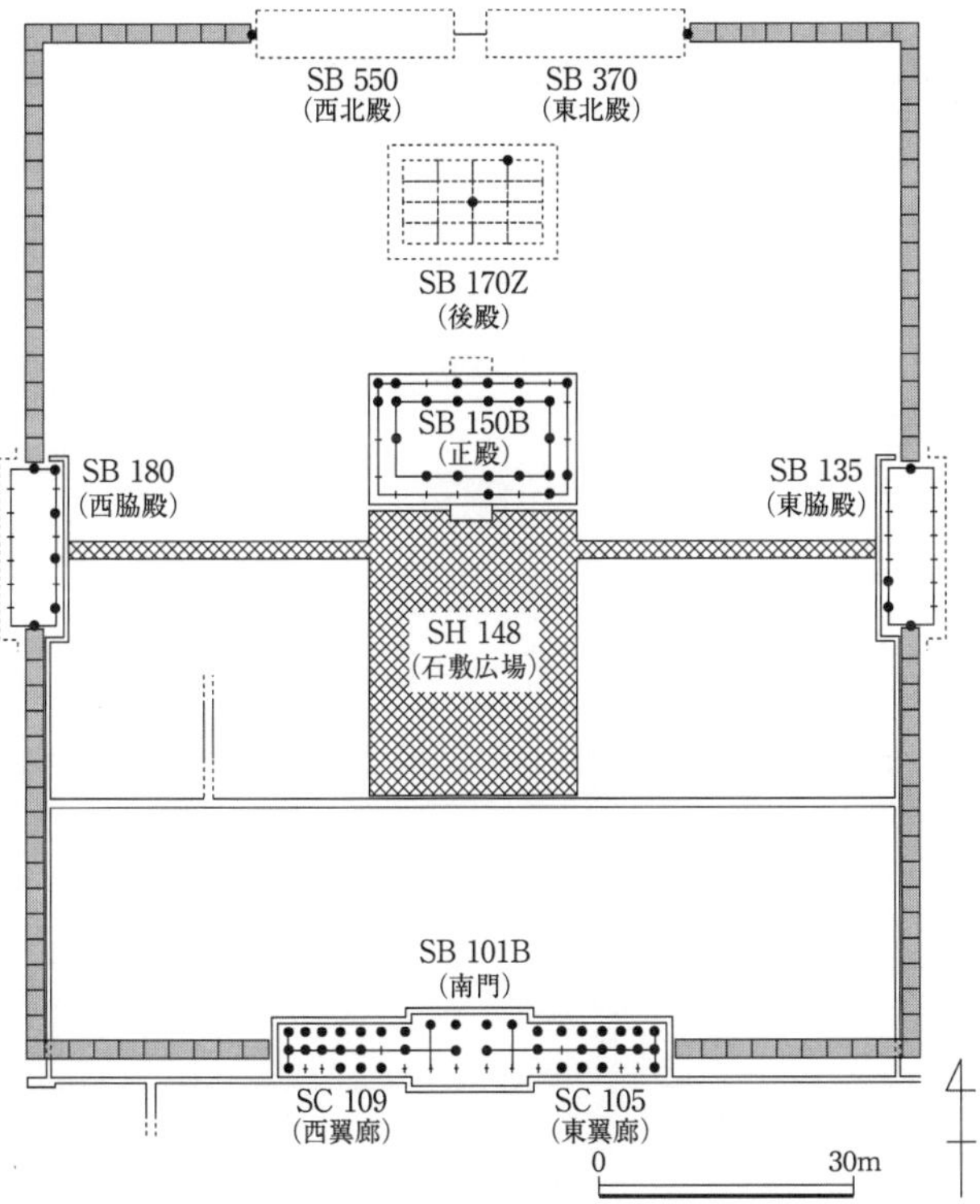

図186　多賀城第II期政庁平面図

〔a小々期〕　南北棟（五×三間）のSB五七五と東西棟（四×三間）のSB五六七があり、SB五六七の身舎のみ同位置、同規模で一回建て替えられている。両建物は東側柱筋を一致させ、約四・五メートルの間隔をおいて南北に並ぶ。SB五七五の東西側柱筋上で、両建物のほぼ中間に位置する一対の柱穴があり、二時期重複する。この柱穴により、南北に並ぶ両建物を連結するなんらかの施設の存在が推定される。

〔b小々期〕　平面L字形（東西、南北方向とも五×三間）のSB五九一と東西棟（二×二間）のSB一一四四があり、いずれも同位置、同規模で一回建て替えられて

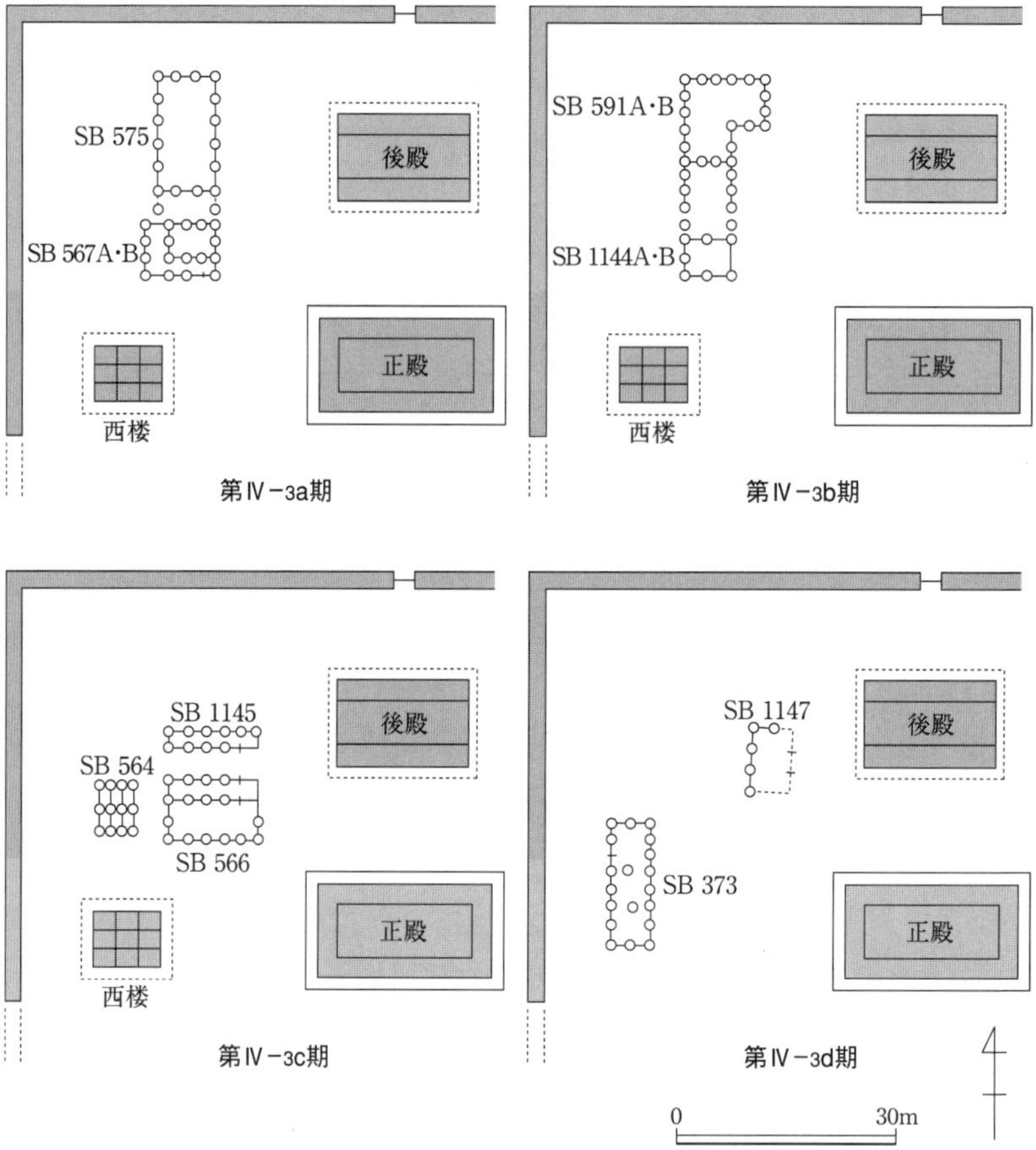

図187　多賀城第Ⅳ－３ａ～３ｄ期政庁平面図

いる。両建物は約九・三メートルの間隔をおいて南北に並び、SB五九一の東西側柱筋がそれぞれSB一一四四の両妻に一致する。ところで、両建物間の東西側柱筋上には規則的に並ぶ柱穴があり、その一部は二時期重複している。この小々期もa小々期と同じく南北に並ぶ両建物を相互に連結するなんらかの施設が存在したことが考えられる。

〔c小々期〕　東西棟北廂付建物（五×三間）のSB五六六を中心として、その西に南北棟総柱（二×三間）のSB五六四が、北に東西棟SB一一四五がある。SB一一四五は梁行一間で桁行は五間まで確認しているが、SB五六六と西妻が合い、さらに各梁行柱筋が一致することより、SB五六六と同じく桁行五間と考えて差し支えないであろう。

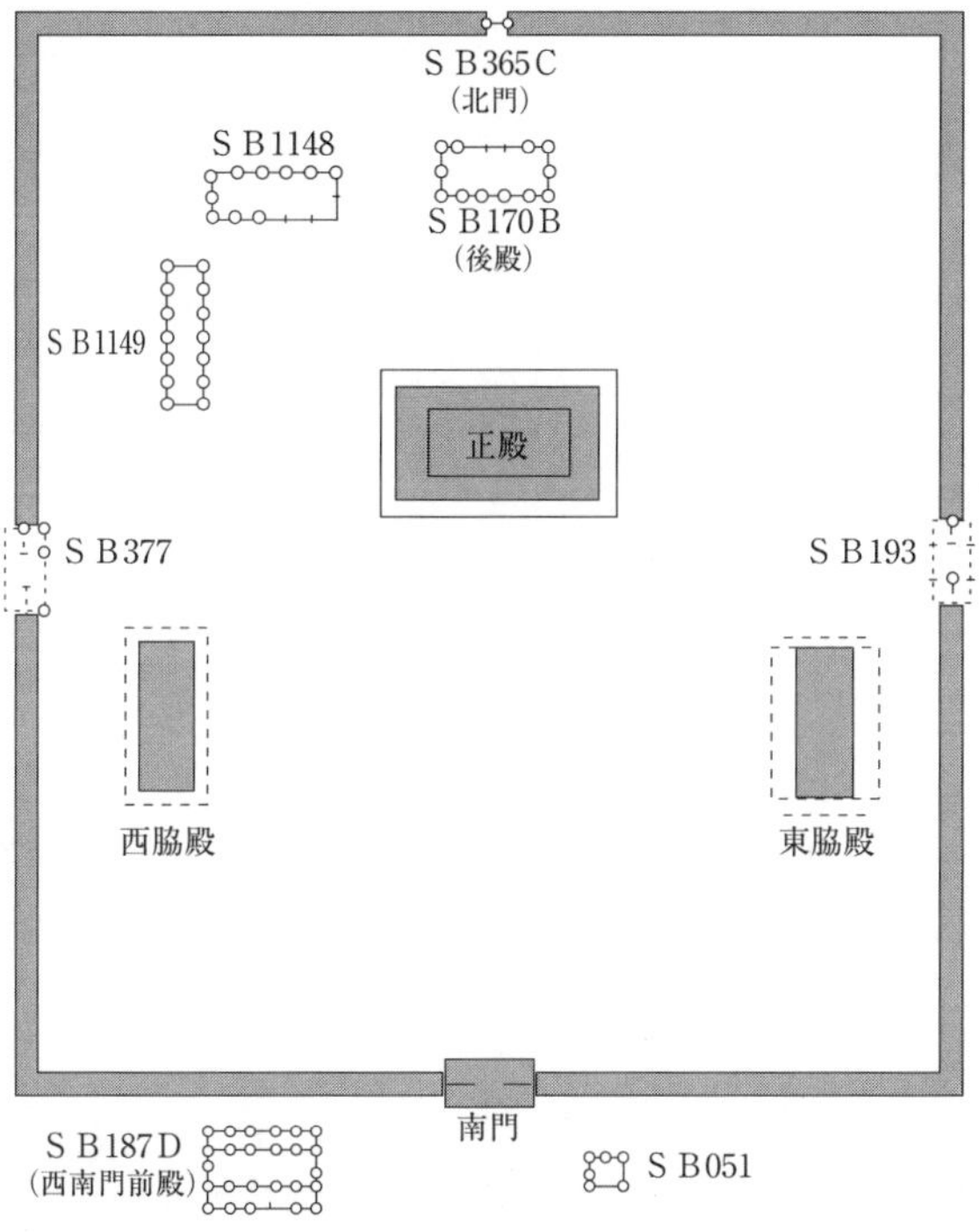

図188　多賀城第Ⅳ－3 e期政庁平面図

〔d小々期〕　南北棟（三×二間）のSB一一四七と、南北棟（七×二間）のSB三七三がある。

〔e小々期〕　政庁の最終末期であり、造り替えも西北部だけでなく小規模ながら政庁全域で行われる。

西北部には東西棟（五×二間）のSB一一四八と南北棟（六×一間）のSB一一四九が建てられ、SB一一四八の西妻とSB一一四九の東側柱筋が一致する。

以上のように、第2小期までは政庁の対称性が保たれているが、第3小期には西北部に建て替えが集中し、対称性が失われている。西北部の建物群の構造上の特徴からその性格をさぐるまでは至っていないが、本節とも関連させ、検討する価値を有しているといえる。(31)

(2) 藤原宮跡——平安初期荘園跡

一九八二年度の藤原宮の西北隅地域調査（第三六次）の結果は、要約すると次のとおりである。(32)

北区では西面外濠と北面外濠、およびその交点、井戸などを検出した。西面外濠は北流する素掘溝で、この場所で北西方向へ流路を変えて宮外へ流れ出ており、この付近では遺物からみると十三世紀ごろまで水路として機能している。北面外濠は西流する素掘溝だが、この溝は奈良時代前半ごろにはすでに機能を失っているのであろう。

南区で検出した井戸ＳＥ三四〇〇は、ＳＤ三四一〇の北岸に接しているが、ＳＤ三四一〇の岸が一部埋没したあとに作られている。井戸は一辺一〇〇メートルの方形横板組で、埋土は一層で底面に小石を敷いている。このなかから木簡二点のほかに斎串・曲物・富寿神宝などが出土した。

ここで取り上げるのは、そのうちの一点である。(33)

・「弘仁元年十月廿日収納稲事（刻線）山田女佃二町六段千二百卌三束又有収納帳（刻線）同日下廿束　使石川魚主
凡海福万呂佃四段地子六段二百五十二束　葛木寺進者　上三月丸弟□建丸
合壹千五百□□〔玖束カ〕　□　収納帳　定残千四百八十玖束　浄丸福丸等

（以下略）

・「□□　□□□東　　□□□□〔年田作料カ〕□且凡海福万呂下充卅束
　　　　　　　　　　　　　　　　　　　　　　　　□一束
糯米舂料一束酒□　　凡海加都岐万呂十束　　菁蔓〔蔓カ〕直五把
祭料物并同料菁奈等持夫功一束　　民浄万呂三束　　節料物并久留美等持行夫功一束
依門□〔成カ〕事太郎経日食二束　　人々出挙給十七束　　小主并従経八日二束六把自十二月廿日迄廿七日
　　　　　　建万呂妻浄継女二束　　合下百八十七束九把
庄内神祀料五束　　大友三月万呂二束　　残稲一千二百五十三束六把
（以下略）

これは長さ約一メートル、幅五・七センチの大型の木簡で、荘園の帳簿である。ある荘園の収支に関して、四段目までに弘仁元年（八一〇）の収穫高を主として記し、五段目からは同年十月から翌年二月までの種々の支出と残高を詳細に書き上げている。佃（直営田）三町六段や地子田六段があり、耕作者や経営者や荘使が知られ、さらに田作料、出挙、義倉、田租料、二不得八法の記載もあり、初期荘園の史料として重要である。正月二十六日条では収納の箇所にも名前のあった建万呂が種々の物を奈良から宮所荘へ車で運搬していることが知られるが、宮所荘はこれまで未見の荘であるが、この荘の名が「宮所荘」の可能性がある。なお藤原宮大極殿跡の東南約五〇メートルのところに「宮所《ミヤドコ》」の小字がある。荘園主は平安京にいたのであろう。他の一点の木簡は、弘仁六年（八一五）十二月の京上米に関する帳簿である。

木簡は井戸から出土したが、この荘は井戸からそれほど隔たらないところにあったとみてよいであろう。荘所もこ

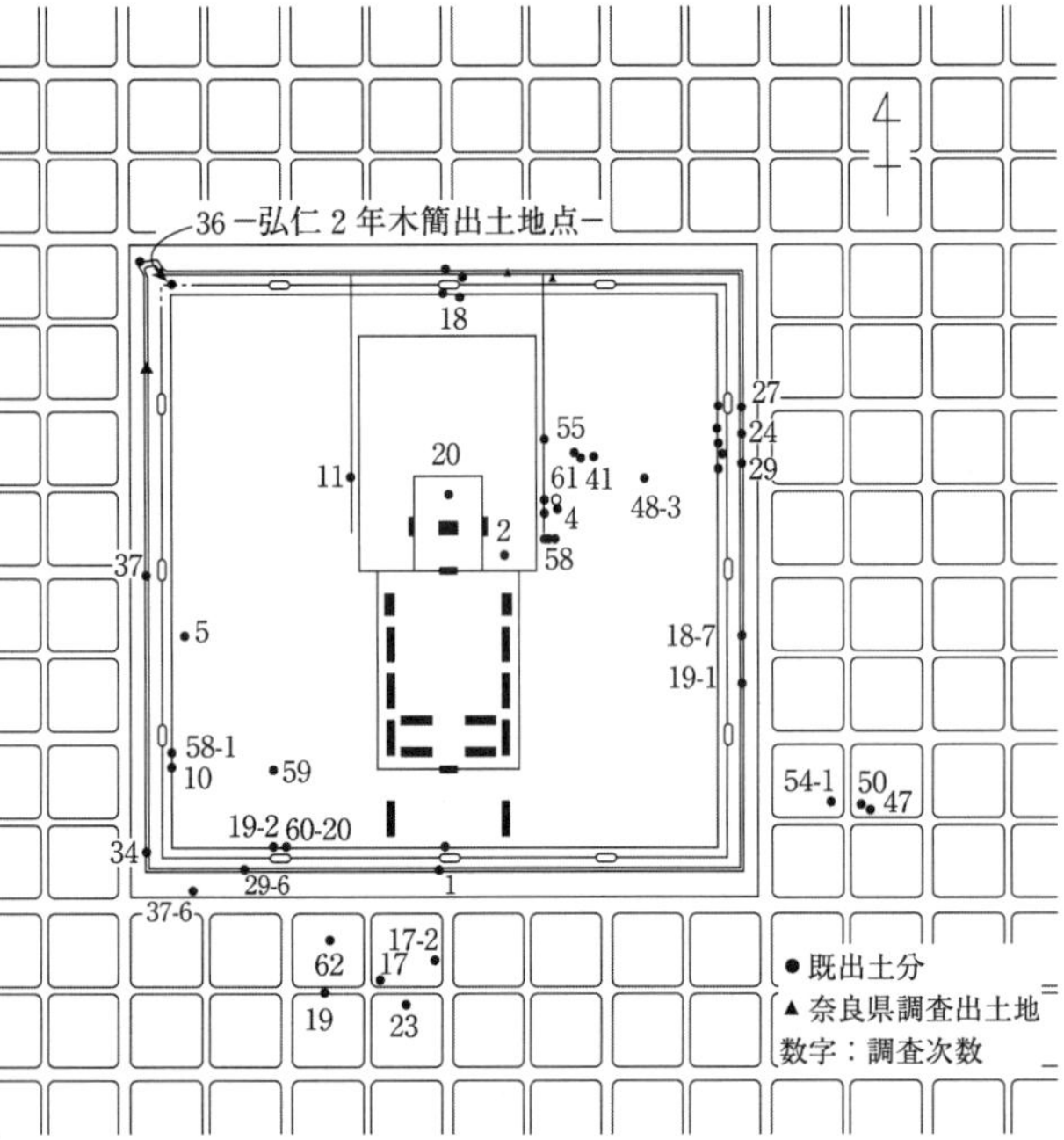

図189　藤原宮・京跡木簡出土地点略図

の付近と推定され、あるいは井戸そのものが荘所の施設の一つであることも考えられる。また藤原宮廃絶後平安時代の初めごろまでには宮跡の一部または近辺が荘園となったことが知られたことも貴重であるとされている。

さて、本木簡で問題とするのは、裏の上段に記された支出項目の一つ「庄内神祀料五束」である。これは庄の内神を祀る料五束と解することができる。すなわち、藤原宮廃絶後にその地に営まれた荘園「宮所庄」のなかに、内神が祀られていたことを示している。

この木簡を出土した井戸ＳＥ三四〇〇は、藤原宮の西北隅地域に位置している。しかも宮の西面外濠は平安時代の初めごろにおいても水路として機能しており、北面外濠は継続していないが、南区で検出した河川流路は東北方からの主流路ＳＤ三四一〇が西方への流路ＳＤ三四〇八に連なり、鎌倉時代まで存続していた。このことは、井戸そのものは先に述べたようにＳＤ三四一〇の岸が一部埋没したあとに作られているが、藤原宮廃絶後においても、少なくとも西北隅の区画線が機能しており、もとの藤原宮の宮域が意識されていたことは明らかである。「宮所荘」とされた荘園は藤原宮域内に営まれ、そのなかに内神を祀っていたのであろう。その宮域の西北隅におそらく庄の内神とされる〝戌亥隅神〟が祀られていたのではないか。戌亥の方角が意識されていたことは、図190にみえる小字名「戌亥垣内」でも明らかである。藤原宮までさか

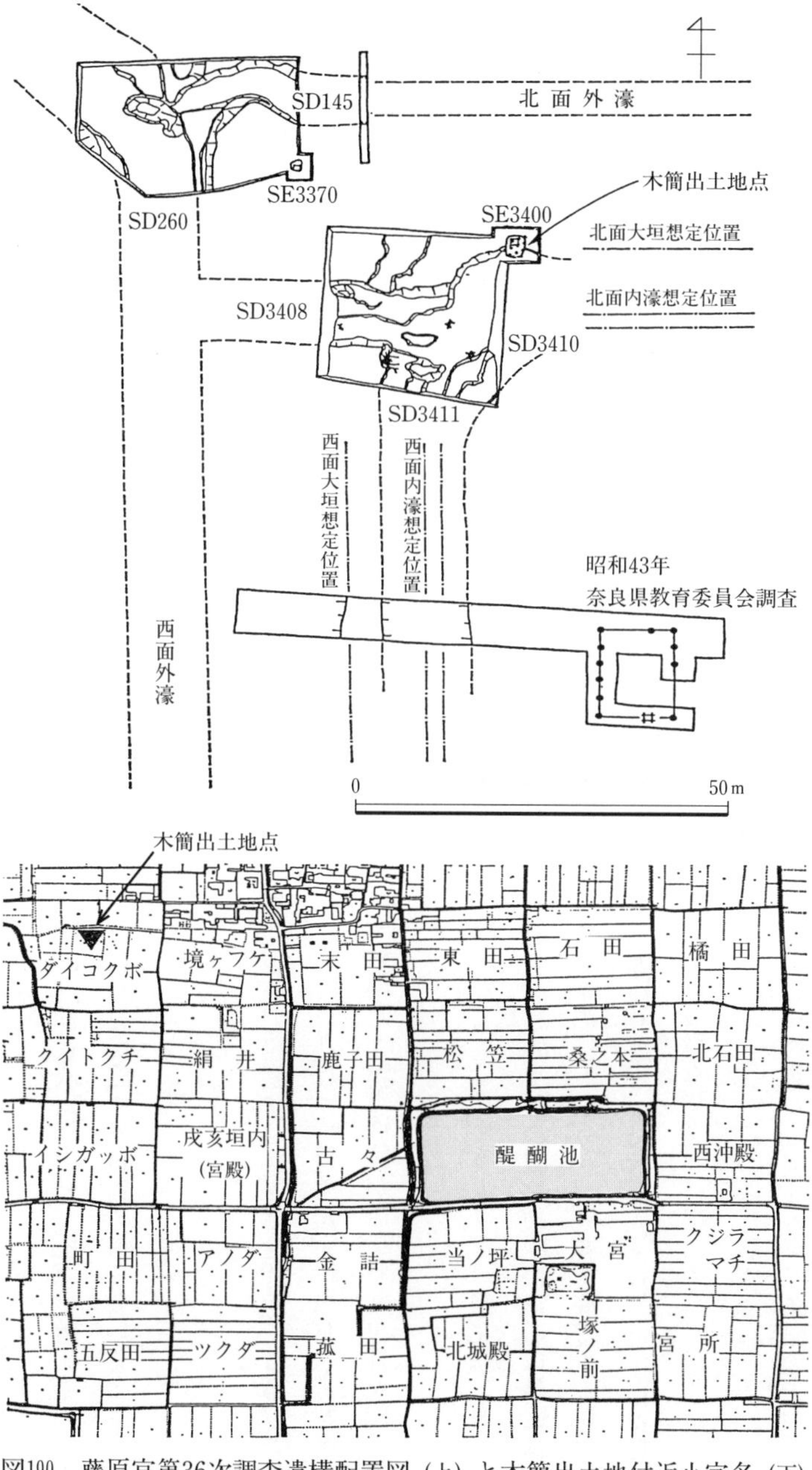

図190　藤原宮第36次調査遺構配置図（上）と木簡出土地付近小字名（下）

のぼらせることは、史料的には不明であるが、これまでの史料を参考にするならば、「宮所荘」の内神は、庄の西北隅に祀られていた神である可能性が高いであろう。このことは、東三条殿の内神と戌亥隅の神、胆沢城跡出土の「内神」木簡と政庁西北隅からの出土というそれぞれの関係と付合し、またそれらを傍証する資料であるといえよう。

まとめ

内神のそばに仕える射手としての役割は、まず弓を射る兵士として神殿を武力警備するケースを想定できる。たとえば、神祇官の八神殿について『帝王編年記』によれば、永仁二年（一二九四）九月三十日条に「神祇官八神殿御戸開。盗犯所ﾚ為歟」などとあり、神祇官西院の神殿の扉が開けられ、三所斎戸衣・結御魂緒が盗まれた事件が起こっている。

もう一つ射手の警護内容として重要な点がある。『宇津保物語』の「蔵開の上」にみえるように、西北隅にあった蔵は邸内で最も重要なものとして扱われ、この蔵だけには一指もふれさせず、その子孫の直々の手による以外には、これを拒み、毎夜、誰とも知れず馬に跨った者が来ては、弓弦を鳴らして夜警をしたという。内神を警護する射手は、弓弦を鳴らして邪を除いたのであろう。胆沢城木簡の内神に侍する射手が神社と深くかかわるとされた巫(34)（神を和らげ、神に願う人の意とされている）姓であることも、そのことを示唆しているのではないか。

最後に本節で論じてきた問題をまとめるならば、次のとおりとなろう。

『今昔物語集』によれば、東三条殿の内神は、戌亥の隅の神であり、実際、『兵範記』に載せる東三条殿の指図によって、戌亥隅（西北隅）に神殿が設けられている。その祀られている神は具体的には隼明神・角振明神である。また、中央官司の織部司や左京職にも、戌亥隅神が祀られていたことが『三代実録』にみえる。

一方、地方においては、石見国や伯耆国において確認される国府中神・国庁裏神は山城国澄（清）水神、信濃国塩野神などとともに、その名において神階を与えられている。このことは「東三条内神」と同様に、国府に中神・裏神＝内神が存在したことを示すが、その内神もおそらくは国庁の戌亥隅に位置し、右の中央諸官司にならい、戌亥隅神とも称されたと考えてよいであろう。宝亀三年十二月十九日の官符に引く武蔵国司解によれば、郡家の西北隅の神は出雲伊波比神とされ、東三条殿の戌亥（西北）隅神＝角振神、隼明神と同様にその祭神も明らかである。この場合、国府の中神・裏神＝内神のように、「郡家内神」と称せられていたとも考えられる。

結局のところ、郡家に限らず、古代の諸官衙（東三条殿もしばしば里内裏となる）はその施設内に鎮守の神を祀り、その位置は西北隅（戌亥隅）を占めたために、戌亥隅神とも称されたのである。その神を祀る神殿は、一般的に小規模で簡素な建物と思われる。また、本木簡の検討から、神殿は官衙施設のうち、中心となる政庁地区の西北部に設けられている可能性が高いのではないか。この点については、神殿の建物規模や構造が小規模・簡易なものと思われるだけに、従来の調査については遺構の再検討を行い、今後の発掘調査においては、こうした視点から十分に検証する必要があるであろう。

一点の木簡が投げかけた〝内神〟の存在に関する問題は、いまだ多くの課題を残している。

その重要課題の一つは諸官衙内の西北隅に神を祀ること、いわゆる内神の成立時期である。

左京職	戌亥隅神	貞観五年（八六三）
東一条殿	（戌亥）隅神	元慶元年（八七七）
織部司	戌亥隅神	元慶三年（八七九）
石見国	国府中神	貞観十三年（八七一）

伯耆国　国庁裏神　貞観十五年（八七三）
石見国　府中神　元慶三年（八七九）

神社の神階記事が九世紀後半以降に集中するのが一般的傾向である点に留意しなければならないが、少なくとも八世紀段階にはこれらの神社名は史料にみえない。[35]

東三条殿は藤原良房（八〇四〜八七二）に始まるといわれ、角振・隼の両社の初見は永延元年（九八七）である。文献史料における中央官司（東一条・東三条殿を含む）の戌亥隅神＝内神は単なる史料の偏在性とはいえず、九世紀以降にその姿をみせていることに注目すべきであろう。陸奥国府である多賀城跡の政庁地区においては、貞観十一年（八六九）の陸奥国大地震の復興事業とされる第Ⅳ期の第3小期に至りはじめて西北部に建物が設けられ、しかも連続的に建て替えられている。この多賀城政庁の九世紀半ば以降の西北部における建物の新設・建て替えは、時期的には右の文献史料と合致する点、大変興味深いものがある。

このように中央諸司や国府にかかわる内神の史料はおおよそ九世紀以降のものであるが、唯一郡家関係の宝亀三年官符および『土佐国風土記』（逸文）など、郡家内に神を祀っている事実を伝える史料は八世紀代のものである。しかも郡家内の神は、入間郡の場合、出雲伊波比神社が延喜式内社であり、土佐郡の場合の天河命は「天河神者為土左大神之子也」とあり、式内大社都佐巫神社を本社とするなど、ともに神社の規模は大きいものと考えられ、中央官司や国府の内神とは異なっていたのではないか。

現存資料によるかぎりでは、諸官衙の西北隅に神を祀ることは時期的には郡家が先行し、しかも郡家のそれは式内社相当の神社であるのに対して、中央官司や国府の内神は規模の小さい、簡素な神殿に安置されたと考えられる。

さらに推測を加えるならば、古代において時期は確定できないが、早くから戌亥隅信仰が存在し、その在地の信仰はまず最初に郡家（評家段階の可能性もある）内の戌亥隅に神社を祀る形で具現化された。さらにそれが九世紀以降形式化された形で、中央官司や国府内のうちでも最も象徴的な政庁の西北隅に簡素な神殿を設けたのではないだろうか。この点は内神の性格とともに今後の課題としてさらに検討しなければならない。

本節は一点の木簡の出現を契機として、広範な資料の検討を通して中央・地方の諸官衙の西北隅に神を祀っている事実を指摘し、この事実が古代の官衙構造や日本文化における基層信仰の実態解明の研究に若干なりとも手がかりを与えるに違いないと思い、稿を起こしたものである。

註

（1）拙稿「律令制下の多賀城」（宮城県多賀城跡調査研究所『多賀城跡――政庁跡本文編』一九八二年）。

（2）水沢市教育委員会「『政庁西北地区』発掘調査成果の概要」（一九八九年）、佐久間賢「胆沢城跡」（『第一六回古代城柵官衙遺跡検討会資料』一九九〇年）、佐久間賢「岩手・胆沢城跡」（『木簡研究』一二、一九九〇年）。

（3）水沢市教育委員会「胆沢城跡平成二年度発掘調査」（『第一七回古代城柵官衙遺跡検討会資料』一九九一年）。

（4）宮城県多賀城跡調査研究所『年報一九七四　多賀城跡』（一九七五年）。

（5）水沢市教育委員会『胆沢城跡―昭和五九年度発掘調査概報―』（一九八五年）。

（6）宮城県多賀城跡調査研究所『多賀城漆紙文書』（一九七九年）。

（7）水沢市教育委員会『胆沢城跡―昭和六一年度発掘調査概報―』（一九八七年）、佐久間賢・土沼章一「府庁厨屋の発見」（『考古学ジャーナル』二七五、一九八七年）。

（8）横田拓実「文書様木簡の諸問題」（奈良国立文化財研究所『研究論集Ⅳ』一九七八年）。

（9）鬼頭清明「平城宮出土の衛士関係木簡について」（『木簡研究』五、一九八三年。のち、『古代木簡の基礎的研究』塙書房、一九九三年）。

（10）太田静六『寝殿造の研究』（吉川弘文館、一九八七年）。

（11）森田悌『古代の武蔵――稲荷山古墳の時代とその後』（吉川弘文館、一九八八年）。

(12) 川副武胤「藤原百川」(『書の日本史』一、平凡社、一九七五年)。

(13) 吉田晶『日本古代村落史序説』第二章「首長と共同体」(塙書房、一九八〇年)。

(14) 山中敏史「遺跡からみた郡衙の構造」(狩野久編『日本古代の国家と都城』東京大学出版会、一九九〇年)。

(15) 宝亀三年十二月十九日官符の原文は「郡家西北角神……」とみえているが、吉田氏の前掲書では「郡家西南角」と、山中氏も前掲論文で「郡家西角」と引用している。これはたまたま両書の誤植であるが、肝心な点であるので、ここに訂正しておきたい。

(16) 宮地直一「土佐国風土記逸文の発見」(『史学雑誌』五五－七、一九四四年)。なお、この逸文は『日本古典文学大系　2風土記』(岩波書店、一九五八年)には収載されていない。

(17) 拙稿「律令制下の多賀城」など。

(18) 備前国府に関しては、康永元年(一三四二)の『備前国神名帳』に備前国総社とは別の「上道郡国府神」と記されるものが存在している(木下良『国府』教育社歴史新書、一九八八年)。

なお、陸奥国府の所在した多賀城に設置されたと思われる多賀神(『日本後紀』延暦十五年十月甲申条)、『続日本紀』天平五年十二月己未条に「出羽柵遷二置於秋田村高清水岡一」とみえ、出羽国府の所在した秋田城およびその後の国府移転先となったとされる城輪柵遺跡(山形県酒田市)内に設置されたと思われる高泉神(『三代実録』貞観七年二月二十七日条)、城輪神(『三代実録』貞観七年二月二十七日条、同元慶四年二月二十七日条)については、それぞれの施設内のどの位置におかれたかは定かではない。また、こうした神が本節で扱う内神と同様のものかどうか決めがたいが、その関連性において今後十分に検討する価値を有しているといえよう。

(19) 三谷栄一「日本文学に於ける戌亥の隅の信仰」(『日本文学の民俗学的研究』有精堂出版、第一章、一九六〇年)。

(20) 民俗学研究所編『民俗学辞典』(東京堂出版、一九五一年)。

(21) 森口多里「屋敷に祀る神」(岩崎敏夫編『東北民俗研究』二、一九五〇年)。本文中の頁は森口論文の頁数を示す。ただし三谷氏の引用部分で若干原文と異なる点があるが、原文に基づき訂正した。

(22) 屋敷神については、直江廣治氏の代表的な研究(『屋敷神の研究－日本信仰伝承論－』吉川弘文館、一九六六年)があるが、氏の場合はもっぱら民俗現象を捉え、民俗学的方法によって分析したものである。しかし本節はあくまでも屋敷神の原初的なあり方として、古代における戌亥隅信仰を解明しようとするものであるので、本節では三谷氏の研究を取り上げた。ここでは、直江氏の指摘のうち、三谷氏との関連で、紹介しておきたい。

　屋敷神は学術上の用語で、実際には地方ごとにさまざまな通称が行われている。なかでも、東北地方から関東北部にかけては、ウチガミあるいはウヂガミと呼ぶことが多く、九州南部も同じ系統でウツガンと呼んでいる。屋敷神のことをウチガミ（内神）あるいはウヂガミ（氏神）と称することが、国の北と南の端に分布していることは注意すべき現象で、氏神信仰を解く重要な手がかりになると思うとされている。屋敷神と祖霊との密接な関連を示すものとして、その家代々の死者が、三十三年あるいは五十年忌をすますと屋敷神になる、と伝える土地が広く分布している。
(23)　たとえば、河音能平氏の見解があげられる（「王土思想と神仏習合」『中世封建社会の首都と農村』東京大学出版会、一九八四年。初出は一九七六年）。以下に氏の見解をまとめておく。
　一般班田農民は、その個別経営の基地たる「園宅地」において「庶人宅神祭」をおこなっていたのであって（『令義解』天神地祇条）、彼らもその家父長制的家族の形成にともなって独自な祖霊信仰を展開させるにいたっていた。八世紀中葉以降史料にあらわれる「氏神」は、地方豪族以上の人々の「宅神」を意味したものと考えられ、したがって正確には地方豪族は氏神・氏寺を自らの精神的拠点としてその私的経済活動を展開していった。

　中央大寺社の社司神人・悪僧たちは、中世庄園村落の建設にともなってその精神的紐帯として形成された庄園鎮守神を本社の末社として位置づけようとした。たとえば、保安元年（一一二〇）、淡路国司が賀茂社領生穂庄を新立庄園として停廃しようとした時、生穂庄鎮守の神宝を投棄て、神殿を破損しなければならなかった（『中右記』同年四月六日条）。また、一〇－一一世紀摂関期農村においては、主要な農耕神事は田堵百姓の神事として個々におこなわれていたが、院政期における中世庄園村落とその精神的紐帯としての庄園鎮守神の形成にともなって、田堵百姓の屋敷神の農耕神事の主要部分は庄園鎮守神の春秋の農耕神事に吸収されていった。
(24)　吉田孝「イヘとヤケ」（『律令国家と古代の社会』岩波書店、一九八三年）。
(25)　先にもあげた『三代実録』元慶三年閏十月二十三日条によれば、織部司に戌亥隅神とともに「辰巳隅神」が存在したことがわかる。隋の蕭吉の撰『五行大義』によると、戌亥を天門とし、辰巳を地戸としている。
(26)　『故実叢書神祇官図』、『増訂　故実叢書　大内裏図考証　第三』神祇官全図（一九三〇年）。
(27)　この八神については、三谷栄一氏（前掲書）が次のように解釈を加えている。

その祭神の多くがムスビ神であり、ミケツの神であることは農耕の生産を司ったり、穀物を司る神と大体想像し得る。そして元来はムスビの神は祖霊神であったのであり、穀霊を司る神であったわけである。その神々を天皇の御名代として斎く御巫の役所の西北隅に奉祀して祈年祭をとり行うことは、朝廷でも稲をもたらす祖霊が、この方角に坐すと考えたことを意味するといわなければならない。

(28)　太田静六氏前掲書。この点、古代における史料では確認できないが、伊勢神宮では、興玉神は正宮の敷地内の板垣内の西北隅に西面して石畳の形式で鎮祭されている。そして式年の造替ごとに正宮とともに、東西にその神座を移して祀っている。この神の祭祀は『神宮雑例集』の年中行事にはじめてみ

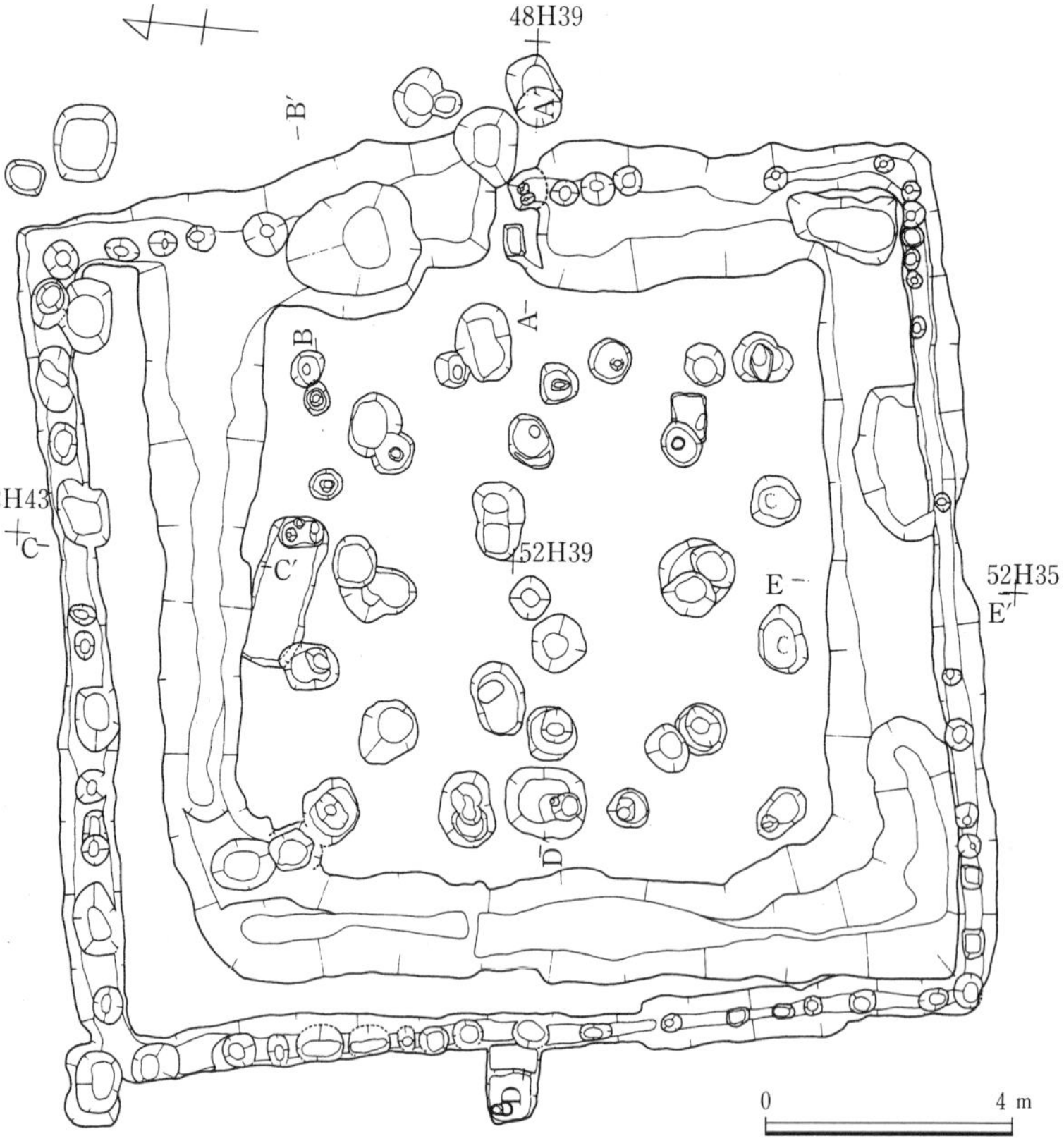

付図３　群馬県前橋市鳥羽遺跡遺構図

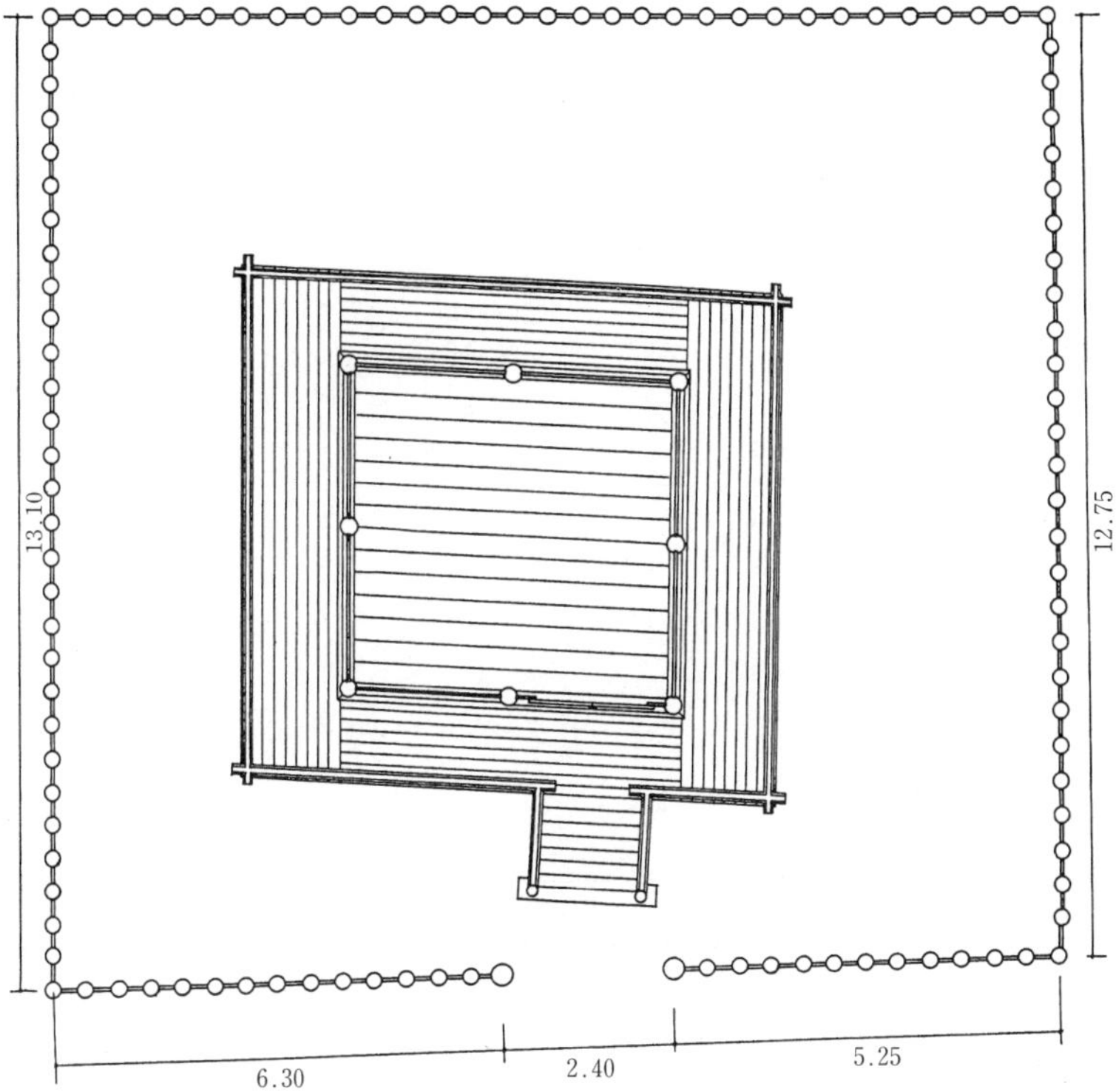

神殿・瑞垣・鳥居平面図

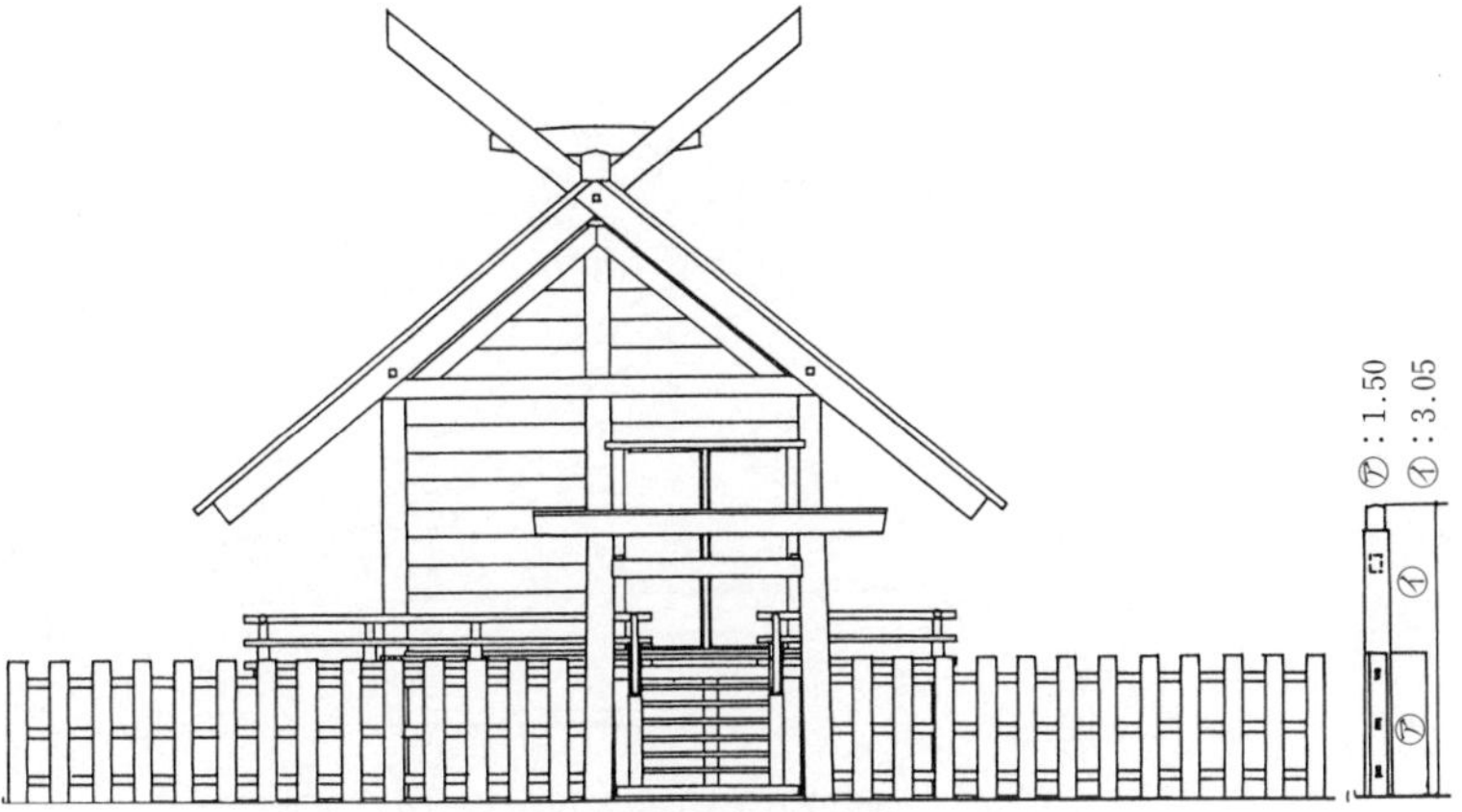

付図4　鳥羽遺跡の神殿復元図

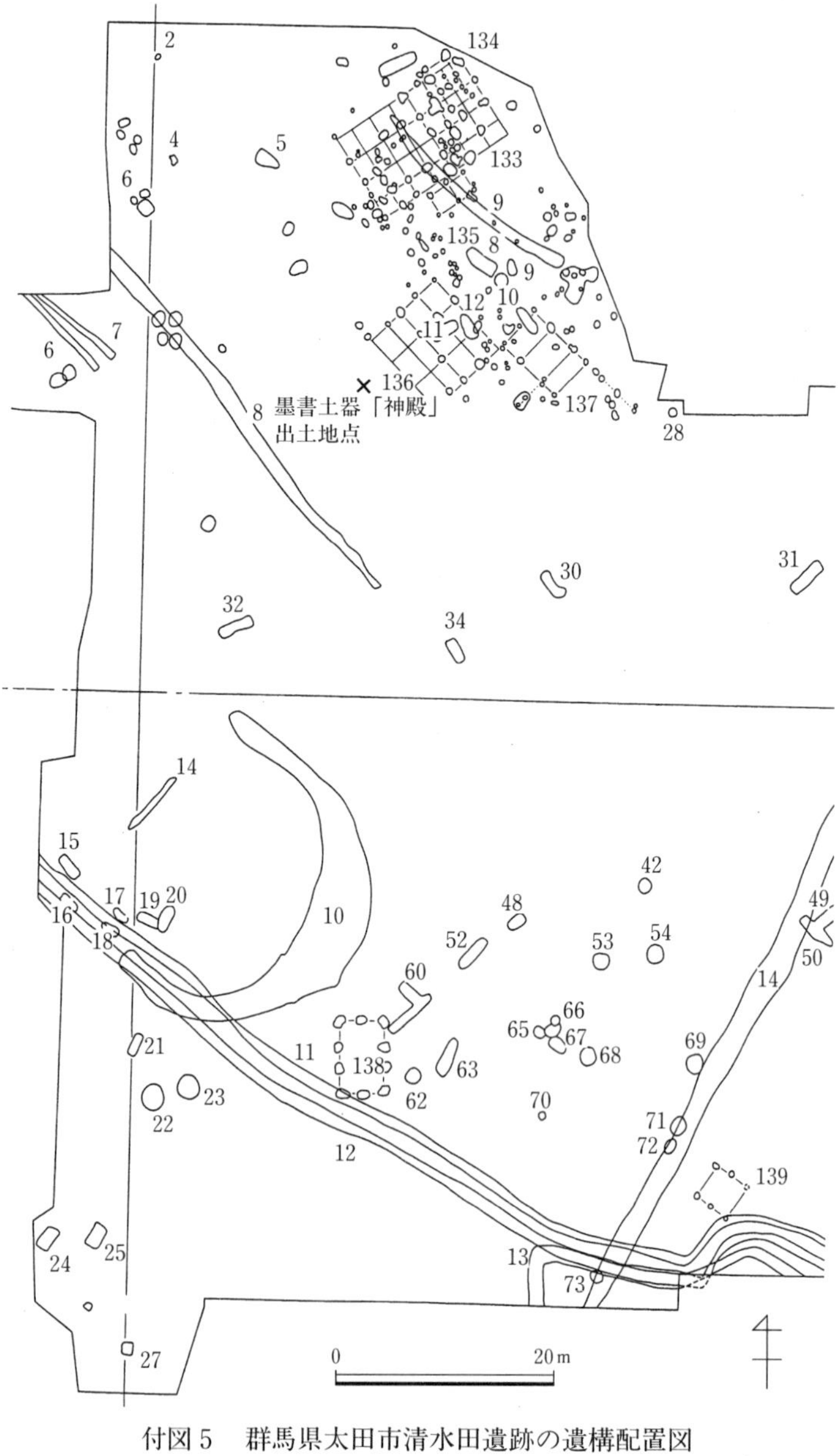

付図５　群馬県太田市清水田遺跡の遺構配置図

える。阪本広太郎氏はこの興玉を沖玉と解して、この地方の国玉神を大宮地の地主神として鎮祭したと指摘している。また、宮比神も興玉神と背向になって、同じく石畳の形式にて祭られているが、その祭祀は『建久年中行事』にはじめてみえ、「宮比神御在所、興玉後、御前乾玉垣角也、矢乃波波木神御在所、御前巽方荒垣也」とあり、乾の宮比神に対して、巽（東南隅）に矢乃波波木神が祀られている（阪本広太郎『神宮祭祀概説』神宮司庁教導部、一九六五年）。

(29) これまでは古代の神殿跡の遺構については、その構造的特徴を十分に把握できず、未検出とされていたが、近年、ようやく報告例が増えつつある。たとえば、群馬県前橋市鳥羽遺跡では、宮本長二郎氏が「鳥羽遺跡の神殿建築について」（(財)群馬県埋蔵文化財調査事業団『鳥羽遺跡』一九八六年）と題して、他の類似の遺構（奈良県天理市高塚遺跡ほか）を例にあげながら、神殿建築遺構の特徴をあげている。すなわち、鳥羽遺跡の神殿とされる建物は、方二間の身舎の四方に縁をまわし、建物の四周に柵をめぐらせた切妻造り妻入りの高床神殿建築で、正面を東面させ、神殿の四周を囲う玉垣は丸柱に貫を通した柵として、東面開口部の丸柱を鳥居とする門構えをもつ付図4のような形式に復元できるという。

さらに古代の集落遺跡内で検出された神殿遺構の例を紹介しておきたい。清水田遺跡は群馬県太田市茂木に所在し、北から張り出した標高三二メートル前後の微高地を中心に南北六〇〇メートル、東西一五〇メートル以上の拡がりをもつ大規模な遺跡の東南端である。この遺跡では古墳時代前期と平安時代の集落が検出されている。平安時代に九八軒の住居跡が発掘区全域に分布する。この時期の集落の中心は、台地中央に展開され、掘立柱建物数棟が検出され、建物構造も特異である。しかも、その建物付近から出土している墨書土器「神殿」の存在は、建物を神殿とみなす有力な資料といえるであろう（(財)群馬県埋蔵文化財調査事業団『太田東部遺跡群』一九八五年）。

(30) 宮城県教育委員会『多賀城跡――政庁跡本文編』（一九八二年）。

(31) 調査報告書（註(30)）によれば、「各小々期とも基本的には南北に並ぶ二棟の建物が組み合いほぼ同位置で変遷しているが、各小々期ごとに明らかにその規模・構造が異なり、これらが共通した単一の機能をもってのみ変遷しているものではないことが知られる。すなわち、政庁全体からみれば第Ⅳ－3期に西北部のこの一郭に新たな機能が付加されたことになるが、詳細にみれば各小々期ごとに若干の機能上の変化があったことが指摘できるであろう」としている。しかし、多賀城政庁地区の変遷全体からみるならば、第Ⅳ期に至りはじめて西北部のみに建物が新置され、連続的に建て替えを実施していることと、建物構造はやはり政庁内の他の建物と異なり、小規模で特異

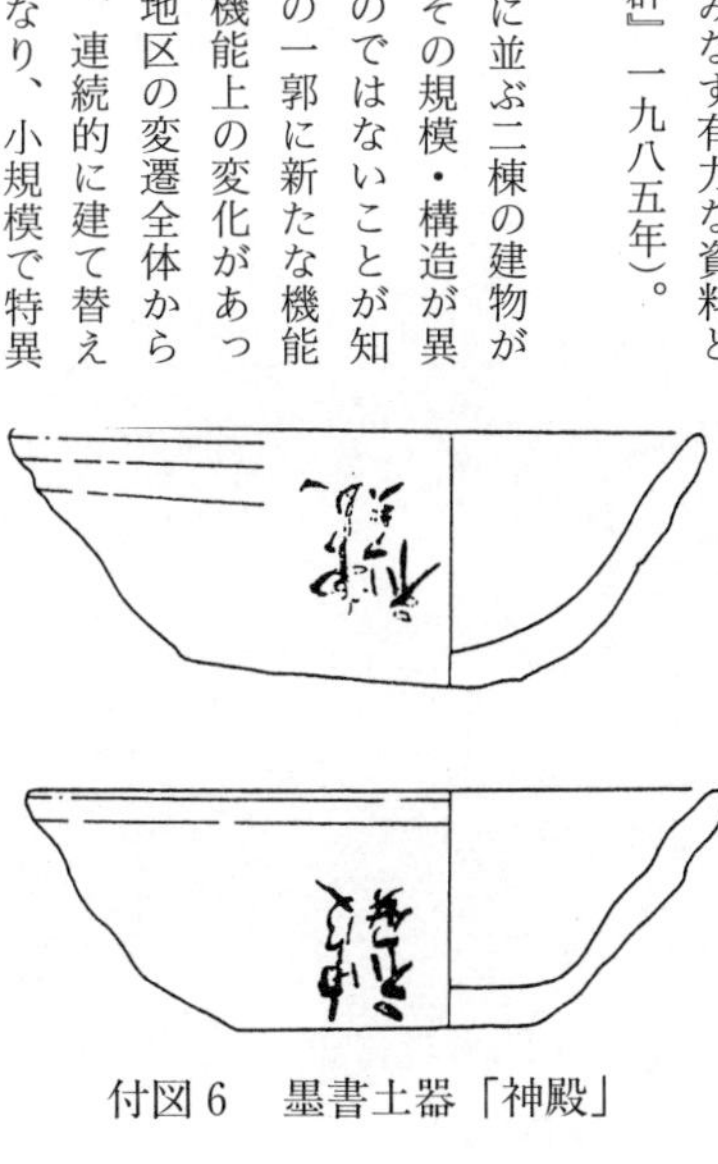

付図6　墨書土器「神殿」

な平面プランからは、第Ⅳ－3期を通じての一定した特殊な建物の性格を想定することも可能ではないか。

(32)　加藤優「奈良・藤原宮跡」（『木簡研究』五、一九八三年）。

(33)　この木簡についての解釈は、註(32)および加藤優「藤原宮跡」（木簡学会編『日本古代木簡選』岩波書店、一九九〇年）による。

(34)　巫の訓は「神奈伎」（『令集解』に引く跡記）、「加牟奈岐」（『和名抄』）。

(35)　林陸朗「官社制度と神階」（『国学院雑誌』五四－二、一九五三年）など。

二　転読札――福島県玉川村江平遺跡

1　遺跡の概要(1)

江平遺跡は、福島空港の南西約二キロの地点に位置し、遺跡は阿武隈川東岸の河岸段丘上に立地する。この付近は古代白河郡の北端にあたり、南東約一〇キロには白河郡家に比定される関和久遺跡などがある。本調査は、福島空港・あぶくま南道路の建設に伴うもので、平成十一年（一九九九）から二ヵ年にわたって調査が行われ、平成十一年度の調査では、竪穴住居四〇軒、掘立柱建物が八〇棟、土坑二二六基、溝七一条、井戸八基、古墳二三基などが確認

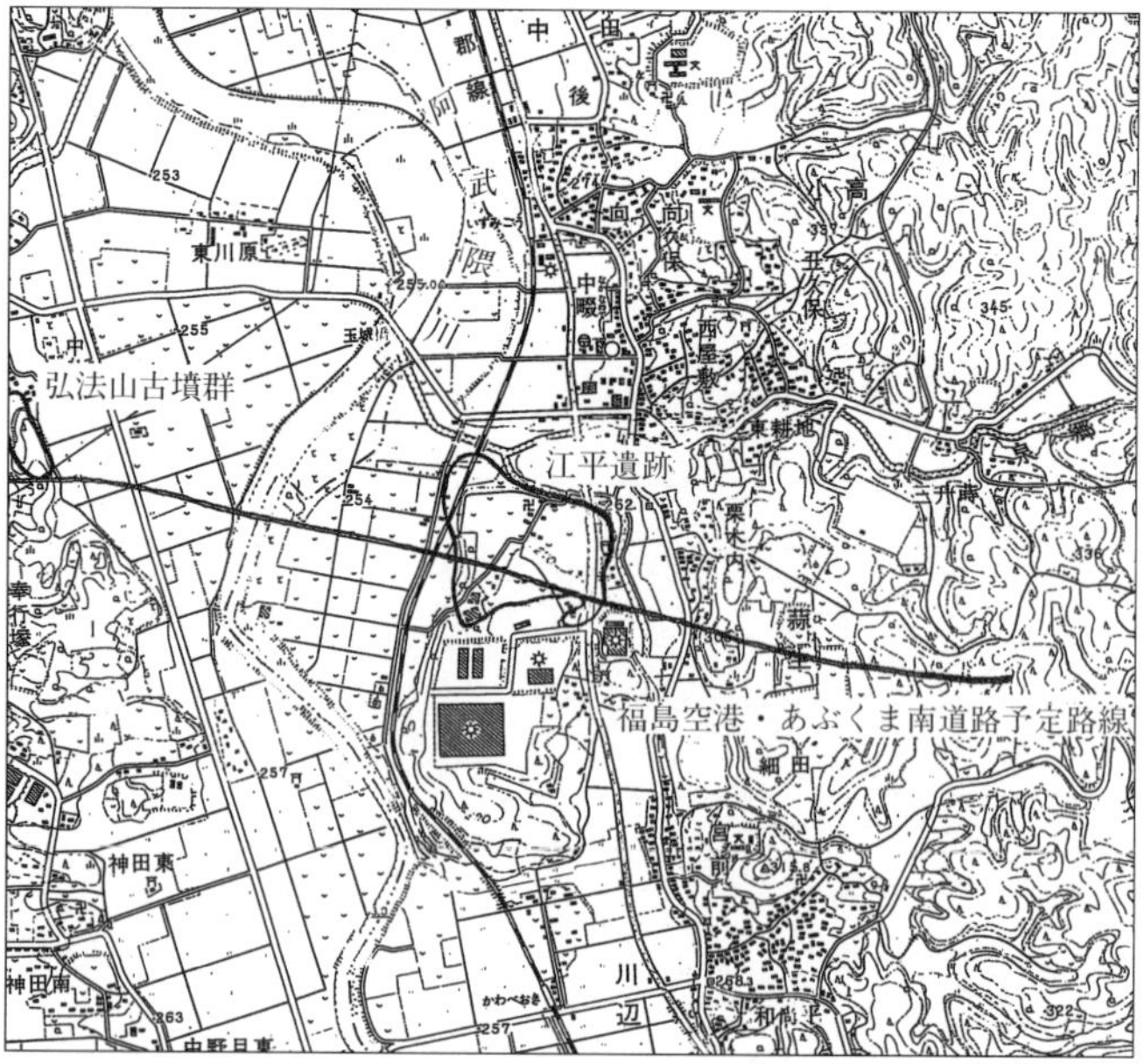

図191　江平遺跡位置図

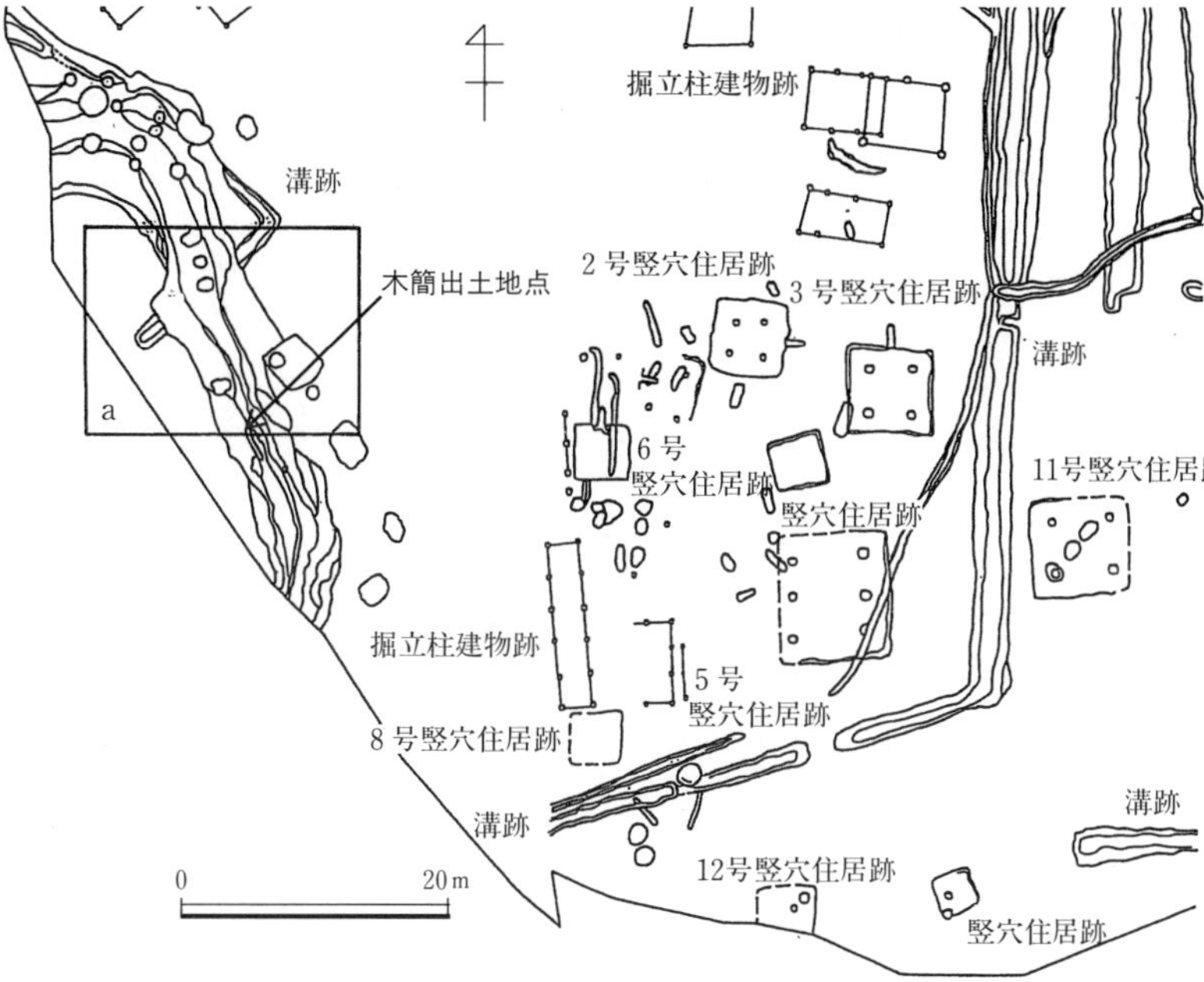

図192　江平遺跡遺構図

されている。このうち出土木簡と同時期あるいは連続する時期の遺構としては、遺跡西半の竪穴住居群と遺跡東半の掘立柱建物群がある。

竪穴住居群は八世紀中ごろのもので大型住居を含み、主軸方向をすべて真北に揃えて計画的に配置している。掘立柱建物群は、四面廂付建物を中心とし、建物の向きや重複関係より、大きく二時期に区分される。前半期は四面廂付建物を中心として二〜三棟の建物だけで構成され、明確な区画施設を伴わない。後半期の四面廂付建物は、前半期の四面廂付建物より一〇メートルほど北側に移動して建てられ、同所で三回の建て替えがある。その南側には二重の溝やそれと平行する柵列、さらに門状建物が組み合わされた区画施設が造られる。これらの建物の年代は、木簡に記載された年紀よりは若干新しく、八世紀後半から九世紀前半ごろと考えられる。なお、この周辺から「寺」と書かれた墨書土器が出土していることや木簡の記載内容から、本遺跡を仏教に関連する施設と捉えている。

　木簡は遺跡南西部を流れる沢地から出土した。この沢地からはほかに土師器や須恵器、竹製縦笛、木製容器・横槌・鍬身などの農耕具、鉄製紡錘車、瓢簞や桃の種子などが出土しており、儀式に用いられた祭祀具を一括して投棄した可能性を考えている。

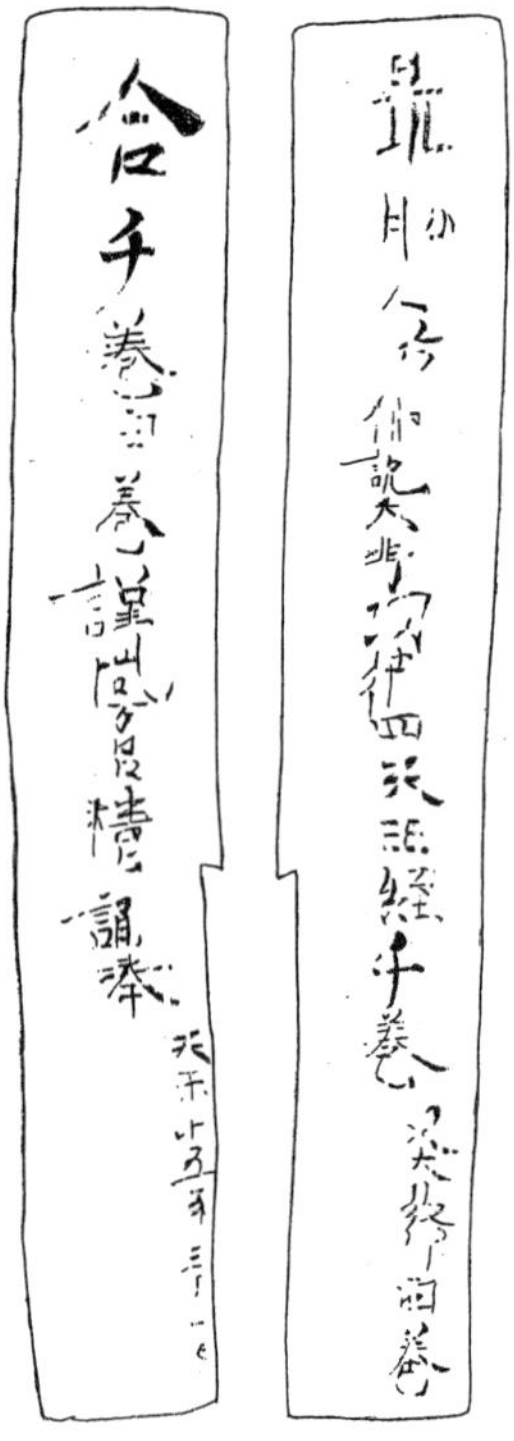
図193　江平遺跡出土木簡

2 釈文

・「最勝□□佛説大□〔辨カ〕功徳四天王経千巻又大□□〔般カ〕百巻」
・「合千巻百巻謹呰万呂精誦奉天平十五年三月□〔二または三〕日」
二四〇×三六×四　〇一一

3 形状

下端側面の一部が欠損しているが、ほぼ完形の短冊形を呈している。表面の文字の字画が部分的に失われているが、これはおそらく一定期間、外に掲示されていたために風化したのではないかと思われる。

4 記載内容

(1)「最勝王経」にかかわる札

木簡の表面《おもて》の書き出し部分は、墨痕がきわめてうすく、読解するのがむずかしいが、わずかな墨痕から、冒頭二文字について「最勝」と釈読した。

「最勝」と釈読するならば、経典名「最勝王経」と想定できるであろう。さらに、表面で確実に判読できる「四天王経」は、小乗経単訳八十七部のうちの「四天王経一巻　二紙」(『貞元新定釈教目録』)があげられるが、「最勝王経」との関連でいえば、やはり「最勝王経」(十巻本)巻第六に収められている「四天王護国品」のこととすべきであろう。この類例は、「観世音経」が「妙法蓮華経」第二十五品の「観世音菩薩普門品」の略称である点と共通する。

裏面の最後には「精誦奉天平十五年三月□日」と記されていることから、この札は「合千巻(又百巻)」にものぼる「最勝王経」を精誦し終えた「天平十五年三月□日」に記した札であると判断できるであろう。天平十五年は西暦七四三年である。

(2) 金光明経と最勝王経

『続日本紀』神亀二年(七二五)七月戊戌条

詔二七道諸国一、(中略)又諸寺院限、勅加二掃浄一、仍令下二僧尼一読中金光明経上。若無二此経一者、便転二最勝王経一、令下二国家一平安上也。

本日条にみえる「金光明経」は鎮護国家の経典であり、四巻本と八巻本とがある。四巻本は北涼の曇無讖が訳したもの、八巻本は隋の宝貴などが古訳を統合した「合部金光明経」のことである。同じく「最勝王経」は、唐の義浄訳の「金光明最勝王経」十巻本のことである。この「最勝王経」は、僧道慈が大宝二年(七〇二)入唐、養老二年(七一八)帰朝したさいに将来したものである。そして、政府は神亀五年(七二八)には、諸国でそれまで使用されていた「金光明経」（八巻本・四巻本）に代わって「最勝王経」（十巻本）を諸国にそれぞれ一部頒布したのである。

『続日本紀』神亀五年（七二八）十二月己丑（二十八日）条

金光明経六十四帙六百卌巻頒二於諸国一。国別十巻。先レ是、諸国所レ有金光明経、或国八巻、或国四巻。至レ是、写備頒下。随二経到日一、即令二転読一。為レ令下二国家二平安上也。

神亀五年に「最勝王経」（十巻本）が正式に六四国に一部ずつ頒布されたが、その後も「金光明経」八巻本・四巻本が各国の正月十四日の斎会などで根強く使用されていたことが、天平期の正税帳で確認することができる。(2)

伊豆国正税帳（天平十一年〈七三九〉）抜粋（正集一九、『大日古』二―一九二）

　軒壱拾口料軒手牛皮壱条長四尺五寸広一寸五分　価稲捌束

　鞘壱口料馬皮壱条長二尺五寸広四寸　価稲弐束伍把

毎年正月十四日読金光明経四巻又金光明最勝王経十巻合壱拾肆巻供養料稲肆拾玖束

　仏聖僧及読僧十四口合壱拾陸軀供養料稲漆束伍把弐分

『続日本紀』天平十三年（七四一）三月乙巳条の、いわゆる国分寺建立の詔によれば、「金光明最勝王経・妙法蓮華経」一部をそれぞれ書写することを命じている。国分僧寺の名は「金光明四天王護国之寺」、国分尼寺の名は「法華滅罪之寺」としたが、「金光明四天王護国之寺」はいうまでもなく、「最勝王経」（十巻本）の経名と巻第六・「四天王護国品」に基づくものである。

「最勝王経」が地方で読誦されていた実態を示す史料としては、正倉院文書に残っている「優婆塞貢進解」があげられる。「優婆塞貢進解」とは、在俗の仏教信者を政府に推薦し得度を願い出る文書をいうが、このなかに被貢進者が読誦した経典として「最勝王経」がしばしばみえる。

謹解　申貢出家人事
辛国連猪甘年卅九　河内国日根郡可美郷戸主日根造夜麻戸口
読経　法華経一部　最勝王経一部
注維摩経一部　注法華経一部
涅槃経一部　維摩玄一部
法華玄一部　肇論一巻
法華遊意一巻　三論
以前経論文方読如件謹解
依師師（主カ）礼明僧　恵任僧
天平十五年正月七日貢人外従五位下勲十二等日根造大田
（続修一八、『大日古』二―三三一～三三二）

また、木簡の例としては、石川県小松市高堂遺跡出土木簡（九世紀代）があげられる。(3) 木簡の用途は不明だが、地方においても、「最勝王経」のなかでもとりわけ「四天王護国品」が重視されていたことがうかがえる。

図194　石川県高堂遺跡出土一号木簡

表28　金光明経および最勝王経諸本対照表

曇識4巻本		合部8巻本		義浄10巻本	
巻	品	巻	品	巻	品
1	1　序	1	1　序	1	1　序
	2　寿　量		2　寿　量		2　如来寿量
	—		3　三身分別	2	3　分別三身
	3　懺　悔	2	4　懺　悔		4　夢見金鼓懺悔
	—		5　業障滅	3	5　滅業障
	—	3	6　陀羅尼最浄地	4	6　浄地陀羅尼
	4　讃　歎	4	7　賛　歎	5	7　蓮華喩讃
	—		—		8　金勝陀羅尼
	5　空		8　空		9　重顕空性
	—		9　依空満願		10　依空満願
2	6　四天王	5	10　四天王		11　四天王観察人天
	〃		〃	6	12　四天王護国
	—	6	〔11　銀　主〕	7	13　無染著陀羅尼
	—		—		14　如意宝珠
	7　大弁天		—	8	15　大弁才天女
	8　功徳天		12　大弁天		16　大吉祥天女
	〃		13　功徳天		17　大吉祥天女増長財物
	9　堅牢地神		14　堅牢地神		18　堅牢地神
3	10　散脂鬼神		15　散脂鬼神		19　僧慎爾耶薬叉大将
	11　正　論		16　正　論		20　王法正論
	12　善　集	7	17　善　集	9	21　善生王
	13　鬼　神		18　鬼　神		22　諸天薬叉護持
	14　授　記		19　授　記		23　授　記
	15　除　病		20　除　病		24　除　病
4	16　流水長者子		21　流水長者子		25　長者子流水
	17　捨　身	8	22　捨　身	10	26　捨　身
	18　讃　仏		23　讃　仏		27　十万菩薩讃歎
	〃		〃		28　妙幢菩薩讃歎
	〃		〃		29　菩提樹神讃歎
	—		—		30　大弁才天女讃歎
	〔19　嘱　累〕		〔24　付　嘱〕		31　付　嘱
	18〔19〕		24		31

註　『国訳大蔵経』経部11による。

(3)　本木簡の記載様式

本木簡の記載のしかたは、冒頭部「最勝□□」がやや大きめの字で書かれており、以下の「佛説……」は書き出し部分では、左に寄せ若干文字も小さく記していることから、註記に近い記載と理解できる。しかし、書き進めるうちに本文記載のように中央部の文字も冒頭の「最勝」に近い大きさになってしまったのではないか。「佛説」以下を註記記載とした場合、「大□功徳四天王経」の「功徳」部分の「徳」は字画の一部が失われているが、字形から「功徳」と確定しても問題はない。先に述べたように「四天王」を金光明経・最勝王経のうちの四天王品とすれば、「功徳」も功徳天品の意味とみなすことができる。そして、「佛説」以下の註記という体裁から判断しても、冒頭の最勝王経のうちの品名を列記したと理解できる。

次に四巻本、八巻本、十巻本の品名を検討する。各本の品名の対照表（表28）を掲げたが、この表からも明白なように、功徳天品は八巻本・四巻本にあるが、十巻本には功徳天品はみえない。冒頭に最勝王経とあるものの、品名の列記から判断すれば、明らかに金光明経四巻本・八巻本に合致する。

その場合、「大□」の二文字目は、字画の一部が失われているが、「功徳天品」「四天王品」と連続する品名「大辨、天品」が該当し、二文字目の残画は「辨」とみなしてもよいであろう。

なお、金光明経四巻本・八巻本の品名の配列は、

・四巻本　巻二―6四天王・7大弁天・8功徳天・9堅牢地神

・八巻本　巻五―10四天王

　　　　　巻六―11銀主・12大弁天・13功徳天・14堅牢地神・15散鬼神・16正論

となり、八巻本では、問題の三品は巻数が二巻にまたがり、しかも11銀主品が間に入っていることから判断すると、本木簡は金光明経四巻本と合致すると考えられる。

図195　「辨」の書体

(4)『続日本紀』天平十五年（七四三）正月癸丑（十二

日）条の検討

○癸丑、為レ読二金光明最勝王経一、請二衆僧於金光明寺一。其詞曰、天皇敬諮二四十九座諸大徳等一。弟子、階二縁宿殖一、嗣二膺宝命一。思レ欲下宣二揚正法一、導中御蒸民上。故以二今年正月十四日一、勧二請海内出家之衆於所レ住処一、限二七七日一転二読大乗金光明最勝王経一。又令下天下限二七七日一禁二断殺生一及断中雑食上。別於二大養徳国金光明寺一、奉レ設二殊勝之会一、欲レ為二天下之摸一。諸徳等、或一時名輩、或万里嘉賓、僉曰二人師一、咸称二国宝一。所レ冀、屈二彼高明一、随二茲延請一、始暢二慈悲之音一、終諧二微妙之力一。仰願、梵宇増レ威、皇家累レ慶、国土厳浄、人民康楽、広及二群方一、綿該二広類一、同乗二菩薩之乗一、並坐二如来之座一。像法中興、実在二今日一。凡厥知見、可レ不レ思哉。

○癸丑《十二日》、金光明最勝王経を読ましめむが為に、衆の僧を金光明寺に請す。その詞に曰はく、「天皇敬ひて四十九座の諸の大徳等に諮ふ。弟子宿殖に階縁して、宝命を嗣ぎ膺けたり。正法を宣揚し蒸民を導御せむと思ふ。故に今年正月十四日を以て海内の出家せる衆を住める処に勧請して、七七日を限りて大乗金光明最勝王経を転読せしむ。また天下をして、七七日を限りて殺生を禁断し、及雑食を断たしむ。別に大養徳国金光明寺に殊勝の会を設け奉りて、天下の摸と為さむとす。諸徳等、或は一時の名輩、或は万里の嘉賓、僉人の師と曰ひ、咸く国の宝と称ふ。冀はくは、彼の高明を屈ひて茲の延請に随ひ、始めには慈悲の音を暢べて終には微妙の力を諧へむことを。仰ぎ願はくは、梵宇威を増して皇家慶びを累ね、国土厳浄、人民康楽にして、広く群方に及ぼして綿く広類を該ね、同じく菩薩の乗に乗して並に如来の座に坐せむことを。像法の中興は実に今日に在り。凡そ厥の知見は思はずあるべけむや」とのたまふ。

（新日本古典文学大系『続日本紀二』〈岩波書店〉より）

仏法の正しい教えを広めるため、天平十五年正月十四日から「七七日」すなわち四十九日の間、全国各所で「最勝王経」を転読させ、その間殺生を禁じ、また大養徳国（大和国）の金光明寺で全国の模範となる法会を行うこととした。大養徳国の金光明寺は、正月十四日から五十日目の三月四日に読経を終えている（同書三月癸卯〈四日〉条）。
本木簡の年紀の記載「天平十五年三月□（二または三）日」は、日の部分が二日または三日と確定できないが、まさに『続日本紀』天平十五年正月癸丑条にみえる正月十四日の転読開始日から「七七日」すなわち四九日後の三月三日であることと符合する。

表29　天平15年(743)正月1日～5月2日干支一覧表

〔1〕－37	辛丑(かのとのうし)………	正.1	3.2
〔2〕－38	壬寅(みずのえとら)………	正.2	[3.3]
〔3〕－39	癸卯(みずのとのう)………	正.3	3.4
〔4〕－40	甲辰(きのえたつ)…………	正.4(立春)	3.5
〔5〕－41	乙巳(きのとのみ)…………	正.5	3.6(清明)
〔6〕－42	丙午(ひのえうま)…………	正.6	3.7
〔7〕－43	丁未(ひのとのひつじ)……	正.7	3.8
〔8〕－44	戊申(つちのえさる)………	正.8	3.9
〔9〕－45	己酉(つちのとのとり)……	正.9	3.10
〔10〕－46	庚戌(かのえいぬ)…………	正.10	3.11
〔11〕－47	辛亥(かのとのゐ)…………	正.11	3.12
〔12〕－48	壬子(みずのえね)…………	正.12	3.13
〔13〕－49	癸丑(みずのとのうし)……	正.13	3.14
〔14〕－50	甲寅(きのえとら)　………	[正.14]	3.15
〔15〕－51	乙卯(きのとのう)…………	正.15	3.16
〔16〕－52	丙辰(ひのえたつ)…………	正.16	3.17
〔17〕－53	丁巳(ひのとのみ)…………	正.17	3.18
〔18〕－54	戊午(つちのえうま)………	正.18	3.19
〔19〕－55	己未(つちのとのひつじ)…	正.19(驚蟄)	3.20
〔20〕－56	庚申(かのえさる)…………	正.20	3.21(穀雨)
〔21〕－57	辛酉(かのとのとり)………	正.21	3.22
〔22〕－58	壬戌(みずのえいぬ)………	正.22	3.23
〔23〕－59	癸亥(みずのとのゐ)………	正.23	3.24
〔24〕－0	甲子(きのえね)……………	正.24	3.25
〔25〕－1	乙丑(きのとのうし)………	正.25	3.26
〔26〕－2	丙寅(ひのえとら)…………	正.26	3.27
〔27〕－3	丁卯(ひのとのう)…………	正.27	3.28
〔28〕－4	戊辰(つちのえたつ)………	正.28	3.29
〔29〕－5	己巳(つちのとのみ)………	正.29	3.30
〔30〕－6	庚午(かのえうま)…………	正.30	4.1
〔31〕－7	辛未(かのとのひつじ)……	2.1	4.2
〔32〕－8	壬申(みずのえさる)………	2.2	4.3
〔33〕－9	癸酉(みずのとのとり)……	2.3	4.4
〔34〕－10	甲戌(きのえいぬ)…………	2.4(雨水)	4.5
〔35〕－11	乙亥(きのとのゐ)…………	2.5	4.6(立夏)
〔36〕－12	丙子(ひのえね)……………	2.6	4.7
〔37〕－13	丁丑(ひのとのうし)………	2.7	4.8
〔38〕－14	戊寅(つちのえとら)………	2.8	4.9
〔39〕－15	己卯(つちのとのう)………	2.9	4.10
〔40〕－16	庚辰(かのえたつ)…………	2.10	4.11
〔41〕－17	辛巳(かのとのみ)…………	2.11	4.12
〔42〕－18	壬午(みずのえうま)………	2.12	4.13
〔43〕－19	癸未(みずのとのひつじ)…	2.13	4.14

〔44〕−20	甲申(きのえさる)　………	2 .14	4 .15
〔45〕−21	乙酉(きのとのとり)　……	2 .15	4 .16
〔46〕−22	丙戌(ひのえいぬ)　………	2 .16	4 .17
〔47〕−23	丁亥(ひのとのゐ)　………	2 .17	4 .18
〔48〕−24	戊子(つちのえね)　………	2 .18	4 .19
〔49〕−25	己丑(つちのとのうし)　…	2 .19(春分)	4 .20
〔50〕−26	庚寅(かのえとら)　………	2 .20	4 .21(小満)
〔51〕−27	辛卯(かのとのう)　………	2 .21	4 .22
〔52〕−28	壬辰(みずのえたつ)　……	2 .22	4 .23
〔53〕−29	癸巳(みずのとのみ)　……	2 .23	4 .24
〔54〕−30	甲午(きのえうま)　………	2 .24	4 .25
〔55〕−31	乙未(きのとのひつじ)　…	2 .25	4 .26
〔56〕−32	丙申(ひのえさる)　………	2 .26	4 .27
〔57〕−33	丁酉(ひのとのとり)　……	2 .27	4 .28
〔58〕−34	戊戌(つちのえいぬ)　……	2 .28	4 .29
〔59〕−35	己亥(つちのとのゐ)　……	2 .29	5 . 1
〔60〕−36	庚子(かのえね)　…………	3 . 1	5 . 2

註　湯浅吉美編『日本暦日便覧　上』（汲古書院，1988年）による。

ところで、本木簡の記載内容は次のとおりである。「最勝王経」のうち、「大弁（天）品」「功徳天品」「四天王品」の三品を「合千巻」、加えて「百巻」（おそらく大般若経）を呰万呂という人物が精誦した。その精誦を終えた年月日が「天平十五年三月□〔二または三〕日」である。その場合、『続日本紀』の記載と合致しない点が二点存在する。

一点は、天平十五年正月癸丑条にみえる転読の対象経典は「金光明最勝王経（「最勝王経」十巻本）」である。この「最勝王経」は、律令政府が先にあげた神亀五年（七二八）条以降、一貫して諸国にその転読を奨励していた。しかし、実際には天平期の正税帳で明らかなように、諸国では「金光明経」四巻本・八巻本が根強く読経されていた。その点、本資料も品名（大辨・功徳・四天王）から明白なように、「金光明経」四巻本を使用したのである。すなわち、政府が命じたのは、「最勝王経」であったために、冒頭に「最勝（王経）」と明記し、実際には、「金光明経」四巻本を用いて、そのうちの巻二に含まれる三品を読経したのであろう。

もう一点は、政府は「最勝王経」の〝転読〟を命じているが、本木簡では「精誦」と明記している。転読は文字どおり大部の経文の初・中・後の数行を読誦するものである。それに対して、精誦は熟読、精読と同じことで、詳しく読むことである。本資料は「最勝王経」の転読ではなく、精誦したことを強調したものと理解できる。

したがって、本木簡は天平十五年正月癸丑の詔をうけて、陸奥国内の地において、「最勝王経」の読経を四九日間実施し、終了した時点で書き上げられたものと考えられる。

(5) 大般若経転読札との関連

大般若経転読札は、「大般若経」を転読したことを示す木札である。「大般若経」は読誦によって呪術的な効果があるとされ、中世には写経・刊経と並んでしきりに転読が行われた。

嶋谷和彦氏によれば、出土転読札の時期に注目すると、一一例とも十四世紀〜十六世紀の間におさまることが指摘でき、また転読札の記載パターンが十五世紀後半〜末ごろに、「大般若経転読……」のパターンから「奉転読大般若経……」のパターンに変化したことが推測されるという。[4]

この中世の後者パターン「奉転読大般若経……」は、現在、各地に遺る民俗事例に引き継がれている。

江平遺跡の「最勝王経」の精誦札は、その末尾に「……精誦奉天平十五年三月□日」と記載している。

文末の「精誦奉」という表記は、たとえば、法隆寺伝来の幡墨書銘文中に、「己未年十一月廿日　過去尼道果　是

図196　草戸千軒町遺跡出土の「御札」

以児　止与古誓願作幡奉」とある（己未年十一月廿日、過ぎ去にし尼道果。是を以て児、止与古、誓願して幡を作り奉る）。この「作幡奉」という表記は、他の幡墨書銘では「作奉幡」「造奉幡」と記している。また壬辰年（持統六年＝六九二）出雲・鰐淵寺金銅観音菩薩台座造像銘には、「壬辰年五月出雲国若倭部臣徳太利為父母作奉菩薩」とあり、「作奉菩薩」（菩薩を作り奉る）と表記している。

一方、「……精誦奉天平十五年三月□日」の年紀を右側に寄せて記載する様式は、大般若経転読札の年紀を右左にふりわけて記す様式と共通する点も注目すべきであろう。

結局のところ、経典名こそ金光明最勝王経（大般若経一〇〇巻を含む）と大般若経と異なるものの、「経典名＋精誦奉」という記載様式は、中世の大般若経の十四世紀〜十五世紀前半の転読札と共通している。すなわち、今回の江平遺跡の精誦札の発見により、八世紀から十五世紀前半までは、末尾に「……精誦奉」「大般若経転読……」と記載したが、十五世紀後半以降は冒頭に「奉転読大般若経……」という記載様式に変化し、現在に至ったと想定できるのではないだろうか。

5　木簡の意義

本木簡の意義は、簡単に主要な点をまとめるならば、次のようになろう。

イ　本木簡は、「最勝王経」（実際は「金光明経」）の精誦札である。

ロ　律令国家は、鎮護国家のための経典として、当初は「金光明経」、そして神亀五年（七二八）以降は「最勝王経」を全国に頒布し、その転読を奨励した。

ハ　天平十五年（七四三）正月十四日から四九日間、「最勝王経」を全国各地で転読することを命じた。

ニ　本木簡は、その命をうけて正月十四日から陸奥国内のこの地（現玉川村）において「最勝王経」を精誦し、四九日目にあたる終了日・天平十五年三月三日に作成した木札である。

本木簡は、政府が諸国に命じた天平十五年の「最勝王経」の転読を、陸奥国内で実行したことをはじめて立証したものである。

ホ　律令国家は「金光明経」四巻本・八巻本に代わって、新たに「最勝王経」十巻本の普及をはかったが、本木簡の発見により、天平期前半の諸国正税帳にも散見する四巻本が天平十五年段階においても使用されていたことが明白となった。

へ　「最勝王経」の転読（精誦）札は、中世以降の大般若経転読札の先駆をなすと考えられる。大般若経転読札の記載パターンが中世の出土転読札の分析によって、十五世紀後半〜末ごろに「大般若経転読……」から「奉転読大般若経」と変化するとされていたが、今回の精誦札の発見によって、経典名は異なるが、おそらくは、八世紀から十五世紀前半までに「大般若経転読……」のパターンが続き、十五世紀後半に至りはじめて変化したのであろうと想定できるようになった。

律令国家は、仏教政策のなかでも、鎮護国家の経典としての「金光明経」および「最勝王経」を広めるために、その転読を諸国に命じた。その政策は、ついに国分寺造営という大事業へと展開する。その国分僧寺はいうまでもなく「金光明四天王護国之寺」といい、その寺名は「金光明最勝王経（「最勝王経」）」という経名と、そのなかの「四天王護国品」の品名に基づいている。今回の「最勝王経」（実際は「金光明経」四巻本と判断できる）の精誦札の発見によって、あらためて「金光明経」および「最勝王経」が当時の国家の根本経典の一つで、しかも四巻本・八巻本・十巻本が存在し、政府の奨励した十巻本ではなく、四巻本が根強く読まれたことが判明した。

以上のように、律令国家の仏教政策の一つとして諸国に命ぜられた金光明最勝王経の転読が、本木簡の発見によって、陸奥国南部の山間部において励行されていたことを全国ではじめて立証した意義はきわめて重要である。

註

（1）福田秀生「福島・江平遺跡」（『木簡研究』二二、二〇〇〇年）抜粋。

（2）天平期の諸国正税帳・郡稲帳には、正月十四日の斎会で金光明経を読誦したさいの供養料などに関する記載が残されている。それによれば、読誦・転読された経典は次のようになっている。

732 天平四年度越前国郡稲帳（『大日古』一－四六五頁）
金光明経八巻　金光明最勝王経十巻
天平八年度薩摩国正税帳（『大日古』二－一二頁）
金光明経八巻　金光明最勝王経十巻
天平九年度但馬国正税帳（『大日古』二－五七頁）
金光明経八巻　最勝王経十巻
天平九年度和泉監正税帳（『大日古』二－七七頁）
金光明経八巻　最勝王経十巻
天平十年度淡路国正税帳（『大日古』二－一〇四頁）
金光明経四巻　最勝王経十巻
天平十年度駿河国正税帳（『大日古』二－一一七頁）
金光明経幷最勝王経十八巻（金光明経八巻、最勝王経十巻）
739 天平十一年度伊豆国正税帳（『大日古』二－一九二頁）
金光明経四巻　金光明最勝王経十巻

これらによって、続紀本条がいうように、それまで諸国が有した「金光明経」には四巻本と八巻本があったこと、このとき諸国に頒布したものが十巻本の「最勝王経」であったことなどがたしかめられる（新日本古典文学大系『続日本紀二』〈岩波書店〉、補

注10－二九、による)。なお、金光明最勝王経については新川登亀男氏よりご教示を頂いた。

(3) ㈶石川県埋蔵文化財センター『高堂遺跡－第Ⅰ次・第Ⅱ次発掘調査概報－』(一九八一年)、同『高堂遺跡－第Ⅲ次発掘調査概報－』(一九八二年)。

(4) 「中世遺跡出土の大般若経転読札」(『網干善教先生華甲記念　考古学論集』一九八八年)。

三　呪符木簡(1)「龍王」呪符――群馬県富岡市内匠日向周地遺跡

1　遺跡の概要(1)

内匠・下高瀬遺跡群は、富岡市街地南部を流れる鏑川右岸の上位段丘上にあって、幅約五〇〇メートル、長さ約三キロで東西に細長く、西側が関東山地に接する通称「離山丘陵」に立地している。

木簡の出土した内匠日向周地遺跡は、内匠・下高瀬遺跡群のほぼ中央部に位置し、西接する下高瀬上之原遺跡に源を発する湧水によって西から東に向かい開析された谷津状地形の底部に位置する。この開析谷は、発掘調査の結果によると、かつては緩い蛇行を繰り返して東流する小河川状を呈していたものと思われる。また、調査区の上流側三分の一ほどのところで北西方向からもう一本の支流が合流し、調査区の中間部分では流れが南に蛇行したことにより、谷底北側にわずかな舌状の微高地を形成している。この微高地に古墳時代前期・後期の竪穴住居六棟、および縄文時代草創期の遺物包含層、土坑、溝が認められた。谷部では、上面から順に近世水田三枚、近世畠一枚、中世水田三枚、浅間山噴出B軽石(一一〇八年)により埋没した古代水田四十数枚、およびそれに伴う水路などが検出された。古代の水田面の下にはおおむね一五〜三〇センチの灰褐色シルトの間層があり、このシルト層は、堆積の良好なところでは、さらに三層に細分される傾向がうかがえるが、木簡は、三層のうちのヨシ・アシの茎が混じる最下層の河床礫面に密着した状態で出土している。そこからは木簡のほかに四叉鍬、鎌の柄状木製品、曲物、建築部材など数百点の木製品や多数の土器片が検出された。出土する木製品は上流側で濃密に、下流になるに従い粗い分布が認められることから、これらの木製遺物の大半は、この谷の上流部から運ばれてきたものと考えられる。

2　木簡の年代と形状

木簡の年代は、同一層から出土する土器の破片から古墳時代後期以降、浅間B軽石降下以前であり、この軽石をかぶった水田面と木簡を検出した河床面の間に詰まるシルト層の存在は、比較的長期にわたって沼沢地化していたことを思わせるもので、浅間B軽石降下よりかなり以前のものと考えられる。また、支流部分で灰褐色シルト層の直上に堆積する黒褐色土中で八世紀後半から九世紀前半の土器が検出されたことから、この年代より以前

図197　内匠日向周地遺跡木簡出土地と周辺地形

の年代の可能性が考えられる。今後詳細な整理を経なければ断定できないものの、現在のところでも、七世紀後半以降八世紀後半以前の年代が想定される[2]。

(1) 釈　文[3]

一号木簡「□□蛟□〔蛇カ〕奉龍王　（二五〇）×三三×四　〇五一

二号木簡「□□□蛇奉龍王　（一四五）×三三×七　〇一九

三号木簡「□〔咄カ〕□□×鬼□□　（四二＋五三）×三五×六　〇一九

(2) 形　状

一号木簡（図198）

下端部と左側面をわずかに欠失しているが、ほぼ完形である。ただ、左側端部分は若干材が収縮しているため、文字の篇部の判読を困難にしている。裏面は未加工面を呈し、墨痕は認められない。

二号木簡

二つに折れ、さらに下部を欠失する。墨痕は一号木簡より残りが悪い。裏面は未加工で、墨痕は認められない。

三号木簡

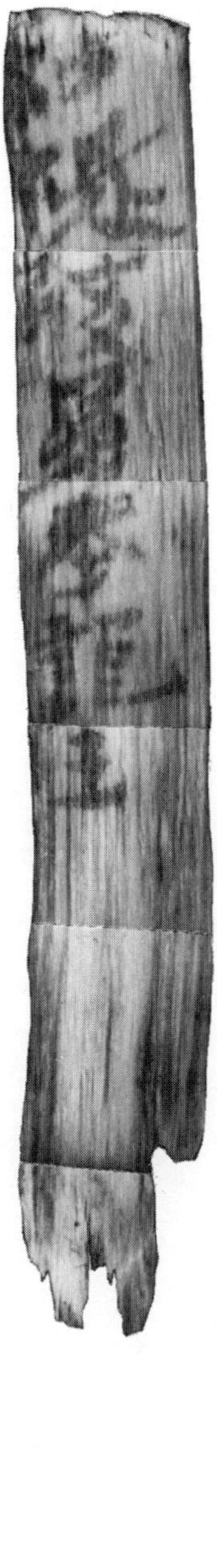

図198　内匠日向周地遺跡出土一号木簡

表面に墨痕が認められるが、中央部が欠損しており、全体の文字構成は判然としない。

(3) 内　容

一～三号木簡は二〇～三〇メートルほどの近接した範囲で検出されている。現状から判断しても、三点とも、形状は方頭、幅三・三～三・五センチ、下端部をいずれも欠くが、おそらく全長は約一尺（三〇センチ弱）程度で、下端を尖らせていた可能性もある。

内容は、一・二号木簡は、ほぼ同文と推定されるが、三号木簡はやや文章を異にするものと考えられる。しかし、三点とも、いわゆる呪符木簡と判断してよいであろう。

一・二号の二文字目の旁の部分は「罡」であり、いわゆる天罡星を表記していると思われるが、天罡星は道教の神で、北斗星の別名である。天罡星の効能は後世になるほど拡大されるが、除災・治病・延命が主たるものとされている。「鮫□」の「鮫」は『和名抄』では「美都知《みつち》」と訓み、水中に住み蛇に似て角や四足を備え、毒気を吐いて人を害するという想像上の動物とされている。

（例）『日本書紀』仁徳天皇六七年是歳条

吉備中国の川嶋河の派《かわまた》に、大虬《みつち》ありて人を苦びしむ。時に路人、其の処に触れて行けば、必ず其の毒を被りて、多に死亡ぬ。（後略）　（日本古典文学大系『日本書紀　上』）

南方熊楠によれば、ミは蛇の古称、ツチは尊称で、蛇の主の義と解している。(4) また、〝みずち〟の表記としては、鮫・虬のほかにも蚪・螭などがあり、「蚊龍」としても〝みずち〟と訓む。おそらく本木簡の「鮫□」も〝みずち〟と訓み、ここでは、南方熊楠のいう蛇の主の義と理解しておきたい。「龍王」は龍の形をして水中に住む水の神である。さらに『今昔物語集』第十六の第十五話「仕観音人、行竜宮得富語」によれば、龍王は「蛇ノ祖」とされている。

したがって本木簡において、蛟蛇は龍王の使いと理解すべきであろう。

古代東国社会において、蛇といえば、すぐに『常陸国風土記』行方郡条の箭括麻多智の谷戸開発説話を想起するであろう。

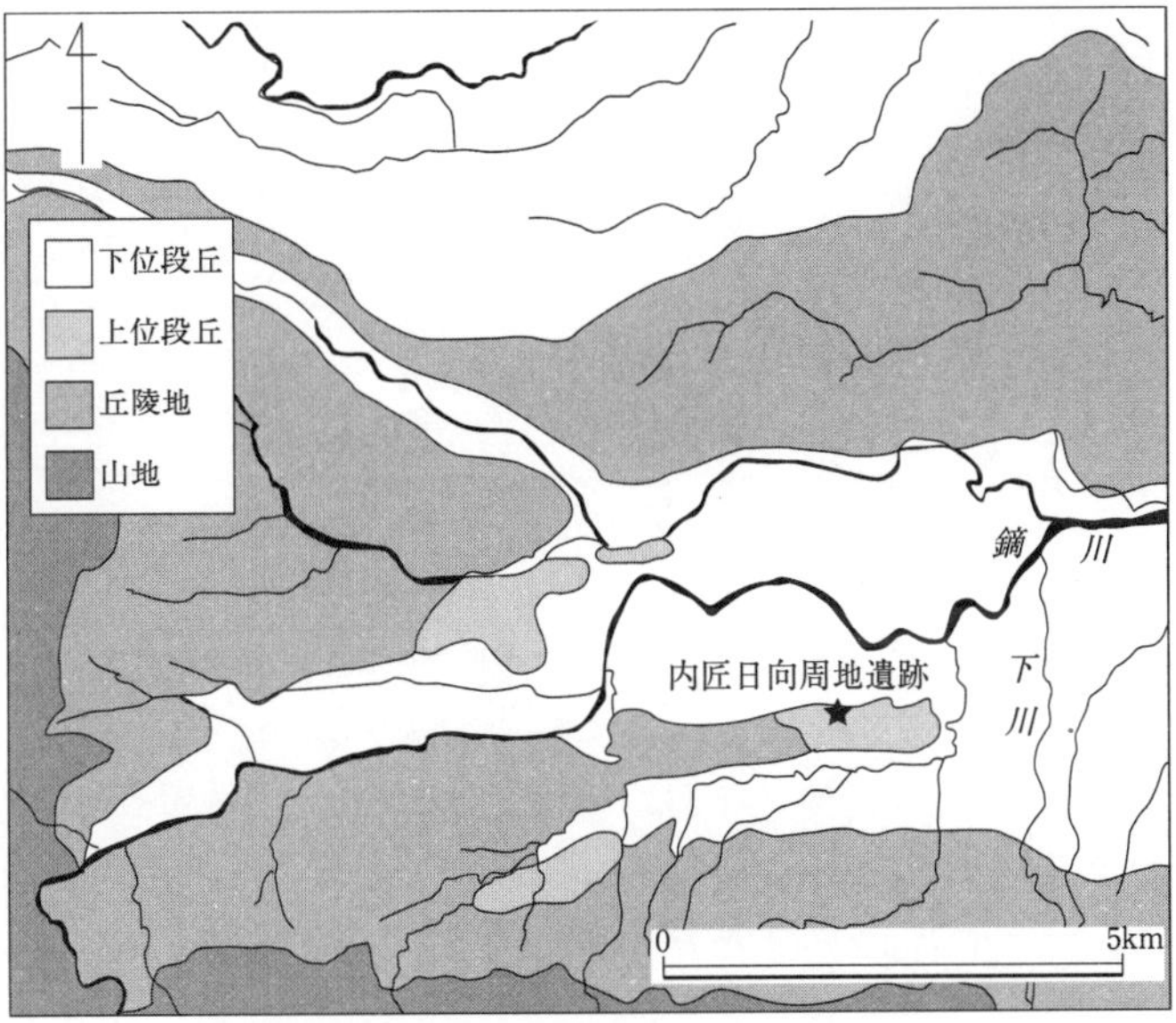

図199　内匠日向周地遺跡周辺地形区分図

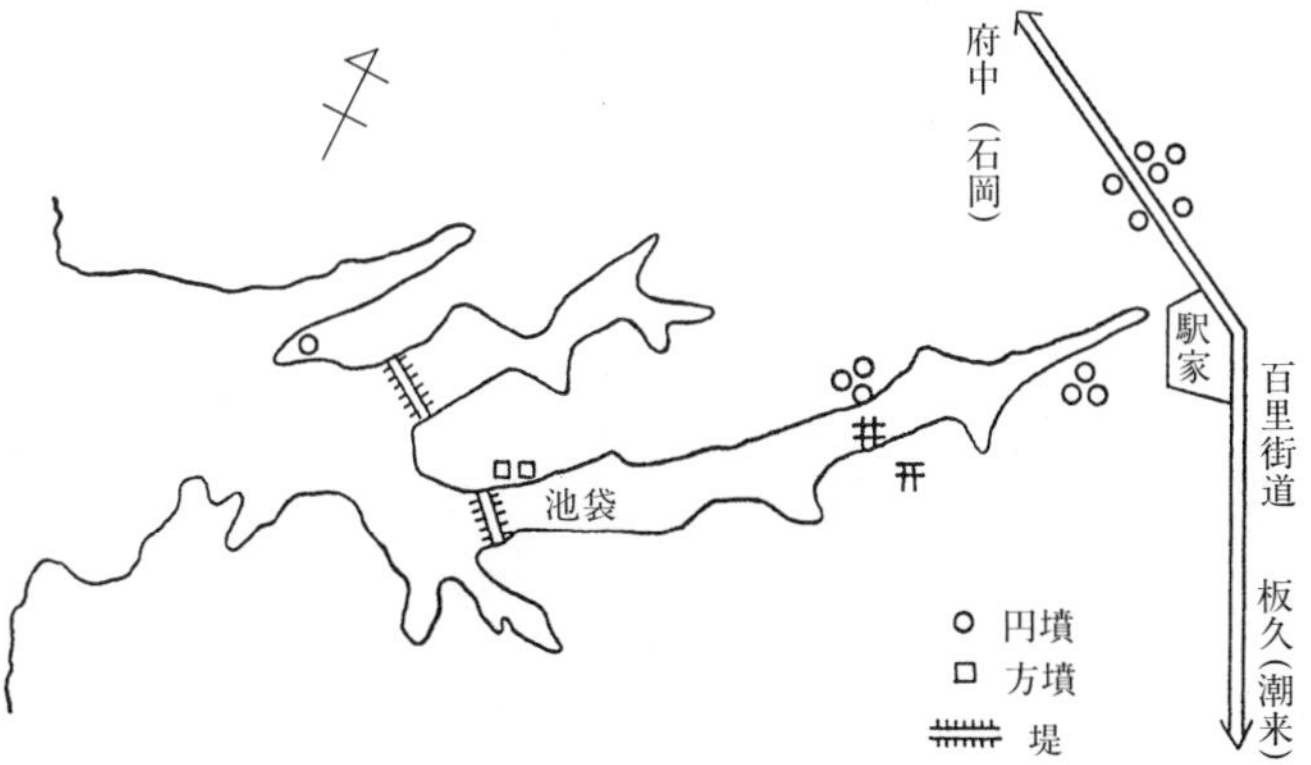

図200　『常陸国風土記』行方郡条の谷戸田開発に関する略図

古老のいへらく、石村の玉穂の宮に大八洲馭しめしし天皇のみ世、人あり。箭括の氏の麻多智、郡より西の谷の葦原を截ひ、墾闢きて新に田に治りき。此の時、夜刀の神、相群れ引率て、悉尽に到来たり、左右に防障へて、耕佃らしむることなし。俗いはく、蛇を謂ひて夜刀の神と為す。其の形は、蛇の身にして頭に角あり。率引て難を免るる時、見る人あらば、家門を破滅し、子孫継がず。凡て、此の郡の側の郊原に甚多に住めり。是に、麻多智、大きに怒の情を起こし、甲鎧を着被けて、自身仗を執り、打殺し駈逐らひき。乃ち、山口に至り、標の梲を堺の堀に置て、夜刀の神に告げていひしく、「此より上は神の地と為すことを聴さむ。此より下は人の田と作すべし。今より後、吾、神の祝と為りて、永代に敬ひ祭らむ。冀はくは、な祟りそ、な恨みそ」といひて、社を設けて、初めて祭りき、といへり。即ち、還、耕田一十町余を発して、麻多智の子孫、相承けて祭を致し、今に至るまで絶えず。（日本古典文学大系『風土記』）

行方郡の西方、霞ケ浦に面した谷地には、複雑に入り込む何本もの樹枝状の谷がある。箭括の麻多智はこの谷口の低湿地に広がる葦原を切りはらって、あらたな水田を開発した。その開発に際して、谷に住む谷戸（夜刀）の神である蛇を鎮めるために、麻多智みずからが神の祝＝神官となって、夜刀の神を祭ったのである。本木簡の年代は七世紀後半～八世紀後半で、『風土記』編纂時期とほぼ同じころである（説話は、継体朝のこととされている）。しかも、出土地点は、『常陸国風土記』が描く行方郡の谷戸と非常に類似した景観を呈している（図199・200参照）。

また、この蛇と龍王との関係を示す例としては、伊場遺跡（静岡県浜松市）の呪符木簡があげられる。(5)

伊場遺跡出土三九号木簡

・「<百恠咒符百々恠宣受不解和西恠□亡令疾三神□〔宣カ〕□□

宣天罡直符佐□當不佐亡急々如律令

弓　龍　神

（竜の墨画）　人山龍　　急々如律令
人山龍　　」
・「く　戌　蛇子□□□
　　　戌　　急々如律令
　　　戌　弓ヨヨヨ弓　」　三三二×六七×四　〇三二

伊場木簡は八世紀後半から十世紀中ごろのものとされ、年代幅のある資料である。この木簡には表に「天罡（罡、岡）」「龍神」、裏に「虵（蛇）」の文字が確認できる。こうした文言については、たとえば康暦三年（一三八一）の「和合祭文」（元興寺蔵）に「咄呋罡龍形鬼鬼鬼」とみえる。この木簡を止雨祈願呪符(6)か、疾病除去(7)か、あるいは雨乞い神事に伴うものか、釈文全体が確定しないのでいずれとも決めがたいが、内匠日向周地遺跡出土木簡が伊場遺跡の呪符木簡とほぼ同様の性格のものであることは間違いないであろう。

さらに、藤原京右京九条四坊発掘調査において、南北道路である西四坊坊間小路東側溝ＳＤ〇一からは、次のよう

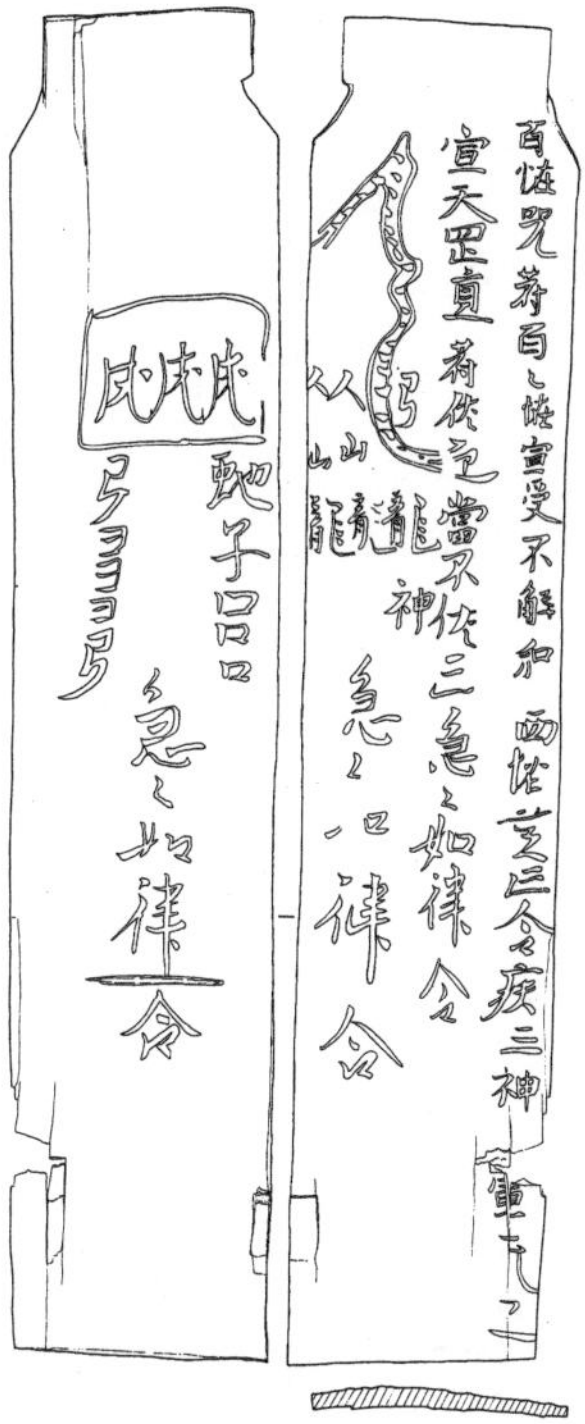

図201　伊場遺跡出土の呪符木簡（39号）

な呪符木簡が出土している。(8)

・「∨　四方卅□大神龍王　七里□□内□送ゝ打ゝ急ゝ如律令」

・「∨東方木神王　婢麻佐女生年廿九黒色

南方火神王　（人物像）

中央土神王　婢□□女生年□□□□〔色ヵ〕

〔　　〕

〔　　〕（人物像）」

四六七×八三×七　〇三二

これは表の「龍王」「送々打々」「急々如律令」の記載から排水を祈願する呪符と考えられている。結局のところ、本木簡は、「天罡、蛟蛇、龍王に奉る」と訓むことができるであろう。文意は、龍神の使いで、谷戸（夜刀）の神である蛟蛇が水の枯渇または大雨による洪水を恐れ、水神である龍王に雨乞いまたは止雨を祈願した札ではないか。もちろん、その祈願神事は人の手によるものである。すなわち、蛟蛇と龍王の間に介在するもの、いいかえれば、祭りを司るものは、『常陸国風土記』にみえる谷戸（夜刀）の神を祭る祝（神職）たる開発者であろう。谷戸の開発者が谷戸（夜刀）の神である蛟蛇の祝（神職）として龍王に祈願した止雨、雨乞いなどの神事にかかわる呪符木簡であると理解できるのではないか。当時の谷水田は雨の多い年は稔らず、比較的旱天に近い年の方が豊作となるなど、非常に不安定な条件下にあり、水の神（龍王）に対する依存・祈願の念は想像以上のものがあったと推される。

このように龍王への祈願を止雨または雨乞いにかかわるものと理解する可能性をあげたが、このほかに、谷戸開発に伴う犯土のさいに龍王に対する祭祀を実施した可能性も、考えられるであろう。

以上の検討から、不確定要素を多く含む資料ではあるが、現段階で次のような意義を提示しておきたい。

本木簡は七〜八世紀代における谷戸開発に伴う重要な祭祀行為の一端を伝える資料であり、『常陸国風土記』行方郡条で描かれた谷戸開発の実態を具体的に裏付ける、はじめての実物資料（呪符）であるといえるのではないだろうか。

註

（1）津金澤吉茂「群馬・内匠日向周地遺跡」（木簡学会『木簡研究』一四、一九九二年）抜粋。
（2）津金澤吉茂「群馬・内匠日向周地遺跡」に記載された釈文は次のとおりである。
(1)「□□□□奉龍王
(2)「□奉□〔龍カ〕王
(3)「□
（3）㈶群馬県埋蔵文化財調査事業団『内匠日向周地遺跡・下高瀬寺山遺跡・下高瀬前田遺跡』（一九九五年）。
（4）南方熊楠「蛇に関する民俗と伝説」（南方熊楠選集Ⅰ『十二支考Ⅰ』一九八四年）。
（5）浜松市教育委員会『伊場木簡』（一九七六年）、『静岡県史』資料編四（一九八九年）。
（6）芝田文雄「百怪呪符」（竹内理三編『伊場木簡の研究』東京堂出版、一九八一年）。
（7）和田萃「呪符木簡の系譜」（『日本古代の儀礼と祭祀・信仰』塙書房、一九九五年。原論文は一九八二年）。
（8）橋本義則「奈良・藤原京跡右京九条四坊」（『木簡研究』一六、一九九四年）。

四　呪符木簡(2)　病気平癒の呪符——東京都足立区伊興遺跡

1　遺跡の概要(1)

伊興遺跡は埼玉県草加市に境を接する東京都北部の足立区にある。地勢的には東京低地北辺部の臨海沖積平野の一画、県境を流れる毛長川右岸の微高地上に位置している。微高地は毛長川に平行して走る南北二つの自然堤防からなり、木簡はいずれもこの自然堤防下の低地帯で現地表面から深さ約二メートルに堆積する泥炭層から出土した。低地帯では木簡とともに、土器や平安時代初頭を中心とした数多くの木製品が出土したが、なかでも特筆すべきものは木簡である。木簡類は明確な遺構に伴ったものではなく、すべて包含層出土である。おそらく自然堤防上からの流れ込みであろうが、堤防上に官衙的遺構が存在し、周辺には祭祀の場があった可能性も想定される。木簡と共伴した多くの墨書土器も官衙や祭祀の場の存在を物語っている。

2　『急々如律令』木簡

(1)　釈　文

・□々如律令腹□〔病〕

・（裏面は省略）

（二五〇）×（三八）×一一　〇六一(2)

(2)　形　状

立坑から出土した木簡は、曲物容器の底板内面に墨書されたものである。底板は、現状では縦に割られ、側に近い一部分が遺存する。墨書は、その底板の木目に沿って記されている。墨痕は調査担当者によれば、出土当初はかなり良好な状態であったが、時間の経過とともに墨痕が極端に薄くなってしまったとされている。

裏面は材の遺存状態が良好でなく、墨痕がわずかに認められるにすぎない。

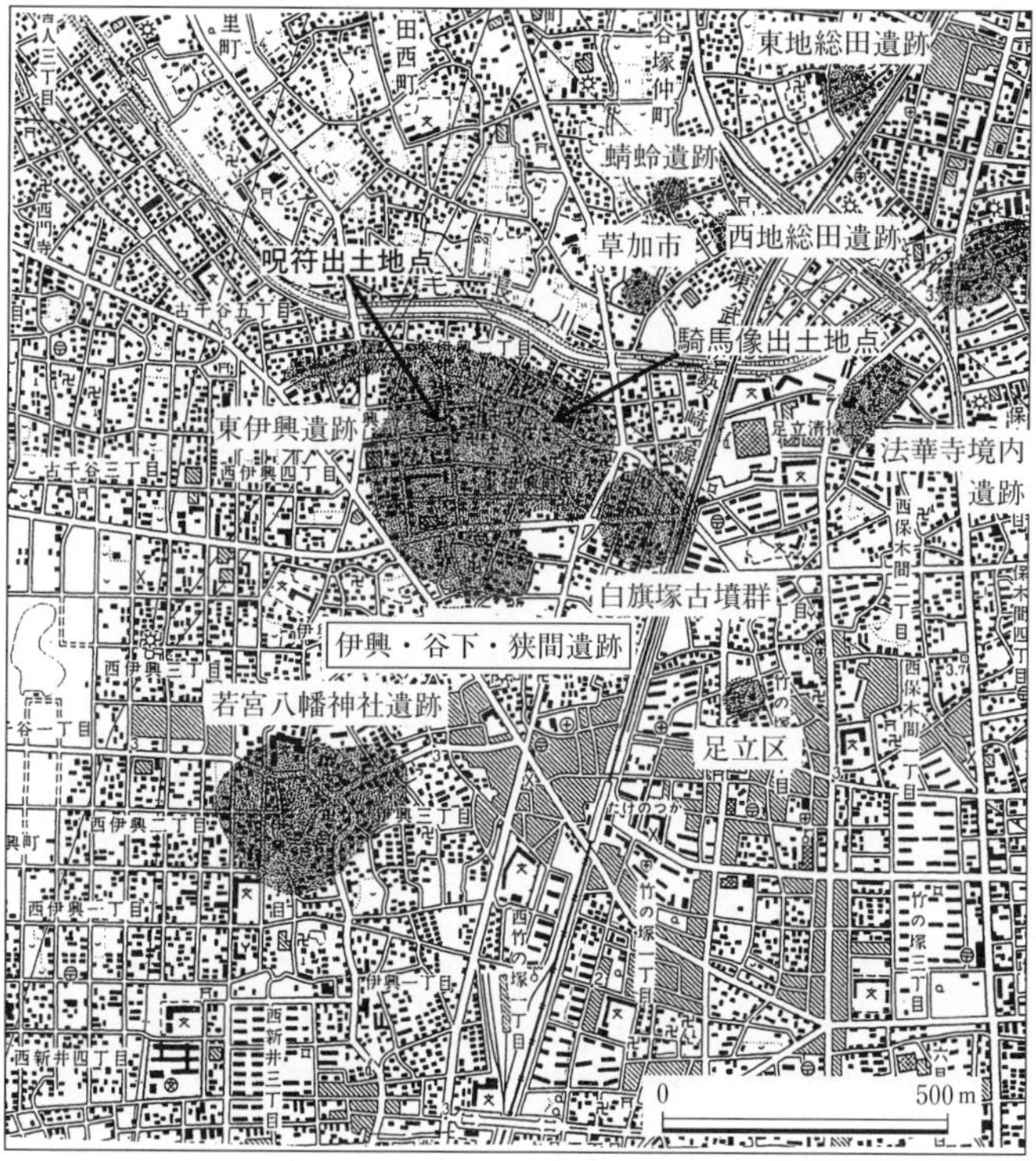

図202　伊興遺跡と周辺の遺跡

(3)　内　容

「□々如律令」は、わが国における道教的信仰を伝える呪句「急々如律令」とみて間違いないであろう。「律」の書体は、特異な感じを受けるが、古代では類似した字形をいくつか確認できるので問題はない。

古代のわが国における「急々如律令」と記された呪符木簡については、すでに和田萃氏「呪符木簡の系譜」（前項註(7)）に詳細に論じられ、昭和五十七年（一九八二）までの用例があげられている。なお、中世には爆発的に盛行したと思われ、呪符木簡の出土例が毎年多数報告されている。

その後、平成五年（一九九三）には藤原京右京五条四坊から一一号木簡「(符籙)鬼

図203　伊興遺跡出土木簡

急々如律令」（（二四一）×四五×四）が出土し、年代は七世紀後半とされた。[3] ついで平成六年（一九九四）藤原京右京九条四坊で発見された呪符木簡（五八六頁参照）には、表に「四方卅□大神龍王」「七里□□内□送々打々急々如律令」、裏に「婢麻佐女生年廿九黒色」などと墨書され、戯画的人物像も描かれている。年代については、共伴している易の八卦木簡に日の吉凶を記した部分があり、その暦注と干支などから慶雲二年（七〇五）という年代が割り出されている。

以上のように、古代における呪句「急々如律令」の記された呪符木簡は八世紀初頭の藤原京跡のものを最古の例として、現段階で数例知られている。

宮城県多賀城市多賀城跡出土木簡

(1)・付進上□□□□□□
・急々律令須病人呑　　三〇三×二九×八　〇八一（二四次、一号）

(2)・「　□〔魘カ〕……百佐平安符未申立符
・「□戊□□ 平□……奉如實急々如律令　　（二七四）×三一×四　〇五一（三七次）

次に、その呪符木簡の使用目的については、以下のようである。

㋑ 藤原京跡右京九条四坊出土木簡は、水を抑制するまじないに用いられている。

㋺ 伊場遺跡出土木簡（五八五頁、図201参照）は、止雨祈願呪符か、疾病除去、雨乞い神事のいずれかとされている。[4]

(ハ) 多賀城跡出土木簡(1)は、病気平癒を祈願するために用いられている(5)。

(ニ) 多賀城跡出土木簡(2)は、諸々の怪異を除去する「百恠平安符」を未申に立てたことを記しており、出土地点が多賀城のほぼ未申（西南）方向にあたっていることから、道饗祭、（宮域）四隅疫神祭、四角四境祭などとの関連が考えられる(6)。

以上のように、古代における「急々如律令」を記した呪符木簡のうちには、病気平癒を祈願したものがみられる。この例を参考にするならば、本木簡の呪句「急々如律令」に続く「腹□」の「腹」の次の文字は「疒」（やまいだれ）とみることができるので、「腹病」の平癒を祈願した呪符と推測することが可能であろう。

そこで、問題は、本木簡が短冊形などの通常の木簡ではなく、曲物の底板内面に記された点である。この場合、二つの可能性が考えられる。第一には、曲物の底板を二次的に利用したものとする解釈、第二には、曲物容器と呪句を関連させる解釈である。一般的にいえば、曲物の底板または蓋は、曲物容器として廃棄後、書写材料として習書などにしばしば利用される。しかし、本木簡の場合、習書ではなく、呪句を記し、病気平癒を目的としたとすれば、習書とは想定しがたい。

図204　多賀城跡出土の呪符木簡

近年発見された長屋王家跡出土の曲物容器のなかに、「奉身万歳福」（身を奉じて永遠の福を願うとの意味）と刻書した上に墨入れしたものがあり、吉野行幸のさいに携行したとされている。曲物容器の底板外面に吉祥句を記し〝招福〟を祈願したことが知られる。金子裕之氏は、この容器は「万歳福」を実現する妙薬の入れ物だったのではないかと推論している。(7)

結局のところ、本資料も、本来は完形の曲物容器の底板内面に記され、病気平癒を祈願した可能性が高いのではないだろうか。さらに推測を加えるならば、先の長屋王家跡出土の曲物容器墨書銘に関する金子氏の推論や、多賀城跡出土の呪符木簡「急々如律令須病人呑」の例を参考にすると、この曲物容器には日頃、腹病に悩まされていた人物が病気平癒のための薬物などを納めていたのではなかろうか。いずれにしても、本木簡は、古代社会の人々の基層信仰を探るうえで、きわめて貴重な資料であるといえよう。

註

（1）佐々木彰「東京・伊興遺跡」（『木簡研究』一七、一九九五年）抜粋。
（2）伊興遺跡調査会『伊興遺跡』（一九九七年）・『伊興遺跡Ⅱ』（一九九九年）。
（3）竹田政敬・和田萃「奈良・藤原京跡右京九条四坊」（『木簡研究』一五、一九九三年）。
（4）浜松市教育委員会『伊場木簡』（一九七六年）。
（5）宮城県多賀城跡調査研究所『年報一九七四　多賀城跡』（一九七五年）。
（6）宮城県多賀城跡調査研究所『年報一九八〇　多賀城跡』（一九八一年）。
（7）金子裕之「愛憎のまじない」（『別冊　太陽　七三　占いとまじない』平凡社、一九九一年）。

第七章　多様な木簡——写経用定木三種ほか

一　註付経典の写経用定木——石川県金沢市三小牛ハバ遺跡

1　遺跡の概要(1)

三小牛ハバ遺跡は尾根に囲まれた平坦地に立地し、標高は一五〇～一七〇メートル、二面は堀に、他の二面は急な崖に面している。周辺には縄文、奈良・平安時代の遺跡である三小牛さこ山C遺跡があり、ほかにも数ヵ所で平安時代の遺物が採集されている。遺跡付近では昭和二十六年（一九五一）に奈良時代後半の銅板鋳出仏が採集されている。昭和六十年（一九八五）、産業廃棄物処分場の建設計画のため分布調査が行われ、その結果三次にわたる本格的な発掘調査を行った。

昭和六十二年（一九八七）の第二次調査で、竪穴住居跡四棟と、「コ」の字型に配置された掘立柱建物八～九棟、および堀切りを検出した。

木簡はL字形の堀のコーナー部分から三点出土している。伴出遺物には、多数の須恵器、土師器、木器のほか奈良三彩や墨書土器が出土した。墨書土器には、「三千」または「三千寺」（約一〇点）、「埊」（則天文字の一つ。「人」の

図205　三小牛ハバ遺跡位置図

意）」（二点）、「太縄」「気成」「佐木」「厨」「沙弥」「弥」「沙弥古万呂」「広」（以上各一点）の文字が認められた。

本遺跡は奈良時代から平安時代前期に及ぶ土器の出土が多く、奈良時代後半をピークとした遺跡であるといえる。また銅板鋳出仏や「三千」「三千寺」の墨書土器、「寺」と墨書された木簡や、仏教と関係の深い出土品が多く、写経用定木などの出土、「コ」の字型に配置された掘立柱建物の検出をみたことなどにより、ハバ遺跡は当時「三千寺」と呼ばれた寺院の跡と考えられる。

2　釈　文

「□〔大カ〕大大□〔御カ〕間家□

（一五八）×二六×一四　〇六一

3　形　状

下端は欠損しているが、上端および左右両側面は原形をとどめている。本木簡はきわめて丁寧に整形され、形状も通常の木簡とは異なっている。

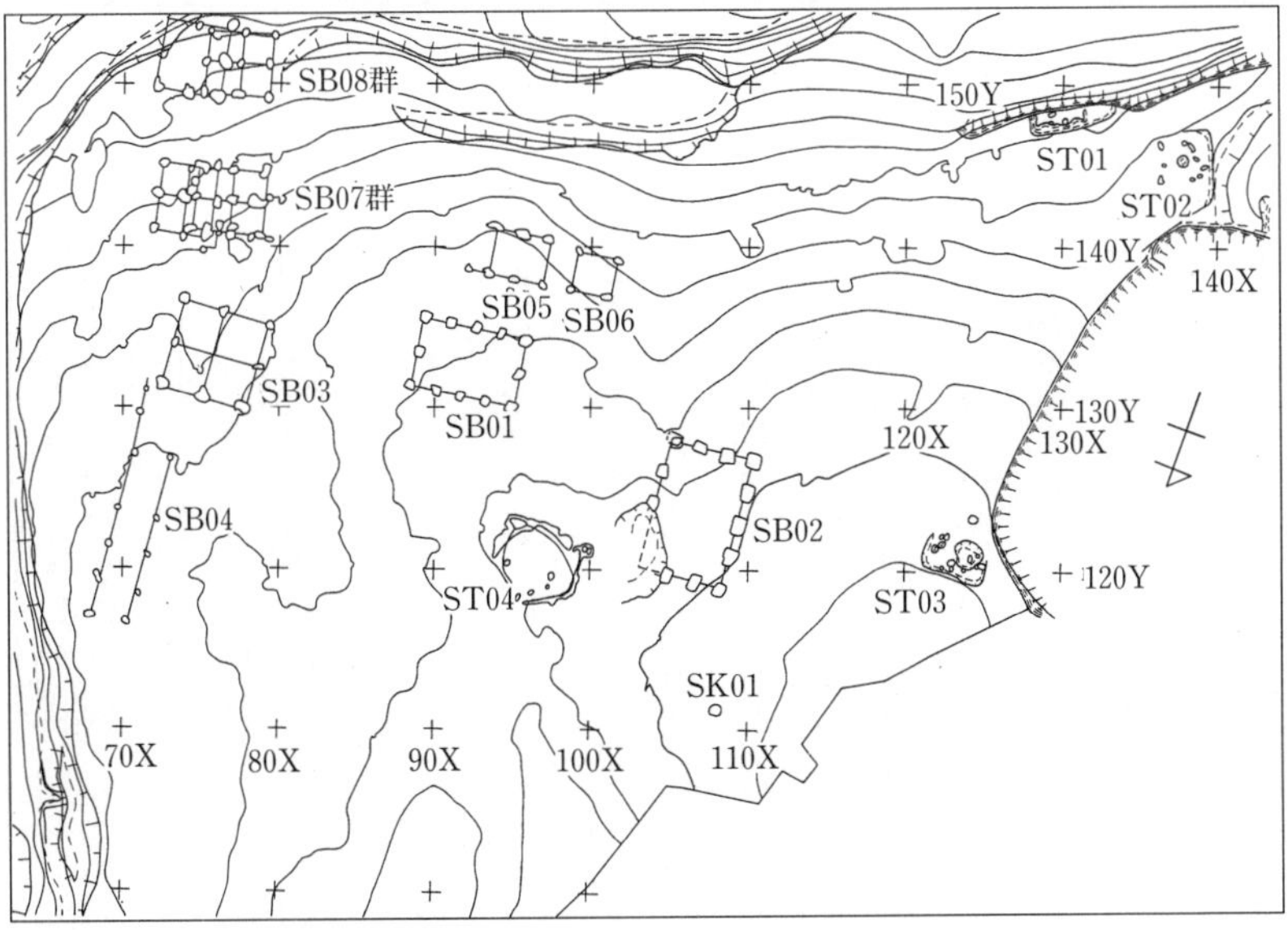

図206　三小牛ハバ遺跡遺構配置図

4　使用方法

まず、木簡内容から検討するならば、木簡は二回利用されていると考えられる。「□間家□」を記したのち、上部の余白を利用して、これと逆方向に「大大大大□」と習書したものと判断される。

「□〔御カ〕間家□」については、「御間家」と判読できるならば、越前国（弘仁十四年以降、加賀国）加賀郡三馬郷（弘仁十四年以降、石川郡に属す）と関連させて考えることができるであろう。三馬郷は『和名抄』によれば、加賀国石川郡に属し、「美万《みま》」と読ませている。『日本霊異記』下巻、第十四「千手の咒を憶持する者を拍ちて、現に悪死の報を得る縁」に、一人の優婆塞《うばそく》（在家のままで仏門に入り、戒を受けた男）が、修行のために加賀郡内の山々をめぐり、神護景雲三年（七六九）三月に、この説話の主人公（浮浪人の長）と「其郡部内御馬河里」で出会うところがある。この『霊異記』から二つの興味ある事実を読みとることができる。一つは、行者が修行のため、加賀郡内の山々をかけめぐり、この御馬河の里付近もそのような場であったと推測される。この説話とほぼ同時期の〝山岳寺院〟とされる本遺跡との関連が興味深い。もう一つは「御馬河の里」は三馬郷に比定され、三馬を「御馬」と表記しているのである。『延喜式』（神名）も「御馬神社」とする。したがって、本遺跡は加賀郡（または、石川郡）の三馬郷かその付近に所在したと考えられるだけに、本木簡の「御間家」は三馬郷関係資料とみてよいと思われる。

ところで、本木簡はその形状が特異なだけに、この点について以下検討してみたい。

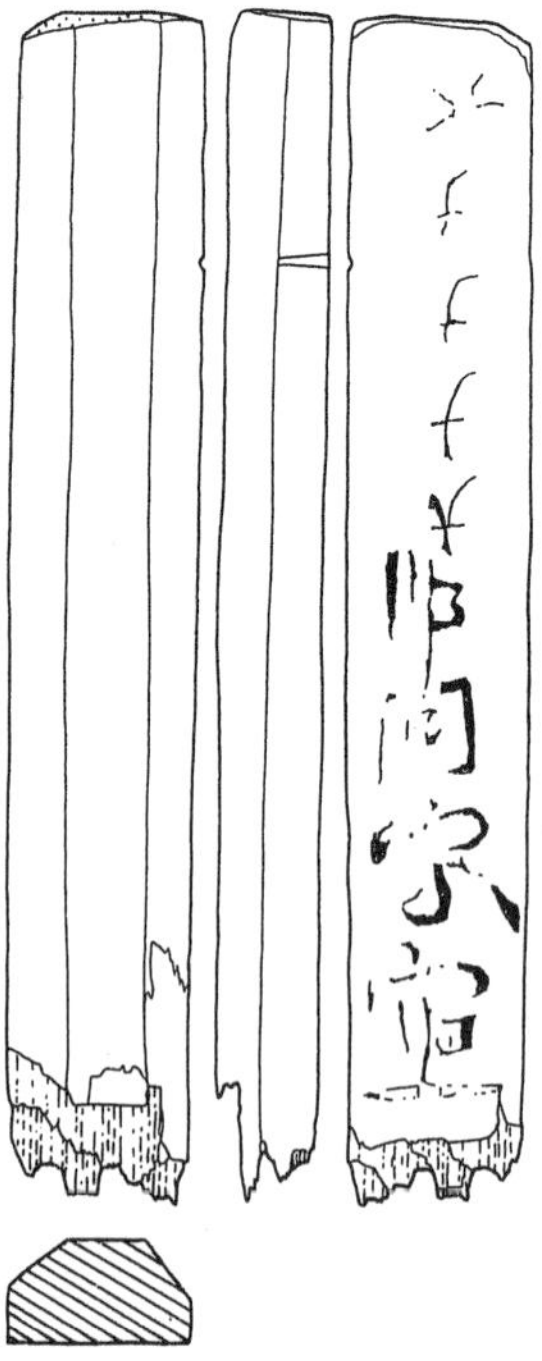

図207　三小牛ハバ遺跡出土
1号木簡

本木簡は、左右両側面を直線的に削り、断面台形状に面取り加工している。幅もほぼ二・六センチで一定している。このような形状は昭和四十五年（一九七〇）大宰府跡第四次（蔵司西地区）調査出土の物差木簡と類似している。調査報告書によれば、次のように紹介されている。(2)

下半部は欠損しているが、貸稲の出納に関する文書であろう。貸稲は私出挙の古称であり、大宝令以降はもっぱら出挙の呼称が用いられたので、この木簡の下限時期は大宝前後に比定することが可能であろう。財部は宝皇女（皇極天皇）の御名代部と言われるが西海道では、筑前国島郡川辺里大宝二年戸籍に財部阿麻売、続紀宝亀元年七月戊寅条に筑前国嘉麻郡人財部宇代などが知られる。なおこれの反対面は物差であり、古代尺度を考える上において注目されるが、両面の先後関係は明らかでない。物差の現存長は約一四・八センチで、ほぼ一寸ごとに区分され、五寸分にあたる。その各一寸はさらに四区分されているが、いずれも正確には等分されていない。

報告書は両面の先後関係を不明としたが、廃棄のさいの切断が物差の五寸の目盛りの位置に刃物を入れていることから、物差は木簡を再利用したものと判断できるであろう。

また、本木簡の右側面、上端より約三・三センチのところには切込みが入っている。このような形状は、昭和五十六年（一九八一）仙台市郡山遺跡第一五次（推定付属寺院跡東端地区）調査で発見された写経用定木（三号木簡）と共通している。この定木は、写経さい、貼り継いだ用紙にまず、一紙の縦を合わせ、界高の位置の切込みのところで天地にアタリをつけることができる。そして天地の

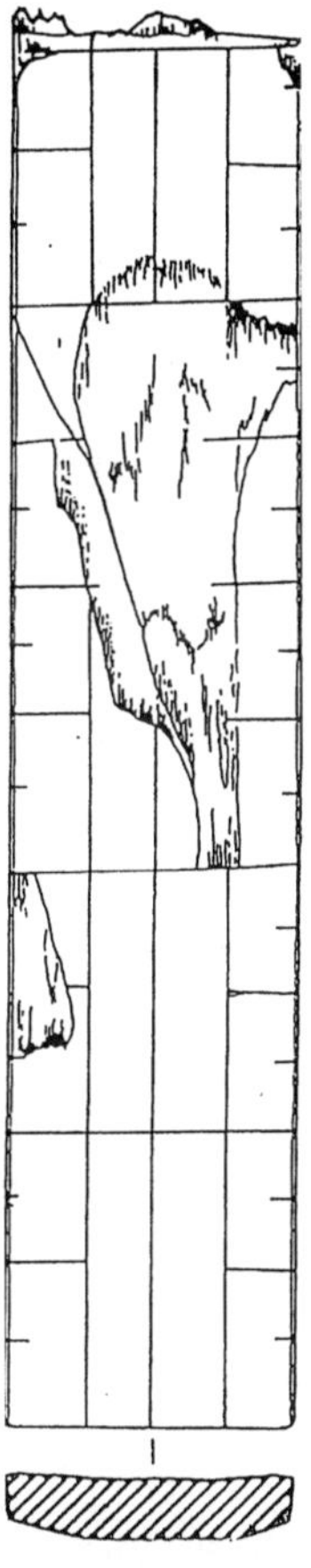

図208　物　差（一尺の半分、大宰府跡出土）

図209　写経用定木木簡計測図（仙台市郡山遺跡出土）

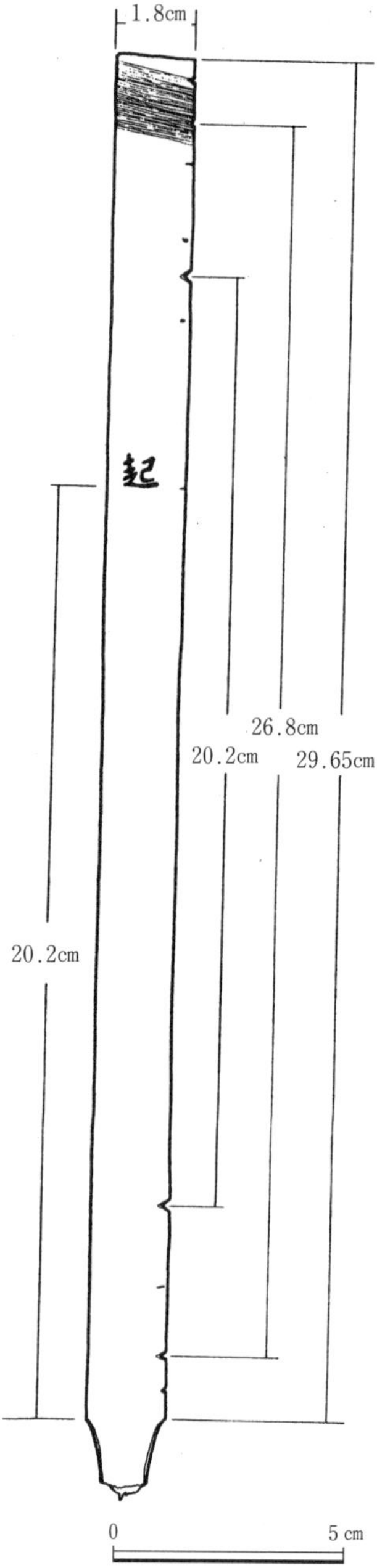

横界線を引き終われば、この定木の一・八センチの幅を利用して、切込みのある側面の反対側で縦界線を引き、定木をずらしていけば、いとも簡単に縦界線を何本でも引くことが可能である。この定木の全体の長さは末端の切出し部分を除いて、二九・六五センチを計り、奈良時代、一般的に用いられた一尺（いわゆる天平尺）に相当するのである。(3)

本木簡の切込みの位置は上端から三・三センチ、ちょうど一寸一分である。当時の公文書の天地の余白は『延喜式』（図書寮）写書条に「(略)其装裁者、横界之外上一寸一分、下一寸二分、惣得㆓九寸五分㆒」とあるように、天一寸一分、地一寸二分と規定されていた。経典や典籍などは、天・地の余白を等しくし、それらのなかに、一寸一分の例を数多く見出すことができる。実例を一つあげるならば、聖武天皇の書とされる『雑集』（天平三年九月八日）の法量は縦二七・五センチ、界高二一・〇センチ、界幅一・八センチで、天地の余白はともに三・三センチである。

また、本木簡の幅は、ほぼ二・六センチであるが、この幅も、やはり当時の文書や経典などにその例を多くみることができる。たとえば「石山寺一切経」付属の「註妙法蓮華経」巻次未詳巻（奈良時代写）の法量は、縦二八・〇センチ、界高二三・〇センチ、界幅は二・六センチである。界幅二・六センチと幅広い界幅は、註釈書の類の双行をなすものに多い。その場合、界高、縦とも、通常の経典よりも長くなるのが一般的である。

以上、本木簡の全体的形状、切込みの位置および一定した幅から推して、定木の一種であることは間違いないであろう。おそらく寺院跡とみられる本遺跡との関連からも、仙台市郡山遺跡と同様の写経用定木とみてよいのではないだろうか。

本定木は折損しているので断定はできないが、上端部を紙端にあて、切込みの部分で横界線用のアタリをつけ、さらに、幅二・六センチを利用して、この定木によって縦界線を引いたものと推測できる。

最後に、先にあげた「註妙法蓮華経」を参考として、試みに本定木を復元するならば、次のようになると考えられる。

図210　三小牛ハバ遺跡出土定木復元図（右）と界高23.0cm，界幅2.6cmの註妙法蓮華経（石山寺一切経）

界幅が二・六センチと幅広いことから考えて、界高を「註妙法蓮華経」と同じ二三・〇センチとして、天地に三・三センチの余白を設けたとすれば、縦は二九・六センチとなる。この縦の長さは仙台市郡山遺跡の定木の長さとほぼ等しく、天平尺の一尺に相当するであろう。その場合、現存長一四・八センチ（刃物による明確な表面の直線的切断面まで）で、推定全長二九・六センチの真半分となるのである。先にあげた大宰府跡出土の物差も本来全長一尺であったと考えられ、現存長一四・八センチは三小牛ハバ遺跡出土定木と全く一致する。このことは、全く偶然かもしれないが、特記しておきたい。

この写経用定木廃棄後に、定木底面に「□間家□」と墨書し、そののちに、余白部分にさらに「大大大大□」と習書したと考えられる。大宰府跡出土物差と同様に、本来の一尺の定木・物差を真半分に折損したのは、定木機能の停止と同時に、または、定木という認識のいまだ残るうちに半分に折損したと理解できるであろうか。

註

（1）南久和「石川・三小牛ハバ遺跡」（『木簡研究』一一、一九八九年）抜粋。

（2）福岡県教育委員会『大宰府史跡――昭和四五年度発掘調査の概要』（一九七一年）、九州歴史資料館『大宰府史跡出土木簡概報㈠』（一九七六年）。

（3）拙稿「仙台市郡山遺跡の木簡」（仙台市教育委員会『郡山遺跡II――昭和五六年度発掘調査概報』一九八二年）。

郡山遺跡出土三号木簡

・「起

・「『波婆云婆塞云婆宇宇宇宇宇』　（三一四）×一八×四　〇六一

井戸跡内第VI層出土。下端欠損。下端を羽子板の柄のごとく幅一・八センチの約半分〇・九センチの幅で削り出している。片面は右側面に切込みが大小六ヵ所あり、その他、墨痕またはわずかな刻目が数ヵ所確認できる。片面の上端から約二センチ幅で擦痕がみられる。

二　線引き用定木――岩手県水沢市胆沢城跡

1　遺跡の概要（註）

胆沢城跡第五二次調査区は、政庁南東の「東方官衙」と外郭南辺内溝に挟まれる南北約六六メートルの地区で、外郭南門と政庁を結ぶ線の東六五メートル前後の位置にあたる。遺構は九世紀初頭から十世紀にかかる六期に時期区分され、B期からF期まで、一三小期の建物変遷が確認された。このうち、九世紀末から十世紀前半にかかるE期官衙(四小期変遷)については、院を構成する厨屋と判断された。遺構はSB一〇四三建物東西中心線上にSE一〇五〇井戸がのり、その東六〇尺にSB一〇四一建物東側柱が位置し、SB一〇四三建物南側柱とSD一〇五五溝が一〇〇尺となる。

このSE一〇五〇井戸埋土から、調理・供膳関係の俎・はし・ヘラ状製品・漆器・木椀・皿、燃料の木炭、食料関係のニホンシカ・ニホンイノシシの骨、クルミ・モモの種子、クリの皮、さらに「厨」のほか「右」「左」などの墨書土器を含む多量の土器、定木・題箋軸とともに、四点の木簡が出土した。

2　形　状

長さ(四八・六センチ)×幅二・三センチ×厚さ〇・五センチ

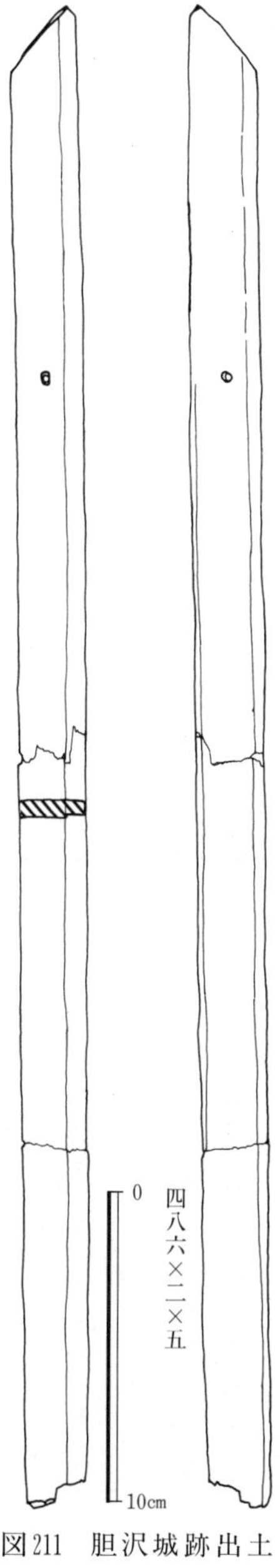

図211　胆沢城跡出土
線引き用定木

材は良質なヒノキの柾目材と考えられる。全体の断面形は扁平のカマボコ状を呈し、表面は非常に丁寧に削り、そのうえで木賊《とくさ》などで磨かれていると思われる。もう片面は切断したままの面であるが、わずかながら湾曲を呈し、しかも、〇・七センチ幅、深さ〇・一センチ弱に溝状に段差をもうけている。

現状では、全長四八・六センチあるが、片端は切断され、もう一端は折損しており、ともに原状を失っていると判断される。全体の幅はほぼ一定しているが、片側面が若干直線を失っているため、二・一〜二・三センチとなっている。さらに、表面《おもて》には刻線二本が幅一・七センチで引かれている。一本は一部消えているが、幅一・七センチは一定している。なお、切断面から約一二センチの位置に小穴が穿たれているが、これは突き刺しただけのもので、切断面と同時ののちの所作と考えられる。墨痕は認められない。

3　使用方法

本木製品は扁平のカマボコ状で、幅約二・二センチとほぼ一定し、表面のみ丁寧に磨いている。この全体的形状から推して、線引きのための定木と考えられる。その場合、裏面の若干の湾曲は物にのせたときのズレを防ぎ、幅〇・七センチ、深さ〇・一センチ弱の段差は墨で線を引くさいに、定木に墨が付着し紙面などを汚すことを防ぐ役割を果たすであろう。

また、表面《おもて》の二本の刻線は添引のさいに利用するためのものか、または定木の使用頻度が増すにつれ、側面が消耗し、直線が得られなくなった場合に、改めて、削って直線を作り出すときの基準となる線のいずれかと一応理解しておきたい。

仙台市郡山遺跡の写経用の定木は、長さ一尺＝二九・六五センチで、二ヵ所の切込み部分に刀子でアタリをつけ界高の位置を示し、しかも、幅一・八センチの縦界線を引くことができるが、長さ一尺しかないため、横界線を引くことはできない。

経典や文書のアタリとアタリの二点間を結ぶ横界線を一紙ごとに引くためには、通常の文書の紙長は二尺弱であり、経典でも四〇センチを超えるので、一紙以上の長さの定木が必要となるのである。

以上の点から判断するならば、本木製品は線引き用の定木と推定しておきたい。

註　拙稿「胆沢城跡第五十二次調査の木簡・木製品について」（水沢市教育委員会『胆沢城跡―昭和六一年度発掘調査概報―』一九八七年）。

三　写経用割付定木――福島県いわき市荒田目条里遺跡

1　遺跡の概要

本木簡は、第五章二の「里刀自論」で扱った二号木簡と同じ遺構から出土している。

2　釈　文

「我　吾　　　　（一七三）×二三×七　〇六一

3　形　状

木簡は、ヒノキ材を用い、丁寧に仕上げられている。

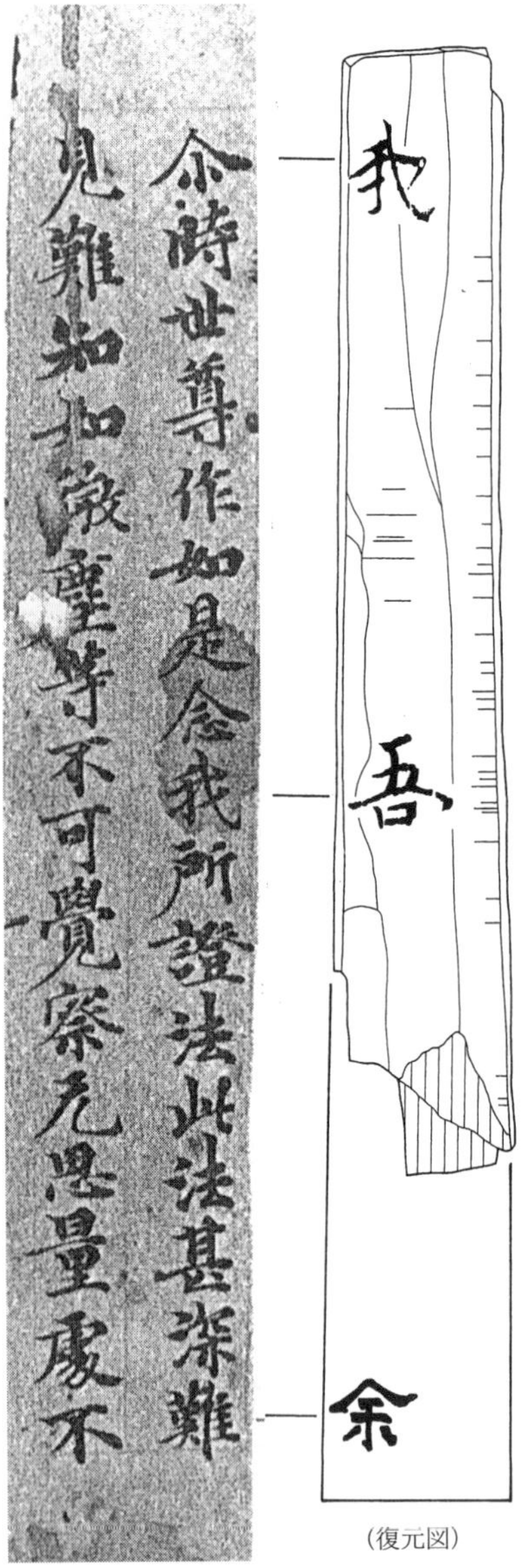

（復元図）

図212　写経用割付定木の使用法

4　使用方法

「我」「吾」の二文字の書体は、二三号木簡と同じ写経体である。

この丁寧な仕上げと写経体という特徴から推して、写経用の定木の一種と考えられる。

この二四号木簡は先に掲げた写経用の横界線のアタリと縦界線用とは別の工夫をしたものであろう。写経するさいに経典一行一七文字の底本に基づいて、そのまま写すと、各行の末尾に余白を生じたり、下横界線（地界）をはみでたりする破綻が生じやすい。

そこで、この底本をおき、あらかじめ「我」「吾」□、の上・中・下の位置に目印としての文字を記しておいて、残りの文字をその間で案分しながら書けば、大きな破綻を防ぐことができるであろう。正倉院文書中に遺る文書の

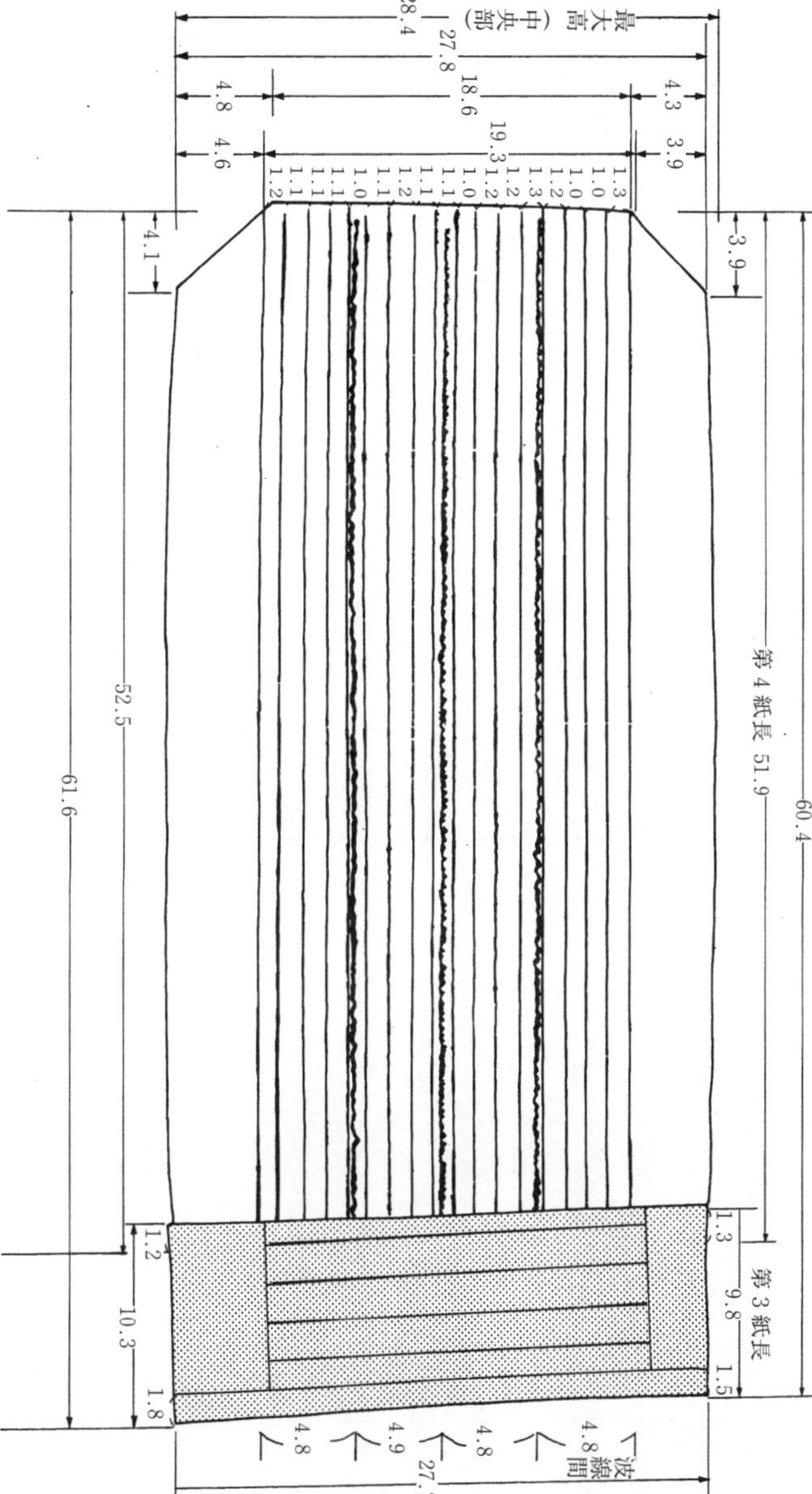

図213　正倉院文書にみえる式数

「式敷」(下敷用紙)が一七字用の横墨線のうち、上・中・下の位置に太い波線を施している方法(註)と近似した工夫と判断できる。

註　杉本一樹「端継・式敷・裏紙」(『日本古代文書の研究』吉川弘文館、二〇〇一年。原論文は一九九一年)。

四　「白玉」関係木簡——長崎県壱岐郡原の辻遺跡

1　遺跡の概要(1)

原の辻遺跡は、東西約一五キロ、南北約一七キロ、面積約一三八平方キロの壱岐島の南東部に位置している。遺跡は、小川・池田川・幡鉾川に囲まれた丘陵上から幡鉾川流域の深江田原に南北に突出した舌状の丘(標高八〜一七メートル)、および現水田面(標高五〜六メートル)を含む約八〇ヘクタールに分布する。遺跡の西約一キロの低丘陵上には国府跡と推定されている興原遺跡(石田町)、興触遺跡(芦田町)が所在するが、考古学上の確認調査は実施されていない。

原の辻遺跡の調査は、平成五年(一九九三)度の県営幡鉾川流域総合整備事業(圃場整備事業)に伴う緊急発掘調査で、平成五年度の国庫補助事業および農水省部局の委託事業として、石田町教育委員会が県教育委員会の調査指導を得て実施したものである。

調査の結果、原の辻遺跡は弥生時代前期から終末期にかけての大規模な多重環濠集落跡であることが判明した。環濠の規模は、南北約八五〇メートル、東西約三五〇メートルの平面楕円形状の範囲に外濠、中濠、内濠が三重にめぐっているものと推測され、外濠で囲む面積は、約二五ヘクタールである。また、弥生時代の遺物が数十万点と多量に

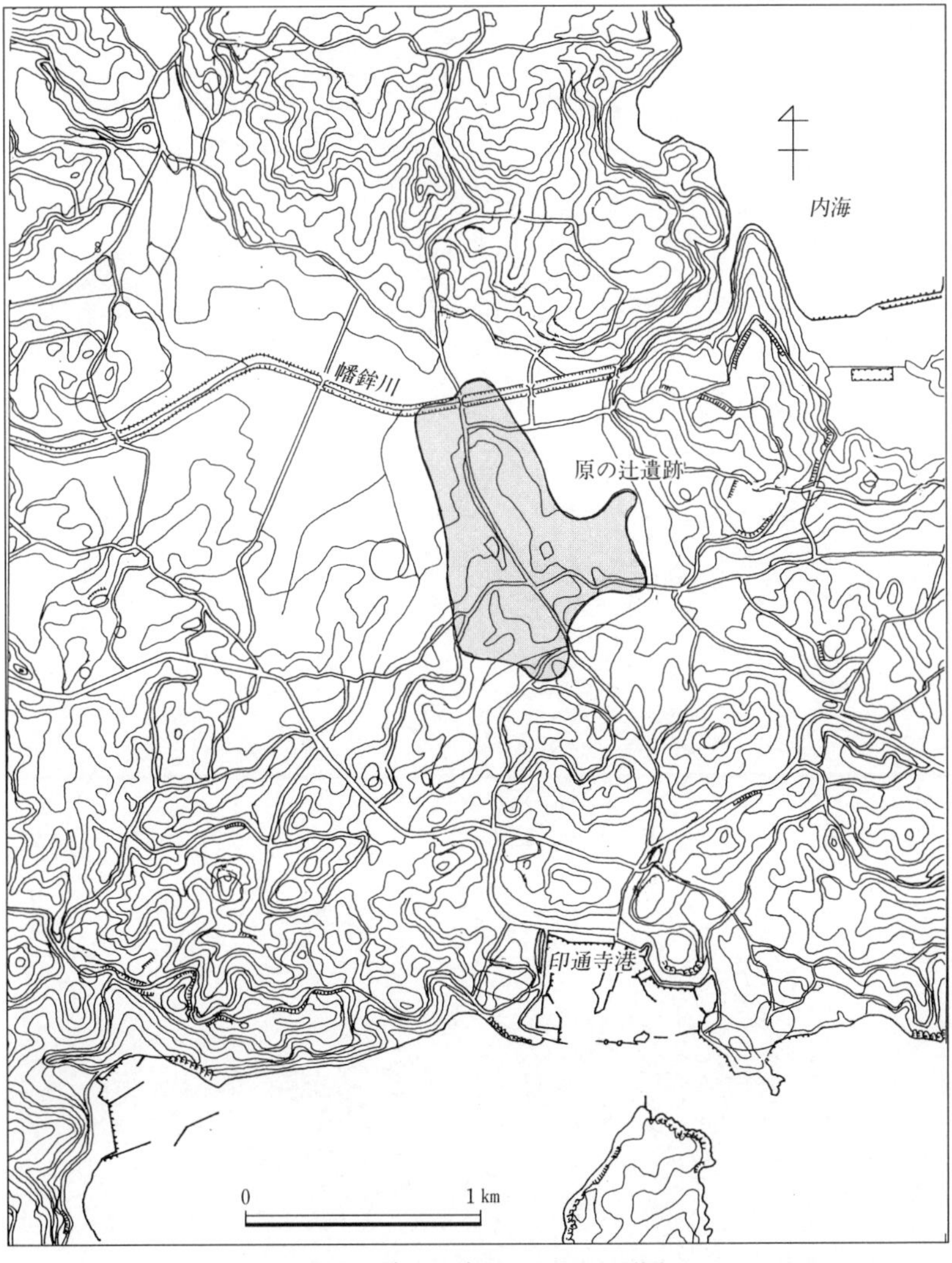

図214　原の辻遺跡と周辺地形図

図215　原の辻遺跡の遺構位置図

出土している。

木簡は、弥生時代の環濠上に掘られた土坑内から五点一括して出土した。共伴する遺物はないが、内容から古代（奈良～平安時代）の木簡と考えられる。

なお、遺跡南端部分の発掘調査で、古代（平安時代）の輸入陶磁器片が多数出土する地域があることが明らかになった。明確な遺構は検出されていないが、主体部は丘陵上にあることが推察され、古代の官衙跡などの施設の存在が考えられる。

2　一号木簡

(1)　釈　文

・「□□□〔進カ〕

・「白玉六□〔升または斤カ〕

高□〔仗カ〕□□

（一一五）×（三八）×一〇　〇八一

(2)　形　状

木簡の下半部は原状で平面をかなり深く削り、側面も先端を尖らせるように右側のみ削り出している。また、右側面上半部一ヵ所にも浅い切込みが認められる。これらの加工はすべて二次的なものと判断でき、現状は短冊形であったとみなすことができる。下半部平面の削りに

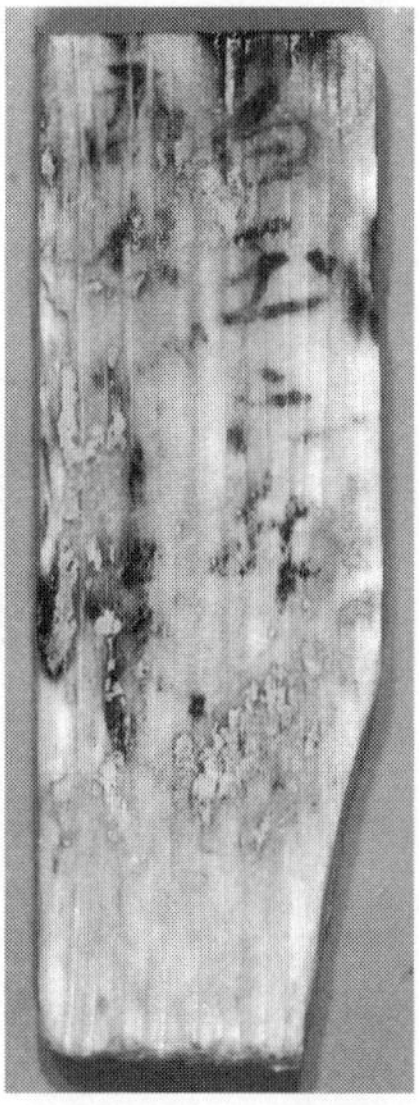

図216　原の辻遺跡出土１号木簡

よって墨痕は全く失われたのであろう。
なお、本木簡は、全面的に鉄分が付着し、文字を覆っていた部分もあったので、一部取り除いた。

(3) 内　容

表面は墨痕がほとんど失われているが、「進」が認められるとすれば、「解　申進」「□□進」(役所名・職名など)などの文言がみられる貢進文書木簡となるであろう。その場合は当然、裏面には具体的な貢進物が明記されたと考えられる。「白玉六□」(升または斤)などがそれにあたるであろう。

類似の木簡の文例をあげると、次のとおりである（鉄製扉金具の製作・進上に関する文書(2)）。

平城宮木簡（二―二〇八三）

・「北□所進擧鎹十六隻長三寸半　牒□六隻長四寸
　×尻塞卅四枚　鐶二隻　○」

・「位并尻塞四枚
　合卅二斤　本受鐵卌三斤十両　損十一斤十両
　『了』　神龜六年三月十三日足嶋○」　三〇三×四九×四　〇一一

秋田城跡七号木簡(3)

・「
　解　申進人事　合五人　□□□
　□□　」

・（裏面は省略）　四五八×四〇×一〇　〇一一

ここで問題となるのは、「白玉六□」であろう。『色葉字類抄』（一一四四年成立）によれば、「白玉」は〃ハクギョク〃と訓んでいる。

『延喜式』（治部省）祥瑞条に、

流黄出谷。〈土精也。〉沢谷生白玉瑯玕景。〈玉有光景者。〉（〈　〉内は注）

とみえ、天然に産出する美しい石のことである。

一方、「白玉」を〝シラタマ〟と訓むといわゆる真珠をさす。その場合は、数量単位が丸または顆（果）となる。

次の例は、志摩国の真珠に関するものである。

『延喜式』（内蔵寮）

諸国年料供進

曝黒葛《サラシツヽラ》〔九〕百斤。近江国卅斤。越前国卅斤。越中国廿斤。丹波国廿斤。

白玉一千丸。志摩国所レ進、臨時有二増減一。

麻子《アサ》二斛。常陸国七斗。武蔵国六斗。下総国七斗。

氈《カモ》〔九〕十枚。下野国所レ進。

『延喜式』（民部下）

交易雑物

山城国大麦三石。小麦卅石。大角豆六石。胡麻子四石。荏子四石。

大和国大麦三石。小麦十一石七升三合。蓳子六斗。大角豆四石。

河内国大麦三石。小麦卅五石。蓳子五斗。薦二千五百枚。

和泉国小麦廿五石。

摂津国大麦三石。小麦卅五石一斗。蓳子九斗。薦一千五百枚。

伊賀国白絹十二疋。鹿皮廿張。樽二合。加二赤漆杓一。以下皆同。

伊勢国白絹十二疋。絹三百疋。水銀四百斤。樽二合。鹿角菜二石。青苔五十斤。海松五十斤。凝菜卅斤。於胡菜卅斤。鳥坂苔五斤。海藻根十斤。那乃利会五十斤。
志摩国大凝菜卅四斤。白玉千顆。
尾張国白絹十二疋。絹百五十疋。油三石。樽二合。苧一百・十斤。鹿革廿張。鹿皮十張。鹿角十枚。薭子五石。胡麻子四石。荏子四石。鹿角菜三石。凝菜卅斤。於胡菜卌斤。

天然の原石としての「白玉」（ハクギョク）は種々加工され、器や石帯などに用いられた。古代においては、身分制の表象ともいうべき石帯として白玉はとくに重要な位置を占めていた。

『日本紀略』延暦十四年（七九五）十二月丙子条には、

聴㆔参議已上著㆓白玉帯㆒。

とみえ、参議以上に白玉腰帯を許している。また、『日本紀略』大同四年（八〇九）五月癸酉条には、

聴㆔五位已上通㆓用白木笏㆒。其白玉玳瑁等腰帯者、亦依㆓延暦十五年正月、十八年正月両度格㆒、自余禁制。一如㆓常例㆒。

とある。この資料については、川尻秋生氏によれば、五位以上に白木笏を許すとともに、白玉腰帯は四位の参議以上に、玳瑁《たいまい》腰帯は五位以上にそれぞれ装着を許可した規定だと解されている。[4]この条に関連するのが、『延喜式』（弾正台）白玉腰帯条である。

凡白玉腰帯。聴㆓三位以上及四位参議著用㆒。玳瑁。馬脳。斑犀。象牙。沙魚皮。柴檀五位已上通用。

白玉帯は三位以上および四位の参議に許され、玳瑁腰帯は五位以上に許されている。

近年の全国各地の発掘調査によって、白玉腰帯とされる遺物が十数例報告されている。[5]青森県表館遺跡・宮城県多賀城跡（二個）・秋田県払田柵跡・千葉県有吉遺跡・東京都落川遺跡・神奈川県向原遺跡・神奈川県海老名本郷遺跡・三重県落河原遺跡・滋賀県井口遺跡・京都府平安京跡八条三坊・広島県藤ヶ迫三号

墳・広島県九郎杖一号墓・福岡県観世音寺跡・福岡県大宰府跡など。

最も新しい報告例では、京都府乙訓郡大山崎町で白玉製の鉈尾が出土したという（平成五年〈一九九三〉五月）。しかし、この鉈尾は専門家の肉眼観察結果では石英結晶とされた。このように、これまでの白玉製の鉈尾という報告例の多くは、石英結晶や大理石などとみられ、次にあげる正倉院宝物の白玉製とされる「玉長坏」と異なるようである。その調査報告によると次のとおりである。

正倉院・中倉七三　玉長坏　一口

灰白色・半透明・緻密な石質で、X線解析図は透閃石と一致する結果が得られた。紫外線による蛍光は認められない。通称軟玉で、中国産と思われる。[6]

右にあげた石帯の出土例のなかでも、大宰府跡出土の〃白玉帯〃とされる石帯は従三位に相当する大宰帥の着用したものとされている。他の〃白玉帯〃とされる石帯とは肉眼観察的には異なっているようであるが、科学的分析を行っていない。壱岐島は、大宰府管内であっただけに、木簡の「白玉」と大宰府跡出土の〃白玉帯〃との関連が注目され、今後の分析結果が待たれるところである。

ところで、「白玉」の量目についてふれておきたい。数量単位は、「斤」よりもやや「升」に近い書体ではあるが、通常は金・銀などの貴金属や玉石類の重量単位は「斤」である。原石を細かく砕いて、体積単位「升」で表記したとも考えられる。玉石類とは異なるが、海藻類の数量単位については、次のような表記例がある。

○天平宝字五年二月六日奉写一切経所解案（続々修三―四、『大日古』一五―一五～一八）

海藻　二百廿斤四両

滑海藻五十五斤一両

末滑海藻八斗二升五合（抜粋）

斤両単位は海藻・海藻根に通用し、斛斗升合単位は、切海藻・滑海藻（末滑海藻）など、被計量体がいずれも小さく刻まれたものか、粉末状のものか、いずれかに用いる(7)。

まず、「斤」であるとして現量を考えるならば、唐斤について正倉院蔵の重量銘のある銀器より算出した大一斤は現量の六七一瓦（グラム）に相当するという(8)。

一斤＝六七一グラム

六斤＝六七一グラム×六＝四〇二六グラム（約四キロ）

参考までに、大宰府跡出土の白玉石帯の重量は鉈尾五〇・七グラム、丸鞆二〇・一グラムである(9)。

「升」とすれば、一升は現量の約四合（〇・七二リットル）に相当し、六升＝現量二升四合＝四・三二リットルとなる。

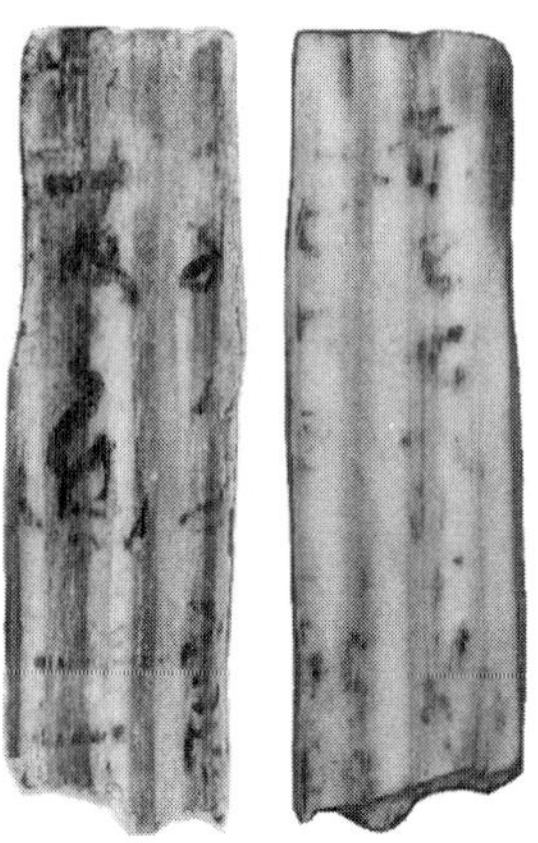

図217　原の辻遺跡出土２号木簡

3　二号木簡

(1)　釈　文

・「赤万呂七八升□□〔高カ〕
　□七升□［　　］□□

・「□□□□〔七升八升カ〕［　　］
『友　□〔進または近カ〕　一　一　』

（九一）×（二一）×三　〇八一

(2) 形　状

上端は若干欠けているが、原状をとどめている。表面《おもて》の文字は墨痕がほとんど失われ、その部分がわずかに盛り上がった形となっている。

(3) 内　容

人名と斗量が列記された内容から推して、飯などの食品の支給帳簿であろう。次に参考までに類例をあげておきたい。

平城宮木簡（三―三五〇八）

［　　　］
秦□〔諸カ〕万呂八
［　　　］八
□□□□八
『六升』

阿倍枚万呂八
秦巳知万呂八
□〔津カ〕□眞□〔繼カ〕八
□〔更カ〕占眞立八
額田乙勝八
□□□山四
『五升三』

近衛

丸部駿河万呂一升二　□〔口カ〕□〔野カ〕□□八
□乃秋　一升二　上毛野力八
山口乙万呂一升二　□□
山口廣濱八　『八升四』　『二升四』
水取繼成八
茨田弥繼八　『○』

（三三四）×（五八）×二　〇八一

上折れ、右は割れて欠損。左下隅に孔を穿つ。飯などの食品の支給帳簿か。四段にわたって人名を列記し、各人に斗量を記し、各段ごとに斗量の小計を材を横にして追筆する。各人の斗量の合計と各段ごとの小計との比較からみて、右辺の欠損は一～二行分であろう（第二・四段では二人、第三段では一人の人名を補えば、各段の小計と合う）[10]。

なお、「七升八升」のような記載のしかたも、次のような類例がある。

平城宮木簡（三―三四三三）(11)

・得客人三□

・二升　二升　□　　〇九一

次の「友□一一」の部分は裏面の他の文字に比して大きく、一応別筆とした。これはおそらく食品支給の責任者の自著（サイン）と判断され、「一一」は画指（古代において指の形状を書いて署名の代用としたもの。左手食指の先端・末端と関節二ヵ所を点で示す）ではないが、なんらかの「友近」にかかわる記号かと考えられる。

なお、三号〜五号木簡については、特記すべき内容を有しないか、墨痕が失われ釈文を提示しがたいものであるので省略した。

まとめ

本遺跡の木簡の特色は、まず、すべてが古代の文書木簡と考えられることである。その文書の内容は、物品にかかわる貢進・請求木簡と記録木簡（支給帳簿とみられるもの）とに大別される。これらの貢進および請求木簡と記録木簡は、古代の官衙内の活動を示す資料といえる。今回の発掘調査により、本遺跡が弥生時代の『魏志倭人伝』にみえる「一支国」の中心であることが明らかとなったが、さらに五点の木簡は律令体制下（奈良・平安時代）においても、壱岐島内におけるこれらの木簡を取り扱う施設が本遺跡に所在したことを示している。

すなわち、これらの木簡は通常の官衙内の活動に伴うものであり、弥生時代の環濠の一部に掘られた土壙に廃棄されていた。このことはこの土壙付近にこれらの文書を取り扱う役所が存在したことを物語っている。

また、五点の木簡のうちでも、とくに注目されるのは一号木簡の「白玉六□〔升または斤〕」である。まず、想定されるのは、

「白玉」が島内およびその周辺から調達されたという可能性である。あるいは白玉が仮に中国産の原石に相当するならば、壱岐が古代の大陸との交易の中継基地とされているだけに、さらに貴重な資料といえる。

今後、原の辻遺跡の調査においては、弥生時代の「一支国」とともに、律令国家体制下の壱岐島の中心的施設の実態も究明する必要がある。その存在の確かな手がかりを今回の木簡から得ることができた点が大きな意義といえるであろう。

註

(1) 副島和明「長崎・原の辻遺跡」(『木簡研究』一六、一九九四年)抜粋。
(2) 奈良国立文化財研究所『平城宮木簡』二 解説(一九七五年)。
(3) 秋田市教育委員会・秋田城跡発掘調査事務所『秋田城出土文字資料集II』(一九九二年)。
(4) 川尻秋生「白玉腰帯について」(『千葉史学』一五、一九八九年)。
(5) 田中広明「律令時代の身分表象(II)——腰帯をめぐる人々の奈良・平安時代」(『土曜考古』一六、一九九一年)。
(6) 益富寿之助・山崎一雄・藤原卓「石製宝物の材質調査報告」(『正倉院年報』一〇、一九八八年)。
(7) 関根真隆『奈良朝食生活の研究』(吉川弘文館、一九六九年)。
(8) 松嶋順正「奈良時代の度、量、衡」(『正倉院の窓』朝日新聞社、一九六一年)。
(9) 九州歴史資料館・横田賢次郎氏のご教示による。
(10) 奈良国立文化財研究所『平城宮木簡』三 解説(一九八〇年)。
(11) 註(10)に同じ。

五　儀式用薦《こも》関係木簡——福島県会津若松市矢玉遺跡

1　遺跡の概要(1)

矢玉遺跡は、福島県の西部、会津盆地の中心部からやや東寄りの平坦部、会津若松市の市街地から北西約六キロに位置している。古代会津郡の郡家の有力候補地とされる、河東町の郡山遺跡から南西に約二・五キロの位置にあり、遺跡の西を湯川が流れている。調査は、県営圃場整備事業に伴い、平成四年（一九九二）度から同六年（一九九四）度の三ヵ年にわたり実施した。

現在までの発掘調査により、八世紀後半から十世紀半ばまでの遺構を検出しているが、遺構の中心となる時期は、八世紀後半から九世紀中ごろにかけての時期である。

遺構は、掘立柱建物が主となるもので、ほかに柱列、溝、井戸、土坑、焼土遺構、ピットが検出された。平成六年度の調査区からは、南北が長軸となる掘立柱建物の西側に、倉庫と推定される建物群が南北に重複しながら検出されている。また、掘立柱建物群を区画するように南側に東西方向の柱列があり、南から西に鍵形となり北方向に施設を区別する大きな溝が存在する。遺物は、会津若松市の大戸窯跡で焼かれた須恵器と土師器が出土しているが、須恵器の比率の方が高い。

遺構や遺物からみて、矢玉遺跡は、奈良時代後半から平安時代前半にかけての官衙に準じた施設の可能性がある遺跡とみられる。

木簡は、平成六年度調査区の発掘調査によって、三ヵ所の遺構から計四点出土した。二号性格不明遺構の一点「請立曆……」は、底部に近い下層部から、八世紀後半の大戸窯産須恵器の円面硯や杯とともに出土している。三八号土坑からは、遺構の下層から一点出土している。一号溝の底に近い下部層から中間層にかけての部分から、「西足」「田足」「足」などの墨書のある須恵器・土師器の杯多数とともに、二点出土している。出土した遺物からみて、八世紀後半から九世紀半ばの時期に機能していた溝である。

なお、一号焼土遺構からは、「返抄」と読める漆紙文書一点が出土している。

2 請求文書木簡

(1) 釈文

図218　会津若松市矢玉遺跡の位置図

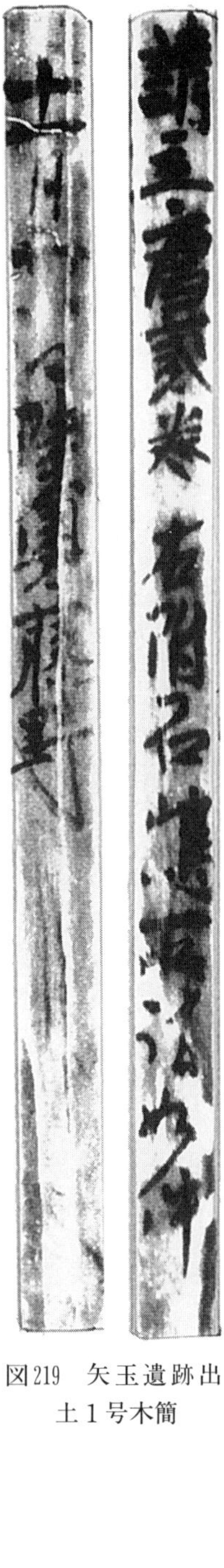

図219　矢玉遺跡出土1号木簡

・「請立廥貳巻　右附石嶋所請如件」
・「十一月廿八日陸奥藤野　」　二八一×二〇×八　〇一一（一号木簡）

(2)　形状および内容

完形木簡。その内容は請求文書である。

この木簡ときわめて類似しているものの例として、次の平城宮木簡があげられる。

・「請縄参拾了　右為付御馬并夜行馬所謂　」
・「如件　神護景雲三年四月十七日番長非浄濱」　三一三×二五×四　〇一一(2)

この木簡は天皇のための馬と行夜使の馬に付ける縄を請求したものである。

廥＝廥＝廌＝薦。『和名抄』巻十四の坐臥具の項によれば、薦は「古毛《こも》」と訓み、「席也」とする。さらに、屛障具の項には、「傅壁」は「釈名云、傅壁以㆓席傅㆒著㆓於壁㆒也、漢語鈔云防壁〈多都古毛〉」とある。『色葉字類抄』には「縛壁〈タツコモ〉」とみえるように傅壁は「縛壁」とすべきであり、席をもって壁に縛り著けるものという。すなわち、縛壁＝立薦は、筵（蓆）をつなぎ合わせて屛風のように立てて風を防いだものである。『延喜式』（斎宮）の斎宮鋪設条に「蒲防壁《カベシロ》《タツコモ》十枚」とあるが、これは蒲《がま》を編んだ立薦の意である。そして、中男（十七～二十歳）六人分の作物として「防壁《たつこも》一枚。長四丈、広七尺」が貢進されている（『延喜式』主計上、中男作物条）。
「造石山寺（？）用度返上幷収納注文」（続々修四四帙七、『大日古』一六―一二〜一三）によれば、
（天平宝字六年）十一月三日返上立薦二枚　苫一枚　折薦畳八十五枚　箐三枚
已上返上政所東倉下
とみえる。立薦《たつごも》は古代の儀式などのさいに、必ず常備される調度の一つであることは、『延喜式』の諸祭で明らかである。この立薦以下の調度品は、造石山寺所が香山寺から借用したものであると考えられる。ところで、近年、代表的な地方官衙遺跡のほとんどから、「薦」、「席」に関する木簡が出土している事実は注目すべきであろう。

(1)小敷田遺跡（埼玉県行田市(3)）

・「直上畳廿五絞薦八立薦二枚合百廿枚」　二三六×(二〇)×四　〇八一（八号木簡）
・「[ ]鬼鬼 鬼 □□□ □□□[ ]」

(2)八幡林遺跡（新潟県三島郡和島村(4)）

二四号
・「　郡進上於席二枚
四月五日　平宍□〔二カ三〕串□□
赤□〔大カ〕□坏廿□□□
□□　長官尊□□備□□宍二[ ]
・「□　□□進□□□□□□□　[ ]
□□進一□□□□□□□□□　[ ]　(四〇〇)×五六×七　〇一九

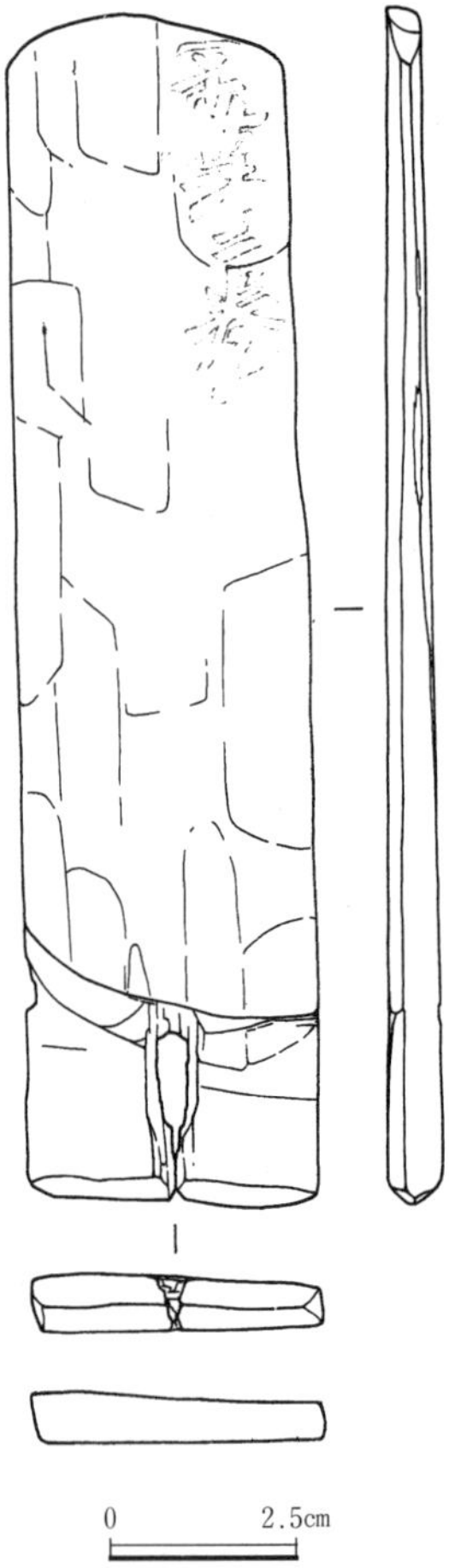

図220 「□《立》曹」の例(足立区伊興遺跡出土木簡)

(3)屋代遺跡群（長野県更埴市）[5]

・「　敷席二枚　鱒□一升　芹□

符　屋代郷長里正等　匠丁粮代布五段勘（ママ）夫一人馬十二疋

〔神〕□宮室造人夫又殿造人十人

・「□持令火急召□□者罪科　少領

(三九二)×五五×四　〇一九(二一四号)

(4)平城京木簡（奈良市）[6]

・「○移　務所　立薦三枚　旦風悔過布施文

右二種今急進」

・「○大炊司女一人依斉会而召　二月廿日

遣仕丁刑部諸男　家令」

三六九×三三×四　〇一一

(5)伊興遺跡（東京都足立区）[7]

「□〔立〕曹二巻

(一六〇)×五〇×八　〇一九

小敷田遺跡「立薦二枚」、八幡林遺跡「於（上）席二枚」、屋代遺跡群「敷席二枚」と、いずれも、本木簡と同様に数量二枚で共通している。薦・席は使用時の開いた状態を「枚」、通常の保管・運搬状態を「巻」と、数量単位を書きわけたのであろう。小敷田遺跡の場合、遺跡の性格が不明であるが、八幡林遺跡（古志郡家）木簡は郡家への進上、屋代遺跡群（埴科郡家）木簡は郡符による郡家への進上命令である。

一方、本木簡の場合は、請求木簡である。しかも、先の平城宮木簡と同様に、文書の差出と宛所が省略されている。先の平城宮木簡は、伴出した木簡を参考にすると、中衛府に対して、同府所属の番長が縄を請求したものとされている。本木簡も、おそらく、施設内の請求木簡で、「石嶋」を使いとして、「陸奥藤野」が立薦二巻を請求したものと考えられる。

先に紹介した地方官衙の三遺跡の木簡は、薦または席二枚と表記されているが、その藺草製品の使用目的は、たとえば『延喜式』（四時祭上）にみえる道饗祭の調度として「五色薄絁各一丈。（略）調薦二枚」とあることなどを参考にすれば、官衙施設内における儀式などの調度と理解できるであろう。本文書の日付「十一月廿八日」より推測すると、晦日または朔日の行事にかかわる調度品の請求であろうか。また、施設内にこのような調度を管理する役所があり、儀式などのつど、このような形で請求、そして返納したのであろう。

なお、請求者「陸奥藤野」のウジ名「陸奥」は、『続日本後紀』承和七年（八四〇）二月癸亥条に「（陸奥国）伊具郡擬大毅陸奥真成」という例が存する。

近年、郡符木簡をはじめとして、文書木簡の廃棄方法が注目されている。木簡を刃物で細かく縦に割ったり、両面または片面から刃物を入れたうえで、折って廃棄するなど、さまざまな廃棄方法が確認されている。しかし、本文書木簡は完形のままの状態で廃棄された稀有の例である。これは、一つの施設内の簡略な請求ゆえにあえて割ったり、折ったりすることなく、廃棄したと推測される。本木簡の例のように、文書木簡の廃棄方法・状況から、その木簡の機能を類推することもできるのである。

註

（1）石田明夫「福島・矢玉遺跡」（『木簡研究』一七、一九九五年）抜粋。
（2）加藤優「奈良・平城宮跡（第四一次調査）」（『木簡研究』八、一九八六年）。
（3）㈶埼玉県埋蔵文化財調査事業団『小敷田遺跡』（一九九一年）。
（4）新潟県三島郡和島村教育委員会『八幡林遺跡　三』（一九九四年）。
（5）㈶長野県埋蔵文化財センター『長野県埋蔵文化財センター発掘調査報告書五四』（二〇〇〇年）。
（6）奈良国立文化財研究所『平城宮発掘調査出土木簡概報（二十一）―長屋王家木簡一―』（一九八九年）。
（7）足立区伊興遺跡調査会『伊興遺跡Ⅱ』（一九九九年）。

六　騎　馬　像――東京都足立区伊興遺跡

1　形　状

騎馬像を描いた木札は、現存長約一九センチ、幅六センチ、厚さ〇・八センチである。下端は欠損しているが、描かれた騎馬像二体を木札の上・下に配したとすれば、上・下に余白をそれぞれ三センチ（一寸）ずつ設け、その復元長は二二・五センチ、ちょうど七寸五分に相当する。この規格性から推して、本騎馬像は、落書・戯画の類ではなく、一定の目的を有したものであるとみてよいであろう。

2　絵　画

騎馬像の特徴は、馬上の人物のかぶりものと、弓矢を保持しているところである（図221）。このかぶりものは幞頭といわれるもので、成人の男子の頭上に束ねた髻《もとどり》を覆い包む布帛質のかぶりものである。この幞頭は、唐からわが国にもたらされ、令制の官の常用のかぶりものとなった。巾子《こじ》と呼ぶ中空の木や編物の型に髻を嵌めてかぶり、後方の二脚で引き締めて結び、余りを長く垂下して燕尾《えんび》といい、これが形式化して纓《えい》となった（『国史大辞典』幞頭の項、鈴木敬三氏執筆）。

その騎馬像は、人物と馬共に、一見すると、静止したように見受けられるが、実際は人物のかぶりもの、とくに纓や馬の足の状態は、稚拙ながら疾走した様子を表現したと読みとれる。

古代（八・九世紀ごろ）日本におけるこのような騎馬像に関する資料としては、まず正倉院の宝物の二例があげられる。その一つは銀壺の胴部に描かれた山野に羊・鹿などを追う騎馬人物像である。もう一例は、狩猟捍撥琵琶で、騎馬の三人物が水辺に一頭の虎を追うところをあらわしている。この二例とも、騎馬像は矢を射かける瞬間の躍動感

図221　騎馬像（足立区伊興遺跡出土木簡）

図222　高句麗壁画にみえる騎馬像

のある様子を描いたものであり、その意匠はササン朝ペルシャの影響を色濃く示しているとされている。

この正倉院宝物の二点はかぶりものに類似性があるが、全体の騎馬像の姿はむしろ集安の高句麗壁画墓（四世紀）の舞踏図に類似している（図222）。すなわち弓をたてかけてもち、腰の位置に胡籙に入れた矢を描いたところなどは、本騎馬像と共通している。

いずれにしても、騎馬像木札は、わが国に例をみないものであり、この木札の使用目的は現段階では明らかではないが、中国や朝鮮半島の強い影響を受けた資料としてきわめて貴重なものとみなすことができるであろう。

あとがき

一九八九年、最初の著書『漆紙文書の研究』を刊行、二〇〇〇年『墨書土器の研究』、そして、本書『古代地方木簡の研究』をもって出土文字資料に関する三書をまとめたことになる。このほかに『多賀城碑―その謎を解く―』（共編、雄山閣出版、一九八九年）は古代の石碑に関する総合的研究方法を展開したものであり、国立歴史民俗博物館研究報告第七九集（一九九九年）の『日本古代印の基礎的研究』は多くの研究者のご協力をいただいて、出土印・伝世印・印影を総合して印の編年を行い、古代印の歴史資料としての価値を定めようとした試みである。これらの研究は、全国各地の発掘調査関係者らとの共同作業から生み出された成果である。私自身、原資料を調査できる機会を与えられた研究者としての使命を感じ、発掘現場から出土するたった一点の墨書土器にも、木簡にも、真正面から向き合う姿勢をとりつづけてきたつもりである。依頼された資料は、返却時に必ず調査レポートを付することを自らに義務づけてきた。本書に収載した調査報告もそれらの時点で成したものである。ただ、最近は、公務の関係で自ら十分に調査する時間が取れず、学生諸君の全面的な協力を得ながら、なんとかその責を果たしているのが現状である。

私が国立歴史民俗博物館へ赴任以来、各大学で古代史の基礎研究を学んだ院生が、私の研究室に数多く出入りしている。出土資料に真剣に向き合い、歴史資料論を実体験した院生はその後、古代史研究全体にその視点を生かして活躍している。このごろは私が多忙のときなど、埋蔵文化財センター・博物館・大学などで活躍しているそれら先輩諸君が歴博を訪れては、後輩を指導してくれることもしばしばである。

これからの古代史は幅広く豊かな資料により、その実態を解明すべきであるという信念のもとに、漆紙文書、墨書土器、木簡そして石碑、古代印などにとどまらず、さらに広範な資料を新たな歴史資料として活用し、古代社会の実像を生き生きと描いてゆきたい。

本書刊行に際しては、天野まどか、新井重行、石崎高臣、市川繁、篠崎尚子、鈴木須美子、中大輔、広瀬真理子の各氏に校正・索引作成のご助力をいただいた。心からお礼申し上げたい。なお、吉川弘文館には前二書と同様に、図版が多く種々複雑な編集に対してご配慮をいただき、感謝申し上げたい。

二〇〇二年七月

平川　南

初出一覧

まえがき

（「地下からの豊かなメッセージ」、『AERA MOOK、考古学がわかる』朝日新聞社、一九九七年六月、の一部を含めて起稿）

第一章　木簡総論

一　地方木簡概観

（原題「地方の木簡」、『木簡――古代からのメッセージ　木簡展解説図録』㈶川崎市市民ミュージアム、一九九〇年、をもとに改稿）

二　出土文字資料と正倉院文書

（『古代文書論――正倉院文書と木簡・漆紙文書』東京大学出版会、一九九九年十一月、をもとに改稿）

三　屋代遺跡群木簡のひろがり――古代中国・朝鮮資料との関連

（『信濃』第五一巻第三号、一九九九年三月）

四　古代木簡から見た地方豪族

（国立歴史民俗博物館編『考古資料と歴史学』〈歴博大学院セミナー〉、吉川弘文館、一九九九年二月）

五　牓　示　札——文書伝達と口頭伝達

（平川南監修・財団法人石川県埋蔵文化財センター編『発見！　古代のお触れ書き——石川県加茂遺跡出土加賀郡牓示札』大修館書店、二〇〇一年十月、をもとに改稿）

六　井戸と木簡——遺構と木簡の年代

（原題「木簡から見た城柵」、『歴史手帖』〈特集・秋田県の古代城柵〉第一二巻第五号、一九八四年、の一部）

第二章　木簡と律令文書行政

一　郡符木簡

（原題「郡符木簡——古代地方行政論にむけて」、虎尾俊哉編『律令国家の地方支配』吉川弘文館、一九九五年七月、の一部を改稿）

二　郡家関連施設と木簡——兵庫県氷上町市辺遺跡

（新稿。兵庫県教育委員会〈現在、報告書作成中〉の許可を得て、市辺遺跡出土木簡についての原稿の一部を収載した）

三　召　文——山形県鶴岡市山田遺跡

（原題「山形県鶴岡市山田遺跡出土木簡」、『山形県鶴岡市埋蔵文化財調査報告書九　山田遺跡』鶴岡市教育委員会、一九九九年三月、三上喜孝氏と共同執筆、氏には本書に収載することの許可を得た）

四　過所木簡

（新稿）

五　小型の過所木簡——石川県津幡町加茂遺跡

（原題「加茂遺跡　六号木簡」、平川南監修・財団法人石川県埋蔵文化財センター編『発見！　古代のお触れ書き
　——石川県加茂遺跡出土加賀郡牓示札』大修館書店、二〇〇一年十月、の一部を改稿）

六　餞馬収文木簡——宮城県多賀城市山王遺跡

（原題「多賀城市山王遺跡第9次調査の木簡について」、『考古学ジャーナル』第三三九号、一九九一年、および原
題「多賀城市山王遺跡の木簡について」、『多賀城市文化財調査報告書26　山王遺跡―第9次発掘調査報告書―』
多賀城市埋蔵文化財センター、一九九一年三月、の一部を改稿）

七　古代における人名の表記

（原題「古代における人名の表記―最新の木簡から発して―」、『国史学』第一六一号、国史学会、一九九六年十二
月）

第三章　木簡と古代城柵

一　多賀城の創建年代

（原題「多賀城の創建年代―木簡の検討を中心として―」、『国立歴史民俗博物館研究報告』第五〇集、一九九三年
二月、の一部を改稿）

二　上総国部領使関係木簡——秋田市秋田城跡

（原題「秋田城出土の上総国関係木簡」、千葉県史料研究財団編『千葉県史研究』創刊号、千葉県・千葉県文書館、
一九九三年二月）

三　朝鮮式山城出土木簡——熊本県菊鹿町鞠智城跡

（原題「熊本県鞠智城跡出土木簡」、『熊本県文化財調査報告169　鞠智城跡』第19次調査報告、熊本県教育委員会、

一九九八年三月）

付　韓国・城山山城跡木簡

（原題「日本古代木簡研究の現状と新視点」・「附　咸安・城山山城木簡」、『韓国古代史研究』19、韓国古代史学会、二〇〇〇年、をもとに改稿）

第四章　木簡と税

一　令制成立期前後の出挙木簡——福岡県小郡市井上薬師堂遺跡

（原題「井上薬師堂遺跡出土木簡の再検討」、『小郡市文化財調査報告書142　上岩田遺跡調査概報』小郡市教育委員会、二〇〇〇年三月、の一部、清武雄二・三上喜孝・田中史生三氏と共同執筆、三氏には本書に収載することの許可を得た）

二　服属した蝦夷と出挙——宮城県石巻市田道町遺跡

（原題「宮城県石巻市田道町遺跡木簡」、『石巻市文化財調査報告書7　田道町遺跡』石巻市教育委員会、一九九五年三月、をもとに改稿）

三　戸単位の出挙木簡——石川県金沢市畝田・寺中遺跡

（新稿）

四　異なる利息の出挙木簡——新潟県和島村下ノ西遺跡

（『和島村埋蔵文化財調査報告書7　下ノ西遺跡—出土木簡を中心として—』和島村教育委員会、一九九八年三月）

五　倉　札——福島県会津若松市門田条里制跡

（原題「門田条里制跡出土木簡について」、『門田条里制跡発掘調査報告書』会津若松市教育委員会、一九九〇年三

月）

六　蔓栽培関係木簡――山形県遊佐町大坪遺跡

（原題「大坪遺跡出土木簡について」、『山形県埋蔵文化財センター調査報告書23　大坪遺跡』山形県埋蔵文化財センター、一九九五年三月）

第五章　木簡と農業

一　種子札と古代の稲作

（原題「新発見の「種子札」と古代の稲作」、『国史学』第一六九号、国史学会、一九九九年十月、をもとに改稿）

二　里刀自論――福島県いわき市荒田目条里遺跡

（原題「里刀自小論－いわき市荒田目条里遺跡第二号木簡から－」、『国立歴史民俗博物館研究報告』第六六集、一九九六年三月、をもとに改稿）

三　初期荘園と木簡――石川県金沢市上荒屋遺跡

（『金沢市文化財紀要106　上荒屋遺跡(二)』金沢市教育委員会、一九九三年三月、の一部）

四　古代末期の居館跡と木簡――山形県米沢市古志田東遺跡

（原題「古志田東遺跡出土の木簡」、『米沢市埋蔵文化財調査報告書73　古志田東遺跡』米沢市教育委員会、二〇〇一年三月、の一部）

第六章　木簡と信仰

一　古代の内神

（原題「古代の内神について－胆沢城跡出土木簡から発して－」、『国立歴史民俗博物館研究報告』第四五集、一九

九二年十二月）

二　転　読　札――福島県玉川村江平遺跡

（新稿。福島県文化振興事業団〈現在、報告書作成中〉の許可を得て、江平遺跡出土木簡についての原稿を収載した）

三　呪符木簡(1)「龍王」呪符――群馬県富岡市内匠日向周地遺跡

（原題「群馬県富岡市内匠日向周地遺跡の木簡」、『群馬県埋蔵文化財調査事業団調査報告188　内匠日向周地遺跡・下高瀬寺山遺跡・下高瀬前田遺跡』群馬県埋蔵文化財調査事業団、一九九五年三月）

四　呪符木簡(2)　病気平癒の呪符――東京都足立区伊興遺跡

（原題「伊興遺跡出土の「急々如律令」木簡について」、『伊興遺跡　下水道敷工事に伴う発掘調査』足立区伊興遺跡調査会、一九九七年三月）

第七章　多様な木簡――写経用定木三種ほか

一　註付経典の写経用定木――石川県金沢市三小牛ハバ遺跡

（原題「金沢市三小牛ハバ遺跡木簡」、『金沢市文化財紀要112　三小牛ハバ遺跡』金沢市教育委員会、一九九四年三月、の一部）

二　線引き用定木――岩手県水沢市胆沢城跡

（原題「SE一〇五〇井戸の木簡・木製品について」、『胆沢城跡―昭和61年度発掘調査概報―』水沢市教育委員会、一九八六年三月、の一部）

三　写経用割付定木――福島県いわき市荒田目条里遺跡

（『いわき市埋蔵文化財調査報告75　荒田目条里遺跡―古代河川跡の調査―』いわき市教育委員会、二〇〇一年、の一部）

四　「白玉」関係木簡――長崎県壱岐郡原の辻遺跡

（原題「長崎県壱岐郡原の辻遺跡出土の木簡」、『長崎県文化財調査報告書124　原の辻遺跡』長崎県教育委員会、一九九五年三月、の一部）

五　儀式用薦関係木簡――福島県会津若松市矢玉遺跡

（原題「矢玉遺跡出土木簡」、『会津若松市文化財調査報告書61　矢玉遺跡』会津若松市教育委員会、一九九九年三月、の一部）

六　騎　馬　像――東京都足立区伊興遺跡

（原題「伊興遺跡B―d―8区出土の木簡および木札」、『伊興遺跡II　保木間堀親水水路整備工事に伴う発掘調査』足立区伊興遺跡調査会、一九九九年三月、の一部）

索　　　引

Ⅰ 事　　項

あ　行

か　行

さ　行

た　行

な　行

は　行

II 地　名

あ 行

か 行

さ 行

た　行

な　行

は　行

ま　行

や　行

わ　行

III　遺　跡　名

あ　行

か　行

さ 行

た 行

な 行

は 行

IV 資　料

(太字は木簡・漆紙文書の釈文頁を示す)

か 行

さ　行

た　行

な　行

は　行

ま　行

や　行

ら　行

わ　行

V　研究者名

あ　行

か　行

さ　行

た　行

な　行

は　行

ま　行

や 行

ら 行

わ 行

図表一覧

Ⅰ 口　　絵

上）
聖武天皇が天平15年正月14日に発した命が実施されたことを示す最勝王経の精読札（江平遺跡出土木簡〈表・裏〉／福島県文化財センター白河館提供）
多賀城の平安祈願のために未申（西南）に立てた呪符（多賀城跡出土木簡〈表・裏〉／宮城県多賀城跡調査研究所提供）
写経用定木と古代の書写経（郡山遺跡出土定木木簡／仙台市教育委員会提供，書写経／国立歴史民俗博物館提供）

II 本文挿図

図1　怒遺跡出土木簡の写し（高階家蔵）
図2　払田柵跡出土木簡の写しと後藤宙外から高階秀彦宛書簡（高階家蔵）
図3　封緘木簡（兵庫県山垣遺跡〈兵庫県教育委員会『山垣遺跡発掘調査報告書』1990年〉・平城京跡〈独立行政法人奈良文化財研究所『平城京木簡1』1995年からトレース〉）
図4　丸い棒状の木簡（多賀城跡出土〈宮城県多賀城跡調査研究所『年報1974　多賀城跡』1975年〉）
図5　米の付札（胆沢城跡出土〈水沢市教育委員会『胆沢城　昭和61年発掘調査概報』1987年〉・長岡京跡出土78号木簡〈向日市教育委員会『長岡京木簡一』1984年，よりトレース〉）
図6　封緘木簡の切込みの状態（仙台市郡山遺跡出土）（仙台市教育委員会『郡山遺跡II　昭和56年発掘調査概報』1982年）
図7　多賀城市山王遺跡出土3号漆紙文書（計帳）（多賀城市埋蔵文化財調査センター提供）
図8　籍帳制の構造模式図（渡辺晃宏「籍帳制の構造」『日本歴史』第525号，1992年）
図9　山背国綴喜郡大住郷（？）隼人計帳－天平7年（正倉院文書続修13〈大日古1－641〉）
図10　近江国計帳－天平5年帳（正倉院文書続修9）
図11　越前国計帳継目裏書（正倉院文書続々修44－4）
図12　鹿の子C遺跡出土95号漆紙文書（財)茨城県教育財団『鹿の子C遺跡　漆紙文書－本文編－』1983年）
図13　秋田城跡出土9号漆紙文書（秋田城跡調査事務所『秋田城出土文字資料集II』1992年）
図14　秋田城跡出土8号漆紙文書（大帳案）（図13に同じ）
図15　小敷田遺跡出土木簡帳簿復元案

図16　屋代木簡の中の文書木簡「冊簡」想定図（87号，114号，46号，49号）(財)長野県埋蔵文化財センター『屋代遺跡群出土木簡』1996年〈長野県立歴史館提供〉）
図17　福島県矢玉遺跡出土１号木簡（会津若松市教育委員会提供）
図18　『論語』木簡の「冊簡」想定図（45号，35号）（長野県立歴史館提供）
図19　郡符木簡（新潟県和島村教育委員会『和島村埋蔵文化財調査報告書１　八幡林遺跡』1992年，木簡学会『木簡研究』20，1998年，いわき市教育委員会『荒田目条里遺跡』2001年）
図20　国符木簡（屋代遺跡群出土15号木簡）(財)長野県埋蔵文化財センター『屋代遺跡群出土木簡』1996年）
図21　付札（藤原宮跡出土木簡68号＝奈良県教育委員会「奈良県史跡名勝天然記念物報告」25『藤原宮』1969年〈奈良県教育委員会提供〉，平城京跡出土木簡76号＝独立行政法人奈良文化財研究所提供）
図22　下端のみに切込みのある木簡（平城京左京一条三坊，独立行政法人奈良文化財研究所提供）
図23　ニヤ遺跡出土晋簡の付札（『西域出土の木簡と残紙』書芸文化院，1962年）
図24　屋代遺跡群出土70号木簡の「開」（長野県立歴史館提供）
図25　「開」の書体例－高句麗好太王壺杅（釜山市立博物館展示図録『古代文字』1997年）
図26　天平21年具注暦「開」と「閉」の書体（正倉院文書）
図27　居延漢簡の「開」（佐野光一編『木簡字典』雄山閣出版，1985年）
図28　墨書土器「竈神」（千葉県芝山町庄作遺跡出土）(財)山武考古学研究所『千葉県芝山町小原子遺跡群』1990年）
図29　屋代遺跡群出土124号木簡（長野県立歴史館提供）
図30　屋代遺跡群⑥区流路内出土木製祭祀遺物（ヘビ形）第５水田対応流路内一括（宮島義和「更埴市屋代遺跡群の祭祀遺物」『長野県考古学会誌』1995年）
図31　『護宅神暦巻』（東野治之『長屋王家木簡の研究』塙書房，1996年に所載のものを引用）
図32　新羅・雁鴨池出土木簡「検」（清州国立博物館特別展図録『韓国古代の文字と記号遺物』2000年）
図33　漢簡の「走」の書体の例（図27に同じ）
図34　徳島市観音寺遺跡出土70号木簡
図35　「斗」の書体（図27に同じ）
図36　群馬県群馬町三ツ寺遺跡の居館（５～６世紀）復元図（平川南「古代木簡から見た地方豪族」国立歴史民俗博物館編『考古資料と歴史学』1999年）
図37　長野県更埴市屋代遺跡群とその周辺（図20に同じ）
図38　「辛亥年」銘鉄剣（稲荷山古墳出土）（埼玉県教育委員会『稲荷山古墳出土鉄剣

金象嵌銘報』1979年〈埼玉県立さきたま資料館提供〉)
図39 「他田日奉部直神護解」(正倉院文書正集44)
図40 「屋代郷長里正等」宛郡符木簡(114号)(屋代遺跡群出土)(図16に同じ)
図41 郡符木簡(114号)の廃棄行程(図20に同じ)
図42 信濃国の古代郡郷の分布推定図(『長野県史』通史編第1巻を改変)
図43 伊勢国計会帳(国立歴史民俗博物館『正倉院文書拾遺』1992年)
図44 京都府北部の製塩遺跡地図(京都府立丹後郷土資料館『特別展示図録28 ふるさとの塩づくり』1991年)
図45 河北潟と周辺の古代遺跡分布図(原図は明治42年測図の5万分の1地形図「津幡」「金澤」)
図46 加茂遺跡遺構図(石川県埋蔵文化財保存協会『加茂遺跡－第1次・第2次調査の概要－』1993年)
図47 加茂遺跡の奈良・平安時代主要遺構配置図(㈶石川県埋蔵文化財センター編『発見！古代のお触れ書き』大修館書店,2001年)
図48 牓示札復元案(文字は佐野光一氏の筆による)(図47に同じ)
図49 木簡を出土した井戸跡(秋田城跡)(秋田市教育委員会提供)
図50 秋田城跡 SE406井戸跡断面図(秋田市教育委員会『昭和53年度秋田城跡発掘調査概報 秋田城跡』1979年)
図51 秋田城跡出土1号木簡と2号木簡(図50と同じ)
図52 山垣遺跡遺構配置図(兵庫県教育委員会『山垣遺跡発掘調査報告書』1990年)
図53 山垣遺跡出土3・2号木簡実測図(『木簡研究』20,1998年)
図54 八幡林遺跡遺構配置模式図(新潟県和島村教育委員会『和島村埋蔵文化財調査報告書第3集 八幡林遺跡』1994年)
図55 八幡林遺跡出土郡符木簡(新潟県和島村教育委員会『和島村埋蔵文化財調査報告書第1集 八幡林遺跡』1994年)
図56 八幡林遺跡の位置と古代越後国(新潟県教育委員会・和島村教育委員会「現地説明会資料－平成5年度・八幡林遺跡」1993年11月)
図57 西河原遺跡出土郡符木簡(『木簡研究』14,1992年)
図58 荒田目条里遺跡位置図(㈶いわき市教育文化事業団提供)
図59 「津長」宛郡符木簡(荒田目条里遺跡出土1号木簡,いわき市教育委員会『荒田目条里遺跡』2001年)
図60 伊場遺跡遺構配置図(浜松市教育委員会『伊場木簡』1976年)
図61 伊場遺跡出土郡符木簡(図60に同じ)
図62 長岡京跡出土木簡(向日市教育委員会『長岡京木簡』1984年よりトレース)
図63 長岡京跡出土召文木簡(『木簡研究』12,1990年)
図64 山垣遺跡遺構復元試案(図52に同じ)

図65　山垣遺跡と古代氷上郡内郷名比定（兵庫県教育委員会作成）
図66　古代野洲郡内郷名比定（野洲町『野洲町史』第1巻通史編1，1987年）
図67　東山道の野洲郡区間（足利健亮『日本古代地理研究』大明堂，1985年）
図68　戸島遺跡中枢部遺構図（山中敏史『古代地方官衙遺跡の研究』塙書房，1994年）
図69　市辺遺跡と水分れ周辺の地形（兵庫県教育委員会提供）
図70　市辺遺跡の奈良時代主要遺構配置図と木簡出土地点（図69に同じ）
図71　市辺遺跡出土1号木簡（図69に同じ）
図72　市辺遺跡出土2号木簡（図69に同じ）
図73　市辺遺跡出土3号木簡（図69に同じ）
図74　市辺遺跡出土4号木簡（図69に同じ）
図75　市辺遺跡出土6号木簡（図69に同じ）
図76　封の墨点の例（正倉院文書続々修43－22）
図77　山田遺跡出土1号木簡（鶴岡市教育委員会編『山田遺跡』1999年）
図78　山田遺跡出土1号木簡部分（鶴岡市教育委員会提供）
図79　平城宮跡出土木簡（近江国関係，甲斐国関係〈独立行政法人奈良文化財研究所提供〉）
図80　伊場遺跡出土木簡（近江国関係，浜松市教育委員会『伊場遺跡発掘調査報告書1　伊場木簡』1976年）・多賀城跡出土木簡（安積団関係，宮城県多賀城跡調査研究所『年報1984　多賀城跡』1985年）
図81　現地形図にみる玉前剗の位置（地形図は小学館『日本列島大地図館』使用）
図82　過所木簡作成過程想定図
図83　固関木契（宮内庁書陵部提供）
図84　加茂遺跡出土6号木簡
図85　「官」の書体（児玉幸多編『くずし字用例辞典』東京堂出版，1981年，より）
図86　「召」の書体（平城宮跡出土木簡〈独立行政法人奈良文化財研究所提供〉）
図87　「公」の書体（『五体字類』西東書房，1982年）
図88　山王遺跡調査位置図（多賀城市埋蔵文化財センター『山王遺跡　第9次発掘調査報告書』1991年）
図89　山王遺跡第9次調査遺構全体図（図88に同じ）
図90　山王遺跡第9次調査出土の木簡（題箋部，図88に同じ）
図91　屋代遺跡群出土46号木簡（長野県立歴史館提供）
図92　8世紀後半の自署を有する漆紙文書（多賀城跡出土4号漆紙文書〈宮城県多賀城跡調査研究所提供〉）
図93　多賀城跡全体図（宮城県多賀城跡調査研究所『年報2000　多賀城跡』2001年）
図94　多賀城碑（拓本）（東北歴史資料館・宮城県多賀城跡調査研究所『多賀城と古

代東北』1986年)
図95　暗渠埋り土出土の29号木簡（宮城県多賀城跡調査研究所『年報1983　多賀城跡』1984年）
図96－1　A・B・C期道路と政庁・外郭南門(1)（図95に同じ）
図96－2　A・B・C期道路と政庁・外郭南門(2)（図95に同じ）
図97　SX1411A 道路・SD1412側溝・SD1413A 暗渠跡（図95に同じ）
図98　多賀城跡 SX1411A 道路跡の SD1413A 石組暗渠（図95に同じ）
図99　多賀城跡 SD1413A と裏込め土の状況（図95に同じ）
図100　多賀城跡1号木簡（暗渠裏込め土出土木簡）（宮城県多賀城跡調査研究所提供）
図101　多賀城跡2・18・19号木簡（暗渠裏込め土出土木簡）（同上）
図102　多賀城跡31・34号木簡（暗渠埋り土出土木簡）（同上）
図103　秋田城跡地形図および調査地域図（秋田市教育委員会『秋田城跡－平成10年度秋田城跡発掘調査概報－』1999年）
図104　秋田城跡第54次調査上層・下層検出遺構図（平成元年度）（秋田市教育委員会『秋田城跡－平成元年度秋田城跡発掘調査概報－』1990年）
図105　秋田城跡出土22号木簡全体と「上総国部領」部分（秋田市教育委員会提供）
図106　新潟県発久遺跡出土2号木簡（「領」部分写真）（新潟県笹神村教育委員会提供）
図107　鞠智城跡（第19次調査区位置図）（熊本県教育委員会『鞠智城跡－第19次調査報告－』1998年）
図108　鞠智城跡出土木簡（図107に同じ）
図109　木簡の製作技法（図107に同じ）
図110　西海道関係荷札木簡の形状模式図（図107に同じ）
図111　古代朝鮮三国と咸安の位置図（李成市『東アジア文化圏の形成』山川出版社〈『世界史リブレット』7〉2000年をもとに作図）
図112　咸安・城山山城地形図と木簡出土地点（国立昌原文化財研究所『咸安・城山山城』1998年）
図113　城山山城跡出土木簡（国立昌原文化財研究所提供）
図114　佐波理加盤付属文書（南倉）（正倉院宝物）
図115　「一石」「一伐」の書体
図116　城山山城跡木簡と李柏文書の書体
図117　順興邑内里壁画古墳墨書（釜山市立博物館図録『古代文字』1997年〈釜山市立博物館提供〉）
図118　難波宮跡出土木簡（7世紀）㈶大阪市文化財協会提供）
図119　「部」（「ア」と「マ」）の書体（屋代遺跡出土32号，69号，城山山城跡10号，

石神遺跡須恵器〈長野県立歴史館・国立昌原文化財研究所・独立行政法人奈良文化財研究所提供〉）
図120　井上薬師堂遺跡位置図（小郡市教育委員会『上岩田遺跡調査概報－小郡市文化財調査報告書142－』2000年）
図121　井上薬師堂遺跡出土１号木簡（小郡市教育委員会提供）
図122　「部」（「ア」）と「人」の書体（井上薬師堂遺跡出土１号木簡，屋代遺跡群出土13号木簡）
図123　井上薬師堂遺跡出土２号木簡（小郡市教育委員会提供）
図124　「引」の異体字（井上薬師堂遺跡出土２号木簡，筑前国那珂郡坂（板）引郷〈『和名類聚抄』高山寺本〉）
図125　伊場遺跡出土21号木簡（表）（静岡県『静岡県史』資料編３考古３，1992年）
図126　井上薬師堂遺跡出土３号木簡（小郡市教育委員会提供）
図127　井上薬師堂遺跡出土４号木簡（同上）
図128　井上薬師堂遺跡出土４号木簡（拡大。裏「義倉」部分）（同上）
図129　朱書の重ね書きの例(1)（長岡京跡出土木簡）（向日市教育委員会『長岡京左京出土木簡』1997年）
図130　朱書の重ね書きの例(2)（金剛般若経経師等食米幷雑穀納帳〈正倉院文書続修後集19〉）
図131　田道町周辺の遺跡（石巻市教育委員会『田道町遺跡』1995年）
図132　田道町遺跡Ｃ地点遺構配置図（図131に同じ）
図133　田道町遺跡出土木簡（図131に同じ）
図134　畝田・寺中遺跡とその周辺（㈶石川県埋蔵文化財センター『石川県埋蔵文化財情報４』）
図135　畝田・寺中遺跡遺構配置図（㈶石川県埋蔵文化財センター『石川県埋蔵文化財情報３』）
図136　「津司」墨書土器（畝田・寺中遺跡出土）（㈶石川県埋蔵文化財センター提供）
図137　畝田・寺中遺跡出土１号木簡（図135に同じ）
図138　和島村下ノ西遺跡周辺の主な遺跡・地名表（新潟県和島村教育委員会『下ノ西遺跡』1998年）
図139　和島村下ノ西遺跡出土木簡の出土位置（図138に同じ）
図140　和島村下ノ西遺跡出土１号木簡（新潟県和島村教育委員会提供）
図141　調査地点と周辺の条里地割復元図（１万分の１会津市計画図を使用）（会津若松市教育委員会『門田条里制跡発掘調査報告書』1990年）
図142　門田条里制跡第３トレンチ平面図（図141に同じ）
図143　会津若松市門田条里制跡出土木簡（会津若松市教育委員会『門田条里制跡発掘調査報告書』1990年）

図144　自署部分(1)−「有安」（会津若松市教育委員会提供）
図145　自署部分(2)−「荃麻呂」（同上）
図146　大坪遺跡位置図（(財)山形県埋蔵文化財センター『大坪遺跡第２次発掘調査報告書』1995年）
図147　大坪遺跡遺構図（図146に同じ）
図148　大坪遺跡出土木簡（図146に同じ）
図149　付札「畔越」（山形県上高田遺跡出土１号木簡）（(財)山形県埋蔵文化財センター提供）
図150　「あせ越」（明和５年，駿河国駿東郡茶畑村柏木家文書「籾種帳」より，裾野市教育委員会提供）
図151　付札「足張種一石」（福島県矢玉遺跡出土３号木簡），「長非子一石」（福島県矢玉遺跡出土７号木簡）（会津若松市教育委員会提供）
図152　荒田目条里制遺構と荒田目条里遺跡の位置（いわき市教育委員会『荒田目条里遺跡木簡調査概報　木簡が語る古代のいわき』1996年）
図153　空からみた古代遺跡と条里（鈴木貞夫「夏井（菅波・荒田目）の条里制遺構」『いわき地域学会夏井地区総合調査報告』1988年）
図154　福島県荒田目条里遺跡出土木簡（16号，17号，18号，21号）（いわき市教育委員会『荒田目条里遺跡』2001年）
図155　付札「和佐□一石五升」（福岡市高畑廃寺）（福岡市教育委員会『板付周辺遺跡調査報告書９』1983年，『木簡研究12』1990年）
図156　付札「はせのたね」（大阪府四條畷市上清滝遺跡，参考＝『五体字類』より）
図157　石川県上荒屋遺跡出土５号木簡（金沢市教育委員会提供）
図158　「種俵」（文化財保護委員会『無形の民俗資料記録第７集　田植に関する習俗２』平凡社，1967年）
図159　付札「長者種」と宮城県多賀城跡木簡出土地点図（『木簡研究』４，1982年）
図160　「□稲　大者君稲廿三」と金沢市金石本町遺跡周辺地図（『木簡研究』20，1998年）
図161　郡符木簡「郡符　里刀自」部分（荒田目条里遺跡出土２号木簡）（いわき市教育委員会提供）
図162　「津長」宛郡符木簡（荒田目条里遺跡出土１号木簡）（勝田徹氏撮影，いわき市教育委員会提供）
図163　墨書土器「家刀自大神奉」（芝山町山田遺跡群）（芝山町教育委員会提供）
図164　上荒屋遺跡周辺地図（金沢市教育委員会『上荒屋遺跡』11，1993年）
図165　上荒屋遺跡主要遺構略図（図164に同じ）
図166　上荒屋遺跡出土木簡（１号，36号，43号〈金沢市教育委員会提供〉）
図167　上荒屋遺跡出土木簡（６号，９号，27号，40号，52号）（図164に同じ）

図168　古志田東遺跡周辺地形図（米沢市教育委員会『古志田東遺跡』2001年）
図169　古志田東遺跡遺構全体図（図168に同じ）
図170　古志田東遺跡出土１号木簡（図168に同じ）
図171　古志田東遺跡出土２号木簡（図168に同じ）
図172　古志田東遺跡出土３号木簡（図168に同じ）
図173　古志田東遺跡出土12号木簡（図168に同じ）
図174　古志田東遺跡出土13号木簡（図168に同じ）
図175　門新遺跡遺構模式図（新潟県和島村教育委員会『和島村埋蔵文化財調査報告書４　門新遺跡』1995年）
図176　胆沢城跡地形図および調査地図（水沢市教育委員会『政庁西北地区発掘調査成果の概要』1989年）
図177　胆沢城跡政庁および周辺官衙，外郭南門地区遺構図（図176に同じ）
図178　胆沢城跡第59次発掘調査遺構配置図（図176に同じ）
図179　胆沢城跡出土木簡（第59次調査）（図176に同じ）
図180　「内神」木簡写真（部分）（水沢市埋蔵文化財調査センター提供）
図181　胆沢城跡第52次発掘調査遺構配置図（水沢市教育委員会『胆沢城－昭和61年度発掘調査概報－』1987年）
図182　Ｅ期官衙（厨家）の配置図（図181に同じ）
図183　東三条殿全構推定復元図（太田静六『寝殿造の研究』吉川弘文館，1987年）
図184　東三条殿の神殿・西蔵人所・西中門廊付近指図（図183に同じ）
図185　神祇官図（『増訂 故実叢書　大内裏里図考証 第三』神祇）
図186　多賀城第Ⅱ期政庁平面図（宮城県教育委員会『多賀城跡』政庁跡本文編，1982年）
図187　多賀城第Ⅳ－３ａ～３ｄ期政庁平面図（図186に同じ）
図188　多賀城第Ⅳ－３ｅ期政庁平面図（図186に同じ）
図189　藤原宮・京跡木簡出土地点略図（加藤優「奈良・藤原宮跡」『木簡研究』５，1983年）
図190　藤原宮第36次調査遺構配置図と木簡出土地付近小字名（図189に同じ）
図191　江平遺跡位置図（福島県教育委員会提供）
図192　江平遺跡遺構図（図191に同じ）
図193　江平遺跡出土木簡（『木簡研究』22，2000年）
図194　石川県高堂遺跡出土１号木簡（財石川県埋蔵文化財センター『高堂遺跡－第Ⅰ次・Ⅱ次発掘調査概報－』1981年）
図195　「辨」の書体（『五体字類』より）
図196　草戸千軒町遺跡出土の「御札」（広島県草戸千軒町遺跡調査研究所『草戸千軒－木簡一－』1982年）（広島県立歴史博物館提供）

図197　内匠日向周地遺跡木簡出土地と周辺地形（㈶群馬県埋蔵文化財調査事業団『内匠日向周地遺跡・下高瀬寺山遺跡・下高瀬前田遺跡』1995年）
図198　内匠日向周地遺跡出土１号木簡（㈶群馬県埋蔵文化財調査事業団提供）
図199　内匠日向周地遺跡周辺地形区分図（図197に同じ）
図200　『常陸国風土記』行方郡条の谷戸田開発に関する略図（関和彦『風土記と古代社会』塙書房，1984年）
図201　伊場遺跡出土の呪符木簡（39号）（浜松市教育委員会『伊場木簡』1976年）
図202　伊興遺跡と周辺の遺跡（足立区伊興遺跡調査会『伊興遺跡II』1999年）
図203　伊興遺跡出土木簡（足立区伊興遺跡調査会『伊興遺跡Ｉ』1997年）
図204　多賀城跡出土の呪符木簡（宮城県多賀城跡調査研究所『年報1979　多賀城跡』1980年）
図205　三小牛ハバ遺跡位置図（金沢市教育委員会『三小牛ハバ遺跡』1994年）
図206　三小牛ハバ遺跡遺構配置図（図205に同じ）
図207　三小牛ハバ遺跡出土１号木簡（図205に同じ）
図208　物差（大宰府跡出土）（九州歴史資料館『大宰府史跡出土木簡概報１』1976年）
図209　写経用定木木簡計測図（仙台市郡山遺跡出土）（仙台市教育委員会『郡山遺跡II－昭和56年度発掘調査概報－』1982年）
図210　三小牛ハバ遺跡出土定木復元図と界高23cm，界幅2.6cmの註妙法蓮華経（石山寺一切経）
図211　胆沢城跡出土線引き用定木（図209に同じ）
図212　写経用割付定木の使用法（いわき市教育委員会『荒田目条里遺跡』2001年，「仏本行集経」第33巻『奈良経写経』東京美術）
図213　正倉院文書にみえる式敷（杉本一樹「端継・式敷・裏紙－正倉院文書調査報告－」『正倉院年報』13，1991年）
図214　原の辻遺跡と周辺地形図（長崎県教育委員会『原の辻遺跡』1995年）
図215　原の辻遺跡の遺構位置図（図214に同じ）
図216　原の辻遺跡出土１号木簡（長崎県教育委員会提供）
図217　原の辻遺跡出土２号木簡（同上）
図218　会津若松市矢玉遺跡の位置図（会津若松市教育委員会『矢玉遺跡』1999年）
図219　矢玉遺跡出土１号木簡（会津若松市教育委員会提供）
図220　「□（立）𤯔」の例（足立区伊興遺跡出土木簡）（図202に同じ）
図221　騎馬像（足立区伊興遺跡出土木簡）（図202に同じ）
図222　高句麗壁画にみえる騎馬像（『高句麗古墳壁画　高句麗特別大展』1994年を一部トレース）

III　本 文 挿 表

著者略歴

一九四三年　山梨県に生まれる
一九六五年　山梨大学学芸学部卒業
一九九〇年　文学博士（東京大学）
現　在　国立歴史民俗博物館教授・総合研究大学院大学教授

〔主要編著書〕
『漆紙文書の研究』（一九八九年、吉川弘文館）
『墨書土器の研究』（二〇〇〇年、吉川弘文館）
『多賀城碑』（編著、一九八九年、雄山閣出版）
『古代日本の文字世界』（編著、二〇〇〇年、大修館書店）

古代地方木簡の研究

二〇〇三年（平成十五）二月一日　第一刷発行

著　者　平《ひら》川《かわ》　南《みなみ》

発行者　林　英　男

発行所　株式会社　吉川弘文館
郵便番号一一三―〇〇三三
東京都文京区本郷七丁目二番八号
電話〇三―三八一三―九一五一〈代〉
振替口座〇〇一〇〇―五―二四四番

印刷＝藤原印刷・製本＝誠製本
（装幀＝山崎　登）

ISBN4-642-02380-1